Edward P. Lazear es catedrático de gestión de los recursos humanos y de economía de la Graduate School of Business de Stanford University. También es colaborador principal Morris Arnold Cox de la Hoover Institution. Es investigador adjunto del National Bureau of Economic Research, del Center for Corporate Performance, del Center for Economic Policy Research y del Institute for the Study of Labor.

Michael Gibbs es profesor de economía y recursos humanos en la Graduate School of Business de la Universidad de Chicago. Es investigador adjunto del Institute for the Study of Labor.

T0350953

Economía de los recursos humanos en la práctica

Economía de los recursos humanos en la práctica

en la práctica

Gestione el personal
de su empresa para crear
valor e innovar

Edward P. Lazear y Michael Gibbs

Segunda edición

Traducción de Mª Esther Rabasco y Luis Toharia
Universidad de Alcalá

Publicado por Antoni Bosch, editor, S.A.
Palafolls, 28 – 08017 Barcelona – España
Tel. (34) 93 206 0730
info@antonibosch.com
www.antonibosch.com

Título original de la obra:
Personnel Economics in Practice, Second Edition.

© 2009 John Wiley & Sons, Inc. All rights reserved.
© 2011 de la edición en español: Antoni Bosch, editor, S.A.

ISBN: 978-84-95348-49-4
Depósito legal: B-2268-2011

Maquetación: Antonia García
Corrección: Nuria Pujol
Diseño de la cubierta: Compañía
Impresión y encuadernación: Novoprint

Impreso en España
Printed in Spain

En memoria de Sherwin Rosen,
gran economista laboral,
maestro y amigo.

Contenido resumido

Contenido completo

Prefacio

¿De qué trata el libro?

Las organizaciones y las economías son empresas humanas. Son fruto de las motivaciones, las decisiones y las acciones de muchas personas. Estas personas y sus acciones se combinan para innovar, crecer económicamente, generar más oportunidades de empleo y mejorar sus productos. El proceso mediante el cual ocurre todo eso es uno de los milagros de las economías y de las empresas modernas. También es el tema de este libro.

Todo lo que se diga sobre lo importante que es comprender mejor cómo se organizan las empresas y cómo éstas dirigen a sus empleados es poco. En las grandes empresas, alrededor de tres cuartas partes de todos los costes están relacionadas con su personal. Asimismo, alrededor del 70 por ciento de la riqueza mundial es capital humano, es decir, las habilidades y los conocimientos de la gente, no capital físico o capital financiero. Las economías crecen y cambian gracias a la creatividad y a la motivación de los empresarios y de sus empleados. Actualmente, la estrategia de muchas empresas viene condicionada por sus recursos humanos y se centra en personalizar sus productos, en la atención al cliente y en la innovación.

Tanto los temas de organización como de gestión van a ir adquiriendo una importancia fundamental para el lector de este libro: Los temas que se analizan en él cobrarán una importancia creciente a medida que progresen profesionalmente. Los que se encuentran al principio tienden a centrar su atención en campos especializados del saber. Sin embargo, a medida que avanza su carrera, su labor tiende a concentrarse cada vez más en la organización y supervisión de otras personas. La visión global de un director general resulta esencial para coordinar el trabajo de mucha gente. A medida que usted progrese en su carrera, irá adquiriendo importancia su capacidad para establecer, estructurar y gestionar organizaciones de creciente complejidad. Para ello resulta necesario tener una visión general estratégica de lo que es una organización y de su relación con los objetivos y el entorno de la empresa.

Para que un directivo sea eficaz en estas distintas fases, le será muy útil disponer de un modelo riguroso y bien estructurado para analizar las cuestiones que deberá afrontar. El instinto, el sentido común y el saber que dan los años de experiencia pueden ser sumamente valiosos. Sin embargo, esta experiencia le será aún más eficaz si además comprende en profundidad las alternativas y opciones que estas cuestiones plantean. El objetivo de este libro es ofrecer un modelo riguroso para comprender el diseño de las organizaciones y la gestión de sus empleados.

El estudio de las organizaciones y de los recursos humanos no siempre ha sido riguroso, pero la situación está cambiando. El análisis económico ha demostrado ser un instrumento poderoso en este ámbito, añadiendo rigor y estructura y aclarando muchas cuestiones importantes. Este campo de la economía se llama a veces economía del personal y buena parte de las investigaciones sobre las que se asienta se deben a Edward Lazear. Esta segunda edición se basa en *Personnel Economics for Managers* (1998) de Lazear.

Tal vez parezca extraño aplicar el análisis económico a los temas de gestión de los recursos humanos y de la gestión en general. En realidad, tiene todo el sentido del mundo. El análisis económico es una metodología que se ha aplicado a muchos campos de la actividad humana y ha ejercido una enorme influencia en las ciencias sociales. Esa metodología es muy flexible y puede aplicarse a muchos problemas de interés relacionados con el comportamiento humano. La oportunidad que nos brinda el análisis económico para aplicar un modelo coherente nos permite desarrollar un enfoque de enorme utilidad para estudiar el diseño de las organizaciones.

¿QUÉ ES EL ENFOQUE ECONÓMICO?

Los economistas reconocen dos elementos que determinan el comportamiento humano. Uno es pura psicología, o sea, las preferencias de los individuos. El conocimiento de esas preferencias y de su formación y evolución pertenece al campo de la psicología clásica. El segundo es el entorno en el que actúa la gente para alcanzar sus objetivos. Éste pertenece al campo del análisis económico. La economía centra, pues, su atención en los presupuestos, los precios, las restricciones, la información y los incentivos, así como en las interacciones sociales, ya que los compañeros de trabajo, el jefe y los clientes desempeñan un papel determinante en el comportamiento humano.

Esta distinción entre las preferencias y el entorno es reconocida en psicología. La especialidad de psicología social generalmente se ocupa de la influencia del entorno en el comportamiento individual, exactamente igual que la economía. La psicología social y la economía del personal estudian cuestiones muy parecidas, aunque desde perspectivas algo distintas. Eso también significa que lo que a menudo pensamos que es psicología no lo es en el sentido más puro.

Como el análisis económico estudia la influencia del entorno en el comportamiento, generalmente parte de unos supuestos muy simples sobre las preferencias del individuo, lo cual es más una virtud que otra cosa. Cuanto más abstracto y general es el modelo, mayor es su aplicabilidad. Así, en economía se suele suponer que los empleados de una empresa intentan maximizar su remuneración. Por remuneración entendemos no sólo el salario sino también los beneficios sociales, los privilegios, las características positivas del puesto de trabajo, el entorno de trabajo y otras prestaciones que ofrece la empresa y que los empleados valoran. Una teoría que relacione la remuneración del empleado con su rendimiento tiene, pues, relevancia para diseñar instrumentos que motiven al trabajador, instrumentos que no se reducen al dinero en efectivo.

El objetivo fundamental del enfoque económico es centrar la atención en la influencia de las variables del entorno –la información, los recursos, las restricciones, las decisiones y los incentivos– en el resultado buscado. Éstas son las cuestiones que se analizan en este libro. El análisis casi siempre da como resultado la formulación de varias opciones, con costes y beneficios distintos, entre las que hay que escoger.

Merece la pena señalar aquí dos resultados de este enfoque. En primer lugar, los instrumentos económicos que empleamos se utilizan para analizar toda una variedad de problemas. Eso nos permite ofrecer un punto de vista más estructurado a los temas que analizamos en este libro. Al final podremos desarrollar un modelo para analizar el diseño de las organizaciones en su conjunto.

En segundo lugar, el análisis económico centra la atención en las variables sobre las que los directivos ejercen un gran control. Los principales factores que analizamos en este libro son la información, las decisiones y los incentivos. Son precisamente los instrumentos de los que disponen los directivos para diseñar mejor su organización. Es mucho más fácil alterar los incentivos que cambiar la psicología de los - empleados.

Antes hemos señalado que el análisis económico y la psicología social son campos diferentes que analizan temas similares (también se podría añadir a este grupo la sociología de las organizaciones). Existe un amplio diálogo (a la vez competitivo y cooperativo, como debe ser) entre los economistas, los psicólogos sociales y los sociólogos que estudian los temas que se analizan en este libro. El nuevo campo de la economía del personal es fruto de este diálogo. Comenzó siendo una pequeña especialidad de la economía laboral (del estudio de los mercados de trabajo). Más tarde, incorporó nuevas ideas de la economía de la información para comenzar a estudiar la gestión de los empleados dentro de las empresas. Con el tiempo se fue refinando más y teniendo más éxito, y empezó a incorporar ideas, datos y temas de la psicología social y de la sociología de las organizaciones (hay que decir que la economía del personal está haciendo que estos campos también evolucionen). Por tanto, aunque nuestro enfoque y nuestro énfasis son económicos, es más acertado concebir este libro como el resultado de un activo debate entre las diferentes ciencias sociales que estudian los temas de la gestión y el fruto de la combinación de todas ellas.

Naturalmente, no se afirma con ello que este libro sea el principio y el fin del estudio en este campo. Para comprender perfectamente la gestión de los recursos humanos también hay que estudiar psicología. Este libro tampoco pretende ser la última palabra en el diseño de las organizaciones. Es más bien un buen complemento de los enfoques más tradicionales, y probablemente un nuevo enfoque para la mayoría de los estudiantes y los directivos de empresa.

¿A QUIÉN VA DESTINADO ESTE LIBRO?

Este libro tiene varias audiencias naturales. Su estudio sería muy útil para los universitarios (en la mayoría de los casos, bastante más que un curso tradicional de economía laboral). No sólo aprenderán y aplicarán ideas de la microeconomía, como la teoría de los incentivos, sino que también conocerán principios que les resultarán muy valiosos a lo largo de su carrera profesional.

Aunque el libro centra la atención en las políticas de personal y en el diseño de las organizaciones, no está escrito para los especialistas en recursos humanos. Los libros para especialistas describen *detalladamente* cómo se aplican las políticas de personal, cómo se diseña un plan de pensiones o cómo se evalúa el rendimiento. No obstante, el libro debería resultar también extraordinariamente útil para los especialistas en recursos humanos, ya que presenta una visión panorámica, a la vez estratégica y analítica, de las políticas de recursos humanos. Proporciona una perspectiva más general que resulta necesaria para luego centrar la atención en los detalles.

Ambos autores enseñamos a estudiantes de máster en Administración de Empresas y escribimos lógicamente este libro desde esa perspectiva. Permite analizar el diseño de las organizaciones en general, así como políticas concretas de recursos humanos. Dado que las personas que estudian un MBA tienden a convertirse en consultores, en ejecutivos o acaban dirigiendo ellos mismos organizaciones complejas, las cuestiones que se plantean y el enfoque que se utiliza aquí son extraordinariamente relevantes para quienes estudien un MBA. En el caso de los ejecutivos que cursen dichos estudios, el libro debería ayudarles a utilizar la experiencia adquirida, y el sentido común, para hacerlos aún más sabios y eficaces.

Visión panorámica del libro

El libro consta de tres apartados fundamentales, seguidos de una parte más breve con aplicaciones y análisis avanzados. Los tres primeros capítulos tal vez parezcan limitados en su alcance, pero es intencionado. Para desarrollar un enfoque riguroso es necesario simplificar y exponer cada idea minuciosamente. A medida que avanza el libro, se presentan análisis más elaborados. El libro desarrolla y acumula instrumentos capítulo a capítulo y apartado a apartado. Al final se presenta un modelo rico y complejo del diseño del personal y de las organizaciones. He aquí una breve visión panorámica del contenido de cada parte.

I. Seleccionar e invertir en los empleados
En la primera parte del libro, los empleados se conciben de una manera algo mecanicista: son factores de producción que pueden arrendarse o gestionarse exactamente igual que otros factores o activos. En esta parte del libro, los empleados tienen dos características importantes:

unas aptitudes innatas y unas cualificaciones que pueden adquirir estudiando o en el trabajo. En la medida en que tienen cualificaciones que son innatas, la cuestión fundamental consiste en seleccionarlos de manera que acepten trabajar en nuestra empresa y en los puestos adecuados. En la medida en que pueden aprender y mejorar su productividad, la cuestión fundamental es *invertir* en ellos.

En esta parte del libro concebimos la política de personal como un proceso: la selección del personal, la inversión en sus cualificaciones para que puedan ascender profesionalmente y la gestión de la rotación de los empleados. En los dos primeros capítulos analizamos cuestiones relacionadas con la selección del personal. El primero es un breve capítulo en el que vemos cómo las empresas deben establecer unas normas de contratación: fijar las características de los trabajadores que desean contratar. En el capítulo 2 continuamos con la cuestión de la contratación, centrando la atención en el grado en que las empresas deben invertir recursos en el proceso de selección y atracción del personal y en el modo en que puede estructurarse la oferta de empleo para que el resultado sea más eficaz.

En el capítulo 3 comenzamos a ver qué debe hacerse con los empleados una vez que están dentro de la organización. Desarrollamos un modelo para analizar la inversión en las cualificaciones de los empleados por medio de la formación (por parte de la empresa o en manos del empleado). Este análisis conduce a la pregunta de cómo se debe examinar la compleja relación económica entre el empleado y la empresa. Esta cuestión reaparece a lo largo del libro y se recupera al final.

En el capítulo 4 aplicamos los instrumentos económicos de los tres primeros capítulos. Estos instrumentos son importantes para comprender cómo la empresa puede gestionar eficazmente la rotación de sus empleados. El capítulo también muestra cómo unos sencillos instrumentos económicos pueden tener numerosas aplicaciones.

II. Diseño de las organizaciones y de los puestos de trabajo

A medida que avanza el libro, nuestro modelo de los empleados es más complejo. En esta parte, vemos qué hace realmente el empleado en el trabajo. Comenzamos en el capítulo 5 analizando las disyuntivas que se plantean en la toma de decisiones. Una idea importante que utilizamos aquí es que una organización tiene que resolver los mismos problemas que una economía, por lo que la metáfora de una economía que funciona bien es útil para analizar el diseño de las organizaciones. En este capítulo, utilizamos estas ideas para analizar los temas relacionados con la descentralización/centralización. En el capítulo 6 ampliamos este análisis a las cuestiones relacionadas con la estructura organizativa en general.

En el capítulo 7 llevamos el análisis al diseño del puesto de trabajo. La cuestión de la motivación de los empleados se convierte por primera vez en un tema fundamental. Analizamos la idea de la motivación intrínseca, a saber, que el tipo de trabajo que realiza el empleado tiene consecuencias importantes sobre el modo y la intensidad con que trabaja. En este capítulo presentamos una visión panorámica y una explicación de cómo ha evolucionado el diseño de los puestos de trabajo en las últimas décadas. También relacionamos la idea psicológica de la motivación intrínseca con la idea económica de la descentralización. Por último, en el capítulo 8 analizamos algunos temas avanzados del diseño de los puestos de trabajo, como los equipos y la influencia de la tecnología de la información en la estructura organizativa.

III. La remuneración basada en el rendimiento

En la tercera parte central del libro retomamos el tema de la motivación del capítulo 7. Centramos la atención en la motivación extrínseca, es decir, en la remuneración basada en el rendimiento. Agregamos a nuestra caja de herramientas la perspectiva de la teoría económica de los incentivos. En el capítulo 9 vemos cómo puede evaluarse el rendimiento del empleado y en el 10 cómo puede ligarse esa evaluación a las recompensas para conseguir un rendimiento mayor, así como los problemas de aplicación que surgen habitualmente.

El capítulo 11 constituye un puente entre ésta y la primera parte del libro. En él exploramos las relaciones entre la trayectoria profesional del empleado (como los ascensos) y la remuneración basada en el rendimiento. Por último, en el capítulo 12 aplicamos las ideas de esta parte a dos casos especiales, pero importantes, de remuneración basada en el rendimiento: las opciones sobre acciones para los empleados y la remuneración de los ejecutivos.

IV. Aplicaciones

Las tres primeras partes de este libro constituyen la materia central. En esta última parte, aplicamos las ideas desarrolladas en el libro a temas especiales que pueden resultar de interés a los diferentes lectores. En el capítulo 13 analizamos los beneficios sociales de los empleados y en el 14 el espíritu emprendedor fuera y dentro de la empresa o el modo de fomentar la innovación y la creación de valor tanto en las organizaciones nuevas como en las maduras.

En el capítulo 15 recuperamos un tema que planteamos por primera vez en el capítulo 3, a saber, los métodos implícitos y explícitos para redactar un contrato entre la empresa y sus empleados. El buen diseño de una organización tiene que prestar atención a políticas tanto formales como informales (por ejemplo, la evaluación de los empleados normalmente se basa tanto en medidas numéricas como en valoraciones subjetivas). Aquí ampliamos ese análisis. En el capítulo 15 también reunimos varios temas que hemos desarrollado a lo largo del libro, dando una perspectiva más general sobre el modo en que tratamos de ayudar al lector a analizar el diseño de las organizaciones. Este capítulo constituye, pues, una parte importante del mensaje global del libro y puede leerse después de los capítulos centrales si no se tiene tiempo de leer los capítulos 13 y 14.

Bibliografía

Lazear, Edward (1998), *Personnel Economics for Managers*, Nueva York, John Wiley & Sons.

Otras lecturas

Abrahamson, Eric (1996), "Management Fashion", *Academy of Management Review*, 2(1), págs. 254–285.

Becker, Gary (1976), *The Economic Approach to Human Behavior*, Chicago, University of Chicago Press.

Brown, Roger (1986), *Social Psychology*, Nueva York, Free Press.

Lazear, Edward (1995), *Personnel Economics*, Cambridge, MIT Press.

Agradecimientos

Este libro parte de nuestras investigaciones y de las de otros muchos autores. Estamos en deuda con todos los investigadores de este vibrante campo de la economía. Son varios los colegas que han influido especialmente en nuestro pensamiento a lo largo de los años. Entre ellos se encuentran Gary Becker, Michael Beer, Richard Hackman, Michael Jensen, Kenneth Judd, Kevin Murphy, Canice Prendergast, Melvin Reder, John Roberts, Sherwin Rosen y Robert Topel.

Un buen número de colegas han probado los borradores de este libro con sus estudiantes y por ello les damos las gracias. Hemos recibido observaciones especialmente detalladas de Wally Hendricks y Erik de Regt y de sus estudiantes, así como de Jed DeVaro, Maia Guell, Kathryn Ierulli y Tim Perri. Escribimos en parte este libro mientras Michael Gibbs era profesor visitante en la Aarhus School of Business de Dinamarca; ambos estamos agradecidos a nuestros numerosos colegas de esa institución. También son muchos los revisores lectores del manuscrito que nos han aportado inestimables comentarios sobre esta segunda edición. Entre ellos figuran Stephan G. Bronars de la Universidad de Texas (Austin); Charles H. Fay de Rutgers University; Marie T. Mora de la Universidad de Texas, Pan American; y Mark R. Frascatore, de la Clarkson University.

Nuestros alumnos de las Universidades de Chicago y Stanford y de la Fondation Nationale des Sciences Politiques (Sciences-Po), que han utilizado diversos borradores, nos han sido de gran ayuda e inspiración.

Por último, agradecer a nuestros ayudantes Thomas Chevrier, Kathryn Fitzgerald, Mario Macis, Maxim Mironov, Yi Rong, Load Shefi y Marie Tomarelli, las minuciosas y rigurosas observaciones que han realizado sobre todos y cada uno de los aspectos del libro.

PRIMERA PARTE

Seleccionar los empleados e invertir en ellos

En la primera parte de este libro, abordamos la cuestión de los empleados desde una perspectiva muy sencilla, bastante parecida a la que se adopta en biología: naturaleza o educación, *nature vs. nurture*. En nuestro contexto, los empleados aportan al centro de trabajo unas determinadas aptitudes innatas, como puede ser pensar de manera rápida o creativa o ser bueno con los números. Además, con el paso del tiempo adquieren nuevas habilidades resultado de la experiencia y de la formación en el trabajo.

Los temas de los que nos ocupamos en esta parte del libro son cómo seleccionar a los empleados en función de sus habilidades (innatas o adquiridas), cómo invertir para mejorar dichas habilidades y cómo gestionar su carrera en la empresa en función de su talento y de sus cualificaciones. La política de personal de una empresa puede concebirse como una especie de conducto por el que entran empleados, se desarrollan y promueven y finalmente salen. Ésta es la secuencia de esta parte del libro. En el resto, ampliamos nuestra perspectiva para examinar cuestiones como el trabajo que realizan, su motivación y la compleja relación de la empresa con sus empleados.

Al analizar estas cuestiones, desarrollamos algunos conceptos económicos importantes: la información asimétrica, la inversión y diferentes métodos de contratación.

La *información asimétrica* se refiere a las situaciones en las que las dos partes de una transacción económica (en nuestro caso, la empresa y el empleado) tienen diferente información relevante para la transacción.

La información asimétrica es un problema omnipresente en las economías y en las organizaciones (por ejemplo, información sobre las cualidades de una persona recién contratada; información sobre el esfuerzo que realiza un empleado en el trabajo). Su existencia tiende a generar ineficiencias, ya que lleva a tomar decisiones erróneas, crea riesgos o permite que una de las partes aproveche la ventaja que le da la información que posee para beneficiarse personalmente a costa de la eficiencia general.

Cuando analicemos la selección de personal, surgirá un problema de información asimétrica porque el empleado tiene más información que la empresa sobre su idoneidad para un puesto (a veces también puede darse el caso contrario). Ese problema plantea a la empresa un reto muy serio a la hora de contratar trabajadores. Veremos que un modo de resolverlo consiste en utilizar el principio económico de las *señales* que, bien empleado, anima al futuro empleado a utilizar la información que posee, no de manera estratégica, sino de manera constructiva. El principio de las señales tiene aplicaciones en muchos ámbitos de la empresa; aquí mencionaremos unos cuantos. Éste es un ejemplo que indica que los instrumentos económicos que empleamos en este libro tienen numerosas aplicaciones más allá de lo que es estrictamente la política de contratación.

El segundo instrumento económico que utilizamos es la idea de la inversión óptima. Los empleados y los empresarios pueden invertir en la mejora de sus habilidades y conocimientos. Para estudiar esta cuestión, utilizaremos las mismas ideas que desempeñan un papel fundamental en los cursos de finanzas.

Por último, veremos tres enfoques para analizar las transacciones económicas entre empresa y empleado, o sea, los contratos. Comenzaremos con el más sencillo: un mercado al contado en el que la empresa simplemente paga el precio de mercado de un empleado en cada momento del tiempo. Ésta es la visión convencional que se adopta en los cursos de introducción a la microeconomía. Sin embargo, para tratar de mejorar la selección del personal, pronto veremos que es necesario emplear *contratos* más complejos entre la empresa y el empleado que abarquen más de un periodo. Estos contratos también son *contingentes*; en este caso, dependen del rendimiento del empleado. Por último, en algunos casos veremos que el contrato entre la empresa y el empleado contiene elementos *implícitos* o informales, ya que no siempre es posible redactar contratos formales completos. Este enfoque constituye un marco muy útil para analizar de forma general la relación entre empresa y empleado e incluso para adentrarnos en algunas cuestiones más concretas como la cultura de la empresa. Al final del libro recuperaremos esas ideas.

Para empezar, veamos a grandes rasgos cuál es la estructura de esta primera parte del libro. La empresa desea que el rendimiento de sus empleados (la contribución que éstos hacen a los beneficios) sea lo mayor posible y que los costes laborales sean los más bajos. Esto exige buscar un equilibrio entre los dos objetivos. En los seis primeros capítulos de este libro, *dejamos de lado* los temas relacionados con la motivación de los empleados y simplificamos el problema suponiendo que el rendimiento de éstos depende de sus aptitudes innatas y de su nivel de cualificación adquirido (que llamaremos capital humano).

En los capítulos 1 y 2, vemos cómo se selecciona el personal en función de sus aptitudes y sus cualificaciones y en el 3 cómo se invierte en capital humano. En el 4 aplicamos los instrumentos de los capítulos 1 a 3 a las cuestiones relacionadas con la rotación de los empleados. Eso no sólo nos permitirá realizar un útil análisis de las cuestiones relacionadas estrictamente con la rotación sino que mostrará, además, que los instrumentos del análisis también pueden servir para aclarar otras cuestiones.

1 Cómo establecer unas normas de contratación

Cuando trabajas junto a alguien que hace las cosas
bien, tus propios niveles de exigencia aumentan.
—Ritchie Blackmore, 1973

En este capítulo, nuestro objetivo es doble: introducir el tema de la selección de personal al mismo tiempo que planteamos el enfoque económico que utilizamos en el libro. Introduzcamos ambos con un ejemplo.

Ejemplo: contratar a trabajadores de riesgo

Las contrataciones de empleados como opciones
Imaginemos que un banco de inversiones tiene que elegir entre dos candidatos para cubrir un puesto. Garrido tiene un currículum parecido al de la mayoría de los solicitantes que entrevistamos: posee una licenciatura en economía, unos cuantos años de experiencia como analista financiero, un máster en administración de empresas especializado en finanzas y ha trabajado en un empleo de verano en un banco de inversiones. Pensamos que su productividad es extraordinariamente predecible y que puede producir por valor de 200.000 euros al año. Estévez tiene, sin embargo, un currículum muy poco corriente en comparación con el de los demás solicitantes. Posee un buen historial y parece que bastante talento, pero no tiene mucha experiencia en el campo de la banca de inversiones. Por tanto, pensamos que su éxito es mucho

menos predecible. Puede resultar que sea una estrella, en cuyo caso producirá 500.000 euros al año, pero también puede resultar que sea un desastre y que, de hecho, ocasione a la empresa unas pérdidas de 100.000 euros al año. Supongamos que estos dos resultados de Estévez son igual de probables (tienen un 50 por ciento de probabilidades). En ese caso, la producción (media) que *esperamos* que genere Estévez en un año dado es exactamente igual que la de Garrido:

Producción que esperamos que genere Estévez:
$$1/2 \times 500.000 \text{ euros} - 1/2 \times 100.000 \text{ euros} = 200.000 \text{ euros}$$

Si el coste (los salarios, los beneficios sociales, etc.) de los dos empleados es el mismo, ¿a cuál es mejor contratar? Tal vez parezca que la respuesta es contraria a lo que diría la intuición, pero normalmente la empresa debería contratar al trabajador de *mayor riesgo*.

Supongamos que podemos esperar que tanto Estévez como Garrido trabajen 10 años en la empresa. Supongamos, además, que se tarda todo un año en saber si Estévez es o no una estrella. El sueldo es de 100.000 euros al año; supongamos por el momento que éste será el sueldo durante un futuro previsible[1]. En ese caso, Garrido genera a la empresa unos beneficios de 100.000 euros, lo que hace un valor total de 1 millón de euros durante 10 años. La rama superior de la figura 1.1 muestra esta opción.

Figura 1.1. Contratar a un trabajador de riesgo o a un trabajador predecible

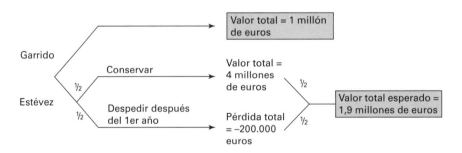

---

[1] En este ejemplo, no tenemos en cuenta las cuestiones relacionadas con el valor actual y suponemos que el tipo de interés es cero para simplificar el análisis. La intuición del problema no cambia si utilizamos valores actuales descontados. Asimismo, todos los ejemplos de este libro se basan en cifras ajustadas para tener en cuenta la inflación, ya que ésta no afecta a las conclusiones.

El banco puede contratar, por el contrario, a Estévez. Estévez es una estrella con una probabilidad de 1/2, que produce 500.000 euros al año y la empresa obtiene unos beneficios de 400.000 euros si la emplea durante 10 años, lo que hace un total de 4 millones de euros. Hay una probabilidad de 1/2 de que la empresa pierda dinero con Estévez. En ese caso, puede despedirla al final del año, en cuyo caso la pérdida total, incluido su sueldo, es de 200.000 euros. Estos dos resultados son las ramas restantes de la figura 1.1. Por tanto, el beneficio esperado de contratar a Estévez es:

Beneficio esperado de contratar a Estévez
$$= 1/2 \times 4.000.000 \text{ euros} - 1/2 \times 200.000 \text{ euros} = 1.900.000 \text{ euros}$$

¡Es, pues, casi el doble de rentable contratar a Estévez que contratar a Garrido! Aunque los dos candidatos tengan el mismo valor esperado, Estévez vale mucho más. La empresa puede conservarla si resulta que es una buena empleada y despedirla si resulta ser mala. La empresa tiene la opción de despedir a los trabajadores malos y de conservar a los buenos.

Éste es el argumento que se esgrime a veces para contratar a trabajadores con potencial en lugar de trabajadores más normales. Con el trabajador normal, la empresa obtiene un empleado sólido. Con el trabajador de riesgo, la empresa puede encontrarse con que ha cometido un error, aunque puede remediarlo relativamente deprisa. También puede encontrarse con que tiene un diamante en bruto.

Este sencillo ejemplo puede resultar bastante sorprendente a muchos estudiantes, ya que parece que está en contradicción con la idea intuitiva de que si los valores esperados son iguales, el riesgo siempre es algo malo. Sin embargo, el riesgo no es algo malo en el caso de opciones reales como la contratación de empleados. Éste es un excelente ejemplo, ya que muestra que el análisis económico puede ayudar a tomar mejores decisiones. En este caso, lo que nos dicta la intuición no es la respuesta correcta.

Análisis

El análisis que hemos desarrollado sugiere otros factores que son importantes para saber si una empresa debe o no arriesgarse a contratar a un empleado de riesgo.

Riesgo de pérdida

El valor de arriesgarse a contratar a un candidato de riesgo puede ser tan grande que a menudo resulta la estrategia mejor, aunque el valor esperado anual del trabajador seguro sea más alto. Aunque Estévez fuera un absoluto desastre y destruyera 1.000.000 euros de valor con una probabilidad de 1/2, habría compensado arriesgarse. Sin embargo, cuanto mayor sea la posibilidad de que un empleado destruya valor, menos probable es que sea ventajoso arriesgarse a contratarlo.

Potencial de ganancia

Estévez es valiosa porque puede generar elevados beneficios si resulta ser una estrella. Cuanto mayores sean los beneficios, mayor es el valor potencial de un empleado de riesgo. Por tanto, en los puestos de trabajo en los que un pequeño aumento del talento genera un gran aumento de la creación de valor, la contratación de trabajadores de riesgo es incluso más valiosa (siempre que no aumente también el riesgo de pérdida). Pensemos en un empresario que está montando un nuevo equipo de dirección. Hay poco que perder, pero también puede haber mucho que ganar. En ese caso, tendrá más sentido arriesgarse a contratar a un candidato de riesgo.

Costes del despido

Cuanto más caro sea despedir a un trabajador, más caro es un candidato de riesgo. No obstante, puede compensar contratar al trabajador de riesgo y despedirlo si resulta que no encaja, aunque los costes de despido sean altos. En la mayoría de los países, las empresas no pueden despedir a los trabajadores a voluntad. Las restricciones legales o sociales pueden hacer que la opción de despedir a un trabajador después de un año tenga costes. Consideremos el caso extremo en que el contrato es indefinido. Si la empresa es neutral ante el riesgo (está dispuesta a aceptar cualquier riesgo, siempre y cuando los valores esperados sean iguales), en la medida en que la productividad esperada de Estévez sea igual o mayor que la de Garrido, será rentable contratar a Estévez. En términos más generales, los beneficios que se obtienen si resulta que Estévez es una estrella son tan altos que a menudo merece la pena contratarla aunque los costes de despido sean altos.

Aversión al riesgo

Si la empresa tiene aversión al riesgo, aun así puede ser óptimo contratar a Estévez. Ahora Estévez tiene unos costes distintos para la empresa, ya que es una empleada de riesgo. Sin embargo, las diferencias de productividad esperada son bastante grandes y deberían compensar con creces los niveles normales de aversión al riesgo.

UN PROBLEMA DE EJECUCIÓN

El tema de la aversión al riesgo plantea una cuestión interesante. Cuando se enseña este ejemplo a los directivos y a los expertos en recursos humanos, normalmente rechazan sus conclusiones, aduciendo que ellos contratarían de una manera más conservadora. ¿Por qué? ¿Está equivocada la teoría o están equivocados los directivos? Posiblemente ninguno de los dos. Lo que ocurre es que el análisis se realiza suponiendo que la empresa es relativamente neutral ante el riesgo. Sin embargo, los responsables de tomar decisiones normalmente tienen aversión al riesgo y eso influye en las mismas. Por ejemplo, no es extraño que piensen que se les criticará o se les evaluará mal si contratan a un mal candidato para el puesto. Cuanta más aversión al riesgo tengan, más estarán sus decisiones orientadas a evitar ese resultado.

En la medida en que la aversión de un directivo al riesgo es diferente de la de un empresario, se trata de un *problema de incentivos* o de un conflicto de intereses. Este tema se abordará en los capítulos 9 a 12. Entretanto, si los encargados de contratar son demasiado conservadores, una posible solución sería evitar juzgarlos cuando se equivocan al contratar a una persona. Otra sería asignar la responsabilidad de la selección de personal a directivos menos conservadores.

Duración del periodo de prueba

El tiempo que se tarda en saber si Estévez es una estrella o un desastre afecta al valor de la contratación de un candidato de riesgo. Si se tardan 10 años en saberlo, no tiene ningún valor en nuestro ejemplo contratar a Estévez. Si sólo se tarda un año, la empresa puede limitar el coste de una contratación desastrosa a un solo año de pagos de salario y de baja productividad.

Duración del empleo

El valor de contratar a Estévez sería aún mayor si la empresa pudiera tenerla empleada durante más de 10 años. Por ejemplo, si Estévez tuviera 30 años al ser contratada y permaneciera en la empresa (a cambio del mismo sueldo) hasta que se jubilara, los beneficios que se obtendrían contratándola serían de 14 millones de euros si fuera una estrella (400.000 euros al año × 35 años). Eso induce a pensar que el valor de un nuevo empleado de riesgo normalmente es mayor cuanto más joven es ese empleado y cuanto menor es la rotación en la empresa (por lo que los empleados tienden a permanecer más tiempo en la empresa).

Contraargumento

Nuestras conclusiones sólo son buenas en la medida en que lo son los supuestos en que se basan. Un elemento crucial de nuestro enfoque económico para estudiar la selección de personal es el de preguntarse cuándo son válidos o no los supuestos de que partimos y qué ocurriría si variaran. En el modelo anterior, la conclusión se basa principalmente en un supuesto fundamental: que podemos obtener beneficios cuando encontramos un empleado estrella. Reconsideremos este supuesto.

Si resulta que Estévez es una estrella, ¿es seguro suponer que vamos a poder continuar pagándole 100.000 euros? ¿No trataría ella de negociar un sueldo más alto? ¿Podrían tratar otras empresas de arrebatárnosla? ¿Qué ocurriría con nuestro argumento si ocurriera eso?

Estas preguntas traen a colación una consideración crucial en este libro: la empresa siempre tiene que hacer una oferta de empleo igual al valor de mercado que tiene el empleado en otras empresas. Más concretamente, la empresa ofrece un *paquete* de empleo con muchas características, entre las cuales se encuentran el tipo de trabajo, el grado de esfuerzo necesario para realizarlo, el nivel de formación, la remuneración y otros beneficios sociales, la posibilidad de ascender y la seguridad del empleo. El empleado tiene que considerar todos los elementos del paquete cuando valora el puesto y compararlo con otros puestos que ofrecen las empresas rivales. Las empresas tienen que asegurarse de que sus ofertas de empleo son iguales a las de las empresas rivales en cuanto a remuneración y otras características.

Centremos de momento la atención en la remuneración y la productividad para simplificar el análisis. Supongamos que otras empresas pueden observar la productividad de Estévez. Supongamos, además, que su productividad como estrella o como desastre sería la misma en cualquier otro banco de inversiones. Estos supuestos de partida son razonables en el caso de la banca de inversiones; el trabajo a menudo es bastante público y parecido en la mayoría de estas empresas.

Si eso es así y si Estévez demuestra ser una estrella, otros bancos de inversiones estarán dispuestos a pagarle más de 100.000 euros al año. De hecho, deberían estar dispuestos a pagarle hasta 500.000 al año, ya que ésa es su productividad. La competencia existente en el mercado de trabajo tenderá a hacer que los beneficios que obtienen los empresarios rivales contratando a Estévez sean cero.

Si Estévez es un desastre, ningún banco de inversiones debería estar dispuesto a contratarla. Es probable que encuentre un empleo mejor en otro sector en el que su productividad no sea negativa.

¿Qué beneficio obtiene nuestra empresa en este caso contratando a Estévez? Ninguno. Para conservarla si es una estrella, tiene que competir con otras empresas y debe acabar pagando alrededor de 500.000 euros al año. En otras palabras, nuestra conclusión de que compensaría contratar a un candidato de riesgo se basaba en la posibilidad de obtener beneficios contratando a Estévez si resultaba ser una estrella.

¿Cómo podemos beneficiarnos contratando a Estévez? Existen dos posibilidades.

Información asimétrica

Las empresas rivales puede que no consigan averiguar la productividad de Estévez, al menos no inmediatamente. Aunque los resultados en una banca de inversiones a menudo son bastante públicos, una parte no lo es y, además, el trabajo generalmente se realiza equipo con lo que es más difícil destacar a un trabajador. En consecuencia, las empresas rivales pueden tener dificultades para estimar la contribución personal de Estévez. Eso significa que en los sectores en los que la productividad sea menos individual y menos pública, es más probable que merezca la pena contratar a un candidato de riesgo. Además, en la medida en que nuestra empresa pueda retrasar la capacidad del mercado de trabajo para averiguar quiénes son nuestras estrellas, puede beneficiarse de la ventaja que da poseer esta información. Por tanto, nuestra empresa puede querer evitar que se sepa cuál es la contribución de Estévez.

La cuestión de la información asimétrica es una de las ideas económicas fundamentales que se utilizan en este libro. Cuando una de las partes tiene información relevante de la que carece la otra, surgen situaciones de lo más interesantes. Por ejemplo, si una empresa tiene problemas para distinguir entre los mejores y los peores candidatos a un puesto de trabajo, eso podría llevar a una mala selección del personal con lo cual convendrá adoptar un enfoque distinto para contratar a los trabajadores (enfoque que analizaremos en el capítulo 2). El problema de los incentivos constituye un ejemplo muy importante de asimetría de la información; surge cuando la empresa no puede controlar perfectamente lo que hace el empleado.

Productividad específica en una empresa

La productividad de Estévez puede ser mayor en nuestra empresa que en otras. Si eso es cierto, Estévez puede ser una estrella en nuestra empresa, pero no tanto o en absoluto en otras. En ese caso, las empresas rivales no llegarán a pagar a Estévez su valor de mercado, por lo que nuestra empresa puede beneficiarse contratándola. En el capítulo 3, analizaremos dos importantes razones por las que la productividad de Estévez puede ser más alta en nuestra empresa que en otras: el equipo o el capital humano propios de la empresa. Cuanto más importante sea cualquiera de las dos, más probable es que sea rentable contratar a un candidato de riesgo.

Una última cuestión: aunque se obtengan beneficios contratando a Estévez en comparación con lo que ésta podría ganar en otras empresas, hay que preguntarse cómo se reparten esos beneficios entre Estévez y la empresa. Eso plantea la cuestión de la negociación. Aunque en este libro no centraremos la atención en ese tema, lo analizaremos brevemente en el capítulo 3, cuando veamos cómo se reparten las inversiones en capital humano específico de la empresa.

INUSITADO MÉTODO DE SELECCIÓN DE GOOGLE

Google, destacado motor de búsqueda en Internet, compite con muchas empresas de alta tecnología por el talento. Quiere empleados de talento, creativos que encajen en su cultura informal y amante de la tecnología. Para distinguirse de otras empresas que buscan empleados, a veces utiliza métodos poco habituales.

En una ocasión, insertó un test de «aptitud» en revistas de tecnología, que contenía preguntas del tipo «¿De cuántas formas se puede colorear con tres colores un icosaedro utilizando un color en cada cara?» En otro caso, colocó carteleras que decían solamente, «(primer número primo de 10 dígitos encontrado en dígitos consecutivos de e).com». La respuesta correcta llevaba a una página web que buscaba currículos de solicitantes de empleo[2].

---

[2] Un icosaedro tiene 20 caras, por lo que podemos colorearlo con 3 colores hasta de 3^{20} formas (permitiendo algunas que sólo utilizan 1 o 2 colores). Eso es igual a 3.486.784.401. El primer número primo de 10 dígitos en dígitos consecutivos de e es 7.427.466.391.

Esas tácticas tienen tres objetivos. Uno es suministrar información a los aspirantes sobre el tipo de candidato que encaja en Google. Otro es marcar la pauta a los futuros empleados, ya que Google tiene una característica cultura corporativa. El proceso de selección es una situación crucial para empezar a definir el contrato implícito, concepto que se analiza en capítulos posteriores. Por último, estas tácticas logran que Google sea objeto de valiosa atención en la prensa y en los libros de texto.

Fuente: *Straits Times* (Singapur), otoño de 2004.

El ejemplo de los contratos de riesgo es una buena introducción al enfoque económico para estudiar el tema de los recursos humanos. En las páginas anteriores hemos utilizado un modelo muy sencillo para examinar una decisión compleja. Este modelo es útil para discutir cuestiones que resultan de gran importancia en la selección de personal. Una vez establecida la estructura de esta forma de análisis, hemos podido estudiar el problema formalmente, expresando incluso algunas ideas importantes en unas cuantas ecuaciones sencillas. Las ecuaciones pueden ser un medio eficaz para expresar rigurosamente nuestras ideas. Utilizaremos esta técnica a lo largo libro.

La simplificación de un problema complejo permite resolverlo más fácilmente y obtener respuestas concretas. Naturalmente, si se simplifica demasiado o excesivamente poco, las respuestas pueden ser erróneas, por lo que hay que tener cuidado. Pero los modelos económicos sencillos, cuando se aplican inteligentemente, pueden propiciar unos análisis a la vez convincentes y prácticos.

Cuando en este libro analicemos cuestiones de organización, veremos que aparece una y otra vez la misma serie de ideas económicas. Al final del libro, tendremos una caja de herramientas económicas con las que podrá analizar todo tipo de problemas de recursos humanos. Veremos ejemplos en el capítulo 4, en el que utilizamos los principios examinados en los tres primeros capítulos para analizar algunas políticas concretas de personal. Los conceptos económicos que hemos empleado para examinar la contratación de trabajadores de riesgo son la competencia en el mercado de trabajo (por los empleados); los precios (los sueldos); la información asimétrica; y los incentivos. Este territorio les resultará conocido a los que hayan estudiado economía: no es más que el análisis microeconómico habitual aplicado al modo en que se organizan las empresas y contratan a sus empleados.

Establecer unas normas de contratación

Retrocedamos ahora y pensemos qué normas de contratación le gusta-ría a la empresa establecer, antes de comenzar realmente a seleccionar empleados. Centraremos la atención en un caso muy sencillo para extra-er algunas ideas intuitivas que resultarán muy útiles. Conviene suponer en el análisis siguiente que el único objetivo de la empresa es maximi-zar sus beneficios. Suponemos también que no tiene limitaciones para contratar tantos trabajadores como desee. Por último, también supone-mos que el precio al que la empresa vende su producto y el precio por hora que paga a sus empleados son constantes.

Sopesar los beneficios y los costes

Los directivos a menudo afirman que su objetivo al contratar es el de conseguir los mejores trabajadores. Parece una buena idea, pero ¿lo es? Es probable que los trabajadores más productivos también sean los más caros. ¿El objetivo no debería ser contratar a los trabajadores menos caros? Esta cuestión se resuelve con un sencillo análisis.

Examinemos los datos hipotéticos de productividad de la tabla 1.1. Estos datos indican que los titulados universitarios son alrededor de un 28 por ciento más productivos que las personas que sólo tienen estu-dios secundarios.

Tabla 1.1. Productividad y educación de empleados hipotéticos

Identificativo del trabajador	Ventas mensuales	Nivel de estudios
A	100.000	Estudios secundarios
B	108.333	Estudios universitarios
C	125.000	Estudios secundarios
D	125.000	Estudios secundarios
E	133.333	Estudios universitarios
F	141.667	Estudios secundarios
G	166.667	Estudios universitarios
H	175.000	Estudios universitarios
I	175.000	Estudios universitarios
J	181.333	Estudios universitarios

Media, estudios secundarios = 122.917 dólares
Media, titulado universitario = 156.944 dólares

Examinemos ahora los datos de la tabla 1.2 que se refieren a los salarios mensuales que perciben en Estados Unidos las personas que tienen estudios secundarios y los titulados universitarios. Los titulados universitarios cuestan más que las personas que tienen estudios secundarios.

Tabla 1.2. Salarios de las personas que tienen estudios secundarios y de los titulados universitarios, Estados Unidos

	Salario mensual		
Año	*Estudios secundarios*	*Estudios universitarios*	*Cociente*
1990	2.184	3.092	1.42
1991	2.200	3.050	1.39
1992	2.157	2.978	1.38
1993	2.149	3.100	1.44
1994	2.146	3.110	1.45
1995	2.169	3.142	1.45
1996	2.105	3.145	1.49
1997	2.105	3.024	1.44
1998	2.191	3.225	1.47
1999	2.188	3.393	1.55
2000	2.226	3.310	1.49
2001	2.221	3.381	1.52
2002	2.220	3.519	1.59
2003	2.264	3.610	1.59
2004	2.260	3.477	1.54
2005	2.174	3.511	1.62
2006	2.198	3.455	1.57

Los salarios están expresados en dólares de 2007.
Fuente: *U.S. Current Population Survey*.

Si la empresa tuviera que pagar a sus trabajadores aproximadamente los salarios que muestra la última fila de la tabla 1.2, sería rentable emplear tanto a una persona con estudios secundarios como a un titulado universitario (en un análisis completo añadiríamos otros costes de emplearlos, como los beneficios sociales, el espacio para trabajar, etc.; este ejemplo se simplifica para centrar la atención en el planteamiento general). Pero sería más rentable emplear a un titulado universitario que emplear a una persona con estudios secundarios:

Beneficios mensuales generados por la contratación de una persona que tiene estudios secundarios = 122.917 dólares – 2.198 dólares = 120.719 dólares

Beneficios mensuales generados por la contratación de un titulado universitario = 156.944 dólares – 3.455 dólares = 153.489 dólares

Sin embargo, este análisis es engañoso. Supongamos que nuestra empresa quiere contratar suficientes trabajadores para facturar mensualmente por valor de 1 millón de dólares. Para eso necesitaría 6,4 titulados universitarios, con un coste de 22.112 dólares, u 8,1 personas con estudios secundarios, con un coste de 17.804 dólares[3]. Sería por tanto más rentable emplear personas con estudios secundarios, ya que su coste por unidad de producto es más bajo. Representando el salario y la producción por medio de las letras *W* y *Q*, respectivamente, y suponiendo que los subíndices se refieren a las personas que tienen estudios secundarios y estudios universitarios,

$$\frac{W_S}{Q_S} < \frac{W_U}{Q_U}$$

En este ejemplo, las personas que tienen estudios secundarios cuestan alrededor de 18 dólares por 1.000 dólares de facturación mensual, mientras que los titulados universitarios cuestan alrededor de 22. En la medida en que se cumpla la expresión, es más rentable contratar personas con estudios secundarios y viceversa. El empleado más eficaz desde el punto de vista de los costes es el que tiene el menor cociente entre el salario y la producción. La empresa debe elegir este tipo y contratar el número suficiente de ellos para obtener el nivel deseado de producción.

Este ejemplo ilustra dos principios económicos sencillos, pero importantes. El primero es *sopesar siempre los costes y los beneficios*. En este ejemplo, hay que sopesar el deseo de tener trabajadores de elevada calidad con su coste más alto. Muchas cuestiones se reducen a calcular los beneficios y los costes de una determinada decisión.

---

[3] No le preocupe al lector el hecho de que sea necesario contratar una fracción de trabajador. Es posible contratar una fracción de trabajador contratándolo a tiempo parcial o asignándole otras tareas durante una parte del tiempo. Además, cuanto mayor sea la escala de operaciones de la empresa, menos importantes son las cuestiones de indivisibilidad.

El segundo principio general es *comparar siempre una opción con su mejor alternativa.* En este caso, los titulados universitarios son rentables, pero menos que las personas con estudios secundarios. Una vez que tenemos eso en cuenta, los titulados universitarios dejan de ser rentables en comparación con nuestra otra opción.

SELECCIÓN DE PERSONAL EN DAYS INNS

Days Inns of America, franquicia de hoteles, tradicionalmente cubría los puestos de su centro de reservas con empleados jóvenes que estaban dispuestos a trabajar a cambio del salario mínimo. El personal atendía las llamadas de teléfono de las personas que deseaban hacer una reserva y las registraba. Sin embargo, los salarios de este grupo de edad y de experiencia comenzaron a subir debido a la escasez de trabajadores poco cualificados, por lo que Days Inns decidió revisar su política de contratación para cubrir estos puestos.

La dirección se dio cuenta de que el carácter sedentario del trabajo era perfecto para los trabajadores mayores. Además, éstos eran una mano de obra fácil de conseguir que se podía contratar a cambio de un salario sólo algo más alto que el de los trabajadores jóvenes, una vez incluidos los costes de formación y demás.

¿Qué ocurrió? Si consideramos en este caso que la productividad es una combinación de la duración media de las llamadas y el número de reservas realizadas, los trabajadores mayores hablaban más tiempo por teléfono, pero hacían más reservas. Como la proporción de llamadas que se traducía en reservas reales era mayor, eso compensaba con creces su duración adicional. El cociente entre el sueldo de los trabajadores mayores y su productividad era menor, por lo que eran una mano de obra más eficaz desde el punto de vista de los costes. Los ahorros fueron incluso mayores, ya que la tasa de rotación de estos trabajadores resultó ser significativamente más baja.

Fuente: McNaught & Barth (1992).

Competencia extranjera

Este análisis es útil para examinar la globalización de los mercados de trabajo y el papel de la competencia extranjera. A menudo se dice que los países que tienen unos bajos costes laborales llevan a la quiebra a las empresas de los países que tienen elevados costes laborales. ¿Es eso cierto? La tabla 1.3 muestra cifras representativas de remuneración y productividad (el PIB, el producto interior bruto) de algunos países. México es el país en el que más bajos son los costes laborales, mientras que Noruega es el país en el que son más altos. Sin embargo, la verdadera cuestión no es si la mano de obra es más barata sino si es más eficaz desde el punto de vista de los costes. Por ejemplo, los costes laborales de Japón figuran entre los más elevados, pero su productividad es la más alta. De hecho, Japón tiene el segundo coste laboral más bajo por dólar de productividad. Una empresa que tuviera la posibilidad de elegir entre contratar trabajadores japoneses o contratar trabajadores argentinos preferiría los trabajadores japoneses, que son más caros, pero también más productivos.

Tabla 1.3. Productividad y remuneración de los trabajadores de la industria manufacturea, algunos países

	PIB por trabajador	*Salario anual, industria manufacturera*	*Coste por $ de PIB*
México	15.964	5.743	0,360
Japón	78.065	33.573	0,430
Nueva Zelanda	40.690	18.067	0,444
Argentina	22.399	9.973	0,445
Noruega	85.923	38.447	0,447
Estados Unidos	75.571	34.682	0,459
Suecia	55.680	27.371	0,492
Australia	45.357	25.266	0,557
Reino Unido	54.848	36.234	0,661
Sudáfrica	7.880	7.828	0,993

Media 2000-2002, en dólares de 2005.
Fuente: Naciones Unidas.

Estas cifras pretenden ser sólo ilustrativas[4]. Aun así, muestran claramente que la mano de obra barata no es necesariamente la mano de obra de bajo coste. Asimismo, la mano de obra muy productiva no es necesa-

---

[4] Las cifras pueden contener un error de agregación. Los salarios se refieren a la industria manufacturera, pero la productividad a la economía en su conjunto.

riamente la mano de obra más rentable. Hay que tratar de que el coste por unidad de producto sea bajo, independientemente de que lo sea porque los salarios son bajos o porque la productividad es alta o por ambas cosas a la vez.

El método de producción

Hasta ahora hemos procedido como si la producción fuera independiente de los compañeros de trabajo. En realidad, la productividad de los trabajadores depende de sus compañeros de trabajo. A continuación examinamos tres casos que representan diferentes procesos de producción para ver cómo afecta el método de producción a nuestro análisis. En el primero, la producción de un trabajador es independiente de sus compañeros de trabajo. En el segundo, depende de las cualificaciones de sus compañeros de trabajo. En el tercero, depende del capital que utiliza en el trabajo.

1. La productividad es independiente de los compañeros de trabajo

Un directivo describe la producción de su unidad de la forma siguiente:

> *Mi equipo es el personal de ventas. Cada vendedor trabaja independientemente. La organización está formada por mi personal de ventas y yo. ¿Qué tipo de trabajador debo contratar?*

En este ejemplo, las ventas de cada trabajador dependen únicamente de sus propias aptitudes y esfuerzo, no de los esfuerzos de los demás vendedores. Este caso encaja perfectamente en la situación que hemos descrito antes, por lo que la elección entre titulados universitarios o con estudios secundarios es precisamente la elección a la que hemos prestado atención hasta ahora. Como mejor observamos la sencillez de este caso es comparándolo con el siguiente ejemplo.

2. La productividad depende de los compañeros de trabajo

Un segundo directivo describe su producción del modo siguiente:

> *Esta empresa fabrica pequeños electrodomésticos. Nos parece mejor tener dos tipos de trabajadores. Los que tienen estudios secundarios son más baratos y más eficaces a corto plazo desde el punto de vista de los costes, pero observamos que no podemos mantener sus niveles de cualificación si no los mezclamos con algunos titulados universitarios. Se les olvida lo que sabían. Los titulados universi-*

tarios los mantienen despiertos. Por tanto, nos gusta tener los dos tipos de trabajadores. El problema es que no estoy seguro de qué proporción debemos tener de cada uno.

En este ejemplo, los trabajadores interactúan unos con otros. Este caso es mucho más habitual que el primero, ya que en la mayoría de los centros de trabajo muchos trabajos son interdependientes. Los titulados universitarios influyen en la producción de los trabajadores que tienen estudios secundarios y viceversa. Como los titulados universitarios no sólo producen electrodomésticos sino que también acaban haciendo de profesores a tiempo parcial, una parte de su producción consiste en su influencia en los trabajadores con estudios secundarios.

El análisis anterior sigue siendo válido, pero la producción debe definirse cuidadosamente. Cuando se calcula la productividad de los titulados universitarios, hay que tener también en cuenta el número de trabajadores con estudios secundarios. La tabla 1.4 contiene un ejemplo del tipo de información necesaria.

Tabla 1.4. Productividad (por trabajador) de las personas que tienen estudios secundarios y de los titulados universitarios que trabajan juntos

		Número empleado de titulados universitarios					
		100	*110*	*120*	*130*	*140*	*150*
		Producción					
Número	*100*	63,1	66,8	70,4	73,9	77,2	80,5
empleado	*110*	64,9	68,8	72,4	76,0	79,5	82,8
de personas	*120*	66,6	70,6	74,4	78,0	81,6	85,0
que tienen	*130*	68,3	72,3	76,2	79,9	83,5	87,1
estudios	*140*	69,8	73,9	77,9	81,7	85,4	89,0
secundarios	*150*	71,3	75,5	79,5	83,4	87,2	90,9

Es fácil ver que la producción de un titulado universitario depende del número de trabajadores que tienen estudios secundarios. Por ejemplo, si hay 100 de cada tipo, la producción total es de 63,1 unidades. Si se eleva el número de titulados universitarios de 100 a 110, el aumento de la producción es de 3,7 unidades. Sin embargo, si hay 150 trabajadores que tienen estudios secundarios, el aumento que experimenta la producción total si se incrementa el número de titulados universitarios de 100 a 110 es de 4,2. El aumento que experimenta la producción total cuando se contratan 10 titulados universitarios más es mayor cuando hay más trabajadores con estudios secundarios. Como los titulados universitarios forman a los trabajadores que tienen estudios secundarios, sus servicios son más valiosos cuando la empresa tiene más «estudiantes» potenciales para que los formen. Cuantos más trabajadores que tienen estudios secundarios hay en la plantilla, mayor es el valor de contratar a más titulados universitarios.

Asimismo, cuanto más valiosos sean los trabajadores que tienen estudios secundarios, más titulados universitarios se emplearán. Las personas con estudios secundarios son más valiosas cuando el «aula» en la que aprenden está menos llena. Por tanto, la empresa quiere encontrar el equilibrio entre el número de titulados universitarios y el número de trabajadores que tienen estudios secundarios. Este ejemplo pone de manifiesto la importancia de la relación entre los trabajadores. Puede formularse de la manera siguiente: *cuando los trabajadores interactúan en el trabajo, la contribución de un trabajador a la producción incluye su influencia en la producción de los compañeros de trabajo. Por tanto, cuando la producción es interdependiente, merece la pena contratar trabajadores que tengan un nivel de estudios más alto.*

3. La productividad es independiente de los compañeros de trabajo, pero depende del capital. Un tercer directivo describe el proceso de producción de la manera siguiente:

> *Somos una gran empresa de prendas de vestir en la que nuestras camisas de etiqueta de caballero se producen en una fábrica que se encuentra en Malasia. Cada trabajador utiliza una máquina de coser, cuyo alquiler nos cuesta 7,50 dólares al día. Podemos utilizar mano de obra cualificada, que produce una media de 4 camisas al día, o mano de obra profesional, que produce una media de 6 camisas al día. La mano de obra cualificada cuesta 7,50 dólares por hora y la mano de obra profesional cuesta 12 dólares por hora. La empresa de máquinas de coser dice que nos alquilará una nueva máquina que duplica la producción por trabajador, pero el alquiler de esta máquina mejor cuesta 16,50 dólares al día. ¿Debo alquilar la nueva máquina? ¿Qué tipo de trabajadores debo contratar?*

El análisis es fácil una vez que se reúnen los datos pertinentes, como en la tabla 1.5. Consideremos en primer lugar las viejas máquinas. Sin examinar la tabla, el directivo podría tener la tentación de no alquilar las nuevas, ya que aunque duplican la productividad, cuestan más del doble que las viejas. Pero en ese caso no tendría en cuenta el hecho de que para producir una camisa hace falta tanto máquinas como mano de obra. El alquiler de una nueva máquina duplica con creces el coste de capital, pero no duplica el coste total. No cabe duda de que la empresa debe utilizar las nuevas máquinas.

Tabla 1.5. Análisis de la productividad utilizando máquinas nuevas o viejas

	Producción	Coste laboral (€)	Coste de capital (€)	Coste total (€)	Coste/ Producción (€)
Máquinas viejas					
Cualificados	4	60,00	7,50	67,50	16,88
Profesionales	6	96,00	7,50	103,50	17,25
Máquinas nuevas					
Cualificados	8	60,00	16,50	76,50	9,56
Profesionales	12	96,00	16,50	103,50	9,38

Además, dado que la empresa está utilizando las nuevas máquinas, debe contratar trabajadores profesionales en lugar de trabajadores cualificados. Cuando se utilizan máquinas antiguas, el coste por camisa es más alto con profesionales que con mano de obra cualificada. Pero cuando se utilizan las nuevas máquinas, el coste por camisa es más bajo con profesionales que con mano de obra cualificada. Cuando se emplea capital caro, puede ser más barato emplearlo intensivamente.

Los profesionales utilizan las máquinas más eficientemente, lo cual nos lleva a extraer la siguiente conclusión: *una empresa debe mejorar la calidad de los trabajadores que emplea cuando aumenta la cantidad o la calidad de su stock de capital. Más concretamente, el nivel óptimo de cualificación aumenta cuando aumenta el uso de capital en relación con el trabajo.*

Eso ayuda a explicar por qué el presidente de una empresa tiene que ser una persona muy cualificada. Su trabajo se combina en cierto sentido con todo el stock de capital de la empresa. No tiene sentido despilfarrar el capital colocándolo bajo la dirección de una persona poco cualificada.

Más adelante en este libro veremos que, con el paso del tiempo, el mercado de trabajo ha ido valorando relativamente más a los trabajadores muy cualificados. Una de las explicaciones es que las empresas han ido utilizando cada vez más el capital valioso y muy productivo en forma de nueva tecnología de la información.

¿Cuántos trabajadores debe contratar la empresa?

La respuesta a esta pregunta es sencilla. La empresa debe continuar contratando trabajadores mientras los beneficios adicionales de la contratación de un trabajador más sean positivos.

En el ejemplo con el que comenzamos este apartado, era rentable emplear tanto titulados universitarios como personas que tuvieran estudios secundarios, pero estas últimas eran más rentables: producían más a cambio de la misma remuneración. Podemos combinar las dos reglas de decisión: contratar el tipo de trabajador que produce más por euro de remuneración o que tiene menos costes por unidad de producción (cuando se hace eso, hay que tener en cuenta, por supuesto, los efectos de las interdependencias con los compañeros de trabajo o con el capital). Se debe continuar contratando hasta que la contratación de más trabajadores de ese tipo deje de ser rentable.

Este enfoque implica que el número de trabajadores que debe contratar la empresa es limitado, debido al principio de la *productividad marginal decreciente*. A medida que una organización contrata más trabajadores, el valor de un trabajador más es menor. ¿Por qué disminuye la productividad marginal cuando se contratan más trabajadores? Principalmente porque los trabajadores se combinan con otros recursos: ordenadores, máquinas, el tiempo del directivo. Cuantos más trabajadores contrata el directivo, manteniendo otros recursos fijos, más se reparten esos recursos entre los trabajadores. Por ejemplo, si tenemos una pequeña oficina en la que estamos nosotros, el personal y tres ordenadores, a medida que contratamos más trabajadores, cada uno puede utilizar menos tiempo uno de los ordenadores y es menos supervisado por nosotros, lo cual tiende a reducir su productividad. Lo mismo ocurre con *cualquier* recurso que se incremente manteniendo fijos los demás.

Consideremos la tabla 1.6. A medida que se contratan más trabajadores para la oficina, la productividad marginal (las ventas adicionales) de cada trabajador adicional disminuye. Esta pauta es característica de todas las empresas. La tabla también muestra el principio según el cual se debe contratar trabajadores hasta que deje de ser rentable, es decir, hasta que la productividad marginal sea menor o igual al coste laboral marginal.

Tabla 1.6. Productividad marginal y coste marginal de contratar un trabajador más

Número de empleados (€)	Ventas totales (€)	Productividad marginal del empleado (€)	Coste laboral total (€)	Coste marginal del empleado (€)	Beneficios
0	0	0	0	0	0
1	100.000	100.000	14.404	14.404	585.596
2	141.421	41.421	28.808	14.404	112.613
3	173.205	31.784	43.212	14.404	129.993
4	200.000	26.795	57.616	14.404	142.384
5	223.607	23.607	72.020	14.404	151.587
6	244.949	21.342	86.424	14.404	158.525
7	264.575	19.626	100.828	14.404	163.747
8	282.843	18.268	115.232	14.404	167.611
9	300.000	17.157	129.636	14.404	170.364
10	316.228	16.228	144.040	14.404	172.188
11	331.662	15.434	158.444	14.404	173.218
12	346.410	**14.748**	172.848	**14.404**	**173.562**
13	360.555	**14.145**	187.252	**14.404**	**173.303**
14	374.166	13.611	201.656	14.404	172.510
15	387.298	13.132	216.060	14.404	171.238

La penúltima columna muestra el coste marginal (el salario y otros beneficios sociales) de contratar a un trabajador más. Si es menor que la productividad marginal, los beneficios aumentan contratando más trabajadores. Si es menor que el coste marginal (las filas inferiores), es posible aumentar los beneficios despidiendo a algunos trabajadores.

El resultado general le resultará familiar a todo el que haya estudiado economía: los beneficios se maximizan utilizando cualquier recurso, incluidos los empleados, hasta el punto en el que los beneficios marginales son exactamente iguales a los costes marginales.

Otros factores

Disponibilidad de trabajadores

En la mayoría de las empresas, hay más personas con estudios secundarios que titulados universitarios. ¿Significa eso que una empresa debe tender a contratar personas que tengan estudios secundarios porque es más barato? En la mayoría de los casos, la respuesta es negativa. La mayoría de las empresas, incluso las muy grandes, emplean una parte pequeña de la mano de obra local, por lo que el número total de trabajadores disponibles en la zona es irrelevante. Hay dos excepciones, que surgen ambas cuando la empresa emplea a una parte suficientemente grande de los trabajadores disponibles como para que su contratación influya en el salario de mercado[5].

El primer caso es aquel en el que la empresa emplea una parte muy grande de la mano de obra local (por ejemplo, una fábrica situada en una zona rural de Tailandia en la que hay pocas empresas). En ese caso, la contratación de más trabajadores de un determinado tipo eleva el salario. El análisis es exactamente igual que hasta ahora, pero la empresa debe tener en cuenta la subida del salario cuando analiza la producción por unidad de coste laboral monetario.

El segundo caso es más importante. Cuando el tipo de mano de obra que se contrata es muy específico, el mercado puede ser muy limitado (puede haber pocos compradores de este tipo de trabajador en el mercado). En ese caso, los costes de la búsqueda de un trabajador que tenga las cualificaciones necesarias pueden ser altos. El salario debe incorporar estos costes de búsqueda, ya que es parte del coste de emplear este tipo de trabajador. Una vez hecho eso, el análisis es igual que el anterior.

La situación financiera de la empresa

Supongamos que la empresa tiene dificultades financieras. ¿Cómo deben influir éstas en sus decisiones de contratación? Asimismo, si la empresa está pasando por un periodo muy próspero, ¿debe afectar eso a la contratación? Una vez más, la intuición puede ser engañosa. Nuestro análisis no menciona en ningún momento la situación financiera de la empresa. La elección de un tipo inadecuado de mano de obra no hará más que empeorar la situación financiera.

Una empresa que tiene dificultades financieras puede tener problemas para pagar a los empleados debido a la falta de tesorería. Sin embargo, este problema es *financiero*, no *laboral*. La mejor solución sería conseguir financiación para resolver los problemas de liquidez a corto plazo, de manera que la empresa puediera contratar trabajadores cuando fuera rentable hacerlo. De hecho, los acreedores deben fomentar una política de este tipo, si con esto se elevan los beneficios, ya que aumenta las probabilidades de que la deuda acabe devolviéndose.

---

[5] Ésta es la situación económica en la que la empresa tiene poder de *monopsonio*.

Tomar decisiones con información imperfecta

En este capítulo, hemos realizado nuestros análisis basándonos en datos que existen o que hemos supuesto que existen. Desgraciadamente, muchas veces no se puede disponer inmediatamente de la información necesaria o es caro obtenerla. ¿Qué puede hacer un directivo en esas circunstancias? Existen tres posibilidades: (1) tomar una decisión independientemente del análisis; (2) estimar la información relevante; o (3) realizar un experimento.

Tomar una decisión independientemente del análisis

Una tentación frecuente es concluir que es demasiado difícil obtener los datos. En ese caso, la solución es adivinar la respuesta basándose en el instinto, la experiencia o la práctica habitual. En el proceso de adivinación hay implícita una serie de cálculos que no se hacen explícitos, pero que están ahí. Este método es el más sencillo, pero el que menos probabilidades tiene de conducir a una decisión eficaz. Es probable que incluso unos pequeños cálculos permitan obtener un resultado mejor y, si esos cálculos se basan en una estimación de las alternativas, es incluso más probable que la decisión se tome eficazmente. Este libro pretende ayudar al lector a tomar decisiones más estructuradas y, por tanto, mejores.

Estimar la información relevante

Un directivo, en lugar de intentar adivinar la respuesta, puede estimar las cifras básicas para saber qué curso de acción debe seguir. Ese método probablemente llevará a tomar mejores decisiones que las meras conjeturas. Además, este libro puede ayudar a ello.

Supongamos, por ejemplo, que realizamos un análisis formal de un tema de personal utilizando los conceptos de este libro. Este análisis nos ayudará a descubrir la información importante que necesitamos para tomar una buena decisión. Las conclusiones dependen de cierta información, por ejemplo, de cómo afecta a la productividad el hecho de que los trabajadores que tienen estudios secundarios trabajen codo con codo con titulados universitarios. Cuando no se dispone de esa información, puede imponerse una estimación por aproximada que sea.

El enfoque estructurado también nos permite descubrir si la conclusión alcanzada es robusta, a base de modificar las estimaciones al alza y a la baja. En algunos casos, la decisión correcta puede ser la misma para un amplio intervalo de valores de la información estimada. En esos casos, la respuesta correcta ofrecerá pocas dudas. En otros, puede ocurrir que la decisión correcta dependa crucialmente del valor concreto de la información. En esos casos, merecería la pena hacer un esfuerzo mayor para lograr una estimación más precisa antes de tomar una decisión.

A veces, quizás haya que conformarse con meras conjeturas, pero a menudo es posible tomar una decisión aún mejor utilizando los datos de los que se dispone para estimar las alternativas posibles. Lo cual resulta cada vez más fácil con la espectacular caída de los costes y el aumento de la capacidad de los ordenadores. Antiguamente, las empresas tenían los historiales del personal en cintas de ordenador cuyo acceso era difícil y lento. La introducción de los datos era cara y pesada y por eso raras veces se utilizaban, por lo que las empresas tenían pocos incentivos para mantener bases de datos detalladas. Hoy en día, disponen frecuentemente de detallados historiales del personal y de programas informáticos para analizar los datos fácilmente. Además, las asociaciones profesionales de recursos humanos y las empresas de consultoría a menudo pueden facilitar más datos sobre las prácticas, los costes y los resultados obtenidos de una amplia muestra de empresas. Cada vez es más viable realizar estimaciones –a veces aproximadas y a veces bastante sofisticadas– de la influencia de las políticas organizativas en los resultados deseados.

Experimento

La tercera opción es experimentar. A veces es fácil y barato. Cuando no se dispone de datos sobre la productividad relativa de los diferentes tipos de trabajadores, la empresa puede contratar a algunos de cada tipo (quizá incluso a tiempo parcial o temporalmente) y medir su producción. Asimismo, cuando trata de averiguar cuál es la comisión que debe fijar en un plan de incentivos del personal de ventas, puede experimentar con diferentes comisiones en distintos lugares, antes de lanzar un plan para toda la organización.

A veces es difícil y puede resultar caro realizar este tipo de experimentos. Un directivo puede hacerse cinco preguntas para comprobar si la realización de experimentos es una opción viable:

1. ¿Qué estamos tratando de saber y por qué queremos saberlo?
2. ¿Influirá la respuesta obtenida mucho o poco en los beneficios?
3. ¿Qué tipo de datos es necesario para responder a la pregunta?
4. ¿Cuánto cuesta obtener estos datos?
5. ¿Los datos que probablemente obtengamos serán adecuados para dar una respuesta fiable a la pregunta?

La pregunta 1 debe responderse antes de realizar cualquier experimento. De lo contrario, el experimento puede acabar convirtiéndose en un fin en sí mismo.

Para que esté justificada la realización de un gran experimento, la respuesta a la pregunta 2 debe ser que los efectos que produzca en los beneficios sean grandes en comparación con sus costes.

La pregunta 3 debe tener una respuesta perfectamente definida. Si es difícil establecer de antemano el tipo de información necesaria, es probable que lo único que se haga realizando el experimento sea gastar dinero. Los directivos tienen que ser capaces de decir de antemano que si salen unos determinados resultados, se tomará una determinada decisión. Si salen otros, se tomará otra decisión. Si no pueden hacer esta afirmación de antemano, no tiene sentido recoger los datos.

La pregunta 4 debe responderse para complementar la 2. Si el coste de obtener los datos es alto, puede que no salga a cuenta realizar el experimento, aunque los resultados influyan significativamente en los beneficios.

Los datos son más valiosos si dan una respuesta inequívoca a la pregunta planteada. Si los datos obtenidos contienen muchos errores o si sólo dan una información aproximada para responder a la pregunta, el experimento es menos valioso.

El primero de estos enfoques es casi siempre el menos eficaz. Si el análisis es complejo y la información es incompleta o inexistente, es fácil caer en la tentación de dejarse guiar por la intuición o por el instinto a la hora de tomar una decisión. Nuestra intuición y nuestro instinto normalmente se basan en nuestra experiencia, por lo que no dejan de tener valor. Sin embargo, en este capítulo hemos visto ejemplos en los que el análisis nos ha llevado a algunas conclusiones contrarias a la intuición. El objetivo del tipo de análisis formal que describimos en este libro es el de ayudar a tomar mejores decisiones, haciendo que sean más rigurosas y aclarando las cuestiones que son importantes (y las que no lo son). Además, un análisis más formal puede ayudar a darse cuenta de cuáles son las situaciones en las que la experiencia sirve o no de guía. Por desgracia, los directivos se suelen basar demasiado a menudo en la intuición, ya que los problemas pueden ser muy difíciles de analizar de una manera formal y estructurada. Creemos que al final de este libro, el lector dispondrá de instrumentos que le permitirán tomar decisiones más eficaces sobre el personal y sobre el diseño de las organizaciones.

RESUMEN

Este capítulo es una introducción breve y sencilla al tema de la contratación de trabajadores. Continuaremos analizándolo en el siguiente capítulo examinando la oferta de empleo. El fin principal de este capítulo era iniciar al lector en el análisis de las cuestiones organizativas utilizando instrumentos económicos. Un poco de análisis formal puede ser muy útil para aclarar las cuestiones que se plantean y, a veces, permite llegar a conclusiones sorprendentes.

En este capítulo hemos planteado varios temas. Hemos comenzado analizando un caso en el que había que elegir entre dos candidatos para cubrir un puesto de trabajo, uno cuyo rendimiento era relativamente predecible y otro de mayor riesgo. En la medida en que puedan evitarse los costes de una excesiva rotación, éste último puede ser una buena elección para una empresa, ya que los candidatos de riesgo pueden tener un valor potencial elevado. Si resulta que es una mala elección, la pérdida es limitada, ya que la empresa siempre puede despedirlo. Si resulta ser una estrella, la empresa puede obtener un rendimiento considerable.

A continuación, hemos analizado el cociente entre la producción y el salario del empleado. El mejor trabajador no es el más barato ni el más productivo sino el que tiene el cociente más alto entre productividad y coste. Debemos contratar mientras la productividad marginal del último trabajador contratado sea mayor o igual que el coste de ese trabajador.

En este capítulo hemos introducido algunas ideas económicas importantes que el lector debe comenzar a incorporar a su forma diaria de pensar. En primer lugar, no debe olvidar nunca que la competencia del mercado limita su margen de maniobra. En el caso de la gestión de personal, el empleo que ofrezca debe ser suficiente para atraer y retener al tipo de empleados que quiere, sobre todo si se sabe que son estrellas. En segundo lugar, siempre debe pensar teniendo en cuenta las alternativas. Cuando analice una decisión, debe considerar no sólo sus beneficios sino también sus costes y sopesarlos. Los costes dependerán principalmente de las presiones del mercado de trabajo, que actúan como una restricción sobre la política óptima de personal. Los beneficios de los empleados dependen del proceso de producción; cómo trabajan, con quién trabajan y con qué capital trabajan. Algunos beneficios y costes pueden ser sutiles o intangibles, pero aún así importantes. Un buen ejemplo es que siempre deben considerarse las mejores alternativas cuando se toma una decisión. Una opción puede ser rentable, pero puede serlo menos que otras.

Ejercicios

1. Una empresa tiene que cubrir un puesto. ¿Debe tratar de «vender» ese puesto a los candidatos describiéndolo en los términos más bonitos posibles? ¿Debe hacer que el puesto parezca lo más atractivo? ¿Debe tratar el candidato de convencer en la medida de sus posibilidades a la empresa de que es el candidato perfecto para el puesto? Piense en estas cuestiones a lo largo los dos capítulos siguientes.
2. Los empleados potenciales pueden ser poco corrientes en muchos aspectos. ¿Se le ocurre algún atributo de los candidatos a un puesto que haría de ellos empleados de riesgo, pero de una forma que podría sugerir que tienen un alto valor potencial como empleados? ¿De qué formas podrían ser de riesgo y no tener un valor potencial alto?
3. El capital (incluida la tecnología de la información avanzada) puede ser un *sustitutivo* de los empleados en la producción de la empresa. También puede ser un *complemento* y aumentar la productividad de los trabajadores. ¿Qué efecto cree que es más importante en la práctica? ¿Por qué? ¿En qué tipos de trabajos es más probable que los ordenadores o las máquinas puedan *sustituir* a los trabajadores? ¿En qué tipos de trabajos es más probable que no puedan sustituir a los trabajadores, pero puedan ayudarlos a realizar mejor su trabajo?
4. Muchas de las cuestiones que se refieren al empleo son complejas y en ellas intervienen las relaciones interpersonales, la psicología u otras consideraciones de carácter cualitativo. Por este motivo, a menudo es difícil cuantificarlas. Si no es posible cuantificar algunas de las cuestiones que analizamos, ¿son irrelevantes los instrumentos que desarrollamos en el libro? ¿Por qué sí o por qué no?
5. Piense en esta pregunta después de leer el resto del libro: ¿por qué una empresa debería delegar sus políticas de recursos humanos a un departamento específico de recursos humanos? ¿Qué costes y qué beneficios cree que tiene esta práctica? ¿Hay otro enfoque viable?
6. Después de leer la introducción y este capítulo, ¿cómo caracterizaría el enfoque de la economía del personal? ¿Qué lo distingue de otros enfoques a la hora de estudiar el diseño de las organizaciones con los que está familiarizado?

Bibliografía

Blackmore, Ritchie (1973), entrevista en *Guitar Player*, julio–agosto.

McNaught, William & Michael Barth (1992), «Are Older Workers Good Buys? A Case Study of Days Inns of America», *Sloan Management Review*, primavera.

Naciones Unidas (varios años), *Common Database & World Development Indicators*.

U.S. Department of Labor (varios años), *Current Population Survey*.

OTRAS LECTURAS

Lazear, Edward (1995), «Hiring Risky Workers», en Isao Ohashi y Toshiaki Tachibanaki (comps.), *Internal Labour Markets, Incentives, and Employment*, Nueva York, St. Martins Press, 1998.

APÉNDICE

La teoría formal en la que se basan las conclusiones del segundo apartado de este capítulo es la teoría económica convencional de la producción. Supongamos que la producción de la empresa, Q, es una función del trabajo que tiene estudios secundarios, S, del trabajo que tiene estudios universitarios, U, y del capital, K:

$$Q = f(S, U; K)$$

La empresa minimiza los costes decidiendo la cantidad que debe contratar de cada tipo de empleado. Dada una cantidad de producción, la empresa elegiría entre S y U para minimizar los costes:

$$\min_{S,U} W_S \times S + W_U \times U + \lambda[Q - f(S, U; K)],$$

donde W representa los salarios y λ es un multiplicador de Lagrange. Las condiciones de primer orden con respecto a S y U son:

$$W_S - \lambda \frac{\partial f}{\partial S} = 0$$

$$W_U - \lambda \frac{\partial f}{\partial U} = 0.$$

Estas condiciones pueden expresarse de la manera siguiente:

$$\frac{W_S}{W_U} = \frac{\partial f / \partial S}{\partial f / \partial U}$$

o sea,

$$\frac{W_S}{\partial f / \partial S} = \frac{W_U}{\partial f / \partial U}$$

El multiplicador λ refleja el coste marginal de producción para una Q dada. Una vez que se determina λ, la empresa fija un coste marginal igual al ingreso marginal para hallar la cantidad que quiere vender, la cual determina la cantidad óptima de producción Q. A continuación analizamos los tres casos descritos en el capítulo.

1. La productividad es independiente de los compañeros de trabajo

La independencia se analiza fácilmente por medio de una función de producción aditiva:

$$f(S, U; K) = [aS + bU]^2,$$

donde suponemos que $0 < z < 1$; $0 < a < 1$; y $0 < b < 1$. En este caso,

$$\frac{\partial f}{\partial S} = az[aS + bU]^{z-1}$$

$$\frac{\partial f}{\partial U} = bz[aS + bU]^{z-1}.$$

Agrupando términos, tenemos que

$$\frac{a}{b} = \frac{W_S}{W_U}.$$

Los cuatro términos son parámetros exógenos (a menos que la empresa sea una monopsonista, en cuyo caso las W son endógenas). Eso significa que las condiciones de primer orden no pueden cumplirse salvo por una coincidencia, por lo que el óptimo es una solución de esquina. O bien $S > 0$ y $U = 0$, o bien $S = 0$ y $U > 0$. Si el primer miembro de la segunda expresión es mayor que el primero, hay que emplear personas que tengan estudios secundarios y viceversa.

2. La productividad depende de los compañeros de trabajo

Una buena manera de analizar este caso es:

$$f(S,\ U;\ K) = zS^aU^b.$$

Un análisis similar al del caso anterior da la siguiente condición:

$$\frac{S}{U} = \frac{aW_U}{bW_S}.$$

Aquí podemos tener una solución interior y las cantidades óptimas de S y U dependen una de la otra.

3. La productividad es independiente de los compañeros de trabajo, pero depende del capital

Este caso podría examinarse de una manera parecida al 1, pero ahora las productividades marginales de S y U dependen positivamente de K. En este caso, se aplicaría de nuevo una solución de esquina, pero las cantidades óptimas de S y U estarían relacionadas positivamente con el nivel de K. Naturalmente, también podría aplicarse un enfoque similar al caso 2.

2 La selección de personal

He mandado un telegrama al club que decía: "Ruego cursen mi baja. No quiero pertenecer a ningún club que me acepte entre sus miembros".

—Groucho Marx, 1959

Introducción

En este apartado del libro, nos interesa ver cómo seleccionan las empresas a sus empleados y cuál es la carrera profesional que se les ofrece una vez que son contratados. La tabla 2.1 presenta algunos datos sobre estas cuestiones. Proceden de historiales confidenciales de todo el personal de dirección de una empresa de Estados Unidos y se refieren a un periodo de 20 años[1]. Dado que los datos son confidenciales, daremos a la empresa el nombre ficticio de Acme Incorporated. Presentaremos datos de Acme en varios capítulos para ayudar a ilustrar los conceptos que vamos discutiendo.

Acme es una empresa del sector servicios. Sus puestos de dirección están divididos en ocho niveles jerárquicos, que van desde los puestos de

---

[1] Las tablas de Acme se basan en Baker, Gibbs y Holmstrom (1994a, b). Los datos de Acme proceden de una sola empresa, pero las tendencias que ilustramos con ellos en este libro parecen bastante representativas de la política de muchas empresas de diferentes países. Véanse los artículos citados en Gibbs y Hendricks (2004).

Tabla 2.1. Trayectoria profesional en Acme Incorporated

Nivel jerárquico	Porcentaje del total de empleados	Porcentaje contratado en este nivel	Puesto actual	Acme	Sólo 1 año	Sólo 2 años	5-10 años	Más de 10 años
			Número de años en		*Porcentaje que permanece en Acme*			
1	25,4	99,0	2,3	2,4	10,7	10,4	25,5	39,8
2	26,2	31,0	2,5	4,5	10,2	10,2	19,7	38,5
3	25,4	31,0	3,0	6,0	10,7	10,1	25,5	35,6
4	20,5	27,0	4,1	7,9	15,3	7,9	24,9	30,7
5-8	2,5	19,0	4,0	9,7	7,1	14,3	42,9	28,6

entrada (nivel 1) hasta el de director general (nivel 8). El personal de dirección se encuentra en su mayor parte en los cuatro primeros niveles. El nivel 1 es lo que suele denominarse *puerto de entrada*; casi todas las personas que trabajan en este nivel fueron contratadas en este nivel. Dado que se encuentra en el extremo inferior de la escala de puestos de dirección, esto no debería sorprendernos, ya que en la mayoría de las empresas es muy poco frecuente que se rebaje de categoría a un empleado. En los niveles 2 a 8, casi ninguno de los empleados fue contratado fuera de la empresa; la mayoría de ellos fueron ascendidos desde dentro.

Los directivos de estos niveles superiores, dado que ascienden desde dentro, tienen, en promedio, mucha experiencia en Acme. Por ejemplo, los directivos de nivel 4 tienen casi 8 años de experiencia en la empresa. También se observa que los cambios de nivel (ascensos) son más rápidos en los niveles más bajos, ya que el número medio de años que los empleados permanecen en su puesto es mayor en los niveles superiores.

Las cuatro últimas columnas dan una idea del grado de rotación y del tiempo que llevan los directivos en Acme. Vemos dos tendencias. La primera es que muchos abandonan Acme poco después de ser contratados. Por ejemplo, alrededor del 11 por ciento de los que son -contratados en el nivel 1 se va durante el primer año y otro 10 por ciento se va un año más tarde. Y, a la inversa, si un directivo sigue en Acme alrededor de un año más tarde, tiene muchas probabilidades de quedarse muchos años más. Por ejemplo, alrededor de un cuarto se queda entre 5 y 10 años, mientras que en torno a un tercio se queda más de 10 años.

Parece, pues, que existen indicios de que se *criba* a los empleados durante los primeros años. Casi un cuarto de los nuevos contratados deja la empresa antes de los dos años, bien porque Acme decide que no quiere conservarlos, bien porque los nuevos empleados deciden que no quieren quedarse. En segundo lugar, si los empleados sobreviven a esta criba, a menudo hacen carrera en la empresa y trabajan en ella durante muchos años. Eso induce a pensar que el hecho de que los empleados permanezcan en la empresa tiene un valor intrínseco. Éstos son temas que analizaremos en éste capítulo y en los tres siguientes.

Una vez hecha esta introducción, volvamos ahora a las cuestiones que planteamos en el capítulo 1. Cuando la empresa ha decidido qué tipo de trabajadores quiere contratar, tiene que seleccionar personas de esos tipos. Hay dos cuestiones generales. En primer lugar, ¿cómo descartar a los candidatos que no quiere? Hay puestos en los que la contratación de un tipo inadecuado de empleados puede plantear grandes problemas, entorpeciendo la producción y costándole a la empresa no sólo los salarios sino también una pérdida de beneficios. En segundo lugar, ¿cómo puede atraer la empresa a los candidatos adecuados? Atrayendo a los tipos adecuados reduce los problemas de mano de obra, así como los costes de selección y contratación además de los de rotación. En otras palabras, la empresa debe cribar a los nuevos contratados, exactamente como parece que hace Acme. ¿Cómo se puede seleccionar a la mano de obra más eficaz?

SELECCIONAR A LOS CANDIDATOS AL EMPLEO

Una de las estrategias para atraer a candidatos de calidad es ofrecer un un sueldo elevado o unos beneficios sociales altos. De esa manera se presentará un gran número de candidatos y es más probable que éstos sean de mayor calidad que si la remuneración es menor. Desgraciadamente, también habrá candidatos de baja calidad. El departamento de recursos humanos se verá inundado de currículos y es posible que sólo un pequeño número reúna las condiciones exigidas. En el proceso de selección, se colarán algunos trabajadores inadecuados y se perderán y nunca se contratarán algunos trabajadores adecuados. Éste método no es muy útil por sí solo.

Cuando el tipo inadecuado de candidatos solicita empleo en una empresa, se plantea un problema de *selección adversa*[2]. Este problema es general en economía, no sólo en el caso del empleo. Se debe a la asimetría de la información. Una de las partes sabe de qué tipo es (en este caso, un candidato de alta o de baja calidad) y la otra no. La que lo sabe utiliza esta información estratégicamente en su propio beneficio. Un ejemplo clásico es el de las ventas de automóviles de segunda mano. Sus dueños saben de qué calidad son sus automóviles usados. Es más probable que los que tienen un automóvil de buena calidad lo conserven y que los que tienen uno de mala calidad lo vendan. Eso significa que la calidad de los automóviles de segunda mano es más baja de lo que sería en caso contrario y que los dueños de automóviles de buena calidad pueden tener dificultades para conseguir un buen precio por el suyo, ya que los compradores temen que sean de baja calidad.

El problema de la selección adversa se plantea en nuestro caso cuando la empresa atrae a tipos de trabajadores inadecuados. Para atenuarlo pueden utilizarse diversos métodos. Comencemos por el caso más sencillo, el uso de credenciales.

Credenciales

Un método obvio para cribar los currículos de los demandantes de empleo es buscar credenciales que distingan a unos de otros. Las más importantes son generalmente el tipo de experiencia que tiene el candidato (su historial de empleo y de ascensos), el tipo de formación (por ejemplo, una titulación universitaria o un máster en administración de empresas) y la calidad del centro educativo en el que la adquirió. De hecho, éstos son casi siempre los elementos más importantes del currículo de cualquier persona. ¿Por qué son útiles las credenciales para la selección de personal? He aquí algunas consideraciones.

¿Son informativas las credenciales?

La capacidad para realizar bien un trabajo tiene que estar correlacionada positivamente con la capacidad para obtener la credencial. Por ejemplo, un título universitario sólo es una credencial útil si los titulados

---

[2] En 2001, George Akerlof (1970) recibió el premio Nobel de economía por analizar el problema de la selección adversa. Lo compartió con Michael Spence (1973), que fue galardonado por analizar el problema de las señales que examinaremos más adelante en este capítulo. Joseph Stiglitz también compartió el premio ese año por analizar los problemas de información asimétrica.

universitarios tienden a ser más productivos en el puesto en cuestión. Una credencial puede ser informativa de dos maneras. En primer lugar, puede significar que su titular tiene los conocimientos o las cualificaciones que se utilizan directamente en el puesto. Puede ser el caso de un auditor de cuentas o de un máster en administración de empresas. En segundo lugar, puede significar que el titular de la credencial tiene aptitudes innatas que tienden a aumentar su productividad en el trabajo. Un ejemplo puede ser haber obtenido una elevada puntuación en un test de aptitud o haber recibido una beca.

Coste de obtener las credenciales

Una propiedad valiosa de las credenciales es que son relativamente más fáciles de obtener para aquellos trabajadores con aptitudes. Cuando eso es cierto, es muy probable que la credencial señale diferencias de aptitud. Por ejemplo, aprobar el examen de acceso al Registro Oficial de Auditores de Cuentas no es muy difícil para un auditor que tenga aptitudes, pero es casi imposible para cualquiera que carezca de formación contable. Por tanto, la utilización del examen de acceso al Registro Oficial de Auditores de Cuentas como mecanismo de selección permite distinguir eficazmente a los auditores que tienen aptitudes de los que no las tienen.

Por otra parte, las credenciales cuya obtención resulta muy difícil para todos los trabajadores no desempeñan bien la función de criba. Si una credencial es muy difícil de obtener, la tendrán pocos candidatos. Para que las credenciales sean eficaces, tienen que tenerlas la mayoría de los candidatos que posean aptitudes y no tenerlas casi ninguno de los que no las posean. Una credencial no es útil si sólo la tienen unos pocos de los candidatos con aptitudes o si la tienen un grupo muy grande de candidatos sin aptitudes.

Rendimiento de la inversión en credenciales

Si la diferencia salarial entre los que tienen credenciales y los que no tienen no es muy grande, pequeñas diferencias de credenciales señalarán la existencia de grandes diferencias de aptitud. Por ejemplo, si la credencial es la educación y la obtención de un título universitario aumenta poco los ingresos, sólo realizarán estudios universitarios las personas que tengan más talento, ya que son las personas para las que es más fácil obtener el título. Cuando la recompensa de obtener un título es grande, incluso las personas que no tienen tantas aptitudes pueden intentar obtenerlo.

El envío de señales es una forma de resolver los problemas de selección adversa. En muchos casos, un tipo de buena calidad puede incurrir en algunos costes para *señalar* que es de buena calidad. Si los tipos de baja calidad no invierten en la señal, ésta puede servir para distinguir a los de alta calidad de los de baja calidad: por ejemplo, el dueño de un automóvil usado de buena calidad puede ofrecer una garantía. Un demandante de empleo de buena calidad puede señalársela a las empresas. Antes de analizar esta idea, es útil examinar algunas cuestiones más sencillas relacionadas con el proceso de selección.

Cómo conocer la productividad de un trabajador

Supongamos que un banco de inversiones ha puesto un anuncio para cubrir un puesto, como en el capítulo 1. En respuesta, ha recibido el currículo de varios candidatos. El banco ha examinado los currículos y ha seleccionado unos cuantos que tienen las credenciales adecuadas. En un puesto como los de la banca de inversiones, las pequeñas diferencias de aptitud, personalidad u otras características de los empleados pueden traducirse en grandes diferencias de eficacia en el puesto. Desgraciadamente, la selección que realizan de sí mismos los candidatos al puesto y la selección posterior que realiza el banco cribando los currículos hacen que los candidatos que quedan sean cada vez más parecidos. En general, cuanto más se ha cribado ya a un grupo de candidatos, menores son las diferencias entre los que quedan. ¿Qué tiene que hacer el banco a continuación?

Podría contratar a uno de los candidatos aleatoriamente y arriesgarse. Sin embargo, dado lo que está en juego, probablemente tenga sentido dedicar algunos recursos a seleccionarlos algo más.

Existen diversos métodos para realizar la selección. Algunas empresas realizan pruebas a los candidatos para ver cómo llevan a cabo determinadas tareas. Es más probable que este método dé buen resultado en el caso de aquellos puestos en los que haya que realizar unas tareas fijas y mensurables; no es probable que dé buen resultado en el caso de un banco de inversiones. Muchas empresas utilizan perfiles psicológicos. Desgraciadamente, esta técnica no suele dar buen resultado en la práctica. Una de las razones se halla en que la psicología es una ciencia muy inexacta. Otra es que los demandantes de empleo tienen incentivos para falsear el test, tratando de parecer mejores empleados de lo que son. Por ejemplo, según un estudio, el 90 por ciento de los demandantes de empleo que realizaron un conocido test psicológico consiguió hinchar su puntuación en «responsabilidad»[3]. Por último, casi todas las empresas realizan entrevistas personales a los candidatos. Esas entrevistas pueden ser sencillas o complicadas. En el caso de la banca de inversión, los candidatos pueden tener que pasar por varias rondas de entrevistas y ser remitidos finalmente a la sede central de la empresa, donde son entrevistados durante varios días por directivos de alto nivel. Ese proceso puede ser extraordinariamente costoso.

Todo ello implica unos costes (salvo cuando la empresa contrata candidatos sin hacer selección alguna). Consideremos el siguiente ejemplo y pensemos hasta qué punto debe invertir recursos una empresa para seleccionar minuciosamente a sus candidatos.

La selección en un banco de inversiones

La tabla 2.2 muestra los niveles de productividad de cinco tipos hipotéticos de solicitantes de empleo (de *A* a *E*) en dos empresas distintas, un banco de inversiones y un banco comercial. Supongamos que los candidatos que quedan (tras varias rondas de selección) perciben actualmente alrededor de 100.000 euros, por lo que cada banco espera pagar aproximadamente el mismo sueldo a cualquiera que contrate.

Tabla 2.2. Selección de los candidatos en un banco de inversiones

		Tipo				
		A	*B*	*C*	*D*	*E*
Porcentaje de candidatos		10%	20%	40%	20%	10%
Productividad	*Banco de inversiones*	−250	0	125	200	450
(miles de euros)	*Banco comercial*	95	100	110	120	125

Es evidente que a las dos empresas les interesa averiguar de qué tipo es cada candidato. El banco de inversiones querría evitar a los candidatos de tipo *A* y *B*, ya que su productividad sería menor que su sueldo, mientras que el banco comercial querría evitar a los candidatos de tipo *A*[4]. Supongamos que se les pueden realizar una serie de tests que cuestan 2.000 euros por persona y obtener una información definitiva

---

[3] Véase Paul (2004).

sobre el tipo al que pertenece cada uno. ¿Qué valor tiene esa información? En otras palabras, ¿cuánto estaría dispuesto a pagar cada banco para
seleccionar a los trabajadores antes de contratarlos? La tabla 2.3 contiene algunas cifras que ayudan a responder a esta pregunta (todas las cifras
son valores esperados redondeados hasta la centena más cercana).

**Tabla 2.3. Rentabilidad de la selección en un banco de inversiones
y en un banco comercial**

	¿Seleccionar?	Productividad	Sueldo	Coste de la selección	Beneficios
Banco de inversiones	No	110€	100€	0,0€	10,0€
	Sí	193	100	2,9	90,1
Banco comercial	No	110	100	0,0	10,0
	Sí	112	100	2,2	9,8

Si ninguno de los dos bancos realizara un proceso de selección, la
productividad media de cada nuevo trabajador contratado sería en los
dos de 110.000 euros, es decir, los dos bancos obtendrían unos beneficios medios de 10.000 euros.

Si los dos bancos realizaran un proceso de selección, el banco de inversiones rechazaría a los candidatos de tipo A y B y aceptaría solamente al
70 por ciento de todos los solicitantes. La productividad media de los candidatos de tipo C, D y E contratados sería de alrededor de 193.000 euros,
es decir, significativamente más alta que si no se realiza un proceso de
selección. El coste de la selección por trabajador realmente contratado
sería igual a 2.000 euros 10/7 (ya que el banco contrataría una media de
7 de cada 10 candidatos), o sea, 2.857 euros por trabajador contratado.
Los beneficios medios generados por cada nuevo trabajador contratado aumentarían con la selección a alrededor de 90.100 euros. El banco

---

[4] Como recordará el lector, en el capítulo 1 vimos que cada banco querría
contratar a los trabajadores que tienen más productividad por euro de coste
retributivo. Eso es cierto; la empresa también querrá seguir contratando mientras la productividad esperada sea mayor que los costes esperados de los empleados (mientras que los beneficios generados por el trabajador contratado sean
positivos).

de inversiones obtendría muchos más beneficios seleccionando a los candidatos.

Si el banco comercial seleccionara a los solicitantes, rechazaría a los de tipo *A* y contrataría al 90 por ciento de todos los candidatos. La productividad media sólo aumentaría a alrededor de 112.000 euros, pero con un coste de selección de 2.000 euros × 10/9, es decir, de alrededor de 2.222 euros por cada nuevo trabajador contratado. Los beneficios por cada nuevo trabajador contratado, una vez descontados los costes de la selección, se reducirían a alrededor de 9.800 euros. El banco comercial no obtendría más beneficios realizando el proceso de selección.

¿A qué se debe la diferencia? A dos causas. En primer lugar, el banco de inversiones quiere descartar el triple de trabajadores que el banco comercial. El objetivo de la selección es evitar contratar a los candidatos que no serían rentables. En segundo lugar, los efectos negativos de contratar malos candidatos son mayores en el banco de inversiones; algunos candidatos no habrían producido nada y otros habrían destruido valor. El banco de inversiones corre más riesgos contratando al tipo inadecuado de trabajador.

Este ejemplo plantea algunas cuestiones que deben examinarse cuando se realiza un proceso de selección (véase el apéndice para un análisis formal).

La selección es más rentable cuando el test es más eficaz

Un test puede ser más eficaz por varias razones. En primer lugar, puede ser más barato realizarlo. En segundo lugar, puede ser más exacto. Es decir, puede distinguir correctamente entre los candidatos adecuados y los candidatos inadecuados un porcentaje mayor de las veces. Ningún test es exacto al 100 por ciento. Además, como hemos señalado antes, los candidatos a menudo tratan de engañar en esos tests para parecer que son mejores de lo que son realmente. Por último, un test eficaz es más discriminador; descarta una proporción mayor de candidatos y recomienda una proporción menor. En el ejemplo, la selección del banco comercial no era muy valiosa, ya que sólo rechazaba al 10 por ciento de los candidatos.

La selección es más rentable cuando hay más en juego

El objetivo de la selección es evitar a los candidatos que no son rentables. Por tanto, cuanto mayor sea el riesgo de contratar a la persona inadecuada, más valor tiene la selección. Asimismo, cuanto más tiempo se espere que un candidato permanezca en la empresa, más valiosa es la selección. Las empresas que tienen intención de contratar a una persona para un largo periodo tienden, pues, a invertir más en una selección minuciosa antes de comprometerse a contratar a un candidato.

¿Es rentable hacer una selección? ¿Para quién?

Si el banco de inversión selecciona a los trabajadores, la productividad de sus empleados es mucho mayor que la de los candidatos contratados aleatoriamente. Ahora se plantea la misma cuestión que en el caso del candidato de riesgo del capítulo anterior, Estévez, cuando resultaba que era una estrella. El mercado de trabajo valorará más a los candidatos seleccionados por el banco de inversión, simplemente porque el banco ha decidido contratarlos (han superado el proceso de selección). Por tanto, no es realista suponer que el banco de inversión puede continuar pagándoles 100.000 euros, si su productividad es casi el doble de esa cifra. Otros bancos de inversión pujarían por sus trabajadores cuando se dieran cuenta de que éste los selecciona minuciosamente.

¿Qué acabará teniendo que pagar a sus empleados? Es difícil saberlo sin disponer de más información. Es incluso razonable pensar que tendría que pagarle una cantidad igual a su productividad, 193.000 euros, si el mercado de trabajo fuera muy competitivo. Por tanto, la selección puede no ser siempre rentable para el empresario; de hecho, algunas empresas realizan un extenso proceso de selección, mientras que otras apenas seleccionan a sus empleados.

¿Qué ocurre con los demandantes de empleo? ¿Por qué solicitarían empleo en una empresa si saben que serán objeto de un proceso de selección? Debe de ser porque el sueldo más alto que pueden ganar en esa empresa si pasan la criba les compensa por los problemas y el riesgo que entraña el proceso de selección. Si el proceso de solicitud de empleo no es demasiado difícil, la remuneración adicional no tiene por qué ser demasiado alta para que a los candidatos les merezca la pena intentarlo. Sin embargo, si el proceso de selección es muy largo o, por ejemplo, hay un periodo de prueba (descrito más adelante), es posible que haya que ofrecer a los candidatos una remuneración más alta para que estén dispuestos a pasar por el proceso de selección.

Cuando la selección no es muy útil para la empresa porque los mercados de trabajo son competitivos, los demandantes de empleo tienen que pagar en gran parte o en su totalidad el proceso de selección. Eso ya ocurre, por supuesto, en el caso de la selección que se realiza en el mercado antes de trabajar, por ejemplo, en la educación o en la certificación profesional. Pero también puede ocurrir con la selección en la empresa. Los trabajadores pueden pagar implícitamente la selección si están dispuestos a ganar menos durante el periodo de selección.

En cualquier caso, es probable que tanto la empresa como los empleados se repartan los beneficios (y los costes) de la selección. Las empresas que realizan un proceso de selección más largo tienden a pagar más, tanto porque sus empleados son más productivos como porque los candidatos exigen alguna compensación por los costes y los riesgos de tratar de conseguir un empleo de larga duración en la empresa.

Cuando los empleados tienen alguna idea de si poseen muchas o pocas aptitudes, se plantea otra consideración. Las personas que poseen muchas aptitudes tienen más posibilidades de pasar la criba, por lo que tienen más que ganar con el proceso de selección. Por tanto, deberían estar más dispuestas a pasar por ese proceso y a pagarlo. Analizaremos esta cuestión más adelante cuando examinemos el tema de las señales.

Periodo de prueba

Los métodos de selección descritos pueden ser útiles, pero imperfectos. Una cuestión importante es que no son más que indicadores aproximados de lo que le interesa realmente a la empresa: cómo realiza realmente el trabajo una persona. En muchos casos, la única manera de saber verdaderamente si un candidato a un puesto es idóneo para ese puesto es ponerlo a *realizar* el trabajo. Así pues, un último método para seleccionar a los candidatos es ponerlos a realizar el trabajo durante un tiempo, bien muy brevemente durante las entrevistas, bien más extensamente durante un periodo de prueba. El método más elaborado consiste en contratar al trabajador durante un periodo de prueba y sólo contratarlo a largo plazo si rinde bien durante el periodo de prueba.

Naturalmente, un problema del periodo de prueba es que los costes de despedir a los empleados pueden ser considerables. En países como España o Italia, si se comprueba que una empresa ha despedido sin causa legal a un empleado que ha trabajado en ella el tiempo suficiente, la empresa está obligada a readmitirlo, a pagarle los salarios que ha dejado de percibir y las cotizaciones a la Seguridad Social así como a pagar una multa al Estado. En Indonesia, las empresas deben pagar a los trabajadores en caso de despido más de 1 mes de salario por cada año en que hayan trabajado en la empresa –hasta 9 meses de indemnización por despido– más el 15 por ciento del salario en concepto de «dinero de restitución de los derechos del trabajador». En cambio, en Dinamarca los costes de rotación normalmente son muy bajos. Éstos, sin embargo, han tendido en general a aumentar debido al endurecimiento de la legislación laboral y al incremento de los litigios por despido improcedente.

Cuando los costes de despido son altos, las empresas suelen ofrecer un tipo distinto de periodo de prueba. Por ejemplo, pueden contratar a los empleados a través de una empresa de trabajo temporal y ofrecer un empleo permanente sólo a los que trabajen bien. Los que no rindan lo suficiente no tienen que ser despedidos; sencillamente dejan de contratarlos a través de la empresa de trabajo temporal. De hecho, algunas empresas de trabajo temporal tienen la estrategia explícita de servir a los empresarios de agencia de selección.

Un método parecido que pueden utilizar a veces las empresas es contratar a los demandantes de empleo con un contrato temporal (de duración determinada). Cuando se extingue el contrato, pueden optar por contratar a los trabajadores con un carácter más permanente, ofrecerles un nuevo contrato de duración determinada o no contratarlos. Esos tipos de contrato se emplean no sólo para cubrir los puestos de trabajo poco cualificados; muchas empresas contratan consultores de alto nivel de un modo parecido.

Los datos sugieren que el endurecimiento de la legislación laboral es uno de los factores que se encuentran tras el crecimiento que han experimentado recientemente las empresas de trabajo temporal en todo el mundo. Por ejemplo, en Estados Unidos algunas normas sobre empleo varían de unos estados a otros. Los que tienen unas normas más estrictas en materia de despidos tienden a ser aquéllos en los que es más probable que las empresas utilicen trabajadores temporales. En Europa, la relación de empleo está más regulada que en casi todo el resto del mundo y es bastante frecuente que se contrate a trabajadores temporales. Según un estudio, en la Unión Europea el 13 por ciento de todos los asalariados tenía un contrato temporal. En España, la cifra era del 31 por ciento y alrededor de la mitad de los trabajadores de menos de 30 años tenía un contrato temporal.

REDUCCIÓN DE LOS COSTES DE DESPIDO EN FRANCIA

En septiembre de 2005, el Gobierno francés aprobó una nueva ley destinada a facilitar la contratación y el despido de trabajadores a las empresas de 20 asalariados o menos. Estableció el llamado «contrato primer empleo» que permite a esas empresas despedir a los trabajadores en cualquier momento y por cualquier razón durante los dos primeros años, avisándolos con 2 meses como mínimo de antelación. Los trabajadores despedidos tenían derecho a percibir prestaciones por desempleo, pero no la indemnización por despido prevista para otros trabajadores franceses.

Los sindicatos y los partidos de la oposición criticaron la ley, que fue aprobada inicialmente por decreto por medio de un «nuevo procedimiento de urgencia» que permite al Gobierno francés aprobar leyes sin consultar a los legisladores. En abril de 2006, los estudiantes, los sindicatos y otros agentes se manifestaron en señal de protesta por las calles de París. En respuesta, el presidente Jacques Chirac derogó la ley.

Fuente: Associated Press (2005-2006).

Consecuencias de la selección basada en un periodo de prueba

Si la empresa utiliza el periodo de prueba para seleccionar a los trabajadores y se queda con los que muestran un rendimiento óptimo, esta práctica tiene varias consecuencias interesantes. En primer lugar, es probable que la empresa promocione a los que sobreviven a la selección. Han demostrado ser más productivos que los solicitantes medios de empleo. Una vez que eso es evidente, es probable que la empresa les asigne mayores responsabilidades.

En segundo lugar, este sistema generalmente es de ascenso o despido, ya que los trabajadores que no son ascendidos normalmente no son contratados de nuevo. Se parece mucho a lo que se observa en los niveles inferiores de las escalas de ascenso de las empresas de servicios profesionales.

En tercer lugar, el ascenso normalmente va acompañado de un considerable aumento de la remuneración. La empresa asciende a los que observa que son más productivos, por lo que el ascenso de una persona significa que tiene más talento que el nuevo trabajador contratado medio, lo cual eleva su valor de mercado. Por este motivo, las empresas normalmente tienen que ofrecer una subida cuando ascienden a un empleado, pues de lo contrario se arriesgan a perder al empleado ascendido. Por otra parte, como el ascenso se basa en el rendimiento y el rendimiento depende en parte del esfuerzo realizado por el empleado en el trabajo, el ascenso se convierte en una forma de remuneración basada en incentivos. Volveremos a estas cuestiones en el capítulo 11.

Señales

La mayoría de las personas saben bastante bien cuáles son sus cualificaciones, su ética en el trabajo y sus ambiciones, las cosas que hacen de ellas buenos empleados. Supongamos ahora que los trabajadores saben qué tipo de empleados serán. Si lo saben y comparten esta información honradamente con los empresarios, una empresa puede reclutar empleados de un determinado tipo anunciando simplemente que está buscando trabajadores de ese tipo. Desgraciadamente, no es probable que este método sea eficaz. Recuérdese el análisis del ofrecimiento de salarios elevados a los trabajadores muy cualificados que hemos presentado antes en este capítulo. Una empresa que lo intentara se encontraría con un problema de selección adversa, ya que los demandantes de empleo que no estuvieran muy cualificados tendrían la tentación de solicitar empleo de todas formas. Ésa es la razón por la que decidimos que sería necesario realizar algún tipo de selección.

Cuando los trabajadores tienen más información que los empresarios sobre su capacidad en el empleo, puede utilizarse un proceso de selección para resolver este problema de selección adversa. Al fin y al cabo, la selección funciona cribando a los trabajadores y quedándose con los que encajan bien en la empresa y son más productivos en ella. En ese caso, compensa pagar unos salarios más altos a las personas seleccionadas. ¿No debería este método inducir de entrada a las personas que son buenas candidatas a solicitar empleo y disuadir a las que no lo son? Examinemos un ejemplo para ver cómo funcionaría este método.

Consideremos un ejemplo simplificado de selección de personal para un banco de inversión. Supongamos que el banco puede distinguir fácilmente con una sencilla entrevista a los candidatos de los tipos *A* a *C*, pero que es mucho más difícil distinguir entre los candidatos de tipo *D* y *E* sin hacer una selección más estricta. Al banco le gustaría contratar personas de tipo *E*, ya que son las más rentables. En lugar de realizar una selección, ¿puede hacer una oferta de trabajo que contenga un periodo de prueba, un sistema de ascenso o despido y una subida de sueldo tras el ascenso que sea atractiva para las personas de tipo *E*, pero no para las de tipo *D*?

Para analizar esta situación, necesitamos algo más de información. Supongamos, en primer lugar, que el banco puede averiguar de qué tipo es un empleado después de ver cómo trabaja durante un año. Sin embargo, las conclusiones que extrae viendo cómo trabaja no son exactas: el diez por ciento de las veces toma una decisión equivocada. Por tanto, asciende al 10 por ciento de los empleados de tipo *D* cuando no debería (¿le recuerda eso a su jefe?) y no asciende al 10 por ciento de los empleados de tipo E.

También tenemos que saber cuánto podrían ganar en otra empresa los empleados de cada tipo, ya que tenemos que ofrecer un paquete más atractivo a los empleados de tipo E y uno menos atractivo a los de tipo D. Supongamos que las personas de tipo D pueden ganar 175.000 euros en otro trabajo, mientras que las de tipo E pueden ganar 200.000. Por tanto, sus alternativas trabajando fuera durante dos periodos son el doble de estos sueldos: 350.000 euros en el caso de las personas de tipo D y 400.000 en el de las personas de tipo E.

Por último, tenemos que saber cuánto tiempo trabajarán en nuestra empresa los empleados que ascendamos. Para simplificar el análisis, supongamos que los empleados que ascendamos trabajarán durante un año una vez ascendidos. La tabla 2.4 muestra estas cifras (redondeadas hasta el millar más cercano) y calcula el valor esperado de la oferta de empleo para cada tipo de persona correspondiente a diferentes salarios en los dos años W_1 y W_2.

Tabla 2.4. Cómo inducir a los solicitantes de empleo a seleccionarse ellos mismos

		Tipo					
		D			*E*		
W_1	W_2	*Remuneración esperada*		*Solicitar*	*Remuneración esperada*		*Solicitar*
		Alternativa	*Solicitar empleo*		*Alternativa*	*Solicitar empleo*	
200€	200€	350€	378€	sí	400€	400€	no
180	225	350	360	sí	400	403	sí
160	250	350	343	no	400	405	sí
140	275	350	325	no	400	408	sí
120	300	350	308	no	400	410	sí
100	325	350	290	no	400	413	sí

La primera oferta examinada es igual a lo que los demandantes de tipo E podrían ganar en otra empresa, 200.000 euros al año. Esta oferta atrae evidentemente a las personas de tipo D, pero no a las de tipo E. La segunda oferta reduce la remuneración durante el periodo de prueba (W_1) y la eleva después del ascenso (W_2). Cada fila inferior reduce aún más W_1 y aumenta W_2. Como el ascenso no está garantizado, la empresa debe ofrecer más de 400.000 euros en total, $W_1 + W_2$, para atraer a demandantes de tipo E. Por este motivo y debido al riesgo que entraña aceptar una remuneración inicial menor en comparación con lo que las personas de tipo E podrían ganar en otra empresa, cada fila inferior implica una remuneración total mayor para las personas que son ascendidas.

Para calcular los valores reales de la oferta de empleo para las personas de tipo D y E si solicitan trabajo, obsérvese que cada tipo gana W_1 en el periodo 1. En el periodo 2, las personas de tipo D ganan W_2 con un 10 por ciento de probabilidades y su salario alternativo con un 90 por ciento de probabilidades. Asimismo, en el periodo 2, las personas de tipo E ganan W_2 con un 90 por ciento de probabilidades y su salario alternativo con un 10 por ciento de probabilidades:

Valor de solicitar empleo para D = $W_1 + 0,9 \times 175.000$ euros + $0,1 \times W_2$
Valor de solicitar empleo para E = $W_1 + 0,1 \times 200.000$ euros + $0,9 \times W_2$

Las dos primeras ofertas son atractivas para las personas de tipo D, ya que la remuneración que ofrece el banco de inversión es mayor que la que podrían obtener en cualquier otra empresa, incluso durante el periodo de prueba. Nuestra primera lección es que para disuadir a algunas personas de solicitar empleo, tenemos que pagar menos de lo que pueden ganar esas personas en otras empresas antes del periodo de prueba.

Asimismo, las últimas ofertas son atractivas para las personas de tipo E, ya que la elevada remuneración que percibirían después del ascenso es suficiente para compensar la baja remuneración inicial, dada la elevada probabilidad de que las personas de tipo E sean ascendidas. Nuestra segunda lección es que para atraer a algunos solicitantes de empleo, hay que ofrecerles más de lo que podrían ganar en otras empresas después del periodo de prueba.

Así pues, establecer un periodo de prueba puede permitir una buena autoselección de los demandantes de empleo y resolver así el problema de la selección adversa, si la empresa paga una cantidad suficientemente baja durante el periodo de prueba y una cantidad suficientemente alta después del periodo de prueba. Una manera de comprenderlo es observar que lo que pide la empresa en realidad a cada solicitante de empleo es que *deposite una fianza* –aceptando menos de lo que podría ganar en otra empresa– durante el periodo de prueba. A cambio, si trabaja bien y es ascendido, la empresa *le dará una recompensa*, pagándole más de lo que podría ganar en otra empresa. La figura 2.1 muestra el tipo de contrato que estamos considerando.

Figura 2.1. La remuneración aplazada como mecanismo de selección

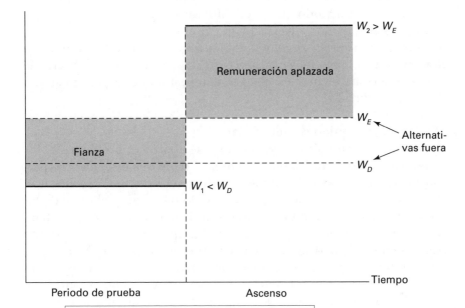

Obsérvese en la figura 2.1 que los empleados de tipo E, que tienen más aptitudes, reciben una recompensa *menor* cuando ascienden y pagan un coste *mayor* durante el periodo de prueba que los empleados de tipo D, que tienen menos aptitudes. La fianza $W - W_1$ es mayor en el caso de las personas de tipo E, ya que su trabajo alternativo paga más. Asimismo, la recompensa aplazada $W_2 - W$ es menor en el caso de las personas de tipo E por la misma razón. Si las personas de tipo D depositaran una fianza menor y obtuvieran una recompensa mayor si fueran ascendidas, ¿cómo las disuadiría esta clase de oferta de trabajo de solicitar empleo e induciría al mismo tiempo a las de tipo E a solicitarlo? La respuesta es que la empresa debe someter a los empleados a una rigurosa evaluación de su rendimiento antes de ascenderlos. La evaluación debe dar como resultado una probabilidad suficientemente alta de que las personas de tipo *E* sean ascendidas y una probabilidad suficientemente baja de que las de tipo *D* sean ascendidas. La baja tasa de éxito de las personas de tipo *D* reduce el valor esperado que el puesto tiene para ellas en comparación con las de tipo *E*.

Este análisis ilustra la idea económica general de las *señales*. El envío de señales es un método que puede utilizarse a veces para resolver los problemas de selección adversa. El tipo de elevada calidad señala su tipo al mercado *incurriendo en un coste*. Si los tipos de baja calidad no están dispuestos a incurrir en este mismo coste, la señal es eficaz: el hecho de que una persona incurra en el coste demuestra que pertenece al tipo de elevada calidad.

¿Quién paga y quién se beneficia?

El envío de señales sólo da resultado si se aborda el problema de los incentivos de los demandantes de empleo: tiene que disuadir a las personas de tipo *D* de solicitar empleo e inducir a las de tipo *E* a solicitarlo. Por tanto, es el empleado el que paga todo o casi todo el coste de las señales y disfruta de todos o casi todos sus beneficios. Vemos en la figura 2.1 que los empleados pagan la señal aceptando unos salarios más bajos que los que podrían percibir en otras empresas. También pagan en el sentido de que corren el riesgo de no ser ascendidos, aunque tengan muchas aptitudes (si la selección es imperfecta). Son recompensados más tarde ganando más de lo que podrían ganar en otra empresa tras el ascenso.

El empresario también puede pagar parte del coste del periodo de prueba y obtener algunos de los beneficios. Depende de cuáles acaben siendo los salarios medios en comparación con la productividad del empleado. La empresa se beneficia durante el periodo de prueba al pagar una remuneración que es inferior a la productividad, pero incurre en costes cuando paga a los empleados que asciende un salario superior a su productividad.

Ejemplos

Un ejemplo de señales es el del vendedor de un automóvil usado que ofrece una garantía. La garantía tiene costes para el vendedor, por lo que se convierte en una señal. El hecho de que el vendedor esté dispuesto a ofrecer una garantía, mientras que otros no, puede indicar que su automóvil es de mayor calidad que la media. En nuestro ejemplo del empleo, las personas de tipo *E* pueden señalar su tipo (y su confianza en su capacidad para trabajar bien y ganarse el ascenso) mediante su disposición a aceptar una baja remuneración durante el primer periodo. Esa señal sólo da resultado si las personas de tipo D no están también dispuestas a aceptar el mismo contrato.

Las señales tienen muchas aplicaciones en el mundo de los negocios. Por ejemplo, los inversores en capital de riesgo normalmente exigen que los empresarios inviertan el patrimonio de su familia en el nuevo proyecto. Pueden exigir incluso que hipotequen su casa e inviertan lo que obtengan en la nueva empresa. Esta exigencia tal vez parezca extraña a primera vista: ¿no tiene que ser el inversor en capital de riesgo el que ponga el dinero? Exigir que el empresario haga alguna inversión en la empresa es importante, ya que ayuda al inversor en capital de riesgo a distinguir a los candidatos más seguros de sí mismos y serios de los menos.

Otro ejemplo son los proyectos conjuntos de dos empresas. En esos casos, es frecuente que las dos empresas inviertan. Una de las razones tal vez sea que de esa forma cada empresa puede señalar a la otra la seriedad de su intención de hacer que el proyecto conjunto sea rentable.

Como hemos señalado, el periodo de prueba es una forma de remuneración basada en el rendimiento. Puede servir de señal si los demandantes de empleo que tienen más aptitudes están dispuestos a aceptar una oferta de empleo con una escala de promoción arriesgada pero potencialmente lucrativa. La idea es la misma en el caso de cualquier remuneración basada en el rendimiento. Si un nuevo empleado está dispuesto a aceptar una remuneración incierta basada en el rendimiento, eso puede indicar que tiene más aptitudes y cree que encaja en el trabajo. Si trata de renegociar para reducir la parte de su salario basada en el rendimiento, ocurre lo contrario. La remuneración basada en el rendimiento ayuda, pues, a cribar a los empleados, además de incentivarlos.

La educación como señal

La educación puede ser un importante ejemplo de señal. Supongamos en aras de la argumentación que los estudiantes no aprenden nada útil en la escuela. Supongamos, sin embargo, que a los que tienen más talento les resulta más fácil aprender la materia rápidamente. En ese caso, podrían señalar su talento al mercado de trabajo invirtiendo en más educación que los estudiantes que tienen menos talento. Según esta visión de la educación, los profesores obligan a los estudiantes a pasar por unos procesos de selección cada vez más difíciles. En cada una de las fases, a algunos les resulta demasiado alto el coste de superar la siguiente prueba, por lo que no adquieren ese nivel de estudios. Aquellos a los que la prueba les resulta relativamente barata se matriculan para adquirir ese nivel de estudios. El mercado de trabajo lo reconoce pagando más a los que han adquirido un nivel de estudios más alto.

De hecho, como muestra la tabla 1.3 del capítulo anterior, las personas que tienen más estudios ganan más. ¿Se debe a la señal de tener un título? Es posible, pero parece extraordinariamente inverosímil que ésa sea la única explicación. Si el único fin de la educación es la selección, probablemente podríamos encontrar métodos más eficientes que obligar a los estudiantes a permanecer 4 años en la universidad: por ejemplo, podríamos someterlos a una extensa prueba al final de sus estudios de secundaria. En el capítulo 3, analizamos la inversión en nuevas cualificaciones.

Una vez dicho eso, existen pruebas de que la educación sí desempeña algún papel en la selección de los trabajadores. Por ejemplo, los que no llegan a tener los 4 años de estudios universitarios ganan algo menos que los que han obtenido el correspondiente título: existe una leve diferencia salarial entre los que no han terminado sus estudios universitarios y los que han obtenido el título formal, lo cual es difícil de atribuir exclusivamente a la pequeña formación adicional que han obtenido.

Análisis de las señales en términos más formales: equilibrio separador y equilibrio aunador

Examinemos de manera formal un ejemplo de señales para ver cómo funcionan. Supongamos que los contables pueden invertir en educación o en formación en el trabajo. Si completan su formación, se convierten en auditores de cuentas. Imaginemos que sólo hay dos tipos de contables, los «rápidos» y los «lentos», dependiendo de su capacidad como contables: los rápidos son más productivos y también tienen mayor facilidad al adquirir la formación necesaria para superar el examen de auditor de cuentas.

Para formalizar estas ideas, representemos por medio de Q el valor actual de la productividad del empleado y por medio de C el coste de convertirse en auditor de cuentas. Los subíndices se refieren a los dos tipos de contables.

Supongamos que el mercado de trabajo paga a los contables un sueldo que es exactamente igual a su productividad esperada. La proporción de contables que son rápidos es α, por lo que la proporción que es lenta es $1 - \alpha$. Por tanto, si el mercado de trabajo no puede distinguir a los dos tipos de contables (si no hay señales), el sueldo es igual a

$$\textit{Productividad media} = \bar{Q} = \alpha \times Q_r + (1 - \alpha) \times Q_l.$$

En cambio, si los contables rápidos *sí* consiguen distinguirse, percibirán un sueldo igual a su productividad Q_r, por lo que se supondrá que los que no envían señales son lentos, y todo el que no envíe señales percibirá Q_l.

A los rápidos les gustaría distinguirse de los lentos para poder ganar más. Al mismo tiempo, a los lentos les gustaría que los confundieran con los rápidos para que no les pagaran menos. Ésta es una propiedad general de los modelos de selección adversa: los tipos de peor calidad generalmente intentan parecerse a los de mayor calidad, los cuales intentan, por el contrario, alejarse de los tipos de menor calidad. ¿Serán capaces los rápidos de señalar sus aptitudes superando las pruebas de aptitud para ser auditor de cuentas?

Para que las señales sirvan para algo, tienen que cumplirse tres condiciones. En primer lugar, si todos los demás contables rápidos están enviando señales y los lentos no, un contable rápido tiene que obtener mejores resultados enviando también señales. Para eso es necesario que la remuneración, una vez descontado el coste que tiene para un contable rápido superar las pruebas de aptitud, sea mayor que si decidiera sumarse a los lentos no realizando las pruebas:

$$Q_r - C_r > Q_l.$$

En segundo lugar, si ninguno de los demás contables lentos se presenta a las pruebas de aptitud y los rápidos invierten en ellas, un contable lento debe obtener mejores resultados no presentándose tampoco a las pruebas. Si un contable lento decidiera infiltrarse en el grupo de los rápidos, percibiría Q_r, pero su coste sería C_l. En caso contrario, ganaría Q_l. Así pues, para que los contables lentos no se presenten a las pruebas, debe ser cierto que

$$Q_r - C_l < Q_l.$$

Estas dos condiciones implican que

$$C_r < Q_r - Q_l < C_l.$$

Intuitivamente, los beneficios que se obtienen enviando señales tienen que ser mayores que los costes en el caso de los tipos que tienen muchas aptitudes, pero no tanto como para inducir a los tipos que tienen pocas aptitudes a enviar también señales.

En tercer lugar, para que *todos* los contables rápidos estén dispuestos a enviar señales, los beneficios que obtienen enviándolas tienen que ser mayores que los que obtendrían si ninguno de ellos las enviara. Si ninguno de ellos enviara señales, todo el mundo percibiría un sueldo igual a su productividad media, para lo cual es necesario que

$$Q_r - C_r > \bar{Q}.$$

Esta condición es incluso más exigente que la otra condición relacionada con los contables rápidos que hemos descrito antes, ya que $\bar{Q} > Q_r$. Cuando el valor de α es muy alto, quiere decir que $\bar{Q}$ es muy parecido a Q_r, por lo que es más probable que no pueda cumplirse esta última condición.

Intuitivamente, es más probable que el envío de señales para distinguirse de la multitud sea rentable para los contables rápidos cuanto más escasos sean. Si hay muchos tipos de buena calidad, es relativamente fácil para los de baja calidad esconderse entre los de elevada calidad.

Si estas condiciones *no* se cumplen, ninguno de los dos grupos tiene incentivos para realizar las pruebas y los rápidos no se distinguen de los lentos. Este caso, en el que no se envían señales, se llama *equilibrio aunador* y muestra que no siempre es posible enviar señales.

Si se cumplen las condiciones, los contables rápidos envían señales y los lentos no. Este caso se llama *equilibrio separador*, ya que los contables rápidos pueden distinguirse de los lentos invirtiendo en las pruebas de aptitud.

Estas observaciones constituyen una ilustración formal de los argumentos que hemos expuesto antes sobre la selección. Las señales implican selección, pero añaden un nuevo e importante ingrediente: los trabajadores saben de qué tipo son y las empresas tratan de estructurar sus ofertas de empleo de manera que los que encajan mejor en ellas lo revelen mediante su disposición a aceptarlas, mientras que los que encajan mal lo revelen negándose a aceptarlas.

¿Qué tipo de empresa es más probable que utilice señales?

Las señales son útiles cuando los empresarios no tienen suficiente información sobre los demandantes de empleo para valorar su potencial con suficiente precisión. Son útiles cuando las diferencias de talento entre los solicitantes de empleo son muy importantes para la productividad.

No son muy útiles cuando las diferencias de talento no influyen mucho en la productividad. Estas ideas indican cuándo es de esperar que las prácticas de selección y empleo sean coherentes con las señales.

En primer lugar, las señales deben ser más importantes en los puestos de trabajo en los que son más importantes las cualificaciones. Esos puestos de trabajo tienden a encontrarse en los niveles jerárquicos superiores, en la investigación y el desarrollo y en el mundo del saber. También son importantes en las empresas de servicios profesionales, como las empresas de consultoría y de auditoría, los bufetes de abogados y los bancos de inversión. En esas profesiones, incluso pequeñas diferencias de talento pueden traducirse en grandes diferencias de eficacia en el puesto de trabajo, por lo que es muy importante distinguir a las personas de talento. Por este motivo, esas empresas tienden a hacer una selección muy minuciosa de su personal y normalmente tienen sistemas de ascenso que corresponden perfectamente al del periodo de prueba que hemos analizado antes, al menos durante los primeros años en el puesto.

También es más probable que se tengan en cuenta las señales cuando no se dispone de mucha información sobre los solicitantes de empleo. Los trabajadores que son nuevos en el mercado de trabajo (por ejemplo, los que acaban de terminar su carrera o su MBA) es más probable que se vean sometidos a la política de señales. En cambio, en el caso de las personas recién contratadas que tienen muchos años de experiencia y un extenso currículum se debería utilizar menos la política de señales en las ofertas de empleo que reciben. No obstante, las empresas suelen utilizar estas técnicas incluso para contratar personas con experiencia en los niveles jerárquicos muy altos. Por ejemplo, los nuevos directores generales suelen contratarse para un periodo fijo con una remuneración basada en gran parte en el rendimiento. En la medida en que es difícil saber si el director general tiene aptitudes para llevar a cabo la estrategia de la empresa y en una situación en que el futuro director general tiene más información sobre esta cuestión que el comité de contratación del consejo de administración, esas prácticas pueden mejorar el reclutamiento de los directores generales.

RESUMEN

Un objetivo importante de la política de personal es seleccionar el talento acorde con los puestos de trabajo con el fin de aumentar la eficacia de la empresa. Como la información es incompleta y a menudo asimétrica durante el proceso de selección, a las empresas no les queda más remedio que seleccionar a los solicitantes de empleo. Cuando se ofrece un salario elevado, los trabajadores que no están capacitados para el puesto lo solicitarán igualmente si consideran que tienen muchas probabilidades de superar el proceso de selección. Éste es el problema económico de la selección adversa.

Una empresa puede reducir el número de solicitantes de empleo inadecuados de diversas maneras. Una de ellas es buscar credenciales que permitan predecir correctamente el rendimiento en el puesto. Este método da buen resultado cuando la credencial es fácil de obtener para las personas que tienen muchas aptitudes y difícil de obtener para las que tienen pocas.

Aparte de las credenciales, las empresas pueden invertir en una selección más o menos minuciosa. Pueden realizar tests formales, perfiles psicológicos y largas y múltiples entrevistas y pueden someter a los trabajadores a un periodo de prueba muy breve. Todas estas prácticas pueden ser útiles, aunque es probable que disten de predecir perfectamente el rendimiento en el puesto de trabajo.

El método más preciso de selección consiste en someter a los trabajadores a un periodo de prueba suficientemente largo, aunque también puede ser, por supuesto, el más caro. Hay que pagar al trabajador durante este periodo y los costes pueden ser especialmente altos en los puestos de trabajo en los que existe un alto riesgo de dar lugar a pérdidas (en los que el trabajador puede destruir valor). Muchas empresas utilizan algún tipo de periodo de prueba formal o informal en sus prácticas de contratación.

En nuestro análisis, a los trabajadores se les ofrece un contrato contingente. En el caso del periodo de prueba, los trabajadores ganan durante ese periodo lo suficientemente poco como para que sólo estén dispuestos a solicitar el empleo los que creen que superarán con éxito esta fase. Un programa bien elaborado de salarios durante el periodo de prueba y después del periodo de prueba puede impedir que soliciten empleo los trabajadores inadecuados y, en cambio, atraer a los adecuados. Eso es más fácil de lograr cuando es difícil para los trabajadores inadecuados pasar el periodo de prueba sin que nadie se dé cuenta de sus carencias y cuando los trabajadores adecuados y los inadecuados tienen parecidas oportunidades fuera de la empresa.

Las cuestiones de la selección y del periodo de prueba nos han llevado a la idea económica de las señales. El envío de señales es un método que a veces puede resolver los problemas de selección adversa. Si los trabajadores saben cuáles son sus aptitudes, los que estén capacitados tratarán de hacérselo saber a los empresarios enviando señales y los que no lo estén tratarán de ocultarlo. Por tanto, las empresas deben diseñar políticas de selección que animen a los trabajadores que tienen aptitudes a solicitar empleo y que dificulten la entrada de trabajadores que no tienen aptitudes por medio de un periodo de prueba.

Otra forma de conseguir que los solicitantes de empleo se autoseleccionen es basar una buena parte de la remuneración en el rendimiento. En realidad, el periodo de prueba cumple esa misión, ya que el ascenso y la subida salarial una vez transcurrido ese periodo dependen del rendimiento. En términos más generales, cualquier tipo de remuneración basada en incentivos tiende a mejorar la selección, ya que es más probable que los empleados que mejor encajan en la empresa acepten una remuneración basada en gran parte en el rendimiento.

Las empresas pueden utilizar recompensas contingentes después del periodo de prueba para atraer a los trabajadores de mayor calidad. Sin embargo, esta práctica no sale gratis; se realiza a costa de pagar unos salarios más altos. Es más probable que sea útil en las empresas en las que las pequeñas diferencias de talento pueden traducirse en grandes diferencias de productividad, lo cual es más probable en los niveles superiores de la organización y en las empresas en las que el trabajo es principalmente intelectual. Las empresas de servicios profesionales, especialmente las líderes en sus respectivos sectores, suelen recurrir a prácticas de este tipo. Entre estas prácticas se encuentran un minucioso proceso de selección, una extensa evaluación del rendimiento durante los primeros años de empleo y sistemas en los que el empleado es ascendido o despedido con grandes recompensas para los empleados que se quedan. También suele ocurrir que una buena parte de la remuneración se base en el rendimiento.

En la visión clásica del análisis económico, los bienes se compran y se venden en mercados al contado y los términos de la transacción son la cantidad, la calidad y el precio. El análisis de este capítulo se basa en una visión diferente: cuando las empresas utilizan un periodo de prueba o una remuneración contingente para seleccionar a los trabajadores, ofrecen un contrato *para múltiples periodos*. Este contrato *depende* del rendimiento del empleado: se estipula en función de cómo trabaje. Por último, también implica una *promesa* de la empresa: recompensar a los que trabajen bien con una remuneración mayor más adelante. Estas complicaciones se deben a que la calidad del bien –las aptitudes del trabajador– no es una información de la que pueda disponerse fácilmente. Por tanto, la relación económica entre el empresario y el empleado se vuelve compleja. Esta idea se desarrolla más en el siguiente capítulo y con mayor profundidad en el capítulo 15.

Ejercicios

1. Si los trabajadores también pudieran ser seleccionados por las universidades, ¿puede una empresa obtener beneficios seleccionándolos? ¿En qué circunstancias es más probable que la selección se realice en el trabajo y no antes de que los trabajadores entren en el mercado de trabajo?
2. ¿Con qué tipos de trabajadores es más importante la selección?
3. ¿Qué tipos de empresas es más probable que seleccionen minuciosamente a sus trabajadores y utilicen sistemas de ascenso o despido? ¿Por qué?
4. ¿Cómo podría señalar una empresa a los solicitantes de empleo las características importantes del empleo que ofrece? ¿Puede poner algún ejemplo?
5. ¿Puede poner algún ejemplo de señales en otros contextos empresariales y que haya visto en su propia vida? ¿Cuál es el coste de la señal en cada caso? ¿En qué se diferencian los que envían señales de los que no? ¿Cumple la señal nuestros criterios para que haya un equilibrio separador?
6. Piense en la ley francesa que permitía a las pequeñas empresas despedir a los trabajadores con un coste más bajo durante los dos primeros años de empleo. ¿A quién beneficiaría la aprobación de esa ley? ¿Beneficiaría a algunos trabajadores (o solicitantes de empleo)? ¿Era probable que la ley afectara a los estudiantes que se manifestaron en la Sorbona de París (una de las universidades más prestigiosas de Francia)? ¿Cómo? ¿Y a los sindicatos?

Bibliografía

Akerlof, George (1970), «The Market for 'Lemons': Quality Uncertainty and the Market Mechanism», *Quarterly Journal of Economics*, 84(3), págs. 488–500.

Baker, George, Michael Gibbs y Bengt Holmstrom (1994a), «The Internal Economics of the Firm: Evidence from Personnel Data», *Quarterly Journal of Economics*, 109, págs. 881–919.

Baker, George, Michael Gibbs y Bengt Holmstrom (1994b), «The Wage Policy of a Firm», *Quarterly Journal of Economics*, 109, págs. 921–955.

Gibbs, Michael y Wallace Hendricks (2004), «Do Formal Salary Systems Really Matter?», *Industrial & Labor Relations Review*, 58(1), págs. 71–93.

Marx, Groucho (1959), *Groucho and Me*, Free New York, Bernard Geis Associates.

Spence, Michael (1973), «Job Market Signaling», *Quarterly Journal of Economics*, 87, págs. 355–374.

OTRAS LECTURAS

Lazear, Edward (1992), «The Job as a Concept», en Wiliam Bruns (comp.), *Performance Measurement, Evaluation, and Incentives*, Boston, Harvard Business School Press.

O'Flaherty, Brendan y Aloysius Siow (1996), «Up-or-out Rules in the Market for Lawyers», *Journal of Labor Economics*, 13, págs. 709–735.

Paul, Annie Murphy (2004), «You Are What You Store», Free Press.

APÉNDICE

Selección

Aquí ponemos un ejemplo formal de los principios de la selección que hemos analizado en este capítulo. Supongamos que hay dos tipos de demandantes de empleo, E y D. La productividad es Q; los demandantes de tipo E son más productivos que los de tipo D, por lo que $Q_E > Q_D$. La probabilidad de que un demandante de empleo elegido aleatoriamente sea de tipo E es igual a p; la probabilidad de que sea de tipo D es igual a $1 - p$. La empresa paga el salario W a los trabajadores que contrata; $Q_E > W > Q_D$. Por tanto, la empresa obtiene beneficios con los trabajadores de tipo E, pero experimenta pérdidas con los trabajadores de tipo D.

Beneficios esperados de un nuevo empleado contratado aleatoriamente
$$= p(Q_E - W) + (1 - p)(Q_D - W)$$

La empresa tiene un método de selección que cuesta s y cuya precisión es q. Es decir, q es igual a la probabilidad de que se tome la decisión correcta, mientras que $1 - q$ es igual a la probabilidad de que se cometa un error.

$$\textit{Beneficios esperados con la selección} = p \times Q(Q_E - W) +$$
$$(1 - p)(1 - q)(Q_D - W) - s,$$

ya que se rechaza por error la proporción $(1 - q)$ de demandantes de tipo E y se contrata por error la misma proporción de demandantes de tipo D.

La variación que experimentan los beneficios cuando se hace una selección con respecto a los que se obtienen cuando no se hace una selección es igual a:

$$\Delta \textit{beneficios} = p(1 - q)(Q_E - Q) - (1 - p)q(Q_D - W) - s.$$

El primer término es negativo. Es la pérdida que experimenta la empresa cuando rechaza por error candidatos de tipo E. El segundo término es positivo, ya que $Q_D < W$. Es la ganancia que obtiene por rechazar correctamente candidatos de tipo D. Naturalmente, el tercer término también es negativo.

Se deduce inmediatamente que la prueba de selección es más eficaz cuando es más precisa, más barata o discrimina mejor:

$$\frac{\partial \Delta \textit{beneficios}}{\partial q} > 0; \ \frac{\partial \Delta \textit{beneficios}}{\partial s} < 0; \frac{\partial \Delta \textit{beneficios}}{\partial p} < 0.$$

Cuanto más negativa es la pérdida $Q_D - W$ que experimenta la empresa por contratar trabajadores del tipo inadecuado, mayores son los beneficios que obtiene realizando una selección. Por tanto, la prueba de selección es más eficaz cuando hay más en juego. Cuanto más tiempo permanezcan en la empresa los trabajadores del tipo inadecuado, más larga es esta expresión.

Señales

A continuación incorporamos las señales al modelo del periodo de prueba antes descrito. Mostramos que hay que estructurar el salario en cada periodo para conseguir que los trabajadores envíen señales. Hay dos tipos, E y D, definidos antes. La empresa ofrece W_1 y W_2 en dos periodos. En el periodo 1, se observa a los trabajadores en el puesto de trabajo. Los que se considera que encajan en la empresa son ascendidos y perciben W_2, mientras que el resto es despedido y percibe un salario en otra empresa. La decisión de ascenso se toma con la precisión q, al igual que antes.

Las alternativas que tiene fuera cada tipo son $W_E > W_D$. Al suponer que hay diferentes alternativas fuera, estamos siguiendo una vía distinta a la que hemos tomado en el análisis formal de las señales de este capítulo. Estamos suponiendo, de hecho, que aunque esta empresa pueda inducir a los candidatos de tipo E a seleccionarse ellos mismos, estamos dando por sentado que los candidatos de tipo E también envían o no señales a otras empresas. Puede no ser así. Sin embargo, parece razonable suponer que a los candidatos de tipo E les cabe esperar ganar de una u otra forma a lo largo de toda su vida más en promedio que los de tipo D, dado que tienen más aptitudes.

Para disuadir a los candidatos de tipo D y atraer, sin embargo, a los de tipo E, tenemos que cumplir estas dos condiciones:

$$W_1 + (1-q)\,W_2 + q \times W_D < 2 \times W_D$$
$$W_1 + q \times W_2 + (1-q)\,W_E > 2 \times W_E.$$

La primera expresión establece que los candidatos de tipo D esperan obtener peores resultados en esta empresa. La segunda establece que los de tipo E esperan obtener mejores resultados. Basta un poco de álgebra para ver que este sistema puede inducir a los candidatos a seleccionarse ellos mismos si

$$W_1 < W_D + (1-q)\,(W_D - W_2) < W_D$$
$$W_2 > W_E + (W_E - W_1)/q > W_E.$$

De hecho, los salarios óptimos (que minimizan los costes de remuneración de la empresa) son[5]:

$$W_1 = W_D - \left(\frac{1 - q^2}{2q - 1} \right)\,(W_E - W_D)$$

$$W_2 = W_E - \left(\frac{2 - q}{2q - 1} \right)\,(W_E - W_D).$$

---

[5] Técnicamente, hay un número infinito de pares de salarios óptimos. Por ejemplo, la empresa podría restar 1 euro de W_1 y sumarle 1 euro$/(1-q)$ a W_2. Los salarios indicados aquí minimizan la variedad de salarios del empleado de W_1 a W_2 entre el conjunto de pares de salarios que minimizan los costes de remuneración de la empresa.

Estas expresiones implican, por supuesto, que $W_1 < W_D < W_E < W_2$, por lo que el sistema implica una *remuneración aplazada*. Examinando cualquiera de los dos últimos conjuntos de expresiones, es fácil ver que:

- Cuanto más precisa sea la prueba (cuanto mayor sea q), mayor será W_1 y, por tanto, menor la fianza depositada por los candidatos de tipo E. Asimismo, W_2 y, por tanto, la recompensa obtenida tras el ascenso es menor cuanto más precisa es la prueba. Intuitivamente, cuando la prueba es más precisa, los candidatos de tipo E están más dispuestos a aceptar una recompensa menor por aceptar el riesgo de enviar señales, ya que hay menos probabilidades de que la empresa cometa un error.

- Cuanto menor sea W_D, menor será W_1. Cuanto mayor sea W_E, mayor será W_2. Por tanto, cuanto mayores sean las diferencias de productividad entre los dos tipos de candidatos (reflejadas en sus valores de mercado fuera de la empresa), mayor será la recompensa tras el ascenso.

3 La formación

No hay inversión más rentable que la inversión en conocimiento.

—atribuido a Benjamin Franklin

INTRODUCCIÓN

Este capítulo trata de lo que el lector está haciendo *ahora mismo*: invertir en conocimientos. ¿Tiene razón Benjamin Franklin cuando dice que es una buena inversión? ¿Cómo se puede saber? ¿Debe pagar la empresa la educación de sus trabajadores? ¿Debe ofrecer formación en el trabajo?

Cuando se les pregunta a las empresas por la rotación de personal, la mayoría manifiesta su temor a perder las inversiones que ha realizado en formar a sus empleados. Eso induce a pensar que la mayoría de las empresas ofrece algún tipo de formación y que les gustaría evitar perder a sus empleados después de realizar esas inversiones.

Los datos de la tabla 2.1 mostraban que, en Acme, la rotación de los nuevos empleados contratados es alta, pero que otros muchos permanecen en la empresa durante un periodo relativamente largo. Una de las interpretaciones es que Acme hace una selección de los nuevos trabajadores durante un periodo de prueba. Los que no encajan se van en seguida y los que encajan se quedan mucho tiempo. Pero ¿no será que el grado de estabilidad de algunos empleados se debe precisamente a que están adquiriendo conocimientos en la empresa?

Otra observación que hicimos fue que Acme tiende a llenar los puestos de dirección ascendiendo desde dentro. Eso también podría atribuirse al proceso de selección interna: los puestos de nivel superior se cubren con empleados que ya han pasado la criba. En otras palabras, a los candidatos internos ya se les conoce bien. De nuevo, y sin embargo, ¿no será que existe una relación entre la formación en el trabajo y el ascenso y promoción en el mismo?

La tabla 3.1 pone a prueba la idea de que la preferencia por ascender a los propios trabajadores se deba exclusivamente al proceso de selección. Compara el rendimiento futuro de las nuevas contrataciones con el de los candidatos internos con los que Acme cubre los puestos de nivel 2. Si los candidatos internos ya se han cribado, es de suponer que con ellos haya menos sorpresas en los rendimientos observados una vez que llegan al nivel 2.

Tabla 3.1. Rendimiento de los nuevos empleados contratados y de los empleados ascendidos en Acme

		Número de años después de entrar en el nivel 2				
		2	*3*	*4*	*5*	*10*
Nuevo contratado en el nivel 2	Porcentaje que abandonó Acme	15,5	25,6	33,5	42,0	61,7
	De los que permanecían en Acme…					
	Porcentaje rebajado de categoría	1,4	1,6	1,8	2,1	1,0
	Porcentaje que seguía en el nivel 2	79,4	51,5	39,7	33,3	22,0
	Porcentaje ascendido	19,2	46,9	58,5	64,6	77,0
	Número medio de niveles ascendidos	1,0	1,0	1,7	1,4	1,8
Ascendido al nivel 2	Porcentaje que abandonó Acme	11,3	21,1	28,4	33,6	59,1
	De los que permanecían en Acme…					
	Porcentaje rebajado de categoría	0,0	0,0	0,0	0,1	0,0
	Porcentaje que seguía en el nivel 2	84,2	49,7	32,1	23,7	8,6
	Porcentaje ascendido	15,8	50,3	67,9	76,2	91,4
	Número medio de niveles ascendidos	1,0	1,0	1,1	1,3	1,6

Los datos corroboran nuestra hipótesis (los resultados también son similares en los niveles jerárquicos más altos de Acme). Por ejemplo, los trabajadores contratados fuera tienen más probabilidades de abandonar

Acme que los candidatos internos, lo cual es prueba de que los nuevos contratados aún tienen que pasar por el proceso de criba. De los trabajadores que se quedan, es más probable que los nuevos contratados sean rebajados de categoría y menos probable que sean ascendidos. Sin embargo, cuando son ascendidos, avanzan en promedio más que los candidatos internos que son ascendidos. En otras palabras, es más probable que los nuevos trabajadores tengan resultados extremos, es decir, que sean rebajados de categoría, que abandonen la empresa o que sean ascendidos rápidamente.

Pero los nuevos trabajadores pueden ser valiosos para Acme, ya que pueden salir muy bien y los que salen mal pueden ser despedidos, como describimos en el capítulo 1. Ahora bien ¿se diferencian también en otros aspectos de los candidatos internos de Acme? La tabla 3.2 contiene algunos datos sobre esta cuestión que se refieren a ambos tipos de trabajadores en los niveles 2-4. Los nuevos trabajadores tienden a tener entre seis meses y un año más de estudios y algunos años más de experiencia laboral que los que son ascendidos a puestos similares desde dentro de Acme. En otras palabras, su nivel medio de estudios y de experiencia es más alto.

Tabla 3.2. El capital humano de los nuevos empleados contratados y de los empleados ascendidos en Acme

| | | *Nivel* | | |
	Número medio de años de...	*2*	*3*	*4*
Nuevo contratado en el nivel	Estudios	16,4	16,5	17,0
Ascendido al nivel		15,7	16,1	16,5
Nuevo contratado en el nivel	Experiencia laboral	12,9	15,8	20,5
Ascendido al nivel		12,3	14,0	16,2

¿A qué puede deberse eso? Una posibilidad es que Acme tenga aversión al riesgo. Para acceder a contratar a un trabajador externo de más riesgo, Acme podría exigir que sus credenciales fueran superiores a las de los candidatos internos. Sin embargo, incluso con aversión al riesgo se puede querer contratar a candidatos de mayor riesgo debido a su valor potencial.

Otra explicación es que los empleados que llevan unos cuantos años en Acme tengan una ventaja diferente: han recibido en Acme una formación que aumenta su productividad. Si la formación es específica del negocio de Acme, las personas contratadas de fuera carecerían de estos conocimientos. Eso daría a los candidatos internos una ventaja a la hora de ocupar las vacantes. Si eso fuera así, los nuevos trabajadores contratados tendrían que ser mejores en otros aspectos, como en experiencia laboral general, para que fueran tenidos en cuenta para ocupar el puesto. Por tanto, algunas de las pautas que estamos observando pueden muy bien deberse a la formación de los empleados de la casa.

Hasta ahora hemos analizado las consecuencias de cribar a la mano de obra suponiendo que los trabajadores tienen un talento fijo. A continuación añadimos una nueva consideración importante: los trabajadores aprenden con el tiempo, tanto mediante la formación que adquieran como en el propio trabajo. Además, los datos de Acme parecen indicar que dicha formación mejora la productividad del trabajador en la empresa en la que está más que en otras empresas, al menos en algunos casos. Vamos a desarrollar a continuación un modelo para analizar la formación en general y veremos que ésta puede afectar a la productividad de manera distinta dependiendo de la empresa.

Encaje

Antes de analizar la formación del personal, hay otra explicación de los datos de desarrollo profesional que hemos visto que no tiene nada que ver con la formación en el trabajo: nos referimos al *encaje* del trabajador con su empresa. Supongamos que, como la actividad, la organización y la cultura corporativa varían de unas empresas a otras, no todos los empleados encajan igual de bien en una empresa, aunque tengan aptitudes parecidas. En ese caso, tanto trabajadores como empresas tienen que buscar buenos emparejamientos o compatibilidades. Dos empleados que tengan parecidas aptitudes pueden ser más productivos en dos empresas distintas. Por ejemplo, puede ocurrir que una empresa tenga una cultura agresiva que espera que los empleados trabajen muchas horas incluidos los fines de semana y que uno de los dos trabajadores sea idóneo para ese entorno y el otro no.

Si el encaje es importante, esto exige igualmente seleccionar a los trabajadores, exactamente igual que cuando tienen aptitudes diferentes. Sin embargo, ahora la selección se basaría en si los atributos del trabajador, al margen de sus cualificaciones, se ajustan bien o no a los atributos de la empresa (o al puesto de trabajo dentro de la empresa)[1]. Entre estos atributos se encontrarían factores como su personalidad (y cómo encaja en la cultura de la compañía o del grupo de trabajo) o sus preferencias geográficas. Son estos factores a los que se refiere en buena medida la gente cuando habla de cómo encaja en una empresa.

La necesidad de encajar bien en la empresa conlleva una elevada rotación al principio de la carrera profesional, cuando trabajadores y empresas comprueban si encajan bien, y una baja rotación más tarde. También puede ser que explique el aumento salarial que suele seguir al periodo de prueba, una vez que se comprueba que encajan bien en la empresa.

Ésta no es más que otra forma de criba, por lo que no es de extrañar que los resultados con los trabajadores de fuera varíen más que los resultados de los candidatos internos. Los candidatos ascendidos internamente encajarían, en promedio, mejor en la empresa que los contratados de fuera, puesto que los candidatos internos ya han sobrevivido a la selección. Eso los colocaría en una situación de ventaja, que los candidatos externos sólo podrían superar si tuvieran mejores credenciales, como por ejemplo, un nivel más alto de experiencia laboral o de estudios.

La historia que hemos presentado de la selección en el trabajo y de su equivalente más sutil, el encaje, se basa en el supuesto de que la productividad del empleado no varía en el trabajo. No obstante, la gente normalmente va adquiriendo nuevas cualificaciones, tanto por medio de la educación como de la formación en el trabajo, por lo que no es realista tratar de explicar las pautas de desarrollo profesional sin tener en cuenta esas consideraciones.

INVERSIÓN EN EDUCACIÓN

El análisis económico, y cada vez más el mundo de los negocios, consideran que la educación y la formación son un tipo de inversión que puede analizarse exactamente igual que las demás. El análisis de este tipo de inversión se denomina teoría del *capital humano*. Es una parte tan importante del análisis económico moderno que se han concedido dos

---

[1] Dada esta descripción, no debería sorprender que los economistas utilicen a menudo la metáfora de las citas y el matrimonio cuando analizan los temas que examinamos en este capítulo. De hecho, los economistas han utilizado principios parecidos para estudiar el matrimonio y otros temas afines.

premios Nobel de economía, al menos en parte, como reconocimiento a esta teoría[2].

Antes decíamos que la educación en realidad no sirve para aprender sino sólo para señalar las aptitudes del estudiante. Esa idea es exagerada. La teoría del capital humano analiza de una manera mucho más realista la educación.

El capital humano puede adquirirse de muchas maneras. Ejemplos son las inversiones en preparación física o en atención sanitaria. Las dos más importantes para nuestros fines son la educación, o cualquier otra formación que se adquiere antes de entrar en el mercado de trabajo, y la formación en el trabajo. Aquí analizamos la educación y en el siguiente apartado la formación en el trabajo.

En la teoría del capital, se habla de inversiones cuando el *valor actual* del flujo de caja o de otros beneficios que generan es mayor que el valor actual de sus costes[3]. Formalicemos esta idea. Supongamos que una persona no sabe si dejar de estudiar o acabar sus estudios universitarios este año, que llamaremos periodo 0. Los años futuros se llamarán $1 \ldots T$, donde T es el último año de su carrera profesional.

Si el estudiante abandona sus estudios ahora, obtendrá en los años futuros unos ingresos iguales a H_t, donde el subíndice t se refiere a los periodos venideros. Si continúa estudiando, los ingresos que obtendrá en el futuro serán iguales a K_t. Por tanto, si termina sus estudios universitarios, ganará cada año $K_t - H_t$ más.

La educación reporta muchos beneficios, además de aumentar los ingresos. Uno es el puro placer de aprender. También puede permitirnos realizar con mayor eficacia nuestras actividades domésticas o recreativas o disfrutar más de los viajes o de la literatura. Nosotros vamos a centrar nuestra atención en los ingresos porque éste es el beneficio más importante en el mercado laboral. Sin embargo, es fácil incorporar al análisis los beneficios no pecuniarios del aprendizaje. Si hay bene-

---

[2] Theodore Schultz (1979) y Gary Becker (1992).

[3] Para aquellos que no estén familiarizados con el término, el valor actual se refiere al valor que tienen hoy los costes o ingresos futuros. Los ingresos que se obtendrán dentro de un año valen menos hoy, ya que no podemos utilizarlos durante todo un año. Los economistas ponen precio a los flujos de caja que se obtendrán en el futuro por medio de los tipos de interés. Por ejemplo, si invertimos 100 euros hoy en un certificado de depósito a un tipo de interés del 5 por ciento, esto equivale a 105 euros del próximo año. En otras palabras, el valor actual de 105 euros que se recibirán dentro de un año es de 100 euros.

ficios no pecuniarios, su valor debe incluirse en K_t. Simplemente aumentan el rendimiento de la inversión, por lo que deben tenerse en cuenta en cualquier decisión de inversión.

Supongamos que el tipo de interés es r al año. Eso significa que si invertimos hoy 1 euro, éste euro valdrá $(1 + r)$ dentro de un año, $(1 + r)^2$ dentro de dos, y así sucesivamente. Asimismo, 1 euro que vaya a recibirse dentro de un año vale ahora $1/(1 + r)$.

Con estos supuestos, el valor actual del rendimiento de la inversión en educación (centrando de nuevo la atención únicamente en las ganancias financieras de la educación) es:

$$\textit{Rendimiento de la educación (valor actual)} = \sum_{t=1}^{T} \frac{K_t - H_t}{(1 + r)^t}.$$

Las inversiones en educación tienen dos tipos de costes. El primero es el coste directo de los gastos de matrícula, este libro de texto, los suministros escolares, etc. Representémoslo por medio de C_0. El subíndice cero llama la atención sobre el hecho de que los costes directos de las inversiones en formación generalmente se abonan al principio y no tienen que descontarse.

El segundo coste es el coste de oportunidad del tiempo dedicado a adquirir educación. Por ejemplo, aquellos que estudian para un MBA (a tiempo completo) normalmente dejan un trabajo relativamente bien remunerado para volver a estudiar durante 18 meses, renunciando a un sueldo que es, en muchos casos, mayor que el coste directo de la matrícula. Incluso los estudiantes a tiempo parcial pueden incurrir en elevados costes de oportunidad: renuncian a las tardes y los fines de semana para estudiar y asistir a clase y tienen menos tiempo de ocio y de vacaciones. Si trabajaran para su hogar, o en un negocio familiar, también incurrirían en un coste de oportunidad aunque no percibieran salario alguno, ya que su trabajo tiene valor para la familia y la familia puede verse obligada a pagar a alguna otra persona para que le haga el trabajo. Cualquier análisis correcto de una inversión, incluida la inversión en formación, tiene que incluir los costes de oportunidad, además de los costes directos.

Hay que incluir, pues, los ingresos (adicionales) que obtendría un estudiante si abandonara prematuramente sus estudios universitarios. Si sigue estudiando, no percibirá esos ingresos. Llamémoslo F_0. El coste total de la inversión en estudios universitarios es igual a $C_0 + F_0$.

La regla que debe aplicarse para decidir cualquier inversión es que ésta debe realizarse si el valor actual de su rendimiento es superior al valor de su coste. Este *valor actual neto* es igual a:

$$\text{Valor actual neto de la inversión en educación (valor actual)} = \sum_{t=1}^{T} \frac{K_t - H_t}{(1 + r)^t} - (C_0 - F_0) \tag{3.1}$$

Cuando la expresión de la ecuación 3.1 es positiva, terminar los estudios universitarios es una buena inversión. Cuando es negativa, no es una buena inversión. En otras palabras, si los costes son mayores que el aumento de los ingresos, sería mejor abandonar los estudios e invertir de otra manera el coste de la matrícula C_0 y los ingresos adicionales F_0. Los intereses que se obtendrían serían mayores, en valor actual, que el aumento que experimentarían los ingresos terminando los estudios universitarios.

Durante los primeros años de unos estudios, los rendimientos de la educación son mayores que los costes por dos razones. En primer lugar, hay mucho que aprender cuando una persona sabe muy poco. Unos años más de estudios pueden influir espectacularmente en su productividad, pero normalmente poco a poco comenzarán a hacer su aparición los rendimientos decrecientes.

En segundo lugar, los costes de la educación son muy bajos durante los primeros años. Cuando la enseñanza está subvencionada por el Estado, en la mayoría de las sociedades los costes directos C_0 son casi cero hasta la enseñanza secundaria o la universitaria. Además, los ingresos que dejan de percibirse durante los primeros años de estudios, F_0, son muy bajos (si bien no son cero, ya que incluso los niños pueden trabajar en un negocio familiar o en labores domésticas).

Sin embargo, a la larga ocurre lo contrario. Los costes de la educación pueden acabar siendo mayores que los rendimientos (financieros). Pensemos en el caso de un ex ejecutivo que estaba haciendo un MBA con uno de los autores. Ya tenía título universitario. Era médico y abogado, profesiones ambas para cada una de las cuales era necesario tener un título superior. Tras hacer el MBA, decidió matricularse en un programa de doctorado. No era probable que este nuevo título mejorara sus ingresos, y nunca le permitiría recuperar los costes directos y de oportunidad del doctorado. En ese momento, los beneficios que obtenía de proseguir su educación eran puro consumo. En su caso, los beneficios no pecuniarios de la educación eran muy altos.

Esta lógica implica que a casi todo el mundo le compensa invertir en educación, pero que también hay para cada persona un momento óptimo para dejar de estudiar. Ese momento óptimo es el año en el que el valor actual neto de la inversión en educación, calculado en la ecuación 3.1, pasa de ser positivo a negativo.

Efectos de los costes y los beneficios

La ecuación 3.1 tiene algunas consecuencias adicionales que se confirman en la práctica.

Costes

Los incrementos de las tasas de matrícula o de otros costes reducen el número de matriculados. El motivo se halla en que los estudiantes que estaban cerca del margen (aquellos para los que el valor actual neto de la educación era casi cero) ahora constatan que los costes son mayores que los beneficios.

Otra cuestión relacionada con ésta es que, manteniéndose todo lo demás constante, los que ya tienen un trabajo bien remunerado son reacios a volver a estudiar. Por este motivo, las tasas de matriculación en las universidades que pueden fijarlas libremente y en los másteres aumentan cuando la economía se encuentra en recesión y disminuyen cuando la economía marcha bien. La educación es una inversión mejor cuando nuestras oportunidades en el mercado de trabajo son menores y viceversa, ya que éste es el coste de oportunidad de la educación.

Tipos de interés

Cuando suben los tipos de interés, los niveles óptimos de educación disminuyen, exactamente igual que ocurre con cualquier inversión cuyos rendimientos se obtienen en el futuro. Cuanto más alto sea el tipo de interés, más se descuentan ahora los ingresos futuros.

Dicho eso, los tipos de interés no afectan espectacularmente a las decisiones de educación por dos motivos. En primer lugar, la educación es una inversión cuyo rendimiento se obtiene durante mucho tiempo, por lo que los tipos de interés a largo plazo son más relevantes que los tipos de interés a corto plazo y generalmente son menos volátiles. Además, el tipo que suele ser importante para las decisiones de educación es el tipo implícito que cobran los padres a los hijos por financiar su educación. Lo que extraen los padres en especie o (si acaso) a través de una transferencia realizada en el futuro directamente por sus hijos puede no estar estrechamente relacionado con los tipos de interés que estaban vigentes cuando los hijos estudiaban.

Duración de la vida laboral

La ecuación 3.1 tiene otras consecuencias relacionadas con el término T. Cuanto más larga sea la vida laboral, mayor es la inversión óptima en educación. Por tanto, es más probable que la gente invierta en educación cuando es joven, ya que espera poder disfrutar más tiempo del rendimiento de su inversión.

Esta misma lógica predice que las mujeres tenderán a invertir en educación menos que los hombres, aunque su esperanza de vida suela ser mayor que la de ellos: la mujer media pasa menos tiempo en el mercado de trabajo que el hombre medio, lo cual reduce el rendimiento de su inversión en educación[4]. Esta observación puede ampliarse. La principal razón por la que las mujeres tienden a permanecer menos tiempo en el mercado de trabajo es la fecundidad, que a menudo las lleva a interrumpir su carrera profesional durante unos años y a reanudarla después. Por tanto, las mujeres tienen algunos incentivos para enfocar su educación relativamente más hacia aquellas ocupaciones en las que sus cualificaciones se deprecian menos deprisa con el paso del tiempo.

Especialización del capital humano

La mayoría de los estudiantes acaban especializándose. Los estudios de posgrado normalmente son muy especializados y suelen abarcar solamente el campo de especialización. ¿Por qué? La educación, como la mayoría de las inversiones, tiende a tener rendimientos decrecientes. Es decir, un año más de estudios en un determinado campo tiende a influir menos en el dominio de ese campo que el año anterior. Eso parecería indicar que la gente debe invertir en una cartera de cualificaciones en lugar de especializarse en una, para evitar el problema de los rendimientos decrecientes. De hecho, es lo que hacemos en los niveles inferiores de la enseñanza. Casi todos los sistemas de educación obligan a todos los estudiantes a adquirir una educación general con unos cuantos conocimientos de muchas materias distintas. Sólo es en las fases relativamente avanza-

---

[4] No es probable que las mujeres que lean este libro sean muy distintas de los hombres en lo que se refiere a su comportamiento laboral. Las mujeres que se especializan en campos avanzados ya han dejado claro con su inversión que tienen intención de participar activamente en el mercado de trabajo. Además, sus elevados salarios las inducirán aún más a permanecer en el mercado de trabajo.

das del conocimiento, en la educación y en la formación en el trabajo, cuando la especialización cobra importancia.

En la educación superior, la gente generalmente se especializa debido a uno de los factores más importantes en una economía: la *ventaja comparativa* y las *ganancias derivadas del comercio*. Ya mencionamos esta idea en el capítulo 1. Si los individuos se especializan en un área y se vuelven relativamente expertos, pueden intercambiar su producción con la de los que se especializan en otras áreas. A todos nos beneficia que los químicos desarrollen nuevos fármacos. A ellos les beneficia que nosotros nos especialicemos en otros campos. Ninguno de los dos grupos tiene que saber de todos los temas.

En otras palabras, normalmente es cierto que el estudio eficaz de una materia disminuye gradualmente a medida que se dedica más tiempo a estudiar esa materia. Sin embargo, la economía tiende a recompensar relativamente bien los conocimientos avanzados adicionales en muchos campos, por lo que normalmente compensa realizar estudios superiores.

La especialización es una cuestión importante en el seno de las empresas y tiene consecuencias tanto para su estructura organizativa como para el diseño de los puestos de trabajo. Volveremos a este tema en los capítulos 6 y 7.

Eficacia del aprendizaje

El último conjunto de consecuencias se refiere a las diferencias de K. $K - H$ es la diferencia de ingresos que se debe a la educación. Depende de cuánto se aprenda y de cuánto valore el mercado de trabajo esas cualificaciones adicionales. Cuando $K - H$ aumenta, el valor actual neto de la educación aumenta, por lo que la educación debe aumentar.

Es razonable pensar que las personas que poseen mayores aptitudes innatas tienden a aprender más en la escuela y que, por tanto, K es mayor. De ser eso cierto, los beneficios de la educación son mayores para las personas que ya tienen mucho talento, por lo que los estudiantes más inteligentes deben invertir en más educación[5]. Naturalmente, eso aumenta la desigualdad tanto de los conocimientos como de la renta.

Las mejoras de la calidad de la educación deberían influir positivamente en K y viceversa. Es de suponer que la introducción de innovaciones tecnológicas en la educación aumenta las inversiones de los ciudadanos en educación. Asimismo, los cambios en la eficacia de los métodos

---

[5] Ésta es una de las razones por las que la educación es una buena credencial.

de enseñanza o en la calidad de los profesores (que pueden ser positivos o negativos) alteran los rendimientos de las inversiones en educación.

Un factor importante es el nivel de tecnología relacionado con el trabajo medio. Aunque la educación universitaria sea valiosa para los campesinos, no es probable que tenga tanto valor para ellos como para los ingenieros. La educación es complementaria de una sociedad tecnológicamente avanzada. No tener estudios, no saber leer o no ser capaz de realizar sencillas operaciones aritméticas es un obstáculo mayor en una sociedad en la que la mayoría de los puestos de trabajo no son manuales que en una sociedad de campesinos. Por tanto, en las sociedades avanzadas K y los niveles generales de educación son más altos ahora que en el año 1900. Esta lógica también puede contribuir a explicar las características actuales de educación en las diferentes sociedades y las tendencias de los rendimientos de la educación en las últimas décadas, que describimos a continuación.

¿Tenía razón Benjamín Franklin?

La cita que encabeza este capítulo sugiere que la educación es una buena inversión. Generalmente, lo es. Los economistas han estimado la *tasa interna de rendimiento* (el tipo de interés implícito de la inversión) de la educación en diversos países y generalmente es bastante alta. Por ejemplo, la mayoría de los estudiantes que lean este libro de texto están invirtiendo en estudios universitarios o en un título superior. Normalmente, se estima que en Estados Unidos, Asia o Europa la tasa de rendimiento de la educación superior es del orden de un 11 por ciento al año o más. Esta tasa tiende a ser más alta que la de la bolsa de valores, una vez que se ajusta para tener en cuenta el riesgo relativo.

La educación no sólo es una buena inversión sino que se ha convertido en una inversión aun mejor en las últimas décadas. El mercado de trabajo ha concedido a la educación un valor cada vez mayor en los últimos años. La figura 3.1 lo ilustra en el caso del mercado laboral de Estados Unidos. La serie marcada con círculos (que utiliza la escala de la derecha) representa la evolución del cociente entre el salario medio por hora de los trabajadores que tienen estudios universitarios y el de los trabajadores que tienen estudios secundarios. Muestra que los trabajadores con estudios universitarios han tendido claramente a ganar más en las tres últimas décadas. En 1970, los titulados universitarios ganaban alrededor de un 50 por ciento más que los titulados de enseñanza secundaria. En 2006, ganaban más del doble. Algo parecido ocurre en el caso de los títulos más avanzados, como un máster en arquitectura.

Figura 3.1. Rendimientos de las cualificaciones, Estados Unidos

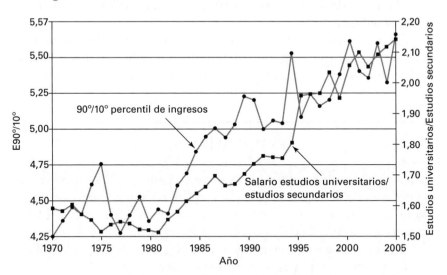

Fuente: Current Population Survey, Bureau of Labor Statistics.

La serie marcada con rombos (la escala de la izquierda) muestra una medida diferente del valor que concede el mercado de trabajo a los niveles altos de cualificación. Se creó calculando el 10º y el 90º percentil de la distribución anual de los salarios por hora de los trabajadores estadounidenses. El 10º percentil es el nivel salarial que no llega a ganar el 10 por ciento de los trabajadores; es una medida de lo que ganan los trabajadores relativamente poco cualificados. El 90º percentil es el nivel salarial que no llega a ganar el 90 por ciento de los trabajadores estadounidenses; es una medida de lo que ganan los trabajadores relativamente bien cualificados. La comparación anual de estas dos medidas nos da una idea de cómo ha evolucionado la distribución de los salarios con el paso del tiempo. La figura representa el cociente, que muestra cómo ha evolucionado el salario de los trabajadores relativamente bien cualificados en comparación con el de los trabajadores relativamente poco cualificados.

Lo que se observa es bastante parecido a lo que ocurre entre titulados universitarios y las personas con estudios secundarios: los rendimientos de las inversiones en educación han experimentado un aumento espectacular en Estados Unidos durante las últimas décadas. Los ingresos de los trabajadores del 90º percentil aumentaron de alrededor del cuádruple de los ingresos del 10º percentil en 1970 a más de cinco veces y media en 2006.

Algo parecido ocurre en las economías más avanzadas del mundo. Algunas estimaciones sugieren incluso que los rendimientos de la educación superior son aún mayores en las economías menos avanzadas.

EXTERNALIZACIÓN

La externalización del trabajo es un tema controvertido hoy en día. Puede ser de dos tipos. El primero consiste en asignar algunas tareas a proveedores externos a la empresa (evidentemente, Internet y la tecnología avanzada de las comunicaciones facilitan extraordinariamente esta clase de externalización). El segundo es el uso de trabajadores con salarios más bajos de otros países.

En las economías avanzadas, tradicionalmente se han externalizado sobre todo los trabajos menos cualificados, como los de la industria manufacturera. Sin embargo, en los últimos años ha aumentado significativamente la externalización de los trabajos de nivel medio de cualificación e incluso algunos muy cualificados. Actualmente, muchos centros de atención al cliente externalizan el trabajo a centros de llamadas situados muy lejos. Y lo que quizá sea más interesante, hoy en día la ingeniería de software está externalizándose en muchos casos a países como la India y Rusia. En la década de 1980, era una ocupación muy prestigiosa y altamente remunerada.

Son dos las razones por las que la externalización ha entrado en los trabajos más cualificados. En primer lugar, algunos de los trabajos que antes eran muy cualificados actualmente no lo son tanto. Las técnicas modernas de ingeniería de software, como el software orientado hacia el objeto, permiten a programadores relativamente poco cualificados desarrollar aplicaciones más avanzadas de lo que habría sido posible hace 10 o 20 años.

La segunda razón son los elevados rendimientos de la educación. Cuando un recurso se encarece, los compradores tratan de encontrar otras fuentes de ese recurso. Por tanto, los mercados de trabajo globalizados frenan, a través de la externalización, los crecientes rendimientos de la educación en ocupaciones en las que la externalización da buen resultado.

La figura 3.2 representa datos parecidos de una muestra más concreta. Representa el sueldo medio de los ingenieros estadounidenses por nivel de responsabilidad. Unos analistas profesionales determinaron el nivel de responsabilidad de una muestra aleatoria de puestos de trabajo de ingeniería; imagínese el lector que corresponde más o menos a la antigüedad que tiene el ingeniero en su empresa. Así, un ingeniero de nivel 6 tiene más cualificaciones de ingeniería u otras cualificaciones valiosas que un ingeniero de nivel 5, y así sucesivamente.

Como puede observarse, los sueldos de los ingenieros de nivel inferior ajustados para tener en cuenta la inflación no han variado mucho en las dos últimas décadas. Sin embargo, la remuneración relativa de los ingenieros de los niveles más altos ha aumentado considerablemente durante ese mismo periodo. Una vez más, vemos que los trabajadores más cualificados ganan relativamente más hoy que antes.

Figura 3.2. Sueldo de los ingenieros por nivel de responsabilidad

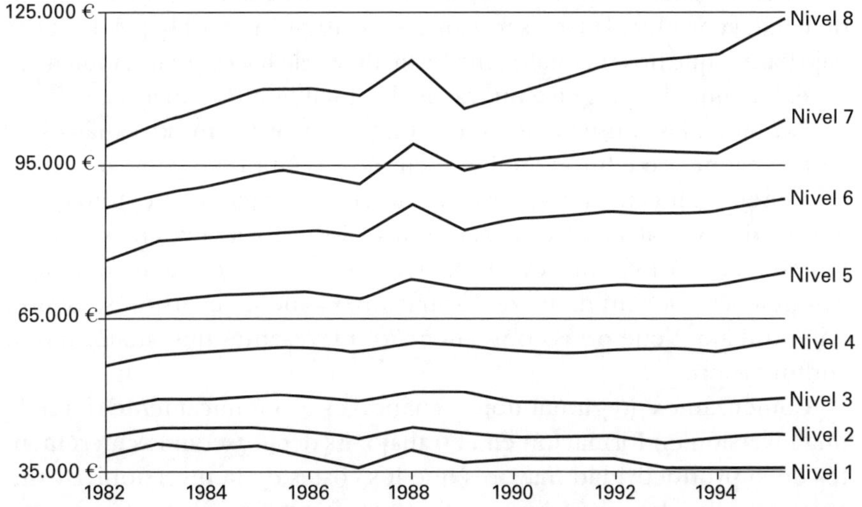

Fuente: Bureau of Labor Statistics.

¿Por qué en las últimas décadas el mercado de trabajo ha valorado mucho más a los trabajadores muy cualificados que a los poco cualificados? Se han propuesto varias explicaciones. La más adecuada parece ser el creciente uso de tecnología avanzada, incluidos los ordenadores, en el trabajo (volveremos a esta cuestión en la tercera parte). Como señalamos en el capítulo 1, el capital tiende a ser complementario de la mano de obra en la producción. Un aumento del uso de la tecnología y una mejora de su eficacia incrementan el valor de tener trabajadores más cualificados. Eso eleva la demanda de trabajadores cualificados, lo cual aumenta su valor en el mercado de trabajo.

Invesiones en formación en el trabajo

Pasemos ahora a la formación en el trabajo. Esta inversión se parece en muchos aspectos a la educación. Aumenta la cualificación de los trabajadores e incrementa su productividad, lo cual beneficia tanto al empresario como al trabajador. Puede tener costes directos (los libros u otros recursos, la remuneración de los formadores, etc.). También puede tener costes indirectos de dos tipos. En primer lugar, la formación de carácter formal en el trabajo puede reducir el tiempo y la atención que dedica el trabajador a sus obligaciones ordinarias, reduciendo su productividad. En segundo lugar, la productividad es menor si se le asigna a un trabajador un trabajo para el que no está totalmente formado y se le hace aprender mientras lo realiza, que si se asigna a un trabajador totalmente formado[6].

Por tanto, las consecuencias son similares a las de nuestro análisis de las inversiones en educación. Por ejemplo, las empresas y los trabajadores tienen un incentivo para invertir más en formación en el trabajo en el caso de los trabajadores más jóvenes y los trabajadores más jóvenes tienden a tener más interés en solicitar los puestos de trabajo que ofrecen muchas oportunidades de formación. Como la inversión se realiza en el trabajo, tiene otras consecuencias interesantes que analizamos a continuación.

Comenzamos preguntándonos cuándo es económicamente rentable una inversión en formación en el trabajo. Es decir, ¿serán los incrementos de la productividad mayores que los costes de la inversión? Distinguiremos entre los incrementos de la productividad en el puesto que ocupa actualmente el trabajador o en otras empresas. Pospondremos de momento la cuestión de quién paga la inversión y recibe el rendimiento

---

[6] Sin embargo, esta segunda observación no tiene en cuenta los efectos que puede producir en la motivación intrínseca y en la mejora permanente que analizamos en el capítulo 7.

(el trabajador o la empresa). Una vez que decidimos qué inversión debemos realizar, podemos volver a la cuestión de cómo podrían ponerse de acuerdo el trabajador y la empresa para realizar esa inversión[7].

Ilustraremos la idea básica con un ejemplo real extraído de la experiencia personal de uno de los autores. Una nueva y pequeña empresa de Silicon Valley ofrece aplicaciones informáticas de optimización fiscal para empresas. En esta empresa, los empleados tienen que tener algunos conocimientos de legislación tributaria y saber programar en Java. Esta combinación de cualificaciones es poco corriente. Hay muchas empresas que valoran ambas cualificaciones por separado. Sin embargo, pocas empresas valorarían a los empleados que combinaran conocimientos de la legislación tributaria y de Java como ésta.

Por tanto, un trabajador que abandone esta nueva empresa tendrá dificultades para encontrar otra que pueda hacer uso de todas las cualificaciones que adquirió en la primera. El segundo empleo valorará una de sus cualificaciones y quizá incluso las dos, pero no en la misma medida ni en la misma proporción.

El lector también se enfrenta a una cuestión parecida en su trabajo. ¿Hasta qué punto debe invertir en cualificaciones y en conocimientos que le ayuden a realizar este trabajo concreto y a hacer carrera en esta empresa concreta? ¿En qué medida debería invertir, por el contrario, en una formación que mejorase sus perspectivas de empleo en el mercado laboral?

Consideremos el caso de un empleado de esta nueva empresa cuya productividad actual (en el periodo 0) es igual a 10.000 dólares al mes. Imaginemos que existen tres opciones de formación en el trabajo que se esbozan en la tabla 3.3. En una de ellas se pone el acento exclusivamente en Java, en otra se centra la atención en la normativa fiscal y en una tercera se reparte el tiempo de formación entre los dos en función de cómo valore la empresa esas cualificaciones en su trabajo (estas opciones pretenden ilustrar los rasgos más generales, pero existen, desde luego, muchas formas de combinar la formación). Supongamos que los costes totales de la formación (tanto los costes directos como los indirectos que se deben a la pérdida de productividad durante la formación)

---

[7] Para los estudiantes de economía, ésta es una aplicación de la lógica del teorema de Coase. Primero centramos la atención en cómo puede crearse valor económico. Sólo después de ello nos preguntamos cómo se reparte este valor entre el trabajador y la empresa. Naturalmente, como veremos, este enfoque no funcionará si hay costes de negociación.

Tabla 3.3. Rendimientos de las inversiones en conocimientos de Java y de impuestos

Tarea		Aumento potencial de la productividad	Quedarse		Irse	
			Ponde-ración (%)	Valor de la formación	Ponde-ración (%)	Valor formación
100% Java	Java	8	40	3,2	80	6,4
	Impuestos	0	60	0	20	0
				3,2		**6,4**
40% Java	Java	4	40	1,6	80	3,2
60% Impuestos	Impuestos	6	60	1,6	20	1,2
				5,2		4,4
100% Impuestos	Java	0	40	0	80	0
	Impuestos	8	60	4,8	20	1,6
				4,8		1,6

son los mismos en las tres opciones, 5.000 dólares; sólo varía la proporción del tiempo de formación que se dedica a Java o a los impuestos. Dejemos de lado la tasa de descuento para simplificar el análisis.

Consideremos, por ejemplo, la primera opción, que aumenta los conocimientos de Java del empleado. Si trabajara únicamente en proyectos de Java, su productividad aumentaría en 8.000 dólares al mes. Sin embargo, en esta empresa no dedica todo su tiempo a programar en Java sino alrededor del 40 por ciento, por lo que la productividad sólo aumentaría en 3.200 dólares. Su productividad en tareas relacionadas con los impuestos no variaría, ya que no recibe ninguna formación fiscal.

¿Cómo afectaría la formación a su productividad si encontrara trabajo en otra empresa? Depende del tipo de trabajo que pudiera encontrar. Como la combinación de conocimientos de Java y de legislación tributaria no es muy habitual y en Silicon Valey se buscan más personas que tengan conocimientos de Java que conocimientos de legislación tributaria, es más probable que el mejor trabajo que pueda encontrar en otra empresa también haga hincapié en sus conocimientos de Java. Sin embargo, aunque el nuevo trabajo consista al 100 por ciento en programación en Java, probablemente exija técnicas de Java algo distintas a las se aprenden preferentemente en la formación que ofrece la nueva empresa de aplicaciones informáticas de optimización fiscal. Al fin y al cabo, la formación en el trabajo probablemente pondrá el acento en programar mejor las aplicaciones informáticas de optimización fiscal.

Por tanto, no es probable que en otro trabajo pueda sacar el máximo partido a la formación en Java, pero por poco. Supongamos que la formación en Java produjera en el nuevo trabajo alrededor del 80 por ciento del efecto que produce en el actual, por lo que el incremento de su productividad en el nuevo trabajo sería, en promedio, de 6.400 dólares.

Consideremos ahora el otro tipo de formación, basada exclusivamente en la normativa fiscal. Esta formación incrementaría en 8.000 dólares al mes su productividad en las tareas relacionadas con los impuestos. Sin embargo, en el empleo actual dedica alrededor del 60 por ciento de su tiempo a ese trabajo, por lo que el incremento de su productividad sería de 4.800 dólares. Si es probable que en el otro empleo que pudiera encontrar sólo se dedique a tareas fiscales alrededor de un 20 por ciento del tiempo, la formación incrementaría su productividad en otros trabajos alrededor de 1.600 dólares al mes por término medio.

La tercera opción es dedicar parte del tiempo a cada tipo de formación. En este ejemplo, suponemos que la formación es más eficaz si el empleado realiza un poco de ambos tipos, por lo que el incremento total de la productividad sería de 5.000 dólares por cada cualificación, o sea, de 10.000 dólares en total al mes. La razón es la conocida idea de la productividad marginal decreciente: cuanto más nos dedicamos a estudiar un tema, menos aprendemos con cada nueva hora de estudio. Sin embargo, este supuesto no es importante para nuestras conclusiones.

Si el trabajador recibe una formación mixta, la productividad aumenta en ambas tareas. La productividad total aumenta en 5.200 dólares, más en la empresa actual que en el mercado externo. Esto se debe a que la formación está pensada para la combinación de cualificaciones que utiliza en el empleo actual, *no* para la combinación media de cualificaciones que exige el mercado de trabajo.

Lo que hay que preguntarse es cuál es la mejor formación en el trabajo para este empleado. La respuesta depende de dónde es más probable que trabaje después de obtener esta formación, ya que cada empleo pone distinto énfasis en las dos cualificaciones. La inversión óptima maximiza la productividad esperada. Si el empleado espera quedarse en la empresa actual, debe adquirir formación tanto en legislación tributaria como en programación en Java. Si espera irse de esta empresa, debe formarse únicamente en programación en Java. La respuesta depende de la probabilidad de que cambie de empresa.

Supongamos que cree que hay algunas probabilidades de que se quede en la empresa actual, pero también de que se vaya (o de que su empresa quiebre, etc.). ¿Cuál es el mejor tipo de formación en ese caso? Si las probabilidades de que se quede en esta empresa son altas, el mejor tipo de formación es una combinación de legislación fiscal y programación en Java. Si las probabilidades de que se vaya son altas, el mejor tipo de formación es exclusivamente programación en Java.

Este ejemplo muestra una manera muy natural de analizar las inversiones en formación en el trabajo. La inversión óptima depende mucho de si espera quedarse mucho tiempo en la empresa en la que trabaja en ese momento, o de si espera marcharse. Si espera quedarse, su mejor estrategia será centrar su formación en las cualificaciones que más valore su empresa. Si espera irse, su mejor estrategia será invertir en las cualificaciones que más valore el *mercado de trabajo*.

Capital humano general y propio de la empresa

En nuestro análisis del programador, los conocimientos de Java y de legislación tributaria tenían valor tanto en la empresa en la que trabajaba como en otras. Sin embargo, el valor de las cualificaciones que se aprendían en el trabajo era mayor en su empresa que en cualquier otra. Hay dos posibilidades extremas: la formación tiene el mismo valor tanto dentro como fuera de la empresa o carece totalmente de valor fuera de la empresa. Estos dos casos suelen denominarse *capital humano general* (CHG) y *capital humano propio de la empresa*. La mayor parte de la formación se encuentra en un punto intermedio, como en el ejemplo anterior.

El capital humano general son las cualificaciones o los conocimientos que puede adquirir un trabajador y que aumentan *lo mismo* su productividad en su empresa que en otras muchas empresas. En otras palabras, estas cualificaciones están muy demandadas en el mercado de trabajo. La mayoría de las cualificaciones son más de este tipo. Un MBA es CHG porque la aptitud para ser un buen directivo tiene valor para miles de empresas. Otro ejemplo sería el conocimiento de una lengua extranjera como el chino mandarín. Una buena regla práctica es que la mayoría de las cualificaciones que puedan adquirirse fuera del lugar de trabajo, como la universidad, constituyen capital humano general.

El capital humano propio de la empresa (CHP) es lo contrario del capital humano general: incrementa la productividad del empleado en su empresa actual, pero *no* aumenta su valor en otras empresas. Es más difícil encontrar ejemplos de capital humano puramente propio de una empresa. Es muy probable que la mayoría de los conocimientos que mejoran la productividad de un trabajador en una empresa ayuden a ese trabajador al menos en *algunos* otros puestos de trabajo de *algunas* otras empresas. No obstante, hay algunos ejemplos de formación cuyo valor es en gran parte propio de la empresa. Si una persona trabaja en una empresa que tiene una máquina poco corriente que ha diseñado para su propio uso, su conocimiento del manejo de esa máquina aumenta su productividad en este puesto de trabajo, pero no tendría ningún valor si cambiara de empresa. Cualquier proceso o método idiosincrático puede ser capital humano propio de la empresa.

Muchos ejemplos de formación que es más propia de la empresa son los conocimientos intangibles. Si una empresa tiene una cultura corporativa fuerte y poco corriente, conocer esa cultura es útil para trabajar en esa empresa, pero probablemente conocerla no ayude a trabajar en otras empresas. Ocurre algo parecido con el conocimiento de las redes informales y de las relaciones de poder existentes en el seno de la empresa. Por último, si el trabajador ha desarrollado estrechas relaciones de trabajo con sus clientes y posee un profundo conocimiento de su organización, eso puede ser principalmente capital humano propio de la empresa, a menos que pueda conseguir trabajo en el cliente o llevarse sus clientes a un nuevo trabajo.

Sin embargo, como muestra nuestro análisis del programador de Java, los conceptos de capital humano general y propio de la empresa no suelen estar perfectamente definidos en la práctica. Muchas cualificaciones tienen valor tanto dentro como fuera de la empresa, si bien su valor puede ser diferente. Por ejemplo, los conocimientos de Java elevan la productividad algo más en el empleo actual que en otros empleos. En la medida en que eleven la productividad lo mismo dentro de la empresa que fuera, se parecen más al capital humano general. En la medida en que eleven más la productividad en el seno de la empresa, se parecen más al capital humano propio de la empresa.

Una manera mejor de analizar esta distinción es preguntarse si el valor que concede el empresario a la formación del empleado es o no relativamente idiosincrático. Si la empresa valora la cartera concreta de cualificaciones del trabajador igual que otras empresas, entonces ese conjunto de cualificaciones es principalmente capital humano general. En cambio, si valora un conjunto de cualificaciones idiosincráticamente, éstas son principalmente capital humano propio de la empresa. La combinación de conocimientos de Java y de la legislación tributaria que desea la nueva empresa es bastante poco habitual. Por tanto, la formación en el trabajo en esa empresa es más propia de esa empresa y menos general. Esta distinción será útil en seguida cuando veamos quién financia la formación.

Caso especial: la propiedad intelectual

Supongamos que una persona es un químico que se dedica a la investigación. Su empresa pone a su disposición un carísimo laboratorio, suministros y equipo y personal de laboratorio. Estos recursos son superiores a los que podría utilizar en otros puestos de trabajo a los que pudiera acceder. Requiere que el químico se dedique a investigar un determinado tipo de polímeros poco conocidos que se están estudiando en otros laboratorios, debido a que ya posee una cierta pericia en la fabricación de productos para los que se emplea este tipo de polímero. ¿Se parece más la inversión de este químico, en el estudio de este tipo de polímero poco conocido, al capital humano general o al capital humano propio de la empresa?

A primera vista, parece que esta inversión es en gran medida propia de la empresa, ya que el químico y la empresa probablemente comparten los costes de la inversión en propiedad intelectual. Es posible que las cualificaciones relativamente poco conocidas del químico sean menos valiosas en cualquier otro trabajo que consiga. Además, la empresa puede haberle exigido que acepte concederle todos los derechos de patente, por lo que no puede llevarse consigo ninguna de sus patentes si se va de la empresa.

Sin embargo, la inversión se parece más al capital humano general en algunos aspectos, ya que el trabajador puede llevarse consigo algunos conocimientos a otra empresa. En general, es muy difícil asignar todos los derechos de propiedad intelectual al empresario. Aunque el trabajador no pueda llevarse consigo las patentes, es posible que pueda llevarse muchas ideas que pueden resultar valiosas a empresas rivales.

En otras palabras, la propiedad intelectual tiene elementos tanto de inversión en capital humano general como de la inversión en capital propio de la empresa. Al igual que el capital humano propio de la empresa, la inversión en propiedad intelectual es normalmente una inversión compartida que se realiza con la esperanza de obtener un beneficio compartido. La propiedad intelectual a menudo tiene un valor mayor si el trabajador se queda en la empresa, ya que las cualificaciones y los conocimientos se diseñaron para que encajaran en la estrategia de la empresa. Por tanto, ambos tienen un incentivo para tratar de mantener la relación laboral. Pero al igual que ocurre con el capital humano general, el trabajador puede conseguir apropiarse de algunos de los beneficios de esta inversión al marcharse a una empresa rival.

ACUERDOS DE NO COMPETENCIA

Las inversiones propias de la empresa, especialmente la propiedad intelectual, a veces llevan a las empresas a incluir en los contratos de trabajo cláusulas de no competencia. Estos acuerdos intentan impedir que el trabajador se lleve consigo la propiedad intelectual si se va de la empresa. Tratan de restringir de alguna manera el siguiente empleo del trabajador, normalmente durante un año después de irse de la empresa. Ejemplos son las cláusulas que establecen que el trabajador no puede realizar en una empresa rival un trabajo muy parecido o llevarse clientes a la nueva empresa antes de que transcurra un año.

Los acuerdos de no competencia a menudo son bastante difíciles de hacer valer en los tribunales. La mayoría los desaprueba, debido al antiguo principio (en vigor desde el abandono de algunas prácticas como la servidumbre o la esclavitud) de que todo el mundo debe tener libertad para trabajar donde quiera. Para aumentar las probabilidades de que se haga respetar un acuerdo de no competencia, la empresa debe estar segura de que las cláusulas restrictivas no son demasiado onerosas y no duran demasiado.

Algunos tribunales también han impuesto a las empresas la obligación de compensar de algún modo a los empleados por firmar un acuerdo de no competencia. De hecho, puede ser necesario y conveniente, si se incluye un acuerdo en el contrato de trabajo del empleado una vez contratado, ya que ese acuerdo reduce el valor del empleo para ese trabajador.

Cláusulas posibles. He aquí algunas de las cláusulas que es más probable que aprueben los tribunales:

• Obligar al trabajador a avisar con la debida antelación a la empresa de cuáles son sus nuevas tareas antes de marcharse, para que ésta tenga tiempo de reaccionar.

• Obligar al trabajador a formar a su sucesor y a presentarle a los clientes importantes antes de irse.

• Prohibir al trabajador reclutar colegas para que se vayan con él.

- Exigir que el trabajador reciba algunos de los beneficios sociales gradualmente, después de que se vaya de la empresa, siempre y cuando actúe conforme a lo establecido en el acuerdo de no competencia.

Otras opciones. Si los acuerdos de no competencia y los derechos de propiedad legal no impiden por completo que el trabajador se vaya y se lleve consigo la propiedad intelectual, la empresa tiene varias opciones para mejorar las cosas. En primer lugar, la remuneración basada en el rendimiento puede aumentar los incentivos, sobre todo si va ligada al valor de la propiedad intelectual que está desarrollando el trabajador. Esto no sólo induce al trabajador a seguir en la empresa sino que también aumenta el valor de la propiedad intelectual. En segundo lugar, la empresa puede ofrecer una remuneración aplazada, que recompense al empleado por seguir en la empresa. Puede ofrecer incluso a los empleados la posibilidad de cobrar pluses un año o dos después de irse en concepto de recompensa por no competir con ella en su nuevo empleo. Sin embargo, esa opción parece que tiene limitaciones prácticas.

¿Quién debería pagar la formación?

¿Quién pagará o se beneficiará de las inversiones en formación? Examinaremos dos casos: la educación y la formación en el trabajo. La educación es capital humano general, mientras que la formación en el trabajo puede ser capital humano general o capital humano propio de la empresa. La conclusión es sencilla en el caso del capital humano general: el trabajador debería pagar estas inversiones. El caso del capital humano propio es más complejo.

Educación

Algunos estudiantes a tiempo parcial trabajan en empresas que financian sus estudios. ¿Es ésta una buena inversión para la empresa? La respuesta tiene que ser, en general, negativa: la mayor parte de la formación académica puede utilizarse en muchas empresas, por lo que es capital humano general. Imaginemos, por ejemplo, que una empresa financia a nuestro estudiante que está considerando la posibilidad de acabar sus estudios universitarios. Una vez que obtenga el título, su valor de mercado aumentará. Para conservar a este empleado, la

empresa tendrá que subir su salario. En otras palabras, es muy improbable que el empresario recoja la mayoría de los beneficios de la
inversión en educación. En cambio, el empleado disfrutará con casi
toda seguridad de la mayor parte de los beneficios de la educación.
Tenderá a ganar más durante el resto de su vida laboral.

Por este motivo, casi nunca tiene sentido que una empresa pague
la educación. Normalmente, la paga cada individuo (o su familia) y,
si es posible, invierten en ella antes de entrar en el mercado de trabajo. Los empresarios no pagan los gastos de matrícula de casi ningún estudiante.

Una vez dicho eso, hay algunos estudiantes a los que los empresarios sí les pagan todos o algunos de sus gastos de matrícula. Éstas
son las excepciones que confirman la regla. Sin embargo, merece la
pena tratar de explicar también brevemente estas excepciones. Hay
algunas razones por las que una empresa puede decidir pagar una
parte de los costes de matrícula de algunos empleados.

Coste implícito para el empleado y beneficio para el empresario

Es posible que el empleado esté pagando, en realidad, los costes de
matrícula aceptando un salario más bajo para poder acceder a los
beneficios del pago de la matrícula. En realidad, no es infrecuente
ver que los empresarios imponen a los empleados la obligación con-
tractual de devolver los gastos de matrícula si dejan la empresa pocos
años después de titularse. Este coste en el que incurren si se van
permite a la empresa quedarse con algunos de los beneficios de la
inversión pagando durante unos años al empleado un salario inferior a su valor de mercado una vez que ha terminado sus estudios.

Encaje

Si la empresa paga los gastos de matrícula únicamente a algunos
empleados selectos, es posible que sea porque estos empleados encajan perfectamente en esa empresa. Ésta espera que esos empleados
se queden muchos años y es posible que quiera prepararlos para ocupar puestos clave. En ese caso, la empresa cuenta con recoger algunos de los beneficios de la educación si el trabajador tiene incentivos para quedarse. En esencia, la empresa y el trabajador se reparten
los beneficios de la inversión en educación. Este caso es similar a la
conclusión a la que llegaremos más adelante cuando estudiemos el
capital humano propio de la empresa. Sin embargo, la especifici-
dad no está en las cualificaciones sino en el encaje.

Contratación

En el capítulo 13 analizaremos los beneficios sociales. En pocas palabras, el ofrecimiento de un determinado beneficio social puede llevar a los trabajadores a seleccionarse ellos mismos. Por ejemplo, UPS ofrece a sus empleados la posibilidad de reembolsarles los gastos de matrícula. La mayoría no estudia en universidades caras, por lo que el programa puede no tener un coste elevado. Es posible que una de las ventajas sea que UPS atrae a personas más trabajadoras y más ambiciosas. Otra es que los trabajadores tenderán a ser jóvenes, y UPS necesita empleados que puedan cargar con paquetes pesados como parte de su trabajo.

Arbitraje

Si financiar la educación o la formación tiene ventajas fiscales, la empresa puede tener una ventaja de costes sobre el empleado.

Aparte de estos casos poco corrientes, generalmente las empresas ni financian ni deben financiar las inversiones de sus trabajadores en educación. Obsérvese que éste es el mismo razonamiento que hicimos en los dos capítulos anteriores, cuando analizamos la contratación de trabajadores de riesgo, la selección y las señales. La empresa siempre está presionada a pagar a sus empleados el valor que tienen en el mercado. Todo lo que eleve el valor que tienen en el mercado tenderá a obligarla a aumentar sus salarios. La educación y el capital humano general son dos ejemplos de esto.

Ésta es la razón por la que las empresas generalmente no ofrecen programas de educación general; las escuelas de formación están organizados como instituciones independientes de las empresas. El caso del Control Data Institute es un excelente ejemplo. Wipro Technologies representa el enfoque contrario, que es improbable que dé resultado en la mayoría de los países.

CONTROL DATA INSTITUTE

Control Data Corporation fue uno de los primeros fabricantes de superordenadores. En la década de 1960, sus ordenadores se encontraban entre los más rápidos del mundo. En 1965, estableció una división llamada Control Data Institute para formar a las personas que manejaban sus ordenadores. CDI era uno de los centros que impartían mejor formación en el sector, lo cual no es sorprendente, ya que CDC fabricaba los ordenadores para los cuales esta formación estaba pensada.

CDC observó que una proporción considerable de los empleados que se habían formado en CDI se iban a trabajar para la competencia o para clientes, debido a que su formación era, en gran parte, capital humano general, que tenía muchas aplicaciones en el mercado de trabajo. En 1980, Control Data decidió escindir el Control Data Institute y convertirlo en una escuela independiente de formación.

WIPRO TECHNOLOGIES

Las empresas informáticas indias tienen muchas dificultades para conservar a sus trabajadores debido al explosivo crecimiento de las empresas de tecnología y a la extensa formación en el trabajo en el diseño de programas informáticos que reciben, y que es en gran parte capital humano general. La mayoría obliga a sus nuevos empleados a firmar un contrato en el que se comprometen a permanecer en la empresa un determinado periodo de tiempo. Wipro Technologies, empresa situada en Bangalore, ha llevado esta medida un paso más allá.

Wipro obliga a sus nuevos empleados a entregar un depósito de 75.000 rupias (que equivalen a unos 1.400 dólares) antes de recibir su carta de empleo. El dinero se deposita en un banco. Los empleados que no pueden entregar el depósito pueden pedir un préstamo al banco.

El depósito, con los intereses correspondientes, se reembolsa a los empleados que trabajan 12 meses como mínimo en Wipro una vez terminado su programa de formación, que dura 3 meses. Los empleados que tienen un título de ciencias reciben 6 meses de formación y tienen que trabajar 18 meses en Wipro para poder recuperar su depósito.

Wripo señala que este programa no ha afectado negativamente su capacidad para contratar trabajadores en los campus universitarios.

Fuente: rediff.com, 22 de enero de 2005.

Formación en el trabajo

Capital humano general

Pensemos ahora en quién paga la formación en el trabajo. Consideremos primero el caso extremo en el que las cualificaciones obtenidas son capital humano general puro. Es decir, la nueva formación
es valorada del mismo modo en *otras empresas* que en la empresa actual.
En este caso, la lógica es la misma que en el de las inversiones en educación. Cuando el trabajador recibe la formación, su valor de mercado aumenta. Por tanto, la empresa se ve obligada a pagarle un salario más alto cuando termina su formación, pues de lo contrario corre
el riesgo de que el trabajador se vaya. Por este motivo, la regla general es que *si la formación que obtiene un empleado en el trabajo es totalmente
capital humano general, este trabajador debe pagar el 100 por ciento de la
inversión y recibir el 100 por ciento de los beneficios.*

Capital humano que es total o parcialmente propio de la empresa

El caso más realista es aquél en el que la formación en el trabajo es
valorada de forma distinta (y más) por la empresa actual que por el
mercado de trabajo. Un ejemplo es el de nuestro programador que
invierte en formación en Java o en el conocimiento de la legislación
tributaria. En ese caso, el valor externo del trabajador es menor que
su valor interno después de la formación, aunque el mercado de
trabajo también valore su formación. La mayor parte de la formación
en el trabajo es de este tipo; tiende a poner el acento, al menos en
parte, en la enseñanza de las habilidades y conocimientos que necesita el trabajador para realizar su trabajo actual.

Para analizarlo, consideremos la inversión de nuestro programador informático representada en la figura 3.3. Supongamos que la
probabilidad de que se quede en la empresa actual es suficientemente alta como para que la mejor opción de inversión sea la opción inter-
media, que proporciona formación tanto en Java como en legislación
tributaria. Hay dos periodos, el periodo de la formación y el periodo
posterior a la formación y hemos simplificado el análisis dejando de
lado el descuento. Si el trabajador no recibe ninguna formación, la
productividad es $H = 10.000$ dólares al mes, la línea de trazo discontinuo, en los dos periodos.

Si recibe formación, cuesta 5.000 dólares en costes directos e indirectos $(C + F)$ durante el primer periodo. Por tanto, su productividad neta será $H - C - F = 5.000$ dólares y está representada por la línea

Figura 3.3. Inversión en capital humano general

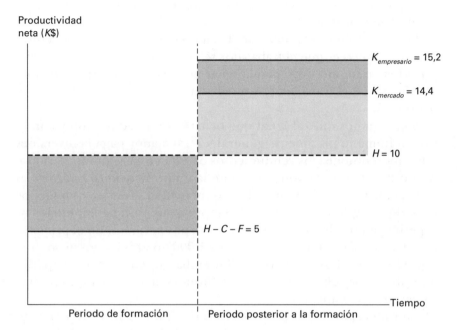

de trazo continuo en el periodo de formación. El coste de la formación está representado por el área sombreada que se encuentra entre la línea de trazo discontinuo y la de trazo continuo durante ese periodo.

Después de recibir la formación, la productividad del trabajador se coloca en 15.200 dólares en su empresa actual: se coloca en 14.400 en el mercado de trabajo. Estas cifras son el resultado de la suma de la productividad inicial, 10.000 dólares, y el aumento que se debe a la formación. En la figura 3.3, estas dos productividades son las líneas de trazo continuo situadas encima de la línea de trazo discontinuo en el periodo posterior a la formación. El rendimiento de la inversión si el trabajador *abandona* la empresa está representado por el área sombreada de color más claro y situada entre la línea de trazo continuo en 14.400 dólares y la línea de trazo discontinuo en 10.000. El rendimiento de la inversión si el trabajador *se queda* en la empresa está representado por esa área *más* el área sombreada de color más oscuro que se encuentra encima de ella: es el área total situada entre la línea de trazo continuo en 15.200 dólares y la línea de trazo discontinuo. Como el rendimiento de la inversión en educación es mayor si se queda en la empresa, esta inversión es en alguna medida propia de esta empresa.

Esta inversión es rentable para la empresa sólo si existen poderosas razones para creer que el trabajador se quedará. El trabajador y la empresa tienen un incentivo para diseñar una manera de realizar esta inversión, y que el trabajador se quede en esta empresa en el segundo periodo.

Supongamos que, al igual que ocurre con la educación y con el capital humano puramente general, el trabajador paga la inversión, esperando obtener los rendimientos de ella en el segundo periodo. En otras palabras, supongamos que la empresa acuerda pagarle al trabajador un salario igual a la productividad que tiene en ambos periodos. Según ese contrato, la empresa no obtiene beneficios ni experimenta pérdidas en ninguno de los dos periodos. En el primero, el trabajador sufre una pérdida (gana 5.000 dólares menos de los que podría ganar en otra empresa). Sin embargo, en el segundo periodo obtiene beneficios (gana 5.200 dólares más de los que podría ganar en otra empresa).

Consideremos la situación *una vez* realizada la inversión (por lo que ahora es un coste irrecuperable). ¿Qué podría hacer ahora la empresa? Si paga 15.200 dólares, le paga al empleado más de lo que tiene que pagarle para retenerlo. Éste sólo puede ganar alrededor de 14.400 en otra empresa. Por tanto, la empresa tenderá a pagar solamente algo más de 14.400 dólares una vez realizada la inversión. El trabajador difícilmente podrá rechazar este nivel más bajo de remuneración, ya que sobre él pende la amenaza de despido, y él sólo puede ganar 14.400 dólares en otra empresa.

En otras palabras, *a la empresa puede interesarle incumplir su promesa y renegociar con el trabajador una vez realizada la inversión.* ¿Por qué? Porque si paga menos de 15.200 dólares, ¡puede recoger algunos de los beneficios generados por la inversión que ha realizado el trabajador!

Un trabajador que esté decidiendo si acepta o no el contrato, puede prever este riesgo. Si lo prevé, no hará la inversión. Eso sería una pena, ya que podría ser una inversión rentable. Sin embargo, puede decidir no invertir porque tema que la empresa trate de quedarse con algunos de los beneficios una vez que el trabajador realice la inversión.

Éste es un problema general que se plantea con muchas formas de inversión y que los economistas suelen llamar *problema de oportu-*

nismo. Este problema surge si una de las partes realiza una inversión de la que espera obtener beneficios más adelante, pero la otra pretende renegociar una vez realizada la inversión. Si este riesgo es previsible, puede que la inversión acabe por no realizarse por temor a no poder apropiarse de todos los rendimientos si se ve obligada a renegociar más tarde.

Si el trabajador no está dispuesto a pagar la inversión, ¿podemos resolver el problema haciendo que la pague la empresa y que sea ella la que recoja sus frutos? En otras palabras, ¿qué ocurriría si la empresa acordara simplemente pagar al trabajador lo que ganaría si no se realizara ninguna inversión (10.000 dólares en cada periodo) pero le proporcionara la formación? En ese caso, la empresa pagaría el coste, ya que la productividad sería menor que el salario durante el periodo de formación. Y la empresa también recogería los beneficios, ya que la productividad sería más alta que el salario después de la formación. ¿O no?

El lector ya está en condiciones de responder a esta pregunta por sí mismo: el riesgo de renegociación es el mismo. Una vez que se ha realizado la inversión, el empleado puede tratar de renegociar un salario superior a 10.000 dólares. Al fin y al cabo, su valor de mercado es ahora de 14.400, por lo que puede amenazar con irse. Además, su valor para este empresario es de 15.200 dólares, por lo que podría pedir incluso un salario cercano a esa cantidad. La empresa querrá negociar con él, ya que perdería 5.200 dólares de beneficios si se fuera. Pero si negocia, ¡el empleado obtendrá algunos de los beneficios de la inversión de la empresa!

Independientemente de quién haga la inversión y espere obtener el rendimiento, el contrario tiene un incentivo para romper la promesa y tratar de renegociar una vez que se ha pagado la formación. El inversor puede verse obligado a renegociar, ya que si la relación empeora, el inversor es el que tiene más que perder. Desgraciadamente, este *riesgo de renegociación* reduce los rendimientos que se espera obtener con la inversión, posiblemente hasta el punto de que ninguna de las dos partes esté dispuesta a realizar dicha inversión.

¿Cómo podemos resolver este problema? Existen dos posibilidades. Una es confiar en la honradez de una de las partes o de las dos; analizaremos esta cuestión más adelante y en el capítulo 15. La segunda es *repartir el coste y el rendimiento* de la inversión. En la figura 3.4 mostramos un ejemplo. En este caso, los costes se reparten pagando

durante el periodo de formación un salario W_1 que se encuentra entre
la productividad neta efectiva y lo que ganaría el trabajador en otra
empresa (si los costes se reparten a partes iguales, $W_1 = 7,5$). El reparto de los costes reduce el riesgo de la inversión en el primer periodo, ya que hay menos que perder. En ese caso, los beneficios se repar-
tirían pagando, después del periodo de formación, el salario W_2 que
se encuentra entre lo que el trabajador podría ganar en otra empresa y su productividad efectiva (si los costes de la formación se reparten a partes iguales, $W_2 = 14,8$). El reparto de los beneficios reduce
(aunque no elimina) la tentación de renegociar. Además, como ambas
partes tendrían algo que perder si la relación se rompiera, ambas
tienen algunos incentivos para evitar la renegociación.

Figura 3.4. Inversión en capital humano específico de la empresa

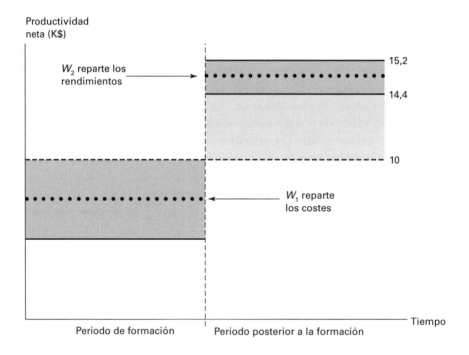

Por tanto, es probable que las inversiones en formación en el trabajo que es propia de la empresa se realicen de forma distinta a las
inversiones en capital humano puramente general, o sea, en educación: es probable que se repartan entre el trabajador y la empresa.

Eso significa que durante el periodo de inversión el salario sería inferior a lo que el trabajador podría ganar en otra empresa, pero mayor que su productividad neta y que después del periodo de formación el salario sería superior a lo que el trabajador podría ganar en otra empresa, pero menor que su productividad.

Consecuencias de la formación en el trabajo

La formación en el trabajo tiene algunas consecuencias importantes sobre el empleo, que examinamos a continuación, ahora que hemos analizado la inversión y hemos visto quién la paga y quién recibe sus rendimientos.

Antes de ahondar en estas consecuencias, recuérdese que la formación en el trabajo va desde la formación puramente general, que tiene el mismo valor en otras empresas, hasta la formación puramente específica de la empresa, que no tiene ningún valor fuera de ella. La educación universitaria casi siempre es capital humano puramente general. La formación en el trabajo es casi siempre una mezcla. Incluso la formación que está muy enfocada al trabajo que realiza el empleado en la empresa tiende a beneficiarlo si se marcha, simplemente no tanto. Así pues, diremos que la formación es relativamente más o menos general o propia.

Rotación

Una de las consecuencias más importantes tiene que ver con la rotación. Si la formación es totalmente general, a la empresa *no le preocupa la rotación* (no tiene en cuenta los costes de sustituir al trabajador). No realiza ninguna inversión y no obtiene ningún rendimiento de la formación, por lo que no tiene nada que perder si el trabajador se marcha. Asimismo, el trabajador se lleva consigo toda la inversión, por lo que no tiene nada que perder cambiando de empresa.

En cambio, cuanto más propia de la empresa es la formación en el trabajo, más preocupa a la empresa y al trabajador la rotación. Cuando la empresa y el trabajador se reparten las inversiones en formación propia de la empresa, ambos salen perdiendo si el trabajador se marcha. Cuanto mayor sea la diferencia entre la productividad en esta empresa y la productividad en otras, mayor es la pérdida. Por tanto, cuando los empresarios dicen que les preocupa perder las inversiones que realizan en sus empleados, deben referirse a las inversiones en capital humano que son relativamente propias de su empresa.

Esta diferencia entre la formación general y la formación propia de la empresa influye significativamente en lo que piensan las empresas sobre sus empleados. Si la formación en el trabajo es general, o no es importante en la empresa, los empleados, salvo por consideraciones relacionadas con el proceso de selección, se contratan en gran parte mediante transacciones en el mercado. Sin embargo, una vez que las inversiones en formación propia desempeñan un papel importante, se establece una *relación* entre el trabajador y la empresa. Ambos tienen un incentivo para invertir en dicha relación y mantenerla. El término que se emplea a menudo para referirse a esa relación es que esas empresas se centran en sus *mercados internos de trabajo*. Cuanto más idiosincrásica sea la combinación de habilidades y conocimientos que exige una empresa a sus trabajadores, más importancia tendrá esta visión del empleo. Estas ideas se analizan más detenidamente en el capítulo 15.

Inversión

Cuanto menor sea la rotación en una empresa, más tenderán los trabajadores a invertir en aquellos conocimientos que mejor encajen en su trabajo y en su empresa. Cuanto mayor sea la rotación, más tenderán los trabajadores a invertir en conocimientos que puedan utilizarse fácilmente en otras empresas. Por tanto, las empresas que desean una combinación poco corriente de conocimientos, generalmente adoptan medidas para tratar de reducir la rotación.

Las reglas de inversión deberían cambiar con la antigüedad. Cuanto más tiempo lleva un empleado en la empresa, más probable es que ya haya invertido en aquellos conocimientos que mejor se ajustan a esa empresa. Eso aumenta los incentivos para permanecer en esta empresa, lo cual refuerza la tendencia a invertir aun más en cualificaciones propias de la empresa. Por tanto, los trabajadores tienden a estar más involucrados en su empresa a medida que aumenta su antigüedad en el empleo.

Remuneración

Todo esto tiene consecuencias sobre las formas de remuneración. En primer lugar, la remuneración tiende a aumentar conforme mayor sea la experiencia laboral del trabajador, ya que la mayoría de los empleos proporcionan alguna formación en el trabajo. En segundo lugar, aparte de la influencia de la experiencia en general en la remuneración, los trabajadores que tienen más antigüedad en una empresa tienden a ganar más que los demás porque sus cualificaciones tienden a ser las más adecuadas para esa empresa con lo que están obteniendo rendimientos fruto de sus inversiones anteriores en conocimientos propios de la empresa.

En tercer lugar, cuanto más propios de la empresa sean sus conocimientos, más salario tienden a perder éstos si cambian de empleo, ya que sus cualificaciones se ajustan más al trabajo que realizan actualmente que al que puedan realizar en otra empresa. Cuanto mayor sea la pérdida de ingresos que espera sufrir un trabajador si abandona su empresa, menor es la probabilidad de que la abandone, ya que los trabajadores tienden a invertir más en cualificaciones propias de la empresa en la que trabajan cuanto más tiempo esperan trabajar en ella.

Amplitud del mercado de trabajo

Los mercados de trabajo pueden recibir el apelativo de amplios o estrechos. Un mercado amplio es aquel en el que a los trabajadores les resulta relativamente fácil encontrar otro trabajo que valore bien sus cualificaciones. Un mercado estrecho es justo lo contrario. La amplitud del mercado de trabajo depende en alguna medida de la ocupación del trabajador. En la mayoría de las ciudades, hay mucho más trabajo para los abogados que para los economistas académicos. La amplitud también depende del ciclo económico. Si una economía se encuentra en recesión, pocas empresas están contratando, por lo que es más difícil conseguir una oferta de trabajo con una remuneración similar a la del empleo actual. Cuando la economía está mejorando tiende a ocurrir lo contrario, sobre todo al comienzo de una expansión. Las dimensiones de la economía local influyen en la amplitud del mercado de trabajo si el cambio de empleo tiene costes para el trabajador.

Por último, la amplitud también depende de la combinación de cualificaciones del trabajador; cuanto menos idiosincrásica sea la combinación de sus cualificaciones, más amplio será el mercado de trabajo para ese trabajador. Esta lógica indica que el concepto de capital humano general y propio de la empresa es endógeno. Depende de lo amplio que sea el mercado de trabajo. En los mercados más amplios, manteniéndose todo lo demás constante, las cualificaciones de un trabajador tienden a ser menos propias de la empresa.

Tamaño de la empresa

Los trabajadores de las grandes empresas tienden a invertir más en una combinación de cualificaciones propias de esas empresas por dos razones. En primer lugar, empíricamente la rotación tiende a ser menor en las grandes empresas que en las pequeñas. En segundo lugar, es más probable que las grandes empresas puedan encontrar otro trabajo para sus empleados que quieren cambiar de empleo. De hecho, a veces las empresas muy grandes tienen mercados internos de trabajo relativamente formales, en los que el departamento de recursos humanos anuncia activamente los puestos de trabajo y busca candidatos internos para cubrir las vacantes. Si la combinación de cualificaciones de los distintos puestos de trabajo de una empresa es parecida, eso amplía el mercado de las cualificaciones del empleado, cuando trabaja en una gran empresa.

REPARTO DE LAS RENTAS ECONÓMICAS Y REMUNERACIÓN

Los conceptos de inversiones en educación y de señales nos permiten analizar ahora brevemente el nivel total de remuneración. Por remuneración entendemos el dinero en efectivo y los beneficios sociales que se pagan a los empleados. Los empleados valoran los beneficios sociales, por lo que están dispuestos a aceptar un salario más bajo a cambio de un determinado beneficio social.

¿Cómo se determina el nivel total de remuneración? En términos abstractos, la competencia perfecta entre las empresas debería implicar que éstas obtienen unos beneficios nulos por sus empleados. Eso no significa que no obtengan beneficios contables, que sus accionistas no obtengan rendimientos, etc. Sólo significa que el nivel de beneficios contables que obtienen por la contratación de sus empleados es aproximadamente el mismo que obtienen otros empresarios.

Asimismo, la competencia perfecta entre los empleados debería significar que éstos ganan más o menos lo mismo en todas las empresas.

Cuando se cumplen estas dos condiciones, a los empleados y a las empresas les da en gran medida lo mismo para quién trabajan, a quién contratan y el grado de rotación en el empleo. Este caso es análogo al de las inversiones en capital humano general puro. El nivel de remuneración sería el mismo en las empresas que tienen puestos de trabajo similares y sería exactamente igual al valor marginal que tiene la producción del trabajador para la empresa.

Evidentemente, estos supuestos no son realistas, pero constituyen un caso teórico de referencia que resulta muy útil. En realidad, los trabajadores tienden, por supuesto, a ganar menos si cambian de empresa. Y las empresas normalmente no quieren perder a la mayoría de sus empleados. Estas observaciones nos indican que ambos obtienen algunos beneficios (en la jerga económica formal, *rentas económicas*) trabajando juntos, en comparación con la situación en la que trabajaran con otros empleados o en otra empresa. Eso plantea dos cuestiones. En primer lugar, ¿cuáles son las fuentes de estas rentas? En segundo lugar, ¿implica esto que los mercados de trabajo no son perfectamente competitivos?

En este capítulo, hemos visto dos razones por las que un trabajador y una empresa pueden obtener algunos beneficios más si el trabajador permanece en ella. La primera era fruto de un buen encaje: si un trabajador encaja por alguna razón especialmente bien en una empresa, obtiene algunos beneficios permaneciendo en ella, lo cual incumple, de hecho, el supuesto de competencia perfecta, ya que implica que o bien el trabajador, o bien la empresa, no pueden encontrar un sustitutivo perfecto de su empresa o de su empleado. En ese caso, habría algunos beneficios monopolísticos.

El capital humano propio de la empresa es la segunda razón por la que un trabajador y una empresa generan más beneficios si permanecen juntos. Sin embargo, en este caso los mercados de trabajo pueden seguir siendo perfectamente competitivos tanto para los trabajadores como para las empresas. La puja se realiza en el momento en el que se negocia la oferta inicial de empleo. Por ejemplo, las empresas pueden competir entre sí por las oportunidades de formación que ofrecen a los demandantes de empleo. Los demandantes de empleo pueden competir entre sí por los sueldos o por otros aspectos del empleo que están dispuestos a aceptar de un determinado empresario. Una vez que se realiza la inversión en formación propia de la empresa, ambos pueden obtener beneficios adicionales trabajando juntos. A pesar de ello puede existir competencia por las condiciones de la inversión total.

Hay otras razones por las que un trabajador y una empresa pueden disfrutar de algunas rentas económicas trabajando juntos. Por ejemplo, cualquiera de los dos puede haber dedicado recursos a la búsqueda de trabajo o de un nuevo trabajador. La búsqueda de trabajo o la sustitución de un trabajador tienen costes. Por tanto, la ruptura de esta relación de empleo tiene costes para ambas partes. Esta razón se parece bastante a las del encaje y el capital humano propio de la empresa. Una vez más, la competencia puede reducir a cero los beneficios derivados de la búsqueda de un trabajo y de la contratación de un trabajador. Éstos son otra inversión parecida a las señales y a la formación. Una vez que se incurre en estos costes y se cubre el puesto de trabajo, se obtiene el rendimiento de la inversión. Si los costes de la búsqueda o de la contratación son altos, ésa sería otra razón por la que hay un excedente para repartir entre el trabajador y la empresa, una vez que han acordado trabajar juntos.

La palabra importante en este caso es *reparto.* En los casos en los que pueden obtenerse algunas rentas económicas o un excedente común trabajando juntos, hay que preguntarse cómo se reparten esas rentas entre el trabajador y la empresa. Como hemos visto, estas rentas se reparten en gran medida *en el momento de la contratación,* que es cuando se determinan los términos contractuales, explícitos e implícitos. La forma en que se reparten las rentas depende del resultado de esta negociación, el cual depende en alguna medida de lo sofisticados que sean el trabajador y la empresa negociando, así como de algunos factores económicos que ya hemos visto.

Una consideración en relación con el modo en que se reparten los costes y los beneficios es la mejora de los incentivos de ambas partes para tomar la decisión apropiada. Los trabajadores generalmente pagan las señales que utilizan para autoseleccionarse eficientemente a la hora de solicitar empleo. En cambio, ambos se reparten las inversiones propias con el fin de reducir los incentivos para renegociar más adelante.

Otra consideración es el poder de negociación de cada una de las partes. Si hay mucha competencia entre las empresas, los empleados tenderán a recoger una parte mayor de los beneficios potenciales. Si hay muchos trabajadores muy similares, los empresarios pueden apropiarse una parte mayor de los beneficios, ya que los trabajadores competirán entre sí.

Una tercera consideración que analizaremos brevemente a continuación y más extensamente en el capítulo 15 es la reputación de cada una de las partes.

La principal conclusión de este apartado es que hay varias razones por las que, una vez que los empleados y las empresas deciden trabajar juntos, puedan querer seguir trabajando juntos. Los términos que se emplean a veces para referirse a ellas son rentas económicas, cuasi-rentas o excedente. Afectan a los incentivos para la rotación y los contratos de trabajo complejos. También significan que el nivel total de remuneración a menudo es algo indeterminado, ya que depende de una compleja negociación entre el trabajador y la empresa.

Para ilustrar los argumentos en capítulos posteriores supondremos, en algunos casos, que los mercados de trabajo son perfectamente competitivos. Este supuesto no es realmente importante en ninguno de los casos. Se trata de una mera simplificación para que los argumentos sean más sencillos. Cuando el lector vea esos casos, puede imaginar que puede haber otras fuentes de excedente para el trabajador y la empresa y, en ese caso, puede haber algún tipo de negociación que reparta este excedente entre ellos.

CONTRATOS IMPLÍCITOS

Las inversiones en formación en el trabajo que es relativamente propia de la empresa en la que trabaja el empleado y la propiedad intelectual son casos especiales de un fenómeno más general. Siempre que dos partes puedan realizar una inversión que *sólo* genera beneficios si continúan trabajando juntas, tenemos una *inversión propia de la relación*. Esta cuestión se plantea en muchos contextos en el mundo de los negocios. Consideremos dos empresas que tienen un proyecto conjunto. Si rompen la relación, dejan de ganar los beneficios que éste genera. Asimismo, dos socios que montan una empresa juntos también participan en una inversión propia de la relación (si la empresa tiene más valor mientras sigan trabajando juntos).

En nuestro análisis de la formación que es más propia de la empresa hemos llegado a la conclusión de que la empresa y el empleado se reparten la inversión. El reparto de los beneficios reduce el riesgo de que se plantee el problema del oportunismo, que puede ocurrir después de que una de las partes realiza una inversión esperando obtener beneficios posteriores, pero la otra trata de renegociar una vez que se ha realizado la inversión. Desgraciadamente, este problema no puede resolverse totalmente repartiendo los beneficios.

---

[8] No necesariamente pérdidas contables sino pérdidas económicas. Estaría pagando al empleado más de lo que se paga a empleados de parecida productividad en otras empresas que no utilizan ese sistema de prueba.

En el capítulo 2 vimos una cuestión parecida que se debía a la falta de confianza. Los periodos de prueba contienen la promesa implícita de la empresa de pagar a los trabajadores potenciales un salario superior a su productividad después del periodo de prueba para inducir a los candidatos a autoseleccionarse. Eso significa que los empleados pueden ocasionar pérdidas a la empresa después del periodo de prueba[8]. Lo que no analizamos entonces es la posibilidad de que la empresa incumpla la promesa que ha hecho a sus empleados una vez que han sido seleccionados. Si existe alguna probabilidad de que eso ocurra, los trabajadores que tengan más aptitudes evitarán solicitar este empleo.

Por tanto, tenemos otra situación en la que la preocupación por que la otra parte se comporte oportunísticamente puede impedir que nuestra solución dé buen resultado. Esta preocupación puede existir en cualquier situación en la que haya una inversión propia de la relación. ¿Se puede hacer algo para reducir los problemas de oportunismo?

En el caso de un proyecto conjunto, existe una solución directa: las dos empresas pueden fusionarse. Una vez que se fusionan, no existe ningún conflicto de intereses, por lo que se realiza la inversión[9]. Evidentemente, la fusión no es posible en el caso del empleo, por lo que es de poca ayuda en el caso de la formación en el trabajo.

Una alternativa es redactar un contrato formal que especifique qué pagan o qué reciben la empresa y el empleado en todas las circunstancias (por ejemplo, la indemnización por despido o los acuerdos de no competencia). Este contrato podría utilizarse para que las dos partes tuvieran incentivos para no incumplir sus promesas.

Otra solución relacionada con ésta es recurrir a la legislación o al derecho consuetudinario. En la mayoría de las economías, el empleo está sumamente regulado. Algunas de las reglamentaciones protegen a la empresa o (lo que es más probable) al empleado de los intentos de renegociación. Por ejemplo, en la mayoría de países, las

---

[9] El ejemplo de Fisher Body Works es un ingrediente básico de los cursos de estrategia en los MBA. La historia es que General Motors quería que FBW construyera una fábrica especializada que trabajara con una inversión propia de la relación con GM. Para resolver el problema de oportunismo, GM acabó comprando FBW. Aparentemente, la mayoría de estos hechos son incorrectos y toda la historia es una fábula (Casadesus-Masanell y Spulber, 200). No obstante, muestra que una fusión puede resolver el problema.

empresas no controlan las pensiones de sus empleados. Eso reduce el riesgo de que el dinero que se les prometen hoy no se les entreguen una vez jubilados.

Desgraciadamente, la relación de empleo es tan compleja e impredecible que normalmente es imposible redactar un contrato, elaborar una ley o dictar una sentencia judicial que cubran todas las contingencias posibles. ¿Qué más se puede hacer?

Una forma importante de reducir los problemas de oportunismo es recurrir a los *contratos implícitos*. En nuestros ejemplos, la empresa promete a los empleados que los recompensará más tarde si rinden bien o invierten en cualificaciones que son idiosincrásicas de esta empresa. Si el empleado tiene suficientes razones para confiar en que la empresa cumplirá sus promesas, puede estar dispuesto a hacerlo.

Este enfoque se llama contrato implícito, porque es muy diferente del contrato formal o de la regulación: es la parte de la relación de empleo que es difícil o imposible de hacer cumplir a través del sistema jurídico[10]. Cuando el sistema jurídico no existe, las partes de una inversión propia de una relación deben basarse en la confianza, la reputación y otros mecanismos parecidos para imponer una cierta fiabilidad a la relación.

Veremos que esta cuestión surge a menudo. Por ejemplo, en la mayoría de los sistemas de incentivos hay una cierta evaluación subjetiva. Como las evaluaciones subjetivas no pueden verificarse fácilmente de manera independiente, los contratos implícitos se convierten en una parte importante de la gestión de los incentivos. El tema se analiza más extensamente y en términos formales en el capítulo 15; en éste no hemos hecho más que esbozar el tema.

RESUMEN

En este capítulo hemos analizado la inversión en conocimientos de los trabajadores. La educación y la formación en el trabajo son algunas de las inversiones más importantes que pueden realizarse en una economía. Históricamente, y sobre todo en los últimos años, estas inversiones han sido muy rentables. Hemos analizado los factores que afectan las decisiones de inversión en educación.

---

[10] Otros términos que se emplean a veces son *contrato relacional* y *contrato psicológico*.

La educación aumenta el capital humano. Hay dos tipos de capital humano: general y propio. El primero son las cualificaciones o los conocimientos que son valorados por igual por muchas empresas (de las que hay un amplio mercado). El segundo son las cualificaciones o los conocimientos que tienen un valor excepcional para una empresa concreta. La formación puede implicar un aprendizaje que se parece más al capital humano general y un aprendizaje que se parece más al capital humano propio de la empresa.

A continuación, nos hemos preguntado quién debe financiar la formación. Hemos concluido que un trabajador debe pagar la formación que es general y estar dispuesto a ganar durante el periodo de formación menos de lo que podría ganar en otra empresa. Disfrutará después del rendimiento de su inversión que se traducirán en subidas salariales y ascensos.

En la medida en que eso sea cierto, lo que hace la empresa, de hecho, es *vender un servicio* –formación– al trabajador. Ya hemos visto antes una idea intuitiva similar cuando la empresa ofrece un servicio al trabajador siendo especialmente eficaz en la selección y en la identificación de los trabajadores que tienen más talento. Esta idea intuitiva es interesante, ya que le da la vuelta a la relación de empleo. No es sólo el trabajador el que vende un servicio a la empresa; también ésta vende a menudo algo de valor al trabajador. Lo veremos de nuevo en el contexto del diseño de los puestos de trabajo y de la remuneración basada en el rendimiento. Ilustra la cuestión fundamental de que un buen contrato entre el trabajador y la empresa es aquel que maximiza los beneficios totales tanto de la empresa como de los trabajadores. Ésta debería ser la primera consideración, y sólo después (y dependiendo de cuestiones como los incentivos, las presiones competitivas a las que está sometida la empresa y las restricciones del mercado de trabajo) debería analizarse el modo en que se reparten esos beneficios.

Obligar al trabajador a pagar implícitamente las inversiones en capital humano general significa que no todas las empresas deben invertir en las cualificaciones de sus trabajadores. En la medida en que el mercado de sus empleados sea amplio, son ellos los que deben invertir en esas cualificaciones y a la empresa debe preocuparle poco que haya mucha rotación.

Cuando el capital humano es propio de la empresa, la cuestión de quién paga la formación es compleja. Si es el empleado el que la paga, corre el riesgo de que la empresa intente renegociar o incumplir la promesa de un salario más alto después del periodo de formación. Si es la empresa la que paga la formación, también corre el riesgo de que el trabajador intente renegociar. Éste es un ejemplo del problema del oportunismo, que puede plantearse cuando una de las partes trata de renegociar las condiciones una vez que se ha realizado una inversión propia de la relación.

Sin embargo, los empleados son más productivos si su combinación de cualificaciones se ajusta perfectamente a las exigencias del puesto de trabajo. Como la mayoría de los puestos de trabajo son algo idiosincrásicos, eso significa que la formación óptima en el trabajo normalmente es algo propia de la empresa. Cuando es así, se plantea multitud de consideraciones. Los trabajadores y las empresas tienden a repartirse los costes y los beneficios de la inversión con el fin de reducir los problemas de oportunismo. Por tanto, la rotación tiene costes para ambos, con lo que ambos tienen un incentivo para mantener una relación a largo plazo. Cuanto más tiempo lleven trabajando juntos, más tenderán a haber invertido el uno en el otro, lo cual no hará sino reforzar esos lazos.

Las inversiones en conocimientos varían en la medida en que haya un mercado amplio de empresas que los valoren. Cuando el mercado es amplio, los conocimientos tienden a encontrarse en el extremo del espectro correspondiente a lo que consideramos capital humano general. La mayoría de los conocimientos de este tipo no se aprenden en el trabajo sino en organizaciones especializadas, como las universidades. Esas inversiones las paga casi siempre el trabajador (aunque la sociedad subvenciona a menudo estas inversiones) y es éste el que disfruta casi siempre de sus rendimientos. Sin embargo, algunos conocimientos se aprenden mejor en el trabajo. Cuando eso es así, la empresa puede suministrar esa formación al trabajador.

Dado que los contratos sobre relaciones de empleo complejas normalmente son incompletos, cuando se invierte en dichas relaciones, entonces elementos como la reputación y la confianza permiten a las empresas y a los empleados mejorar el valor de su relación económica. Por tanto, cuando las inversiones en conocimientos deban ser más idiosincrásicas y ajustarse a una determinada empresa, el empresario adoptará medidas que fomenten el mercado interno de trabajo en el que los empleados se contratan desde abajo y van ascendiendo por la escala de puestos de la empresa. En cambio, cuando las inversiones en conocimientos se parecen más a los que necesitan otros empresarios, la empresa tenderá a cribar más a sus empleados, ya que la rotación tendrá pocos costes. En suma, cada contexto exige un enfoque distinto para gestionar la relación entre el trabajador y la empresa.

En los tres primeros capítulos de este libro, hemos visto una secuencia, desde una relación económica sencilla entre el trabajador y la empresa hasta una relación más compleja. Hemos empezado imaginando que los trabajadores cobran en un mercado al contado y que los salarios corresponden aproximadamente a su productividad. El análisis nos ha llevado casi inmediatamente a analizar los contratos que tienen por objeto explotar el valor potencial de los trabajadores de riesgo y seleccionar a los candidatos. El paso siguiente era hacer inversiones, a menudo conjuntamente, en las cualificaciones de los trabajadores. Finalmente, hemos añadido el concepto de contratos implícitos sobre la relación de empleo.

El concepto de contratos implícitos constituye una pieza importante del puzzle que es el diseño de organizaciones. Un aspecto fundamental de lo que a veces se considera la parte blanda de la gestión de personal entra dentro de esta categoría. Aunque es difícil desarrollar un modelo formal de todas las cuestiones planteadas, en el capítulo 15 vamos a presentar un modelo económico que mejora nuestro análisis de cuestiones tales como la reputación, la confianza y la cultura corporativa.

Ejercicios

1. ¿Por qué es una buena regla práctica considerar que las cualificaciones que se enseñan normalmente en las universidades son capital humano general?
2. Piense en los trabajos que ha realizado. ¿Era la combinación de cualificaciones más propia de la empresa o general? ¿Por qué?
3. Si una empresa obliga a sus empleados a invertir en una combinación de conocimientos que es muy propio de esa empresa, ¿tendrá algún coste para la empresa? ¿Debe tratar una empresa de diseñar los puestos de trabajo de manera que sus empleados adquieran conocimientos fácilmente vendibles? Explique su respuesta.
4. Algunas empresas contratan trabajadores en los niveles inferiores, les dan una amplia formación y establecen con ellos una relación a largo plazo. Otros criban minuciosamente a sus empleados. ¿Qué características de las empresas las llevan hacia uno de estos extremos o

hacia el otro? ¿Por qué? Trate de enumerar el mayor número de características que se le ocurran.

5. Algunas empresas contratan trabajadores en los niveles inferiores, les dan una amplia formación y descartan minuciosamente a muchos de ellos ascendiéndolos o despidiéndolos. ¿Cómo puede ser rentable una política de ese tipo para una empresa?

6. ¿Qué es el problema del oportunismo? ¿Por qué se plantea? ¿Puede poner ejemplos concretos (por ejemplo, de los deportes o del sector del espectáculo)? ¿De qué formas pueden evitarse esos problemas?

BIBLIOGRAFÍA

Casadesus-Masanell, Ramon y Daniel Spulber (2000), «The Fable of Fisher Body», *Journal of Law & Economics*, 43 (1), págs. 67–104.

Lazear, Edward (2006), «Firm-Specific Human Capital: a Skill-Weights Approach», documento de trabajo, National Bureau of Economic Research.

U.S. Department of Labor, Bureau of Labor Statistics (varios años), *Current Population Survey*.

OTRAS LECTURAS

Becker, Gary (1975), *Human Capital: A Theoretical and Empirical Analysis, with Special Reference to Education*, Nueva York, Columbia University Press para el National Bureau of Economic Research.

Mincer, Jacob (1974), *Schooling, Experience & Earnings*, Nueva York, Columbia University Press para el National Bureau of Economic Research.

Murphy, Kevin (1986), «Specialization and Human Capital», tesis doctoral, Department of Economics, University of Chicago.

Murphy, Kevin y Finis Welch (1991), «The Structure of Wages», *Quarterly Journal of Economics*, 107, págs. 285–326.

APÉNDICE

En este apéndice, presentamos un sencillo modelo que ilustra algunas de las observaciones que hemos realizado sobre la inversión en formación en el trabajo. Para los detalles, véase Lazear (2006).

Dejemos de lado la negociación sobre la inversión. Supongamos para simplificar el análisis que la empresa y el trabajador se reparten los costes y los beneficios de la inversión. Además, como prescindimos de la negociación, supondremos que es el trabajador el que toma la decisión de inversión. Naturalmente, si hay una negociación eficiente, se tomará la decisión óptima de inversión mediante una negociación entre la empresa y el trabajador.

Un trabajador invierte en conocimientos J (Java) y T (legislación tributaria) con un coste de $1/2(J^2 + T^2)$. Cada empresa concede un valor relativo diferente a estos conocimientos. Sea λ la ponderación que da la empresa a los conocimientos J y $1 - \lambda$ la ponderación que da a los conocimientos T. Por tanto, lo que puede ganar un trabajador en la empresa actual es igual a:

$$W = \lambda J + (1 - \lambda) T.$$

Los salarios se determinan de la misma forma en otras empresas, pero las ponderaciones λ varían de unas a otras. Hay dos periodos. En el primero, el trabajador invierte en formación en el trabajo. En el segundo, puede o no cambiar de empresa y trabaja sin realizar ninguna inversión más. La probabilidad de que el trabajador permanezca en la empresa actual en el siguiente periodo es igual a p. Por tanto, el trabajador elige los valores de J y T que maximizan sus ingresos netos:

$$\max_{J,T} \ p[\lambda J + (1 - \lambda) T] + (1 - p)[\overline{\lambda} J + (1 - \overline{\lambda}) T] - 1/2(J^2 + T^2),$$

donde $\overline{\lambda}$ es la ponderación que se espera que den otras empresas potenciales a los conocimientos de Java. Las condiciones de primer orden son:

$$p \times \lambda + (1 - p) \times \overline{\lambda} - J = 0,$$
$$p(1 - \lambda) + (1 - p)(1 - \overline{\lambda}) - T = 0.$$

La inversión es una media ponderada de los valores que tienen los conocimientos relevantes dentro y fuera de la empresa, donde las ponderaciones dependen de la probabilidad de que el trabajador *abandone* la empresa. La idea intuitiva debería estar clara. Si $p = 1$, por lo que es seguro que el trabajador continuará en la empresa, el único valor de los conocimientos que resulta importante es λ, que es el valor relativo que da la empresa actual a los conocimientos J. Si $p = 0$, por lo que es seguro que el trabajador abandonará la empresa, la valoración de la empresa actual no es importante. En ese caso, sólo es importante $\bar{\lambda}$.

Sean J^* y T^* los valores óptimos de los conocimientos en los que se invierte. Veamos ahora qué ocurre con un trabajador que cambia de empresa después de la inversión. Representaremos el salario en la segunda empresa por medio de W' y la ponderación que se da a los conocimientos J en la segunda empresa por medio de λ'. El cambio del salario es:

$$W' - W = (\lambda' - \lambda)(J^* - T^*).$$

El signo de esta ecuación es incierto. El caso representativo sería aquel en el que la probabilidad de que el trabajador abandone la empresa es relativamente baja y el trabajador invierte mucho en los conocimientos que valora su empresa actual. Sin embargo, si la probabilidad de que se vaya es muy alta o el valor relativo que concede la empresa actual a dichos conocimientos no es demasiado excepcional, la inversión del trabajador tenderá más hacia $\bar{\lambda}$. En ese caso, el trabajador podría ganar más abandonando la empresa. Puede demostrarse de todos modos que la variación que experimenta el salario del trabajador cambiando de empresa disminuye con la probabilidad de que la abandone en el siguiente periodo (Lazear 2006).

Es fácil demostrar que un aumento de la amplitud del mercado lleva al trabajador a invertir de una forma más acorde con la valoración relativa de los conocimientos en su empresa actual. La razón se halla en que cuando el mercado es amplio, el trabajador recibe extracciones aleatorias adicionales de λ de otras empresas. Por tanto, es más probable que encuentre otro empleo similar al actual, lo cual reduce el grado en que la valoración de sus conocimientos en la empresa actual es idiosincrásico. En otras palabras, el capital humano propio de la empresa es endógeno con respecto a la amplitud del mercado.

Por último, podríamos extender el modelo a tres o más periodos. Consideremos el caso de un trabajador al que le quedan dos periodos o más para jubilarse. Tiene relativamente menos incentivos para invertir en cualificaciones que pongan énfasis en la valoración de su empresa actual, ya que cuando queda más de un periodo, la probabilidad de que el trabajador cambie de empresa es mayor. Eso tiene una consecuencia interesante: la formación en el trabajo de un trabajador debe ser cada vez más propia de la empresa a medida que aumenta su antigüedad en esa empresa: las inversiones se vuelven más idiosincrásicas y tienen una aplicabilidad general menor en el mercado de trabajo.

4 GESTIÓN DE LA ROTACIÓN

Es usted el rival más débil. Adiós.
–eslogan del conocido y despiadado
programa británico de TV *The Weakest Link*

INTRODUCCIÓN

Uno de los temas en los que insiste este libro es que no hay un único enfoque que sea el mejor para todas las empresas. En los tres capítulos anteriores, hemos analizado la selección de personal, la estructuración de la oferta de empleo (la remuneración, el periodo de prueba y la selección final para decidir los ascensos) y la inversión en conocimientos desde el punto de vista económico. La estrategia general en estos temas varía bastante de unas empresas a otras. En algunas, la rotación se considera saludable, ya que aporta nueva savia y facilita la selección para encontrar a los trabajadores de mayor talento. En otras, la rotación tiene costes, debido a la inversión en conocimientos de los trabajadores que se ajusten a las necesidades propias del negocio de la empresa.

Hemos visto al mismo tiempo varios instrumentos económicos que tienen muchas aplicaciones dentro y fuera del empleo. Entre ellos destacamos la selección adversa, las señales y las inversiones propias de la relación.

En el presente capítulo, acabamos esta primera parte del libro utilizando estos instrumentos para analizar otras cuestiones relacionadas

145

con la gestión de la carrera profesional de los empleados. El tema de los dos primeros capítulos era la introducción de los trabajadores nuevos en la organización. El tema del capítulo 3 era el desarrollo de su talento para que pudieran ser más productivos y avanzar profesionalmente. El tema de éste es la rotación: ¿en qué circunstancias es deseable y cómo puede gestionarse eficazmente? Aunque volveremos brevemente al tema de la selección de personal cuando analicemos el intento de contratar empleados de una empresa rival, el análisis se refiere en su mayor parte a la rotación.

¿Es la rotación algo bueno o malo?

Hay dos circunstancias distintas para analizar la rotación de los empleados. Una es la dramática y, es de esperar que rara, necesidad de despedir a algunos trabajadores debido a que es preciso reducir la plantilla. La otra es la necesidad general de gestionar los flujos regulares de entrada y salida de trabajadores de la empresa. Más adelante nos referiremos a los despidos. En este apartado, analizamos los factores que afectan a la rotación óptima de la empresa cuando la situación económica es normal. En todas las empresas tiene que haber una cierta rotación; la cuestión es cuánta y de qué tipo.

Cuando se analiza la rotación, a menudo hay que preguntarse cuál es el nivel de análisis adecuado[1]. ¿Debemos analizar la rotación desde el punto de vista del conjunto de la empresa o de los diferentes puestos de trabajo? Por ejemplo, ¿debemos preguntarnos cuál es el nivel adecuado de rotación en la organización o si debe variar de un puesto de trabajo a otro? En general, la respuesta es la segunda. Cada puesto de trabajo tiene sus propias características. Algunos pueden exigir un grado considerable de rotación, mientras que, en otros, la empresa puede querer que la rotación sea la mínima posible. Puede haber características comunes a toda la organización, si algunas de las cuestiones analizadas se refieren a muchos puestos de tra-

---

[1] De hecho, esta cuestión se halla en el trasfondo de una gran parte de los análisis de este libro: ¿debemos analizar un conjunto de políticas de personal iguales para todas las empresas o adaptarlas a los diferentes puestos de trabajo, grupos de trabajadores, etc.? Se trata, en realidad, de una pregunta sobre centralización frente a descentralización, que es el tema de los dos capítulos siguientes.

bajo de la empresa, pero no tiene por qué ser así. De hecho, en la mayoría de las empresas las tasas de rotación de los distintos tipos de puestos de trabajo, por ocupaciones, niveles jerárquicos, localización, etc., son muy diferentes.

Importancia de la selección

Uno de los principales estímulos para fomentar la existencia de una cierta rotación es la selección. Ésta permite que la empresa aumente la calidad de su plantilla, seleccionando a más candidatos por periodo de tiempo. Cuantas más probabilidades tiene la empresa de considerar a nuevos candidatos, más probabilidades tiene de descubrir trabajadores de mayor talento. El concepto de encaje en la empresa del capítulo 3 también se aplica en este caso, ya que la criba adicional aumenta las probabilidades de que se pueda cubrir un puesto con un empleado que encaje mejor en la empresa.

Naturalmente, la selección sólo tiene valor en la medida en que lo tengan las diferencias de aptitudes (o de encaje). Una de esas situaciones es aquella en la que hay que obtener más información sobre los trabajadores: las aptitudes son más variables y se tiene menos información sobre ellas. Por ejemplo, es especialmente probable que la rotación sea útil cuando los trabajadores recién contratados sean jóvenes y tengan un historial de empleo breve. La rotación también es deseable en alguna medida en el caso de los empleados que hayan sido ascendidos, ya que no se sabe si encajarán en sus nuevos puestos. Éstas son ideas que vimos en los capítulos 1 y 2.

La selección también es valiosa cuando las pequeñas diferencias de talento o de encaje se traducen en grandes diferencias de productividad o de costes. Por tanto, los puestos de trabajo en los que el talento es especialmente importante son buenos candidatos a una rotación mayor, con el fin de cribar continuamente a los candidatos para encontrar a los mejores.

Reuniendo estas ideas, está claro por qué es tan importante la rotación, sobre todo al principio de una carrera profesional, en las empresas de servicios profesionales y en la universidad. Estas empresas se nutren de trabajadores del conocimiento. Las ideas y la creatividad son importantes y las pequeñas diferencias de aptitud pueden aprovecharse eficazmente. Estos tipos de empresas a menudo tienen periodos de prueba bastante duros y sistemas de ascenso o despido, por lo que pueden seleccionar continuamente a sus empleados en busca de los más cualificados.

Cambio técnico

Una importante ventaja de la rotación es que aporta savia nueva a la organización. Los nuevos empleados suelen tener ideas nuevas, aportan perspectivas diferentes y están al tanto de la tecnología y otros avances más recientes.

Por tanto, la rotación debería ser mayor en aquellos sectores en los que la tecnología avanza a un ritmo más rápido. Los sectores de la informática y de las telecomunicaciones son dos candidatos obvios. Parte de la rotación puede ocurrir por contratación de trabajadores de otras empresas. Esta rotación beneficia a la empresa, ya que de esta manera puede acceder a algunas de las nuevas ideas e innovaciones de las empresas de la competencia (debido a los acuerdos imperfectos de no competencia de los empleados). También es probable que en estos sectores sea beneficiosa la contratación de trabajadores *más jóvenes.* Éstos aprendieron las técnicas más recientes en la universidad. Es de suponer, pues, que los salarios no crecerán tan deprisa con la antigüedad en los sectores en los que la innovación es fruto en gran parte de la investigación universitaria.

También puede haber una combinación óptima de trabajadores más jóvenes y de mayor edad. Mientras que los trabajadores más jóvenes aportan nuevas ideas y tecnología, los de mayor edad conocen mejor el negocio y es probable que hayan invertido en formación propia de la empresa. Tienen, en consecuencia, una mayor capacidad para aplicar de forma rentable las nuevas ideas que aportan los trabajadores más jóvenes. Existe en cierto sentido la posibilidad de que los dos grupos se enseñen mutuamente o colaboren entre sí. En la medida en que las cualificaciones necesarias sean propias de la empresa y no puedan aprenderse en la universidad (debido, por ejemplo, a que la actividad de la empresa es algo inusual), será más beneficioso poner a los trabajadores más jóvenes a trabajar con los de mayor edad para que se produzca este intercambio de formación.

Cambio organizativo

El cambio organizativo también se beneficia de la rotación al facilitar la aportación de nuevas ideas. Los empleados que tiene actualmente la empresa son expertos en su forma de trabajar hoy. Desgraciadamente, si ésta necesita cambiar de métodos, es casi seguro que esos empleados ya no serán los más adecuados. Así sucede especialmente en el caso de los altos directivos.

También podemos darle la vuelta a este argumento. Como veremos en los capítulos 7 y 8, a veces las empresas pueden llegar a ser óptimas empleando una manera muy suya de realizar su actividad. En esos casos, tienden más a contratar empleados desde abajo y a ascender desde dentro con el fin de desarrollar capital humano específico para las tareas de la empresa. Sin embargo, esas empresas pueden tener considerables problemas si el sector cambia espectacularmente, ya que su dirección es endogámica y tiene poca experiencia en la utilización de métodos alternativos. Puede no darse cuenta siquiera de que se enfrenta a este problema, ya que ha tenido éxito en el pasado y ha estado poco expuesta a lo que ocurría fuera de ella. Para evitar encerrarse en sí misma, conviene introducir continuamente –en todos los niveles– al menos algunos empleados que tengan experiencia fuera de la empresa[2]. Las empresas que contratan continuamente empleados de fuera tienden a darse más cuenta de cuándo cambian los tiempos y a adaptarse eficazmente.

Estructura jerárquica

Cuando la estructura organizativa dicta una rápida reducción de la jerarquía en un determinado nivel, puede ser necesaria una rotación mayor. Echemos de nuevo un vistazo a la tabla 2.1 que aparece al principio del capítulo 2. La segunda columna muestra el porcentaje de trabajadores que tiene Acme en los diferentes niveles. La jerarquía se reduce espectacularmente entre los niveles 4 y 5 (en términos generales, cuando los cuadros medios se convierten en altos directivos). En estos niveles es inevitable una cierta rotación, ya que habrá muy pocas oportunidades de ascenso para los directivos de nivel 4. Es posible que algunos se frustren y se vayan en busca de otras oportunidades.

Puede ocurrir, de hecho, que Acme quiera fomentarlo. De lo contrario, cuando el nivel 4 se obstruye con directivos que no pueden ascender más, las posibilidades de ascenso de los directivos de nivel 3 disminuyen; este efecto acaba dejándose sentir en los niveles 2 y 1 y reduce los incentivos, ya que los ascensos son una forma importante de remuneración basada en el rendimiento. Además, es sumamente probable que Acme pierda a sus mejores trabajadores si no existen posibilidades de ascenso. Un sistema de ascensos es como una tube-

---

[2] Un buen ejemplo es una empresa que trata de extender sus operaciones a otro país por primera vez. Es improbable que la dirección comprenda en profundidad muchas cuestiones que surgen en una empresa multinacional, a menos que contrate a algunos empleados que tengan ese tipo de experiencia.

ría en la que el objetivo es mantener un flujo continuo de entrada y salida.

Capital humano específico

Como vimos en el capítulo 3, la formación en el trabajo no genera costes de rotación si es puramente general. En cambio, cuanto más propia de la empresa sea la formación, mayores son los costes de la rotación. Normalmente, estos costes los asume tanto el trabajador como la empresa, debido a que se reparten la inversión. Por tanto, las empresas que tienen negocios, métodos o culturas más idiosincrásicos tienden más a desear que la rotación sea baja. Asimismo, en los puestos de trabajo en los que se genera propiedad intelectual valiosa, es importante tratar de reducir la rotación. Por último, en los puestos en los que los trabajadores desarrollan estrechas relaciones con los clientes, la rotación puede tener bastantes costes.

ESTRATEGIAS DE RETENCIÓN

Para reducir la rotación pueden emplearse diversos instrumentos. El más obvio es aumentar la remuneración. Naturalmente, eso es sencillo pero caro. Sin embargo, en el caso de algunos empleados fundamentales, a veces la empresa puede tener que responder si éstos reciben ofertas de empleo de sus rivales (véase el siguiente apartado).

Cuando se trata de empleados fundamentales, hay que considerar la posibilidad de tratarlos como socios. Forman parte del pequeño número de empleados que generan el máximo valor o innovación. Son los que probablemente posean valiosa propiedad intelectual o relaciones con los clientes, que podrían llevarse consigo si abandonaran la empresa. La pérdida de esos empleados puede ser muy perjudicial, sobre todo porque pueden irse a las empresas rivales y competir directamente con su antigua empresa.

Para evitar esos problemas, se les pueden ofrecer acciones, opciones u otros tipos de remuneración basada en el rendimiento. En un caso extremo, se les puede hacer socios. Al fin y al cabo, en algunos casos esos empleados *son* el negocio y pueden llevárselo consigo. Es esta consideración la que explica por qué tantas empresas de servicios profesionales sean sociedades colectivas. Lo esencial es que *la empresa tiene que pagar a los empleados fundamentales su valor de mercado, pues de lo contrario es probable que los pierda.*

EQUIPO DE LA BANCA DE INVERSIÓN
DE FRANK QUATTRONE

Frank Quattrone fue uno de los primeros y más prósperos banqueros de la historia de Silicon Valley, especializado en inversiones. Empezó su carrera en 1981 en la sucursal de Morgan Stanley en San Francisco. Quattrone sentía fascinación por las empresas de tecnología de Silicon Valley y desarrolló estrechos lazos con esas empresas y sus ejecutivos. Trasladó a su familia allí y acabó abriendo la primera sucursal de banca de inversión para Morgan Stanley. Gracias a sus estrechos lazos con la industria, pudo obtener algunas de las ofertas públicas de acciones (OPA) más famosas y lucrativas para Morgan Stanley, entre las cuales se encuentran Silicon Graphics, Cisco y Netscape. La OPA de Netscape, en la que el precio subió un 150 por ciento el primer día, fue en su momento la de mayor éxito de la historia.

Como su sucursal de Morgan Stanley era tan dominante en la banca de inversión de Silicon Valley, Quattrone aumentó su poder dentro de la empresa. Fue presionando poco a poco para controlar más operaciones de la sucursal. En 1996, cuando Morgan Stanley rechazó algunas de sus peticiones, Quattrone y todo su equipo de banca de inversión en tecnología se marcharon y establecieron una sucursal para el Deutsche Bank Securities, Inc. En 1998, se habían ido al Credit Suisse First Boston (CSFB).

El CSFB ofreció al equipo de Quattrone un generosísimo plan de incentivos: el 33 por ciento de todos los ingresos que generara su grupo y que superaran los 150 millones de dólares. Como consecuencia, entre 1998 y 2000 el equipo fue responsable de casi tantas OPA como los dos mayores competidores siguientes, uno de los cuales era Morgan Stanley. El grupo de Quattrone fue la fuente más importante de crecimiento de CSFB a finales de los años 90.

(Quattrone acabó siendo acusado de fraude en la adjudicación de acciones, provocando la desaparición de su grupo y creando considerables problemas al CSFB.)

Fuente: Himelstein, Hamm y Burrows (2003).

¿Qué otras estrategias puede utilizar una empresa para retener a sus empleados? Puede retener a un determinado empleado adaptando algunos beneficios sociales o características del trabajo a los gustos de ese trabajador. Por ejemplo, la flexibilidad de horario permitiría a un empleado cultivar sus aficiones o cumplir más fácilmente con sus obligaciones familiares. Si es difícil para él encontrar esa flexibilidad en otra empresa, tenderá a quedarse. La flexibilidad también puede ser rentable para su empresa, dependiendo de los costes que tenga para ella.

El ofrecimiento de nuevas oportunidades a un empleado que tiene talento o que encaja bien en la empresa puede reducir la probabilidad de que busque otro trabajo. Estas oportunidades pueden consistir en nueva formación, en el enriquecimiento del puesto (capítulo 7) o en un rápido ascenso. Son varias las razones por las que el ofrecimiento de estas oportunidades puede ser conveniente. En primer lugar, las nuevas tareas o responsabilidades hacen que el trabajo sea más interesante. En segundo lugar, la formación eleva el valor a largo plazo del puesto. En la medida en que la formación sea propia de la empresa, aumenta los incentivos para quedarse (como vimos en el capítulo anterior). En tercer lugar, un rápido ascenso puede señalar al empleado el valor que le da la empresa al hecho de que se quede.

Una de las razones por las que los empleados cambian de empresa es porque piensan que no se les ha tratado bien. Puede ocurrir si creen que su jefe no los ha evaluado correctamente o que no se han cumplido ciertas promesas (de formación, ascenso, etc.). Una empresa saludable tiene un ambiente de trabajo saludable en el que estos tipos de cuestiones no surgen frecuentemente y, cuando surgen, se resuelven con eficacia. Eso no significa que no haya quejas y algunos empleados decepcionados. Sin embargo, la reducción de la arbitrariedad con que se trata a los empleados puede atenuar los problemas de rotación.

Bastará un sencillo ejemplo para ilustrar algunas de estas cuestiones. Cuando se contrata a nuevos trabajadores, es fácil caer en la tentación de sobrevalorar el puesto de trabajo, ya que de esa forma es más probable que el candidato acepte la oferta. Sin embargo, si se sobreestima su valor, el empleado acabará inevitablemente decepcionado. Además, puede llegar a la conclusión de que el empresario no es de fiar. Este efecto puede ser corrosivo para el ambiente de trabajo y aumentar la rotación. Por tanto, para reducir la rotación de todos los empleados resulta eficaz prestar atención a las cuestiones relacionadas con los contratos implícitos, que se describen en el capítulo 15.

UN VÍDEO FUERA DE LO CORRIENTE

Cummins Engine es uno de los mayores fabricantes de motores diésel del mundo. A principios de los años 70 adoptó para organizar su planta de Jamestown (Nueva York) lo que en aquella época era un enfoque relativamente nuevo. Creó equipos y asignó a los trabajadores de la cadena de montaje más tareas y responsabilidades de las que se les asignaban tradicionalmente (en el capítulo 7 analizaremos esta manera de proceder). Los equipos debían autogestionarse relativamente y desempeñar incluso un papel importante en la contratación (y en el posible despido) de sus miembros.

Como el diseño del trabajo era tan distinto al de otras fábricas de la zona, a muchos de los nuevos trabajadores les resultaba muy estresante su trabajo. Pero, en algunos casos, no encajaban bien en el nuevo sistema. En uno de ellos, un equipo acabó despidiendo a uno de sus miembros debido a esos problemas.

Este incidente le resultó tan doloroso al resto del equipo que realizaron por propia iniciativa un vídeo para que Cummins lo mostrara a los que solicitaban empleo. Lo primero que se veía en el vídeo era la palabra *stress* en letras muy grandes. Los primeros minutos consistían en entrevistas con trabajadores que hablaban de lo duro que les había parecido el trabajo al principio y de los problemas personales que habían surgido (dentro y fuera del trabajo) como consecuencia de ello.

¿Por qué hicieron ese vídeo? El objetivo era que los solicitantes de empleo se hicieran una idea exacta de lo que les esperaba con el fin de evitar dolorosos costes de rotación en el futuro. Eso era especialmente importante, debido al modo poco corriente en que estaba organizada la planta de Cummins: los nuevos trabajadores contratados nunca habían visto nada igual en otras empresas.

En la segunda parte del vídeo se veía a algunos trabajadores que describían cómo acabaron superando el periodo inicial de adaptación al trabajo, que acabó resultándoles estimulante y motivador (será útil que el lector lo recuerde cuando lea el capítulo 7). Pero el objetivo principal del video era advertir honradamente a los solicitantes de empleo que era mejor para ellos que rechazaran el empleo si veían que no encajaban en él. Era un vídeo muy impactante.

Fuente: Conocimiento personal del vídeo inédito.

Reducción de los costes ocasionados por la pérdida de empleados fundamentales

Es inevitable que exista cierta rotación, pero las empresas pueden emplear algunas estrategias para que ésta tenga unos costes menores. En el capítulo anterior analizamos los acuerdos de no competencia. Generalmente tienen una eficacia limitada debido a la reticencia de los tribunales a hacer respetar las duras cláusulas que contienen y a que es imposible controlar alguna de la información y de las ideas que los empleados se llevan consigo a su nueva empresa. Sin embargo, hay otros enfoques que pueden resultar útiles.

En primer lugar, la rotación tiene muchos costes cuando el trabajador posee unos conocimientos complejos y detallados que otros empleados no comparten. Volviendo a nuestro ejemplo de la empresa de aplicaciones informáticas de Silicon Valley que vende programas de gestión fiscal, si las principales rutinas del programa fueron escritas por un solo empleado, la empresa estaría en serios apuros si ese empleado se fuera. El código de un programa informático puede ser extraordinariamente complejo y difícil de entender para una persona si no lo ha escrito ella misma.

Este ejemplo sugiere algunas medidas que pueden ayudar a evitar este problema. En primer lugar, hacer que los trabajadores colaboren en tareas clave para que los conocimientos fundamentales no sean monopolizados por un solo empleado. En segundo lugar, fomentar la formación mutua con el fin de reducir aún más los riesgos, de manera que cada trabajador enseñe a sus colegas lo que hace. Si, además, se procura que los trabajadores cambien de tarea periódicamente, cada uno de ellos acabará conociendo mejor el proceso y, por tanto, el producto final. Si se va una persona, es más fácil que otras puedan cubrir su puesto, ya que estarán familiarizadas en alguna medida con su trabajo.

El diseño de los puestos de trabajo también puede influir sobre los costes de la rotación. Cuanto más estandarizados estén los puestos, menos costes supondrá para la empresa la pérdida de un empleado, ya que otros podrán cubrir ese hueco. Naturalmente, no todos los puestos pueden estandarizarse, sobre todo en las organizaciones pequeñas.

Por último, a la empresa le puede convenir tener una estrategia general de *gestión de los conocimientos*: consiste en prestar atención a los procedimientos mediante los cuales pueden describirse los conocimientos que se crean cuando se realiza el trabajo y, de esta manera, de estar en condiciones de reutilizarlos. Por poner un ejemplo, algunas empresas de consultoría crean bases de datos para describir los nuevos métodos que han ideado sus consultores en los distintos proyectos. Al final de un nuevo proyecto, cada consultor tiene que hacer una descripción pormenorizada de las nuevas ideas y productos que se han creado en el proyecto y entregársela al directivo responsable de la gestión de los conocimientos. Ese directivo introduce la descripción en la base de datos, junto con una serie de palabras clave. Más tarde, otros empleados pueden acceder a estos conocimientos buscando las palabras clave y utilizar las ideas ahí contenidas para nuevas aplicaciones sin tener que buscar nuevas soluciones partiendo de cero. Si este sistema funciona, libra a la empresa de tener que reinventarse y le permite aprovechar lo que ya ha creado. También le permite apropiarse de algunos de los conocimientos de los empleados que se van, aunque para esto deben haber dejado descrito lo que han aprendido.

Defensa de la rotación

Como ya hemos señalado antes, una organización puede beneficiarse de la rotación. De hecho, algunas organizaciones la *defienden*. He aquí dos ejemplos que muestran por qué podría ser beneficiosa y cómo una empresa podría fomentarla provechosamente por medio de su política de personal.

El primer caso son las empresas de servicios profesionales que tienen sistemas de «ascenso o despido». Un sistema de ascenso o despido, como en nuestro análisis del periodo de prueba del capítulo 2, es aquel en el que los empleados que no son ascendidos tienen que abandonar la empresa y buscar otro trabajo. Ese sistema es bastante frecuente en las empresas de servicios profesionales (consultoría, abogacía y auditoría), así como en las universidades (profesores). En una empresa de servicios profesionales, como los empleados trabajan en estrecha relación con los clientes, es bastante frecuente que el empleado que abandona la empresa se vaya a trabajar para su cliente. Eso refuerza la relación de trabajo entre la empresa y su cliente y los beneficia a ambos.

Consideremos ahora el caso de Hewlett-Packard. Es una de las primeras empresas de tecnología de Silicon Valley. A medida que se desarrolló Silicon Valley, se instalaron en la zona muchas más empresas de tecnología que compitieron por los empleados de H–P. Además, muchos empleados de H–P se marcharon para montar su propia empresa, compitiendo a menudo con la propia H–P.

Durante muchos años, la actitud de H–P cuando un empleado se despedía era la de animarlo en su nuevo proyecto, pero también animarlo a volver a H–P en el futuro si ese nuevo proyecto fracasaba.

Cabría esperar que ese sistema animara a los empleados de H–P a utilizar los recursos de la empresa para desarrollar nuevas ideas de productos y a irse después para beneficiarse de esas ideas. Este riesgo era menor en H–P que en otras empresas, ya que durante este periodo H–P tenía una política interna activa para animar a sus empleados a desarrollar productos nuevos desde dentro de H–P (véase el capítulo 14). ¿Por qué tendría H–P una política de ese tipo?

En primer lugar, esos empleados podrían muy bien estar entre los mejores de la plantilla de H–P: ésa es la razón por la que tendrían tan buenas oportunidades fuera. La política de H–P permite mejorar la calidad de sus trabajadores porque algunos acaban volviendo. En segundo lugar, al igual que ocurre en las empresas de servicios profesionales, los empleados que se marchan pueden, en el futuro, traer negocios a H–P. En tercer lugar, los empleados que abandonan H–P y después vuelven pueden ser valiosos porque tienen tanto experiencia interna como experiencia externa, lo cual es especialmente importante en un sector tan dinámico y en constante transformación.

Esta política puede tener otra ventaja para H–P. Se trata esencialmente de la idea de que cuando a sus empleados les va bien, a la empresa también le va bien. Animándolos a forjarse una carrera de éxito, H–P probablemente sea capaz de atraer a empleados que posean más talento y ambición. De esta manera, además, consigue ganarse la fama de ser una empresa que mima a sus empleados, lo cual es probable que aumente la motivación y reduzca los conflictos en el centro de trabajo. Aquí hemos topado con un tema de carácter general que surge constantemente en este libro: Cuando se analizan como es debido, los intereses de la empresa y de sus empleados no están en conflicto. Volveremos sobre esta cuestión al final del libro.

PUJAR POR LOS EMPLEADOS

¿Cómo responder cuando un empleado recibe una oferta de otra empresa y amenaza con irse? Antes de analizar esta cuestión vamos a examinar otra relacionada con ella: ¿debe o no tratar la empresa de llevarse empleados de empresas rivales? Ambas cuestiones indican que las empresas participan en un activo mercado de subastas, pujando por los empleados, sobre todo por los que tienen más talento.

Llevarse empleados de otras empresas: ventajas e inconvenientes
A veces a una empresa le resulta especialmente atractiva una persona que está trabajando en otra. Sucede generalmente cuando esta perso-na tiene un conjunto propio de conocimientos. Suele ser el carácter poco corriente de sus cualificaciones lo que hace que a una empresa le resulte atractivo llevarse empleados de otras, en lugar de contratar simplemente a uno de los muchos solicitantes de empleo que se ofrecen.

Si una persona tiene unas cualificaciones que posee también una elevada proporción de la población trabajadora, los inconvenientes de de llevárselo de otra empresa pueden ser mayores que las ventajas de contratar a una de las personas que buscan trabajo. El principal inconveniente de contratar trabajadores de otra empresa es que ésta tiene más información sobre ellos que la empresa que quiere llevárselos. Ésta normalmente se encuentra en una posición más débil para juzgar la calidad de esos trabajadores.

Este problema se llama a veces *maldición del ganador*. Los trabajadores que son fáciles de robar suelen ser los que no merece la pena robar. Al fin y al cabo, la empresa en la que se encuentra el trabajador siempre tiene la opción de mejorarle las condiciones para que no se vaya. Si otra empresa puede ofrecerle más, es posible que le ofrezca demasiado. Es un caso muy parecido a la cita de Groucho Marx que encabeza el capítulo 2. También es otro ejemplo de selección adversa: una empresa puja contra otras que tienen más información sobre la calidad de uno de sus empleados. En esas circunstancias, es menos probable que acabe contratando un trabajador de calidad, ya que la otra empresa utilizará su información en beneficio propio a la hora de decidir pujar contra ella.

Cuando una persona que trabaja en una empresa posee unas cualificaciones suficientemente escasas y esas cualificaciones se ajustan especialmente bien a otra empresa, es posible que a ésta le compense lanzar un asalto. La figura 4.1 muestra todas las opciones que tiene una empresa que está considerando la posibilidad de llevarse o no a un empleado de otra empresa. En primer lugar, tiene que decidir si asalta a la empresa rival para llevarse a uno de sus empleados. En caso afirmativo, incurre en los costes de tiempo y demás recursos que conlleva una guerra abierta por un empleado. En caso negativo, no incurre en ningún coste directo.

El resultado depende de que el empleado sea más valioso para su empresa actual o para la que quiere llevárselo. La empresa que más lo valore es la que acabará pujando más y acabará teniendo al empleado. Estos casos se muestran por medio de las dos extensiones de la decisión de asaltar una empresa en la figura 4.1. Hay cuatro resultados posibles si se decide a asaltarla y dos en caso contrario.

Figura 4.1. Asaltar o no una empresa

Generalmente los trabajadores tienen cualificaciones propias por las que son más valiosos para su empresa actual que para otras. Pero no siempre es así. Hay situaciones en las que un trabajador tiene cualificaciones que son tan especiales y tan adecuadas para la situación de otra empresa que esta última está dispuesta a pagar por el trabajador más de lo que le paga su empresa actual.

Consideremos, por ejemplo, el caso de Lee Iacocca, que trabajaba en Ford y fue contratado por Chrysler. Chrysler estaba a punto de cerrar y su consejo de administración consideró que era una de las pocas personas que poseían las cualificaciones necesarias para devolver la prosperidad a la compañía. Valía como tal más para Chrysler que para Ford. En cuanto a la Ford, o subestimó su talento, o creía que no era tan valioso para ella debido a que gozaba de una posición económica más fuerte.

La situación de Iacocca corresponde a la casilla 4 de la figura 4.1. En este caso, Chrysler decide hacer una oferta a Iacocca y Iacocca es más valioso para Chrysler que para Ford. Al final, Chrysler logra su propósito.

El problema de asaltar a otra empresa se encuentra en la casilla 2. Es más probable que un trabajador sea más valioso para su empresa actual que para la empresa asaltante debido al tema del encaje y a las inversiones en capital humano propio de la empresa. En esas circunstancias, no debe lanzarse al asalto. Sin embargo, como la empresa asaltante tiene menos información sobre la calidad del trabajador que su empresa actual, a veces sobreestima su productividad potencial. En ese caso, podría ganar la guerra de pujas y contratar al nuevo empleado. Cometería un error. Dada la ventaja natural de información que posee la empresa en la que trabaja actualmente el trabajador, es frecuente que se cometa ese tipo de error.

¿Cuándo debe una empresa asaltar a otra para llevarse a un empleado? El primer criterio es que la empresa asaltante esté segura de que el valor del trabajador que busca es mayor para ella que para la empresa en la que trabaja éste actualmente. El segundo criterio es que la empresa actual del trabajador no le sobrevalore y, por tanto, no le pague demasiado.

Si el trabajador es más valioso para la empresa actual que para la empresa asaltante, o bien la empresa asaltante adquiere el trabajador, pero paga demasiado por él o, lo que es más probable, la empresa asaltante no atrae al trabajador y pierde el tiempo y el dinero.

Es muy probable que el asalto acabe siendo rentable cuando el trabajador vale más para la empresa asaltante que para su empresa actual, y su empresa actual lo sabe. Si el trabajador vale más para la empresa asaltante que para su empresa actual, la empresa asaltante conseguirá pujar más que la actual, a menos que ésta también sobrevalore al trabajador.

¿En qué situaciones es más probable que se cumplan las condiciones para que el asalto sea rentable? La principal condición, que el trabajador valga más para la otra empresa que para la empresa actual, es más probable que se cumpla cuando hayan cambiado recientemente las cualificaciones del trabajador o el sector esté sometido a fuertes cambios. Se nos ocurren algunos ejemplos.

En primer lugar, los trabajadores que han terminado recientemente un programa de formación están maduros para ser recolectados. Es probable que el trabajador que acaba de recibir un título sea más productivo en un puesto de trabajo distinto al que ocupa actualmente. La empresa en la que trabaja actualmente puede tener capacidad para ofrecer ese puesto de trabajo mejor, pero es muy probable que no tenga una vacante de un nivel superior. En estas circunstancias, la empresa asaltante probablemente consiga atraer al nuevo titulado. De hecho, los datos que tenemos sobre esta cuestión son impresionantes. Las escuelas que tienen programas a tiempo parcial de MBA declaran que la inmensa mayoría de sus titulados abandonan poco después de titularse la empresa en la que trabajaban mientras estudiaban.

En segundo lugar, las personas que trabajan en empresas que se encuentran en sectores en rápida transformación, especialmente en sectores en declive, son un blanco perfecto para el asalto. Dado que las empresas en las que trabajan están cambiando, es probable que las expectativas con las que comenzaron a trabajar estas personas en su empresa no se cumplan, por lo que el valor de estos trabajadores en su empresa probablemente sea menor de lo que podría ser en otra. Ésta es exactamente la situación en la que el trabajador es más valioso en otra empresa que en la actual.

En tercer lugar, las personas que trabajan en sectores que están sufriendo rápidos cambios técnicos tienden a ser un blanco perfecto. Cuando los cambios son rápidos, éstos no suelen ser neutrales, por lo que algunas empresas experimentan cambios significativamente más rápidos que otras. Los trabajadores que tienen aptitudes, pero que trabajan en una empresa situada detrás de la líder, son buenos candidatos para el asalto. Eso explica por qué hay tanta rotación en las empresas de aplicaciones y equipos informáticos. Un trabajador que empieza trabajando en una empresa innovadora puede encontrarse con que en seis meses ésta se haya quedado rezagada dentro de su sector. Es probable, en estas circunstancias, que el trabajador valga más en otra empresa, por lo que buscará otro trabajo o será atraído por una empresa innovadora.

¿Es siempre mejor ser una empresa asaltante? Si fuera así, todas las empresas se llevarían a los mejores empleados de las demás y nadie contrataría a una persona cuyo talento estuviera por demostrar. Las empresas que contratan directamente entre los que buscan trabajo obtienen una muestra aleatoria de la población. Algunos trabajadores tienen muchas aptitudes y otros menos. Mientras la empresa no pague más que un salario acorde con la calidad media del trabajador, puede sobrevivir bastante bien. Pero las empresas deben darse cuenta de que la calidad media de los trabajadores empleados por una empresa que contrata a los que buscan trabajo no es tan alta como la media de la población en su conjunto. Después de todo, las empresas asaltantes van a llevarse una muestra no aleatoria de la población; concretamente, tienden a llevarse a los que tienen más aptitudes. Por tanto, el salario que paga una empresa a sus trabajadores tiene que ser lo suficientemente bajo para no sufrir pérdidas ni siquiera después de que las empresas asaltantes se hayan llevado a algunos de sus mejores empleados. Así, por ejemplo, si el trabajador medio vale 30 euros por hora, la empresa perderá dinero si paga un salario de 30 euros por hora. Como los mejores trabajadores tienden a irse a otras empresas, los que se quedan no tienen una productividad media de 30 euros por hora.

DESPIDOS Y SELECCIÓN ADVERSA

Cuando las empresas gozan de discrecionalidad para despedir a los empleados que quieren, esto implica que se puede aplicar la idea de la selección adversa a los trabajadores que han perdido el empleo. Desde el punto de vista del mercado de trabajo, esos empleados son como los automóviles usados. Un empresario que esté considerando la posibilidad de contratar a un trabajador que ha perdido el empleo temerá que no sea de buena calidad (que sea un «cacharro»), puesto que su empresa anterior dejó que se fuera.

Eso (y la falta de capital humano específico) puede hacer que sea bastante difícil para una persona despedida encontrar otro trabajo rápidamente y puede también significar que gane mucho menos en su nuevo trabajo que en el anterior.

Según algunos estudios, los automóviles usados que entran en el mercado porque eran coches arrendados cuyo contrato de arrendamiento ha expirado, son mucho menos susceptibles de sufrir el problema de los cacharros. La razón se halla en que casi *todos* los automóviles arrendados cuyo contrato de arrendamiento ha expirado se venden como coches usados, independientemente de su calidad. Hay poca autoselección, por lo que tienden a ser de calidad media.

El resultado es parecido en el mercado de trabajo. Según un estudio, los trabajadores que son despedidos cuando *todos* los demás trabajadores pierden el empleo –debido, por ejemplo, al cierre de una planta– pueden encontrar trabajo más deprisa, y generalmente ganan más en el nuevo empleo, que los trabajadores que son despedidos en otras situaciones. Los trabajadores que pierden el empleo como consecuencia del cierre de una planta pueden explicar su pérdida de empleo de tal manera que no los estigmatiza.

Fuente: Gibbons y Katz (1991).

Igualar las ofertas

Nos damos cuenta ahora de que pujar por un trabajador es parte de la competencia en el mercado de trabajo. Pero a veces los empresarios se niegan a igualar las ofertas de las empresas asaltantes. Se considera que anunciar una política de «no igualar las ofertas» disuade a los empleados de intentar conseguir deslealmente unos salarios más altos recibiendo ofertas salariales mejores de empresas rivales.

¿Cuándo es razonable igualar las ofertas de las empresas rivales y cuándo no? En primer lugar, es importante averiguar qué influye en la búsqueda del trabajador. Examinemos un ejemplo simplificado. Supongamos que un trabajador está ganando actualmente 20 euros por hora y que en su mercado de trabajo hay un puesto (y sólo uno) en el que ganaría más: 20,50 euros por hora. Hay otras 50 empresas en las que cree que tiene alguna posibilidad de encontrar un trabajo mejor remunerado. El problema es que no sabe cuál de las 50 empresas es la que paga más.

El trabajador tarda un tiempo en presentar una solicitud de empleo en algunas de las 50 empresas. Cada solicitud requiere tiempo y esfuerzo, que el trabajador valora, por ejemplo, en *X*. La cuestión es saber cuándo compensa buscar un empleo mejor remunerado.

Supongamos que la empresa en la que trabaja actualmente este trabajador acepta igualar cualquier oferta que haga una rival. En ese caso, el trabajador buscará trabajo siempre que el valor actual esperado del aumento de sus ingresos sea mayor que los costes. El valor actual esperado de buscar trabajo en la primera empresa es:

$$\frac{1}{50} = \sum_{t=0}^{T} \frac{(2.000)\,(0{,}50)}{(1 + r)^t}$$

Esta expresión es como la fórmula del rendimiento de una inversión en capital humano, ya que la búsqueda de empleo es como una inversión en capital humano. En esta expresión, 1/50 se debe al hecho de que el trabajador tiene 1/50 probabilidades de encontrar un trabajo mejor remunerado. En ese caso, como su empresa iguala la oferta, consigue disfrutar de una subida del salario por hora de 2.000 horas al año por cada año que trabaje desde el momento cero hasta *T*. Si esta expresión es mayor que el coste *X*, busca empleo. Cuando los valores de *X* son bajos y la vida laboral es larga, el rendimiento de buscar un empleo mejor tiende a ser más alto[3].

A ninguna empresa le gusta que un trabajador suyo ande buscando un empleo mejor remunerado. Si tiene la política de igualar las ofertas, la búsqueda emprendida por un trabajador puede obligarla a tener que pagar unos salarios más altos si quiere conservarlo. ¿Cómo influye una política de «no igualar las ofertas» en el comportamiento del trabajador?

---

[3] Si el trabajador solicita empleo en la primera empresa y fracasa, seguramente lo solicitará en una segunda. El rendimiento de solicitar empleo en la segunda es mayor que el de solicitarlo en la primera, ya que la probabilidad de encontrar la empresa que paga mejor ha aumentado a 1/49. Naturalmente, en la práctica un trabajador solicitará primero empleo en la empresa en la que crea que tiene mayores probabilidades de éxito, lo que hace que suela ocurrir lo contrario.

Depende de que abandone realmente la empresa para trabajar en otra rival. Si está dispuesto a abandonarla, el anuncio de la política de no igualar las ofertas no influirá en su comportamiento de busca de empleo. Los rendimientos que obtiene el trabajador buscando son los mismos. La única diferencia se halla en que, para obtener los rendimientos, es necesario que el trabajador acepte realmente la oferta de trabajo en la nueva empresa. Cuando hay una política de igualar las ofertas, el trabajador no tiene más que amenazar con irse.

¿Qué situación prefiere la empresa? Cuando tiene una política de no igualar las ofertas, el trabajador se va. Cuando tiene una política de igualar las ofertas, el trabajador se queda. Aunque la empresa no siempre quiera igualar las ofertas, es de suponer que siempre prefiere tener la opción de igualarlas. Si el salario que debe pagar es superior al valor del trabajador, siempre puede dejar que se vaya.

Dado que la política de «no igualar las ofertas» no parece que disuada de buscar, ¿por qué se anuncia? Porque en algunas circunstancias puede disuadir de realizar ciertos tipos de búsqueda.

Supongamos, por ejemplo, que el trabajador tiene una clara preferencia por su empresa actual, quizá porque le gustan sus compañeros de trabajo, el lugar en el que se encuentra la planta o el ambiente de trabajo. El trabajador podría no querer cambiar de empresa ni siquiera por un salario de 20,50 euros por hora. Si la empresa iguala las ofertas de otras empresas, que son inferiores al valor que proporciona el trabajador en su empresa actual, elevará el salario a 20,50 euros. Eso le da al trabajador un incentivo para buscar una oferta aunque no tenga intención de aceptarla. Si la empresa tuviera la política de «no igualar las ofertas», el trabajador no buscaría, ya que tendría que aceptar realmente el nuevo trabajo para recoger los beneficios de su búsqueda. Dado que no quiere aceptar el trabajo mejor remunerado, la política de no igualar las ofertas disuade de buscar y ahorra dinero a la empresa.

Ahora bien, si la empresa supiera que el trabajador no está dispuesto a aceptar los 20,50 euros para trabajar para una competidora, podría simplemente negarse a igualar la oferta. En esencia, la empresa podría declarar que la oferta no constituye una verdadera amenaza, ya que el trabajador no tiene intención de aceptarla. El problema es que, a veces, a la empresa le resulta difícil distinguir entre las verdaderas amenazas y las ofertas que rechazaría el trabajador. En esos casos, las empresas pueden beneficiarse de una política de no igualar las ofertas.

Es muy probable que surja esta situación cuando se dan las siguientes condiciones:

1. La remuneración tiene un gran componente no pecuniario.
2. El trabajador está ganando menos de lo que vale para la empresa.

La remuneración con un componente no pecuniario

Los salarios pueden compararse fácilmente, pero los paquetes retributivos que contienen un componente no pecuniario pueden ser difíciles de comparar. Si los puestos de trabajo fueran idénticos, salvo por su remuneración monetaria, la empresa podría saber en seguida si es probable que un trabajador acepte una oferta de fuera. Si el salario monetario que ofrece la empresa competidora es superior al que paga ella, el trabajador aceptará la oferta y se irá. En esas condiciones, la oferta de fuera es una amenaza creíble para la empresa.

Desgraciadamente, no es tan fácil evaluar las ofertas. Lo que recibe un trabajador en el trabajo es en gran parte psíquico. Las condiciones de trabajo, el estatus, la flexibilidad o la posibilidad de trabajar en un determinado lugar geográfico pueden ser muy importantes, pero pueden tener un valor distinto para cada persona. Cuando los aspectos no pecuniarios de un puesto de trabajo son importantes, es difícil para el empresario evaluar la importancia de una oferta de fuera. En ese caso, es más probable que los trabajadores busquen ofertas de fuera que tengan una elevada remuneración monetaria que compense las desventajas psíquicas que no puede observar el empresario para el que trabajan.

Los beneficios que obtiene un trabajador dedicándose a buscar estratégicamente ofertas que sean altas, pero que no tiene intención alguna de aceptar, son mayores cuando el componente no pecuniario de la remuneración es significativo. En esas circunstancias, al empresario le interesa disuadir a sus empleados de buscar ofertas, anunciando que no va a igualar las ofertas.

Cuando los trabajadores trabajan «por dinero», los componentes no pecuniarios del trabajo son menos importantes. En este caso, hay poco que ganar anunciando una política de no igualar las ofertas. Los trabajadores se irán simplemente si la empresa no las iguala y la empresa no puede disuadir a los trabajadores de que busquen otro trabajo negándose a igualar las ofertas. Los bancos de inversión raras veces adoptan la política de «no igualar las ofertas», ya que en este sector el dinero es el principal determinante. En las empresas de servicios públicos, los componentes no pecuniarios del trabajo, entre los que se encuentran la seguridad del empleo, menos horas, o jornadas laborales más flexibles, son importantes para los trabajadores. En estas empresas, es más difícil que la dirección sepa si una oferta de fuera con un salario algo más alto es realmente una amenaza creíble. Para impedir que los trabajadores busquen esas ofertas meramente para conseguir ganar más en su empresa actual, las empresas de servicios pueden negarse a igualar las ofertas de fuera.

Trabajadores subvalorados

Una empresa que iguala las ofertas es más vulnerable a la búsqueda falsa de empleo por parte de sus trabajadores, cuando tiene mucho que ganar conservándolos. Si pagara al trabajador exactamente lo que vale, una oferta de fuera que fuese superior al salario que percibe actualmente –ya fuera creíble o no– no suscitaría ninguna respuesta por su parte. Sería mejor para ella perder al trabajador que subirle el salario.

Es más probable que el trabajador consiga una subida salarial con una oferta de fuera cuando la empresa obtiene beneficios gracias a él. Eso ocurre cuando el trabajador gana menos de lo que vale. Si hay un excedente que obtener, el trabajador puede capturar una parte amenazando al empresario con marcharse. Es en estas circunstancias en las que es más probable que sea rentable la política de no igualar las ofertas.

Recapitulando, mantener la flexibilidad generalmente es mejor que estar atado de pies y manos por una política rígida. Una política que impide a una empresa igualar las ofertas normalmente es una mala idea. Sin embargo, toda regla tiene su excepción. Cuando la empresa en la que trabaja una persona desconoce su disposición a aceptar ofertas de fuera, la política de no igualar ofertas puede ser una buena idea, sobre todo cuando está pagando a sus trabajadores menos de lo que vale su contribución.

Despidos ordinarios y despidos pactados

Desgraciadamente, a veces las empresas tienen que reducir su plantilla despidiendo a un gran número de empleados. Si usted tuviera que despedir a una parte de su plantilla, ¿cómo analizaría las cuestiones que este hecho plantea? Por ejemplo, ¿debería despedir primero a los trabajadores mejor remunerados? Si decide proponer un despido pactado para animar a los trabajadores a irse espontáneaente, ¿cuál sería la forma más eficaz de hacerlo?

¿A quién debe despedir una empresa?

¿Debe despedir a los empleados más caros? ¿A los que menos rinden? La respuesta es «depende», pero éstos son los grupos adecuados en los que empezar a buscar candidatos.

Como vimos en el capítulo 1, hay que comparar la remuneración con la productividad. Hay que evitar despedir a los empleados mejor remunerados, ya que a menudo también son los más productivos. Es mejor despedir a aquellos con los que la empresa está perdiendo dinero en relación con otros empleados. Éstos pueden ser trabajadores bien o mal remunerados. Dicho eso, algunos empleados bien remunerados tienen una elevada remuneración porque la empresa igualó las ofertas de fuera, porque son duros negociadores o por otras razones. Por tanto, los trabajadores bien remunerados que son relativamente improductivos son buenos candidatos al despido.

El razonamiento es el mismo en el caso del rendimiento de los empleados. De nuevo, los que tienen un bajo índice de rendimiento pueden ser, sin embargo, muy productivos en relación con su remuneración, por lo que hay que tener cuidado. Sin embargo, cuando un trabajador tiene un bajo índice de rendimiento, normalmente significa que rinde menos que otros trabajadores que tienen cualificaciones, y realizan trabajos, similares. En ese caso, es muy probable que los trabajadores que tienen un bajo índice de rendimiento ganen demasiado en relación con sus colegas más productivos, por lo que deben ser candidatos al despido.

Capital humano propio

Un factor importante a la hora de decidir a quién se va a despedir es el grado de capital humano propio de la empresa. Como vimos en el capítulo anterior, si los trabajadores tienen capital humano propio de la empresa, es probable que tanto los trabajadores como la empresa se repartan los costes y los beneficios de las inversiones en formación. Eso tiene importantes consecuencias para elegir a los candidatos al despido.

Es bastante sencillo exponer el resultado, pero el análisis es algo largo. Cuando el capital humano propio de la empresa es importante, ésta maximiza sus beneficios despidiendo primero a los trabajadores de los dos extremos de la distribución por edades. Éstos son los trabajadores que llevan poco tiempo en la empresa y los que están a punto de jubilarse.

Figura 4.2. Salarios y productividad a lo largo de la carrera

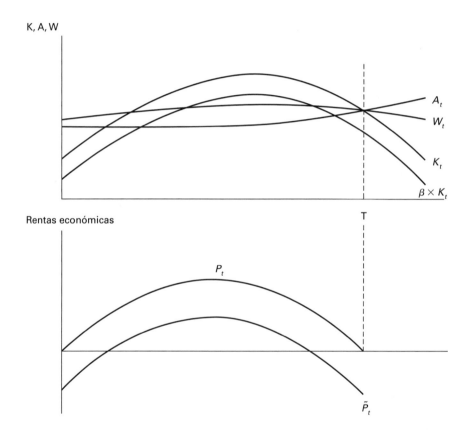

La figura 4.2 muestra la idea intuitiva en la que se basa este resultado. El panel superior representa los perfiles de salarios y de productividad de un trabajador hipotético a lo largo de su carrera con una inversión en capital humano propio de la empresa. La productividad en la empresa está representada por K_t y el salario por W_t.

El valor de la mejor alternativa que tiene el trabajador fuera de la empresa está representado por A_t. Depende de dos factores. El primero es lo que podría ganar el trabajador en otro trabajo. Éste es el factor más importante en el caso de los trabajadores más jóvenes. El segundo es el valor que concede el trabajador al ocio. Cuanto mayor sea el trabajador, más tenderá a valorar el ocio. Hay un momento en el que su mejor alternativa externa es la jubilación. Además, al final todos los trabajadores mejorarían su bienestar jubilándose, lo cual está representado por el perfil ascendente A_t. Si el trabajador de mayor edad puede ganar fuera menos de lo que podría ganar en su empresa actual, el momento óptimo para jubilarse es $t = T$, donde A_t aumenta por encima de K_t.

En los mercados de trabajo competitivos, el valor actual del perfil W_t debe ser aproximadamente igual al valor actual del perfil K_t[4]. Si $VA(W)$ > $VA(K)$, la empresa perdería dinero a lo largo de la carrera del trabajador. Si $VA(W) < VA(K)$, la empresa tendría dificultades para contratar trabajadores. El valor actual de los dos generalmente debería ser mayor que el valor actual del perfil A_t, pues, de lo contrario, el trabajador no está en la empresa en la que debería.

Aunque los valores actuales de los salarios y de la productividad son iguales en el momento en el que el trabajador es contratado, no ocurre así después. Como la formación del trabajador es en parte propia de la empresa, el trabajador y la empresa se reparten los costes y los beneficios de la formación. Por tanto, al principio los dos experimentan pérdidas. Una vez terminada la formación, los dos obtienen rendimientos por su inversión. Al principio, $W_0 > K_0$ cuando comienza la formación. Por tanto, en cualquier momento *posterior* a $t = 0$, el valor actual del perfil de la productividad K_t es mayor que el valor actual del perfil de los salarios W_t. La diferencia representa la parte del rendimiento que obtiene la empresa.

El panel inferior de la figura 4.2 representa la cantidad de beneficios P_t que obtiene la empresa. Los beneficios son la diferencia entre el valor actual de K y el de W. ¿Cuál es la forma de P_t? Pensemos primero en un empleado que está a punto de jubilarse. Aunque su remuneración es menor que su productividad, a la empresa le quedan pocos beneficios que ganar, ya que al trabajador le queda poco tiempo para dejar de trabajar. Asimismo, la empresa pierde poco con un trabajador que lleva muy poco tiempo trabajando, ya que aún se ha invertido poco en formación. En el límite, $P_t = 0$ cuando $t = 0$ y cuando $t = T$. En general, los trabajadores con los que la empresa obtiene más beneficios (en valor actual) son aquellos que han terminado su formación, tienen una elevada productividad y les queda bastante tiempo para dejar de trabajar, es decir, los trabajadores de edad media.

---

[4] Véase el análisis del reparto de rentas económicas al final del capítulo 3.

Es este punto el que proporciona la idea intuitiva en la que se basa este análisis. Imaginemos que la productividad disminuye debido, por ejemplo, a que la demanda (y los precios) de los productos de la empresa ha descendido. Esta disminución se muestra por medio de una caída de K_t a $\beta \times K_t$, donde $\beta < 1$. A los salarios actuales, corresponde a un desplazamiento descendente del valor actual P_t a $\tilde{P}_t$. Ya no compensa realizar inversiones en los trabajadores jóvenes. Asimismo, sería rentable despedir a los trabajadores de mayor edad, dado que su valor actual para la empresa es más bajo. Los únicos empleados que sería rentable emplear en estas circunstancias serían los de edad media.

Costes de los despidos

Es improbable que sea muy controvertido despedir a los trabajadores más jóvenes. Normalmente no están protegidos por la ley. Además, han invertido poco en cualificaciones propias de la empresa, por lo que es probable que tengan poco que perder si cambian de empleo. Por tanto, la política de despidos LIFO («last in, first out», expresión que en español significa «el último en entrar es el primero en salir» y que procede de la contabilidad) puede conseguir reducir el número de empleados jóvenes.

Es bastante probable que el despido de trabajadores de mayor edad sea controvertido y que sea también ilegal. Los trabajadores de edad avanzada están protegidos en algunos países por la legislación contra la discriminación por edad. Técnicamente, los abogados de la empresa podrían argumentar que los despidos se basan en los valores actuales netos de cada empleado, pero no es probable que ganen en los tribunales. Por tanto, la empresa corre el riesgo de ser demandada por los empleados de mayor edad por discriminación.

Además, los trabajadores de mayor edad han invertido en cualificaciones propias de la empresa y ahora están disfrutando de los rendimientos de sus inversiones que les prometió (por lo general, implícitamente) la empresa. El despido de esos trabajadores puede percibirse como una deslealtad por parte del empresario, si bien esa percepción puede atenuarse si la empresa cumple con sus compromisos en materia de pensiones (en los países en que tienen obligaciones de este tipo).

¿Es realmente una deslealtad? No es tan obvio. Cualquier contrato implícito aceptable reconocería sin duda el derecho de la empresa a despedir a los trabajadores cuando la situación económica se agrava lo suficiente. Ésta podría ser una de esas ocasiones. Aunque eso sea cierto, es probable que la empresa sea objeto de críticas (quizá oportunistas) por su deslealtad. Por tanto, si le preocupa su reputación de empresa justa, deberá pensárselo dos veces antes de despedir a los empleados mayores o, en general, a algunos de sus empleados.

Supongamos, por ejemplo, que la empresa tiene muy buena fama en el mercado de trabajo y que se cree que la recesión actual sólo será temporal. En ese caso, debería preocuparle su reputación, y realizar los despidos de manera que ésta se viera dañada lo menos posible. En cambio, si el sector está experimentando un declive espectacular o si la empresa necesita demostrar que va en serio (por ejemplo, en su negociación con los sindicatos), puede serle necesario adoptar medidas dramáticas.

Por último, un serio coste de los despidos son los litigios que pueden ocasionar. Como muchas economías protegen a los trabajadores de los despidos improcedentes, los empleados pueden demandar a las empresas si son despedidos. Esos litigios son caros y, si la empresa pierde el juicio, deberá pagar los perjuicios ocasionados.

Despidos pactados

Muchas empresas optan por ofrecer un despido pactado a los empleados debido a los elevados costes de los despidos ordinarios. Un despido pactado es un contrato entre el trabajador y la empresa. El empleado acepta poner fin a su relación de empleo con la empresa a cambio de una indemnización. Los despidos pactados pueden incluir otras cláusulas; por ejemplo, el empleado acepta no demandar a la empresa por despido improcedente y no criticarla públicamente.

CLÁUSULA DE NO MENOSPRECIO DE AMAZON

A principios de 2001, Amazon.com despidió a 1.300 trabajadores y les ofreció una indemnización de entre 6 y 8 semanas de salario. Los empleados tuvieron que firmar una cláusula que les prohibía hacer comentarios despectivos sobre la empresa; de lo contrario, la indemnización se reduciría a 2 semanas de salario. Tras ser criticada públicamente por esta cláusula, Amazon la suprimió del acuerdo de despido pactado.

Este acuerdo tenía otra característica muy poco habitual. Amazon creó un fondo fiduciario de acciones de la compañía por valor de 2,5 millones de dólares que debía venderse 2 años más tarde y distribuirse entre los empleados despedidos. Éstos recibieron, en efecto, algunas opciones.

¿Por qué haría eso Amazon? Una de las respuestas es que eso ocurrió justo antes de la crisis del mercado tecnológico, por lo que las opciones aún suscitaban un gran entusiasmo (y se utilizaban frecuentemente sin pensarlo mucho como instrumento retributivo; véase el capítulo 12). Otra son las relaciones públicas. La tercera es que Amazon quería que los trabajadores despedidos siguieran teniendo intereses en la empresa para disuadirlos de hacer comentarios despectivos en público y también quizá porque confiaba en que los despidos fueran temporales, y quería volver a contratar a algunos más tarde.

Fuentes: Wolverton (2001).

Si una empresa opta por pagar una indemnización por despido, ¿deben tener derecho a ella todos los empleados? Depende de quién sea más probable que acepte la oferta del despido pactado.

Una cuestión es el problema de la selección adversa. En todos los niveles salariales, unos empleados son más productivos que otros. En otras palabras, unos ganan relativamente más de lo que deberían y otros (los que rinden más) ganan relativamente menos. También es probable que los más productivos tengan mejores perspectivas de empleo fuera de la empresa. En ese caso, son los que menos pierden aceptando el despido pactado y, por tanto, los que es más probable que lo acepten.

Consideremos el intento de la Universidad de Stanford de ofrecer en la década de 1990 a los profesores mayores de 55 años la posibilidad de jubilarse anticipadamente. Algunos aceptaron la oferta. Desgraciadamente, en muchos casos los profesores que se jubilaron eran los más productivos, ya que para ellos era más fácil conseguir un buen trabajo en otras universidades que para los profesores menos productivos. Eso induce a pensar que los programas de despidos pactados deben pensarse detenidamente para inducir a los grupos deseados a irse o a quedarse. Por ejemplo, si fuera posible, se podría evitar ofrecerles un despido pactado a los empleados que más rinden y ofrecérselo a los menos lucrativos.

El modo en que los programas de despidos pactados pueden variar con la edad del empleado plantea cuestiones parecidas. Como hemos señalado, generalmente la principal preocupación serán los trabajadores de más edad. De ese grupo, los que están próximos a la jubilación tienen poco que perder si abandonan la empresa, puesto que ya han extraído el máximo rendimiento de su inversión en cualificaciones. Sólo necesitan una pequeña indemnización. Los que están más lejos de la jubilación normalmente exigen mayores indemnizaciones. Para ilustrarlo, la tabla 4.1 muestra una situación hipotética similar a la figura 4.2.

Tabla 4.1. Qué trabajadores se debe despedir

Edad	W	A	K	VA(W)	VA(A)	VA(K)	βK	VA(βK)
25	30€	20,0€	20,0€	145,5€	99,3€	145,5€	14,0€	101,8€
26	30	20,1	23,2	145,5	99,9	158,1	16,2	110,6
27	30	20,3	26,2	145,5	100,5	169,9	18,3	118,9
28	30	20,4	29,1	145,5	101,1	181,1	20,4	126,7
29	30	20,5	31,8	145,5	101,7	191,5	22,3	134,0
30	30	20,6	34,4	145,4	102,3	201,2	24,1	140,8
35	30	21,3	45,0	145,4	105,3	238,6	31,5	167,1
45	30	22,5	55,0	144,3	110,5	258,7	38,5	181,1
55	30	23,8	50,0	134,0	109,1	211,3	35,0	147,9
56	30	23,9	48,7	131,0	105,8	191,2	34,1	141,3
57	30	24,0	47,2	127,3	103,2	179,6	33,0	125,7
58	30	24,1	45,6	122,5	99,7	166,8	31,9	116,7
59	30	24,3	43,8	116,6	95,3	157,7	30,7	106,9
60	30	24,4	41,9	109,1	89,5	137,2	29,3	96,0
61	30	24,5	39,8	99,6	82,0	120,1	27,9	84,0
62	30	24,6	37,6	87,7	72,4	101,1	26,3	70,8
63	30	24,8	35,2	72,7	60,2	80,0	24,6	56,0
64	30	24,9	32,7	53,8	44,7	56,5	22,9	39,5
65	30	25,0	30,0	30,0	25,0	30,0	21,0	21,0

En esta tabla, todos los valores están expresados en miles de euros. La tabla muestra el salario (que para simplificar el análisis suponemos que es constante e igual a 30.000 euros), el valor de la mejor alternativa del trabajador, A_t, y la productividad, K_t. La tabla también calcula los valores actuales de cada uno[5]. Obsérvese que, al igual que en la figura 4.2, los valores actuales de K y W de los trabajadores nuevos y de los jubila-

---

[5] El tipo de interés es del 25 por ciento aproximadamente. Los principios ilustrados son válidos cualquiera que sea el tipo de interés.

dos son iguales. Como hemos señalado, la competencia lleva a este resultado, manteniéndose todo lo demás constante. Finalmente, las dos últimas columnas imaginan que el valor de la productividad del trabajador disminuye un 30 por ciento ($\beta = 0,7$) debido a un descenso de la demanda de los productos de la empresa.

El trabajador, para saber si debe aceptar o no un despido pactado de la cantidad B, comparará lo que puede ganar si se queda en la empresa, $VA(W)$, con lo que puede ganar si acepta el despido pactado, $B + VA(A)$. Eso significa que sólo aceptará el despido pactado si la indemnización es mayor que los beneficios que obtiene quedándose:

Beneficios que obtiene el trabajador quedándose
(rechazando el despido pactado) $= VA(W) - VA(A)$

En la tabla, el valor actual de los salarios es mayor que el valor actual de la mejor alternativa para todos los trabajadores. Habría que ofrecer a todos los trabajadores un despido pactado para que estuvieran dispuestos a marcharse.

Los beneficios que obtiene la empresa si el trabajador se va son iguales a la diferencia entre el valor actual de la remuneración y el de la productividad:

Beneficios o pérdidas que obtiene la empresa si el trabajador se va $=$
$$VA(W) - VA(K)$$

[Cuando la producción disminuye, esta expresión se convierte en $VA(W) - VA(\beta \times K)$ en nuestro ejemplo]. Si son positivos, a la empresa le gustaría que el trabajador se fuera. En ese caso, la expresión es igual a la *máxima* indemnización rentable, B, que puede ofrecer la empresa. Si son negativos, la empresa preferiría conservar al trabajador. En la tabla, todos los trabajadores eran rentables para la empresa antes de que disminuyera el valor de la productividad. Después de disminuir la productividad, los trabajadores de 57 años o más y de 30 o menos dejan de ser rentables para la empresa. Éstos son los trabajadores a los que a la empresa le gustaría ofrecer un despido pactado.

Nos encontramos ya en condiciones de formular la regla de los despidos pactados óptimos. Mientras los beneficios que obtiene la empresa si se va el trabajador sean mayores que las pérdidas que experimenta yéndose, hay margen para hacer un trato. La empresa puede ofrecer un despido pactado que aumente sus beneficios y que también mejore el bienestar de los trabajadores cuando se vayan. Reuniendo todo esto, podemos hacer un trato siempre que

$$VA(W) - VA(K) > VA(W) - VA(A),$$

o sea,

$$VA(A) > VA(K).$$

Resultado: *el despido pactado es posible si el valor actual de la alternativa del trabajador es mayor que el valor actual de su productividad en la empresa.* De hecho, este resultado debería tener sentido intuitivamente para el lector. Por tanto, los despidos pactados son posibles cuando la producción es baja y hay buenas alternativas.

Es importante darse cuenta de que las personas a las que a la empresa le gustaría despedir no son necesariamente aquellas a quienes es posible ofrecer un despido pactado. Aunque a la empresa le gustaría despedir a las personas de 57 años o más o a las de 30 años o menos (después de disminuir la productividad), no es posible hacer un trato con todas ellas. Sólo los trabajadores de 62 años o más tienen alternativas suficientemente atractivas para que la oferta sea viable. La empresa pierde dinero con las personas de entre 57 y 61 años, pero no lo bastante como para que la mejor opción sea un despido pactado, dada la indemnización que exigiría. La lógica es la misma en el caso de las personas de 30 años o menos.

Aplicación de los despidos pactados

Planes temporales (ventanas) de salida de la empresa

A menudo las ofertas de despidos pactados se anuncian por sorpresa y los trabajadores tienen un plazo de tiempo limitado para aceptarlas. Esos planes suelen llamarse *planes ventana* porque el despido pactado está en oferta durante un corto periodo o «ventana».

Hay muy buenas razones para utilizar esas prácticas. Recuérdese que la indemnización que la empresa está dispuesta a ofrecer al trabajador depende de la diferencia entre su salario y su productividad. Cuanto menor sea su productividad, más deseará la empresa deshacerse de él y mayor será la oferta que estará dispuesta a hacerle. Si un trabajador prevé que van a ofrecerle un despido pactado, tiene incentivos para reducir su productividad. Dándole un plazo de tiempo limitado para decidirse, no puede reducir estratégicamente la productividad durante un periodo de tiempo significativo para conseguir una oferta mejor. También disminuyen las probabilidades de que pueda encontrar una buena oferta fuera, ya que tiene menos tiempo para buscar.

Amenaza de despido

Otra manera de aumentar las tasas de aceptación de las ofertas de despido pactado consiste en amenazar, de manera creíble, con despedir a algunos de los que no acepten la oferta. Supongamos que la empresa anuncia que va a despedir a un 50 por ciento de los trabajadores que no acepten la oferta de despido pactado y que los elegirá aleatoriamente. Si un trabajador se encontrara ante esta oferta, ¿cómo afectaría a sus incentivos? Aumentando las probabilidades de que la aceptara.

Pensémoslo de esta manera: supongamos que si un trabajador pierde el trabajo, espera ganar en el siguiente trabajo 10.000 euros menos en valor actual. Según nuestro análisis, ésta es la indemnización mínima que aceptará. Sin embargo, si la empresa amenaza con despedir a la mitad de los trabajadores que rechacen la oferta, hay un 50 por ciento de probabilidades de que el trabajador pierda 10.000 euros sin *ninguna indemnización*. En ese caso, estará dispuesto a aceptar una indemnización de 5.000 euros solamente (o incluso menos, si tiene aversión al riesgo). En general, cuanto mayores sean las probabilidades de ser despedido, menor será la indemnización que exigirá un trabajador. En el apéndice hacemos una demostración formal de este resultado.

Naturalmente, esa estrategia tiene costes para la empresa: tendrá que despedir a algunos trabajadores. Ya hemos analizado estos costes. La empresa tiene que sopesar los beneficios de ofrecer una indemnización menor y los costes de despedir a algunos trabajadores una vez que se cierre la ventana de la oferta de despido pactado. Sin embargo, amenazar con el despido a los trabajadores que rechacen la oferta de despido pactado tiene dos ventajas para la empresa: aumenta las probabilidades de que los trabajadores acepten una determinada indemnización y reduce la indemnización necesaria para inducirlos a marcharse.

Ritmo y grado de reducción de la plantilla

Otra ventaja más del despido rápido y por sorpresa es que reduce el trauma por el que pasa la organización. La reducción de la plantilla puede ser muy traumática y las organizaciones que pasan por ese proceso tienden a constatar que los trabajadores son muy poco productivos durante ese periodo, entre otras razones porque se dedican a elucubrar, como es lógico, sobre quién será despedido, cuándo y en qué condiciones. Eso puede distraer mucho su atención de su trabajo normal. Por tanto, a menudo compensa zanjar la cuestión de una manera rápida y por sorpresa.

Por las mismas razones, una empresa debe considerar la posibilidad de despedir a más trabajadores de lo que parece necesario a primera vista. Si puede hacerlo, reduce las probabilidades de que tenga que volver a despedir pronto (muchas empresas que recortan su plantilla pasan por varias oleadas de despidos antes de terminar el proceso). Otra ventaja es que permite hacer limpieza en áreas de la organización que necesitan una reestructuración radical, ya que los costes de despedir a un trabajador tienden a ser más bajos cuando se lleva a cabo en el contexto de despidos colectivos.

Puentes de jubilación

La indemnización mínima que tiene que ofrecer la empresa a un trabajador que está a punto de jubilarse voluntariamente para que se jubile anticipadamente es relativamente pequeña. Sin embargo, en Estados Unidos una fórmula de indemnización que ofrezca menos a los trabajadores de 64 años que a los de 56 puede tener problemas legales. Una disposición que es menos probable que tenga problemas legales, pero que surte un efecto parecido, es un *puente de jubilación*. Un puente da al trabajador un crédito de antigüedad para calcular su pensión como si continuara trabajando hasta la edad normal de jubilación. Por ejemplo, si la edad normal de jubilación son los 65 años y el trabajador se va a los 55 con 18 años de antigüedad, es tratado como si tuviera 28 años de antigüedad para calcular su pensión de jubilación. Como el número de años que concede el puente disminuye con la edad, los trabajadores mayores reciben en realidad menos indemnización que los más jóvenes.

Servicios de colocación

Las empresas a veces crean servicios de colocación para los trabajadores que despiden o a los que ofrecen despidos pactados. ¿Es esta práctica racional o se debe meramente a que el empresario se siente culpable por despedir o, quizá, a que intenta mejorar sus relaciones públicas?

La práctica no sólo puede ser buena para las relaciones públicas de la empresa sino que también puede permitir ahorrar costes. El aumento de las probabilidades de que los trabajadores encuentren trabajo fuera reduce el precio que exigirán para irse. En la medida en que la empresa pueda ayudar a los trabajadores despedidos a encontrar otro trabajo, sus alternativas son mejores y la empresa puede hacer una oferta más baja.

Sin embargo, esta lógica funciona dependiendo de la eficiencia de la empresa para conseguir otro empleo para sus trabajadores. El servicio sólo debe ofrecerse si la empresa puede ofrecerlo (o contratar a una agencia de colocación) a un precio más barato que el que puede conseguir el trabajador comprando él mismo el servicio. De lo contrario, a la empresa le resulta más barato pagar los servicios externos que compre el trabajador (por ejemplo, por medio de algún tipo de sistema de vales). En la mayoría de los casos, ésa probablemente sea la mejor solución. Las agencias de colocación se especializan en la recolocación de los trabajadores y es improbable que la empresa lo haga mejor (sobre todo cuando está entretenida en reducir la plantilla).

Sin embargo, en cualquiera de los dos casos lo cierto es que el ofrecimiento de servicios de colocación en especie o mediante el reembolso de los gastos puede reducir los costes de la aplicación de los despidos pactados.

RESUMEN

En el funcionamiento del mercado interno de trabajo de cualquier empresa, existe un conflicto fundamental entre el deseo de seleccionar a los empleados para encontrar los que más se ajustan a la empresa y el deseo de conquistar su lealtad. La selección mejora la calidad global. La lealtad mejora la motivación, reduce los costes de rotación y fomenta las inversiones en cualificaciones propias de la empresa. Una empresa que goza de buena salud busca el equilibrio entre estos dos deseos para lograr en alguna medida ambos objetivos. El equilibrio correcto varía de una empresa a otra dependiendo de la importancia relativa de cada uno de estos factores.

En este capítulo, hemos analizado esta disyuntiva utilizando los instrumentos desarrollados en los capítulos 1 a 3. Hemos visto que la selección de personal y la rotación están estrechamente relacionadas entre sí. Para saber cuál es el nivel óptimo de rotación y cómo conseguirlo es necesario emplear diversos conceptos económicos. Entre éstos se encuentran la selección adversa, la inversión y los incentivos.

La rotación tiene muchas ventajas. Permite a la organización actualizar continuamente su talento. Eso no sólo aumenta la calidad sino que también impide que las cualificaciones de la empresa se deprecien, lo cual puede ser importante en entornos cambiantes en los que se producen continuos avances tecnológicos. La rotación también reduce las probabilidades de que una empresa caiga en la trampa de encerrarse demasiado en sí misma. Una empresa puede ser muy buena en su campo, pero no enterarse de los cambios que está experimentando su sector y tener, pues, dificultades para adaptarse. Eso es menos probable que ocurra cuando en la empresa hay empleados que tienen diversas experiencias adquiridas fuera. Por último, otra ventaja de la rotación es que deja puestos vacantes y permite a la empresa ascender y motivar a sus mejores empleados.

La rotación también tiene costes. Un coste prosaico es el coste de contratar para sustituir los trabajadores que dejan la empresa en el caso de ésta y el coste que representa la búsqueda de empleo por parte del trabajador. Otro menos prosaico es que ambos pierden el valor de cualquier inversión que hayan realizado en concepto de cualificaciones propias. Un efecto más sutil es que si la rotación es considerable, ambos estarán menos dispuestos de entrada a realizar esas inversiones.

Con este capítulo damos por concluida la primera parte de este libro de texto. Después de analizar el proceso de incorporación de empleados, su desarrollo y su abandono de la empresa, ahora veremos qué hace la empresa con ellos. En la segunda parte analizaremos las cuestiones relacionadas con el diseño de los puestos de trabajo y de la organización.

Ejercicios

1. Google lanzó hace poco una OPA (oferta pública de acciones). Como consecuencia del lanzamiento y de la frecuencia con que la compañía da a sus empleados opciones sobre acciones, muchos ahora son multimillonarios. ¿Qué problemas de retención prevé que tendrá la empresa? ¿Podría hacer algo Google? En caso afirmativo, ¿qué?
2. Suponga que ha montado usted una empresa de consultoría con un amigo de la universidad. Quieren organizarla como una empresa cooperativa. Dándose cuenta de que las cosas no siempre salen como se espera, ¿cómo podrían redactar el acuerdo para no tener problemas ninguno de los dos en el futuro? ¿Cómo afectará eso a la forma en que gestionará cada uno la nueva empresa?
3. Si una persona recibe una oferta de empleo, ¿debe decirlo siempre en la empresa en la que trabaja?
4. Suponga que es el director general de Morgan Stanley en el momento en que Frank Quattrone y su equipo se van a una importante empresa rival. ¿Es una amenaza? ¿Cómo puede saberlo? ¿Cómo reaccionaría? Una vez que ha pasado la amenaza, ¿qué podría hacer para evitar que volviera a ocurrir algo así en el futuro?

5. Ha recibido una oferta de empleo de una empresa y está negociando con ella. Una de las cuestiones es saber si le pagará los gastos de matrícula de un MBA que se imparte por la tarde. ¿Qué argumentos utilizaría para convencer a la empresa? Si fuera el empresario, ¿qué contraargumentos esgrimiría?
6. ¿Qué tipos de cualificaciones es probable que se aprendan con mayor eficacia en el trabajo? ¿Qué tipos se aprenderían mejor en clase?

BIBLIOGRAFÍA

Gibbons, Robert y Lawrence Katz (1991), «Layoffs and Lemons», *Journal of Labor Economics*, 8, págs. 351–380.

Himelstein, Linda, Steve Hamm y Peter Burrows (2003), «Inside Frank Quattrone's Money Machine», *Business Week*, 13 de octubre.

Wolverton, Troy (2001), «Amazon Gives Cut Workers More Time to Sign», *Cnet News*, 21 de febrero.

OTRAS LECTURAS

Barron, John, Mark Berger y Dan Black (2006), «Selective Counteroffers», *Journal of Labor Economics*, 24(3), págs. 385–409.

Lazear, Edward (1986), «Raids and Offer Matching», *Research in Labor Economics*, 8, págs. 141–165.

Lazear, Edward y Richard Freeman (1997), «Relational Investing: The Worker's Perspective», en Ronald Wilson, John Coffee y Louis Lowenstein (comps.), *Meaningful Relationships: Institutional Investors, Relational Investing and the Future of Corporate Governance*, Nueva York, Oxford University Press.

Pfann, Gerard y Ben Kriechel (2003), «Heterogeneity Among Displaced Workers», *Royal Economic Society Annual Conference*, pag. 164.

Wilson, Robert (1969), «Competitive Bidding with Disparate Information», *Management Science*, 15, págs. 446–518.

APÉNDICE

Aquí demostramos que si la empresa amenaza con despedir a una proporción p de trabajadores que no aceptan la oferta de despido pactado, puede ofrecer menores indemnizaciones.

Recuérdese que los beneficios que obtiene un trabajador si se queda (si rechaza una oferta de despido pactado) son:

$$VA(W) - VA(A) > 0.$$

Esa expresión es positiva, pues de lo contrario el trabajador se iría por sí mismo. Consideremos ahora su decisión (supongamos que es neutral ante el riesgo). Si acepta la oferta de despido pactado, recibe B más su valor alternativo *VA(A)*. Si la rechaza, continúa trabajando en la empresa con la probabilidad $1 - p$ y ganando *VA(W)*. Sin embargo, es despedido con la probabilidad p y gana *VA(A)*. Así pues, aceptará la oferta si

$$B + VA(A) \geq (1 - p)\, VA(W) + p \times VA(A).$$

Por tanto, la indemnización mínima que aceptará es

$$B^* = (1 - p)\,[VA(W) - VA(A)].$$

Esta expresión es mayor cuando $p = 0$ y $dB^*/dp < 0$. Cuando la amenaza de despido es mayor, es más probable que el trabajador acepte una oferta dada de despido pactado y es menor la oferta que está dispuesto a aceptar.

SEGUNDA PARTE

Diseño de las organizaciones y de los puestos de trabajo

En la primera parte describimos la empresa como un conducto por el que entran empleados de diversas cualificaciones, que mejoran con el paso del tiempo y que finalmente la abandonan. Aunque esta metáfora es útil, no resulta de gran ayuda para saber qué debe hacer la empresa con los empleados una vez que los tiene. Ése es el tema de esta parte del libro; aquí analizaremos el diseño de los puestos de trabajo y, a partir de ahí, también el diseño general de las organizaciones, ya que los principios son similares en ambos casos. En los capítulos 5 y 6 examinamos la toma de decisiones y la estructura de la organización, mientras que en los capítulos 7 y 8 analizaremos el diseño de los puestos de trabajo.

En el capítulo 5, comenzamos volviendo brevemente la vista atrás y analizando principios del diseño de una *economía* eficiente que son de gran importancia. Comprendiendo los problemas y las disyuntivas fundamentales que tienen que afrontar las economías bien diseñadas, podemos desarrollar una serie de ideas que utilizaremos para analizar el diseño de unidades económicas más pequeñas: las empresas, las unidades de negocio o los puestos de trabajo. En otras palabras, desarrollaremos y a continuación aplicaremos una *metáfora del mercado* al análisis de la organización de las empresas.

Nuestro análisis de los mercados pone de manifiesto varias ideas básicas. En primer lugar, los mercados son poderosos mecanismos de procesar información. Constituyen una *inteligencia colectiva* difícil de lograr de cualquier otra forma. En segundo lugar, los mercados sirven de mecanismos de *coordinación* entre los diferentes agentes económicos (aunque no siempre a la perfección). Veremos que las empresas a menudo tienen que escoger entre el objetivo de utilizar eficientemente la información y el objetivo de coordinar a los empleados o a las unidades de negocio. Esta tensión constituye la base de nuestro análisis de la descentralización y la centralización del capítulo 5.

En el capítulo 6 analizaremos la estructura general de las organizaciones. Ésta es la parte del libro en la que adoptamos la visión más macroeconómica de la empresa; en el resto, nos centraremos en la gestión de los recursos humanos. Aquí examinaremos cuestiones como la forma en que una empresa puede segregar su estructura en divisiones y puede coordinar la actividad de sus unidades de negocio.

En el capítulo 7 volveremos al nivel microeconómico de análisis: veremos cómo se diseña el puesto de trabajo de un empleado. En realidad, lo haremos implícitamente en el capítulo 5, ya que los derechos de decisión que se conceden (o no) a un empleado constituyen una parte importante del diseño de su puesto de trabajo. En el capítulo 7, ampliaremos ese análisis para ver cuántas y qué tareas pueden incluirse en un mismo puesto de trabajo. Una vez más, la economía clásica desempeña un papel importante en este análisis, así como la psicología de la *motivación intrínseca*: cómo puede afectar el diseño del puesto de trabajo a la motivación del trabajador para realizar su trabajo. Veremos que existe una excelente complementariedad entre la visión económica del diseño de los puestos de trabajo y la psicológica. Este capítulo es una de las secciones del libro en el que resulta más evidente la interacción entre la psicología de las organizaciones y la economía de los recursos humanos.

En el capítulo 8 ampliaremos el análisis del 7 para examinar temas más avanzados del diseño de los puestos de trabajo. Una cuestión importante es el uso de los equipos y su organización. También examinaremos lo que a veces se denominan *organizaciones de alta fiabilidad*. Son organizaciones, como las compañías aéreas, en las que es mucho más difícil encontrar el equilibrio entre el diseño de la organización y el diseño de los puestos que en las empresas normales, ya que hay mucho en juego (por ejemplo, el coste de una quiebra). Observando cómo resuelven esas organizaciones sus problemas de diseño se pueden extraer una serie de ideas sobre cómo puede resolver una empresa cuestiones menos espectaculares, pero similares.

El tercer tema del capítulo 8 es muy relevante en la actualidad: la influencia de la tecnología de la información en el diseño de los puestos de trabajo y en su estructura. Nuestro análisis del capítulo 5 pone de relieve la importancia que tiene sobre la estructura de la empresa la utilización de la información, así como los costes de transmitirla. La tecnología de la información a veces altera espectacularmente los costes de transmitirla, lo cual tiene consecuencias sobre las formas de toma de decisiones en la empresa, el uso de las jerarquías y el diseño de los puestos de trabajo.

En esta segunda parte, exponemos nuestra visión del diseño de una empresa. Como hemos señalado, la idea es en parte que las empresas pueden concebirse como grandes sistemas de información. En el desempeño de esta función, no se limitan a procesar el conocimiento sino que *crean* conocimiento. Por tanto, un tema que surge en esta parte del libro es que una empresa puede diseñar su estructura general y sus puestos de trabajo bien con el propósito de optimizar en un determinado momento del tiempo, bien con el de innovar y adaptarse con facilidad a los cambios probables. Veremos que es disyuntiva desempeña un papel relevante en cada uno de los capítulos de esta parte del libro.

Estas ideas también guardan relación con la primera parte. La importancia de la creación de conocimiento y de su explotación por parte de las empresas ayuda a comprender por qué las cualificaciones de los empleados son tan valiosas en las empresas. También debería ayudar (sobre todo después de leer los capítulos 7 y 8) a comprender qué tipos de cualificaciones son especialmente valiosas en los puestos de trabajo de la economía actual y a ver por qué las cualificaciones se han vuelto aún más provechosas en las últimas décadas, como señalamos en el capítulo 3.

Por último, los mercados proporcionan incentivos importantes para crear valor. La propiedad de los activos y la posibilidad de venderlos en un mercado competitivo dan incentivos a sus propietarios para utilizarlos eficazmente. Los precios de los diferentes bienes y activos se convierten, en este sentido, en un sistema de evaluación del rendimiento. Las empresas también necesitan, al igual que los mercados, incentivar a sus empleados para que se esfuercen en su labor y tomen decisiones eficientes. Ésa es la razón por la que analizamos la motivación intrínseca en el capítulo 7. La importancia de la motivación en nuestra metáfora del mercado también constituye una introducción a la tercera parte, en la que nos fijamos en la evaluación del rendimiento y en la remuneración basada en dicho rendimiento. Como veremos entonces, analizar el diseño de los puestos de trabajo ayuda a entender los problemas de evaluación y de incentivos.

5 La toma de decisiones

> Que nadie diga que es difícil actuar. A actuar ayudan el coraje, el momento y el impulso; lo más difícil del mundo es tomar decisiones.
>
> *–Franz Grillparzer, 1844*

Introducción

Acabamos de fundar una nueva empresa. Además de buscar talento, una cuestión básica que tenemos que afrontar es cómo organizarla. Una parte de esa organización consiste en asignar la responsabilidad de la toma de decisiones. Habrá que tomar decisiones sobre multitud de cuestiones. ¿Quién debe decidir qué? Dado que somos los que dirigimos la organización, ¿debemos tomar nosotros mismos la mayoría de las decisiones por motivos de coherencia y de control o esto acabaría por agobiarnos?

Probablemente haya visto el lector en la prensa económica que en los últimos años se ha tendido a delegar responsabilidades en los trabajadores. ¿Debemos hacer nosotros lo mismo? Si delegamos responsabilidades, ¿qué problemas pueden surgir? ¿Y qué significa exactamente delegar responsabilidades en un empleado?

Y lo que es más importante, ¿qué significa tomar una decisión? ¿Existen diferentes maneras de tomar decisiones? ¿Qué estructuras es más probable que lleven a tomar decisiones correctas o incorrectas? ¿Qué inhibe la creatividad y la innovación? En este capítulo, analizaremos estas cuestiones.

La organización de una economía

Antes de pasar a analizar esos temas, examinemos brevemente el diseño de la mayor organización de todas: la propia economía. La organización óptima de una economía fue uno de los temas más debatidos en el siglo XX. Por un lado, estaban los defensores de las economías centralizadas que eran gestionadas en gran medida por el Estado; por otro, estaban los defensores de las economías descentralizadas, en las que el Estado desempeña un papel mucho menos importante. Las ideas que surgieron en este debate son útiles para analizar los temas de los capítulos 5 a 8.

A finales del siglo XX, era evidente que las economías de mercado más descentralizadas eran mucho más eficientes: eran mejores en la creación de crecimiento económico, empleo y prosperidad en general. También eran mucho más creativas y adaptables que las economías que se basaban más en un sistema de planificación central. ¿Por qué?

Un excelente punto de partida para responder a esta pregunta es uno de los pasajes más famosos de toda la economía: la metáfora de la *mano invisible* de Adam Smith en las economías descentralizadas:

> …sólo busca su propio provecho…, y una mano invisible lo lleva a promover un fin que no estaba en sus intenciones…
> Al buscar su propio interés, a menudo promueve el de la sociedad más eficazmente que si realmente pretendiera promoverlo.
>
> –Adam Smith, *La riqueza de las naciones*, 1776

Smith se refería al asombroso poder de las economías de mercado para crear valor económico sin que el Estado desempeñe un papel importante en su funcionamiento, a pesar de que los agentes actúan buscando su propio beneficio. Las economías descentralizadas son eficientes. Son *sistemas que se organizan ellos mismos*; surgen y se desarrollan en gran medida espontáneamente y llegan a precios y cantidades de equilibrio por sí solos sin un planificador central que dirija el mercado.

Pensemos en cualquier tienda de alimentación de nuestro barrio. Los productos que exhibe en sus estantes proceden de todos los rincones del mundo. La tienda vende toda clase de cafés, de Colombia, de Kenia y de otros países. Vende té de Sri Lanka, China y Japón. En esta tienda, se puede comprar mantequilla de Suiza, salmón ahumado de Noruega y queso francés. La leche procede de Asturias. El pan está hecho con trigo procedente de Castilla y León. Hay verdura cultivada en huertas cercanas y fruta procedente de Murcia, México y Chile. Por último, se puede comprar chocolatinas producidas por un pequeño fabricante de Barcelona.

Por alguna razón, los bienes procedentes de todo el planeta se produjeron, se utilizaron como factores para producir otros bienes, se transportaron a nuestra ciudad y se colocaron en estas estanterías. Por alguna razón, esta oferta es suficientemente regular como para que la tienda raras veces se quede sin existencias y sus productos son razonablemente frescos. Este resultado es asombroso, puesto que nadie dirige este complejo proceso. Si tuviéramos que diseñar la organización interna de una empresa, parecería lógico contratar a las personas de más talento que encontráramos y ponerlas a organizar y dirigir nuestra organización. Parecería lógico que un planificador central cualificado pudiera asignar los recursos y dirigir la economía más eficientemente que un mercado caótico, sin dirección, compuesto por individuos que toman sus decisiones buscando su propio beneficio. Sin embargo, tiende a ocurrir lo contrario. ¿Por qué?

Los mercados como sistemas de información

Friedrich von Hayek se basó en el argumento de la *mano invisible* de Adam Smith para dar una respuesta[1]. Su principal observación es que los mercados constituyen un tipo de *inteligencia colectiva*, un poderoso *sistema de información* que no puede ser reproducido por un planificador central:

> ¿Cómo es posible que… una combinación de fragmentos de conocimientos dispersos en mentes diferentes pueda producir unos resultados que, para producirlos deliberadamente, sería necesario que la mente rectora poseyera un conocimiento que ninguna persona sola puede poseer?
>
> –von Hayek, 1945

Para comprender sus argumentos, imagine el lector que es un planificador central que dirige una economía. Una de sus numerosas funciones es asignar recursos para producir café y asignar después el café a

---

[1] En 1974, Von Hayek recibió el premio Nobel por sus escritos sobre este tema, al igual que Wassily Leontief en 1973.

los distintos consumidores. ¿Qué información necesita para asignar estos recursos eficientemente?[2]

En primer lugar, necesita saber qué valor conceden los diferentes ciudadanos al café. ¿En qué medida prefieren el café al té? ¿Al zumo de naranja? ¿A qué cantidad estarían dispuestos a renunciar de otros recursos para obtener café de mayor calidad? ¿Cuánto café querrán tener los distintos centros de trabajo? ¿Y los hoteles y los restaurantes?

En segundo lugar, necesita saber cómo se cultiva el café. Por tanto, necesita conocer la tecnología de su cultivo: los fertilizantes, el clima y las condiciones del suelo, etc. Asimismo, como planificador central necesita tener la misma información sobre otras industrias, ya que necesita saber a qué otros fines pueden destinarse los recursos que se dedican a la producción de café. Para hacer café, se necesita suelo, agua, mano de obra, fertilizantes y logística. Todos estos recursos podrían utilizarse para producir otros bienes, por lo que tendrá que ver si compensa utilizarlos para producir café. En términos económicos, necesita saber cuál es el coste de oportunidad de los recursos que se emplean para producir café.

Estos tipos de información requieren experiencia y pericia técnica, pero son en gran medida predecibles, sistemáticos y previsibles. Hay un tercer tipo de información que también necesita y que no es sistemática y predecible. Por ejemplo, para dirigir eficazmente la industria del café necesita saber cuál es el momento óptimo para plantar el café, cuándo hay que regar o echar fertilizante y cuándo hay que recoger la cosecha. Esta información puede variar de unas tierras a otras. Es local e idiosincrática. Va a ser muy difícil transmitir al planificador central una información de esa índole. Citando de nuevo a von Hayek,

> Si... estamos de acuerdo en que el principal problema económico de la sociedad es cómo adaptarse rápidamente a los cambios de las circunstancias concretas de cada momento y de cada lugar... hay que dejar que sean las personas que están familiarizadas con estas circunstancias, que conocen directamente los cambios relevantes y los recursos de los que se dispone inmediatamente para hacerles frente, las que tomen las decisiones. No podemos esperar que este pro-

---

[2] En el lenguaje de los economistas, necesita conocer las curvas de demanda y las funciones de producción del café y de todos los demás bienes y servicios.

blema se resuelva transmitiendo primero todo este conocimiento a una junta central, la cual, una vez absorbida toda esta información, emita sus órdenes. Debemos resolverlo mediante algún tipo de descentralización (*ibid.*).

Así pues, von Hayek subraya la importancia de la *descentralización* para utilizar la información de las «circunstancias concretas de cada momento y de cada lugar». Los mercados descentralizados permiten a los cultivadores de café optimizar sus actividades tomando decisiones basadas en el conocimiento idiosincrático que han adquirido haciendo su trabajo diariamente. Sería casi imposible (demasiado caro) suministrar toda esa información a un planificador central, y ésa es la razón por la que las decisiones del planificador central tienden a ser menos eficaces.

Al mismo tiempo, los mercados también utilizan los tipos más sistemáticos de conocimiento que hemos descrito antes. Un agricultor utiliza el valor que tiene el café para los consumidores, ya que sus decisiones se basan en el precio de mercado del café. Utiliza el valor de los usos alternativos de los recursos que emplea, ya que su uso del trabajo, la tierra y otros factores se basa en los precios de mercado de esos factores. No necesita saber que una parte de su café se consumirá en otro país ni quién la consumirá. Lo único que necesita saber es cuáles son los precios de mercado de sus factores y de sus productos. Cuando utiliza esos precios para tomar decisiones, tiene en cuenta todos estos tipos de información implícitamente sin tener que poseerlos, salvo los precios.

En otras palabras, los precios suministran una gran cantidad de información necesaria para coordinar la asignación sectorial e incluso internacional de los recursos, sin tener que suministrar toda la información subyacente detallada que necesitaría un planificador central. Los precios son un sistema muy económico de proporcionar información.

Los mercados como sistemas de incentivos

Los mercados tienen otra gran ventaja, además de utilizar eficazmente el conocimiento disperso. Consideremos de nuevo el caso de nuestro agricultor. Como es dueño de sus plantaciones, tiene un incentivo para gestionarlas de forma rentable. En una economía de planificación central, sería más bien un burócrata, por lo que no tendría muchos incentivos para utilizar los activos, que no son suyos, eficientemente.

Además, los incentivos que proporciona una economía de mercado hacen que los recursos tienden a ir a parar a manos de los que poseen la información o las cualificaciones que son más valiosas cuando se combinan con esos recursos. Supongamos que nuestro agricultor no es un buen cultivador de café. En una economía descentralizada, tiene tres opciones: puede invertir en capital humano relacionado con el cultivo del café; contratar a una persona/arrendar la tierra; o venderla. Si decide contratar a una persona, tiene un incentivo para contratar a alguien que sepa cómo se utilizan los activos eficazmente. Si arrienda o vende la tierra, ¿quién estará dispuesto a pagarle más? Alguien que tenga las cualificaciones o la información que pueden combinarse más rentablemente con esa tierra.

Mercados e innovación

Por último, otra importante ventaja de las economías de mercado es que son grandes fuentes de innovación y adaptación, debido a los dos principios generales analizados. Los propietarios de activos tienen incentivos para responder a los problemas y a las oportunidades rápida y eficazmente, para invertir y para crear nuevos productos o servicios que pueden ser rentables.

La descentralización también contribuye a la innovación y a la adaptación en la mayoría de los casos. Permite a la economía hacer uso de la creatividad y de las ideas de todas las personas dispersas por la sociedad. En una estructura que se base más en un sistema de planificación central, no es probable que se tengan en cuenta las ideas de los que se encuentran lejos del planificador central. Asimismo, la posibilidad de responder flexiblemente a las circunstancias locales permite a una economía de mercado adaptarse a las nuevas situaciones de una manera eficiente y rápida.

Ventajas de la planificación central

Hay casos en los que los mercados pueden no ser eficientes y estos casos serán relevantes cuando analicemos más adelante el tema de la centralización. Uno de esos casos surge cuando existe un monopolio natural, cuya causa son las *economías de escala*. Una empresa tiene economías de escala cuando sus costes totales medios –sus costes por unidad de producción– disminuyen conforme mayor es la empresa. Si la producción de un bien está sujeta a economías de escala en los niveles altos de producción, una empresa grande tiene unos costes por unidad más bajos que una empresa pequeña, por lo que ésta no podrá competir con la primera. Esa situación puede dar lugar a un monopolio o a un cuasi monopolio en un determinado sector. Normalmente, hay economías de escala cuando los *costes fijos* –los costes en los que debe incurrir una empresa para producir, pero que no varían con el nivel de producción– son altos. Los costes fijos pueden ser elevados tanto para las empresas pequeñas como para las grandes, pero las grandes pueden amortizarlos produciendo más unidades, lo cual las sitúa en una posición de ventaja. Normalmente, el Estado regula los monopolios con el fin de reducir la capacidad de las empresas para explotar ineficientemente su poder de monopolio.

En algunos casos, el Estado llega a suministrar él mismo los bienes, debido a menudo a un problema de *bien público*. Un bien público es aquel que no es suministrado por las empresas con fines de lucro porque no pueden cobrar por ese bien lo suficiente para cubrir sus costes. Uno de los motivos se halla en que hay algunos bienes cuyo consumo no se puede impedir. Consideremos, por ejemplo, la radio. Cualquier consumidor que tenga un receptor puede captar las ondas de radio. Por este motivo, una emisora no puede cobrar a sus oyentes por oír su programa. Si no fuera posible obtener ingresos publicitarios, no habría emisoras privadas, por lo que el Estado podría tener que suministrar ese bien.

Otra causa de la ineficiencia del mercado son las *externalidades* positivas o negativas. Hay externalidades cuando una transacción entre un comprador y un vendedor impone unos costes o proporciona unos beneficios a un tercero que no participa en la transacción. El ejemplo clásico de externalidad negativa es la contaminación. Como los compradores y los vendedores de acero no pagan por la contaminación que generan, una economía de mercado acaba teniendo demasiada contaminación. El Estado puede mejorar la situación limitando la contaminación, estableciendo impuestos sobre el acero o adoptando otro tipo de medidas.

Un ejemplo de externalidad positiva son los *efectos difusión de la tecnología*. En muchos casos, las empresas pueden copiar las ideas de otras sin pagar nada a cambio, porque las patentes y la protección que dan los derechos de reproducción son imperfectas. Eso reduce los incentivos de las empresas para innovar. Por ejemplo, si una compañía farmacéutica cree que algunos de los beneficios de sus investigaciones van a ser copiados por una competidora, tiene menos incentivos para invertir en I+D. En este caso, las economías de mercado pueden no invertir lo suficiente en innovación y el Estado puede mejorar la eficiencia subvencionando la I+D.

También puede surgir un problema parecido en los casos en los que un *estándar* es valioso. Un estándar es importante cuando resulta valioso que más consumidores utilicen el mismo producto. Este fenómeno se conoce con el nombre de *externalidades de red positivas*. Un buen ejemplo son los protocolos de los faxes. Si los faxes utilizaran protocolos diferentes, serían menos valiosos, ya que no existiría ninguna garantía de que pudiéramos enviar o recibir faxes de otra persona. Las economías descentralizadas a menudo conducen al establecimiento de estándares comunes. A veces este proceso funciona bien, pero no siempre (piénsese en los diferentes estándares de la telefonía móvil de Europa y Estados Unidos). Un planificador central podría elegir un estándar para todo el mundo y reducir así esta despilfarradora competencia.

Este último ejemplo no es, desde luego, tan sencillo. La competencia para establecer un estándar fomenta la innovación y el número de opciones potenciales y puede ayudar a mejorar la tecnología. Eso no ocurriría si fuera el Estado quien fijara el estándar. Por tanto, no está claro que convenga dejar que sea el Gobierno el que fije el estándar o dejar que sean las empresas descentralizadas las que lo fijen por medio de la competencia. Sin embargo, está claro que puede haber demasiada competencia para llegar a establecer un estándar, por lo que en esos casos el Estado puede ayudar a coordinar a las diferentes empresas.

El mercado como metáfora para el diseño de las organizaciones

La organización de una empresa debe desempeñar las mismas e importantes funciones que un mercado. En primer lugar, los mercados utilizan el conocimiento disperso por toda la economía. Los precios resumen una gran cantidad de información y la transmiten de una forma barata a todo el sistema. En segundo lugar, en los casos en los que es caro transmitir la información, los mercados trasladan eficazmente el talento y la toma de decisiones allí donde se encuentra la información. En tercer lugar, se logra la coordinación por medio del sistema de precios, a pesar de que la toma de decisiones esté descentralizada. En cuarto lugar, los mercados proporcionan poderosos incentivos para que la toma de decisiones, la inversión y la creatividad sean eficaces.

Éstos son los conceptos que analizaremos en los ocho capítulos siguientes. Una cuestión fundamental en los capítulos 5 a 8 es cómo pueden las organizaciones desarrollar conocimientos y utilizarlos. Distinguimos entre la información que es barata de transmitir y la que es cara. Una idea fundamental es el uso de la descentralización para utilizar el conocimiento más local. Sin embargo, también reconocemos la importancia de la coordinación, por medio de incentivos o de otros mecanismos, que a veces conduce a la centralización. Por último, veremos que los sistemas de incentivos son la forma que tienen las empresas para aproximarse al papel que juega la propiedad en una economía.

Por tanto, nuestra tarea es desarrollar un modelo de diseño de las organizaciones para que la empresa pueda

- Utilizar eficazmente el conocimiento tanto central como local
- Coordinar las decisiones conforme sea necesario
- Dar incentivos para que se tomen decisiones buenas y coordinadas
- Innovar y adaptarse

INTELIGENCIA COLECTIVA Y TOMA DE DECISIONES EN HEWLETT-PACKARD

Una de las maneras en que los mercados constituyen una inteligencia colectiva es en el terreno de la predicción y la evaluación de los riesgos. Los mercados de seguros y de valores son muy eficaces en la valoración de los riesgos basada en la información disponible y en las valoraciones privadas de los riesgos que posee la gente. Por ejemplo, el valor actual descontado de los futuros flujos de caja de una empresa (una vez descontadas las deudas contraídas) se resume en el precio de sus acciones. El precio de las acciones viene determinado por las decisiones de miles de inversores y gestores de fondos de inversión e incorpora su información y su valoración de las perspectivas de la empresa.

Hay un ejemplo parecido en el ámbito de las apuestas. Por ejemplo, la probabilidad de que un equipo gane un partido puede medirse por el resultado de las apuestas de muchas personas y es, de hecho, el precio de ese riesgo.

En estos dos ejemplos, los mercados evalúan muy bien el riesgo no sólo porque los precios incorporan y resumen la información dispersa de individuos bien informados sino también porque los inversores y los jugadores tienen incentivos para hacer apuestas inteligentes.

Algunas empresas están tratando de reproducir este efecto propio de la inteligencia colectiva en sus organizaciones. En un intento de mejorar las previsiones mensuales de ventas, Hewlett-Packard contrató al economista experimental Charles Plott para que creara un sistema de previsión que pudieran utilizar sus empleados. Para este fin, unas cuantas docenas de empleados que tenían información relevante recibieron una cuenta con un pequeño presupuesto (alrededor de 50 dólares). Estos empleados utilizaban su presupuesto para hacer apuestas sobre las ventas mensuales de los diferentes ordenadores, comprando y vendiendo, de hecho, contratos de futuros. Se quedaban con sus ganancias y recibían, además, una recompensa si lograban apostar correctamente. H-P observó que las estimaciones de este mercado (es decir, los resultados que indicaban las operaciones realizadas por estos empleados) derrotaban a las estimaciones que realizaba su personal de marketing el 75 por ciento de las veces. La empresa ha incorporado el sistema a sus previsiones y actualmente está haciendo experimentos con otras aplicaciones.

Fuente: Kiviat (2005).

Nuestro primer paso es preguntarnos si una decisión debe centralizarse o descentralizarse. La idea básica es sencilla. Cuanto más valioso sea el conocimiento que poseen los empleados de los niveles inferiores, y cuanto más difícil sea de transmitir a los altos directivos, más conveniente es la descentralización. Es el conocimiento en el que hacía hincapié von Hayek al hablar del conocimiento de «las circunstancias concretas de cada momento y de cada lugar». En cambio, cuanto más importantes sean los problemas de coordinación y de control, más conviene la centralización.

Supongamos, pues, que hay que tomar una decisión y que se necesita información para tomarla eficazmente. La empresa puede trasladar la información al responsable de tomar la decisión o puede trasladar la responsabilidad de tomar la decisión a la persona que posee la información.

Si la transmisión de la información es barata, no hay razón alguna para descentralizar la decisión. La empresa puede hacer que se tome la decisión en un alto nivel jerárquico y pasar la información al responsable de tomarla. Eso le permite utilizar la información, pero también coordinar mejor (ya que el mecanismo más sencillo de coordinación es aquel en el que los altos directivos toman las decisiones).

Si la transmisión de la información es cara, la empresa se enfrenta a una disyuntiva. Cuanto más valiosa sea la información, más probable es que lo mejor sea descentralizar. Sin embargo, cuanto mayores sean los beneficios de la coordinación, más probable es que lo mejor sea centralizar.

En principio, la empresa puede imitar al mercado utilizando incentivos para conseguir la coordinación y después descentralizar la decisión. Sin embargo, los sistemas de incentivos de las empresas casi siempre son imperfectos, por lo que no siempre éste es el mejor enfoque. Cuando pensamos en la centralización de las decisiones, debemos recordar que pensamos en casos (absolutamente representativos) en los que no es posible lograr una buena coordinación únicamente por medio de remunerar a los trabajadores en función de su rendimiento. Ésa es la razón fundamental por la que la metáfora del mercado es imperfecta en el diseño de la empresa: los precios de mercado son mejores indicadores del valor que las medidas del rendimiento de las que disponen normalmente las empresas[3].

En lugar de centralizar o de descentralizar una decisión, la empresa también puede adoptar un enfoque intermedio. Puede asignar la decisión a algún mando intermedio. Es probable que un empleado situado en un nivel intermedio de la organización posea parte del conocimiento que la empresa está tratando de utilizar; la información también suele transmitirse a un nivel jerárquico intermedio con un coste más bajo que si se transmite al nivel superior. Al mismo tiempo, en general un mando intermedio probablemente tendrá más en cuenta los problemas de coordinación que un empleado de nivel inferior. En ese caso, la empresa podría encontrar un equilibrio mejor entre el uso del conocimiento que poseen los empleados de los niveles inferiores y la necesidad de coordinación, haciendo que la decisión se tomase en algún lugar situado entre el nivel inferior y el nivel superior de la empresa.

En el resto de este capítulo, vemos dónde y cómo debe tomarse *una decisión* en una organización. Imaginemos una empresa que tiene una

---

[3] Si pudiéramos medir perfectamente el rendimiento, teniendo en cuenta correctamente todos los factores a corto y largo plazo, estaríamos en condiciones de externalizar al empleado y firmar un contrato con él. Las empresas existen en parte porque es difícil poner precio a todas las transacciones laborales en el mercado al contado. Hemos visto algunas de las razones en capítulos anteriores. Veremos otras en el capítulo 9.

organización jerárquica tradicional. Las decisiones totalmente centralizadas las tomaría el director general. Las decisiones totalmente descentralizadas las tomaría un trabajador de la línea de producción. Algunas decisiones también podrían tomarlas los mandos intermedios. El derecho a tomar cada decisión puede concederse, en principio, a cualquier empleado de cualquier nivel. En la mayor parte de este capítulo centraremos la atención en la descentralización. No obstante, examinemos primero las ventajas de la centralización de las decisiones.

Ventajas de la centralización

LA CENTRALIZACIÓN EN GENERAL MOTORS

General Motors es famosa por su estructura descentralizada desde la década de 1920. GM ha estado organizada en divisiones de producto y subdivisiones regionales relativamente autónomas. Recientemente ha cambiado su estructura para centralizar más algunas de sus decisiones fundamentales.

En concreto, actualmente exige que los automóviles que fabrican las diferentes divisiones tengan unas piezas básicas comunes y que colaboren entre sí en el diseño del producto. El objetivo es reducir la repetición del esfuerzo y conseguir economías de escala en la producción y en las compras. GM también confía en que eso acelere el desarrollo, ya que probablemente se necesitará menos tiempo y esfuerzo para transmitir la información de unos niveles jerárquicos a otros y para coordinar las distintas unidades independientes.

Fuente: Hawkins (2004).

Economías de escala o bienes públicos

Las diferentes unidades de la empresa pueden compartir activos comunes, y ello dar lugar a economías de escala o efectos de bienes públicos para toda la organización. Por ejemplo, los diferentes departamentos pueden compartir espacio en una misma sede central de la empresa. Las divisiones pueden compartir un grupo común de diseño de productos. Todos los departamentos pueden compartir los costes del diseño y la aplicación de un mismo sistema de contabilidad. Los activos compartidos también pueden ser intangibles, como una marca valiosa, una cultura corporativa o unos directivos especialmente eficaces.

Es posible que los activos se compartan con un sistema descentralizado de toma de decisiones por medio de algún tipo de sistema de incentivos. Por ejemplo, la mayoría de las empresas intentan asignar los gastos generales por medio de sus sistemas contables. Sin embargo, puede ser bastante difícil saber qué parte del coste de utilizar un activo o qué parte del mérito de generarlo debe atribuirse a cada unidad en concreto. Cuando los activos compartidos son intangibles, esos problemas de medición son aún peores. En esos casos, una descentralización puede tener como consecuencia unos incentivos distorsionados y al uso ineficaz del activo. Los departamentos a los que se les cobre un coste menor del que les corresponde harán un uso excesivo del activo, mientras que los departamentos a los que se les cobre más de la cuenta lo utilizarán de manera insuficiente. Aquellos a los que no se les atribuyan suficientes méritos por invertir en un activo invertirán menos de lo óptimo.

Una alternativa es centralizar parte de la responsabilidad de la creación, la asignación y el mantenimiento de los activos compartidos. Por ejemplo, es más probable que una empresa que tenga una marca potente centralice las decisiones sobre su línea de productos que una empresa que tenga un grupo de productos que no están relacionados entre sí. Una empresa que tenga muy buena reputación como empleadora es más probable que centralice la política de recursos humanos.

Mejor uso del conocimiento central

Von Hayek subrayó la importancia del conocimiento que se encuentra disperso por todo el sistema. Sin embargo, en algunos casos el conocimiento más importante se halla en los estratos más altos de la empresa. Consideremos el caso de una empresa que tiene divisiones en muchas regiones. Cuando entra información de las diferentes divisiones en la oficina central, esa oficina puede ver regularidades y tendencias que no son evidentes en las distintas divisiones. Esa visión global basada en la experiencia conjunta de toda la empresa significa que algunas decisiones deben centralizarse. En muchos casos, estas decisiones exigen una estrategia global.

Asimismo, la centralización puede mejorar el uso del conocimiento, ya que mejora la transferencia de conocimiento de unas unidades a otras. A menos que las unidades se comuniquen directamente entre sí, no pueden conocer la experiencia de cada una de ellas si la dirección central no pasa la información de unas a otras.

Coordinación

La ventaja más importante de la centralización es la mejora de la coordinación. Cuando la coordinación es valiosa, la empresa centraliza más decisiones. ¿Qué ejemplos hay de problemas de coordinación?

La coordinación puede ser necesaria porque haya que coordinar de alguna manera la producción de las diferentes unidades de la empresa. Un ejemplo clásico es una cadena de montaje. Otro ejemplo macroeconómico es el del producto de una división utilizado por otra para crear el suyo propio. Naturalmente, el hecho de que la producción de las diferentes divisiones de una empresa deba combinarse o no para crear el producto final es un problema endógeno: la empresa elige su estructura de divisiones. Es muy probable que lo haga para *evitar* esos problemas de coordinación. Sin embargo, estos problemas surgen en muchas circunstancias.

Pueden surgir problemas de coordinación cuando las diferentes unidades tienen que sincronizarse. Consideremos el caso de un ejército en tiempos de guerra. Si la infantería avanza antes de que la artillería allane el terreno, será un desastre. En caso de guerra, es esencial que las unidades actúen siguiendo una determinada secuencia. Para garantizar eso, podrían estar centralizadas las decisiones de cuándo actuar (una alternativa sería permitir que se comunicaran entre sí, un ejemplo de lo que llamaremos mecanismo lateral de coordinación).

Las decisiones estratégicas suelen estar centralizadas, debido a que la estrategia normalmente implica por definición la consideración de todas o casi todas las unidades de un negocio. Sin embargo, no está absolutamente claro que las decisiones estratégicas deban estar siempre centralizadas. En algunos negocios, la estrategia de la empresa es esencialmente la descentralización. Así sucede en las empresas en las que la innovación es importante, pero en las que sus productos no se necesitan unos de otros (un buen ejemplo son los diferentes departamentos de una universidad). Sin embargo, si los productos de la empresa tienen que ser compatibles o coherentes entre sí, la estrategia debe estar centralizada. Este caso se parece al del Estado que decide el estándar en una tecnología determinada.

LA PLANIFICACIÓN ESTRATÉGICA EN DISNEY

A principios de 2005, Robert Iger tomó las riendas de la Walt Disney Co. como director general, sustituyendo al famoso Michael Eisner.

Disney es una empresa enorme compuesta por muchas divisiones. Durante años, su estrategia estuvo en gran medida en manos de su grupo de planificación estratégica situado en la sede central. Antiguamente, las divisiones podían iniciar nuevos productos, proyectos conjuntos o adquisiciones, pero todas las grandes decisiones estratégicas tenían que ser aprobadas por la unidad de planificación estratégica.

Menos de 2 semanas después de tomar posesión, Iger cerró la oficina de planificación estratégica. Los poderes que tenía se descentralizaron casi por completo y se transfirieron a las divisiones. Larry Murphy, que dirigía inicialmente la planificación estratégica cuando fue creada por Eisner, declaró que «el desmantelamiento de la planificación estratégica es la evolución natural de un sistema centralizado a un control más descentralizado».

Este cambio probablemente tenga sentido por varias razones. En primer lugar, la centralización era mejor cuando Eisner era director general, ya que Eisner tenía una larga experiencia en Disney y conocía en profundidad sus actividades: fue él personalmente quien levantó en gran parte la compañía. Aunque Iger llevaba muchos años trabajando en Disney, no podía conocer tan a fondo como Eisner todos los aspectos del negocio. Por tanto, muchas de las decisiones las tomarían con mayor eficacia los jefes de división. En segundo lugar, Disney durante mucho tiempo prefirió una estrategia centralizada, por lo que la mayoría de las ventajas de la coordinación de las diversas líneas de productos (por ejemplo, películas, distribución de vídeos y televisión) ya se habían realizado. En tercer lugar, a las divisiones les irritaba la fuerte centralización de la estrategia, ya que limitaba su creatividad.

Fuente: Marr (2005).

En términos más abstractos, pueden surgir problemas de coordinación cuando hay *externalidades* entre las diferentes unidades organizativas si están descentralizadas. Supongamos, por ejemplo, que las inversiones de una división en I+D benefician los productos de otra. En ese caso, hay una externalidad positiva. Si las decisiones sobre la I+D están totalmente descentralizadas, es probable que la primera división no tenga en cuenta los efectos que produce su investigación en otros productos. O supongamos que una división lanza un nuevo producto que compite directamente con otro que ya existe en una división diferente. Éste es un ejemplo de externalidad negativa. Si las decisiones de las líneas de productos están totalmente descentralizadas, es más probable que surja este tipo de problemas.

Ventajas de la descentralización

A continuación, examinamos las ventajas de descentralizar las decisiones. La consideración más importante en este caso deriva directamente del análisis de von Hayek: si hay o no información valiosa en los niveles inferiores cuya transmisión tiene costes. Si la hay, la empresa debería considerar seriamente la posibilidad de descentralizar algunas decisiones para utilizar esa información. Centramos primero la atención en los factores que determinan los costes de la transmisión de la información y enumeramos a continuación algunas ventajas adicionales de la descentralización.

Conocimiento propio y general

Los costes de la transmisión de información o de conocimiento pueden ser desde muy bajos hasta muy altos. Por ejemplo, el precio de un kilo de café es muy barato de transmitir. Es una cifra y puede transmitirse inmediatamente por medio de la tecnología de la información. En cambio, la economía de los recursos humanos es cara de transmitir. Es un campo ciertamente complejo y en general no puede cuantificarse fácilmente. No es posible explicar totalmente sus conceptos ni siquiera exponiéndolo con palabras en un libro. Los estudiantes necesitan que el profesor explique y desarrolle más las ideas para ir asimilándolo. También son útiles los ejemplos, como los casos prácticos, y la experiencia laboral personal del alumno.

En economía, la información que es barata de transmitir normalmente se denomina *conocimiento general* y la que es cara de transmitir normalmente se llama *conocimiento propio*. Cuando decimos que es cara de comunicar, nos referimos a que es cara de transmitir o difícil de comprender una vez recibida. La información puede transferirse de una persona a otra, pero si la que la recibe no la comprende, no se ha transmitido. La figura 5.1 muestra nuestra perspectiva para analizar el conocimiento. (Detengámonos un momento a aclarar los términos, ya que desgraciadamente esta terminología que emplean los economistas puede ser confusa. El conocimiento propio y el conocimiento general se parecen al capital humano propio y al capital humano general, así como a la especialización. Sin embargo, son ideas diferentes. Para refrescar la memoria, los conceptos de capital humano propio y general se refieren a las cualificaciones que son relativamente más valiosas en una empresa concreta y a las que son valiosas en muchas empresas, respectivamente. Piénsese que el capital humano es la formación, mientras que de lo que estamos hablando en este apartado es de la información que surge cuando realizamos nuestro trabajo diariamente. Por último, la especialización se refiere al grado en que las cualificaciones de un trabajador [y, en el capítulo 7, las tareas en el puesto de trabajo] son limitadas o amplias. Elegir una especialidad en la universidad es lo que significa especialización en este sentido. En cambio, un MBA está relativamente poco especializado, ya que se estudia un poco de muchos campos).

Figura 5.1. Conocimiento específico y general

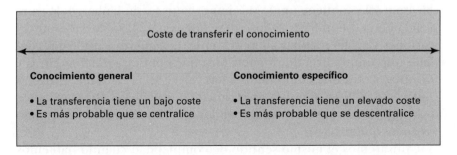

El conocimiento propio es la idea fundamental aquí, ya que favorece la descentralización. A continuación, analizamos algunos atributos de la información que la hacen más específica. Éstos son los tipos de información a los que se refería von Hayek en su famosa frase sobre «las circunstancias concretas de cada momento y de cada lugar».

Información que es perecedera
La información puede ser cara de transmitir simplemente porque debe utilizarse rápidamente o, de lo contrario, pierde su valor. Un operador

en bolsa tiene que responder inmediatamente a los movimientos del mercado, pues de lo contrario no podrá explotar la nueva información y ejecutar las órdenes de compra o de venta conforme aparezcan. Por este motivo, los operadores son seleccionados minuciosamente, se les da la formación que necesitan y se les permite en gran medida tomar decisiones de compraventa por su cuenta. Supongamos, por poner otro ejemplo, que el personal de ventas de una empresa a veces recibe grandes pedidos urgentes de clientes clave. Si los clientes recurren a otros proveedores cuando no reciben una rápida confirmación del pedido, es probable que la empresa dé algunas indicaciones (posiblemente dentro de unos parámetros limitados) y permita que el personal de ventas negocie las condiciones y decida si acepta o no el pedido.

Éste es un ejemplo de una idea que veremos de nuevo más adelante. La centralización y la jerarquía llevan tiempo. Las empresas que emplean esos métodos deliberan más, pero también tardan más en reaccionar y en adaptarse.

Información que es compleja

Una de las principales razones por las que la información puede ser cara de transmitir es su *complejidad*. La información puede ser compleja porque contiene muchas variables (a diferencia del precio de un kilo de café, que sólo contiene una). Más importante es, sin embargo, la complejidad en el sentido de la interdependencia de las diferentes informaciones. Consideremos la diferencia entre una hoja de cálculo que contiene una simple lista de precios, otra que contiene muchas cifras y fórmulas y otra que contiene muchas referencias cruzadas entre las casillas. Esta última es mucho más cara de transmitir, ya que el receptor de la hoja de cálculo tiene que entender las fórmulas y los razonamientos en los que se basan.

Utilizaremos el mismo sentido de complejidad cuando hablemos del diseño de los puestos de trabajo en el capítulo 7. Cuando las tareas son interdependientes, es más difícil separarlas en puestos distintos. También es más probable que el trabajador que las realiza tenga algunos conocimientos propios sobre el trabajo, ya que éste es complejo en el sentido en que lo describimos aquí.

Información que requiere cualificaciones técnicas

Un caso especial importante es aquel en el que la información que se transmite requiere capital humano avanzado para comprenderla. Así sucede con la mayoría de los conocimientos científicos o *técnicos*. Por ejemplo, muchas decisiones sobre I+D deben tomarlas los ingenieros de la empresa, a menudo sin apenas supervisión de la dirección, debido sencillamente a que para tomar esas decisiones hace falta tener unos conocimientos técnicos que sólo poseen los ingenieros.

Información que es imprevisible/idiosincrática

La información puede ser cara de transmitir simplemente porque necesita una comunicación frecuente, lo cual multiplica proporcionalmente los costes de la transmisión. Así sucede cuando el entorno es más dinámico y aleatorio. Sin embargo, los entornos aleatorios no implican necesariamente que el conocimiento sea propio. Supongamos que las circunstancias del trabajo cambian constantemente, pero que los cambios son predecibles. Por ejemplo, un empleado del servicio de atención al cliente tramita 12 tipos de quejas de los clientes, pero éstas son siempre las mismas. En ese caso, no hace falta mucha descentralización. La empresa puede establecer unos procedimientos operativos que indiquen lo que debe hacer el empleado en cada una de las 12 circunstancias. Por tanto, si el entono es imprevisible o *idiosincrático*, es más probable que el empleado posea conocimientos propios del puesto.

Información que es subjetiva/experiencial

Existe un famoso caso del Tribunal Supremo de Estados Unidos en el que un juez declaró que no podía definir un concepto, pero que sabía lo que era cuando se topaba con él. Se trata de un ejemplo de información que es *subjetiva* o *experiencial*. Esa información acostumbra a ser por naturaleza cara de transmitir. Se llama subjetiva o cualitativa porque es imposible cuantificarla y es difícil describirla rigurosamente de forma barata. Para transmitir información subjetiva normalmente es necesario sentarse y hablar sobre la situación, explicarla verbalmente y dejar que el receptor haga preguntas aclaratorias. En algunos casos, el nivel de subjetividad es tan grande que la información se llama experiencial: para comprender realmente la información, hay que experimentarla uno mismo.

Para utilizar eficazmente la información subjetiva o experiencial, es necesaria, casi inevitable, cierta descentralización. Por ejemplo, las evaluaciones del rendimiento normalmente son bastante subjetivas cuando el empleo no es manual. Por este motivo, las empresas generalmente permiten a los supervisores realizar esas evaluaciones, aunque corran el riesgo por eso de ser incoherentes y de poder ser acusadas legalmente de ser discriminatorias.

Otras ventajas de la descentralización

Ahorra tiempo a los directivos

La descentralización de algunas decisiones es necesaria para no sobrecargar de trabajo a la dirección central. Las decisiones menos importantes y las que requieren menos coordinación tienden a delegarse en los mandos de menor nivel simplemente para que los altos directivos puedan concentrar sus recursos en las decisiones más importantes. Lo mismo ocurre en todos los niveles jerárquicos, por lo que las decisiones menos importantes y que exigen menos coordinación tienden a delegarse en los niveles inferiores de la empresa.

Desarrolla la capacidad de dirección

La capacidad de análisis y la capacidad de decisión son clases de capital humano que deben aprenderse en buena medida en el trabajo. Para tener buenos directivos en el futuro, la empresa tiene que dar a los mandos de nivel inferior un cierto margen para tomar decisiones. Como primera medida, los jóvenes directivos deben gozar de un cierto grado de discrecionalidad para decidir las cuestiones menos importantes, con algunas limitaciones (por ejemplo, limitando sus gastos por medio de un presupuesto) para impedir que sus errores causen demasiados daños. A medida que se desarrolla su talento, deben gozar de mayor discrecionalidad y capacidad para tomar decisiones en las que haya más en juego. Ésta es una excelente manera de formar a directivos que luego podrán ser ascendidos a puestos más altos.

Obsérvese que ésta es una de las razones por las que es frecuente que los subordinados sean ascendidos a puestos similares a los de su supervisor. A medida que un subordinado adquiere más experiencia en el trabajo, el supervisor le asigna más tareas y decisiones, enseñándole a realizar la labor del propio supervisor.

Motivación intrínseca

La descentralización es una de las partes de lo que se denomina a menudo *enriquecimiento del puesto de trabajo* y que analizaremos en el capítulo 7. La otra parte del enriquecimiento del puesto de trabajo es la asignación de más tareas al trabajador. Una de las ventajas de las dos cosas es que el trabajo puede ser más estimulante e interesante para el trabajador, por lo que el trabajador puede estar más motivado intrínsecamente para ser diligente en su trabajo.

AUTORIDAD Y RESPONSABILIDAD

En las fuerzas armadas, el soldado raso es el militar de menor rango en la cadena de mando. Los cabos y después los sargentos tienen autoridad sobre estos soldados que ocupan el lugar más bajo en el escalafón. Los sargentos rinden cuentas a los tenientes, los cuales rinden cuentas a su vez a los capitanes. Los capitanes están por debajo de los comandantes, los cuales están a su vez por debajo de los tenientes coroneles y de los coroneles. Los generales ocupan el puesto más alto en esta jerarquía y su número de estrellas indica su rango dentro del grupo de los generales.

Son varias las razones por las que tiene que haber una jerarquía estricta en el ejército. La más obvia es que en las situaciones de combate las decisiones deben tomarse rápidamente. La toma colectiva de decisiones es lenta y muy poco práctica durante una batalla. Por tanto, se establece una clara jerarquía en la que las órdenes que se dan a los subordinados se obedecen sin la menor duda o dilación.

Muy pocas empresas se dedican a un tipo de producción que obligue a tomar decisiones en fracciones de segundo con absoluta deferencia a una autoridad superior. Pero hay algunas situaciones que encajan en esta categoría. Incluso cuando se participa en equipo en las negociaciones para discutir un acuerdo con otra empresa o cliente, uno de sus miembros tiene que hablar en nombre del mismo y gozar de autoridad para tomar la decisión.

Cuando se diseñan los puestos de trabajo, generalmente es importante determinar el nivel de autoridad de cada uno y su grado de responsabilidad. Casi siempre el grado de autoridad y de responsabilidad de un puesto dado depende de quien lo ocupa. Algunos vicepresidentes tienen más autoridad que otros y la diferencia probablemente se deba a una diferencia de aptitud.

Una consideración importante es el grado en que la persona que ocupa el puesto tiene una información propia que es cara de transmitir a sus colegas, pero que es valiosa para la empresa. Otra consideración importante es el grado en que la persona que ocupa el puesto tiene que coordinar su trabajo con el de sus colegas. Hemos utilizado estas ideas para dividir las decisiones en relativamente centralizadas o descentralizadas, lo cual, aunque es útil, constituye una simplificación. En este apartado, vamos más allá de esta disyuntiva básica entre el uso de conocimiento propio y la coordinación y analizamos algo más detenidamente la toma de decisiones.

La toma de decisiones como un proceso que consta de varias fases

Una decisión no es simplemente una respuesta binaria a una pregunta; es un proceso deliberativo. Puede ser útil concebir una decisión como un proceso que consta de varias fases. Una manera de entender muchos tipos de decisiones es considerar que una decisión consta de cuatro fases[4]:

1. *Iniciativas*
2. *Ratificación*
3. *Ejecución*
4. *Seguimiento*

La primera fase, la de las iniciativas, consiste en la presentación de una serie de opciones. Ésta quizá sea la fase más crucial en aras de la creatividad y la innovación. A veces la concebimos como una tormenta de ideas. La pregunta a la que queremos responder es: ¿qué posibilidades tenemos?

Una vez identificadas las posibilidades, hay que elegir una de las opciones. Ésta constituye la segunda fase, la ratificación. Corresponde al término «estrategia» en el lenguaje común. Es cuando se decide el rumbo básico de las actuaciones futuras.

Una vez elegida la estrategia, hay muchas formas de aplicarla. Ésta es la tercera fase, la ejecución. Otro término que se utiliza frecuentemente para referirse a esta fase es el de «táctica». Una vez más, en esta fase puede haber importantes dosis de creatividad, aunque de un tipo más aplicado. Como se dice a menudo, el diablo está en los detalles.

Por último, es importante que la ejecución se ajuste a la estrategia elegida en la segunda fase. Por tanto, la cuarta fase consiste en el seguimiento de la ejecución.

Casi todos los procesos de toma de decisiones encajan en buena medida en esta descripción. Supongamos que somos jefes de planta y se nos dice que tenemos que reducir los costes un 10 por ciento el próximo año. ¿Cómo los reduciríamos? Primero tendríamos que averiguar qué opciones básicas tenemos. Entre éstas se encuentran cosas como reducir los salarios; despedir a algunos trabajadores; conseguir de los proveedores mejores condiciones; o inventar maneras de aumentar la eficiencia en la planta. A continuación, tendríamos que elegir una de estas ideas (si bien en este ejemplo podríamos elegir más de una opción). Una vez

---

[4] Véase Fama y Jensen (1983).

que hubiéramos elegido algunas opciones, tendríamos que averiguar cómo vamos a ejecutarlas. Y, por último, querríamos hacer un seguimiento de los progresos realizados (y, desde luego, la oficina central lo haría), a medida que avanzase el año.

Conviene dividir la toma de decisiones en varias fases, ya que cada una de ellas puede asignarse a una persona distinta. En concreto, hay dos razones por las que es más probable que las fases 1 y 3, las iniciativas y la ejecución, estén descentralizadas y que las fases 2 y 4, la ratificación y el seguimiento, estén centralizadas.

La primera razón para descentralizar las fases 1 y 3 y centralizar las fases 2 y 4 es buscar el equilibrio entre los objetivos de utilizar el conocimiento propio en los niveles inferiores y la necesidad de coordinación. Muchas veces, gran parte de la información necesaria para fijar las opciones disponibles la tienen los empleados de los niveles más bajos. Lo mismo ocurre, aún más si cabe, con la fase de ejecución. Consideremos de nuevo el ejemplo del jefe de planta que tiene que reducir un 10 por ciento los costes. Es probable que le pida a sus subalternos inmediatos sugerencias para reducirlos y es probable que éstos, a su vez, recurran a sus subalternos en busca de consejo. Ésta es la descentralización de la fase 1, las iniciativas. En la fase de ejecución, el jefe pedirá de nuevo a sus subalternos que ideen formas de poner en práctica la reducción de los costes, ya que probablemente éstos conocerán muchos detalles que él desconoce.

Sin embargo, es probable que sea el jefe de planta el que elija la estrategia de reducción de los costes para asegurarse de que es coherente con los objetivos de la empresa. Lo mismo ocurre con el seguimiento de la ejecución, para asegurarse de que los programas de reducción de los costes no son incompatibles entre sí o con la estrategia de la empresa (por ejemplo, porque dañan demasiado la calidad del producto). Por tanto, la centralización relativa de las fases 2 y 4 mejora la coordinación.

La segunda razón para centralizar las fases 2 y 4 en comparación con la 1 y la 3 es que los empleados suelen tener incentivos imperfectos, por lo que sus intereses no siempre coinciden con los de la empresa. En esos casos, la empresa debe protegerse de los empleados que toman decisiones que favorecen sus propios objetivos en contra de los de la empresa. Una manera de hacerlo es limitar su grado de discrecionalidad, reservándose el derecho a ratificar sus decisiones y controlando el modo en que se llevan a la práctica. En otras palabras, cuando los responsables de tomar decisiones tienen incentivos imperfectos, es necesario algún control.

Esta idea se aplica no sólo a los niveles inferiores sino hasta el nivel más alto de una organización. Una de las funciones fundamentales de los consejos de administración es supervisar a los altos ejecutivos, que también tienen incentivos imperfectos. Obsérvese que las empresas en manos de un solo propietario no tienen que preocuparse de esas estructuras de *gobierno*, ya que sus directivos son los propietarios mismos y, por tanto, no tienen ningún problema de incentivos.

Como puede verse, la mera distinción entre centralización y descentralización de una decisión, con la que hemos comenzado, es demasiado simplista. En la práctica, las decisiones se toman en varias fases y un elemento característico es la descentralización de las primeras fases, seguida de la centralización y después de la descentralización de las iniciativas adicionales o de la ejecución, seguida finalmente de la centralización del seguimiento. Eso permite a la empresa aprovechar simultáneamente muchas de las ventajas *tanto* del uso de los conocimientos propios que poseen los empleados de los niveles inferiores como de la coordinación.

La primera fase y la tercera a menudo se denominan *gestión de las decisiones*, mientras que la segunda y la cuarta suelen llamarse *control de las decisiones*. La observación principal es que la gestión de las decisiones tiende a estar más descentralizada, mientras que el control de las decisiones tiende a estar más centralizado.

Esta caracterización proporciona un marco sencillo, pero útil, para analizar muchos tipos de toma de decisiones. Por ejemplo, sirve de orientación para analizar el modo en que una empresa puede llevar a cabo un programa de cambios. Aclara, además, qué se entiende por delegar responsabilidades en los trabajadores. La delegación de responsabilidades normalmente significa reconocer a los empleados el derecho a gestionar las decisiones, pero reservarse para uno mismo al menos algunos derechos de control de estas decisiones (especialmente en la fase final, el seguimiento).

Por último, la distinción entre gestión de las decisiones y control de las decisiones permite analizar lo que hacen los directivos y sus subordinados. Se dice a menudo que toda jerarquía entraña el traspaso de información y de decisiones hacia arriba y hacia abajo. El trabajo de los mandos intermedios consiste en buena medida en ambas cosas. La primera consiste en ratificar y supervisar el trabajo de sus subordinados y pasarles la información general relevante que necesiten. La segunda en recabar información sobre lo que hacen, procesarla e informar sobre las iniciativas tomadas y su ejecución a los mandos de nivel superior. El control de las decisiones es, pues, lo que entendemos por *jerarquía.*

A continuación presentamos un marco más refinado para analizar la gestión y el control de las decisiones. Una empresa puede dar más importancia a las fases creativas, es decir, a la gestión de las decisiones. O puede dársela a las fases de control, es decir, al control de las decisiones. El aspecto en que se coloque el énfasis tendrá consecuencias sobre el carácter de la empresa: lo innovadora que es, lo arriesgada, qué cultura desarrolla, etc.

Estructuras horizontales y jerárquicas

Una empresa tiene mucha libertad de acción para decidir la forma en que establece sus relaciones de poder. Por ejemplo, puede tener una organización muy horizontal en la que cada persona goza de autoridad para decidir los proyectos que se aprueban o que se rechazan o puede tener una forma de pirámide de pendiente muy inclinada, en la que cada nivel puede vetar las decisiones que se toman en los niveles inferiores. En el lenguaje que acabamos de definir, una estructura horizontal pone énfasis en la gestión de las decisiones, mientras que una estructura vertical lo pone en el control de las decisiones.

Una disyuntiva entre dos tipos de errores

¿Deben diseñarse los puestos de trabajo según una estructura horizontal o vertical? Depende de los costes que tenga la aceptación de proyectos malos en relación con los costes que tiene el rechazo de proyectos buenos. En la jerga estadística, se trata de una disyuntiva entre los falsos positivos (errores de tipo I) y los falsos negativos (errores de tipo II).

Para concretar más, veamos un ejemplo del sector de ropa de mujer que planteó un antiguo alumno de Stanford. Gladis y Willie, nacidos en Hong Kong, dirigen una empresa con sede en Nueva York que importa lencería y ropa de dormir de mujer. Dicen de sí mismos que tienen una imagen «joven y original». Gladis tuvo que decidir si diversifica y ofrece lencería más romántica. Para eso debe realizar una inversión inicial en marketing, distribución y, lo que es más importante, en establecer una nueva línea de producción. Si esta nueva línea no se vende como se espera puede experimentar grandes pérdidas. Por lo tanto, debe elegir entre ofrecer la línea de lencería más romántica y renunciar a esa oportunidad. Puede cometer dos tipos de errores. Puede invertir en la nueva línea y descubrir que no es rentable o puede decidir no producirla y no descubrir que hubiera sido rentable. La tabla 5.1 enumera estas posibilidades.

Tabla 5.1. Tipos posibles de decisiones correctas o incorrectas

	Producir	*No producir*
La línea es rentable	Buena decisión	Error falso negativo
La línea no es rentable	Error falso positivo	Buena decisión

Si produce lencería y resulta que no es rentable, ha cometido un *error falso positivo*. Un error falso positivo consiste en el lanzamiento de un proyecto que no es rentable. Si decide no producir lencería y la línea hubiera sido rentable, ha cometido un *error falso negativo*. Un error falso negativo es el rechazo de un proyecto rentable.

Existe una disyuntiva entre los falsos positivos y los falsos negativos. Si Gladis adopta una política muy arriesgada y acepta todos los nuevos proyectos que surjan, nunca cometerá un error de tipo falso negativo. Como siempre produce, está segura de que sólo cometerá errores falsos positivos, siempre que un proyecto no sea rentable. Cuanto más arriesgada sea su postura, más probabilidades hay de que cometa un error de tipo falso positivo y menos probabilidades hay de que cometa un error de tipo falso negativo.

También puede adoptar una postura muy conservadora y rechazar todos los nuevos proyectos que vayan surgiendo. Como nunca produce una nueva línea, nunca puede encontrarse en la casilla en la que produce pero no debería producir. Nunca comete un error de tipo falso positivo, pero ahora es seguro que cometerá algunos errores de tipo falso negativo. Siempre que hubiera sido rentable producir un nuevo producto, comete un error de tipo falso negativo porque nunca lo acepta. Cuanto más conservadora sea su postura, menos probabilidades hay de que cometa un error de tipo falso positivo y más probabilidades hay de que cometa un error de tipo falso negativo.

La figura 5.2 muestra la disyuntiva. El eje de abscisas representa la probabilidad de cometer un error de tipo falso positivo, es decir, de seguir adelante con un proyecto cuando no es rentable. El eje de ordenadas representa la probabilidad de cometer un error de tipo falso negativo, es decir, de rechazar el proyecto cuando es rentable. En el punto *D*, se aceptan todos los proyectos, por lo que la probabilidad de aceptar un proyecto que no sea rentable es 1, y se aceptan proyectos malos con seguridad. En el punto *C*, se rechazan todos los proyectos, por lo que la probabilidad de rechazar un proyecto que sea rentable es 1, puesto

Figura 5.2. Disyuntivas entre los errores y estructura de autoridad

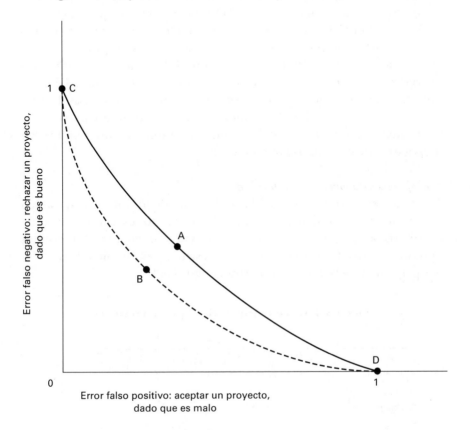

que se rechazan proyectos buenos con toda seguridad. La disyuntiva se muestra por medio de la línea de trazo continuo situada entre *C* y *D*. Si se aceptan algunos proyectos y se rechazan otros, la empresa acaba en un punto interior como el *A*. En *A*, se rechazan algunos de los proyectos buenos, pero no todos y se aceptan algunos de los proyectos malos, pero no todos.

¿Cómo decide la empresa el riesgo que debe tomar cuando acepta nuevos proyectos? Si es muy caro aceptar proyectos malos, la empresa quiere una regla más rigurosa, que la desplaza hacia *C*. Si es muy caro dejar pasar un proyecto bueno, la empresa quiere una regla menos rigurosa, que la desplaza hacia *D*.

El objetivo es mejorar la información para poder cometer menos errores de cada tipo. Si las decisiones se basaran en una información mejor, la disyuntiva se encontraría a lo largo de la curva como la de trazo discontinuo y no en la curva de trazo continuo. Obsérvese que en la curva de trazo discontinuo, la empresa puede cometer menos errores de cada tipo. El punto *B* implica menos errores de tipo falso positivo y menos errores de tipo falso negativo que el punto *A*. La empresa siempre preferiría la curva de trazo discontinuo a la de trazo continuo. Téngase presente, sin embargo, que la información tiene sus costes. Las decisiones son mejores a lo largo de la curva de trazo discontinuo, pero el coste de situarse en esa curva podría consistir en una demora mayor o en unos gastos de consultoría más elevados.

Tres ejemplos de formas de autoridad

A continuación, volvemos a analizar el diseño de los puestos de trabajo y las formas de autoridad. Estructurando las relaciones de poder de diferentes formas, se cometen con más o menos probabilidades los diferentes tipos de errores. Consideremos las dos estructuras de toma de decisiones para Gladis y Willie que muestra la figura 5.3.

Figura 5.3. Dos estructuras de autoridad posibles

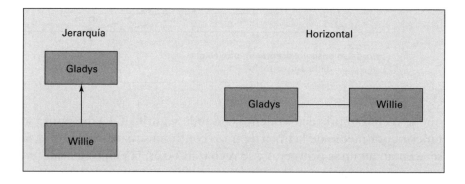

Una estructura *jerárquica* sitúa a Gladis por encima de Willie en la toma de decisiones. A Willie se le ocurren nuevas ideas y puede rechazar cualquier proyecto, pero no tiene autoridad para aceptar ningún proyecto propio. Lo único que puede hacer es recomendar que se acepte. Eso es lo que hemos llamado antes gestión de las decisiones; él recomienda nuevas ideas o cómo ejecutar las que ya se han elegido. Gladys tiene autoridad para tomar la decisión final. Éste es el control de las decisiones: ratificar las nuevas ideas o supervisar su ejecución. Esa estructura contribuye a reducir los errores de tipo falsos positivos y a aumentar los errores de tipo falsos negativos.

La segunda estructura, llamada *estructura de autoridad horizontal*, tiende a presentar menos errores de tipo falso negativo y más errores de tipo falso positivo. En este caso, la empresa se crea de tal forma que tanto Gladys como Willie evalúan los proyectos y deciden aceptarlos o rechazarlos a título individual. Ambos dedican su tiempo a imaginar y evaluar nuevos proyectos, pero no se controlan el uno al otro. Se coloca relativamente más énfasis en la gestión de las decisiones y menos en el control de las decisiones que en la estructura jerárquica.

¿Qué estructura es mejor? Es fácil ver que una estructura jerárquica aprobará menos proyectos que una estructura horizontal (véase el apéndice para un análisis formal de las ideas que se examinan en este apartado). Una estructura jerárquica comete menos errores de tipo falso positivo, pero más errores de tipo falso negativo. Se aceptan menos proyectos malos, pero se rechazan más proyectos buenos, por dos razones. En primer lugar, como la estructura jerárquica requiere de dos aprobaciones en lugar de una, la prueba que tiene que superar un proyecto es más rigurosa. En segundo lugar, como para realizar una evaluación se necesitan dos personas en lugar de una, se toman menos decisiones. Gladys y Willie pueden evaluar más proyectos trabajando por separado que trabajando en paralelo.

Si cada proyecto tiene que ser evaluado por Willie antes de pasar a Gladys, la mitad de los proyectos son sometidos a una criba inicial. Por tanto, se aprueban menos proyectos. El hecho de que no se revise un proyecto es un rechazo implícito. En resumidas cuentas, en una estructura jerárquica, en la que los empleados de bajo nivel no tienen autoridad para tomar la decisión final sobre un proyecto, los criterios son más rigurosos y se aprueban menos proyectos que en una estructura horizontal más igualitaria.

Existe una tercera posibilidad. La estructura puede hacerse horizontal con la obligación de emitir segundas opiniones. En lugar de colocar a Gladys por encima de Willie, la empresa puede exigir simplemente que todos los proyectos revisados por Willie también sean revisados por Gladys y viceversa. Si ambos están de acuerdo, la decisión es obvia. Si discrepan, debe utilizarse alguna regla para dirimir las diferencias. Existen algunas posibilidades, pero los detalles son irrelevantes para nuestros fines. Siempre es cierto, independientemente de la regla que se utilice para dirimir las diferencias, que una estructura basada en una segunda opinión es menos rigurosa que una estructura jerárquica, pero más que una estructura horizontal en la que sólo sea necesaria una opinión.

Veámoslo de esta forma. En la estructura jerárquica, cuando Willie rechaza un proyecto, Gladys ni siquiera llega a verlo. Sólo ve los proyectos que él le pasa. En el caso de una estructura en la que se busca la segunda opinión, Gladys ve incluso los proyectos que Willie rechaza. Si a Gladys le gusta el proyecto, las dos opiniones deben conciliarse. Si algunas de estas conciliaciones dan resultados positivos, los proyectos que no habrían sido aceptados en una estructura jerárquica lo serían en una estructura que requiere una segunda opinión. Por tanto, aunque las dos estructuras examinen el mismo número de proyectos, la estructura en la que hay segundas opiniones es menos rigurosa y aprueba más proyectos que la estructura jerárquica.

En cambio, la estructura en la que es necesaria una segunda opinión es más rigurosa que la estructura horizontal en la que es una sola persona la que toma las decisiones. Esta observación es algo menos obvia de lo que parece. Es cierto que una segunda opinión a veces puede revocar una decisión inicial de rechazar un proyecto, pero también es cierto que puede revocar una decisión inicial de aceptarlo. La razón principal por la que una estructura en la que es necesaria una segunda opinión es más rigurosa se halla en que cuando tiene que haber segundas opiniones, se examinan menos proyectos. Si una persona tarda, por ejemplo, una semana en revisar un proyecto, en la estructura horizontal en la que es una única persona la que toma las decisiones se toman dos decisiones a la semana: cada persona toma una. En cambio, en la estructura en la que se necesita una segunda opinión sólo se toma una decisión a la semana, ya que las dos personas tienen que revisar cada propuesta.

La figura 5.4 amplía la 5.2 mostrando dónde se encuentran las diferentes estructuras de poder con respecto a los dos tipos de errores. ¿Qué estructura debe elegir una empresa? Dado que existe una disyuntiva implícita en esta elección, la respuesta depende de los resultados que se obtengan en cada caso. Una vez identificadas tres estructuras, examinemos tres tipos de resultados, que aparecen en las figuras 5.5-5.7.

Pequeño potencial de ganancias, gran riesgo de pérdida

La figura 5.5 muestra una estructura de resultados que podría ser adecuada para el *Exxon Valdez*, que es un enorme petrolero. Como recordará el lector, hace unos años el *Valdez* se vio implicado en un accidente que causó un enorme vertido de petróleo del que Exxon era financieramente responsable. Las pérdidas provocadas por el vertido de petróleo ascen-

Figura 5.4. Estructura de autoridad y errores

Estructura jerárquica

Estructura basada en una segunda opinión

Estructura horizontal

Error falso negativo: rechazar un proyecto, dado que es bueno

Error falso positivo: aceptar un proyecto, dado que es malo

Figura 5.5. Pequeñas ganancias, grandes pérdidas

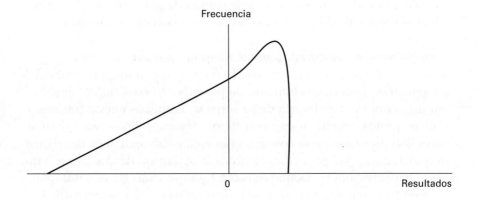

Frecuencia

Resultados

dieron a miles de millones de dólares en costes de limpieza, litigios y acuerdos. El capitán del barco fue acusado del accidente y había pruebas de que el culpable fue, en parte, el alcohol.

La situación del *Valdez* es característica de una de las variedades de estructura de resultados. Cuando se realiza extraordinariamente bien el trabajo, las ganancias son pequeñas en relación con lo que se esperaba, pero cuando se comete un error, el resultado puede ser desastroso. El potencial de ganancias es limitado, pero el riesgo de pérdida puede implicar miles de millones.

El capitán del *Valdez* proporciona más beneficios a su empresa si entrega el cargamento de petróleo antes de tiempo, pero no merece la pena correr el riesgo de tratar de tripular el barco bajo los efectos del alcohol. Sencillamente, un error tiene demasiados costes. Cuando la estructura de resultados se parece a la de la figura 5.5, las empresas quieren minimizar los errores de tipo falso positivo y están dispuestas a aceptar unos niveles más altos de errores de tipo falso negativo. Imaginemos que en este caso el «proyecto» consiste en decidir si continuar navegando antes de recuperarse de los efectos del alcohol, y reducir así el tiempo que se prevé que se tardará en arribar a puerto. «Si hubiera esperado a estar sobrio antes de continuar navegando, el accidente no hubiera tenido lugar» y sería un error de tipo falso negativo. «Si hubiera continuado navegando estando borracho, habría habido una colisión» sería un error de tipo falso positivo. Cuando los errores de tipo falsos positivos son muy caros, las empresas deben adoptar una estructura que reduzca lo más posible ese riesgo: un proceso de toma de decisiones relativamente jerárquico. El capitán no debería tener autoridad, y probablemente no la tenía, para navegar antes de estar completamente sobrio. Si hubiera pedido autorización por radio, probablemente la compañía se la hubiera denegado y habría reducido así la probabilidad de que ocurriera un desastre.

Gran potencial de ganancias, pequeño riesgo de pérdidas

La figura 5.6 muestra una función de resultados con un gran potencial de ganancias y un riesgo limitado de pérdidas. Corresponde a muchas empresas nuevas. La mayoría de las veces las empresas nuevas fracasan y obtienen unos beneficios negativos o sólo levemente positivos. Algunas veces los innovadores dan con una gran idea y obtienen unos beneficios muy elevados. ¿Qué estructura favorece la obtención de grandes ganancias? Una estructura horizontal en la que los supervisores tienen muy poco poder de veto minimiza la cantidad de errores de tipo falsos negativos. Las nuevas empresas no quieren ser excesivamente cautas. Tienen poca repu-

Figura 5.6. Grandes ganancias, pequeñas pérdidas

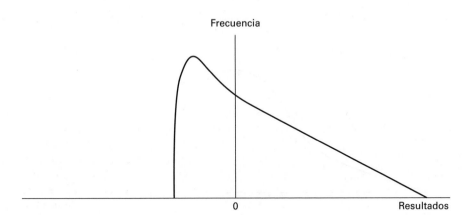

tación o capital que perder y mucho que ganar. Es mejor arriesgarse. Los proyectos que no salen como se esperaba pueden abandonarse sin que eso perjudique mucho a la empresa, ya que ésta tiene, para empezar, poco que perder.

Las empresas jóvenes a menudo dan mucho poder a sus empleados. A veces se dice que a las personas creativas no les va muy bien en las empresas jerárquicas. Aunque sea cierto, es posible que el problema no sea que cada tipo de persona va a una clase distinta de empresa. Puede que tenga más que ver con las reglas de decisión que se aplican en cada estructura. Dado que las estructuras jerárquicas tienden a minimizar los errores de tipo falso positivo, tolerando el rechazo de algunos proyectos buenos, las empresas jerárquicas no fomentan la creatividad. Las estructuras de poder más horizontales, que dan más libertad de acción a cada trabajador, permiten que florezca la creatividad. Las ideas sensacionales y arriesgadas que se rechazarían en una estructura jerárquica se pueden llevar a cabo en una estructura horizontal en la que es una sola persona la que toma las decisiones.

Este análisis es otra forma de ver la idea que hemos discutido antes: las estructuras descentralizadas tienden a fomentar la creatividad, mientras que las estructuras centralizadas son mejores para mantener el control y evitar que se cometan grandes errores.

Resultados simétricos

La mayoría de las empresas no son ni el *Exxon Valdez* ni son empresas nuevas. En casi todas las empresas, sobre todo en las que están consoli-

Figura 5.7. Resultados simétricos

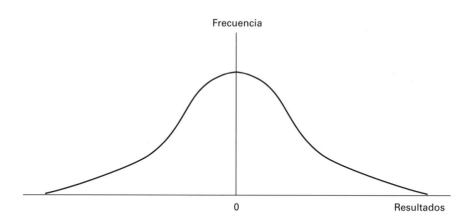

dadas, los resultados son más simétricos. La figura 5.7 muestra una función de resultados de una tienda. Es improbable que un buen rendimiento y un trabajo innovador generen las grandes ganancias que podría obtener una nueva empresa. Un rendimiento pobre y un trabajo chapucero pueden costarle a la empresa algún dinero, pero no las desastrosas pérdidas que experimentó Exxon cuando se produjo el vertido de petróleo. En este caso, la empresa prefiere unos niveles tolerables de errores tanto de tipo falso positivo como de tipo falso negativo y no minimiza ninguno de los dos a costa del otro.

Invertir en una toma de decisiones de mayor calidad

En la figura 5.2 hemos trazado dos curvas. La de trazo discontinuo se encuentra por debajo de la curva de trazo continuo. Manteniéndose todo lo demás constante, es mejor enfrentarse a la situación de la curva de trazo discontinuo que a la situación de la curva de trazo continuo, ya que para cualquier nivel de errores de tipo falso positivo, la curva de trazo discontinuo significa menos errores de tipo falso negativo que la de trazo continuo (salvo en los extremos). En otras palabras, se cometen menos errores de cualquiera de los dos tipos a lo largo de la curva de trazo discontinuo que a lo largo de la curva de trazo continuo.

¿Cómo se traslada la empresa a la curva de trazo discontinuo? Desgraciadamente, no sin costes. Para acceder a la curva de trazo discontinuo, es necesario mejorar el proceso de toma de decisiones. Existen varias formas de mejorarlo y todas implican sus costes. La empresa puede intentar contratar mejores evaluadores, yendo a por los trabajadores más capacitados y más caros. La empresa puede dar a un evaluador más tiempo para examinar cada proyecto o puede poner más información a su disposición, por ejemplo, contratando consultores externos o comprando otros datos. Cualquiera de estos pasos será o no rentable dependiendo de cuánto se gane por tomar buenas decisiones en relación con lo que se pierde cuando son malas.

Aplicación: rutas aéreas

Consideremos el ejemplo de un piloto de líneas aéreas que está tratando de decidir si elige una ruta más rápida atravesando una tormenta o una más segura, pero más lenta, que la bordea. La tabla 5.2 muestra alguna información hipotética.

Tabla 5.2. Tormentas y viajes en avión

	Probabilidad de sufrir un accidente	Coste de un accidente	Coste esperado de un accidente	Coste esperado del combustible
Atravesar una tormenta	10^{-5}	1.000 mill. €	10.000 €	17.000 €
Bordear una tormenta	10^{-9}	1.000 mill. €	1 €	20.000 €

¿Qué debe hacer la empresa? Si se produce un accidente aéreo, la empresa incurre en un coste de 1.000 millones de euros como consecuencia de la pérdida de capital y de reputación, del aumento de la póliza del seguro y de los consiguientes litigios. Sin embargo, los costes del combustible y las probabilidades de sufrir un accidente aéreo varían de una ruta a otra, por lo que los costes esperados son distintos. La mejor opción en este caso es que el avión bordee la tormenta. Este ejemplo, en el que hay algún potencial de ganancias y un gran riesgo de pérdida, encaja en la estructura de resultados de la figura 5.5. Por tanto, la empresa podría establecer una jerarquía, pero en este caso la situación es algo distinta, ya que hay un problema de incentivos. Es probable que al piloto le preocupe su propia vida más que la rentabilidad de la empresa. Para contrarrestar su tendencia a ser demasiado conservador, la compañía aérea podría formular una norma que estableciera que los pilotos deben elegir la ruta más corta a menos que sean autorizados por la compañía a desviarse. En ese caso, cuando el piloto se encontrara ante una tormenta, llamaría por radio para pedir autorización para desviarse por la ruta más larga y más cara. La compañía podría dar su visto bueno a su solicitud o denegársela.

Dada la estructura de probabilidades y de resultados de la tabla, la compañía aérea siempre aprobaría la solicitud del piloto de utilizar la ruta más larga. Si el piloto atraviesa la tormenta, el coste esperado es:

$$\text{Coste esperado de atravesar la tormenta} = (10^{-5})\,(1.000 \text{ millones de euros})$$
$$+ \ 17.000 \text{ euros} = 27.000 \text{ euros.}$$

El primer término refleja la probabilidad de sufrir un accidente cuando el piloto atraviesa la tormenta, multiplicada por la pérdida que sufre la compañía como consecuencia de un accidente. Los 17.000 euros son el coste del combustible. Si el piloto toma la ruta más larga, el coste esperado es:

$$\text{Coste esperado de bordear la tormenta} = (10^{-9})\,(1.000 \text{ millones de euros})$$
$$+ \ 20.000 \text{ euros} = 20.000 \text{ euros.}$$

El primer término refleja la probabilidad de sufrir un accidente cuando se elige la ruta más larga, multiplicada por el coste que tiene para la compañía un accidente. Los 20.000 euros reflejan el coste del combustible, que es más alto en este caso. El coste esperado es menor que el de atravesar la tormenta.

Dado que la compañía dará permiso siempre que se le pida, en este caso no tiene sentido que los pilotos llamen para pedir autorización. En estas circunstancias, el piloto tiene plena autoridad para elegir una ruta más larga cuando hay tormentas en la ruta más corta. En otras palabras, se prefiere una estructura horizontal.

Obsérvese que la probabilidad de cometer un error de tipo falso positivo es cero. Dado que nunca se toma la ruta más corta, no hay ninguna probabilidad de que se elija la ruta corta cuando, como consecuencia de ello, puede producirse un accidente. Y a la inversa, la probabilidad de cometer un error de tipo falso negativo es 1. Es seguro que la ruta más corta que atraviesa las tormentas se rechazará incluso cuando no se sufra ningún accidente atravesándolas, ya que siempre se rechaza la ruta más corta.

Supongamos ahora que la compañía puede adquirir alguna información más. Hay un nuevo dispositivo, el Meteorólogo, que puede predecir con mayor exactitud los relámpagos. De esa forma puede hacer una recomendación e indicar cuándo es seguro volar atravesando una

Tabla 5.3. Precisión del meteorólogo

			Probabilidad de sufrir un accidente cuando	
			Se atraviesa	Se bordea
Probabilidad	*Atravesar*	*0,9999*	10^{-8}	10^{-9}
de la recomendación	*Bordear*	*10^{-4}*	10^{-1}	10^{-9}

tormenta y cuándo no. La tabla 5.3 contiene cifras sobre la precisión del Meteorólogo.

El Meteorólogo recomienda que se tome la ruta que atraviesa la tormenta 9.999/10.000 veces. La probabilidad de sufrir un accidente, dada una recomendación positiva, sólo es de 1 por cada 100 millones. Sin embargo, cuando el Meteorólogo recomienda que se evite la tormenta y no se sigue su consejo, se producirá un accidente 1 de cada 10 veces. El Meteorólogo suministra información muy precisa que permite tomar decisiones mucho mejores.

Si se utiliza el dispositivo, la decisión óptima desde el punto de vista de la compañía cambia. Así como antes la compañía siempre prefería evitar las tormentas, ahora preferirá que se tome la ruta más corta siempre que lo recomiende el Meteorólogo. Cuando la recomendación es positiva, el coste esperado de un viaje es:

Coste esperado de atravesar la tormenta $= (10^{-8})$ (1.000 millones de euros)
$+ 17.000$ euros $= 17.010$ euros.

mientras que el coste esperado de tomar la ruta que rodea la tormenta sigue siendo de 20.000 euros. Por tanto, la compañía preferiría que se tomara la ruta más corta siempre que el Meteorólogo hiciera una recomendación positiva, pero que se tomara la más larga siempre que hiciera una recomendación negativa.

Se plantean dos cuestiones. En primer lugar, ¿debe la empresa comprar el Meteorólogo? La respuesta depende de lo que cueste y de la frecuencia con que se emplee. En segundo lugar y lo que es más importante, ¿qué tipo de estructura de autoridad debe utilizarse si se compra?

Sin el Meteorólogo, se podría dejar que cada piloto eligiera la ruta. Como los incentivos del piloto coincidirían con los intereses de la empresa, esa descentralización no causaría ningún problema. Con el Meteorólogo, la situación es distinta. La compañía aérea prefiere que se tome la ruta más corta que atraviesa la tormenta el 99,99 por ciento de las veces. El piloto podría tener una opinión distinta. En primer lugar, la probabilidad de sufrir un accidente cuando el Meteorólogo recomienda la ruta más corta es de 1 por cada 100 millones. Si se toma la ruta más larga, la probabilidad de sufrir un accidente es de 1 por cada 1.000 millones. Ambas cifras son pequeñas, pero aun así la primera es 10 veces mayor que la segunda. Manteniéndose todo lo demás constante, el piloto prefiere las probabilidades más bajas de sufrir un accidente y elige la ruta más larga, aunque la más corta sea más eficaz desde el punto de vista de los costes. En segundo lugar, dejando a un lado los accidentes, puede ser más difícil volar atravesando una tormenta que desviarse. Ambas consideraciones inducen a pensar que el piloto podría no tomar la misma decisión que tomaría la compañía.

En este caso, la estructura de autoridad debería cambiar si se compra el Meteorólogo. Ahora la empresa prefiere una estructura jerárquica, en la que el piloto debe pedir autorización para bordear la tormenta y en la que la compañía aérea tiene derecho a denegar la solicitud.

Este ejemplo muestra la interrelación entre la información de la que se dispone, la estructura de la toma de decisiones y los incentivos de los empleados. Cuando se dispone de información central (el Meteorólogo), es más probable que tenga sentido la centralización por medio de un uso mayor de la jerarquía. Cuando no, tiene sentido la descentralización. Sin embargo, la descentralización sólo funciona bien cuando los intereses del que toma las decisiones coinciden razonablemente bien con los de la organización.

RESUMEN

Las organizaciones son algo más que un conjunto de trabajadores que realizan determinadas tareas físicas. Una visión más útil, sobre todo en las economías modernas, es que las organizaciones son entidades generadoras y procesadoras de conocimientos. Una gran parte de la estructura de una organización y, (como veremos en seguida) del diseño de sus puestos de trabajo, tiene por objeto utilizar la información y los conocimientos para mejorar la eficiencia, adaptarse e innovar.

Las propias economías se enfrentan a las mismas cuestiones. La organización más eficaz de una economía es la que se basa en el mercado. Ésta permite la descentralización que posibilita a su vez la explotación del conocimiento propio del tiempo y del lugar. La utilización del conocimiento disperso por toda la economía permite una mayor eficiencia. También hace que la economía sea más adaptable, ya que la adaptación normalmente exige una reacción continuada a los acontecimientos locales. Por último, hace que la economía sea más creativa, ya que anima a todos los individuos a invertir en ideas y a hacer uso de ellas.

Las economías de mercado son sistemas que se organizan solos: apenas hay dirección central. Sin embargo, son capaces de lograr un alto grado de coordinación a pesar de ello. Lo logran por medio de los precios, que constituyen señales del valor de los diferentes bienes y servicios. Los responsables descentralizados de tomar las decisiones utilizan esta información para tomarlas, sin tener que conocer los detalles de otros usos posibles de los bienes y los servicios o de quiénes podrían ser sus clientes y cómo utilizarían el producto. Por tanto, los precios son un mecanismo eficiente para transmitir el conocimiento general y coordinar la economía.

Por último, los mercados funcionan bien porque proporcionan incentivos muy poderosos por medio de la propiedad de los activos. Como la gente puede poseer, comprar y vender activos, está motivada para sacar el máximo rendimiento de esos activos. Esto también permite tomar decisiones más acordes con la información disponible, ya que existe un incentivo para trasladar la información al lugar donde se encuentran los derechos de decisión y viceversa, con el fin de maximizar el valor de ambos. Los poderosos incentivos que existen en una economía de mercado son una de las razones importantes por los que las economías descentralizadas resultan tan innovadoras y dinámicas.

La metáfora del mercado resulta muy útil para analizar el diseño de las organizaciones. Aunque ninguna empresa sea capaz de reproducir perfectamente una estructura de mercado, el objetivo básico de su organización debe ser reproducir en la medida de lo posible el modo en que funcionan los mercados. Por tanto, la estructura organizativa debe diseñarse de tal manera que logre varios objetivos fundamentales: utilizar la información, sobre todo el conocimiento propio disperso por la empresa y entre sus clientes y proveedores; coordinar lo que sea necesario en la empresa; y ofrecer los incentivos apropiados para maximizar el valor de la empresa.

Un buen punto de partida para analizar el diseño de las organizaciones es identificar el conocimiento propio más valioso. Una manera de hacerlo es preguntarse en relación con el conocimiento propio quién/qué/dónde/cuándo/por qué. ¿Quién, dentro o fuera de la empresa, tiene un conocimiento que es valioso para el negocio, pero difícil de transmitir a la dirección central? ¿Qué tipo de conocimiento es? ¿Dónde se encuentra?

¿Es perecedero? ¿Cuándo y por qué es valioso para el negocio? Las respuestas a estas preguntas darán una buena idea de cuáles son las situaciones en las que conviene descentralizar algunos derechos de decisión.

El paso siguiente sería analizar los problemas de coordinación que podrían surgir si las decisiones se descentralizaran como sugiere ese análisis. Si surgen problemas de coordinación, podrían tomarse tres medidas. Una sería tratar de mejorar los incentivos para la coordinación; sin embargo, esta medida no siempre funciona satisfactoriamente. Otra sería inclinar la balanza en favor de una centralización mayor de algunas decisiones. La tercera sería introducir otros mecanismos de coordinación (que analizamos en el siguiente capítulo).

Llegados a este momento, convendría analizar los procesos de toma de decisiones. Separando las diferentes fases de la toma de decisiones y asignándolas a diferentes personas o unidades es posible mejorar aún más aún el uso del conocimiento propio y la coordinación. Además, una empresa puede elegir entre diferentes estructuras según quiera dar más importancia a la gestión de las decisiones o a su control. Eso permite a la empresa decidir cómo enfoca la disyuntiva fundamental que se plantea en cualquier sistema de toma de decisiones entre la creatividad y el control.

La mayor parte del análisis de este capítulo se refiere a la asignación de la toma de decisiones desde el punto de vista del conjunto de la organización. Sin embargo, el grado de discrecionalidad que se da a un empleado constituye una parte importante del diseño de los puestos de trabajo. Por tanto, este capítulo también sirve de introducción al tema del diseño de los puestos. Después de analizar otras cuestiones de la estructura general de la organización en el capítulo 6, en el 7 nos ocuparemos del tema del diseño de los puestos de trabajo.

Ejercicios

1. Defina detenidamente los conceptos de conocimiento propio y general. Vuelva atrás y repase los conceptos de especialización de las inversiones en capital humano y de capital humano general y propio de la empresa. Estos términos parecen todos ellos similares, pero significan cosas distintas, por lo que asegúrese de que comprende las diferencias.
2. Ponga ejemplos de conocimiento propio en las circunstancias concretas del puesto de trabajo que ocupaba en el pasado. En otras palabras, ponga ejemplos de conocimiento o de información que fueran

importante en su trabajo, pero que tenían costes para usted transmitírselo claramente a su jefe. ¿Le permitía la empresa tomar decisiones para las que era necesario tener esa información? ¿Por qué sí o por qué no?

3. La tecnología de la información reduce los costes de transmitir muchos tipos de información. ¿Qué consecuencias cree que tendrá sobre las estructuras organizativas?

4. Su tarea es supervisar la I+D de una gran compañía farmacéutica. Un nuevo medicamento que sea un éxito de ventas puede suponer unos enormes beneficios para su empresa, debido en parte a que estará protegido por una patente durante muchos años. El desarrollo de nuevos medicamentos es una inversión financiera extraordinariamente grande. Los errores pueden tener muchos costes, ya que los nuevos medicamentos pueden ser perjudiciales para sus clientes y dañar la marca de la empresa. Por último, las agencias nacionales de medicamentos imponen su propia y rigurosísima supervisión (control de las decisiones) de los medicamentos en la última fase, antes de que sean aprobados. Describa el proceso de toma de decisiones que recomendaría. ¿Sería diferente en cada fase del desarrollo de los nuevos productos (por ejemplo, en la investigación exploratoria básica en comparación con el desarrollo final del medicamento)?

5. ¿Cree que los métodos de una empresa para tomar decisiones van evolucionando conforme deja de ser una pequeña empresa nueva y se convierte en una empresa madura? En caso afirmativo, ¿cómo y por qué? ¿Cómo afectará probablemente esa evolución a la plantilla de la empresa? ¿Y a su cultura corporativa? ¿Es probable que altere su eficacia en el diseño de los productos? ¿Cómo podría modificarse el énfasis de la empresa conforme va madurando?

6. Su jefe está frustrado con el proceso de toma de decisiones que se utiliza en su empresa. Le pide que prepare un informe detallando los costes de este proceso. ¿Cómo mediría los costes de un proceso concreto de toma de decisiones? ¿Cuáles son las dimensiones de los costes y los beneficios que tiene para una empresa un proceso concreto?

BIBLIOGRAFÍA

Fama, Eugene y Michael Jensen (1983), «Separation of Ownership and Control», *Journal of Law & Economics*, 26.

Grillparzer, Frank (1844), *Libussa* (opera).

Hawkins, Lee, Jr. (2004), «Reversing 80 Years of History, GM is Reining Global Fiefs», *Wall Street Journal*, 6 de octubre.

Kiviat, Barbara (2004), «The End of Management», *Time*, 6 de julio.

Marr, Merissa (2005), «Disney Cuts Strategic-Planning Unit», *Wall Street Journal*, 28 de marzo.

Smith, Adam (1776), *The Wealth of Nations*, Modern Library Classics, 2000.

von Hayek, Friedrich (1945), «The Use of Knowledge in Society», *American Economic Review*, 35(4).

Otras lecturas

Aghion, Philippe y Jean Tirole (1997), «Formal and Real Authority in Organizations», *Journal of Political Economy*, 105(1), págs. 1–29.

Jensen, Michael y William Meckling (1992), «Specific and General Knowledge and Organizational Structure», en Lars Werin y Hans Wijkander (comps.), *Contract Economics*, Oxford, Blackwell.

Sah, Raaj Kumar y Joseph Stiglitz (1986), «The Architecture of Economic Systems: Hierarchies and Polyarchies», *American Economic Review*, 76, págs. 716–727.

Apéndice

Estructuras jerárquicas, horizontales y basadas en una segunda opinión

En este apéndice comparamos en términos formales las estructuras de toma de decisiones jerárquicas, horizontales y basadas en una segunda opinión, utilizando nuestro ejemplo de la empresa de Willie y Gladys. En una jerarquía, Willie evalúa los nuevos proyectos, rechaza algunos y recomienda el resto a Gladys. Gladys evalúa los proyectos que le recomienda Willie, rechaza algunos y lleva a cabo los demás. En una estructura horizontal, cada uno evalúa diferentes proyectos. Los que son aceptados por uno o por los dos se llevan a cabo. En una estructura basada en una segunda opinión, ambos evalúan todos los proyectos. Si discrepan, la empresa utiliza un procedimiento de resolución con el que el proyecto se acepta y se lleva a cabo en la proporción $\lambda < 1$. Simplificaremos el análisis suponiendo que para ello lanzan una moneda al aire y que $\lambda = 1/2$, pero es fácil mostrar que se obtienen los mismos resultados con cualquier valor de λ comprendido entre 0 y 1.

Cada persona recibe N proyectos nuevos o recomendados por periodo. Por tanto, en una jerarquía el cuello de botella es Willie y se evalúan N proyectos por periodo. En una organización horizontal, se evalúan $2N$ proyectos. En una estructura basada en una segunda opinión, se evalúan N proyectos y cada uno dedica la mitad de su tiempo a los nuevos proyectos y la otra mitad a los que ya han sido revisados por su colega. Los proyectos tienen resultados binarios: pueden ser buenos (rentables) o malos (no rentables).

La probabilidad de que se tome una decisión correcta cuando se evalúa por primera vez un proyecto es $p > 1/2$. Si no fuera mayor que $1/2$, la empresa haría mejor en lanzar una moneda al aire para tomar sus decisiones. La probabilidad de que se cometa un error cuando se evalúa por primera vez un proyecto es $1 - p$.

Si un proyecto se evalúa una segunda vez, la decisión es más exacta, puesto que un proyecto que ya se ha recomendado en una primera fase es más probable que sea bueno que si aún no se ha evaluado. Por tanto, la probabilidad de que se tome una decisión correcta si se evalúa un proyecto una segunda vez es $q > p$; así pues, la probabilidad de que se cometa un error es $1 - q < 1 - p$. Naturalmente, eso sólo ocurre en la estructura jerárquica y en la estructura basada en una segunda opinión.

Las figuras 5A.1-3 muestran los diagramas de flujos de una nueva idea aleatoria en cada estructura. En la figura 5A.3, $1/2$ indica dónde es necesario tirar una moneda al aire; la mitad de esos proyectos se acepta y la otra mitad se rechaza (en términos más generales, se aceptaría la proporción λ).

La tabla 5A.1 reúne las probabilidades de las cuatro decisiones últimas (aceptaciones y rechazos correctos y errores de los dos tipos) y muestra los resultados una vez realizados algunos cálculos algebraicos para simplificar el análisis. En el panel superior, se han calculado las probabilidades correspondientes a una única idea aleatoria. En el panel inferior, se ha calculado el número total de ideas resultantes por periodo que hay en cada categoría, teniendo en cuenta el hecho de que en una estructura horizontal se evalúa el doble de ideas por periodo.

La tabla 5A.2 resume estos resultados de una forma más cómoda, clasificando las tres estructuras en función de las demás. El panel superior clasifica la probabilidad de cada resultado correspondiente a una nueva idea. El panel inferior clasifica el número total de cada resultado obtenido, dado el número total de ideas que evalúa cada estructura.

El panel inferior muestra que la estructura horizontal implica más errores en conjunto que las otras dos, cuando se tiene en cuenta el

Figura 5A.1. Estructura jerárquica

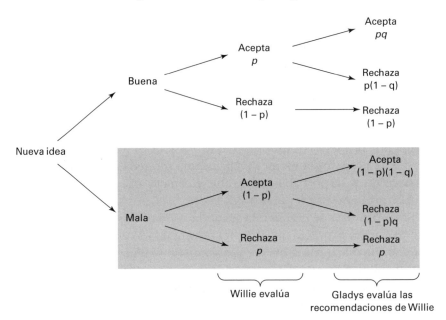

Willie evalúa   Gladys evalúa las recomendaciones de Willie

Figura 5A.2. Estructura horizontal

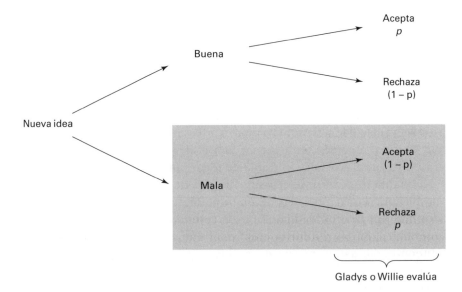

Gladys o Willie evalúa

Figura 5A.3. Estructura basada en una segunda opinión

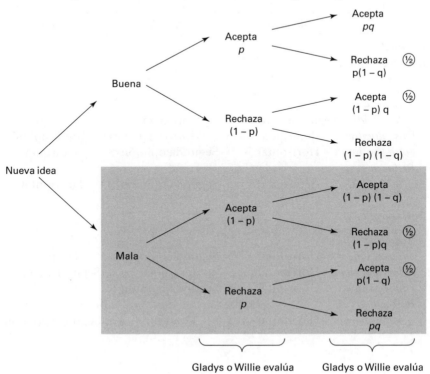

Gladys o Willie evalúa   Gladys o Willie evalúa

Tabla 5A.1. Comparaciones de las estructuras de autoridad

	Horizontal	*Segunda opinión*	*Jerarquía*
Resultado correspondiente a una nueva idea			
Aceptar una buena			
idea	p	$\frac{1}{2}(p+q)$	pq
Falso negativo	$1-p$	$1-\frac{1}{2}(p+q)$	$1-pq$
Falso positivo	$1-p$	$1-\frac{1}{2}(p+q)$	$(1-p)(1-q)$
Rechazar una mala			
idea	p	$\frac{1}{2}(p+q)$	$1-(1-p)(1-q)$
Producción total			
Aceptar las			
buenas ideas	$2Np$	$N\frac{1}{2}(p+q)$	N_{pq}
Falsos negativos	$2N(1-p)$	$N[1-\frac{1}{2}(p+q)]$	$N(1-pq)$
Falsos positivos	$2N(1-p)$	$N[1-\frac{1}{2}(p+q)]$	$N(1-p)(1-q)$
Rechazar las			
malas ideas	$2Np$	$N\frac{1}{2}(p+q)$	$N[1-(1-p)(1-q)]$

Tabla 5A.2. Resumen de los resultados

	Máximos		*Intermedios*		*Mínimos*
Resultado correspondiente a una nueva idea					
Aceptar una buena idea	Segunda opinión	>	Horizontal	>	Jerarquía
Falso negativo	Jerarquía	>	Horizontal	>	Segunda opinión
Falso positivo	Horizontal	>	Segunda opinión	>	Jerarquía
Rechazar una mala idea	Jerarquía	>	Segunda opinión	>	Horizontal
Producción total					
Aceptar las buenas ideas	Horizontal	>	Segunda opinión	>	Jerarquía
Falsos negativos	Horizontal	>	Jerarquía	>	Segunda opinión
Falsos positivos	Horizontal	>	Segunda opinión	>	Jerarquía
Rechazar las malas ideas	Horizontal	>	Jerarquía	>	Segunda opinión

total. Sin embargo, también lleva a cabo más ideas buenas que las otras dos. Por tanto, en las estructuras horizontales hay más cambios globales, más proyectos nuevos que tienen éxito y más fracasos. Además, como las ideas sólo se evalúan una vez, se toman las decisiones más deprisa. Las estructuras horizontales son las más creativas y turbulentas de las tres. Las estructuras que se basan en una segunda opinión son intermedias; las buenas ideas tienen una segunda oportunidad de ser aceptadas en comparación con una estructura jerárquica, pero las malas ideas tienen una segunda oportunidad de ser rechazadas, en comparación con una estructura horizontal. Las jerarquías son las estructuras más conservadoras de las tres.

6 Estructura organizativa

El caos es la ley de la naturaleza; el orden es el sueño del hombre.

–Henry Adams, 1983

Introducción

En el capítulo anterior, centramos la atención en la asignación de cada decisión. En éste exploramos una cuestión macroeconómica estrechamente relacionada con la anterior: la estructura general de la organización. Se trata de un tema muy extenso que fácilmente podría ser objeto de todo un curso. Aquí nos fijamos únicamente en unas cuantas cuestiones fundamentales.

Imaginemos que formamos parte del nuevo equipo de dirección de una gran empresa aeroespacial. Esta empresa ha tenido un éxito diverso en los últimos diez años. Ha lanzado algunos nuevos productos muy sofisticados que han tenido mucho éxito, pero otros han fracasado. La empresa se enfrenta a una creciente competencia de empresas más dinámicas que están innovando muy deprisa. Una competidora ha tenido problemas de calidad, por lo que el director general quiere evitar que surjan problemas similares en nuestra empresa. Por último, ha habido graves conflictos entre algunas divisiones tanto por el diseño del producto como por su comercialización. Nuestro director general nos pide que pensemos cuál es la mejor manera de organizar la empresa para continuar teniendo éxito como hasta ahora y evitar este tipo de problemas. ¿Por dónde empezamos?

Es evidente que vamos a tener que pensar en cómo dividir la empresa en subunidades más pequeñas. Las grandes empresas casi siempre son demasiado complejas como para que las supervise un único equipo de dirección. Una de las cuestiones que vamos a tratar es cómo dividir una empresa en divisiones o en diferentes unidades de negocio.

La segunda cuestión que tendremos que considerar es cómo establecer las líneas jerárquicas. A nuestro jefe le preocupa que la competencia esté moviéndose deprisa, lo que induce a pensar que en nuestra empresa las decisiones se toman con demasiada lentitud. Al mismo tiempo, nuestra empresa ha tenido algunos éxitos en el campo de la innovación y hay presiones para que mantenga la elevada calidad. Las cuestiones que hemos analizado en el capítulo anterior son relevantes en este caso y serán útiles en este capítulo. Por ejemplo, el lector debería saber por el capítulo 5 que, por regla general, a mayor rapidez en la toma de decisiones mayor es el peligro de cometer errores que podrían afectar la calidad.

Por otra parte, la estructura organizativa puede influir considerablemente en la trayectoria profesional de los empleados. En las jerarquías funcionales tradicionales, la mayoría de los empleados dedican su carrera a adquirir más conocimientos dentro de su área funcional. Hay otras estructuras en las que la relación entre éstas y las escalas laborales es menor, lo cual puede reducir el esfuerzo por adquirir nuevas cualificaciones. Además, ciertas estructuras pueden afectar la eficacia de las evaluaciones del rendimiento. Mencionaremos esta cuestión en varios apartados de este capítulo (en el 9 analizamos con mayor profundidad el tema de la evaluación). Una empresa aeroespacial tiene que mantener un equipo de ingeniería de primera línea, por lo que estas cuestiones podrían ser un motivo de seria preocupación.

Por último, los conflictos entre las diferentes divisiones inducen a pensar que hay que mejorar la coordinación en el seno de nuestra organización. ¿Cómo afecta una estructura determinada a los problemas de coordinación que tienden a surgir en toda empresa grande? ¿Qué métodos de coordinación existen? Éstas son las cuestiones de las que se ocupa este capítulo.

TENDENCIAS EN LOS SISTEMAS ORGANIZATIVOS

La prensa económica insiste en la idea de que los sistemas organizativos se han vuelto más horizontales en las dos últimas décadas, pero ¿qué significa eso?

En un estudio se analizó la evolución de la estructura jerárquica de la alta dirección de 300 grandes empresas estadounidenses desde 1986 hasta 1999. Se observó que el número de niveles jerárquicos existentes entre el director general y los niveles de mando inferiores había disminuido más de un 25 por ciento durante ese periodo. Al mismo tiempo, el número de directivos que rendían cuentas directamente al director general había aumentado espectacularmente. Claramente, las empresas están reduciendo el número de niveles jerárquicos en sus organizaciones.

Los autores observaron otras pautas interesantes. Los datos inducen a pensar que las empresas han descentralizado la toma de decisiones a medida que han reducido sus niveles jerárquicos. Una explicación podría ser que un directivo que supervisa a más subordinados dispone de menos tiempo para tomar decisiones y tiene que delegar más. Además, las empresas con jerarquías más horizontales tendían a recurrir en mayor medida a pagar a sus empleados en función de incentivos calculados a partir de medidas amplias del rendimiento (término que definimos más detenidamente en el capítulo 9), como el rendimiento financiero a largo plazo.

Fuente: Rajan y Wolf (2006).

TIPOS DE ESTRUCTURAS ORGANIZATIVAS

En este apartado, describimos cuatro tipos generales de estructuras que acostumbran a utilizar en las empresas. En el siguiente apartado, analizamos los factores que favorecen el uso de cada una. Si el lector ya está familiarizado con las estructuras organizativas básicas, puede omitir este apartado o echarle un rápido vistazo.

La forma de organizarse de las empresas suele ser muy compleja. A menudo consiste en una mezcla de las que hemos esbozado aquí. Por ejemplo, una empresa puede tener muchas divisiones, algunas de las cuales pueden utilizar una estructura en forma de matriz, otras pueden utilizar jerarquías funcionales tradicionales y otras pueden utilizar unas estructuras más informales en forma de red. Incluso una determinada unidad puede combinar distintas formas. Una unidad de negocio puede tener una jerarquía funcional, pero al mismo tiempo recurrir a menudo a la comunicación entre las partes y a la colaboración informal (enfoque reticular). Por último, una unidad puede organizar algunas decisiones y a algunos empleados de una manera, pero otras decisiones de otra. Imaginemos, pues, que estas cuatro estructuras son los tipos básicos. Cuanto mayor y más compleja sea la empresa, más probable es que su estructura combine elementos diversos y sea demasiado compleja como para describirla correctamente en un organigrama.

Antes de describir los cuatro tipos generales de estructuras, debemos señalar primero que todos, salvo uno, se basan en buena medida en un importante principio que introdujimos en el capítulo anterior: la jerarquía.

La jerarquía

La figura 6.1 muestra la estructura organizativa clásica que ha sido históricamente la más importante: la jerarquía funcional. Una jerarquía funcional consta de dos elementos importantes: la estructura funcional y la jerarquía.

La existencia de una jerarquía significa que la comunicación, la supervisión y la toma de decisiones tienen lugar en su mayor parte a lo largo de unas líneas claramente determinadas que van desde el nivel más bajo de la organización hasta el más alto. En la figura 6.1, cada área funcional tiene un jefe [como el vicepresidente ejecutivo (VPE) de ventas]. El vicepresidente (VP) rinde cuentas al VPE, el director al vicepresidente y el subordinado al director. Generalmente, cada empleado tiene que trabajar directamente con los siguientes niveles inmediatos (superiores e inferiores) de la cadena de mando y no se comunica mucho (por no decir nada) con los empleados que se encuentran dos niveles o más por encima o por debajo. En esta estructura, no existe ninguna ambigüedad sobre quién rinde cuentas a quién. Este es exactamente el sistema que analizamos en el capítulo 5.

En una jerarquía, la autoridad última reside en el director general. Sin embargo, muchas decisiones se toman en niveles inferiores, por las razones que describimos en el capítulo anterior. A menudo es necesario descentralizar las decisiones para aprovechar los conocimientos de estos niveles inferiores y para ahorrar tiempo a los altos directivos. La

Figura 6.1. Jerarquía funcional

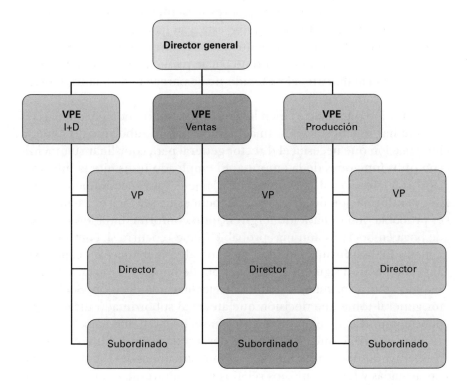

descentralización da lugar, pues, a una cierta separación entre la gestión de las decisiones y su control, para supervisar las operaciones y mejorar su coordinación.

Casi todas las estructuras tienen una jerarquía en este sentido, debido, como señalamos brevemente en el capítulo 5, a las ventajas que tiene el hecho de que *sea sólo una persona la que tome las decisiones.* Si no está claro a quién debe rendir cuentas un empleado y quién es el que toma en última instancia las decisiones, la organización incurrirá en varios costes. Es probable que se tarde más en tomar decisiones, puesto que el grupo tratará de llegar a un consenso. Habrá más confusión, ya que los empleados no sabrán con seguridad a quién tienen que acudir con sus preguntas. Por último, la toma de decisiones en grupo aumenta la importancia de lo que es la política de la organización. Por estos motivos, casi todas las estructuras recurren con frecuencia a fijar una jerarquía en la toma de decisiones.

Pero una jerarquía puede tener unos costes importates en las grandes organizaciones. Para ver por qué, recuérdese el juego infantil de los disparates. En este juego, los jugadores se sientan en círculo. El primero susurra una frase al oído del que está a su lado. El segundo susurra lo que ha oído al oído del siguiente, y así sucesivamente. Una vez que se ha completado el círculo, el último participante dice en voz alta lo que ha oído. Normalmente, el resultado no se parece nada a la frase original: por el camino se ha tergiversado.

Lo mismo puede ocurrir en las jerarquías, sobre todo en aquéllas en las que hay muchos niveles. Imaginemos que un subordinado tiene la información que necesita el director general para coordinar su función con otras funciones de la empresa. El empleado transmite la información a su jefe, el cual se la transmite a su jefe, y así sucesivamente hasta que la información llega a la cima. A menos que sea fácil de cuantificar, es probable que se haya ido tergiversando conforme haya ido pasando de boca en boca. Es aún más probable que eso ocurra si, como sucede a menudo, la información se procesa de alguna manera en cada nivel antes de pasar al siguiente. También puede haber tergiversación en el sentido contrario, cuando se trata de ejecutar una decisión. Si el director general toma una decisión que afecta al subordinado último, ésta debe comunicarse de un nivel a otro hasta llegar al más bajo.

Las organizaciones formales se desarrollaron inicialmente en las primeras grandes instituciones: las administraciones del Estado, las fuerzas armadas y los organismos religiosos. La jerarquía era un elemento importante en todas ellas y ha seguido siéndolo hasta hoy.

Estructura funcional

El segundo elemento de la estructura clásica es el uso de unidades funcionales. Una vez que la empresa crece y adquiere unas ciertas dimensiones, la estructura global tiene que dividirse en subunidades más manejables, pues de lo contrario los altos directivos se verán desbordados. Una manera lógica de dividirla es agrupar en la misma unidad a los empleados que tienen un cometido parecido. Un modo muy frecuente de hacerlo es dividir la organización en unidades basadas en las tareas a realizar.

En la figura 6.1, la empresa está organizada en tres funciones (en realidad, habría más). Un grupo de empleados concentra sus esfuerzos en la investigación y el desarrollo (I+D); otro en la producción del producto; y un tercero en las ventas.

En esta estructura, el empleado tiende a hacer carrera exclusivamente dentro de su función. Un empleado de producción del nivel más bajo iría ascendiendo gradualmente, pero permanecería dentro de la función de producción. Un empleado de ventas también ascendería a puestos de mayor responsabilidad dentro de la unidad de ventas.

Lo que hace que las empresas se organicen según estructuras funcionales son las considerables ventajas de la *especialización*. En una *estructura funcional*, un empleado trabaja casi enteramente con colegas de la misma función. Las funciones tienden a comunicarse entre sí en niveles superiores (en el caso extremo, en el nivel del director general y los altos directivos). Un empleado funcional, para realizar sus tareas, sólo necesita conocer su área funcional: un contable necesitaría tener conocimientos de contabilidad, pero pocos o ninguno de producción o de marketing. Como señalamos en el capítulo 3, eso genera un ahorro enorme en la formación del personal.

La segunda ventaja de la especialización es un importante elemento del siguiente capítulo: las tareas pueden especializarse; en ese caso, los trabajadores realizan un número limitado de tareas que están estrechamente relacionadas entre sí en lo que se refiere a los conocimientos y las cualificaciones que se necesitan para realizarlas. En una jerarquía funcional, es más fácil diseñar lo que llamaremos puestos de trabajo *estrechos* en los que se realiza un reducido número de tareas. Y, naturalmente, los puestos de trabajo estrechos tienden a ser compatibles con un capital humano centrado específicamente en esas tareas.

Una estructura funcional tiene algunas ventajas más, como que una jerarquía tiende a funcionar con mayor fluidez. Como los empleados normalmente comienzan trabajando en el nivel más bajo de la jerarquía y van ascendiendo, en una estructura funcional un jefe normalmente supervisa un trabajo muy parecido al que él hacía antes. Eso significa que será un jefe mucho más eficaz. Estará más capacitado para procesar la información que le suministren sus subordinados y para darles instrucciones (en otras palabras, es probable que tanto la gestión de las decisiones como su control sean más eficaces). La comunicación será más fácil, ya que el jefe comparte las mismas cualificaciones que su personal. La evaluación del rendimiento será más exacta, ya que entiende el contexto del trabajo y sabe cómo se puede averiguar hasta qué punto los resultados se deben a los esfuerzos del empleado o a otros factores.

Como puede observarse, una estructura funcional tiene enormes ventajas desde el punto de vista de la formación, el diseño de los puestos, la toma de decisiones y la comunicación. Sin embargo, también puede presentar un grave inconveniente. La especialización implica que los trabajadores normalmente apenas saben cómo afecta su trabajo a los empleados de otras partes de la organización, por lo que éste puede acabar coordinándose mal con el de otras funciones.

Las causas de este problema son dos. En primer lugar, cuando las cualificaciones y las tareas están especializadas, es improbable que los empleados tengan en cuenta los puntos de vista de los colegas de otras funciones, debido en parte a que no conocen más funciones que la suya y, en parte, a que los incentivos están distorsionados (en una estructura funcional, la evaluación del rendimiento tiende a centrarse en la pericia dentro de la función a costa de la coordinación con otras funciones; en el capítulo 8 le daremos al lector algunos instrumentos para comprender el porqué). La segunda causa es el tipo de errores tanto en la comunicación como en interpretaciónde las decisiones que, como hemos señalado, puede producirse en una jerarquía. En una estructura funcional, la comunicación tiene lugar en su mayor parte de arriba abajo y de abajo arriba dentro de una misma función y no entre funciones.

Estructura divisional

Cuanto mayor sea la empresa, mayor deberá ser la división de la estructura en subunidades manejables. En ese caso, la autoridad para tomar la mayoría de las grandes decisiones en el seno de cada unidad se delega en el director de esa unidad. Una de las maneras de dividir la organización es en funciones. De esta forma se aprovechan las ventajas económicas de la especialización. Sin embargo, en las grandes organizaciones normalmente una jerarquía funcional simple no es suficiente, ya que las unidades funcionales pueden ser demasiado grandes para ser gestionadas eficazmente (por ejemplo, el fenómeno de los errores de comunicación antes descrito puede ser grave).

Además, las grandes empresas tienden a ser más complejas. Sus líneas de productos se expanden. Venden en más regiones. Comienzan a emplear una variedad mayor de técnicas y de tecnologías. Todo eso hace que sea probable que los problemas de coordinación entre las funciones se agraven aún más. Por estas razones, la mayoría de las medianas y grandes empresas también dividen sus estructuras en algún tipo de divisiones. La figura 6.2 muestra un ejemplo de *estructura divisional.*

En este ejemplo, la empresa está dividida en tres divisiones. Dentro de cada división, se utiliza la jerarquía funcional. Esta figura muestra que las empresas pueden combinar y combinar elementos de todas las estructuras que hemos descrito en este capítulo.

Una estructura divisional, además de atenuar los problemas que surgen en una estructura funcional demasiado grande, permite que cada división

Figura 6.2. Estructura funcional

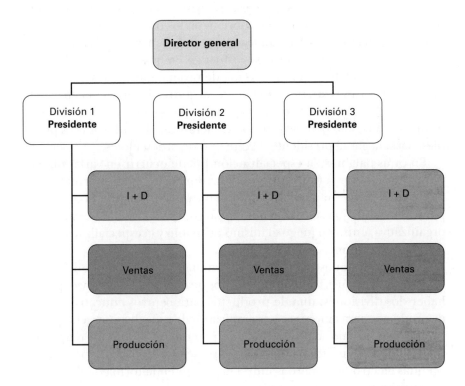

concentre sus esfuerzos en una parte del negocio global de la empresa. Ésta es, en efecto, una versión en gran escala de las ventajas de la especialización.

Consideremos, por ejemplo, el caso de una empresa que diseña y vende ordenadores de gama alta. Vende ordenadores de sobremesa, ordenadores portátiles y agendas electrónicas a centros educativos (escuelas y universidades) y a empresas. Algunos ordenadores utilizan la última tecnología y son muy potentes, mientras que otros utilizan componentes estándar, sólo realizan tareas básicas y pretenden ser baratos.

Esta empresa es algo compleja, ya que tiene una variedad considerable de clientes, tipos de productos y tecnologías. Si existe una única gran unidad para supervisar todas estas actividades, los altos directivos continuarán teniendo que tomar decisiones que resultarán difíciles a la hora de repartir sus esfuerzos y sus recursos.

La empresa podría considerar la posibilidad de dividir la organización en divisiones y asignar a cada una de ellas una determinada área. Eso simplificaría su misión así como el funcionamiento de cada división.

Supongamos, por ejemplo, que la empresa decidiera organizarse en divisiones según sus productos. Las tres divisiones de la figura 6.2 corresponderían a los ordenadores de sobremesa, los ordenadores portátiles y las agendas electrónicas. Un empleado que trabajara en la división de ordenadores portátiles concentraría sus esfuerzos en buscar el modo de mejorar el diseño, la fabricación o la venta de ordenadores portátiles. Su trabajo se simplificaría extraordinariamente, ya que no debería tener en cuenta cómo afecta su trabajo a los ordenadores de sobremesa o a las agendas electrónicas. Lo mismo ocurriría en toda la jerarquía de ordenadores portátiles, hasta llegar al presidente de este tipo de ordenadores.

En otras palabras, la especialización puede ocurrir en varias dimensiones. En economía (y en este texto), las dimensiones que normalmente importan se refieren a las inversiones en capital humano y el diseño de puestos de trabajo estrechos. Sin embargo, en el caso de la estructura organizativa, entra en juego el mismo principio y la especialización puede basarse en numerosas dimensiones.

Por ejemplo, nuestra empresa de ordenadores también podría organizarse en divisiones basadas en los tipos de clientes. En ese caso, podría haber dos divisiones, una de productos para centros educativos y otra de productos para empresas. Los empleados de cada división ya no estructurarían su trabajo según la línea de productos. Ahora un empleado podría trabajar en ordenadores de sobremesa, ordenadores portátiles y agendas electrónicas, pero pondría el acento en la forma de diseñarlos o de venderlos a los centros educativos.

Una tercera estructura divisional posible sería organizar la empresa en función de la tecnología. En ese caso, nuestra empresa de ordenadores podría tener una división para los ordenadores de gama alta y tecnología avanzada y otra distinta para los productos básicos de gama baja. Este tipo de estructura divisional es menos corriente que los demás, pero ocurre. Un último ejemplo bastante habitual sería organizar la empresa en divisiones regionales. La empresa podría tener una división para las Américas, otra para Europa y otra para Asia.

Siempre que los trabajadores están especializados, la coordinación entre los trabajadores de las diferentes especializaciones puede tener costes. Lo mismo ocurre también en las estructuras divisionales. Organizar una empresa en divisiones significa convertirla en cierta medida en un conjunto de miniempresas autónomas. Normalmente, el presidente de una división es evaluado y retribuido en gran parte por los resultados de su división. La especialización de los incentivos, la estrategia, las cualificaciones de los empleados y el diseño de los puestos en cada división puede significar que las divisiones no tengan debidamente en cuenta las consecuencias de su trabajo en las demás divisiones.

Utilizando nuestra metáfora del mercado del capítulo 5 al diseño de la organización, surgen problemas de coordinación porque las diferentes unidades organizativas se imponen mutuamente externalidades positivas o negativas. En el caso de las externalidades positivas, la cooperación es insuficiente. En el caso de las externalidades negativas, hay demasiada competencia.

Consideremos una vez más el ejemplo de nuestra empresa de ordenadores. Si la organizamos en divisiones de productos, la de ordenadores portátiles competirá por las ventas con la de ordenadores de sobremesa. Esta competencia puede reducir los beneficios totales, ya que ninguna de las dos divisiones tiene suficientes incentivos para tener en cuenta las externalidades negativas que impone a la otra. Por tanto, en una empresa organizada en divisiones la labor del director general y de los altos directivos consiste en gran parte en supervisar las actividades de cada una para mejorar la coordinación entre ellas. Para eso puede ser necesario conservar algunos derechos de decisión sobre la estrategia de las divisiones, crear sistemas de incentivos que recompensen la cooperación y resolver los conflictos que surjan.

¿Cómo debe definir una empresa sus divisiones?

¿Cómo decide una empresa la estructura divisional que va a utilizar? Es difícil contestar a esa pregunta sin saber a qué actividades se dedica. La cuestión se reduce en gran parte a decidir en qué dimensión necesita la empresa diferenciar más sus actividades. Supongamos, por ejemplo, que en esta empresa se necesita una tecnología parecida para fabricar los tres productos. En ese caso, sería un error dividir la empresa en divisiones basadas en la tecnología. Cada división intentaría concentrar la I+D en su tipo de producto. Eso implicaría una repetición innecesaria y la incompatibilidad de la I+D de las distintas divisiones. En cambio, si cada tipo de producto requiere una tecnología muy distinta, poco se perdería dividiendo la I+D en tres áreas de productos.

A menudo tiene sentido organizar las ventas y el marketing en divisiones geográficas, por productos o por clientes. Una estructura geográfica puede tener sentido si un mismo equipo de ventas puede vender eficazmente a todos los tipos de clientes, en cuyo caso puede asignarse a todos los clientes de una zona concreta. Además, las divisiones geográficas permiten a la empresa cambiar más fácilmente las técnicas de marketing y de ventas, así como de información sobre sus productos que se utilizan en regiones que tienen distintas lenguas o culturas.

Organizar las ventas por productos o por clientes puede tener sentido si cada tipo de productos o de clientes requiere una técnica distinta de ventas y de marketing. Por ejemplo, los clientes que son empresas o que compran ordenadores de gama alta pueden ser menos sensibles al precio, pero demandan productos y servicios más sofisticados y especializados.

Uno de los principios importantes para organizar el trabajo en cualquier nivel de la empresa es la *modularidad*. Un sistema es *modular* si puede descomponerse en partes en gran medida distintas e independientes desde el punto de vista funcional. El principio de la modularidad tiene aplicaciones en muchas áreas, desde el diseño de programas informáticos hasta la biología evolutiva y la sociología. También puede aplicarse a la estructura organizativa y al diseño de los puestos de trabajo.

La división del trabajo en diferentes puestos o grupos de trabajo o unidades de negocio o divisiones genera costes de coordinación entre esas unidades. Si el trabajo se presta a la modularidad, los costes de coordinación tienden a ser más bajos. Por tanto, una regla práctica que resulta útil para definir las divisiones es buscar la modularidad. ¿Cómo puede dividirse un negocio en grupos que se gestionen en gran medida de forma indepeniente? Antes hemos analizado un caso en el que tenía poco sentido dividir la I+D: esta función no se puede modularizar fácilmente en una empresa de ordenadores. En cambio, a menudo es relativamente sencillo modularizar una organización de ventas por regiones o por productos.

La modularidad es posible en la medida en que las externalidades o los costes de coordinación de las distintas unidades no sean demasiado grandes. En el diseño de programas informáticos, este principio a veces se denomina *poco acoplamiento* y *mucha cohesión*. Cuando las tareas requieren mucha cohesión, es importante aglutinarlas todas en la misma unidad organizativa o establecer unos potentes mecanismos de coordinación (véase el recuadro). Las tareas que sólo requieren un cierto acoplamiento son buenas candidatas para asignarlas a módulos diferentes (puestos de trabajo, unidades o divisiones). En el siguiente capítulo, utilizaremos de nuevo el principio de modularidad.

EL DISEÑO DE PROGRAMAS INFORMÁTICOS EN MICROSOFT

A principios de 2007, Microsoft sacó a la venta –más de un año después de que se anunciara– el programa Vista, que era una actualización del sistema operativo Windows. El motivo del retraso fue una modularidad aparentemente inadecuada en el diseño de Windows, que es un enorme y complejísimo programa informático (técnicamente, un conjunto de programas interconectados).

La tarea de cada programador era producir su propia parte del código global para ensamblar después todas estas partes y obtener el programa común. Sin embargo, Microsoft observó que el proceso de desarrollo no estaba prestando suficiente atención al principio de modularidad. Había más de 4.000 ingenieros trabajando en el Windows y cada uno seguía sus propias directrices como si se tratara de un solo proyecto.

Microsoft introdujo dos cambios en el proceso de desarrollo. En primer lugar, dividió el proyecto en más subproyectos, de una forma muy parecida a como se divide la estructura de una empresa en divisiones. Cuando los directivos trazaron un organigrama de todo el proyecto de Windows, medía «8 pies de alto y 11 de largo y parecía un irregular mapa de trenes con cientos de vías que se entrecruzaban». Los jefes del proyecto lo dividieron en subproyectos que podían añadirse o eliminarse sin poner en peligro todo el sistema operativo.

En segundo lugar, los directivos presionaron para que se mejorara la modularidad exigiendo que el código de cada una de las partes tuviera la suficiente calidad antes de que se añadieran al proyecto común. Los ingenieros tenían que depurar más sus proyectos y diseñarlos de tal modo que cada uno fuera como una pieza Lego, responsable de una única función.

Fuente: Guth (2005).

Por último, en relación con la estructura divisional, en principio una empresa puede organizar sus diferentes grupos de tareas en estructuras distintas. Por ejemplo, la I+D podría estar centralizada en un solo grupo en toda la empresa. De esa forma se aprovecharían al máximo las ventajas de las economías de escala y de la estandarización de las piezas y de los productos de toda la empresa. Esa misma empresa podría dividir el marketing y las ventas en divisiones por clientes para maximizar la flexibilidad en las técnicas de ventas. La producción podría organizarse por regiones para reducir lo más posible los costes de distribución. Sin embargo, cuando las diferentes áreas de la empresa están organizadas en función de dimensiones totalmente distintas, la complejidad aumenta rápidamente. La producción concentra sus esfuerzos en adaptar sus métodos a las diversas regiones y no se coordina bien con las ventas o con la I+D. La I+D concentra sus esfuerzos en el desarrollo de tecnología punta para pantallas de cristal líquido, pero no en la búsqueda de la manera de adecuar sus diseños a los diferentes tipos de clientes. La labor del director general y de los altos directivos de coordinación de estos grupos a los que se les asignan diferentes centros de interés se vuelve inevitablemente más difícil. Por este motivo, es beneficioso mantener una estructura sencilla y agrupar a los empleados en divisiones que sean relativamente coherentes entre sí.

Estructura basada en matrices o en proyectos

Uno de los inconvenientes de la estructura divisional es que la empresa no puede aprovechar algunas de las ventajas de la especialización y de las economías de escala que existen en una estructura funcional más sencilla. Por ejemplo, si cada división tiene su propio personal de ventas, puede perderse eficiencia si cada grupo de ventas presta algunos servicios por separado. Asimismo, si cada división tiene su propio departamento de contabilidad, la empresa puede acabar teniendo múltiples sistemas de contabilidad incompatibles y relativamente caros.

Este problema puede ser especialmente grave en funciones como la I+D que requieren conocimientos técnicos muy avanzados. Si hay múltiples grupos funcionales en divisiones distintas, cada uno tiene que adquirir estos conocimientos técnicos por su cuenta (o utilizar algún tipo de sistema de gestión del conocimiento; véase más adelante). Eso tiende a crear despilfarro y puede hacer que la I+D sea menos eficaz que cuando se aúnan todos los esfuerzos de investigación en una única unidad organizativa.

La tercera estructura, la estructura basada en matrices o en proyectos, puede utilizarse para buscar un equilibrio entre el deseo de obtener economías de escala en áreas funcionales especializadas y el deseo de tener una estructura divisional. La figura 6.3 muestra un ejemplo. En este caso, la empresa está organizada *tanto* en grupos funcionales *como* en grupos divisionales. Cada empleado es asignado a dos grupos: un área funcional y un área divisional. Por ejemplo, un ingeniero puede ser asignado a diseño de programas informáticos y a ordenadores portátiles. Debe señalarse que cada empleado tiene *dos* jefes, uno en su función y otro en su división.

Una estructura formal relativamente permanente del tipo que se muestra en la figura 6.3 se llama *estructura matricial*. El término matriz se refie-

Figura 6.3. Estructura basada en matrices o en proyectos

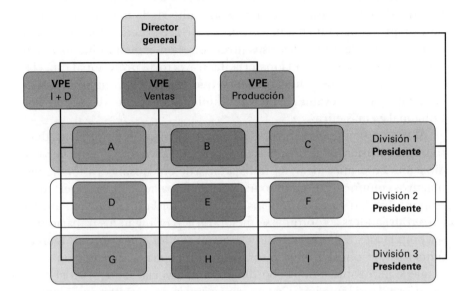

re al diseño bidimensional en el que cada empleado está asignado a dos organizaciones. De hecho, el organigrama de la figura 6.3 se parece a una matriz 2×2.

Muchas empresas asignan a los trabajadores funcionales a proyectos que abarcan varias funciones. Esos proyectos tienen un carácter más temporal que las divisiones formales que aparecen en la figura 6.3. Una estructura basada en proyectos consiste en estructuras de tipo matricial relativamente temporales. Ambas estructuras utilizan las mismas técnicas; la diferencia es de permanencia relativa. Por último, los equipos transversales temporales *ad hoc* se basan en los mismos principios generales, pero son aún más temporales que una estructura basada en proyectos.

Merece la pena señalar que en una estructura divisional un empleado también tiene, en cierto sentido, dos afiliaciones: la división y la función dentro de la división. Sin embargo, esta estructura es diferente de la matricial. En la estructura divisional, hay diferentes funciones (por ejemplo, diferentes grupos de ventas) para cada división. En la estructura matricial, hay una única organización funcional que abarca varias divisiones. En otras palabras, en una estructura divisional las funciones están dentro de las divisiones, mientras que en una estructura matricial las funciones abarcan varias divisiones.

La estructura basada en matrices o en proyectos permite aprovechar muchas de las ventajas tanto de la estructura funcional como de la estructura divisional. Organizando uno de los lados de la matriz por funciones, se aprovechan muchas de las ventajas de la estructura funcional. Un empleado puede especializar sus inversiones en capital humano y convertirse en un experto en la materia. La trayectoria profesional está clara (a lo largo de líneas funcionales, ya que se adquiere una pericia funcional mayor). La evaluación del rendimiento por parte del supervisor funcional es más eficaz.

Al mismo tiempo, los trabajadores están agrupados *por funciones* dentro de las divisiones. Esto permite mejorar extraordinariamente la coordinación. En primer lugar, los trabajadores de una misma división tienen objetivos comunes. En segundo lugar, cada trabajador tiene un jefe cuya responsabilidad es promover los resultados de la división. Eso anima a los trabajadores a coordinarse mejor. En tercer lugar, los trabajadores se comunican y trabajan más directamente con los colegas de otras áreas funcionales. Compárese esta estructura con la jerarquía tradicional, en la que la mayor parte de la coordinación transversal se logra en el nivel superior de cada función. Una enorme ventaja de una estructura basada en matrices, o en proyectos, es que gran parte de la coordinación puede lograrse en niveles más bajos, más cerca de donde se realiza realmente la mayor parte del trabajo. Esta observación será importante cuando introduzcamos más adelante la idea del *problema de integración*.

Parecería que las estructuras matriciales poseen lo mejor tanto de la estructura funcional como de la estructura divisional. Sin embargo, también tienen considerables inconvenientes, debido a que se incumple el principio de un único responsable de tomar decisiones. En esta estructura, cada empleado tiene dos jefes. Estos jefes tienen objetivos que están en conflicto entre sí. El objetivo del jefe funcional es maximizar la pericia funcional. Por ejemplo, es probable que el jefe de I+D quiera desarrollar sobre todo la I+D más básica, que puede utilizarse para muchos productos, en lugar de propiciar la I+D más aplicada que se utiliza en una división de un producto concreto. En cambio, el jefe de división del ingeniero le presionará para que concentre sus esfuerzos en el producto concreto.

En la mayoría de los casos, es probable que el trabajador sea leal principalmente a su jefe funcional, ya que su carrera estará probablemente dentro de la escala funcional. Por tanto, las estructuras matriciales pueden acabar dando más importancia a la pericia funcional (y no a los resultados de las divisiones) que una estructura divisional pura (pero menos que una estructura funcional).

Esta situación es muy complicada para el ingeniero. Será presionado constantemente por los dos jefes para que concentre su trabajo en áreas diferentes. Los jefes tendrán opiniones distintas sobre el modo en que debe evaluarse y retribuirse su rendimiento. Por tanto, las estructuras matriciales tienden a generar más intrigas, mayores conflictos, mayor lentitud en la toma de decisiones y más burocracia (por ejemplo, más tiempo en reuniones para resolver los conflictos). Naturalmente, eso es en cierta medida de lo que se trata: el conflicto es un mecanismo de coordinación que revela y resuelve los problemas de coordinación. El problema es que es un mecanismo complejo que tiene costes, por lo que sólo debería utilizarse si las ventajas de una estructura de tipo matricial fueran suficientemente grandes.

Estructura reticular

Por último, una estructura que ha sido objeto de una creciente atención en las dos últimas décadas es la *estructura reticular*, que presentamos en la figura 6.4 (el círculo representa los límites de la empresa). La estructura reticular es difícil de definir rigurosamente. Es una estructura que pone más énfasis en las relaciones informales entre los trabajadores y los directivos dentro y fuera de la organización. En todas las organizaciones, hay una estructura informal que corre paralela a la estructura formal. Esta estructura informal es la *red* o conjunto de relaciones de cada directivo con sus colegas. Cuando un empleado necesita que se haga algo, no siempre sigue la cadena formal de toma de decisiones que establece el organigrama de la empresa sino que a veces se pone directamente en contacto con un colega de alguna otra parte de la organización. Eso tiene la ventaja de permitir tomar decisiones más deprisa, con menos tergiversaciones con mayor coordinación. El coste es que puede socavar la cadena formal de mando.

Asimismo, la mayoría de las empresas recurren al menos en algunas ocasiones a los equipos transversales *ad hoc* que hemos descrito en el subapartado anterior. Éstos combinan en alguna medida la pericia funcional con la concentración de las divisiones en sus operaciones, pero son más flexibles que una matriz rígida. Algunas empresas ponen especial énfasis en estos tipos de grupos de trabajo *ad hoc* y en animar a los directivos a utilizar su red de relaciones para comunicarse y coordinarse directamente. Esas organizaciones se llaman a veces estructuras reticulares.

En la figura 6.4, la empresa está organizada en tres equipos. Estos equipos podrían ser responsables de diseñar determinados productos o de trabajar con determinados clientes. La empresa también tiene otras

Figura 6.4. Estructura reticular

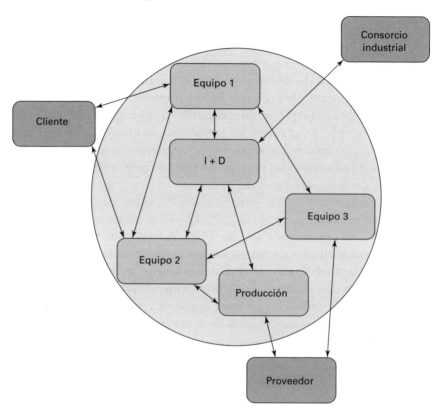

dos unidades organizativas de la forma funcional más tradicional, I+D y producción. Éstas probablemente están organizadas de esa forma para aprovechar al máximo las ventajas de la especialización y de las economías de escala. Por último, en este caso hay tres grupos externos con los que trabajan regularmente uno o más de los grupos internos, un gran cliente, un consorcio industrial y un proveedor clave.

En esta estructura, los empleados de los equipos colaboran entre sí para alcanzar los objetivos del equipo. En este sentido, se podría haber elaborado fácilmente el organigrama de la figura 6.4 con dos divisiones funcionales y otras tres divisiones (los equipos).

La idea que pretende fomentar una estructura reticular es que no todo el trabajo está organizado en jerarquías tradicionales. En este ejemplo, un jefe del equipo 2 puede tener que establecer buenas relaciones de trabajo con los jefes de los otros dos equipos, con I+D y con producción, y también con el cliente principal.

Las estructuras reticulares pueden concebirse como una especie de mecanismo interno para que se haga el trabajo, pero el activo que se utiliza en este mercado no es un activo financiero tangible sino las relaciones personales intangibles de un jefe con otros, lo que se llama a menudo *capital social*. Los analistas de las estructuras reticulares han observado que los directivos que cubren los *huecos estructurales* –los espacios que hay entre dos grandes redes– tienen un valor especial en una estructura reticular, a modo de piedra angular, ajustando la oferta y la demanda y permitiendo que el intercambio de influencias y pareceres funcione más eficazmente. Sin embargo, el uso de capital social intangible significa que, en este mercado, las influencias no tiene precios fácilmente observables. Por este motivo, las transacciones entrañan unas negociaciones más complejas y son de carácter más político. Por tanto, aunque las estructuras reticulares se parecen a un mercado en aspectos muy interesantes, son un sustitutivo imperfecto.

Recapitulando, algunas empresas utilizan técnicas relacionadas con las estructuras funcionales, divisionales o matriciales, pero de una manera relativamente temporal y fluida. Cuando utilizan esas técnicas, la toma de decisiones y la coordinación se basan más en relaciones informales que en cadenas formales de mando. En la práctica, la mayoría de las empresas utilizan elementos de los cuatro enfoques para estructurar su organización; al final, es una cuestión de grado.

¿QUÉ ESTRUCTURA SE DEBE UTILIZAR EN UNA EMPRESA?

¿Qué estructura se debe utilizar en una empresa? En primer lugar, no se debe utilizar una única estructura para toda la empresa. Las empresas emplean una mezcla de estructuras para las diferentes partes de su organización. Además, a menudo mezclan técnicas de distintas estructuras (por ejemplo, para distintos conjuntos de decisiones) incluso para un mismo grupo de empleados. Por tanto, es mejor formular la pregunta de la siguiente manera: ¿por qué estructura debe inclinarse la empresa en cada una de sus áreas?

Cualquiera que sea el enfoque que se utilice, hay dos importantes fuerzas que deben tenerse siempre presentes: el principio de un único responsable de la toma de decisiones y el valor de la especialización. Examinemos la primera de las dos. Las estructuras de tipo reticular pueden tener costes, ya que son imprecisas. Cuando menos claro esté quién es el responsable último de tomar las decisiones, más probable resulta que los empleados trabajen para objetivos contrapuestos. Por tanto, incluso en una estructura reticular suele ser importante indicar claramente quiénes son los jefes y cuáles son los objetivos de los equipos y de las unidades organizativas. Por la misma razón, las organizaciones reticulares normalmente recurren a tomar las decisiones jerárquicamente. Una estructura reticular puede ser bastante eficaz para gestionar las decisiones –tormenta de ideas y actividades creativas– pero aun así es necesario un control estricto de las decisiones.

La segunda fuerza importante es la especialización. Casi todas las empresas suelen recurrir a las estructuras funcionales. Eso permite que los empleados se especialicen según sus cualificaciones, tareas y carreras profesionales. Por tanto, la jerarquía funcional generalmente constituye una parte importante de casi todas las organizaciones y debe ser el punto de partida en la mayoría de los análisis de la estructura.

Aparte de la importancia de la especialización y de la existencia de una única fuente de autoridad, también hay otros factores cruciales. El tercer factor que influye sobre la estructura óptima es la complejidad de las actividades de la empresa. Cuando éstas son complejas, hay más áreas que la empresa tiene que controlar. El deseo de aprovechar las ventajas de la especialización tiende, pues, a introducir una *diferenciación* mayor y a crear unidades organizativas más pequeñas. Eso determina no sólo la organización funcional sino también las divisiones y las subdivisiones. Por tanto, cuanto más complejas sean las actividades de la empresa, más compleja será su estructura (divisional, matricial o reticular).

Como señalaremos en el siguiente capítulo, cuando las actividades de la empresa son complejas, el conocimiento tiende a ser más específico en los niveles inferiores de la organización. Por este motivo, cuanto mayor es la complejidad, más suele recurrir la empresa a la descentralización. Por tanto, existe una relación positiva entre las estructuras más complejas, como la estructura divisional, y el uso de la descentralización tanto entre divisiones como dentro de ellas. Asimismo, es más probable que en las organizaciones funcionales sencillas la toma de decisiones sea jerárquica y esté relativamente centralizada.

La descentralización y la diferenciación de la organización en subunidades hacen más necesaria la coordinación. Por tanto, las empresas que utilizan esta vía para estructurar su organización tienen que hacer un uso mayor de los mecanismos de coordinación. Más adelante describimos algunos.

El cuarto factor que afecta a la estructura óptima es la estabilidad del entorno de negocio de la empresa. Cuanto más estable sea el entorno, menos importante será el conocimiento específico procedente de los niveles inferiores y más capaz será la empresa de centralizar sus decisiones. Además, cuando el entorno es estable, más probable es que la empresa haya dominado los procesos de su negocio y pueda permitirse establecer procedimientos formales. Cuando eso es así, tiene menos interés diferenciar la empresa en subunidades especializadas, ya que hay menos decisiones importantes que tomar.

En el capítulo 5 vimos que las estructuras más jerárquicas permiten tener más control, pero a costa de una lentitud mayor en la toma de decisiones y de una creatividad menor. Por tanto, las empresas que tienen que actuar más deprisa, tienen una necesidad estratégica mayor de creatividad y tienen menos *riesgo de pérdida*, por lo que deben descentralizarse más y hacer menos uso de la jerarquía.

Un quinto factor determinante de la estructura óptima es a qué índole de problema de coordinación nos referimos. En el siguiente apartado, definimos dos tipos de problemas de coordinación. Para el segundo tipo, los problemas de integración, son mejores las estructuras matriciales o reticulares. Para el primero, son mejores los enfoques divisionales más sencillos.

Coordinación

Dos tipos de problemas de coordinación

La *coordinación* es necesaria cuando hay que combinar el trabajo de dos o más unidades de la organización de forma que se cree mayor valor en la empresa. Un ejemplo muy sencillo es una cadena de montaje, en la que la producción de un trabajador pasa al siguiente, el cual le añade algún trabajo y así sucesivamente hasta que se llega al final de la cadena. Estos trabajadores tienen que coordinarse en lo que se refiere a la cantidad que producen y al ritmo al que trabajan. También pueden tener que coordinarse de un modo más sutil para que sus piezas encajen perfectamente y no planteen problemas de calidad.

Distingamos entre dos tipos generales de problemas de coordinación. Uno son los problemas de coordinación que no requieren que las unidades se comuniquen para coordinarse. Llamémoslo *problema de sincronización*. La producción de los trabajadores debe sincronizarse de alguna forma, aunque no sea importante que lo hablen. La cantidad de trabajo de la cadena de montaje y el ritmo al que se realiza es un ejemplo en la mayoría de los casos.

Otro sería la empresa que fabrica muchos productos y tiene una marca potente. En ese caso, los productos deben diseñarse de tal manera que todos sean coherentes con la imagen, la calidad y el estilo generales que la empresa está tratando de establecer. Sin embargo, los jefes de cada línea de productos no necesitan comunicarse diariamente entre sí. Un último ejemplo es una empresa cuya estrategia consiste en ofrecer un servicio idéntico en todos sus establecimientos de ventas al por menor. Las tiendas no necesitan comunicarse entre sí, pero sí tienen que coordinarse para ofrecer todas ellas más o menos la misma clase de servicio a sus clientes.

El segundo tipo de problema de coordinación es un *problema de integración*. Consideremos nuestro problema de diseño de un ordenador portátil. En el capítulo anterior, hemos afirmado que una empresa debe preguntar «quién/qué/dónde/ cuándo/por qué» para averiguar cuáles son los conocimientos específicos de la organización que deben utilizarse para crear valor en la empresa. Afirmamos que la empresa debe descentralizar y delegar la toma de decisiones en el empleado que posea esos conocimientos específicos. Pensemos en el diseño de un ordenador portátil. ¿Qué conocimientos específicos son necesarios para diseñar un ordenador portátil que tenga éxito?

Está claro que los conocimientos técnicos son cruciales. Hay que saber ingeniería eléctrica para diseñar la placa madre y otros componentes electrónicos. Es necesario saber ingeniería de software para diseñar el sistema operativo y las aplicaciones. Es necesario saber ingeniería de materiales para diseñar la caja y los componentes. Todos estos conocimientos son específicos más que generales, ya que comunicarlos a otros tiene un coste. Por tanto, según nuestros argumentos anteriores, debemos descentralizar la mayoría de las decisiones relacionadas con el diseño del ordenador portátil y delegarlas en nuestro personal de I+D.

Sin embargo, hay otros conocimientos específicos que son importantes para el diseño de ordenadores portátiles. Uno de los ejemplos es el conocimiento de la demanda de ordenadores por parte del cliente. Hay miles de diseños posibles de ordenadores portátiles. Cada uno sacrifica una característica a favor de otra (por ejemplo, la potencia, la duración de la batería, el peso y el precio). Para diseñar un ordenador portátil que resulte rentable, la empresa tiene que decidir qué combinación de características va a producir y a vender. Quien posee la información necesaria para saber qué tipos de diseños se venderán mejor es el personal de ventas y de marketing de la empresa (y sus clientes). Esta información también es, al menos en parte, específica más que general, ya que es algo compleja y es probable que sea en buena medida cualitativa. Por tanto, para utilizar mejor este conocimiento específico, el diseño de los ordenadores portátiles debe descentralizarse y delegarse en el personal de ventas y de marketing.

Para diseñar el ordenador portátil también son importantes otros tipos de conocimientos específicos, entre los que se encuentran el cálculo de los costes del producto, la producción y la distribución. Recapitulando, tenemos un problema: hay *múltiples conocimientos específicos que deben combinarse* para decidir el diseño del ordenador portátil. La empresa no puede descentralizar la decisión y delegarla en uno de los grupos, pues en ese caso la decisión primará los conocimientos específicos de ese grupo, pero no tendrá en cuenta los conocimientos de los demás grupos. Eso es lo que llamamos *problema de integración*.

Los problemas de integración pueden resolverse de dos formas distintas. Una consiste en coordinar a todos estos grupos en un nivel alto. Por ejemplo, el director general podría supervisar el diseño del producto. Sin embargo, es probable que esta solución no dé resultado, ya que es muy caro transmitir al director general la información de cada grupo y son muchos los grupos que tienen que transmitir su información.

Normalmente, como mejor se resuelve este problema es utilizando un mecanismo de coordinación lateral en niveles más bajos, de manera que las personas que poseen los distintos conocimientos específicos necesarios para tomar la decisión trabajen conjuntamente. Para ello se concibió precisamente la estructura basada en matrices o en proyectos. Por tanto, las estructuras de tipo matricial se utilizan mejor cuando hay múltiples conocimientos específicos que deben *combinarse* para tomar una decisión importante. Como cabría esperar, las estructuras de tipo matricial (incluidos los equipos transversales y las estructuras reticulares) son más frecuentes cuando se trata de desarrollar nuevos productos.

Mecanismos de coordinación

Hasta ahora hemos visto dos mecanismos de coordinación. Uno es la centralización. Cuando mejor funciona éste es en los casos en los que es fácil transmitir los distintos conocimientos específicos. El segundo es el mecanismo de coordinación lateral, como un equipo transversal o una estructura matricial o una versión informal como una estructura reticular. Estas estructuras tienen el problema de que normalmente son complejas, confusas y caras de gestionar. Sin embargo, acostumbran a constituir un mal necesario cuando la empresa tiene un problema de integración.

Los problemas de sincronización pueden coordinarse mucho más fácilmente a través de diversos mecanismos, ya que requieren poca o nula comunicación continuada entre las unidades. A continuación describimos brevemente unos cuantos mecanismos.

Elaboración centralizada de presupuestos y planes

Las empresas a menudo elaboran los presupuestos y los planes anuales siguiendo unos procesos establecidos. Las unidades organizativas proponen planes y presupuestos para el siguiente ejercicio fiscal. Éstos se combinan en el siguiente nivel y así hasta llegar finalmente al nivel de cada división. La oficina central examina entonces las propuestas procedentes de cada división, compara los rendimientos probables de la inversión y asigna recursos a cada división. A continuación, cada división asigna este presupuesto a los niveles inferiores y el proceso continúa hasta llegar al nivel más bajo de la organización.

Es sorprendente lo parecido que es este enfoque a la planificación central de las economías que no se basan en el mercado. Estas técnicas son más importantes en las empresas en las que son mayores las ventajas de la centralización que hemos descrito más arriba y en el capítulo 5.

Este proceso logra la coordinación de varias maneras. En primer lugar, permite ejercer cierto control, ya que limita el grado de discrecionalidad que tiene cada unidad para decidir su gasto. En segundo lugar, el proceso de abajo arriba genera una gran cantidad de información que se procesa y se acumula en el nivel más alto de la empresa. Eso permite que los responsables en la oficina central tomen mejores decisiones estratégicas y de inversión (en la medida en que la información no esté distorsionada). En tercer lugar, el proceso de decidir los presupuestos y planes anuales hasta los niveles más bajos permite lograr un alto grado de coordinación gracias al cual las actividades que realizarán las divisiones en el siguiente ejercicio fiscal serán en gran medida coherentes entre sí.

Formación y procedimientos operativos estandarizados

Una excelente manera de lograr que las actividades de los empleados y de las unidades organizativas sean coherentes es estandarizar las prácticas. Así, por ejemplo, las empresas que deseen que sus clientes tengan la misma experiencia en todas sus tiendas pueden obligar a sus empleados a vestir igual. Estas empresas también tienden a invertir más en ofrecer una amplia formación a sus empleados para enseñarles a realizar su trabajo. Cuanto más se utilicen unos procedimientos estandarizados y cuanto mayor sea la inversión en una formación común en toda la organización, más predecible será el comportamiento de los empleados, lo cual facilitará la coordinación (la sincronización) sin necesidad de comunicación.

Cultura corporativa

Una de las ventajas de que la empresa tenga una cultura corporativa fuerte y coherente es que los empleados tienden a actuar de manera parecida. El efecto es bastante similar al de los procedimientos operativos estandarizados y el de proporcionar una amplia formación a sus empleados, que acabamos de mencionar. Por ejemplo, una cultura corporativa en la que todos los empleados entiendan que la cooperación se valora fomenta la coordinación entre las diferentes unidades. Sin embargo, una cultura corporativa fuerte no mejora necesariamente la coordinación. Apple Computer fue famosa durante años por tener una fuerte cultura *individualista*. Como consecuencia, los trabajadores a menudo iban cada uno por su lado y había grandes conflictos y poca coordinación en la organización.

Comunicación

Otra manera de mejorar la coordinación es desarrollar sistemas de comunicación para toda la organización. Pueden consistir en boletines informativos, reuniones anuales, memorandos de la dirección central, así como otros muchos ejemplos. Estos sistemas de comunicación mejoran la coordinación al aumentar el grado en que las unidades de negocio dispersas entienden de la misma manera los objetivos y los métodos de la organización en un momento dado.

Directivos, enlaces y rotación por los puestos de trabajo

Buena parte de la coordinación se produce a través de algunos directivos que sirven de enlace entre los especialistas. En la figura 6.1, el director general es el que realiza la labor de coordinación. El director general podrá coordinar mejor la I+D, la producción y las ventas si comprende bien cada una de estas áreas de la empresa. Por tanto, un directivo que tenga una experiencia *menos especializada* puede ser mejor coordinador que uno que sea un especialista. Por este motivo, a una empresa le puede ser muy útil tener un pequeño número de directivos que sean generalistas en lugar de especialistas[1]. La mayoría de los empleados son especialistas, por lo que la empresa disfruta de todas las ventajas económicas de la especialización

---

[1] En una pequeña empresa, los directivos generalistas son más importantes, ya que puede no haber suficiente personal para especializarse. En el capítulo 14 nos extenderemos sobre esta cuestión cuando analicemos el espíritu emprendedor.

que se describen en este libro. Un grupo más pequeño coordina a los especialistas adquiriendo unos conocimientos relativamente poco profundos, pero sobre un amplio conjunto de funciones.

Uno de los mecanismos para generar generalistas es la rotación por diferentes puestos de trabajo. Las empresas a menudo identifican un pequeño número de directivos jóvenes muy prometedores y los hacen rotar por diferentes puestos de trabajo. Estos directivos van pasando de una parte de la empresa a otra en contra del principio de especialización. De ese modo se familiarizan con las diferentes funciones, aunque finalmente no conozcan ninguna en profundidad. Adquieren de esta manera una visión general de la empresa mejor que la de los especialistas. Por último, consiguen una red de contactos en toda la organización, a la que pueden recurrir más tarde para mejorar la coordinación.

Este papel coordinador suele ser una de las funciones más importantes de los directivos que tienen un MBA. Un MBA es por definición un programa general que imparte algunos conocimientos básicos sobre las áreas funcionales más frecuentes en una empresa representativa. Normalmente no profundiza en el conocimiento de cada área. Por ello, en circunstancias normales, los directivos que poseen un MBA tienen más probabilidades que los especialistas de ser contratados o ascendidos a puestos en los que la coordinación es importante.

Personalidad

La personalidad del directivo es importante en cualquier puesto en el que sea necesaria la coordinación. Para coordinar es necesario tener capacidad para hablar, comprender y trabajar con colegas muy diversos. Es preciso tener capacidad para llegar a acuerdos y para trabajar en un entorno en el que priman más las relaciones o la política de pasillo. Por este motivo, los directores generales, los ejecutivos con funciones de enlace y los que trabajan en estructuras matriciales o reticulares necesitan una mayor capacidad de relacionarse que los que trabajan únicamente en un área especializada. La empresa debería tenerlo presente tanto cuando contrata y forma especialistas como cuando contrata y forma generalistas.

Redes

Como muestran los ejemplos sobre cultura corporativa y personalidad, las unidades a menudo se coordinan por medio de mecanismos tanto informales como formales. Una de las ventajas de una organización reticular es que, siempre que es necesario coordinar dos unidades, los directivos relevantes pueden comunicarse sin tener que preocuparse por las relaciones jerárquicas. En términos más generales, los sociólogos de la organización subrayan el valor que tiene para un directivo desarrollar una sólida red de contactos dentro y fuera de la organización. Una persona que tiene estrechos contactos con grupos con los que en principio comparte pocas cosas puede ser muy influyente en una organización y cubrir los *huecos estructurales* que haya en la red[2]. Un directivo eficaz a menudo es aquél que tiene la iniciativa de desarrollar contactos y darse cuenta de las oportunidades que surgen para coordinar mejor a los grupos.

Evaluación del rendimiento e incentivos

Hemos dejado para el final un importantísimo mecanismo formal de coordinación: la evaluación del rendimiento y los incentivos. En una organización, la remuneración basada en el rendimiento es análoga al sistema de precios en una economía de mercado. Como señaló von Hayek, los precios generan un enorme grado de coordinación (más en la línea de lo que hemos llamado antes problemas de sincronización que en la línea de los problemas de integración), ya que los precios transmiten una gran cantidad de información sobre los costes y los beneficios marginales de los diferentes recursos. Cuando las decisiones se toman basándose en los precios de mercado, los responsables de tomarlas tienen en cuenta el valor de los recursos en sus usos alternativos –coordinación– sin necesidad de saber cuáles son esos usos alternativos.

Un buen sistema de incentivos, si se estructura correctamente, puede cumplir exactamente este mismo papel dentro de una empresa, proporcionando una manera de evaluar los rendimientos tal que incluya los efectos que un determinado trabajador tiene sobre lo que hacen sus colegas. Es decir, una buena evaluación del rendimiento tiene que medir e incluir los efectos que produce cualquier externalidad positiva o negativa del empleado en el resto de la empresa. Aunque esta cuestión es extraordinariamente importante, lo dejamos para el final, ya que es el tema del que nos ocupamos en la tercera parte del libro, en los capítulos 9-12. Cuando la evaluación del rendimiento suele ser imperfecta, la empresa puede querer utilizar algunos de los demás mecanismos antes descritos para mejorar aún más la coordinación.

A continuación pasamos a analizar otras cuestiones del diseño y la ejecución de la estructura organizativa.

---

[2] Véase Burt (1995).

Ejecución

Ámbito de control y número de niveles de una jerarquía

Como hemos visto, casi todas las empresas utilizan en alguna medida la jerarquía. En el capítulo 5 vimos que cuantos más niveles de control de las decisiones haya en una jerarquía, mayor es el control de la organización, pero a costa de la innovación. A continuación ampliamos ese análisis a otros factores que afectan al número de niveles de una jerarquía.

A la hora de estructurar una jerarquía, las empresas se enfrentan a la disyuntiva que mostramos en la figura 6.5. El aumento del número de niveles incrementa los costes de varias formas, además de reducir la innovación. La información tiene que pasar por más directivos, lo cual aumenta el grado en que ésta se acaba tergiversando. El análisis de la información y la toma de decisiones son más lentos, ya que cada paso lleva algún tiempo.

Si la empresa quiere reducir el número de niveles, tiene que aumentar el número de directivos dentro de cada nivel para realizar la misma cantidad de trabajo. Esa estructura sería más horizontal. En una estructura más horizontal, es mayor el *ámbito de control*, o sea, el número de empleados que rinden cuentas a cada directivo. En una estructura más vertical, es menor el ámbito de control.

Un aumento del ámbito de control reduce los costes del aumento de los niveles jerárquicos, pero tiene sus propios costes. Ahora cada directivo debe supervisar y dirigir a más subordinados. Eso le quita más tiempo, por lo que le queda menos para realizar otras tareas. Además, generalmente reduce la eficacia de la supervisión, ya que hay que supervisar a más personas. Por ejemplo, la capacidad para controlar el trabajo

Figura 6.5. Ámbito de control frente a número de niveles

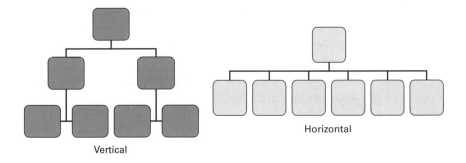

Vertical

Horizontal

de sus subordinados es menor, por lo que es más probable que éstos no cumplan con sus obligaciones. También es menor la capacidad para comunicarse eficazmente con cada uno, dirigir sus actividades, formarlos, etc.

Por tanto, en una jerarquía se sacrifica ámbito de control por número de niveles. Hay muchos factores que afectan al ámbito óptimo de control y al número óptimo de niveles en una jerarquía. Todo lo que reduce el coste de supervisar a un subordinado generalmente implica que el ámbito óptimo de control es mayor, ya que el coste marginal de aumentar el ámbito de control añadiendo un subordinado más es menor. Asimismo, todo lo que reduce el coste de adquirir o transmitir información generalmente aumenta el número óptimo de niveles de la jerarquía, ya que reduce el coste marginal de añadir un nuevo nivel.

Tipo de tareas que hay que realizar

El tipo de trabajo que hay que realizar influye en la estructura óptima de la jerarquía. Cuanto más rutinario es el trabajo, más fácil es para el directivo supervisar a cada empleado. El directivo tiene que dedicar menos tiempo a formar al subordinado y a decidir (o a ayudar al subordinado a decidir) qué hacer en situaciones excepcionales. La supervisión consiste, a menudo, en limitarse a dar instrucciones de carácter general y en transmitir información sobre la situación del momento. Por tanto, cuanto más rutinario sea el trabajo, mayor tenderá a ser el ámbito de control y menor el número de niveles jerárquicos.

En cambio, un trabajo complejo y variado obliga al supervisor a ejercer un control mayor. Es más probable que el subordinado necesite de la experiencia y de los conocimientos del supervisor para analizar cada situación y decidir qué hacer. Hay menos trabajo de menor nivel que pueda establecerse por adelantado mediante procedimientos operativos estandarizados. También es necesaria una supervisión mayor, ya que es más variable el modo en que el trabajador decide utilizar su tiempo y esa decisión es ahora más importante. Por tanto, cuanto más complejo y variado sea el trabajo, menor será el ámbito óptimo de control y mayor será el número de niveles de la jerarquía[3].

---

[3] Un efecto compensatorio es que en los entornos más complejos las empresas también pueden tener que tomar decisiones más deprisa y la innovación es más importante. Estas cuestiones se analizan en la segunda parte. Estos efectos favorecerían la existencia de una jerarquía con menos niveles. Para reducir el

Conocimientos de los directivos y de los subordinados

Cuanto mayores son los conocimientos tanto de los directivos como de los subordinados, mayor tiende a ser el ámbito óptimo de control y menor el número de niveles de una jerarquía. Cada directivo y cada subordinado pueden procesar más información y resolver problemas más difíciles. Los directivos de mayor talento generalmente supervisan y dirigen con mayor eficacia a sus subordinados. Los subordinados de mayor talento generalmente ejecutan con mayor eficacia las instrucciones de su superior. Dado que casi todas las empresas colocan a los directivos de mayor talento en los niveles más altos (véase más adelante), este efecto aumenta el ámbito óptimo de control en los niveles más altos en comparación con los niveles más bajos.

Problemas de incentivos

Jerarquía significa delegación de algunas decisiones. Delegación significa, a su vez, que la empresa debe asegurarse de que los empleados tienen unos incentivos razonables para realizar sus tareas tratando de alcanzar los objetivos de la empresa en lugar de sus objetivos personales. Se puede hacer principalmente de dos formas. Una consiste en desarrollar sistemas de evaluación del rendimiento y diseñar incentivos; éste es el tema de la tercera parte. La otra consiste en vigilar más de cerca a los subordinados para detectar a los que se escabullen de sus responsabilidades. Si la evaluación del rendimiento es eficaz, el supervisor no tiene que controlar tanto a sus subordinados, por lo que le queda más tiempo disponible. Por tanto, cuando las empresas tienen acceso a mejores planes de incentivos, el ámbito de control puede ser mayor. En términos generales, la evaluación del rendimiento tiende a ser mejor cuanto más cerca se encuentra el directivo del nivel más alto de la jerarquía, ya que sus actos producen un efecto más directo en el valor de la empresa y se reflejan mejor en la medición del rendimiento (sobre todo en la contabilidad). Este efecto tiende a aumentar el ámbito de control en los niveles más altos de la jerarquía.

ámbito de control, la empresa podría tener que dividir la jerarquía en unidades más pequeñas. También podría observar que en esas circunstancias las deseconomías de escala son especialmente grandes. La innovación y la rápida toma de decisiones tienden a favorecer las empresas más pequeñas.

Costes de la adquisición y transmisión de conocimientos

Un determinante importante de la estructura jerárquica óptima es el coste de la adquisición y transmisión de conocimientos. En una jerarquía, la reducción de los costes de adquisición de conocimientos aumenta la productividad de los trabajadores del conocimiento. Eso significa, a su vez, que un directivo puede aumentar su ámbito de control. Por ejemplo, el acceso a instrumentos de análisis baratos, como hojas de cálculo y programas de análisis estadístico, aumenta la capacidad de un directivo para analizar la información procedente de sus subordinados, por lo que el directivo puede analizar información procedente de más subordinados. Asimismo, los subordinados pueden resolver problemas más complejos que les asigna el supervisor, lo cual tiene un efecto parecido al de un aumento de las cualificaciones del subordinado.

En otras palabras, en una jerarquía, la tecnología moderna de la información tiende a ser un complemento, más que un sustituto, del trabajo de los directivos. Eso incrementa la productividad de los directivos y sobre todo de los que están más cualificados y se encuentran en los niveles más altos, lo cual influye, a su vez, en sus salarios, como se señala más adelante.

La reducción de los costes de comunicación produce unos efectos muy parecidos. Los directivos y los subordinados pueden comunicarse más eficazmente (con menos tergiversación), de una forma más barata y más rápida. Eso permite al directivo supervisar a más subordinados. Por tanto, los avances de la tecnología de la información generalmente aumentan el ámbito de control, haciendo que las organizaciones sean más horizontales. Eso es exactamente lo que observaron Rajan y Wolf en el estudio que hemos descrito al comienzo de este apartado.

Sin embargo, los avances de la tecnología de la información pueden producir unos efectos ambiguos en el número de niveles jerárquicos. La reducción de los costes de comunicación tiende a aumentar el número óptimo de niveles, ya que la comunicación es más rápida y hay menos tergiversación en cada nivel. En cambio, el incremento de la productividad de los trabajadores del conocimiento, unido al aumento del ámbito de control, implica que cada nivel jerárquico puede alcanzar mayores logros, lo cual significa que se necesitan menos niveles para obtener un nivel dado de producción.

Cualificaciones, remuneración y estructura

Las empresas casi siempre asignan a los nuevos empleados a los niveles inferiores de la jerarquía y *ascienden* a los que más rinden a medida que avanzan en su carrera. Esta criba, y el hecho de que los directivos aumentan su capital humano conforme adquieren experiencia, significan que las empresas asignan a los directivos que tienen más talento a los niveles jerárquicos más altos.

Esto tiene mucho sentido. Consideremos una vez más la jerarquía vertical representada en la figura 6.5. Cada directivo se comunica directamente con su superior y con cada uno de sus subordinados. Si consigue que sus subordinados realicen más eficazmente su trabajo, este efecto también incrementa la productividad de sus respectivos subordinados, que se encuentran dos niveles por debajo del superior del directivo. Se produce un efecto en cascada, ya que la productividad de un directivo de alto nivel mejora la productividad de todos los empleados que se encuentran por debajo de él.

Este mismo efecto no tiende a producirse en sentido contrario por varias razones. En primer lugar, un directivo de nivel inferior trabaja directamente con un único directivo de nivel superior: la mayor parte de las comunicaciones directas son de arriba abajo. En segundo lugar, un directivo produce deliberadamente un efecto mayor en la productividad de su subordinado que al revés. El directivo controla al subordinado para que cumpla con su cometido y para evaluar su rendimiento. El directivo da instrucciones y formación. Aunque el trabajo del subordinado a menudo es utilizado por el supervisor, se combina mejor con el de otros colegas del mismo nivel jerárquico.

Por estas razones, el efecto de las aptitudes (y del esfuerzo) es mayor conforme más alto sea el nivel jerárquico. Eso tiene algunas consecuencias muy importantes. La primera, como ya hemos subrayado, es que la empresa debe seleccionar a los empleados para que sean los de más talento los que lleguen a lo más alto de la organización. Eso significa, pues, contratar en el nivel más bajo y crear un *mercado interno de trabajo* en el que el empleado va ascendiendo a lo largo de su carrera (este sistema es especialmente idóneo, desde luego, en las jerarquías funcionales).

El efecto también significa que la remuneración debe aumentar conforme más alto es el nivel jerárquico, ya que los directivos de mayor talento están situados en los niveles más altos; deben ganar más, puesto que son más productivos y tienen mayores valores de mercado. Sin embargo, el efecto producido en la remuneración se ve reforzado por el hecho de que en una jerarquía la productividad aumenta más deprisa que las aptitudes. ¿Por qué? Por todas las razones que hemos analizado en este subapartado. Por tanto, en la mayoría de las empresas la remuneración no sólo aumenta conforme más alto es el nivel jerárquico sino que también aumenta más deprisa en cada nuevo nivel hasta llegar a la cima de la organización. Para un ejemplo, véase la figura 11.1 del capítulo 11.

Este apartado y el anterior refuerzan el análisis de los rendimientos crecientes de los conocimientos y de las aptitudes que aparece en todo el libro a partir del capítulo 3. La disminución de los costes de adquirir conocimientos y de comunicarlos aumenta la productividad de los directivos. En una jerarquía, estos efectos generalmente son aún mayores en los niveles más altos, lo cual no puede sino reforzar la influencia de los avances de la tecnología de la información en el aumento de las diferencias salariales entre los distintos niveles de cualificación. En el capítulo 8 volveremos a analizar estas cuestiones.

Evolución de la estructura de una empresa

La estructura óptima de una empresa tiende a evolucionar con el paso del tiempo de distintas maneras. Consideremos primero las lecciones de este capítulo y del anterior. Es más probable que las empresas más jóvenes den prioridad a la gestión de las decisiones. Es decir, tenderán a utilizar menos la jerarquía. Para esas empresas es importante innovar y asumir riesgos. El riesgo de pérdida como consecuencia de errores es muy pequeño y el potencial de ganancias de los nuevos proyectos que tengan éxito es relativamente grande.

Además, las empresas jóvenes tienden a ser pequeñas. Cuanto más pequeña es una empresa, más probable es que sea viable una estructura reticular. La mayoría de los empleados se conocen, por lo que es fácil desarrollar un sistema en el que se comuniquen directamente conforme sea necesario.

Sin embargo, a medida que la empresa madura y crece, es muy probable que desarrolle una estructura más formal (divisional o matricial), ya que al ser mayor el número de empleados, la estructura reticular informal es menos eficiente. También es más probable que adopte una jerarquía más formal, ya que ahora tiene una línea de productos y una marca consolidadas, por lo que debe ser lógicamente más conservadora a la hora de tomar decisiones. Una cuestión fundamental que se plantea en las empresas en expansión es la capacidad para introducir gradualmente estructuras más formales sin poner en peligro la cultura organizativa que ya tienen.

A medida que madura la empresa, normalmente es posible estandarizar más los procedimientos. La empresa ha tenido tiempo de aprender métodos eficaces. Asimismo, el hecho de que haya sobrevivido tiende a significar que su sector es relativamente estable en comparación con el de las nuevas empresas que no han sobrevivido. Como consecuencia de ambos efectos, ahora la empresa puede institucionalizar los conocimientos que ha acumulado. La estandarización de los procedimientos es una forma de centralización, ya que reduce el grado de discrecionalidad de los empleados de nivel inferior. Por tanto, las organizaciones más maduras también tienden de este modo a volverse más formales, conservadoras y jerárquicas.

Un fenómeno interesante es la *reorganización* de la estructura organizativa. Es frecuente observar que las empresas cambian bastante a menudo algunos elementos de su estructura. En un caso extremo, Apple Computer reorganizó algunas partes de su estructura 14 veces en 4 años. ¿A qué podría deberse?

Una explicación posible es que ninguna estructura es perfecta. Cualquier estructura dada es relativamente buena para lograr algunos objetivos de la empresa, pero a costa de lograr otros de manera menos eficaz. Por ejemplo, la estructura de Apple favoreció durante mucho tiempo la ingeniería (el grupo de tecnología avanzada), pero era bastante floja en el desarrollo de productos que reflejaran las preferencias de sus clientes potenciales. La reorganización para dar más importancia a las ventas y al marketing alivió estos problemas. Otra empresa podría observar que la organización por regiones le permite diferenciar más eficazmente su producto y su marketing de unas regiones a otras, lo que contribuiría a la aplicación de una estrategia de globalización. Sin embargo, ese objetivo podría lograrse a costa de algunas economías de escala en algunas áreas. Una vez que la empresa se ha dado cuenta de que debe diferenciar por regiones y de cómo debe hacerlo, puede reorganizarse para dar más importancia a las economías de escala con el fin de reducir los costes. Más adelante, puede reorganizarse de nuevo para poner más énfasis en algún otro objetivo, como la adquisición de una pericia mayor en tecnologías avanzadas.

RESUMEN

Las estructuras organizativas de las grandes empresas pueden ser extraordinariamente complejas y algo burocráticas. Esas empresas son más lentas a la hora de tomar decisiones y menos innovadoras y dinámicas que las más pequeñas y más jóvenes. Esto suele criticarse, pero esas críticas a menudo son desacertadas. Es muy difícil dirigir una empresa grande y compleja de un modo coordinado. La metáfora del mercado sólo nos ayuda hasta cierto punto a diseñar la organización interna de la empresa. Al fin y al cabo, si una organización en forma de mercado funcionara, deberíamos preguntarnos por qué existe la empresa como organización.

En microeconomía, el tamaño de equilibrio de una empresa en un mercado competitivo depende de la magnitud de las economías de escala (del volumen de producción en el que disminuyen los costes por unidad de la empresa). La línea de productos de una empresa depende de la magnitud de las economías de alcance (de si el aumento de la producción de un producto reduce los costes por unidad de producir un producto distinto).

Estos costes burocráticos de la estructura organizativa son, con casi toda seguridad, una de las causas más importantes de las deseconomías tanto de escala como de alcance. Consideremos primero las deseconomías de escala. La empresa necesita más empleados a medida que se expande. Estos empleados tienen que ser supervisados y dirigidos, para lo cual se necesitan directivos. A medida que crece la empresa, es probable que aumente el número de niveles jerárquicos y de divisiones o que se creen otras subunidades. Esto frena la toma de decisiones y da lugar a una empresa más conservadora. Los empleados de nivel inferior y los altos directivos están más alejados los unos de los otros, lo cual aumenta el grado en que se adulteran la información y las decisiones conforme se transmiten de un nivel a otro. Se necesitan directivos de mayor talento y más caros para supervisar las operaciones.

Examinemos ahora las deseconomías de alcance. Cuanto más complejas son las actividades de la empresa, más necesaria es la diferenciación en divisiones y en otras subunidades. Aunque la empresa sea capaz de explotar eficazmente la modularidad, hay más conexiones entre los módulos (divisiones) que gestionar. La coordinación se convierte en un problema en mayor escala, ya que es preciso supervisar un gran espectro de especializaciones. Los costes de la coordinación generalmente son mayores en las organizaciones más complejas, manteniendo constante el tamaño de la jerarquía. Una vez más, se necesitan directivos de mayor talento y más caros. Todos estos efectos probablemente sean más graves cuanto más diferenciadas sean las líneas de productos de una empresa. De hecho, el argumento de que las empresas deben concentrar sus esfuerzos en su *competencia medular* reconoce que la diversificación de las actividades de la empresa aumenta los costes organizativos.

Todas las empresas utilizan la jerarquía funcional, incluso cuando se introducen innovaciones más modernas como las estructuras reticulares. Eso se debe a dos importante factores. En primer lugar, casi siempre es más eficiente que en una organización no haya más que un único responsable de tomar las decisiones: la organización de las empresas casi nunca es democrática ni nada que se le parezca. Eso significa que la jerarquía es el elemento más fundamental y universal de la estructura organizativa.

El segundo factor son las ventajas de la especialización. La especialización de los conocimientos reduce los costes de las inversiones en capital humano y generalmente aumenta los rendimientos de esas inversiones (con la notable excepción de los generalistas, como los directivos que tienen un MBA). Como veremos en el siguiente capítulo, la especialización en el diseño de los puestos de trabajo también puede tener grandes ventajas. Una estructura funcional organiza la empresa en torno a diferentes tipos de cualificaciones, aprovechando al máximo las ventajas de la especialización. También posee la ventaja adicional de que las carreras profesionales están definidas claramente y son fáciles de entender y de que es probable que la supervisión, la dirección y la evaluación del rendimiento sean más eficaces.

Aunque una empresa opte por una jerarquía funcional sencilla, una empresa mayor o más compleja tendrá que dividir su estructura en subunidades más manejables. Lo más frecuente es que cree divisiones basadas normalmente en líneas de productos, regiones, tipos de clientes o tecnologías. Cada tipo de división tiene sus ventajas y sus inconvenientes. Generalmente, la empresa tiene que decidir a qué tipo de variación da más protagonismo (por ejemplo, en los tipos de clientes o regiones) y basarse en él para crear las divisiones.

La estructura viene determinada no sólo por la especialización y la jerarquía sino también para evitar tener que utilizar el conocimiento local y la consiguiente coordinación. Algunas decisiones se tomarán en los niveles superiores utilizando la jerarquía centralizada clásica. Otras se tomarán en niveles inferiores, si hay conocimientos específicos que aprovechar en esos niveles.

Cuando se toman decisiones en niveles inferiores, los responsables de tomarlas tienen que estar motivados para actuar en aras del interés de la empresa. Ése será el tema del que nos ocuparemos en la tercera parte del libro. Por tanto, los incentivos se convierten en un mecanismo básico de coordinación cuando la forma de medir el rendimiento se elige correctamente. Este mecanismo es análogo a los precios en un mercado. La empresa «vende el puesto de trabajo» al empleado dándole algunos derechos residuales sobre los beneficios, fomentando el *espíritu emprendedor dentro de la organización*.

Dado que los sistemas de incentivos son imperfectos, las empresas utilizan otros muchos mecanismos de coordinación. Entre éstos se encuentran los directivos con un MBA, los procedimientos operativos estandarizados, la formación común, la cultura corporativa y la comunicación.

Los problemas más difíciles que se plantean en una estructura son los que surgen cuando dos o más grupos poseen importantes conocimientos específicos que deben *combinarse* para tomar una decisión. Es lo que hemos llamado un problema de integración. En este caso, la decisión no puede simplemente descentralizarse y delegarse en uno u otro grupo sino que tiene que ser supervisada por un directivo o debe ser tomada conjuntamente por los grupos que poseen los conocimientos relevantes. Las estructuras más complejas, como las estructuras matriciales o las estructuras basadas en proyectos, surgen para resolver este problema. Aunque es difícil gestionarlas y trabajar en ellas, hay pocas alternativas a estos diseños en las empresas que tienen importantes problemas de integración.

De la misma forma que todas las empresas utilizan una jerarquía funcional clásica, todas las empresas también utilizan estructuras más informales de comunicación y de coordinación en paralelo al organigrama formal. Por tanto, la red de contactos de un directivo es un mecanismo adicional de coordinación. A veces se dice que las empresas que ponen especial énfasis en las estructuras relacionales fluidas tienen estructuras reticulares.

El hecho de que la estructura venga determinada por los conocimientos específicos que se necesitan indica que el producto y el entorno de la empresa determinan la estrategia. Las empresas más complejas tienden a diferenciarse más en divisiones. También tienden a recurrir a procedimientos más descentralizados. Como señalamos en el siguiente capítulo, eso afecta asimismo al diseño de los puestos de trabajo. También es más probable que esas empresas tengan problemas de coordinación y que, por tanto, adopten estructuras más complejas.

Ejercicios

1. ¿Cómo está organizada su empresa o su universidad? Explique cómo refleja su organización los principios que hemos analizado en este capítulo.
2. ¿Es una jerarquía funcional tradicional una estructura eficaz para las fuerzas armadas? ¿Por qué sí o por qué no? ¿Sería mejor esa estructura en tiempos de guerra o en tiempos de paz?

3. Las economías de escala –la disminución del coste por unidad a medida que aumenta la producción total– han sido históricamente importantes en la industria automovilística y en la industria siderúrgica. Sin embargo, los métodos modernos de producción han reducido extraordinariamente la importancia de las economías de escala en estos dos sectores. ¿Cómo cree que afectará eso a la estructura organizativa óptima de las empresas de estos sectores? ¿Cómo debería afectar a la posición competitiva de las empresas que históricamente han sido líderes en buscar economías de escala?

4. Donde primero cobraron importancia las estructuras basadas en proyectos fue en el sector aeroespacial. Estas empresas producían productos sumamente complejos y muy avanzados (por ejemplo, aviones o cohetes espaciales). Las estructuras basadas en proyectos o las estructuras matriciales también son muy frecuentes en las empresas de consultoría. ¿Por qué tienen sentido estas estructuras en estos tipos de empresas?

5. Las estructuras basadas en proyectos, o las estructuras reticulares, a menudo reciben críticas (sobre todo por parte de los que trabajan en ellas) por su complejidad y por las dificultades que ocasionan. Explique los factores que suscitan esas críticas.

6. ¿A qué podría deberse el hecho de que las estructuras reticulares sean más populares hoy que hace 20 años? Explique el efecto probable de cada uno de los factores siguientes: mayor uso de la externalización y estrechas relaciones estratégicas con los proveedores principales; disminución de los coste de la tecnología de la información; cambios tecnológicos y competitivos más rápidos.

7. Las empresas a menudo observan que en la práctica es muy difícil cambiar una estructura organizativa. ¿Qué tipos de costes cree que tendría una empresa si decidiera cambiar su estructura?

8. Siguiendo con la pregunta anterior, ¿cuáles de los tipos generales de estructuras analizadas en este capítulo cree que sería más fácil de cambiar? ¿Por qué?

9. Acme, la empresa que hemos utilizado como ejemplo en algunos de los capítulos de este libro, tenía ocho niveles jerárquicos de dirección entre el nivel más bajo y el de director general. Entre 1969 y 1988, la empresa triplicó el número de directivos (véase Baker, Gibbs y Holmstrom, 1994). Sin embargo, Acme nunca añadió nuevos niveles jerárquicos. Dé al menos dos explicaciones.

BIBLIOGRAFÍA

Adams, Henry (1995), *Collected Works*, Nueva York, Penguin Classics.

Burt, Ronald (1995), *Structural Holes: The Social Structure of Competition*, Cambridge, MA, Harvard University Press.

Guth, Robert (2005), «Battling Google, Microsoft Changes How it Builds Software», *Wall Street Journal*, 23 de septiembre.

Rajan, Raghuran y Julie Wulf (2006), «The Flattening of the Firm: Evidence from Panel Data on the Changing Nature of Corporate Hierarchies», *Review of Economics & Statistics*, 88(4), págs. 759–773.

OTRAS LECTURAS

Baker, George, Michael Gibbs y Beng Holmstrom (1994), «The Internal Economics of the Firm: Evidence from Personnel Data», *Quaterly Journal of Economics*, 109, págs. 881–919.

Bolton, Patrick y Mathias Dewatripont (1994), «The Firm as a Communication Network», *Quarterly Journal of Economics*, 109, págs. 809–839.

Calvo, Guillermo y Stanislaw Wellisz (1978), «Supervision, Loss of Control, and the Optimum Size of the Firm», *Journal of Political Economy*, 86, págs. 943–952.

Chandler, Alfred (1962), *Strategy and Structure: Chapters in the History of the American Industrial Enterprise*, Cambridge, MA, MIT Press.

Garicano, Luis (2000), «Hierarchies and the Organization of Knowledge in Production», *Journal of Political Economy*, 108, págs. 874–904.

Geanakoplos, John y Paul Milgrom (1991), «A Theory of Hiearchies Based on Limited Managerial Attention», *Journal of the Japanese and International Economies*, 5, págs. 205–225.

Lawrence, Paul y Jay Lorsch (1967), *Organization and Environment*, Boston, Harvard Business School Press.

Qian, Yingyi (1994), «Incentives and Loss of Control in an Optimal Hierarchy», *Review of Economic Studies*, 61, págs. 527–323.

Rosen, Sherwin (1982), «Authority, Control and the Distribution of Earnings», *Bell Journal of Economics*, 13, págs. 311–323.

Van Creveld, Martin (1987), *Command in War*, Cambridge, MA, Harvard University Press.

7 EL DISEÑO DE LOS PUESTOS DE TRABAJO

> Entre el esfuerzo y el juego se encuentra el trabajo... El que un empleo se considere esfuerzo o trabajo depende, no del propio empleo, sino de los gustos del individuo que lo realiza.
> –W. H. Auden, 1970

INTRODUCCIÓN

Nuestra empresa necesita otro trabajador, por lo que ponemos un anuncio describiendo el puesto. En su mayoría, los anuncios especifican la titulación que deben tener los candidatos, pero describen sobre todo el propio puesto. Naturalmente, se podría no dar ningún detalle del puesto en el anuncio. Veamos la siguiente oferta de empleo:

Se necesita titulado en ingeniería. Llamar al teléfono +55-5555-6482.

Ese anuncio omite tantos detalles que es improbable que atraiga a muchos candidatos deseables. En concreto, no describe las obligaciones, el horario, la remuneración y el lugar. Tampoco describe el tipo de empresa, las responsabilidades y las posibilidades de hacer carrera.

Primero hay que plantearse una cuestión más general. ¿Qué es un puesto de trabajo y cómo debe describirse? ¿Cuáles son las característi-

275

cas importantes en las que hay que pensar? ¿Qué tareas deben asignarse a cada puesto? ¿Qué autoridad debe tener la persona que ocupa el puesto?

Otra cuestión a considerar es que el diseño de los puestos puede influir en el comportamiento de los trabajadores. ¿Inhiben algunas estructuras la creatividad y la innovación? ¿Están los empleados más motivados con unos diseños de los puestos que con otros? En caso afirmativo, ¿cómo pueden diseñarse los puestos para tener en cuenta estos factores?

Tipos de diseño de los puestos de trabajo

La tabla 7.1 muestra algunos datos sobre el modo en que se diseñan los puestos; proceden de una muestra aleatoria de todos los puestos de trabajo no agrícolas del sector privado de la economía de Estados Unidos, recogida por el Bureau of Labor Statistics. En la tabla se analizan cuatro características de los puestos: multitareas, discrecionalidad, cualificaciones e interdependencia.

La variable multitareas es un índice del grado en que el puesto requiere que el empleado realice más de una tarea. Cuanto más alto es su valor, más tareas hay que realizar. La discrecionalidad corresponde a la descentralización: cuanto más alto sea su valor, más decisiones tiene que tomar el empleado que ocupa el puesto. Por tanto, las variables multitareas y discrecionalidad miden el número de tareas y de decisiones que corresponden al puesto.

La variable cualificaciones es un indicador de la amplitud y la profundidad de las aptitudes y el capital humano que tiene que poseer un empleado para poder ocupar el puesto. Mide tanto el nivel de cualificaciones (por ejemplo, básicas o avanzadas) como los tipos de cualificaciones. Cuanto más alto sea el valor de esta variable, más formación avanzada o más cualificaciones múltiples tiene que tener el empleado, o ambas cosas a la vez.

Por último, la interdependencia es un indicador del grado de relación del puesto con otros puestos de esa organización. Indica en qué medida afecta el trabajo del empleado a sus compañeros de trabajo o a los clientes. Cuanto más alto sea su valor, mayor es la interdependencia, lo cual indica que el proceso de producción está más interrelacionado. Una de las interpretaciones es que la interdependencia mide la importancia de la coordinación.

Estos indicadores se basan en entrevistas realizadas al personal de recursos humanos de las empresas estudiadas. Se puntuaron en una esca-

Tabla 7.1. Incidencia de los diseños coherentes e incoherentes de los puestos de trabajo

		Probabilidad marginal		
	L (< *mediana*)	*M* (*mediana*)	*H* (> *mediana*)	Σ
Cualificaciones	0,251	0,540	0,209	1
Discrecionalidad	0,190	0,610	0,200	1
Multitareas	0,194	0,603	0,203	1
Interdependencia	0,185	0,619	0,196	1

		Predicha	*Real*	$\left(\dfrac{Real}{Predicha}\right)$
	Coherentes			
Combinaciones de características del diseño de los puestos de trabajo	*BBBB*	0,0017	0,0541	31,6
	MMMM	0,1230	0,2502	2,0
	AAAA	0,0017	0,0626	37,6
	Incoherentes			
	1B, 3A	0,0068	0,0007	0,1
	2B, 2A	0,0102	<0,001	>0,1
	3B, 1A	0,0068	0,007	0,1

Fuente: Gibbs, Levenson y Zoghi (2008).

la de 1 a 9 (cualificaciones), de 1 a 5 (discrecionalidad) y de 1 a 6 (multitareas e interdependencia). Para facilitar las comparaciones entre los diferentes tipos de entornos laborales, se calculó el valor medio (mediano) correspondiente a los diferentes grupos de ocupaciones. Por ejemplo, se calculó el índice medio de la variable multitareas únicamente en el caso de los teleoperadores. A continuación se recodificó el indicador de cada puesto como *B* (bajo, si el valor era inferior al valor mediano correspondiente a otros puestos de trabajo del mismo sector y ocupación), *M* (medio, o sea, igual al valor mediano) y *A* (alto, si el valor era superior a la mediana) en relación con otros puestos de trabajo de la misma ocupación.

El panel superior de la tabla muestra la distribución de cada una de las cuatro características de los puestos. Por ejemplo, alrededor del 25 por ciento (0,251) de los puestos elegidos aleatoriamente requiere que los empleados tengan un nivel de cualificación relativamente bajo para esa ocupación. Asimismo, alrededor del 54 por ciento (0,540) de los puestos requiere un nivel de cualificación relativamente medio para esa ocupación, mientras que alrededor del 21 por ciento (0,209) requiere un nivel de cualificación relativamente alto para esa ocupación. Por tanto, las cuatro filas suman cada una 100 por ciento (1,0) en la parte superior de la tabla.

El panel inferior es la parte interesante: se pregunta si estas características de los puestos están o no relacionadas entre sí. Para ver cómo se calcula el índice, supongamos que tenemos datos sobre la temperatura relativa (B, M o A) y el precio relativo del vino (B, M o A) de una determinada región de Francia. Nos interesa saber si el precio del vino está relacionado con la temperatura que se registró en la temporada en la que se cultivaron las uvas. Si la probabilidad de un determinado nivel de precios del vino *no* está relacionada con la probabilidad de un determinado nivel de temperatura, ¿cuál es la probabilidad de que observemos que el precio del vino fue bajo en un año en el que la temperatura fue baja? Será simplemente la probabilidad de que el precio del vino fuera bajo, independientemente de la temperatura, multiplicada por la probabilidad de que la temperatura fuera baja, independientemente del precio del vino[1]:

Probabilidad predicha de *BB* (baja temperatura, bajo precio)
= prob (baja temperatura) × prob (bajo precio).

Si después observáramos que la incidencia real de unos precios bajos cuando la temperatura es baja es muy diferente de este valor, concluiríamos que existe una relación estadística entre las dos variables. Por ejemplo, si los precios del vino tienden a ser más bajos cuando la temperatura es más baja, la probabilidad real de *BB* sería mayor que la probabilidad predicha calculada. En cambio, si los precios del vino tienden a ser más altos cuando la temperatura es más baja, ocurriría lo contrario.

Apliquemos ahora esta lógica a los datos del diseño de los puestos de la tabla 7.1 y veamos si las cuatro características de los puestos se determinan conjuntamente o por separado. Si estas cuatro características fue-

---

[1] En términos más formales, prob (*BB*) = prob (baja temperatura, bajo precio) × prob (baja temperatura) × prob (bajo precio dada baja temperatura). Suponiendo que las variables no están correlacionadas se obtiene la expresión anterior. Por tanto, la ecuación implica que no existe ninguna correlación o, lo que es más, que las variables son estadísticamente independientes.

ran independientes, la probabilidad de que un puesto elegido aleatoriamente tuviera, por ejemplo, un valor bajo en las cuatro características (*BBBB*) sería igual al producto de las cuatro probabilidades marginales de la columna B del panel superior de la tabla:

$$\text{Probabilidad predicha } (BBBB) = 0{,}251 \times 0{,}190 \times 0{,}194 \times 0{,}185$$
$$= 0{,}0017.$$

La columna «Predicha» del panel inferior de la tabla 7.1 muestra estos valores. La columna «Real» muestra la proporción de puestos de trabajo que eran realmente de cada tipo. Por ejemplo, un puesto elegido aleatoriamente tenía una probabilidad 0,0541 de tener un valor bajo en las cuatro características (*BBBB*). Dado que 0,0541/0,0017 es igual a alrededor de 31,6, eso significa que se observaron puestos de tipo *BBBB* más de 30 veces por encima de lo previsto si las características de los puestos no estuvieran correlacionadas entre sí.

Asimismo, la probabilidad predicha de observar un puesto de tipo *AAAA* –un valor alto en todas las dimensiones– es 0,0017. De hecho, se observaron puestos de tipo *AAAA* alrededor de 40 veces más de lo previsto. Se observaron puestos de tipo *MMMM* alrededor de un 25 por ciento de las veces, pero según las predicciones tendría que observarse alrededor de la mitad de esa cifra.

Estas observaciones indican a las claras que las empresas tienden a utilizar diseños *coherentes* de los puestos. Es decir, los puestos tienden a tener un valor bajo en las cuatro características o medio en las cuatro o alto en las cuatro simultáneamente. Para verificarlo, las tres últimas filas de la tabla 7.1 repiten este ejercicio, pero comparando las probabilidades predichas y reales de los diseños *incoherentes* de los puestos, es decir, los puestos que tienen un valor alto en unas dimensiones, pero bajo en otras. Como era de esperar, sólo se observan diseños incoherentes de los puestos alrededor de un décimo menos de lo predicho. Aunque no se muestra, los puestos que son más coherentes (aunque no totalmente) son más frecuentes de lo predicho, mientras que los que son menos coherentes (aunque no totalmente) son menos frecuentes de lo predicho.

Por tanto, los puestos muestran una clara tendencia a tener un diseño coherente. Si un trabajador tiene más capacidad de decisión, también es probable que realice más tareas y que tenga un capital humano más amplio y más profundo. Asimismo, es más probable que forme parte de un proceso de producción complejo, en el que sea interdependiente con otros y a la inversa.

La tabla 7.2 muestra otra característica interesante del diseño de los puestos de trabajo. Estos datos proceden de una encuesta a trabajadores británicos cuya empresa había sufrido recientemente un gran cambio organizativo. Se preguntó a los encuestados cómo había afectado el cambio al diseño de sus puestos de trabajo. Las preguntas de la encuesta correspondían perfectamente a las variables que hemos analizado en la tabla 7.1. La tabla 7.2 muestra un efecto llamativo que producen los cambios organizativos en el diseño de los puestos: es muy probable que aumenten la frecuencia de múltiples tareas, la descentralización y la necesidad de mejores cualificaciones.

Tabla 7.2. Efectos de los cambios organizativos en el diseño de los puestos de trabajo

	% de empleados con	
	Más	*Menos*
Tareas	63%	6%
Responsabilidad	46%	3%
Cualificaciones exigidas	50%	4%

Fuente: Caroli y Van Reenen (2001).

En suma, estas tablas contienen información importante. En primer lugar, dos características básicas del diseño de los puestos son la cantidad de decisiones y de tareas que realiza el empleado. En segundo lugar, se observan claras pautas en el diseño de los puestos. Los empleos descritos como multitareas van acompañados de un grado mayor de discrecionalidad y requieren unos trabajadores más cualificados. Un puesto de trabajo con un índice bajo en estas dimensiones a menudo se denomina puesto de trabajo *limitado*. Un término habitual para referirse a un puesto que tiene un índice alto en estas dimensiones es un puesto de trabajo *variado*.

En tercer lugar, tenemos algunas pistas sobre las situaciones en las que un puesto debe ser más limitado o más variado. Los puestos tienden a ser más variados cuando forman parte de procesos de producción más interdependientes. Las empresas también tienden a utilizar puestos de trabajo más variados cuando han sufrido recientemente cambios organizativos.

Finalmente, en las últimas décadas se ha observado una tendencia gradual a diseñar más puestos de trabajo variados y menos puestos limitados. Esta tendencia está en consonancia con la idea de la prensa económica de que las empresas han tendido a delegar cada vez más en los trabajadores. No obstante, es importante reparar en que éstas no son más que pautas y tendencias generales. Muchas empresas siguen teniendo puestos de trabajo limitados y poco cualificados en los que apenas se delega en los trabajadores.

En el resto de este capítulo, explicamos estas pautas y tendencias, preguntándonos primero qué tareas deben ponerse juntas en el mismo puesto de trabajo. Ésta es la pieza más importante del puzzle. El número y el tipo de tareas que se asignan a un trabajador están inextricablemente relacionados con las cualificaciones que éste posee, por lo que analizaremos al mismo tiempo las cualificaciones necesarias para el diseño de un determinado puesto de trabajo. Por último, volveremos brevemente a la cuestión de la toma de decisiones que fue el objeto de atención de una gran parte de los dos últimos capítulos para relacionar ese análisis con el diseño de los puestos de trabajo.

DISEÑO ÓPTIMO DE LOS PUESTOS DE TRABAJO: CUALIFICACIONES, TAREAS Y DECISIONES

Multicualificaciones y multitareas

Cualificaciones

El término multitareas se refiere a una situación en la que un trabajador tiene que realizar una serie de tareas distintas. El término multicualificaciones se refiere a una situación en la que un trabajador tiene la *capacidad* necesaria para realizar una serie de tareas. Muchas de las ventajas que se atribuyen a veces al enfoque de las multitareas son en realidad ventajas del enfoque de las multicualificaciones. A veces no es necesario que haya que realizar unas determinadas tareas en un puesto de trabajo sino únicamente que el que lo ocupa tenga la capacidad necesaria para realizarlas cuando sea necesario. Aquí enumeramos algunas de las ventajas del enfoque de las multicualificaciones.

Flexibilidad

Los trabajadores que saben hacer un gran número de tareas pueden sustituir a otros trabajadores. La flexibilidad tiene menos valor en una empresa grande que en una pequeña. En una empresa grande, puede haber muchas personas haciendo el mismo trabajo, por lo que es menos importante que una sepa hacer un gran número de tareas (esta afirmación se demuestra en términos formales en el apéndice).

Consideremos, por ejemplo, el departamento de reservas de Cathay Pacific Airlines. Siempre hay un gran número de empleados que están haciendo reservas. Si uno de ellos está ausente, hay suficiente flexibilidad en la planificación del departamento para que ocupe su lugar otra persona que tenga las cualificaciones necesarias para efectuar reservas. Casi nunca es necesario trasladar a un empleado de facturación al departamento de reservas. Por tanto, el personal de facturación no necesita estar familiarizado con la realización de reservas. Puede dedicarse a cumplir con las responsabilidades directas del personal de facturación y no pasa nada.

En el otro extremo, consideremos el ejemplo de un pequeño restaurante. Al principio, el dueño es el gerente, el cocinero, el comprador, el camarero, el cajero y el maître. A medida que se amplía el restaurante, el dueño puede contratar a alguna persona para atender las mesas y sentar a los comensales. En cambio, los grandes restaurantes pueden tener 500 empleados con tareas tan especializadas como la de proveedor de verduras. Cuando el restaurante es pequeño, si el camarero no sabe también cocinar, el restaurante tiene que cerrar cuando el cocinero está enfermo. El enfoque de las multicualificaciones evitaría el cierre formando al camarero para que aprendiera a cocinar. En una pequeña empresa, en la que sólo hay suficiente trabajo de un determinado tipo para justificar unos cuantos puestos, es probable que el enfoque de las multicualificaciones permita que exista un grado de flexibilidad que resultará muy valioso.

Comunicación

Es probable que el enfoque de las multicualificaciones facilite la comunicación entre los empleados que ocupan diferentes puestos en la empresa. Es mucho más fácil tratar una cuestión con una persona familiarizada con la situación que con una que desconozca totalmente el tema.

Consideremos, por ejemplo, el caso de un albañil y un electricista que forman parte de una cuadrilla que está construyendo una casa. El electricista tiene que instalar el cable de una determinada manera, pero para hacerlo la estructura de la casa tiene que tener en cuenta las necesidades del electricista. Es más fácil que el electricista se comunique con el albañil si tiene algunos conocimientos de albañilería.

No hemos elegido este ejemplo por casualidad. La construcción de una casa tiene importantes elementos de producción en equipo.

Es probable que la mayor comunicación que permite el enfoque de las multicualificaciones sea más beneficiosa en un entorno en el que se trabaja en equipo, en el cual los diferentes puestos son muy interdependientes.

Innovación

El enfoque de las multicualificaciones puede ayudar a realizar innovaciones en el puesto de trabajo al menos a través de dos mecanismos. En primer lugar, al igual que ocurre con la comunicación, cuando una persona conoce muchos aspectos de la producción, es más fácil diseñar tecnologías que mejoren los procesos. En el ejemplo anterior, es más probable que un albañil diseñe una estructura que tenga más en cuenta las necesidades del electricista si comprende su trabajo. Este efecto es muy parecido al que produce el enfoque de las multitareas en el aprendizaje en el trabajo que analizamos más adelante.

El segundo efecto que produce el enfoque de las multicualificaciones en la innovación es que cuando los individuos están muy especializados, es más probable que una innovación deje obsoleto todo su capital humano. Por ejemplo, los herradores fueron casi eliminados por el invento del automóvil. Si los herradores hubieran sido trabajadores siderúrgicos generalistas, sólo algunas de sus cualificaciones se habrían quedado obsoletas como consecuencia de la aparición del automóvil. Algunas de sus demás cualificaciones probablemente habrían cobrado más valor.

Esta cuestión es importante, ya que los trabajadores que ven que sus cualificaciones se quedan obsoletas tienden más a oponerse a las innovaciones. Aunque es probable que, al final, el mercado acabe ganando expulsando a las empresas que no innovan, ninguna decidiría por voluntad propia colocarse entre las empresas castigadas por el mercado. Si una empresa tiene una plantilla que posee unas cualificaciones más amplias, puede tener más capacidad para adaptarse a los cambios.

Tareas

Especialización frente a multitareas

Uno de los principios más importantes del diseño de los puestos de trabajo tiene su origen en *La riqueza de las naciones* (1776) de Adam Smith. Según Smith, el grado de especialización depende de las dimensiones del mercado. Pone el ejemplo de una fábrica de alfileres, en la que cada trabajador puede hacer un alfiler entero, desde el principio hasta el final, o puede simplemente trabajar en un aspecto de la fabricación de un alfiler, como afilar la punta[2]. Para dedicar un trabajador a tiempo completo a una tarea tan limitada, es necesario tener un volumen suficientemente grande de pedidos para necesitar un gran número de trabajadores. Por ejemplo, si el mercado de alfileres sólo pudiera justificar la producción de cinco alfileres al día, sería inviable tener una cadena de montaje y unos puestos de trabajo limitados. Esa empresa tendría, por el contrario, un único artesano que produciría los cinco alfileres diarios.

Por tanto, es más probable que las pequeñas empresas utilicen el enfoque de las multitareas en el diseño de sus puestos de trabajo, ya que tienden a poner más énfasis que las grandes en las multicualificaciones de sus trabajadores.

El mensaje más importante del análisis de Smith es la idea de la *especialización*, que es lo contrario del enfoque de las multitareas[3]. En la fábrica de alfileres, para fabricar un alfiler había que realizar 18 tareas distintas. La fábrica que especializara los puestos de trabajo podía utilizar 10 trabajadores distintos para realizar estas tareas. El trabajo de un trabajador podía consistir simplemente en pasarse todo el día estirando el alambre. Éste es un ejemplo extremo de lo que se observa a menudo en los puestos de trabajo de la industria manufacturera: pocas tareas realizadas repetitivamente. Cuando la empresa hacía eso, podía producir 20 libras de alfileres al día. Según Smith, un único trabajador sólo podía producir alrededor de 20 alfileres al día. Por tanto, descomponiendo el proceso en tareas limitadas y dando a los empleados trabajos especializados, se puede conseguir un enorme incremento de la productividad.

No está de más insistir en esta idea. Recuérdense siempre las ventajas de la especialización, ya que estas ventajas pueden ser extraordinariamente grandes. Cualquier alejamiento de la especialización debe tener una sólida justificación.

---

[2] Nosotros llamamos clavo a lo que Smith llamó alfiler (naturalmente, un clavo no es más que un alfiler grande). El ejemplo de especialización de Smith posiblemente tenga sus raíces en Persia 800 años antes (Hosseini, 1998).

[3] Una vez más, hay que tener cuidado de no dejarse confundir por la jerga académica. En el diseño de los puestos de trabajo, el término especialización normalmente se refiere a la realización de un reducido número de tareas. A veces se refiere a las inversiones en capital humano muy específico, como en el capítulo 3. Especializado *no* es lo mismo que conocimiento específico, que se analiza en el capítulo 5. *Tampoco* es lo mismo que inversiones específicas, que se analizan en el capítulo 3.

¿Por qué la especialización aumenta la productividad? Una de las razones es que cuando un trabajador realiza un número limitado de tareas, tiene más posibilidades de perfeccionarlas. Si un trabajador tiene que realizar demasiadas tareas, es probable que sepa un poco de todo y mucho de nada. Cuando está especializado, ocurre lo contrario. Otra ventaja de la especialización es que un trabajador puede ahorrar tiempo (y esfuerzo mental) al no tener que cambiar tanto de tareas. Por último, la especialización permite realizar inversiones en capital humano especializado y ahorrar así en costes de la formación.

La especialización es uno de los factores más importantes en las economías modernas, debido a los enormes incrementos de la productividad, y es la razón por la que es el tema del primer capítulo de *La riqueza de las naciones* de Smith. También es la base de las economías, ya que, cuando la gente se especializa, es más productiva y el comercio permite a todas las partes disfrutar de mayor bienestar que si no se especializara.

Multitareas

El enfoque de las multitareas es el movimiento contrario a la especialización: consiste en darle a realizar una serie de tareas a un trabajador. Aunque la especialización tiene importantes ventajas, también tiene costes. A continuación enumeramos algunas de las ventajas del enfoque de las multitareas.

Menos costes de transacción

Cuando los trabajadores se especializan, pueden surgir varios costes que podrían evitarse con el enfoque de las multitareas. Un ejemplo es el tiempo de transporte. Supongamos que una parte de la solicitud de una indemnización la tramita una oficina que se encuentra en Barcelona y la otra una oficina que se encuentra en Madrid. Es posible que haya que enviar los papeles de Barcelona a Madrid, lo que causa retrasos. El enfoque de las multitareas reduciría esos costes. Obsérvese que a medida que la tecnología de la información esté más introducida, esas ventajas del enfoque de las multitareas probablemente disminuirán (para más información sobre este tema, véase el siguiente capítulo).

Asimismo, cuando la solicitud de indemnización pasa de una persona a otra, hay una persona más que tiene que enterarse de algunos de los detalles del caso. Si trabajan tres personas en un expediente, éste tiene que leerse tres veces en lugar de una solamente. En la medida en que la división de la tarea en otras muchas más pequeñas tiene pocas ventajas, el enfoque de las multitareas ahorra un valioso tiempo de preparación.

La especialización, además de tener costes de preparación, puede tener *costes burocráticos*. Cada vez que un proyecto pasa de un despacho a otro, el trabajador tiende a posponerlo durante un tiempo. Incluso cuando el tiempo de preparación es mínimo, la tendencia a dejar las cosas para más tarde implica que el paso de un proyecto de unas personas a otras hace que se tarde más tiempo en terminarlo.

Consideraciones relacionadas con la oferta

A veces las cualificaciones necesarias para realizar una tarea permiten a un trabajador realizar otra tarea parecida. Por ejemplo, un asesor fiscal que conoce lo suficiente la legislación tributaria para realizar una compleja declaración de la renta también puede saber lo suficiente para ayudar a un cliente a pagar los menos impuestos posibles el próximo año. Ésa es la razón por la que los asesores fiscales a menudo sugieren a sus clientes instrumentos de inversión en el momento en el que hacen la declaración de impuestos. Sin embargo, cuando las cualificaciones necesarias para realizar una tarea sólo pueden utilizarse para esa tarea, el enfoque de las multitareas tiene costes. Ésa es la razón por la que no se suele ver a una enfermera en una escuela haciendo también trabajos de carpintería. Aunque ninguna de las dos tareas ocupa necesariamente todo su tiempo, las cualificaciones que exige cada una de ellas son tan distintas que el enfoque de las multitareas es inviable.

Si las tareas tienen que aglutinarse en un solo puesto de trabajo, es necesario que el que lo ocupe tenga las cualificaciones necesarias para realizar todas esas tareas. Los fontaneros normalmente no conocen las complejidades de los sistemas eléctricos, por lo que un trabajador raras veces tiene que realizar las tareas de instalar tanto la fontanería como el cableado eléctrico en una casa de nueva construcción. Es posible que a un fontanero se le asignen las tareas tanto de colocar los grifos como de instalar una tubería, ya que las cualificaciones que se necesitan para realizar ambas tareas son muy parecidas.

Complementariedad en la producción

Uno de los casos en los que hay más motivos para utilizar el enfoque de las multitareas en lugar de la especialización es aquel en el que las tareas son complementarias en la producción. Las tareas *A* y *B* son complementarias si el trabajador realiza más eficientemente la tarea *B* por el hecho de realizar la *A* y viceversa. Consideremos, por ejemplo, un trabajo de reparación. Normalmente la persona que diagnostica el problema también realiza la reparación. El técnico en lavadoras está preparado para arreglarlas. Podría describir el problema a otro trabajador y ser éste el que realizara entonces la reparación, pero eso supondría el doble de esfuerzo.

Es más probable que las tareas sean complementarias en la producción cuando están especialmente interrelacionadas en el proceso general de producción. Eso implica a menudo tener un conocimiento específico. En el caso del trabajo de reparación, la realización de un diagnóstico permite al empleado tener un conocimiento detallado y a menudo práctico de la máquina que hay que reparar. El trabajador puede comunicar este conocimiento a otro, que sería el que realizaría la reparación, pero los costes de comunicación serían relativamente altos.

Obsérvese que es más probable que las tareas sean complementarias cuando el producto o el proceso sean complejos. Por ejemplo, en la producción de alfileres de Adam Smith, los pasos son muy sencillos y no son muy interdependientes. En cambio, si una empresa fabrica motores diésel, es muy importante que cada pieza encaje perfectamente en la pieza o en el hueco contiguo. Por tanto, las tareas de dar forma a piezas que trabajan conjuntamente son buenas candidatas a agruparse en el mismo puesto de trabajo.

Vemos que los principios de los capítulos 5 y 6 son relevantes para diseñar los puestos de trabajo. Cuando las tareas son más interdependientes, la especialización generaría elevados costes de coordinación entre los dos trabajadores a los que se les asignan las diferentes tareas. Para evitar esos problemas de coordinación, que incrementarían los costes, ralentizarían la producción o reducirían la calidad, a menudo es beneficioso agrupar las tareas más complementarias en el mismo puesto de trabajo.

Además, el principio de la modularidad en el diseño se aplica bastante bien al diseño de los puestos de trabajo, de la misma forma que se aplica a la estructura organizativa general. Cuando se diseñan los puestos de trabajo, hay que buscar la manera de modularizar los procesos de la empresa. Si el trabajo puede modularizarse, la mayoría de las tareas muy interdependientes se han reunido por definición en el mismo módulo, lo cual reduce los costes de coordinación. Aun así, la coordinación entre los puestos de trabajo o entre los módulos tendrá costes, pero esos costes serán más bajos si los módulos se han definido correctamente.

El desarrollo de programas informáticos constituye un ejemplo de modularización en el diseño de los puestos de trabajo. Un gran proyecto de programación (por ejemplo, un sistema operativo o una gran aplicación) es demasiado para un único programador, por lo que hay que dividirlo en diferentes puestos de trabajo. Normalmente, se asigna a un programador una o más subrutinas concretas. Éstos son, por supuesto, módulos del programa general. Estas subrutinas se eligen de tal modo que las partes que están más relacionadas estén juntas. El jefe de proyecto tiene que gestionar la relación entre las subrutinas –es decir, coordinarlas– pero esa tarea es más fácil en un proyecto bien diseñado con una buena modularización. De hecho, las herramientas y los principios modernos de software están diseñados pensando en la modularidad. A los ingenieros de software se les enseña a diseñar programas como partes relativamente independientes. Se les enseña a diseñar estructuras de datos e interfaces entre los objetos de software que reduzcan lo más posible los problemas de coordinación del diseño y el funcionamiento general del programa.

Aprendizaje en el trabajo

Un tipo importante de complementariedad de las tareas consiste en que, cuando un trabajador realiza varias, es más probable que encuentre el modo de mejorar el proceso o el producto final. Las partes de un proceso que son más difíciles de perfeccionar son las más complejas e interdependientes. También son los casos en los que es más probable que se emplee el enfoque de las multitareas. Cuando un empleado realiza tareas que están estrechamente relacionadas entre sí, es más probable que descubra nuevas formas de realizarlas, de hacer que los resultados de esas tareas encajen mejor, etc.

Consideremos de nuevo nuestro ejemplo de la fabricación de motores diésel. Supongamos que la empresa tiene un problema porque dos piezas no encajan perfectamente y eso provoca fricciones y finalmente fallos mecánicos. Si la empresa ha organizado los puestos de trabajo en torno a la especialización, las dos piezas probablemente serán fabricadas por trabajadores distintos. Es probable que cada trabajador fabrique su pieza de la forma más eficiente posible, pero sin pensar apenas cómo encajará con la otra. En cambio, es mucho más probable que un trabajador al que se le asignen las tareas de producir ambas piezas se pregunte cómo funcionarán *juntas* las dos.

Por poner otro ejemplo, consideremos el caso de nuestra empresa que se dedica a tramitar solicitudes de indemnización. Si la tramitación de la solicitud se divide en diferentes pasos, los trabajadores tienden a tener una visión limitada a cómo se realiza cada paso. En cambio, si se asigna a un único trabajador el cometido de tramitar íntegramente la solicitud desde el principio hasta el final, controla *todo el proceso* (lo que denominaremos *identidad de las tareas*) y eso le permite tener una idea más ajustada de la importancia relativa de cada tarea y de cómo encajan todas ellas. Este conocimiento hace que sea mucho más probable que el trabajador dé un buen servicio al cliente.

Dificultades de supervisión

A veces, cuando se agrupan las tareas, el trabajador centra la atención en una de ellas y deja de lado otras. Por ejemplo, un trabajador al que se le asigna tanto la venta como el establecimiento de buenas relaciones con los clientes podría concentrar sus esfuerzos en la primera tarea y dejar de lado la segunda. Como las ventas se observan más fácilmente que el establecimiento de buenas relaciones con los clientes y como las empresas tienden a pagar directamente por las ventas, el agrupamiento de estas tareas puede llevar al trabajador a sacrificar una de ellas en favor de la otra. Una alternativa consiste simplemente en pagar al trabajador por las horas trabajadas, pero en ese caso no se aprovechan las ventajas de remunerar según el rendimiento en las ventas. Dividiendo las tareas, la empresa puede obtener mejores resultados; véanse los capítulos 9 y 10 para un análisis más detenido.

Motivación intrínseca

Adam Smith ya señaló que los puestos de trabajo muy limitados y especializados pueden plantear problemas, ya que el trabajador se aburre haciendo el trabajo. El enfoque de las multitareas tiene, pues, la ventaja de que puede aumentar la *motivación intrínseca* del trabajador, es decir, la motivación psicológica causada por el trabajo. Analizaremos este efecto más adelante en este capítulo.

Decisiones

Dado que cuando el trabajador realiza múltiples tareas es más probable el aprendizaje en el trabajo, no debe sorprender que los datos antes mencionados muestren que los trabajadores a los que se les asignan más tareas también tienen más capacidad de decisión. Los conocimientos que los trabajadores adquieren en los puestos de trabajo en los que se realizan múltiples tareas acostumbran a ser conocimientos relativamente específicos (caros de comunicar), ya que son complejos y prácticos. Por tanto, para aprovechar este aprendizaje, la empresa generalmente tendrá que permitir al trabajador probar nuevos métodos y aplicar los que tengan éxito.

Podemos llevar esta cuestión un paso más allá. Como la asignación de múltiples tareas es, para la empresa, una manera de mejorar el aprendizaje de los trabajadores, la importancia de la capacidad de *análisis* y de *decisión* es mayor. Por tanto, el enfoque de las multitareas no sólo requiere que el trabajador adquiera el amplio conjunto de cualificaciones necesarias para realizar cada tarea sino que también prima a los trabajadores que tienen más capacidad de análisis. Esta cuestión será importante en el siguiente capítulo.

FORMAR A LOS TRABAJADORES DE PRODUCCIÓN EN EL MÉTODO CIENTÍFICO

Muchas empresas utilizan los métodos de gestión de la calidad total (*total quality management* o TQM) para aplicar los principios que hemos analizado en este capítulo. La TQM tiene por objeto mejorar la calidad. Muchos problemas de calidad se deben a que los puestos de trabajo están demasiado especializados, por lo que los trabajadores no tienen en cuenta la relación que existe entre su trabajo y otras fases del proceso. Por tanto, la TQM normalmente supone utilizar más el enfoque de las multitareas (acompañado a menudo de la formación de equipos, tema del que nos ocuparemos en el siguiente capítulo). Normalmente también implica una participación mayor de los trabajadores en la toma de decisiones, para aprovechar la mejora del aprendizaje del trabajador en el trabajo. Este método puede utilizarse para mejorar la calidad o para lograr cualquier otro objetivo organizativo, como el rendimiento o la eficiencia.

Normalmente los programas de TQM también exigen que las empresas tengan que dar más formación. Algunas de las nuevas cualificaciones se necesitan simplemente porque los trabajadores realizan un número mayor de tareas que antes de utilizar la TQM. Sin embargo, la formación entraña también a menudo enseñar a los trabajadores a tomar decisiones. Un destacado ejemplo es el método que defendía Joseph Juran, famoso consultor en TQM. Juran recomendaba a sus clientes que les enseñaran un proceso a los trabajadores del departamento de producción para diagnosticar los problemas, encontrar la forma de resolverlos y aplicar las soluciones. Este proceso constaba de siete pasos:

1. Analizar los síntomas.
2. Formular una teoría sobre las causas.
3. Contrastar la teoría.

4. Establecer las causas.
5. Simular una solución.
6. Contrastar la solución en condiciones operativas.
7. Establecer controles para mantener la mejora.

Obsérvese que los tres primeros pasos son el método científico. Los tres siguientes también, pero de una forma más aplicada. En otras palabras, Juran aboga por enseñar, incluso a los trabajadores relativamente poco cualificados, las técnicas avanzadas de análisis para adquirir y utilizar los conocimientos específicos que surgen conforme hacen su trabajo.

Fuente: Jensen y Wruck (1994).

COMPLEMENTARIEDAD Y DISEÑO DE LOS PUESTOS DE TRABAJO

El análisis anterior nos ayuda a explicar los resultados de la tabla 7.1. El enfoque de las multitareas es más valioso cuando el proceso es más interdependiente, ya que las tareas son complementarias y los trabajadores tienen más oportunidades de aprender. Cuando se utiliza el enfoque de las multitareas y los trabajadores aprenden en el trabajo, conviene darles un grado mayor de discrecionalidad –*delegar* en ellos– para aprovechar las ideas y los conocimientos que acumulan. El enfoque de las multitareas está relacionado positivamente de dos formas con las cualificaciones de los trabajadores. En primer lugar, para realizar un número mayor de tareas, los trabajadores tienen que poseer un número mayor de cualificaciones. En segundo lugar, el hecho de que los trabajadores que realizan múltiples tareas aprendan y tomen decisiones significa que también tienden a necesitar capacidad de análisis y de reflexión.

Por tanto, tiene sentido que estas cuatro características del diseño de los puestos de trabajo estén relacionadas positivamente, como muestra la tabla 7.1. Si un puesto de trabajo tiene un valor alto en una de estas dimensiones, debería ser más probable que tuviera también un valor alto en las demás y viceversa.

Eso no quiere decir, sin embargo, que deban enriquecerse todos los puestos de trabajo sino todo lo contrario. La tabla 7.1 muestra que las empresas utilizan tanto puestos de trabajo variados como puestos clásicos y limitados con pocas cualificaciones.

Lo que sí indica la tabla es la idea de que las políticas de recursos humanos deben diseñarse como un sistema compuesto de partes complementarias, es decir, ninguna política debe diseñarse sin tener en cuenta las restantes políticas que utiliza la empresa. En nuestro ejemplo del diseño de los puestos de trabajo, no tendría mucho sentido utilizar la descentralización si el trabajador tiene un puesto de trabajo limitado y un bajo nivel de cualificación y si posee pocos conocimientos específicos de valor económico que explotar. En este texto, normalmente analizamos cada política por separado, ya que para analizar cuestiones complejas como el diseño de las organizaciones es necesario simplificar. Pero en la práctica es importante recordar que las políticas están relacionadas entre sí y que, en la medida de lo posible, deben diseñarse al mismo tiempo.

Consideremos a modo de ejemplo un director de sucursal al que se le ha comunicado que tiene que mejorar el grado de satisfacción de sus clientes. El director llega a la conclusión de que la mejor manera de mejorarla es poniendo en marcha un sistema de incentivos en el que los empleados reciban primas basadas en los resultados de unas encuestas sobre la satisfacción de los clientes. Si se pone en marcha sin cambiar el diseño de los puestos de trabajo, es probable que el resultado sea la frustración de todos. Es posible que los trabajadores quieran mejorar su índice de rendimiento, pero que se encuentren con que no pueden hacerlo. Asimismo, si se cambia el diseño de sus puestos de trabajo, pero no sus incentivos, es probable que los resultados tampoco sean óptimos. La empresa obtendría mejores resultados adoptando un enfoque sistémico (más difícil) y considerando la posibilidad de cambiar al mismo tiempo algunas características del diseño de los puestos, la evaluación del rendimiento y los incentivos.

ENFOQUE SISTÉMICO DEL DISEÑO DE LAS ORGANIZACIONES Y PRODUCTIVIDAD

Existe un minucioso estudio sobre la influencia de diferentes pautas de diseño de los puestos y las políticas de incentivos en la productividad en una serie de plantas siderúrgicas. Los investigadores recogieron información sobre diversas políticas de recursos humanos, así como datos detallados sobre la productividad y la calidad del producto. Una característica especialmente atractiva del proyecto es que todas las empresas estudiadas utilizaban un tipo concreto de proceso manufacturero, por lo que es improbable que las diferencias de productividad se debieran a factores distintos del diseño de la organización.

En el estudio se dividió la muestra en cuatro tipos de diseño de organizaciones. En un extremo se encontraban las empresas que utilizaban políticas similares al tipo de diseño BBBB de la tabla 7.1, en el que los puestos de trabajo están muy especializados, los trabajadores gozan de poca discrecionalidad y tienen un bajo nivel de cualificación. En el otro extremo se encontraban las plantas que utilizaban políticas similares al tipo de diseño *AAAA* de la tabla 7.1 (puestos de trabajo variados). También tuvieron en cuenta las variedades de planes de incentivos, argumentando que los incentivos basados en medidas distintas de la cantidad son complementarios de los puestos de trabajo variados (el lector verá por qué cuando lea el capítulo 9). Éstos son dos ejemplos de enfoques coherentes del diseño de organizaciones. Los otros dos tipos se parecían más a los enfoques incoherentes, al menos en comparación con los extremos.

La investigación permitió obtener algunos resultados interesantes. En primer lugar, el diseño más clásico –puestos de trabajo limitados, toma de decisiones centralizada y bajo nivel de cualificación de los trabajadores– era el enfoque en el que más bajas eran la productividad y la calidad del producto.

En segundo lugar, los efectos de cada una de las políticas de recursos humanos, por separado, eran pequeños o insignificantes. En cambio, cuanto más adoptaba una empresa un conjunto de políticas complementarias, mayores eran la productividad y la calidad. Donde mayores efectos se observaron fue en las empresas que adoptaron el diseño coherente de puestos de trabajo variados e incentivos basados en la calidad y en el aprendizaje de nuevas cualificaciones. Ésta es una prueba de que el enfoque *sistémico* del diseño de organizaciones es el más eficaz.

Fuente: Ichniowski, Shaw y Prennushi (1997).

CUÁNDO UTILIZAR DIFERENTES DISEÑOS DE LOS PUESTOS DE TRABAJO

Hasta ahora el análisis de este capítulo ha planteado algunas preguntas. ¿Por qué algunas empresas *no* adoptan un enfoque más moderno para diseñar sus puestos de trabajo? ¿Por qué se siguen utilizando enfoques más clásicos en muchas empresas? Si es más eficaz cambiar al mismo tiempo el conjunto de políticas de empleo, ¿por qué hay empresas que sólo cambian algunas?

Estas preguntas tienen varias explicaciones posibles. Una de ellas es que el cambio de las políticas tiene costes. Si éstos son suficientemente altos, a una empresa puede resultarle más rentable seguir utilizando políticas menos eficaces. En la medida en que el enfoque sistémico del diseño de la organización es eficaz, el cambio organizativo tiene incluso más costes, ya que la empresa debe cambiar más políticas, posiblemente al mismo tiempo y de una manera coordinada.

Otra explicación es que los directivos no siempre saben cuáles son las mejores políticas. Eso significa que las empresas no siempre tienen políticas óptimas. Asimismo, los directivos pueden no tener suficientes incentivos para diseñar los cambios y llevarlos a cabo, tareas que pueden exigir un arduo trabajo. Sin embargo, la competencia entre las empresas, así como la acumulación de mejores conocimientos sobre las prácticas eficaces (como la investigación de Ichniowski, Shaw y Prennushi), deberían llevar con el tiempo a utilizar mejores prácticas en las empresas. Por tanto, esta explicación no es muy satisfactoria; además, no da muchas orientaciones, salvo la de procurar contratar a los mejores directivos posibles.

El taylorismo

La tercera explicación de los motivos por los que no siempre se adopta el enfoque del enriquecimiento de los puestos de trabajo es que no siempre es la mejor práctica. Supongamos que este tipo de diseño de las organizaciones es bastante eficaz para algunas empresas, sectores, tecnologías o productos (como las plantas siderúrgicas), pero hay otros para los que es mejor un enfoque más tradicional que ponga énfasis en la especialización y en la centralización. En ese caso, el mejor diseño sería distinto en cada tipo de empresa. En el presente apartado analizamos esta idea.

Para ello, nos remontamos a una de las primeras teorías de la administración de empresas, en concreto, al movimiento de la *gestión científica* de principios del siglo xx, también llamado *taylorismo*, en honor a uno de los principales creadores de estas ideas, Frederick Taylor.

La idea en la que se basa el taylorismo es bastante sencilla: la empresa contrata a ingenieros de talento; éstos tienen que averiguar cuál es la mejor manera de organizar la producción y de realizar cada tarea; a continuación se aplican dichos métodos. El enfoque es bastante lógico. Aprovecha la pericia de las personas que tienen más talento y formación y comparte sus ideas con otros. Cuando se aplica bien, es un método muy útil para aumentar la eficiencia y mejorar la calidad. También tiene interesantes consecuencias organizativas.

En este método, los ingenieros industriales generalmente dividen el proceso en distintos pasos, de un modo muy parecido a como describe Adam Smith la fabricación de alfileres. A continuación intentan perfeccionar la manera en que se realiza cada paso. Una consecuencia obvia es que si los ingenieros han dado realmente con un diseño relativamente eficaz, *los trabajadores deben tener un grado escaso o nulo de discrecionalidad.* Deben realizar, por el contrario, sus tareas exactamente como han diseñado los ingenieros el puesto de trabajo. Como corolario, *los trabajadores necesitan tener pocas cualificaciones, sobre todo en la toma de decisiones.* Este enfoque es el extremo opuesto del ejemplo de TQM de Juran.

La división del proceso en pasos discretos y el hecho de que no se ponga énfasis en el aprendizaje en el trabajo normalmente llevan a la especialización. Estos métodos son muy eficaces, por ejemplo, para establecer una cadena de montaje en la que los trabajadores realizan repetitivamente una tarea o un pequeño número de tareas, pasando los resultados de su trabajo a otros trabajadores que realizan las siguientes tareas. Además, la división de un proceso en pasos discretos y la reducción de esos pasos a una rutina, a menudo dan como resultado la automatización (y, en la era actual, la informatización) de una gran parte del trabajo.

DISEÑO DE LOS PUESTOS DE LOS CONDUCTORES DE FURGONETAS DE REPARTO DE UPS

UPS es la mayor empresa de mensajería del mundo. Lleva alrededor de 100 años en el sector. El producto es relativamente sencillo: el transporte de paquetes del punto *A* al *B*. Además, los detalles básicos de la entrega de los paquetes desde que el mensajero se baja de la furgoneta apenas han cambiado en 100 años. UPS es un excelente ejemplo moderno de la aplicación de los principios del taylorismo.

UPS da a sus conductores una amplia formación sobre cómo tienen que repartir *exactamente* los paquetes. Por ejemplo, se les enseña a subir a la furgoneta con el pie izquierdo primero, ya que es algo más rápido que con el derecho. Se les enseña que tienen que tocar el claxon conforme frenan la furgoneta (para llamar la atención del cliente y ahorrar así tiempo en la puerta), sostener el llavero con la llave de contacto en el dedo corazón de la mano derecha (para arrancar más deprisa una vez realizada la entrega) y poner la furgoneta en primera (lo cual permite salir más deprisa). UPS tiene varios volúmenes de políticas y procedimientos estandarizados.

UPS lleva aún más allá la ingeniería industrial. Ha ido modificando a lo largo de los años el diseño de las furgonetas de reparto para mejorar su eficiencia. Por poner un ejemplo, sus ingenieros descubrieron que biselando el borde exterior del asiento del conductor, éste podía entrar y salir más deprisa de la furgoneta.

Tal vez parezca que cada una de estas políticas mejora muy poco la eficiencia. Sin embargo, juntas permiten al mensajero repartir como mínimo algunos paquetes más al día. En un sector competitivo en el que los márgenes de beneficios son bajos, esas pequeñas mejoras pueden ser muy importantes, sobre todo cuando se suman las de toda la plantilla de UPS, que es enorme.

Fuente: Vogel y Hawkins (1990).

Obsérvese que el taylorismo es como la planificación central, mientras que los puestos de trabajo variados en los que los trabajadores tienen más derechos de decisión son como el enfoque que organiza la empresa como si fuera un mercado. Los principios del capítulo 5 se aplican al diseño de los puestos de trabajo exactamente igual que al diseño general de la organización. Si los ingenieros industriales encuentran realmente métodos de producción cercanos al óptimo, a los trabajadores les queda poco que aprender en el trabajo, ya que hay pocos conocimientos específicos de las circunstancias concretas. En ese caso, la centralización tiene sentido y la descentralización tendría costes.

En otras palabras, al igual que ocurre con el diseño de una economía, una empresa tiene dos grandes enfoques para optimizar su diseño. En un extremo del espectro se encuentra la *optimización ex ante* por medio de métodos como el taylorismo. Este enfoque da como resultado una estructura organizativa relativamente centralizada, el diseño de unos puestos de trabajo limitados y unos trabajadores menos cualificados. En el otro extremo del espectro se encuentra la *mejora continua* por medio de métodos como las multitareas, la descentralización y unos trabajadores más cualificados.

Naturalmente, la mayoría de las empresas se encuentran entre estos dos modelos extremos. Además, la mayoría utiliza algunos elementos de ambos enfoques. Por ejemplo, muchas fábricas tienen un equipo de ingenieros que, adoptando un enfoque centralizado, diseñan el proceso de producción y controlan la calidad. Sin embargo, esas mismas fábricas pueden utilizar también métodos como la TQM para aprovechar las ideas que tienen los trabajadores a pie de máquina para introducir mejoras. La cuestión no es si una empresa debe utilizar uno u otro enfoque sino, más bien, para qué trabajadores y en qué medida.

Factores que favorecen el taylorismo o la mejora continua

La distinción entre la optimización *ex ante* y la mejora continua permite entender en qué circunstancias la empresa tenderá a adoptar estructuras más clásicas (tayloristas) o modernas (mejora continua). Si la empresa consigue averiguar cuáles son los métodos más adecuados para realizar sus funciones, no hay razón alguna para permitir que los trabajadores adopten sus propios métodos. En cambio, si el taylorismo no es eficaz, descentralizar algunas decisiones y diseñar unos puestos de trabajo más variados puede dar buenos resultados. Por tanto, la cuestión es saber en qué circunstancias funciona bien el taylorismo.

Pensemos en el taylorismo como una inversión; la medida en que una empresa deba invertir en taylorismo dependerá de los beneficios y costes de la inversión. Para averiguar cuáles son los mejores métodos de producción, la empresa tiene que incurrir en los costes de contratar ingenieros y ponerlos a analizar y probar diferentes enfoques. A continuación debe enseñar a los trabajadores a poner en práctica este diseño. Averiguar cuál es la organización óptima y el diseño óptimo de los puestos puede ser un proyecto de gran evergadura. Evidentemente, la empresa deberá invertir más en taylorismo cuando el rendimiento de esa inversión sea mayor y menos cuando sea menor. Cuando la empresa invierte menos en optimización *ex ante*, es más probable que emplee métodos de mejora continua como alternativa.

El rendimiento de la inversión depende de los costes de averiguar cuáles son los métodos de producción eficientes. También depende de los beneficios que pueda obtener la empresa una vez sepa cuáles son esos métodos. A continuación destacamos un par de factores que afectan la medida en que una empresa utiliza un enfoque centralizado *ex ante* o un enfoque de mejora continua.

Tamaño de la empresa

Cuanto mayor sea la empresa, mayores son los beneficios de la optimización *ex ante*, en circunstancias normales. Las grandes empresas tienen más trabajadores que realizan tareas parecidas, por lo que cualquier mejora que se consiga podrá repartirse entre más empleados. Eso permite que las inversiones para conseguir métodos mejores tengan economías de escala.

Complejidad

Los procesos más sencillos son más fáciles de optimizar *ex ante*. La producción eficiente de un alfiler es un problema mucho más fácil de analizar que la producción de un motor diesel. Cuando los procesos son complejos, el taylorismo tiende a tener más costes, lo cual resulta en una menor inversión en optimización *ex ante* y los trabajadores tienen más oportunidades de sugerir procedimientos innovadores.

La complejidad puede deberse a varios factores. Uno es sencillamente el número de partes o el número de pasos de que consta el proceso de generar negocio. Un alfiler sólo tiene dos partes (el alfiler y la cabeza), mientras que un motor diesel tiene miles. Asimismo, la tramitación de una solicitud de indemnización sólo consta de unos cuantos pasos en comparación con la evaluación de la gestión del riesgo global de un banco. Es probable que la tramitación de la solicitud de indemnización esté mucho más estandarizada, por lo que los puestos de trabajo serán más sencillos, habrá menos descentralización y los trabajadores tendrán menos cualificaciones que cuando se trata de analizar la gestión del riesgo. Incluso en el caso de la gestión del riesgo, es probable que una empresa consultora desarrolle el mayor número posible de procedimientos estandarizados para reducir sus costes y mejorar su servicio. Sin embargo, los proyectos que una empresa de este tipo analiza son tan complejos que le resultará difícil estandarizar una gran parte del proceso.

La complejidad también puede deberse a la línea de productos. Si la empresa fabrica un único producto, sólo hay un proceso que perfeccionar. Si fabrica muchos productos, el problema de la optimización es mucho más difícil (aunque algunas de las lecciones aprendidas sobre la optimización de la producción de un producto puedan trasladarse a otros productos). En el caso extremo, las empresas que realizan sus productos por encargo se enfrentan a un reto aún mayor para optimizar *ex ante* sus métodos.

La complejidad también puede deberse a la existencia de una estrecha interdependencia (costes de coordinación) entre las diferentes tareas. Un proceso que tiene muchas fases, pero en el cual éstas son relativamente independientes, puede optimizarse con relativa facilidad. Si las diferentes fases están interrelacionadas, la optimización del proceso generalmente es más difícil, ya que hay que considerar las fases conjuntamente. La tabla 7.1 pone en evidencia que las empresas tienden a utilizar menos enfoques tayloristas para diseñar sus puestos de trabajo cuando sus procesos son más interdependientes.

Obsérvese que la complejidad es uno de los factores de los que depende que la transmisión del conocimiento sea cara o barata. El taylorismo y la centralización funcionan mejor cuando el conocimiento requerido es general. Cuando los procesos son complejos, es más probable que los trabajadores necesiten de conocimientos más específicos que van descubriendo al realizar su trabajo.

Previsibilidad

La optimización *ex ante* exige averiguar cuáles son los mejores métodos y enseñar a los trabajadores a aplicarlos. Este enfoque no dará buen resultado cuando sea más difícil saber a qué situación se enfrentará el trabajador. Los entornos más imprevisibles se prestan a la utilización de un enfoque de mejora continua. Si el entorno de producción es aleatorio, pero las mismas situaciones se repiten una y otra vez, el taylorismo suele dar buenos resultados. En ese caso, la empresa puede dar al trabajador la formación y los procedimientos que debe utilizar en cada una de las situaciones que surjan. Sin embargo, cuanto mayor sea el número de contingencias posibles, más complejo será el problema de la optimización. Además, muchas circunstancias aleatorias pueden ser imprevisibles. En esos casos, a la empresa le conviene diseñar procedimientos generales que sirvan de orientación al trabajador. Sin embargo, es poco probable que baste con estos conocimientos, por lo que habrá un margen para que el trabajador busque la mejor manera de afrontar las diferentes situaciones a medida que aparecen.

Consideremos la consultoría. Cada captación de un cliente es diferente de la anterior. Algunos procesos y métodos pueden aplicarse de nuevo, pero a menudo es preciso desarrollar métodos o aplicaciones nuevos. Además, puede ser necesario decidir en cada ocasión cuales son los métodos más apropiados.

Horizonte temporal

Otro determinante del rendimiento de una inversión en optimización *ex ante* de un proceso de negocio es el horizonte temporal de la empresa, tanto anterior como posterior. Si una empresa lleva muchos años en el sector y, sobre todo, si su entorno se ha mantenido estable, es probable que haya desarrollado métodos bastante eficientes. En cambio, una empresa nueva habrá tenido pocas posibilidades de averiguar cuál es la mejor manera de realizar sus cometidos. Por tanto, en muchas empresas la estructura organizativa y el diseño de sus puestos de trabajo suelen seguir un ciclo de vida. Cuando se funda la empresa, se tiende a adoptar un enfoque de mejora continua mientras se buscan los métodos más adecuados a la carrera. A medida que la empresa madura, se va recurriendo cada vez más a procedimientos y políticas formalizadas y se va centralizando más la toma de decisiones.

La estabilidad futura también es importante. Supongamos que una empresa espera que sus circunstancias básicas de mercado no varíen mucho en los próximos diez años. En este caso, le conviene invertir más en averiguar cuáles son las mejores prácticas hoy, ya que espera disfrutar de los rendimientos de esa inversión durante mucho tiempo. Consideremos ahora el caso de una empresa que se encuentra en un sector más dinámico, por ejemplo, en un sector que está sufriendo cambios tecnológicos. Es improbable que esta empresa invierta mucho en optimizar los métodos, ya que es muy posible que tenga que cambiarlos pronto. Concentrará, por el contrario, sus esfuerzos en estructurar sus operaciones de manera que sea fácil adaptarse continuamente a las nuevas tecnologías y a las nuevas circunstancias.

«COPIAR EXACTAMENTE» EN INTEL

Intel emplea un enfoque poco corriente cuando abre una nueva fábrica de semiconductores, que llama «Copiar exactamente». El propósito de este enfoque es disuadir a la nueva fábrica de probar métodos distintos. Por el contrario, Intel intenta utilizar los mismos métodos en todas sus fábricas. Reproduce minuciosamente todo lo que puede en cada fábrica, hasta el extremo de mantener el color de los guantes de los trabajadores y de la pintura de las paredes.

Las actividades de Intel son muy complejas, interdependientes y rápidamente cambiantes, por lo que este enfoque es exactamente el opuesto al que cabría esperar. Sin embargo, tiene algunas ventajas. En primer lugar, el coste de los errores es extraordinariamente alto en este sector. Por tanto, Intel tiene una imperiosa necesidad de control y de establecer unos métodos jerárquicos centralizados para poner en práctica las nuevas ideas (en la línea de nuestro análisis del capítulo 5). En segundo lugar, cuando las plantas utilizan métodos casi idénticos, Intel puede comparar sus resultados, lo que la ayuda a descubrir y a diagnosticar los problemas de producción. Éste es un ejemplo de lo que llamamos conocimiento central en el capítulo 5.

Este ejemplo indica a las claras que ningún enfoque para organizar una empresa y diseñar sus puestos de trabajo es el mejor. Todos los métodos pueden funcionar bien, dependiendo del entorno, los objetivos y los riesgos de la empresa.

Fuente: Clark (2002).

Recapitulando, es más probable que las empresas en sectores más simples, más estables y más previsibles utilicen métodos tayloristas. Su diseño de los puestos de trabajo tiende a caracterizarse por la especialización, la centralización y una mano de obra menos cualificada.

Las empresas que operan en entornos más complejos, dinámicos e imprevisibles también utilizan en alguna medida métodos tayloristas. Sin embargo, sus trabajadores poseen conocimientos más específicos. Esas empresas descentralizan, tienden a recurrir más al enfoque de las multitareas y utilizan trabajadores más cualificados.

Este análisis permite explicar las tendencias que hemos descrito antes en este capítulo. Consideremos la tabla 7.2, que muestra que las empresas que sufren cambios organizativos tienden a utilizar métodos de mejora continua. Eso tiene sentido, ya que los cambios significan que los métodos anteriores ya no son válidos, por lo que los trabajadores pueden contribuir a mejorar los procesos aportando sus ideas.

Asimismo, en las últimas décadas se ha tendido a utilizar el enfoque de la mejora continua. Esta tendencia probablemente se deba a que muchos sectores están experimentando cambios más rápidos como consecuencia de la liberalización de los mercados, del aumento del comercio internacional y sobre todo del asombroso ritmo de avance de la tecnología de la información.

De hecho, este análisis también ayuda a explicar algunas pautas que describimos en el capítulo 3. Recuérdese que el rendimiento de las inversiones en conocimientos ha aumentado notablemente en las últimas décadas. Si las empresas observan que sus entornos son más dinámicos, con lo que se ven obligadas a utilizar métodos de mejora continua, acabarán valorando más a los trabajadores más cualificados. Eso también nos da una idea de los tipos de cualificaciones que están cobrando más valor: las técnicas para resolver problemas de tipo general, por las que aboga Juran. Esas técnicas permiten cambiar de puesto a los trabajadores, pero también utilizar eficazmente el enfoque de la mejora continua. Nos extenderemos más sobre esta cuestión cuando analicemos en el siguiente capítulo los efectos de la tecnología de la información.

Motivación intrínseca

Queda por analizar un aspecto muy importante del diseño de los puestos de trabajo. Uno de los costes de los trabajos especializados es que pueden resultar aburridos, y hacer que decaiga la motivación de los trabajadores. Por la misma razón, una de las ventajas de los trabajos variados es que los trabajadores pueden sentirse más motivados.

Uno de los temas importantes de la psicología social es cómo diseñar los puestos de trabajo de tal manera que aumente la motivación intrínseca. Aquí realizamos una breve descripción de lo que piensan los psicólogos sobre estas cuestiones. Resulta que el enfoque psicológico concuerda perfectamente con nuestro tratamiento del diseño de los puestos de trabajo. De hecho, muchos de los principios son esencialmente los mismos. Éste es un ejemplo de una observación que hicimos en la introducción de este libro: el enfoque económico y el enfoque psicológico del diseño de las organizaciones son complementarios y muchos fenómenos que se denominan psicológicos en realidad no están determinados por razones estrictamente psicológicas.

El modelo psicológico más conocido de motivación intrínseca fue desarrollado por Richard Hackman y varios coautores. Se presenta en la figura 7.1. Según esta teoría, para aumentar la motivación de un trabajador pueden utilizarse cinco características esenciales del diseño de los puestos: la variedad de cualificaciones, la identidad de las tareas, la importancia de las tareas, la autonomía y la retroalimentación.

Las dos últimas, la autonomía y la retroalimentación, deberían resultar claras para el lector: corresponden a la descentralización. Autonomía significa dar al trabajador un grado mayor de discrecionalidad para realizar su trabajo y más capacidad para tomar decisiones. Retroalimentación significa dar al trabajador información sobre los efectos de sus acciones y decisiones. Esta retroalimentación es necesaria para que el trabajador pueda diagnosticar los problemas que surjan, probar nuevas ideas y poner en práctica las buenas. Por tanto, las dos últimas características no son realmente factores psicológicos.

Según los psicólogos, las tres primeras características, la variedad de cualificaciones, la identidad de las tareas y la importancia de las tareas,

Figura 7.1. Modelo psicológico de motivación intrínseca

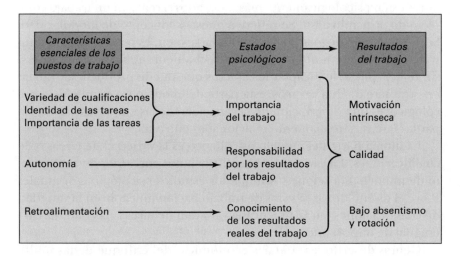

Fuente: Hackman y Oldham (1976).

hacen que el trabajo tenga más sentido para el empleado, por lo que éste se siente más motivado incluso sin tener que remunerarle en función de su rendimiento. ¿Cómo podemos interpretarlas?

La importancia de las tareas significa el grado en que el trabajador considera que el producto o el servicio tienen para él un valor. Por ejemplo, es probable que un mecánico considere que su trabajo tiene más importancia si está reparando un gran avión de pasajeros que si está reparando un cortacésped: hay vidas en juego. Es más probable que esté motivado para hacer un buen trabajo en el primer caso que en el segundo. Asimismo, las personas que trabajan en organizaciones sin fines de lucro, o en universidades, a menudo están motivadas, al menos en parte, por la sensación de que están contribuyendo a una misión importante que valoran personalmente. Este efecto es, desde luego, un efecto puramente psicológico.

Desgraciadamente, los directivos no pueden aducir la importancia de las tareas para motivar a los empleados. Generalmente, no es posible cambiar la misión general de una organización para que parezca más importante. Es inevitable que algunas tareas sean más importantes que otras. Normalmente, es más probable que sean más importantes para los trabajadores de los niveles superiores, ya que es más fácil que puedan influir tangiblemente en su misión.

Para los psicólogos, la identidad de las tareas se refiere al grado en que el cometido de un trabajador consiste en realizar un trabajo que pueda seguir de principio a fin. No se refiere a la idea de que los trabajadores estén psicológicamente más motivados si realizan un trabajo completo de principio a fin. Se refiere a nuestro concepto de modularidad. Si el proceso de negocio puede modularse bien, es posible asignar a un trabajador un conjunto de tareas estrechamente relacionadas entre sí sin temer que se le escapen los efectos que puede producir su trabajo en otras tareas. Una vez más, esta parte del modelo no es un efecto psicológico; es una descripción de la capacidad de las empresas para agrupar las tareas estrechamente relacionadas entre sí.

La última parte del modelo psicológico es la variedad de tareas o de cualificaciones. La variedad de cualificaciones corresponde al concepto de multicualificaciones. Aunque los estudios psicológicos originales sobre el diseño de los puestos de trabajo hacían hincapié en la variedad de cualificaciones, en la práctica la variedad de tareas (las multitareas) es igual de importante.

Hemos descrito las ventajas económicas del enfoque de las multicualificaciones y las multitareas. Sin embargo, en este caso los psicólogos hacen la misma observación que Adam Smith sobre el tema del aburrimiento: los trabajos que permiten que los trabajadores realicen más tareas o aprendan más habilidades probablemente les proporcionen una motivación intrínseca mayor.

La idea es que la motivación intrínseca es mayor cuando el trabajador tiene la oportunidad de *aprender* en el trabajo. Puede adquirir nuevo capital humano por medio del enfoque de las multicualificaciones o puede aprender nuevas tareas y nuevas formas de realizar las antiguas. Como hemos señalado antes, el segundo tipo de aprendizaje es más probable en los puestos de trabajo en los que se realizan múltiples tareas, sobre todo cuando el trabajo es complejo e interdependiente.

Desarrollando un poco más esta idea, podríamos decir que los trabajadores tienen una motivación intrínseca cuando el trabajo constituye un *reto intelectual*[4]. El aburrimiento se debe en gran medida a que el trabajador realiza tareas repetitivas para las que no es necesario pensar. Por tanto, los trabajadores generalmente están más motivados cuando

---

[4] Los psicólogos reconocen que no todo el mundo tiene el mismo interés en tener un trabajo que constituya un reto (en la jerga de la economía, no tiene las mismas funciones de utilidad). Cuando se refieren a las diferencias de motivación intrínseca dicen que la *intensidad de la necesidad de realización personal* varía de unas personas a otras.

realizan trabajos que les obligan a realizar nuevas tareas o a aprender técnicas que antes no dominaban.

Aunque tanto el enfoque de las multicualificaciones como el de las multitareas pueden fomentar la motivación intrínseca, el segundo tiende a resultar más útil a la hora de diseñar los puestos de trabajo. La razón se halla en que los diferentes tipos de conocimientos que se obtienen en el trabajo tienen valores muy distintos desde el punto de vista de la empresa. En consecuencia, que el trabajador adquiera cualificaciones múltiples no tiene por qué mejorar su productividad. En cambio, si va realizando mejoras de forma continuada, la empresa puede beneficiarse directamente de sus ideas, e indirectamente de su mayor motivación. Por tanto, la empresa debe diseñar el puesto de tal manera que se maximice el aprendizaje que resulte valioso para su negocio, no sólo el aprendizaje para adquirir nuevas cualificaciones.

Esta idea ilustra la complementariedad entre beneficios psicológicos y económicos de los puestos de trabajo variados. Cuando el proceso generador de valor está en fase de perfeccionamiento, la empresa tiene más oportunidades de mejorar sus operaciones diseñando los puestos de trabajo de tal manera que sus trabajadores puedan ir haciendo continuas mejoras, es decir, dándoles más tareas relacionadas entre sí y un grado mayor de discrecionalidad. Se trata simplemente de aplicar los principios económicos básicos para que los trabajadores adquieran conocimientos y los utilicen.

Cuando la empresa sigue este método, el trabajo motiva psicológicamente a los trabajadores. Eso significa que éstos prestan más atención, les interesa más lo que hacen y *piensan* en lo que hacen. Naturalmente, este efecto psicológico sólo refuerza la eficacia de la mejora continua del trabajador.

En suma, sólo dos de los cinco elementos del modelo de motivación intrínseca de la figura 7.1 son efectos puramente psicológicos: la importancia de las tareas y la variedad de tareas y de cualificaciones. Los otros no son más que nombres distintos para referirse a conceptos que ya hemos descrito previamente. Además, existe una relación estrecha y sistemática entre la visión económica de enriquecer los puestos de trabajo, cuyo objetivo es aprovechar el conocimiento concreto que los trabajadores van adquiriendo al trabajar para lograr mejoras continuas, y la visión psicológica, que consiste en motivar a los trabajadores para que piensen más en el trabajo que realizan.

Resumen

El diseño de los puestos de trabajo tiene tres objetivos: (1) mejorar la eficiencia con que el trabajador realiza su trabajo; (2) permitir que el trabajador aprenda en el trabajo y utilice los conocimientos que adquiere; y (3) mejorar la motivación del trabajador. A veces estos objetivos están en conflicto, en cuyo caso el diseño de los puestos obliga a establecer prioridades (principalmente entre las ventajas de la especialización y otros objetivos). Sin embargo, en muchos casos estos tres objetivos no están en conflicto y es posible diseñar los puestos de trabajo de tal manera que se alcancen los tres. En esos casos, un puesto de trabajo bien diseñado puede producir poderosos resultados.

En nuestro análisis hemos destacado dos características fundamentales del diseño de los puestos de trabajo. Los términos modernos para referirse a estas características son enriquecimiento de los puestos de trabajo y delegación de responsabilidades en los trabajadores. Los términos más rigurosos son multitareas y descentralización. El diseño de un puesto de trabajo plantea dos preguntas fundamentales: ¿qué tareas deben agruparse y qué decisiones debe poder tomar el trabajador en este puesto de trabajo?

Las respuestas a estas preguntas dependen de varios factores. Adoptar el enfoque de las multitareas significa alejarse de la especialización. Uno de los principios más importantes del diseño de los puestos de trabajo también es uno de los principios más importantes de la economía: las ventajas de la especialización. Las empresas están organizadas en gran medida de manera que los individuos puedan especializarse en lo que se refiere tanto a sus cualificaciones como a sus tareas, dominar un reducido número de ellas y trabajar juntos para crear el producto final. Si el diseño de los puestos de trabajo se aleja de la especialización, tiene que haber buenas razones para ello, ya que la empresa debe renunciar en ese caso a algunas de las importantes ventajas de la especialización.

No obstante, la sustitución de la especialización por el enfoque de las multitareas puede tener muchas ventajas, sobre todo cuando las tareas están estrechamente relacionadas entre sí. En esos casos, los trabajadores pueden emplear sus cualificaciones, u otros recursos similares, para realizar varias tareas. Además, la realización de una tarea puede mejorar la capacidad para realizar otra. Por último, agrupando tareas estrechamente relacionadas entre sí, es más probable que el trabajador descubra formas de mejorar el proceso, lo cual es una manera especialmente buena de mejorar la calidad, ya que los problemas de calidad a menudo se deben a que no se coordinan suficientemente bien tareas que son interdependientes.

Dado que cuando los trabajadores realizan múltiples tareas aprenden más, la descentralización combina muy bien con el enfoque de las multitareas. En cambio, cuando los puestos de trabajo son más limitados, el trabajador suele tener un grado menor de discrecionalidad. Asimismo, el diseño de los puestos de trabajo tiene consecuencias importantes para la profundidad y la amplitud de las cualificaciones de los empleados. Los puestos de trabajo limitados sólo requieren un reducido número de cualificaciones, mientras que en los puestos de trabajo en los que hay que realizar múltiples tareas, es casi inevitable que obliguen al trabajador a tener múltiples cualificaciones. Y, lo que es más interesante, cuando se le da al trabajador más tareas y capacidad de decisión, su potencial de resolver problemas cobra valor, por lo que los trabajadores tienden a adquirir todo un conjunto de cualificaciones en puestos de trabajo que son variados.

La lógica de cómo encajan el número de tareas, el grado de discrecionalidad y las cualificaciones necesarias para realizar un trabajo constituye un ejemplo del principio de la complementariedad de las políticas de recursos humanos. Estas políticas siempre deben diseñarse pensando en cómo apoyan o socavan otras políticas.

Esta lógica también nos ayuda a comprender por qué hay formas de diseñar los puestos como las que se describen en la tabla 7.1 (pág. 299). Explica, además, por qué algunas empresas utilizan un tipo de diseño y otras utilizan otro. Cuando es posible, las empresas tratan de descubrir cuáles son las prácticas más adecuadas y las utilizan de un modo centralizado. Una manera sistemática de descubrirlas es analizarlas desde el punto de vista técnico, pero las empresas también las descubren de un modo informal, a menudo por medio de un proceso de adaptación gradual. Cuando una empresa dispone de prácticas ejemplares estables, resulta menos beneficioso diseñar los puestos de trabajo para maximizar el aprendizaje de los trabajadores, por lo que esas empresas suelen tener puestos de trabajo más especializados, a delegar menos y a utilizar trabajadores menos cualificados. Cuando aún no se han descubierto los métodos apropiados, o éstos están cambiando, las empresas deben considerar la posibilidad de potenciar la mejora continua. Eso significa adoptar el enfoque de las multitareas, descentralizar y utilizar trabajadores más cualificados.

Por tanto, cada empresa deberá adoptar un enfoque diferente para diseñar sus puestos de trabajo según sus circunstancias. Las empresas que se encuentran en entornos más complejos, impredecibles e inestables tienden a favorecer la mejora continua. Lo mismo sucede con las empresas que han sufrido cambios organizativos. Las empresas maduras que se encuentran en entornos más estables y predecibles y las que se dedican a actividades sencillas tienden a poner más énfasis en la centralización y la especialización.

Muchas de las ideas que se utilizan en este capítulo se basan en los principios desarrollados en los dos capítulos anteriores. Al igual que ocurre en una economía, las empresas tienen que preguntarse en qué medida deben utilizar la planificación central (la centralización) o un enfoque descentralizado. Es posible lograr una mejora continua descentralizando, con el fin de maximizar la creación y el uso de conocimientos específicos por parte de los trabajadores de los niveles inferiores. El enfoque de las multitareas puede aumentar la productividad debido en parte a que mejora la coordinación entre tareas estrechamente relacionadas entre sí. Por último, para diseñar los puestos de trabajo puede aplicarse la idea de la modularidad, de la misma manera que se aplica a una estructura organizativa general. Un testimonio del poder del enfoque económico es que sus ideas básicas –incluso desde el comienzo de *La riqueza de las naciones*– son útiles para comprender tanto las cuestiones macroeconómicas como las microeconómicas del diseño de las organizaciones.

Llevando la analogía un poco más allá, una de las ventajas de las economías de mercado es que siempre están evolucionando, reorganizándose e innovando. Eso hace que sean lo bastante fuertes para hacer frente a la variedad de retos económicos. Asimismo, la mejora continua permite a una empresa evolucionar gradualmente y adaptarse a los cambios de las circunstancias. Sin embargo, al igual que ocurre con los mercados, la descentralización hace que la dirección pierda cierto grado de control de la organización. Cuando los cambios son muy grandes, es probable que la centralización sea beneficiosa, al menos de las primeras fases de la toma de decisiones (la estrategia). La descentralización dentro de una empresa normalmente es muy eficaz en la introducción de mejoras adicionales y en la aplicación táctica de la estrategia.

Por último, el diseño de los puestos de trabajo es el principal determinante de la motivación intrínseca de un empleado. Según los psicólogos, se motiva consiguiendo que el trabajo sea un reto para el trabajador, lo cual significa a su vez que es más probable que el trabajador se esfuerce en pensar en la mejor manera de realizar su trabajo, lo cual se complementa perfectamente con el objetivo de la mejora continua basada en los conocimientos específicos del trabajador.

La empresa también puede influir en la motivación del empleado por medio de la *motivación extrínseca* (pagándole en función de su rendimiento o mediante otros tipos de retribución). Como sugerimos en el capítulo 5, los incentivos constituyen un mecanismo crucial para inducir a los trabajadores a tomar decisiones eficaces y a coordinarse. Analizaremos la cuestión de la motivación extrínseca en los capítulos 9 a 12. Es evidente que si la motivación intrínseca es grande, la empresa no necesita recurrir tanto a la motivación extrínseca y viceversa. En este sentido, los dos enfoques son sustitutivos. Sin embargo, ¿hay otro tipo de relaciones entre la motivación intrínseca y la remuneración basada en el rendimiento? En el capítulo 9 volveremos a analizar brevemente esta cuestión.

EJERCICIOS

1. Ponga ejemplos de tareas que son muy interdependientes, por lo que si se asignaran a dos trabajadores distintos, habría graves problemas de coordinación.
2. Ponga ejemplos de cómo modulariza una empresa su proceso de negocio. Ponga ejemplos de la industria manufacturera, los servicios profesionales y otros.
3. ¿Se aplica el principio de la especialización en el diseño de los puestos de trabajo únicamente a los puestos de trabajo manuales? ¿Por qué sí o por qué no? Ponga ejemplos de cómo se aplica o no el concepto a puestos de nivel superior como los de los directivos o los trabajadores del conocimiento.
4. ¿Qué es el taylorismo? ¿Cuándo deben adoptar las empresas técnicas tayloristas? ¿Cuándo deben adoptar técnicas de mejora continua?
5. ¿Qué tipos de trabajadores debe reclutar una empresa cuando se inclina por un enfoque taylorista? ¿Y un enfoque de mejora continua?
6. Recuerde puestos de trabajo que haya ocupado en el pasado o que ocupe hoy. ¿Está motivándolo intrínsecamente el trabajo? ¿Por qué sí o por qué no? ¿Puede relacionarlo con el modelo psicológico de la figura 7.1? ¿Qué otros factores afectan a su motivación en el trabajo?

BIBLIOGRAFÍA

Auden, W. H. (1970), «Work, Labor, and Play», en *A Certain World: A Commonplace Book*, Nueva York, Viking.

Caroli, Eve y John Van Reenen (2001), «Skill-Biased Organizational Change? Evidence From a Panel of British and French Establishments», *Quarterly Journal of Economics*, 116(4), págs. 1.449–1.492.

Clark, Don (2002), «Intel Clones Its Past Factories, Right Down to Paint on Walls», *Wall Street Journal*, 28 de octubre.

Gibbs, Michael, Alec Levenson y Cindy Zoghi (2008), «Why Are Jobs Designed the Way They Are?», documento de trabajo, University of Chicago.

Hackman, J. Richard y Greg Oldham (1976), «Motivation Through the Design of Work: Test of a Theory», *Organizational Behavior and Human Performance*, 16, págs. 250–279.

Hosseini, Hamid (1998), «Seeking the Roots of Adam Smith's Division of Labor in Medieval Persia», *History of Political Economy*, 30(4), págs. 653–681.

Ichiniowski, Casey, Kathryn Shaw y Giovanni Prennushi (1997), «The Effects of Human Resource management Practices on Productivity: A Study of Steel Finishing Lines», *American Economic Review*, 87(3), págs. 291–313.

Jensen, Michael y Karen Wruck (1994), «Science, Specific Knowledge, and Total Quality Management», *Journal of Accounting and Economics*, 18(3), págs. 247–287.

Smith, Adam (1776), *The Wealth of Nations*, Modern Library Classics, 2000.

Taylor, Frederick (1923), *The Principles of Scientific Management*, Nueva York, Harper.

Vogel, Todd y Chuck Hawkins (1990), «Can UPS Deliver the Goods in a New World?», *Business Week*, 4 de junio.

Otras lecturas

Carmichael, Lorne y Bentley MacLeod (1992), «Multiskilling, Technical Change, and the Japanese Firm», *Quarterly Journal of Economics*, 107, págs. 1.137-1.160.

Gilbreth, Frank Jr. y Ernestine Gilbreth Carey (1948), *Cheaper by the Dozen*, Nueva York, Harper & Row.

Apéndice

La flexibilidad tiene menos valor en una empresa grande que en una pequeña

La flexibilidad tiene valor cuando existen muchas probabilidades de que un trabajador no se presente a trabajar un cierto día. En ese caso, es útil que haya otros que sepan cómo hacer su trabajo y puedan realizarlo. Pero a medida que la empresa se expande, este problema es menor.

Sea p la probabilidad de que un trabajador acuda a trabajar un día determinado. En ese caso, la probabilidad de que los trabajadores no acudan al trabajo es $1 - p$. Si la empresa tiene N trabajadores, el número esperado de personas que acuden a trabajar un día determinado es $p \times N$. La varianza del número de trabajadores que acuden a trabajar es $p (1 - p) N$, por lo que la desviación típica es:

$$\sqrt{p (1 - p) N} \cdot$$

A medida que aumenta N, la distribución binominal se parece a una distribución normal. Por ello, el 97,5 por ciento de las veces el número realizado real de personas que acuden a trabajar es mayor que

$$pN - 1,96 \sqrt{p (1 - p) N},$$

ya que las realizaciones de una variable aleatoria normal son mayores que 1,96 desviaciones típicas por debajo de la media el 97,5 por ciento de las veces. Por tanto, si una empresa planifica para una plantilla de $p \times N$ trabajadores, el 97,5 por ciento de las veces tendrá al menos la siguiente proporción de trabajadores:

$$Proporción = \frac{pN - 1,96 \sqrt{p (1 - p) N}}{pN} \cdot$$

Esta expresión aumenta en N, ya que

$$\frac{\delta Proporción}{\delta N} = \frac{1,96 \sqrt{1 - p}}{2 \sqrt{pN^3}} > 0.$$

La tabla 7.A1 muestra cómo varía la proporción que acude al trabajo cuando varía N, suponiendo que $p = 0,95$, por lo que cualquier trabajador acude a trabajar 19 de 20 días. La columna 1 indica el número de trabajadores que hay en la empresa; la 2 indica el valor de z tal que

prob (número de trabajadores que acuden al trabajo $\leq z$) = 0,975,

y la columna 3 indica la proporción de la empresa que comprende z.

Tabla 7A.1. Proporción de empleados que acuden a trabajar

N	z	Proporción
10	8,8	0,927
15	13,4	0,941
25	22,7	9,954
50	46,0	0,968
100	92,8	0,977
1.000	943,1	0,993
5.000	4.734,6	0,997
10.000	9.478,2	0,998

Si $p = 0,95$ y hay 100 trabajadores, se espera que cualquier día dado acudan a trabajar 95. Pero el 97,5 por ciento de las veces acude al menos el 92,82 por ciento. Esta cifra es algo más de dos trabajadores inferior al número esperado de 95, o sea, una proporción 0,977 del número esperado. Si sólo hubiera 10 trabajadores, se esperaría que acudieran a trabajar 9,5. El 97,5 por ciento de las veces acudirían al menos 8,81, o sea, una proporción 0,927 del número esperado.

A medida que aumenta el número de trabajadores, la probabilidad de que acuda al trabajo un número menor del esperado disminuye. Por tanto, la necesidad de tener trabajadores que puedan realizar distintos trabajos disminuye a medida que se expande la empresa.

8 Diseño avanzado
de los puestos de trabajo

> Plus ça change, plus c'est la même chose (cuanto más cambian las cosas, más siguen igual).
>
> *–Alphonse Karr, 1849*

Introducción

En este capítulo ampliamos el análisis del diseño de los puestos de trabajo para examinar algunos temas avanzados y vemos de nuevo que los principios de su diseño son en gran medida los mismos que se aplican al diseño general de las organizaciones.

Entre los temas que aún no hemos tratado, el más importante son los equipos. Las empresas existen en gran parte porque es más productivo trabajar juntos que trabajar por separado. El todo es mayor que la suma de las partes. Para que los individuos trabajen juntos productivamente, la empresa tiene que saber cómo crear equipos y cómo motivar a sus miembros. En los últimos años, el término *trabajo en equipo* se ha convertido en una expresión de moda. ¿Por qué? ¿Qué valor tiene la organización del trabajo en equipos? Para decirlo lisa y llanamente, si estamos considerando la posibilidad de organizar a los trabajadores en equipos, debemos recordar siempre que otro nombre para referirse a equipo es *comité*. Los comités son famosos por ser extremadamente burocráticos, por lo que está claro que la creación de equipos no siempre es una buena manera de mejorar la eficiencia. Si vamos a utilizar equipos, éstos tienen que tener ventajas. En este capítulo, analizamos principalmente los beneficios y los costes de la producción en equipo. También explicamos el creciente uso de equipos relacionándolos con el análisis del capítulo anterior.

Otra cuestión importante en cualquier centro de trabajo de hoy es la tecnología de la información. En las últimas décadas hemos asistido a la revolución de los ordenadores y de otras tecnologías avanzadas. Dado que el tema de esta parte del libro es cómo se organizan las empresas para crear información y utilizarla, una cuestión obvia es la influencia de la tecnología de la información en el diseño de los puestos de trabajo y de la estructura general de la empresa. Como veremos, en ocasiones la tecnología de la información puede influir espectacularmente en ambos diseños.

Por último, al final de este capítulo analizamos brevemente aquellas organizaciones que, enfrentándose a los mismos retos que las empresas corrientes, tienen más dificultades para escoger entre las diferentes alternativas disponibles. Se trata de empresas en las que los costes de los errores son espectaculares, en las que existe una imperiosa necesidad de actuar rápidamente y en las que la coordinación es indispensable. El modo en que esas organizaciones resuelven los problemas a los que se enfrentan las empresas corrientes proporciona enseñanzas que resultan muy útiles para todo tipo de organizaciones.

EQUIPOS

A los directivos les gusta ensalzar las virtudes del trabajo en equipo. Nos recuerdan a una estrella del fútbol que ante cualquier pregunta sobre su sobresaliente actuación siempre responde diciendo que no podía haberlo hecho sin el equipo. Esta falsa modestia es casi tan frecuente en el mundo de la empresa como en el del deporte. Es importante saber cuándo es importante el trabajo en equipo y cuándo no. Hay dos razones por las que hay que ser cautos a la hora de utilizar los equipos.

Tomar decisiones en grupo

El primer problema de los equipos es que pueden ir en contra del principio de la existencia de una clara jerarquía: la toma de decisiones tiende a ser más rápida y más sencilla cuando sólo hay un líder claro. En la medida en que, en los equipos, es todo el grupo el que toma las decisiones, es frecuente que los trabajadores se enzarcen en demasiadas discusiones y politiqueos cuando se trata de tomar decisiones fundamentales. Además, distan de estar claras las razones por las que que el resultado del consenso tenga que ser la decisión óptima.

Por tanto, normalmente es importante establecer un líder claro o un mecanismo en el equipo para resolver eficientemente los conflictos en el grupo antes de que éstos se le vayan de las manos. Cuando se crea un equipo, es importante asignar a un líder o supervisor del equipo algunos derechos de control de las decisiones de ese equipo. Normalmente, la función del equipo debe ser más bien la de gestión de las decisiones, colaborando todos sus miembros para encontrar nuevas ideas y métodos para realizar el trabajo asignado, pero manteniendo separada del grupo la supervisión última.

Efectos del polizón

El segundo problema de los equipos es que los trabajadores pueden ocultarse tras la productividad de otros y reducir así el impacto de los incentivos. Éste es el denominado *efecto del polizón* o *free riding*. Supongamos que una persona sale a comer una pizza con nueve amigos en Roma. Salvo cuando se trata de contables o de actuarios, lo normal es que la factura se pague a partes iguales. A todos los comensales les gustaría tomar un vaso de vino. Un vaso de vino Barolo cuesta 8 euros, mientras que un vaso de Chianti de la casa cuesta 3. Si un comensal pide Barolo, le toca pagar 80 céntimos, mientras que si pide Chianti le toca pagar 30. La diferencia de costes por persona es de 50 céntimos, independientemente de lo que hagan los demás. Por tanto, mientras el Barolo valga para él al menos 50 céntimos más que el Chianti, pedirá el Barolo. Lo mismo les ocurre a todos sus amigos. Si todo el mundo pide Barolo, cada uno acaba pagando 5 euros más, aunque conceda a su propio vaso de Barolo un valor de sólo algo más de 80 céntimos.

Consideremos un caso similar en el mundo del trabajo. Asignan a un trabajador a un equipo junto con otros cuatro trabajadores. A este equipo le corresponde un proyecto que tiene que estar terminado a tiempo. A cada trabajador se le dice que por cada día que se adelante la entrega del proyecto, el equipo recibirá una prima de 100 euros, que se repartirá a partes iguales entre sus cinco miembros. Examinemos la decisión de Giovanni, miembro del equipo, de quedarse hasta tarde trabajando en el proyecto. Giovanni puede quedarse hasta tarde o puede irse a casa a ver el Mundial de fútbol. Le tienta mucho ver el Mundial, pero también le gustaría recibir la prima por acabar pronto el trabajo. Calcula que si trabaja hasta tarde esta noche, el proyecto estará terminado un día antes, lo cual tiene un valor de 100 euros para el grupo, pero de sólo 20 para él, ya que la prima se reparte entre los cinco miembros. Después de pensárselo un poco, se va a casa a ver el partido. Sin embargo, si pudiera recibir él solo los 100 euros, estaría suficientemente motivado para quedarse trabajando.

La razón por la que el esfuerzo no es eficiente se halla en que *el trabajador que lleva el peso del trabajo no recoge todas las ganancias de su esfuerzo*. ¿Qué impide que la empresa pague a cada individuo por su esfuerzo en lugar de pagar al equipo? Nada, en la medida en que pueda observar el esfuerzo de cada uno. Sin embargo, en el trabajo en equipo, muchas veces es difícil distinguir el esfuerzo de cada uno de sus miembros del esfuerzo y los resultados del grupo, ya que los equipos se crean en casos en los que el trabajo de sus miembros es muy interdependiente. Se trata en esencia de un caso en el que es difícil evaluar exactamente el rendimiento de cada trabajador; en el siguiente capítulo analizaremos más extensamente este problema.

Los dos problemas que plantea la producción en equipo –la toma ineficiente de decisiones y el efecto del polizón– son las razones por las que «comité» es una palabra que puede ser adecuada para designar muchos grupos de trabajo. Los comités normalmente no se consideran un parangón de la eficiencia. Explican por qué los equipos sólo deben utilizarse cuando hay un motivo convincente para ello.

Cuándo utilizar equipos

Dados los problemas que acabamos de plantear, ¿cuándo deben las empresas crear equipos? Cuando los beneficios son mayores y los costes son menores. Aquí examinamos ambos casos.

La principal ventaja de la utilización de equipos deriva del enfoque de las multitareas que analizamos en el capítulo anterior. El enfoque de las multitareas es útil cuando éstas son muy complementarias, por lo que, agrupándolas en el mismo puesto de trabajo, se aumenta la eficiencia y el aprendizaje en el mismo. Sin embargo, en muchos casos hay tantas tareas complementarias que el trabajo resultante sería abrumador para un solo trabajador. En ese caso, la empresa debe separar las tareas, lo cual plantea los problemas de coordinación que analizamos en el capítulo 5, o «aumentar» al trabajador. El trabajador puede «aumentarse» de dos maneras. Una de ellas es aumentar la profundidad y la amplitud de sus cualificaciones, como señalamos en el capítulo 7. La otra es utilizar equipos cuyos miembros trabajen en estrecha conexión.

La idea es la misma cuando se crea un equipo para conseguir la coordinación lateral, como señalamos en el capítulo 6. No sólo es necesaria la coordinación entre las tareas o entre los trabajadores sino también entre las unidades organizativas. La coordinación es tanto más importante cuanto más complementario sea el trabajo de las diferentes unidades organizativas y es en estos casos cuando las empresas tienden a crear grupos de coordinación con miembros seleccionados de cada unidad. El ejemplo más rotundo es lo que llamamos problemas de integración en el capítulo 6.

Eso explica por qué se utilizan equipos cuando las tareas de sus miembros (o de las unidades de negocio) son muy complementarias. El principio general es, por emplear una vieja expresión, establecer equipos cuando *el todo sea mayor que la suma de las partes*. Por ejemplo, para mover un objeto demasiado pesado para que lo levante una persona, pero no demasiado para que lo levanten dos, es necesario el trabajo en equipo. Por poner otro ejemplo, supongamos que un consultor no puede cumplir con un plazo él solo, pero que dos trabajando juntos sí podrían y el cliente pagaría más si se cumpliera el plazo. Es probable que sea una buena idea organizar un equipo.

¿POR QUÉ HA AUMENTADO EL USO DE EQUIPOS?

Los datos inducen a pensar que en las últimas décadas ha aumentado el uso de distintos tipos de producción en equipo (incluidos algunos métodos como los círculos de calidad). Los costes de utilizar equipos –la posible ineficiencia de la toma de decisiones en grupo y el efecto del polizón– no han variado. Debe ser que los beneficios de utilizar equipos han aumentado últimamente.

Como acabamos de señalar, los equipos son útiles cuando el trabajo es muy interdependiente, ya que favorecen la coordinación o la mejora continua. Estos objetivos son más importantes en las empresas en las que la optimización *ex ante* (la utilización de métodos parecidos al taylorismo) es menos eficaz. Al final del capítulo anterior señalamos que los métodos de mejora continua han cobrado mayor importancia debido a que en las últimas décadas ha aumentado la complejidad y el ritmo de los negocios. Ese efecto explica también el creciente uso de equipos.

Aunque los equipos estén de moda, es importante recordar que no son un fin en sí mismos. Son útiles *únicamente cuando favorecen el aprendizaje o la coordinación,* y pueden tener considerables costes.

Examinemos ahora otro ejemplo, un empleado de facturación de Cathay Pacific Airlines. A veces trabaja con otro empleado de facturación, pero no siempre con la misma persona. En el mostrador de facturación hay dos puestos para un determinado vuelo. Aunque haya algunas complementariedades entre los dos agentes, cada uno trabaja casi independientemente; se trata de un caso en el que el todo no es mucho mayor que la suma de las partes. Eso no quiere decir que el trabajo en equipo no tenga ventajas. Trabajando juntos, los dos pueden intercambiar información y coordinarse mejor. Pero cualesquiera que sean las ventajas de crear un equipo con los dos, deben compararse con los costes.

El coste principal de la utilización de equipos es la pérdida de productividad como consecuencia del efecto del polizón. Si los dos empleados son remunerados en función de la producción del equipo, cada uno tiene un incentivo para escaquearse. Supongamos, por ejemplo, que son remunerados en función de la rapidez con que atienden a los pasajeros. Podrían pedirles que formaran una sola cola y que se acercaran al primer empleado que estuviera libre. En ese sistema, un supervisor no puede observar fácilmente los beneficios que aporta cada empleado al trabajo en equipo y es difícil retribuirlos en función de ello. La única manera de estimular el trabajo en equipo es retribuir a los empleados en función de la producción del equipo, pero eso nos lleva inevitablemente de nuevo al efecto del polizón[1].

Las actividades pueden ordenarse en función de los costes y los beneficios de tener equipos. Las actividades de producción que ocupan un puesto alto en la escala de los beneficios y bajo en la escala de los costes deben ser realizadas por equipos. La tabla 8.1 muestra un ejemplo de una empresa dedicada a la pesca. El mejor candidato para la producción en equipo es la propia pesca y el peor la venta del pescado.

Otras ventajas de la producción en equipo
La especialización
Como vimos en el capítulo 7, la especialización es uno de los factores más importantes en el diseño de los puestos de trabajo y una razón importante por la que los individuos trabajan juntos. En un equipo, cada persona puede especializar sus inversiones en capital humano y realizar un

---

[1] Una medida verosímil del rendimiento en este ejemplo sería el número de pasajeros que ha atendido cada empleado *en relación con* el otro. Esa medida sería incluso peor para fomentar el trabajo en equipo, ya que acabarían compitiendo entre sí. Véase el análisis de la cooperación y el sabotaje en el capítulo 11.

Tabla 8.1. Costes y beneficios del trabajo en equipo

Actividad	Posición (1 = más alta)		Observaciones
	Beneficios	*Costes*	
Seleccionar la zona de pesca	3	3	Puede ser útil que haya múltiples opiniones y es importante que se debata la cuestión, pero la toma de decisiones en comité es lenta y difícil.
Pescar en una pequeña embarcación	2	5	Hay que realizar tareas que no pueden llevarse a cabo sin ayuda de alguien. El coste de controlar a los miembros del equipo es bajo. Los miembros improductivos del equipo pueden ser expulsados por los otros miembros.
Pescar en una gran embarcación	1	4	Es probable que el trabajo en equipo sea más importante en una gran embarcación, en la que se realizan tareas en mayor escala. Para lanzar grandes redes se necesitan varias manos y alguna maquinaria. Pero en los equipos mayores se plantea más el problema del polizón.
Vender pescado al por mayor	5	1	Los vendedores pueden trabajar solos. El control del grupo plantearía enormes problemas del polizón, ya que es difícil controlar a los compañeros de trabajo.
Contabilización de las ventas	4	2	No es muy útil que los contables trabajen juntos, sobre todo si uno solo puede llevar todos los libros de contabilidad (como en una pequeña empresa). Además, es probable que el trabajo de los contables sea relativamente fácil de evaluar individualmente.

subconjunto de todas las tareas necesarias para el proceso global de negocio. En este sentido, la empresa en su conjunto es un equipo en el que cada empleado se especializa en su trabajo. Sin embargo, ése no es realmente el sentido en el que suele emplearse el término equipo. Entendemos por *equipo* un grupo cuyas tareas están estrechamente relacionadas entre sí, tal como lo hemos descrito. Por este motivo, los trabajadores de un equipo tienden a colaborar frecuentemente entre sí.

La especialización desempeña un papel importante en los equipos. Recuérdese, sin embargo, que una de las ventajas más importantes del enfoque de las multitareas es la mejora continua. Comprendiendo cómo trabajar conjuntamente en las tareas complementarias (lo que los psicólogos llaman identidad de las tareas), es más probable que un trabajador realice mejor cada una de ellas, ya que comprende mejor cómo encajan sus tareas con otras partes del proceso. También es más probable que descubra el modo de reducir los costes, acelerar la producción o mejorar la calidad cuando entiende cómo encajan las tareas unas con otras. Para aprovechar las ventajas de realizar tareas múltiples relacionadas entre sí, el trabajador tiene que comprender cada una de ellas.

Eso no quiere decir, sin embargo, que el trabajador tenga siempre que realizar de verdad todas esas tareas. Lo único necesario, en la mayoría de los casos, es que entienda cada uno de los pasos, o de las tareas, que están estrechamente relacionados entre sí y cómo encajan unos con otros. Eso puede lograrse asignando todas las tareas al trabajador durante un periodo determinado por medio del enfoque de las multitareas que hemos analizado antes. Pero también puede lograrse asignando al trabajador todas las tareas durante un periodo de tiempo por medio de la *rotación por los puestos de trabajo*. La rotación por los puestos de trabajo tiene una ventaja en comparación con el enfoque de las multitareas y es que en cada momento del tiempo el trabajador centra la atención en un número limitado de tareas, por lo que pueden aprovecharse la mayoría de las ventajas de la especialización en la producción (aunque no en la inversión en cualificaciones).

Por tanto, aunque ayude a comprender el trabajo de otros miembros del equipo, en la mayoría de los equipos los trabajadores no realizan todas las tareas sino que se especializan y a menudo van cambiando de tarea. Cuando están realizando una tarea, lo habitual es que colaboren y se comuniquen para intercambiar sus conocimientos. Este proceso se refuerza a medida que aprenden de los demás rotando por los puestos de trabajo. De esa manera se aprovechan muchas de las ventajas de aprender múltiples tareas y al mismo tiempo no se desaprovechan demasiadas ventajas de la especialización.

Transferencia de conocimientos

La transferencia de conocimientos es la segunda ventaja de la producción en equipo y, probablemente, ocurra con más frecuencia cuando los trabajadores no están excesivamente especializados. Para que se produzca una transferencia valiosa de conocimientos, los trabajadores deben tener información relevante para los demás. Si ya comparten mucha información, trabajar en equipo no ayuda a transferir conocimientos. Si la información que posee uno de ellos es irrelevante para el otro, la transferencia de conocimientos carece de valor. Es decir, cada uno de los miembros debe procesar una parte de los conocimientos necesarios para realizar una tarea, y juntos procesan todos los conocimientos necesarios. La figura 8.1 muestra las condiciones propicias para que tenga éxito la transferencia de conocimientos.

Figura 8.1. Conjuntos de información que se solapan considerablemente

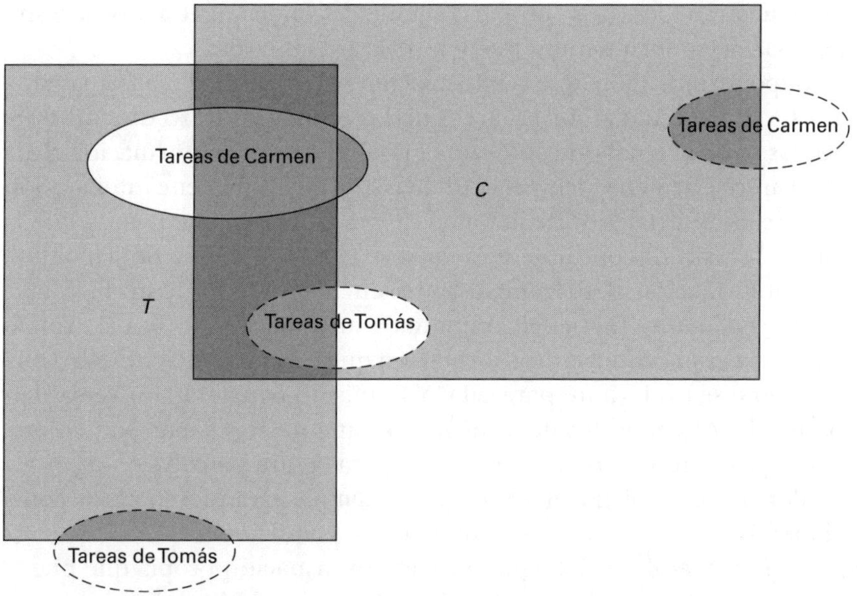

Consideremos dos trabajadores, Tomás y Carmen. El rectángulo de la izquierda (T) representa el conjunto de información de Tomás y el de la derecha (C) representa el conjunto de información de Carmen. Hay una intersección de los dos rectángulos, que representa la información que comparten ambos. Sin embargo, no comparten la mayor parte del área, lo cual indica que Tomás no comparte la mayor parte de la información que posee Carmen y viceversa. Por tanto, en este caso puede ser beneficioso el trabajo en equipo porque facilita la transferencia de conocimientos, ya que los conjuntos de información apenas se solapan.

Que el trabajo en equipo sea útil o no depende también de la información que se necesite para realizar cada trabajo. La figura 8.1 describe dos casos. Supongamos que la información necesaria para realizar las tareas está representada por las áreas de las elipses de trazo continuo. Carmen tiene conocimientos para realizar alrededor de la mitad de sus tareas (la mitad de su óvalo de trazo continuo que se encuentra dentro del rectángulo del conjunto de información de Tomás). Asimismo, Tomás tiene conocimientos para realizar alrededor de la mitad de sus tareas. Trabajando en equipo, Tomás puede transferir todos los conocimientos necesarios para que Carmen realice sus tareas y ella puede hacer lo mismo con Tomás. Por tanto, Carmen y Tomás pueden obtener el uno del otro todos los conocimientos que son necesarios para realizar sus tareas, pero que se encuentran fuera de su propio conjunto de conocimientos. Con la transferencia de conocimientos, pueden realizar más tareas.

Supongamos ahora que la información necesaria para realizar las tareas está representada por las áreas de las elipses de trazo discontinuo. Tomás tiene al igual que antes una gran cantidad de información de la que carece Carmen y viceversa. Además, Carmen sólo tiene información para realizar alrededor de la mitad de sus tareas, ya que la mitad de la elipse de trazo discontinuo de la tarea se encuentra fuera de su conjunto de información. Pero la mitad que se encuentra fuera de su elipse también se encuentra fuera del conjunto de información de Tomás. Tomás tiene una gran cantidad de información que Carmen no tiene, pero ninguna que sea relevante para ella. Y lo mismo ocurre a la inversa. Las partes de los conjuntos de información que no se solapan son en este caso irrelevantes, ya que no son útiles para la otra persona.

Por tanto, el trabajo en equipo puede dar pie a transferencias de conocimientos valiosas cuando se cumplen dos condiciones:

1. Los miembros del equipo tienen información propia que puede pasar de unos a otros cuando trabajan en equipo.
2. La información propia que posee uno de los miembros resulta valiosa para otros.

Estos dos factores deberían ayudar a elegir a los miembros de un equipo. Por ejemplo, un mecánico de automóviles y un contable no forman un buen equipo. Aunque es cierto que sus conjuntos de información no se solapan, la información propia que posee cada uno de ellos es irrelevante para el otro.

La figura 8.2 refleja esta situación. Es cierto que los conjuntos de información no tienen casi ninguna conexión, pero la información que necesita el contable no la tiene el mecánico de automóviles y viceversa. Cada uno puede aumentar sus conocimientos obteniendo la información que posee el otro, pero eso no le ayuda a realizar sus tareas. El mecánico no sabe muchas cosas que necesita para hacer su trabajo. En la figura, una gran parte de la elipse de las tareas del mecánico se encuentra fuera de su conjunto de información, pero esas tareas también se encuentran fuera del conjunto de información del contable. Lo que necesita saber el mecánico pero no sabe, tampoco lo sabe el contable, y a la inversa.

Figura 8.2. Conjuntos de información que casi no se solapan

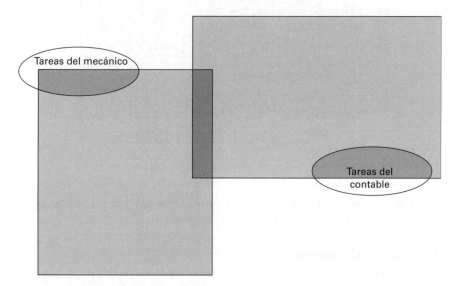

Consideremos ahora el caso de dos contables, *A* y *B*, que tienen idéntica formación y que representamos en la figura 8.3. Es improbable que se produzca una gran transferencia de conocimientos entre los dos, a pesar de que cada uno de ellos tiene información que es relevante para el otro, ya que sus experiencias y sus conocimientos son casos idénticos. Ninguno de los dos puede realizar todas las tareas, pero como su infor-

Figura 8.3. Conjuntos de información que se solapan

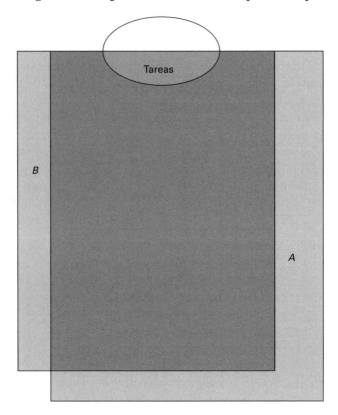

mación es muy parecida, es probable que las tareas que no puede realizar uno de ellos tampoco pueda realizarlas el otro.

La creación de equipos

Ya hemos analizado algunos factores que hay que tener en cuenta a la hora de crear equipos, como la rotación por los puestos de trabajo para aprovechar tanto las ventajas del conocimiento de múltiples tareas como las ventajas de la especialización. Aquí analizamos otras cuestiones que hay que tener en cuenta.

Tamaño óptimo del equipo

El tamaño del equipo es importante. Los equipos pequeños no permiten que haya suficiente transferencia de información, ya que hay menos oportunidades para aprender otras tareas. Sin embargo, los grandes equipos tienen problemas de comunicación. Cualquiera que haya intentado alguna vez lograr algo en un comité sabe que es muy difícil avanzar en un grupo grande. La gente suele perder el tiempo hablando de cosas distintas. A veces el grupo es tan difícil de controlar que se rompe toda comunicación y se forman pequeñas camarillas en su seno.

Control por parte de los compañeros de trabajo y normas para reducir el efecto del polizón

Otro factor importante para saber cuál es el tamaño óptimo del grupo es el efecto del polizón. Cuando el grupo es pequeño, el efecto del polizón puede no ser un problema importante. Consideremos, por ejemplo, el caso de una pequeña tintorería propiedad de Mateo y Pilar. El efecto del polizón es importante, ya que Mateo sólo obtiene la mitad del rendimiento generado por su esfuerzo. Pero este problema no es demasiado grande debido a que cada uno *controla lo que hace el otro*. En primer lugar, Pilar tiene una gran cantidad de información sobre lo que hace Mateo y viceversa. Si uno de los socios trabaja poco, la sociedad acabará rompiéndose. La posibilidad de que se rompa induce a ambos a trabajar más.

El control por parte de los compañeros de trabajo puede ser eficaz en grupos pequeños. Es probable que un trabajador sepa mejor qué está haciendo otro trabajador en un grupo pequeño que en uno grande. Además, los incentivos para castigar al que no trabaja son mayores en un grupo pequeño que en uno grande. En un grupo pequeño (por ejemplo, en una sociedad integrada por dos personas), la reducción del esfuerzo de uno de los socios afecta significativamente a las ganancias del otro. Aunque sea desagradable tener que enfrentarse a un socio y acusarle de no esforzarse lo suficiente, los costes de no hacerlo son relativamente altos cuando sólo hay dos socios.

En una sociedad grande, el control que ejercen unos socios sobre otros no es tan eficaz por dos razones. En primer lugar, el hecho de que uno de ellos se escaquee no afecta mucho a los intereses del otro. Asimismo, los beneficios del control por parte de los socios también son menores, ya que se comparten con un número mayor de socios. Por tanto, hay menos incentivos para castigar a los socios que se escaquean. En segundo lugar, en los grandes equipos es más difícil observar quien no trabaja. Cuando son muchos y la tarea es complicada, puede sser difícil averiguar el origen del problema. Por tanto, los efectos del polizón son más frecuentes en los equipos grandes.

El grupo puede ayudar a reducir el efecto del polizón, de forma parecida a como lo hace el control por parte de los compañeros de trabajo. Para ello, el grupo a menudo adopta la forma de una *norma*. Las normas son o bien reglas informales o bien un conjunto de sentimientos que tiene la mayoría del grupo. Las reglas o los sentimientos comunes pueden ser de gran utilidad para establecer una cultura, una ética o una forma de proceder en el grupo. Forman parte del contrato implícito que rige en parte el puesto del trabajador. Ya analizamos la idea del contrato implícito por primera vez en el capítulo 3. Nos extenderemos más sobre esta cuestión en el 15; aquí vamos a ver de qué manera a una empresa le conviene elaborar dichas normas y utilizarlas.

Por ejemplo, si forma parte de la cultura del grupo que los directivos trabajen voluntariamente los sábados, costará que los trabajadores se desvíen de este comportamiento. Si trabajan los sábados, la empresa puede conseguir una mano de obra apropiada y obtener más beneficios, pero también incurre, desde luego, en costes. Hay que pagar más a los empleados por aceptar un puesto de trabajo en una empresa en la que trabajar los sábados es la norma, que por aceptar un puesto de trabajo en una empresa en la que no lo es.

Aparte de los costes directos de pagar por trabajar los sábados, la creación y el mantenimiento de una norma generalmente también tienen un coste. Puede ser que la empresa tenga que incurrir en ese coste de forma continuada o de una sola vez. El nivel de esfuerzo relacionado con las normas depende del tipo de sanciones que se impongan por incumplirlas. Las críticas suaves apenas influyen en el nivel de esfuerzo, mientras que una amenaza de ostracismo probablemente tenga una gran influencia.

Los costes de aplicación de las normas que recaen en los compañeros de trabajo tienden a ser continuos. Si se reducen las presiones y se vigila menos el cumplimiento de las normas, éstas tienden a incumplirse. Tomemos el ejemplo en el que se trabaja los sábados. ¿Qué ocurre si un empleado no va a trabajar un sábado? Si no se hace respetar la norma o no se imponen sanciones cuando se incumple, es probable que el empleado vuelva a incumplirla. Y lo que es peor, el hecho de que uno de los miembros no acuda a trabajar los sábados puede llevar a otros a hacer lo mismo, por lo que esa norma acabará desapareciendo. Para evitar que ocurra eso, alguien tiene que penalizar a los que la incumplen.

Sin embargo, algunos costes de establecer y hacer cumplir las normas no son permanentes sino que son costes en los que se incurre una sola vez. Por ejemplo, las fuerzas armadas realizan grandes inversiones en nuevos reclutas, inculcándoles los valores del orgullo y la lealtad. Los centros de instrucción de reclutas se dedican en gran parte a crear un vínculo entre los reclutas y el ejército en general. La creación de vínculos emocionales al comienzo de la carrera de un soldado puede servir más tarde al ejército. La lealtad y la empatía con los colegas son fruto de las inversiones realizadas previamente en del momento de inculcar la lealtad al ejército y la camaradería entre los soldados.

Las empresas también realizan actividades que fomentan la camaradería en el grupo o en la empresa. Muchas prácticas de las empresas pueden tener más que ver con la creación de empatía, lealtad y mala conciencia que con la realización de las propias tareas. Por ejemplo, es posible que las reuniones de calidad, en las que los trabajadores discuten cuál es la mejor manera de realizar una tarea, sean sobre todo útiles para que el trabajador sienta que forma parte de la empresa y sea leal con los compañeros de trabajo. Hay muchas ocasiones en las que no se aplican las sugerencias que se hacen en estas reuniones de calidad, pero eso no significa que éstas sean una pérdida de tiempo. Si las reuniones de calidad permiten desarrollar unas normas apropiadas y mantenerlas, el tiempo que se dedica a estas reuniones es un tiempo bien empleado.

Una manera de dar incentivos a los empleados para que hagan cumplir la norma sancionándose mutuamente es establecer cuotas o recompensas. La empresa promete al equipo un *plus* si cumple la cuota y le impone una sanción si no la cumple. Cuando una persona se esfuerza menos de lo que indica la norma, perjudica al resto del grupo, por lo que siente su presión y empieza a seguir la norma. Se le obliga a cumplir porque los compañeros de trabajo tienen un interés monetario o de otro tipo en que se cumpla la cuota. Se trata de un caso en el que los incentivos extrínsecos e intrínsecos (los pluses y la presión del grupo) actúan simultáneamente.

Las desviaciones de la norma no siempre son negativas. A veces, los compañeros de trabajo imponen sanciones a una persona que se esfuerza demasiado. Eso es más frecuente entre los trabajadores en una cadena de montaje. Si un trabajador produce demasiado deprisa, puede sentir la presión de los miembros del equipo, ya que el supervisor podría enterarse de que el trabajo puede realizarse en menos tiempo del que la empresa tenía previsto. En ese caso, la cadena de montaje se aceleraría perjudicando a los compañeros de trabajo que no quieren trabajar más deprisa.

Composición del equipo

¿Deben ser los supervisores los que asignen a los trabajadores a los diferentes equipos o deben tener los equipos libertad para elegir a sus propios miembros? El método más frecuente es que los supervisores asignen a los trabajadores a los equipos. Este sistema da buen resultado cuando el supervisor tiene más información que los trabajadores. Cuando un nuevo empleado se asigna a un grupo, es probable que el supervisor tenga al menos tanta información como el trabajador. En este caso, no tiene mucho sentido dejar que los trabajadores, que carecen de información, asignen al nuevo miembro a un grupo. A veces, son los trabajadores quienes tienen más información sobre sus compañeros de trabajo. Por ejemplo, cuando llevan mucho tiempo trabajando juntos, cuando los nuevos empleados son amigos de los que ya estaban en la empresa o cuando los trabajadores realizan tareas muy especializadas que están fuera del conjunto de conocimientos del supervisor, puede ser preferible dejar que los trabajadores creen sus propios equipos. Aquí analizamos dos mecanismos para seleccionar a los miembros de un equipo: elegir alternativamente y pujar para elegir a los miembros del equipo.

Elegir alternativamente

El método más sencillo es el que suelen emplear los niños para formar los equipos cuando van a jugar un partido. Supongamos que hay dos equipos, el I y el II, y cuatro nuevos empleados, Alberto, Bruno, Carlos y David. Una posibilidad es dejar que los capitanes de los dos equipos vayan eligiendo un miembro cada uno. Supongamos que el panel *a* de la tabla 8.2 muestra la ordenación de los jugadores en función de las preferencias y el *b* muestra la ordenación en función de la eficiencia[2].

Como muestra la tabla adjunta, los dos equipos prefieren a Bruno antes que a Carlos. Sin embargo, por motivos de eficiencia Alberto y Carlos deben trabajar en el equipo I y Bruno y David en el II. Es decir, Bruno es más valioso para el equipo II que para el equipo I, dado que los demás jugadores no varían. Asimismo, ambos equipos prefieren a Carlos antes que a David, pero el valor añadido de Carlos para el equipo I es mayor que para el equipo II.

Supongamos que se lanza una moneda al aire y que gana el equipo I. La primera persona elegida por el equipo I es Alberto. A continuación,

---

[2] En la comparación entre la selección alterna y la puja para la elección de los miembros del equipo, obviamos la importante cuestión de la motivación de los miembros del equipo. Los incentivos se examinan en la tercera parte del libro.

Tabla 8.2. Preferencias de los equipos

	a. Preferencias	
Puesto	*Equipo I*	*Equipo II*
1	Alberto	Bruno
2	Bruno	Carlos
3	Carlos	David
4	David	Alberto

	b. Eficiencia	
Puesto	*Equipo I*	*Equipo II*
1	Alberto	David
2	Carlos	Bruno
3	Bruno	Carlos
4	David	Alberto

el equipo II elige a Bruno, el equipo I elige a Carlos y el equipo II elige a David. Se logra la asignación eficiente. ¿Qué habría ocurrido si se hubiera lanzado la moneda al aire y hubiera ganado el equipo II? En ese caso, el equipo II habría elegido primero a Bruno, a continuación el equipo I habría elegido a Alberto, el equipo II habría elegido a Carlos y el equipo I se habría quedado con David. El equipo I habría acabado teniendo a Alberto y David, mientras que el II habría acabado teniendo a Bruno y Carlos. No se habría cumplido el criterio de eficiencia.

En este ejemplo, el que se logre o no una asignación eficiente depende del resultado del lanzamiento de una moneda al aire. Ésta no es una propiedad deseable de ningún sistema de selección de un equipo. Tampoco es meramente una característica de este ejemplo. Cuando se permite que los equipos elijan a sus miembros de manera alterna, sin ninguna otra condición, generalmente la asignación de los miembros es ineficiente. Es necesario que los equipos paguen las consecuencias de su elección, ya que ésta no sólo les afecta a ellos sino también a otros equipos.

Pujar para elegir a los miembros del equipo

Una alternativa es permitir que los equipos pujen para elegir a sus miembros. Se realiza una *subasta inglesa*, en la que el equipo que hace la puja más alta por una persona se la lleva. Se trata de la conocida estructura de las subastas en la que los postores pueden ir aumentando sus pujas hasta que nadie supere la última.

Para conseguir que una persona forme parte de un equipo, éste tiene que renunciar a algunos de sus beneficios, lo cual afecta a su vez a la remuneración de sus miembros. Supongamos que se subasta el trabajo de Alberto. En función de la eficiencia, donde mejor se utiliza la capacidad de Alberto es en el equipo I. Es decir, contribuye más a los beneficios del equipo I que a los del equipo II. Por tanto, el equipo I estará dispuesto a renunciar a una parte mayor de sus beneficios que el equipo II para adquirirlo. Cuando se subasta a Bruno, ocurre lo contrario. Se utiliza el mismo mecanismo con Carlos y David. Por tanto, Alberto y Carlos acaban en el equipo I y Bruno y David en el II. Las subastas generalmente asignan eficientemente los recursos y son preferibles al método de elegir alternativamente para asignar a los miembros de los equipos.

Obsérvese, además, que es innecesario y, de hecho, poco deseable, dictar el número de miembros que debe ir a cada equipo. Si el valor de adquirir el tercer trabajador es mayor para el equipo I que el valor de un segundo para el equipo II, es mejor que el equipo I tenga tres nuevos trabajadores y que el equipo II sólo tenga uno. El método de la subasta lo resuelve.

Ésta es una aplicación de la metáfora del mercado dentro de la empresa. Los mercados asignan bien los recursos porque los individuos están motivados para pujar alto cuando tienen buenos usos para los recursos. Si en la empresa los equipos no pueden pujar literalmente por los miembros, el ejecutivo que asigna a los individuos a los equipos debe estimar su valor para cada equipo y asignarlos de acuerdo con este principio. Y puede ser eficiente que una empresa permita a los departamentos competir entre sí por el personal.

LA PESCA DEL SALMÓN EN ALASKA

En Alaska, la pesca se realiza desde embarcaciones. Saber cuáles son las mejores zonas para pescar es un componente importante de la pesca. Algunos pescadores son buenos; otros tienen muchos conocimientos sobre el comportamiento de los peces. En Alaska, las empresas pesqueras son sociedades, pero la composición de estas sociedades no es rígida. Cuando se sabe que un pescador tiene talento o sabe dónde hay que pescar, su valor de mercado aumenta, por lo que puede conseguir una proporción mayor de los beneficios.

A veces hay negociaciones en la sociedad a la que pertenece el pescador. Los socios reconocen que un pescador que es hábil o sabe dónde hay que pescar tiene un valor de mercado más alto y llegan a un acuerdo mejor con él. El proceso de negociación con la sociedad en la que se encuentra y con otras nuevas es exactamente el proceso de puja que acabamos de describir. Generalmente el resultado es una asignación eficiente del trabajo en el sector.

Fuente: Farrell y Scotchmer (1988).

Empresas propiedad de los trabajadores

Algunas empresas reparten acciones entre sus trabajadores. A menudo el objetivo es fomentar el trabajo en equipo. Cuando la plantilla tiene una proporción suficientemente grande de las acciones, a menudo se dice que la empresa es propiedad de los trabajadores. Un famoso ejemplo de una gran empresa propiedad de los trabajadores es United Airlines. ¿Cómo funcionan estas empresas?

A menudo se dice que funcionan de una forma muy parecida a las empresas que no son propiedad de los trabajadores, en el sentido de que nombran a un director general y a un equipo de dirección, los cuales tienen instrucciones de maximizar los beneficios. Sin embargo, la estructura de propiedad sí influye en la toma de decisiones de la empresa, sobre todo en lo que se refiere a la política de empleo. Cuando una empresa no se rige por el criterio de la eficiencia para complacer a sus trabajadores, va en detrimento de su salud (United Airlines acabó declarándose en quiebra).

Para verlo, consideremos las cooperativas madereras del noroeste de Estados Unidos[3]. Algunas empresas madereras son cooperativas. Aunque algunos de sus trabajadores son meros empleados, otros tienen acciones de la empresa. Estas acciones no cotizan en bolsa, pero pueden venderse. Se anuncian y se ponen a la venta a través de la prensa local. Cuando un trabajador entra en la empresa, puede comprar acciones de uno que se va.

Los trabajadores propietarios de estas empresas relativamente pequeñas tienen derecho a nombrar al consejo de administración, el cual elige a los altos directivos. ¿Cómo se comportan éstos? En comparación con los altos directivos de las empresas que no son propiedad de los trabajadores, protegen más el empleo de los trabajadores propietarios. Cuando el sector atraviesa una mala época, es menos probable que las coo-

---

[3] Véase Craig y Pencavel (1992).

perativas despidan a trabajadores y más probable que reduzcan los salarios de todos ellos. ¿Es eso bueno o malo?

Los datos son ambiguos. En Estados Unidos, los precios de las acciones de las cooperativas de trabajadores han subido bastante, pero no tanto como los precios de las acciones de las empresas que no son propiedad de los trabajadores. La proporción de la producción que representan las cooperativas se redujo de alrededor de un 35 por ciento en la década de 1950 a menos de un 20 por ciento a finales de los años 80. Es posible que esta disminución se debiera en parte a variaciones regionales de la demanda, pero también es cierto que los costes por trabajador son más altos en las cooperativas que en las empresas que no son propiedad de los trabajadores.

Evidentemente, los trabajadores están recibiendo una parte de sus rendimientos en forma de mayor seguridad de empleo, pero la seguridad de empleo tiene un coste. Los trabajadores mejorarían su situación económica si vendieran sus cooperativas a empresas que no fueran propiedad de los trabajadores y aceptaran trabajo como meros empleados en las empresas adquiridas. De hecho, algunas cooperativas han hecho eso, pero otras mantienen su estructura de cooperativa y siguen siendo viables. Parece que algunos trabajadores están dispuestos a pagar por controlar su propia empresa.

EFECTOS DE LA TECNOLOGÍA DE LA INFORMACIÓN

En las últimas décadas, la velocidad y la capacidad de la tecnología de la información han mejorado espectacularmente y su precio ha experimentado un rápido descenso. ¿Cómo afecta la revolución informática al diseño de las organizaciones y de los puestos de trabajo?

Efectos en la estructura organizativa
¿Centralización o descentralización?

Tendencia a la centralización
La prensa económica generalmente insiste en la idea de que la tecnología de la información (TI) aumenta la descentralización y la delegación de responsabilidades en los trabajadores, rompe las estructuras tradicionales de toma de decisiones y las sustituye por estructuras menos formales. Pero ¿es eso cierto? Una de las consecuencias de los ordenadores potentes y baratos es la espectacular disminución de los costes de la comunicación.

En otras palabras, un importante efecto de la TI es *la conversión de una gran parte de lo que solía ser conocimiento específico en conocimiento general*. Si eso es cierto, la TI debería aumentar la *centralización* de la toma de decisiones. He aquí un par de ejemplos.

Actualmente, en el sector del transporte de larga distancia por carretera es frecuente que los camiones hagan un gran uso de las nuevas tecnologías. El salpicadero a menudo lleva un ordenador incorporado que permite al despachador y al camionero comunicarse (también pueden hablar por teléfono móvil). Muchos camiones llevan en el techo una antena parabólica con un sistema de posicionamiento global (GPS).

¿Se utiliza esta nueva tecnología para descentralizar y permitir que sea el camionero el que tome las decisiones? En absoluto. La empresa de transporte puede controlar al camionero de una forma muy parecida a Gran Hermano en *1984* de George Orwell. El GPS le permite saber en todo momento cuál es la posición exacta del camión y seguir sus movimientos. La empresa sabe cuándo se detiene el camionero para hacer una pausa y cuánto dura la pausa. Sabe si el camionero hace un giro erróneo o una parada que no estaba programada (por ejemplo, con el fin de entregar paquetes para su lucro personal). Sabe a qué velocidad circula por la autopista. En suma, la TI permite seguir muy de cerca los camiones.

Además, la comunicación en tiempo real permite a la empresa dar órdenes al camionero cuando quiere. En el transporte por carretera, una coordinación centralizada resulta muy útil ya que el despachador puede asignar los camiones eficazmente para asegurarse de que viajen llenos y para dar una respuesta rápida a las necesidades de los clientes. La tecnología permite que el despachador modifique en cualquier momento el programa previsto y dé la orden de cambiar de ruta y recoger otro bulto. Asimismo, el despachador puede decirle al camionero que cambie de ruta para evitar el tráfico o que aminore la marcha para cumplir los requisitos de la compañía aseguradora de la empresa.

Esta tendencia a la centralización también está cambiando la estructura organizativa en el sector. Antiguamente, éste estaba mucho más descentralizado; muchos camioneros eran autónomos, que es un tipo de externalización. Hoy se tiende a recurrir menos a los camioneros autónomos y más a los camiones propiedad de la empresa con camioneros asalariados.

---

[4] El marido de Debbie Fields, Randy, era un consultor informático que tenía una licenciatura en economía.

Mrs. Fields Cookie Co. es otro interesante ejemplo de adopción de TI en una organización[4]. La compañía desarrolló un sistema experto que utiliza datos históricos sobre las ventas de sus tiendas, junto con información sobre la situación en la que se encuentra cada tienda en cada momento (día de la semana, fiestas, clima, si hay rebajas en el centro comercial ese día, etc.), para predecir las ventas de los diferentes productos. A continuación, da a los encargados de las tiendas una serie de recomendaciones al empezar el día, por ejemplo, qué cantidad de galletas tienen que hacer de cada tipo. A medida que avanza la jornada y se van realizando las ventas, el programa actualiza sus recomendaciones. También hace otro tipo de sugerencias a los encargados, por ejemplo, que deben tirar la masa cuando han pasado más de dos días, para que no se estropee.

La TI se utiliza muy a menudo para cubrir los puestos de encargado de tienda. Si se necesita contratar a otro empleado, los solicitantes realizan una entrevista por ordenador. El programa recomienda a quién se le debe realizar una segunda entrevista, momento en el que el candidato realiza otra entrevista por ordenador. Mrs. Fields compara las respuestas con los datos de empleados que se han contratado con anterioridad para predecir quiénes son buenos candidatos.

¿Cómo hace Mrs. Fields todo esto? Remitiendo todos los datos sobre las ventas, el empleo, etc. a la oficina central. Ésta modela el negocio basándose en la experiencia colectiva de todas las tiendas. Combina esa experiencia con los conocimientos de Debbie Fields sobre la gestión de una tienda de galletas. Todo esto se hace por medio de un *sistema experto*, que intenta codificar en un programa informático unas reglas para tomar decisiones. Se trata de una optimización muy centralizada, muy en la línea del taylorismo, pero con ordenadores.

Es interesante dar un paso atrás por un momento y preguntarse dónde se encuentra el conocimiento propio en el negocio de las tiendas de galletas. Para empezar, en cada una de las tiendas se necesitan pocos conocimientos, ya que la mayor parte de la información importante –incluso de las ventas diarias en el centro comercial local– se remite a la oficina central. El único conocimiento específico significativo que se necesita para gestionar una tienda es cómo vender más a los clientes que entran en el establecimiento y cómo tratar a un empleado en un momento dado.

Al mismo tiempo, en el modelo de Mrs. Fields tanto el talento de Debbie Fields como otros tipos de pericia adquiridos en la sede central de la empresa generan considerables economías de escala. El modelo de negocio que contienen los sistemas expertos de los ordenadores centrales constituye un valioso activo y puede utilizarse una y otra vez en cada tienda. Lo que hace realmente es clonar la pericia de Debbie y los conocimientos colectivos procedentes de la experiencia adquirida en otras tiendas y reproducirlos en las tiendas de todo el mundo.

Las consecuencias de este sistema sobre el trabajo de los encargados de las tiendas de Mrs. Fields están claras. Éstos gozan de un bajo grado de discrecionalidad. Desde el punto de vista técnico, el encargado tiene derecho a hacer caso omiso de las recomendaciones del programa informático. Sin embargo, si lo hace frecuentemente, es probable que llame la atención de la oficina central. A menos que los resultados sean mejores de lo que predice el ordenador, probablemente se le dirá al encargado que deje de tomar iniciativas. Dado que el programa informático se basa en años de experiencia de gestión y en una gran base de datos sobre las ventas, no es probable que las predicciones de un encargado sean mejores que las del programa.

Como los encargados de las tiendas tienen un bajo grado de discrecionalidad, necesitan pocas cualificaciones y reciben poca formación. También hay poco capital humano propio de la empresa. Como cabría esperar, la rotación es superior a la media del sector, pero Mrs. Fields está dispuesta a aceptarlo.

Por último, al igual que ocurre en el sector del transporte por carretera, la centralización por medio de la TI ha aumentado la integración vertical de Mrs. Fields. La mayoría de sus competidoras utilizan un *modelo de franquicia*, que es primo hermano de la externalización. En cambio, las tiendas de Mrs. Fields son propiedad de la empresa.

Estos dos ejemplos son importantes, ya que muestran que la opinión general sobre los efectos de la TI a menudo es errónea y que éstos son como mínimo más complejos. Hay muchos ejemplos en los que la informática aumenta la centralización y lleva a diseñar puestos de trabajo más limitados y a dar menos valor a los trabajadores muy cualificados. Y eso tiene mucho sentido cuando se recuerdan los conceptos de conocimiento general y propio.

Tendencia a la descentralización

No obstante, la TI puede aumentar la descentralización de varias formas. Una forma importante es suministrando información a los subordinados para que éstos tomen sus propias decisiones. Un buen ejemplo es el *control estadístico de procesos* (*statistical process control*, SPC o CEP). El CEP suministra a los trabajadores de la CEP industria manufacturera datos en tiempo real sobre diversos aspectos de la producción, como el grosor de las planchas de metal cuando éstas pasan por el tren de laminación. Antes normalmente no se disponía de esos datos *en tiempo real*, ya que era demasiado caro medir el grosor y transmitir rápidamente la información. El CEP facilita al trabajador información que puede utilizar de varias formas. Por ejemplo, a menudo los datos son perecederos, es decir, deben utilizarse rápidamente o, de lo contrario, dejan de tener valor. En este caso, normalmente tiene sentido dejar que el trabajador responda (por ejemplo, a las fluctuaciones del grosor del metal). Asimismo, los datos dan información al trabajador. Como señalamos en el modelo psicológico de la motivación intrínseca, la retroalimentación es un importante componente de la descentralización. La información en tiempo real permite que el trabajador diagnostique los problemas y pruebe posibles soluciones.

Como consecuencia del bajo coste de los ordenadores, actualmente la mayoría de los empleados tienen acceso a ordenadores muy potentes (para los parámetros históricos) y a herramientas de análisis, como hojas de cálculo y bases de datos. También tienen fácil acceso a una gran cantidad de información, tanto dentro de la empresa como a través de Internet. Eso significa que los trabajadores a menudo recogen datos *ellos mismos* y los analizan. Tienen, de hecho, una cierta iniciativa que es posible que su supervisor no les hubiera dado. El correo electrónico, que permite a cualquier empleado sortear la cadena de mando y ponerse en contacto con cualquier otro colega que se encuentra por encima de su jefe inmediato o incluso en otras partes de la organización, produce un efecto parecido. Como consecuencia, el supervisor no controla tanto al subordinado y se produce una cierta comunicación fuera de la cadena formal de mando.

Otros efectos en la estructura

Existe un cierto debate sobre si a la larga las empresas tenderán a ser mayores o menores como consecuencia de la TI. Es demasiado pronto para tener una respuesta clara a esta pregunta, pero podemos analizar unos cuantos efectos probables. En primer lugar, el mismo número de empleados generalmente tiene una productividad mayor, en algunos casos, espectacularmente mayor. En los últimos años, el crecimiento de la productividad ha sido alto en las economías avanzadas y parece que la causa más importante sean los avances de la tecnología de la información. Si un mismo número de empleados puede producir más, es posible que disminuya el tamaño de las empresas en lo que a número de empleados se refiere. Pero también puede aumentar su tamaño desde el punto de vista de la producción total (o de la cuota de mercado). La razón es que las empresas pueden tener mayores economías de escala.

Hemos analizado la integración vertical con los ejemplos del sector del transporte por carretera y de Mrs. Fields Cookies. Si aumenta la centralización de las empresas, es posible que aumente su grado de integración. Sin embargo, la TI también reduce los costes de transacción, abaratando la gestión de las relaciones empresariales con los proveedores externos. Por tanto, la TI puede llevar a la desintegración de la organización: no sólo a la subcontratación de mano de obra en el extranjero sino también a la externalización. La TI es, de hecho, uno de los principales determinantes de la tendencia actual hacia la externalización.

UN BIG MAC PARA LLEVAR

Si vamos al establecimiento de McDonald's que está situado en la autopista 55 cerca de Cape Girardeau (Missouri) y hacemos un pedido desde el coche por el micrófono, será un empleado que se encuentra en Colorado Springs (Colorado) –a casi 1.600 kilómetros de distancia– el que tome nota. El pedido será tramitado por un centro de llamadas centralizado y transmitido inmediatamente de vuelta a McDonald's por ordenador. El centro de llamadas es gestionado por una franquicia de McDonald's y no forma parte de la McDonald's Corporation.

Es fácil imaginar lo que ocurriría si se llevara este procedimiento un paso más allá. La próxima vez que paremos para hacer un pedido desde el coche, puede ocurrir que la persona con la que hablemos se encuentre en Bangalore (la India), independientemente de dónde estemos nosotros.

Fuente: Fitzgerald (2004).

La TI produce otros dos efectos evidentes en la estructura y la estrategia de las empresas. A menudo acelera espectacularmente la toma de decisiones, ya que acelera la comunicación y parte del análisis es realizado inmediatamente por ordenadores. Eso refuerza las tendencias analizadas en capítulos anteriores hacia la competencia basada en el tiempo y el acortamiento de los ciclos de los productos. Y lo que es más, la TI generalmente abarata la producción por encargo, animando a las empresas a adoptar líneas de productos más complejas. Obsérvese que estos dos factores explican las razones por las que se ha tendido a enri-

quecer los puestos de trabajo y a alejarse del enfoque taylorista para diseñarlos.

Efectos en el diseño de los puestos de trabajo

Una cuestión extraordinariamente interesante es la influencia de la TI
en el diseño de los puestos de trabajo. Muchas personas acusan a la informatización de generar paro. ¿Es cierto eso? Como hemos señalado, la TI
puede favorecer la existencia de puestos de trabajo tradicionales con
poca discrecionalidad y cualificaciones. Sin embargo, también puede
favorecer el enriquecimiento de los puestos de trabajo. ¿Cómo podemos saber a qué puestos de trabajo es probable que afecte y de qué
modo?[5]

Una manera de formular la cuestión es preguntarse cuándo son los
ordenadores *sustitutivos* de la gente y cuándo son *complementarios*. Veamos primero cuándo son sustitutivos. El principio de la ventaja comparativa nos dice que las empresas utilizarán ordenadores en lugar de personas cuando éstos realicen relativamente mejor una tarea, lo cual será
cuando sus costes sean más bajos, su productividad sea mayor o ambas
cosas a la vez.

Los ordenadores (al igual que las máquinas en la industria manufacturera) tienen considerables ventajas frente a los empleados. Son fia-
bles: van a trabajar todos los días (al menos si están en buen estado). No
tienen problemas de motivación: los jefes no tienen que pensar en la
motivación intrínseca o en la remuneración basada en el rendimiento.
Son predecibles: generalmente analizan la información o realizan las
tareas exactamente de la misma manera. De hecho, este libro de texto
trata en gran medida de los problemas por los que los trabajadores generan costes a las empresas, pero los ordenadores y las máquinas no, y
de cómo afrontarlos. Por ejemplo, los ordenadores, a diferencia de
los seres humanos, no tienen problemas de información asimétrica o
de rotación.

Eso induce a pensar que si una tarea puede ser realizada por una
máquina o por un ordenador casi igual que por un ser humano, *debe ser
realizada* por la máquina o por el ordenador. ¿Cuándo ocurre eso?

Los ordenadores son mejores a la hora de aplicar una sencilla *lógica
basada en reglas*. Los programas informáticos son un conjunto de órdenes que establecen lo que hay que hacer en cada contingencia. Por ejem-

---

[5] Para un excelente libro sobre el tema, véase Levy y Murnane (2004).

plo, Mrs. Fields desarrolló un programa informático para hacer un sencillo número de preguntas a los demandantes de empleo, procesar los datos y hacer una recomendación binaria (contratar o no). Imaginemos que estamos diseñando una parte del programa informático de contratación de personal. No es probable que funcione bien en el caso de los puestos de trabajo avanzados, en el que hay complejas cuestiones que analizar, como los conocimientos avanzados y técnicos que poseen los solicitantes o si comparten o no la cultura corporativa de la empresa. Es mucho más probable que funcione bien para cubrir el puesto de cajero de una tienda de Mrs. Fields Cookies, en el que las tareas están perfectamente definidas, el empleado tiene un bajo grado de discrecionalidad y se necesitan pocas cualificaciones.

Por tanto, cuando mejor funciona la informatización es en los casos en los que mejor funciona el taylorismo. Si el entorno no es complejo, hay menos reglas que definir en el programa informático. Si hay menos interdependencias entre las tareas, es más fácil separarlas y determinar cómo se realiza exactamente cada una. Si el trabajo es predecible, es posible definir de antemano las diferentes contingencias y codificarlas en el programa informático.

UN SISTEMA EXPERTO PARA LA SOPA DE POLLO

Es posible que el lector haya comido alguna vez una sopa de pollo Campbell's, que se vende en todo el mundo. Esta sopa se hace en enormes sistemas de cocina industrial. Un componente fundamental del proceso es el esterilizador hidrostático, que garantiza que la sopa no se contamina. Si entraran bacterias en el sistema, penetrarían en las latas de las estanterías, destruirían el producto y provocarían un caos.

El encargado de manejar el esterilizador hidrostático en una de las principales plantas era Aldo Cimino, un empleado que tenía 45 años de experiencia. Campbell's se dio cuenta de que pronto iba a jubilarse y de que cuando llegara ese momento, la empresa perdería su capital humano. Contrató a Texas Instruments para que trabajara con Cimino con el fin de desarrollar un sistema experto que pudiera realizar el mayor trabajo posible de la misma manera que lo realizaba Cimino. Éste es uno de los primeros casos en los que se empezó a utilizar un sistema experto en el trabajo.

Se tardó varios meses en diseñar el sistema experto y muchos más en perfeccionarlo en el trabajo. El sistema acabó teniendo 150 reglas. Permite a los trabajadores que tienen menos experiencia y pericia que Cimino realizar casi tan bien el mismo trabajo, ya que efectúa una gran parte del diagnóstico de los problemas. Ha convertido una gran parte del conocimiento propio de Cimino en conocimiento general.

Fuente: Edmunds (1988).

La situación es más difícil cuando las reglas que aplican los seres humanos en el trabajo son difíciles de precisar. Los ingenieros informáticos a veces tratan estas situaciones como casos en los que las reglas son probabilísticas en lugar de deterministas. A los seres humanos se les da muy bien el *reconocimiento de regularidades*, mientras que a los ordenadores no, al menos hasta la fecha. Éste es el reino de técnicas como los sistemas expertos y las redes neuronales. Aunque esas técnicas han aumentado el número de puestos de trabajo que pueden informatizarse bien, generalmente distan de reproducir perfectamente el modo en que los seres humanos pueden realizar el trabajo (salvo el de los encargados de las tiendas de galletas).

Una capacidad fundamental que necesitan los trabajadores que tienen capacidad de decisión y que se supone que tienen que aprender en el trabajo es la *abstracción*, es decir, el desarrollo de un principio general a partir de unas circunstancias específicas y la aplicación de ese principio general a nuevas situaciones (recuérdese la enseñanza de técnicas para resolver problemas que recomendaba Juran en el capítulo 7 para los trabajadores de la industria). Ésta es un área en la que los seres humanos tienen una ventaja comparativa considerable frente a los ordenadores, ya que éstos carecen de capacidad de abstracción. La mayoría de los programas informáticos trabajan definiendo las distintas contingencias por adelantado. Cuando los ordenadores se encuentran con situaciones imprevistas, no saben cómo reaccionar.

Por último, el trabajo *creativo* es imposible de informatizar casi por definición. La creatividad implica generar nuevas contingencias, además de reaccionar a las que surgen exógenamente.

Por tanto, los tipos de trabajos en los que los ordenadores son buenos sustitutos de los trabajadores son aquellos en los que normalmente el trabajador tiene un bajo grado de discrecionalidad, no participa en multitareas y necesita pocas cualificaciones. También lo son cuando el trabajo implica el procesamiento *rutinario* de información, como el trabajo de oficina y el trabajo de los mandos inferiores o intermedios.

¿QUÉ ES LA REINGENIERÍA?

La reingeniería es una práctica que utiliza los métodos clásicos del taylorismo para aplicar la tecnología informática avanzada en los centros de trabajo modernos. Son ejemplos representativos las compañías de seguros o los bancos. Las empresas en las que el procesamiento de información es la actividad fundamental son las que más han utilizado este método, ya que se trata de tareas que los ordenadores realizan especialmente bien.

En estos casos, muchas tareas y trabajos pueden informatizarse, por lo que la reingeniería a menudo trae como consecuencia el despido de un gran número tanto de empleados de oficina como de mandos inferiores o intermedios. La reingeniería también entraña la reorganización de todo el flujo de trabajo. Por tanto, es un cambio hacia la centralización en gran escala, que normalmente se lleva a cabo con la ayuda de una empresa consultora externa.

Aunque la reingeniería normalmente sustituye muchos puestos de trabajo por ordenadores, el resto se enriquece más. Por ejemplo, tradicionalmente los empleados de las compañías de seguros tienen que tramitar un determinado impreso de reclamación, es decir, uno de los pasos de toda la cadena de tramitación de la solicitud de un servicio de un cliente. Tras la introducción de la reingeniería, es posible que al empleado se le asigne la tramitación íntegra de la solicitud, desde el principio hasta el final, con la ayuda de un ordenador. La reingeniería aumenta la identidad de las tareas (en palabras del modelo psicológico de motivación intrínseca) o la modularidad. Al tramitar íntegramente la solicitud de un servicio, es probable que la calidad y la satisfacción del cliente aumenten y que el tiempo de tramitación disminuya. La TI permite que un solo empleado realice toda la tramitación del cliente.

La automatización y la informatización afectan a *todos* los puestos de trabajo. Los principios del taylorismo, al igual que los de la especialización, son relevantes al menos en algunos aspectos. Por ejemplo, actualmente la tecnología informática combinada con un equipo médico avanzado puede realizar algunas tareas que antes llevaban a cabo los médicos. Hoy en día muchas pruebas de laboratorio están automatizadas, mientras que antes exigían laboriosos procedimientos técnicos. Asimismo, algunos proveedores de servicios sanitarios utilizan ordenadores para *ayudar a los médicos a tomar decisiones*. Los médicos introducen los datos sobre las características y los síntomas del paciente. El programa compara esta información con una base de datos de casos anteriores y hace sugerencias a los médicos sobre otros diagnósticos y tratamientos (de una forma muy parecida a como Mrs. Fields Cookies puede comparar la situación de una tienda con la experiencia de otras). Eso permite que los médicos dispongan de más tiempo para centrarse en los aspectos más personales del caso y en ser más creativos traspasando al ordenador parte de su trabajo.

Recapitulando, la TI tiende a sustituir a los trabajadores en los puestos de trabajo clásicos de tipo *BBBB* a los que nos referimos en el capítulo anterior. Tiende a complementar la toma de decisiones de los trabajadores en los puestos de trabajo variados de tipo *AAAA*. Por tanto, aunque los ordenadores destruyan puestos de trabajo de un tipo, crean al mismo tiempo puestos de trabajo de otro tipo. Ésa es la razón por la que el mercado de trabajo valora cada vez más a los trabajadores muy cualificados, como señalamos en el capítulo 3, y la informatización no ha provocado un aumento del paro total. La tecnología avanzada incrementa la productividad de los trabajadores cualificados y, por tanto, su valor. Además, ilustra de nuevo la creciente importancia de las capacidades cognitivas en el mercado de trabajo y de la inversión continua en capital humano.

ORGANIZACIONES DE ALTA FIABILIDAD

En este apartado analizamos un tipo concreto de organización que constituye un buen ejemplo de cómo reunir las ideas y los temas de esta parte del libro: las *organizaciones de alta fiabilidad* (*high reliability organizations* o HRO). Las HRO son organizaciones en las que los costes de los errores son extraordinariamente altos. Normalmente deben actuar con rapidez y enfrentarse a menudo a circunstancias impredecibles, por lo que la descentralización tiene muchas ventajas. Sin embargo, sus actividades a menudo están estrechamente interconectadas, por lo que la coordinación es muy importante. Por tanto, se enfrentan a las mismas cuestiones que las empresas normales, pero hay mucho más en juego y es más difícil elegir entre diferentes opciones. Al igual que ocurre en el campo de la medicina, a menudo merece la pena estudiar las patologías, ya que los casos extremos aclaran cuestiones fundamentales que pueden no ser tan evidentes cuando se estudian casos más ordinarios.

Hay muchos ejemplos de HRO, como las unidades militares durante una guerra, las compañías aéreas durante un aterrizaje, las salas de urgencias de los hospitales y los bancos internacionales que realizan enormes transacciones. Muchos de los principios de las HRO pueden aplicarse más en general a la gestión del riesgo.

Un principio organizativo común de las HRO es el desarrollo de dos estructuras paralelas separadas: una para las operaciones normales y otra para situaciones excepcionales en las que los riesgos son extremos. Esta distinción está clara en el caso de las fuerzas armadas (guerra y paz) o en el de una sala de urgencias (muchos pacientes o pocos). Durante los periodos de calma, el objetivo principal de la organización es prepararse para las situaciones excepcionales. Durante esos periodos, la toma de decisiones suele ser mucho más lenta y centralizada y las organizaciones suelen poner el acento en la formación y la preparación. Una vez que comienza una situación de alto riesgo, estas organizaciones generalmente descentralizan muchas de sus decisiones y priorizan su ejecución inmediata.

El segundo principio común es la preferencia por métodos tayloristas. En tiempos de paz, la organización dedica muchos recursos a planificar las contingencias probables, prediciendo el mayor número de incidentes posibles y estableciendo las reglas y los procedimientos que deberán seguirse cuando éstas ocurran.

El apéndice contiene un ejemplo extraído de las fuerzas armadas de Estados Unidos, una *matriz de ejecución*. Esta matriz (que se entrega a las unidades en forma de hojas de cálculo) detalla una serie de contingencias o de incidentes que podrían ocurrir durante una guerra. Éstos se encuentran en las filas de la matriz. Las columnas describen lo que debe hacer cada unidad en cada contingencia.

En teoría, si fuera posible describir todas las contingencias e imaginar todo lo que debe hacer cada unidad (o cada individuo), este método permitiría una coordinación perfecta y que cada unidad utilizara sus conocimientos propios (lo que equivaldría a saber qué fila debería aplicarse en cada momento). Además, no habría costes de comunicación y todas las acciones podrían llevarse a cabo sin demora alguna.

El inconveniente de la matriz del apéndice es su enfoque un tanto limitado. La matriz original de ejecución en la que se basa describía una situación de partida solamente para *siete* unidades organizativas y las acciones que debían emprenderse únicamente en *trece* contingencias, lo cual dista de ser una optimización *ex ante* general.

Cuando a un empleado no se le puede dar un conjunto de reglas y procedimientos detallados para todas las contingencias posibles, le conviene dar prioridad a la formación. Las HRO dan una formación muy amplia; probablemente ésta sea la principal actividad que realiza la mayoría de los empleados de las HRO en «tiempos de paz». Una gran parte de esta formación consiste en ejercicios, en los que los empleados simulan hechos reales, diagnostican los problemas antes de que ocurran y aprenden a saber lo que tienen que hacer con el fin de estar preparados para acometer de una manera rápida y fiable los problemas reales.

La formación no se limita a establecer exactamente lo que deben hacer los empleados en cada contingencia posible sino que enseña *principios abstractos* para que sepan reaccionar en circunstancias excepcionales. Ésta a menudo incluye la realización de ejercicios sobre la *misión* de la organización, es decir, sobre los objetivos de la organización y la importancia relativa de cada uno de ellos. Se enseña a los empleados la función objetiva que deben utilizar para averiguar cuál es la mejor manera de actuar en las nuevas circunstancias. En el caso de los empleados de mayor nivel, una gran parte de la formación consiste en la enseñanza de *técnicas para resolver problemas*, es decir, cómo hallar la solución de los problemas a medida que van apareciendo. Por ejemplo, en las academias militares los oficiales discuten casos prácticos y tratan de averiguar cuál sería el mejor curso de acción. De esa manera aprenden a pensar estratégicamente.

Y lo que es más importante, estudiar casos prácticos permite enseñar a los empleados a *pensar de la misma manera*, es decir, a analizar los problemas del mismo modo y con los mismos objetivos que la organización en general. Un objetivo de todo el proceso de formación en las HRO es intentar que los empleados sean lo más parecidos posible. Cuando se consigue, la coordinación mejora sin necesidad de mucha comunicación, ya que el comportamiento individual es predecible y coherente.

El objetivo de conseguir una gran uniformidad en la formación y el comportamiento se refuerza en las HRO haciendo un gran uso de normas. Ya lo hemos mencionado antes al señalar que las fuerzas armadas inculcan la lealtad y la camaradería en los centros de instrucción. Estas organizaciones desarrollan un fortísimo sentido del trabajo en equipo.

Aunque puede lograrse un alto grado de coordinación en una organización descentralizada si se proporciona una formación amplia y una sólida cultura común, estas organizaciones necesitan comunicarse. Por ejemplo, si surge una contingencia y un empleado la observa, es importante que transmita esta información a todos sus compañeros de unidad. Asimismo, la comunicación produce una retroalimentación dentro de la unidad, mejorando la toma de decisiones. Por estas razones, una característica habitual de las HRO es el uso frecuente de la comunicación en tiempo real en todas las direcciones. Por ejemplo, en una sala de urgencias, el cirujano se comunica continuamente con la enfermera. La enfermera a su vez repite las órdenes y comunica de esta manera al cirujano que la orden se recibió correctamente y está poniéndose en práctica.

Por último, las HRO normalmente invierten en sistemas redundantes para reducir aún más los errores. Entre estos sistemas se encuentran los equipos muy bien entrenados, sistemas de copias de seguridad, inventarios adicionales y lentitud en los procedimientos que pueden sin embargo hacerse con celeridad en los momentos de presión. También incluye una formación transversal para que los trabajadores puedan sustituirse unos a otros cuando sea necesario. Por último, incluye la doble verificación de las comunicaciones y de la detección de errores (similar a los niveles adicionales de evaluación de los proyectos que describimos en el capítulo 5).

Estos procedimientos, especialmente las estructuras organizativas paralelas, la amplia formación y reciclaje y los sistemas redundantes son caros. No todas las organizaciones pueden adoptar esta misma política. Sin embargo, los principios son válidos para todas ellas. Una vez más, vemos que si las tareas o las decisiones pueden analizarse de antemano, debe hacerse. Eso permite estandarizar las tareas y dar directrices más precisas a los empleados, lo cual reduce los errores y mejora la coherencia.

Además suelen utilizarse normas culturales para reforzar la estandarización de los métodos. Las normas también permiten comprender mejor los objetivos organizativos y respetarlos, lo cual reduce los problemas de incentivos. Todo eso permite que las organizaciones coordinen mejor las tareas que hay que sincronizar, pero que no requieren comunicación.

La estandarización y las normas desempeñan el mismo papel que la informatización: permiten que el empleado concentre sus esfuerzos en las tareas cognitivas más avanzadas, lo cual aumenta no sólo la eficiencia sino también la capacidad para ser creativo y adaptable. Por último, la tecnología de la información desempeña un papel vital en el caso de las tareas cuya coordinación requiere realmente comunicación.

Resumen

La prensa económica y las organizaciones suelen a ir a la caza de las modas en el diseño de las organizaciones. Cuando una empresa adopta una serie de prácticas que tienen éxito, las competidoras la emulan sin apenas preguntarse si esas prácticas son una buena idea en sus circunstancias. Existe también la tendencia a considerar que los nuevos avances o las tendencias más recientes son totalmente diferentes de los anteriores. La lectura de este capítulo y de la segunda parte en su conjunto, debería proporcionar al lector una dosis de sano escepticismo cuando se encuentre con opiniones de esta índole. Como sugiere la cita que encabeza este capítulo, los conceptos básicos del diseño de las organizaciones se aplican hoy exactamente igual que hace 200 años: cuanto más cambian las cosas, más siguen igual. Comprendiendo los conceptos básicos es posible tener un modelo de diseño de las organizaciones que contribuya a averiguar qué prácticas de entre las que están moda realmente funcionan, por qué y en qué entornos.

Los objetivos básicos de un buen diseño de una organización nunca cambian. Son de especial importancia las ventajas de la especialización de los trabajadores, tanto para ahorrar formación como para mejorar el aprendizaje en el trabajo. Estas ventajas tienen que compararse con las de agrupar las tareas que son muy complementarias y facilitar de esta manera una mejora continuada. El otro objetivo fundamental de toda organización es el de crear conocimientos y ponerlos en práctica. Eso implica a menudo que la descentralización sea importante, pero que se deben sopesar sus beneficios y los costes de coordinación.

Los equipos siempre han sido una parte importante del diseño de las organizaciones. Sirven para coordinar tareas estrechamente relacionadas entre sí cuando éstas son excesivas para que las realice un solo trabajador. Permiten encontrar un equilibrio entre las ventajas de la coordinación y las de la especialización. También sirven para integrar las bolsas de conocimientos propios que hay en toda organización, cuando son necesarias para tomar decisiones de tipo más general. Sin embargo, dan lugar a dos tipos importantes de costes: la ineficiencia propia de la toma de decisiones en grupo y los efectos del polizón. También es difícil saber cuál es el tamaño óptimo de un equipo. Por tanto, los equipos deben utilizarse con cuidado y sólo cuando sus beneficios sean mayores que sus costes.

La historia del diseño de los puestos de trabajo siempre ha implicado y siempre implicará un conflicto entre dos fuerzas. La tecnología de la información fortalece este conflicto.

Una de las dos fuerzas es la tendencia a estandarizar las tareas y las decisiones. El objetivo es averiguar cuál es la mejor manera de realizar estas tareas y utilizar siempre el método mejor. El taylorismo es un ejemplo de hace 100 años, mientras que la reingeniería es un ejemplo actual parecido. Cada vez que una organización utiliza procedimientos operativos, reglas y directrices estandarizadas o informatiza algunas tareas, está moviéndose en esa dirección. En la medida en que ésta sea la fuerza dominante, la organización apuesta por una optimización *ex ante*, la especialización del trabajo, la centralización y una baja inversión en formación de los trabajadores.

La fuerza contraria es el deseo de aumentar el valor económico aprovechando la capacidad que tienen los seres humanos y de la que carecen las máquinas o los ordenadores. Eso significa utilizar el pensamiento abstracto, el reconocimiento de pautas y la creatividad para abordar las situaciones complejas e impredecibles. En suma, cuando los conocimientos no pueden codificarse bien y existe un conocimiento específico de las circunstancias, la mejor manera de utilizar este conocimiento es recurrir a los empleados que lo poseen. Cuando esta fuerza es dominante, la organización pone énfasis en la mejora continuada, las multitareas, la descentralización y en una inversión mayor en formación de los trabajadores (incluidas las capacidades cognitivas).

En las últimas décadas, se ha observado una tendencia hacia la segunda fuerza y un alejamiento de la primera. Sin embargo, es importante no dar por hecho que esta tendencia vaya a mantenerse. A medida que las organizaciones se adapten a la globalización, la tecnología avanzada y otros cambios recientes, estandarizarán gradualmente los procedimientos. Cuando lo hagan, es probable que haya, en muchas situaciones, un movimiento de vuelta a las técnicas más tradicionales de diseño de las organizaciones y de los puestos de trabajo.

Un tema importante concierne la toma de decisiones y el aprendizaje de los trabajadores. Es importante que la motivación del trabajador coincida con la de la empresa. Hemos introducido este tema analizando lo que denominamos motivación intrínseca. A continuación pasamos a examinar, en la tercera parte del libro, el tema de la remuneración basada en el rendimiento.

Ejercicios

1. ¿Cómo se aplican los principios de la composición de los equipos a la creación de un equipo de diseño del producto cuyo objetivo sea integrar los conocimientos propios de las diferentes partes de la organización?

2. Los psicólogos normalmente sostienen que el tamaño óptimo de un grupo de trabajo es de cinco o seis miembros, ni menor ni mayor. ¿Cuáles son los factores que lo explican? ¿Concuerda esta afirmación con su experiencia?

3. ¿Por qué en la escuela se acostumbran a formar los equipos eligiendo cada equipo un miembro de forma alternativa en lugar de utilizar otro método que aumente la eficiencia? *Pista*: no es porque no tengan forma de pujar por los miembros; es porque su objetivo *no* es la eficiencia del equipo sino alguna otra cosa.

4. ¿Cómo está cambiando su trabajo como consecuencia de la tecnología de la información? ¿Está haciendo que sea más variado y que exija cualificaciones más altas y más amplias, o lo contrario?

5. ¿Cómo ha cambiado el trabajo de oficinista como consecuencia de la tecnología de la información? ¿Se le ocurre algún caso en el que el trabajo de oficinista haya sido sustituido en parte o en su totalidad por ordenadores? Explique su respuesta.

6. La tecnología de la información ha reducido espectacularmente el coste de transmitir muchos tipos de información. ¿Significa eso que el modelo de planificación central analizado en el capítulo 5 debe ser más importante hoy? ¿Por qué sí o por qué no? ¿Qué otros factores son relevantes?

7. ¿Cuáles cree que son los límites últimos de los sistemas expertos (si los tienen)? ¿Por qué?

8. Ponga ejemplos de organizaciones que están expuestas a situaciones excepcionales de alto riesgo y que deben utilizar conocimientos específicos dispersos para coordinarse y tener unas tasas de error bajas ¿Qué métodos han utilizado para resolver estos problemas de organización?

9. Basándose en su respuesta al ejercicio 8, ¿qué enseñanzas pueden extraerse para diseñar empresas más ordinarias?

Bibliografía

Craig, Ben y John Pencavel (1992), «The Behavior of Worker Coopera-
tives: The Plywood Companies of the Pacific Northwest», *American
Economic Review*, 82(5), págs. 1.083–1.105.

Edmunds, Robert (1988), *The Prentice Hall Guide to Expert Systems*, Engle-
wood Cliffs, NJ, Prentice Hall.

Farrell, Joseph y Suzanne Scotchmer (1988), «Partnerships», *Quarterly
Journal of Economics*, 103, págs. 270–297.

Fitzgerald, Michael (2004), «A Drive-Through Lane to the Next Time
Zone», *New York Times*, 18 de Julio.

Kandel, Eugene y Edward Lazear (1992), «Peer Pressure and Partnerships», *Journal of Political Economy*, 100(4), págs. 41–62.

Karr, Alphonse (1849), *Les Guêpes*, enero.

Levy, Frank y Richard Murnane (2004), *The New Division of Labor: How
Computers Are Creating the Next Job Market*, Princeton, Princeton University Press.

Otras lecturas

Cash, James y Keri Ostrofsky (1993), «Mrs. Fields Cookies», Harvard Business School case #9-189-956.

Hackman, J. Richard (1990), *Groups That Work (And Those That Don't)*,
Nueva York, Jossey-Bass.

Hubbard, Thomas (2000), «The Demand for Monitoring Technologies: The Case of Trucking», *Quarterly Journal of Economics*, mayo, págs.
533–560.

Pfeiffer, John (1989), «The Secret of Life at the Limits: Cogs Become Big
Wheels», *Smithsonian*, julio.

Apéndice

I. Normas

Aquí presentamos un breve análisis formal de las normas[6]. El nivel de las
normas depende del tipo de sanciones que se imponen por desviarse

---

[6] Véase Kander y Lazear (1992).

de ellas. Además, cualquiera que sea la sanción, existe un nivel de esfuerzo de equilibrio en la empresa, que debe adecuarse a la norma. Para verlo, expresemos la función de utilidad de una persona de la manera siguiente:

$$Utilidad = Remuneración(e) - C(e) - P(e - e^*),$$

donde e es el nivel de esfuerzo de una persona, $Remuneración(e)$ es la remuneración percibida en función del esfuerzo, $C(e)$ es el valor monetario de la desutilidad que tiene para el trabajador el nivel de esfuerzo e y P es el coste que tiene para el trabajador la presión del grupo.

La presión del grupo es una función del esfuerzo del trabajador, e, y de la norma sobre el esfuerzo determinada exógenamente e^*. Cuando los trabajadores quieren que sus compañeros de trabajo se esfuercen más, $dP/de < 0$, la reducción del esfuerzo de un trabajador aumenta la presión del grupo. Cuando los trabajadores quieren que sus compañeros de trabajo trabajen menos, $dP/de > 0$.

$d^2 Remuneración/de^2 \leq 0$; siempre podemos normalizar el esfuerzo para que se cumpla esta condición. $dC/de > 0$ y $d^2 C/de^2 \geq 0$, ya que el trabajo adicional hace que el empleado esté aún más agotado.

Supongamos que la presión del grupo adopta la forma siguiente:

$$P(e - e^*) = -\gamma(e - e^*),$$

donde γ es una constante, por lo que la presión del grupo que recibe un trabajador es una función lineal de la diferencia entre su esfuerzo, e, y la norma sobre el esfuerzo determinada endógenamente e^*. Esta forma se elige para simplificar el análisis; éste es el mismo con cualquier función de presión del grupo. Establece que por cada unidad en que el esfuerzo de una persona es inferior a la norma e^*, siente una presión de los compañeros de trabajo que tiene un equivalente monetario para él de γ euros.

El problema de maximización del trabajador tiene la siguiente condición de primer orden:

$$\frac{d\,Remuneración}{de} - \frac{dC}{de} + \gamma = 0,$$

que generalmente tiene una solución. Dado que todos los trabajadores son idénticos, e^* es simplemente la solución de esta ecuación. Por tanto, se establece una norma sobre el nivel de esfuerzo. Utilizando el teorema de la función implícita,

$$\frac{de}{d\gamma} = -1 \bigg/ \left[\frac{d^2 \, Remuneración}{de^2} - \frac{d^2 C}{de^2} \right],$$

que es positivo por la condición de segundo orden del problema de maximización del trabajador. Por tanto, un aumento de γ eleva el nivel de esfuerzo del trabajador. Cuando aumentan las sanciones y la presión del grupo por desviarse de la norma, el nivel de esfuerzo establecido por la norma aumenta.

II. Ejemplo de matriz de ejecución

Tabla 8A.1. Matriz de ejecución

Ejemplos de contingencias previsibles (de 13 especificadas)

Contingencias	Unidad						
	1ª brigada	2ª brigada	Brigada de infantería	Brigada avanzada	Artillería	Ingenieros	Caballería
Comienzo del ejercicio	Defender en el sector	Defender en el sector	Prepararse para el ataque	Operaciones contra la avanzadilla	Artillería en posiciones específicas	Apoyo a las operaciones de supervivencia y contra-movilidad	Controlar el sector 1; proteger el sector 2
Las fuerzas se dirigen al este hacia el sector de la 1ª brigada	Defender en el sector	Defender en el sector	Prepararse para el ataque	Notificar a la compañía C si se ha detectado reconocimiento divisional	Artillería en posiciones específicas	Continuar con las operaciones de supervivencia (prioridad) y contra-movilidad	Proteger el sector 2; prepararse para hacer una operación de retirada y relevo
Las fuerzas se dirigen al este entre la 1ª y la 2ª brigada	Contraatacar en el sector de la 2ª brigada si las fuerzas enemigas traspasan cierta posición y si se destina la 32ª brigada a defensa móvil	Defender en el sector	Orden de aviso para atacar a través del sector de la 2ª brigada (defensa móvil)	Notificar a la compañía C si 30+ vehículos están avanzando en dirección este o norte	En posiciones específicas, cubrir para movimiento de otra unidad	Desplegar un campo de minas al sudoeste de la posición X	Moverse hasta la posición Y y convertirse en la reserva de la división
Las fuerzas se dirigen al sur, posiblemente hacia el sector de la 2ª brigada	Instrucciones similares si las fuerzas enemigas se dirigen hacia otros sectores						
Las fuerzas se dirigen al sudoeste hacia el sector sur de la 1ª brigada		Defender en el sector	Si no hay actividad en el sector de la 2ª brigada, prepararse para atacar en el sector de la 1ª brigada	Orden de aviso de contraataque	Disparar en una posición específica		Orden de aviso de contraataque

Nota: Las instrucciones eran similares en el caso de otras contingencias no mencionadas.

Este ejemplo se basa en una matriz real de ejecución utilizada por la Reserva de las Fuerzas Armadas de Estados Unidos durante un ejercicio de formación. Lo único que se ha hecho para simplificar la matriz ha sido eliminar las filas que tenían contingencias y acciones muy parecidas a las mostradas. La matriz original tenía trece contin- gencias en total (aparte del comienzo del ejercicio) para las siete unidades organizativas mostradas.

TERCERA PARTE

La remuneración basada en el rendimiento

Una de las cuestiones que destacamos en el capítulo 7 fue la motivación intrínseca. También vimos en el capítulo 5 que si se da derechos de decisión a los empleados, es esencial que su motivación coincida con los objetivos de la organización. En los capítulos siguientes, nos basamos en estas ideas para analizar la remuneración basada en el rendimiento, es decir, la motivación *extrínseca*. En el capítulo 9 nos ocupamos de la cuestión más difícil que plantea normalmente cualquier sistema de incentivos. ¿Cómo se mide el rendimiento? En el capítulo 10 nos preguntamos qué hay que hacer con la evaluación del rendimiento (cómo debe ligarse a la remuneración)? En los capítulos 11 y 12 nos ocupamos de algunos temas especiales: los incentivos en forma de ascensos, las opciones sobre acciones y la remuneración de los ejecutivos. Antes de comenzar, será útil hacer una introducción general al tema. Veamos primero por qué es importante estudiar la remuneración basada en el rendimiento.

En primer lugar, los datos están claros: los empleados tienden a responder a los incentivos. Eso significa que si un plan de incentivos está bien diseñado, puede ser una importante fuente de creación de valor, aunque si está mal diseñado puede ser una importante fuente de destrucción de valor.

En segundo lugar, los incentivos pueden desempeñar un papel importante aunque el empleado tenga una fuerte motivación intrínseca, ya que la motivación puede no coincidir totalmente con los objetivos de la organización. Por ejemplo, dos grupos que suelen presentar mucha motivación intrínseca son los investigadores que trabajan en los laboratorios de

I+D de las empresas, y los médicos. En ambos casos, el empresario puede tener que recurrir a incentivos para reconducir su motivación. Una empresa puede tener que motivar a los investigadores de I+D para que concentren sus esfuerzos en las innovaciones para las que haya un mercado y no en las investigaciones de vanguardia. Un hospital puede tener que motivar a los médicos para que tengan más en cuenta la difícil disyuntiva entre la calidad de la atención sanitaria y su coste.

En tercer lugar, es frecuente que se subestime la importancia de los incentivos. Los psicólogos afirman que la gente tiende a cometer un «error fundamental de atribución» cuando evalúa el comportamiento humano, es decir, a atribuir excesivamente el comportamiento de una persona a su psicología y a subestimar el grado en que ese comportamiento está motivado por el entorno, es decir, por las restricciones, las recompensas y la influencia del grupo. En otras palabras, la gente subestima el grado en que los incentivos (en un sentido amplio) motivan el comportamiento. En muchos casos, hay sutiles incentivos que llevan a un empleado a actuar de un modo que a primera vista puede parecer desconcertante.

Esta idea es importante para entender la motivación de los empleados. Generalmente, es bastante difícil cambiar la psicología de los trabajadores, si bien pueden realizarse algunos cambios a través del procedimiento de contratación y del diseño de los puestos de trabajo. En cambio, los incentivos son relativamente fáciles de cambiar. Por tanto, la remuneración basada en el rendimiento y otros tipos de recompensas extrínsecas son los instrumentos más importantes que puede utilizar un directivo para aumentar la motivación de sus empleados.

En cuarto lugar, cuando se recompensa el rendimiento, muchos objetivos, en relación con los recursos humanos de la empresa, mejoran. Lo hemos visto varias veces en capítulos anteriores. Por ejemplo, en el ámbito de la contratación, una remuneración aplazada basada en el rendimiento puede mejorar la autoselección del personal. Asimismo, una remuneración basada en el rendimiento puede aumentar el rendimiento de las inversiones en capital humano, induciendo a invertir más en cualificaciones. La existencia de incentivos puede llevar a tomar mejores decisiones, animando a los empleados a utilizar sus conocimientos en aras de los intereses de la empresa. La mayoría de las políticas de recursos humanos implican algún tipo de sistema de incentivos (aunque muchos son sutiles). Más en general, puede decirse que son los incentivos los que mueven las economías modernas. Por ello el conocimiento de la teoría básica de los incentivos proporciona unas ideas, de carácter intuitivo, que resultan útiles en muchos contextos empresariales[1].

A continuación mostramos brevemente cómo formalizan los economistas su análisis del problema de los incentivos. Cuando lea el análisis de la remuneración basada en el rendimiento, piense en la remuneración metafóricamente. No nos referimos únicamente a la compensación monetaria sino que pensamos, de forma abstracta, en *cualquier* tipo de retribución que la empresa pueda variar en función del rendimiento del empleado. Naturalmente, en la práctica determinadas retribuciones monetarias, como las primas o las opciones sobre acciones, acaban siendo las más importantes, pero las empresas utilizan muchas formas de recompensar a sus empleados (algunas implícitas). Por ejemplo, un buen rendimiento puede recompensarse con un despacho mejor, un horario más flexible, la asignación de tareas más interesantes o un ascenso. En la medida en que estas recompensas se basen en el rendimiento, constituyen un tipo de incentivo extrínseco, por lo que se aplican los principios que describimos en estos capítulos.

EL PROBLEMA DEL PRINCIPAL Y EL AGENTE

En economía, el modelo básico para analizar la mayoría de los problemas de incentivos se denomina problema del *principal y el agente.* Los estudios sobre este problema a menudo son muy técnicos. Aquí presentamos un breve esbozo para ayudar al lector a aguzar su intuición, pero nuestros intereses son más prácticos. Expresaremos las ideas en ecuaciones, pero para entenderlas no se necesitan técnicas matemáticas avanzadas. Eso sí, las ecuaciones contribuyen a dar mayor rigor a nuestras ideas y a nuestra intuición.

Existen problemas de incentivos cuando un *agente* (en nuestro contexto, un empleado) actúa en nombre de un *principal* (los propietarios de la empresa), pero tiene objetivos distintos a los del principal. Pensemos para empezar en un pequeño empresario. En este caso, el agente *es* el principal, por lo que no existe ningún conflicto de intereses ni ningún problema de incentivos. Sin embargo, en las empresas modernas acostumbra a existir una separación entre la propiedad y el control, es

---

[1] Muchos de los programas modernos de las escuelas de administración de empresas, como las finanzas corporativas y contabilidad de gestión, son teoría aplicada de los incentivos.

decir, se contrata a directivos para que dirijan la empresa en representación de los propietarios (cabe la posibilidad que los propietarios puedan diversificar sus carteras de inversión con el fin de reducir el riesgo o porque los propietarios delegan en directivos que tienen cualificaciones de las que carecen ellos). Eso induce a pensar que los problemas de incentivos de los altos directivos son un importante motivo de preocupación; nos ocuparemos de ese tema en el capítulo 12.

¿Cómo analizar ese conflicto formalmente? Necesitamos desarrollar un modelo de los objetivos tanto del principal como del agente. Supongamos que el objetivo del principal sea maximizar el valor actual descontado de la empresa. Si se trata de una empresa que cotiza en bolsa, es el valor total que tiene la empresa para sus accionistas (el precio de las acciones multiplicado por el número de acciones en circulación). Casi todas las ideas intuitivas que saquemos del análisis serían igualmente válidas si consideráramos otros objetivos del principal (por ejemplo, en el caso de que la empresa fuera un organismo público o una organización sin fines de lucro). Lo importante, en cualquier caso, es que haya un conflicto de intereses.

El empleado realiza diferentes tipos de esfuerzo, que afectan al valor de la empresa; por esfuerzo entendemos lo que puede hacer el empleado y que la empresa desea motivar. Podría significar trabajar con mayor intensidad, más deprisa o más tiempo en diversas tareas; meditar más las decisiones; cooperar con los colegas; o ser amable con los clientes.

En la segunda parte analizamos el enfoque de las multitareas como una característica del diseño de los puestos de trabajo. Este enfoque implicaría que hay más de un tipo de esfuerzo. En esta parte del libro analizaremos algunas de las consecuencias que tiene el enfoque de las multitareas en los sistemas de incentivos. De momento, sin embargo, vamos a suponer que el puesto de trabajo del empleado sólo tiene una dimensión, por lo que la empresa quiere motivar al empleado para que realice un único tipo de esfuerzo, e.

La contribución total del empleado al valor de la empresa, Q, depende del esfuerzo del empleado, $Q = Q(e)$. Q no representa los beneficios totales de la empresa sino el valor actual descontado de los beneficios creados por este empleado, dejando a un lado la remuneración del empleado. Por tanto, los beneficios de la empresa atribuibles a este empleado son iguales a $Q(e) - Remuneración$.

Existe un conflicto de intereses únicamente en la medida en que el empleado tenga excesivamente poca o demasiada motivación para realizar los distintos tipos de esfuerzo. Un caso representativo es aquel en el que el empleado tiene demasiado poca motivación intrínseca: a la empresa le gustaría que trabajara con mayor intensidad o con mayor diligencia. Una manera de formalizar este caso es suponer que esa forma de trabajar tiene costes para el empleado: preferiría trabajar a un ritmo más lento, con menos cuidado, etc. En este sentido, podemos imaginar que el empleado incurre en un coste psicológico si realiza un esfuerzo mayor. Este coste se denomina *desutilidad del esfuerzo*. Representémoslo de la siguiente manera: $C(e)$. Recuérdese que para el empleado se trata de un coste psíquico, no monetario[2]. Sin embargo, incluso los conceptos no monetarios pueden expresarse en términos monetarios (véase el capítulo 13). Por ejemplo, podríamos cuantificar el coste del esfuerzo de un empleado a partir de la subida salarial que exige cuando se le pide que trabaje con mayor intensidad.

La remuneración del empleado sólo le incentiva si depende de su rendimiento. Supongamos que la empresa tiene una medida del rendimiento, MR, que estima la contribución del empleado, Q. Si el rendimiento puede medirse perfectamente, $MR = Q$, pero generalmente no es así. En ese caso, la remuneración es una función de MR: *Remuneración = Remuneración* (MR). Si la medida es imperfecta, podríamos expresarla de la siguiente manera: $MR = Q + \varepsilon$, donde ε es una variable aleatoria: el error de medición del rendimiento.

La remuneración basada en el rendimiento tiene sus riesgos, ya que el rendimiento casi nunca puede medirse con absoluta precisión. Como la gente generalmente tiene aversión al riesgo, trabajar en esta empresa tiene un coste adicional para el empleado: el coste del riesgo de su remuneración. Formulemos este coste como suele hacerse en teoría de las decisiones. El coste del riesgo para un empleado es lo contrario del *equivalente cierto*, que es la cantidad que una persona estaría dispuesta a pagar por evitar el riesgo. Este término se formula convencionalmente de la siguiente manera: $1/2 \times R \times \sigma^2_{Remuneración}$. Esta formulación supone que la medida adecuada del riesgo es la varianza de la remuneración. R representa el *coeficiente de aversión absoluta al riesgo*. Es un parámetro que refleja el grado en que un empleado tiene aversión al riesgo. El valor de R es menor en el caso de una persona que tenga menos aversión al riesgo, mientras que es mayor en el caso de una persona que tenga más aversión al ries-

---

[2] Normalmente, se supone que $C(e)$ aumenta a una tasa creciente cuando aumenta e. Este supuesto recoge la idea de que el esfuerzo tiene costes para el empleado y de que cuanto más trabaja, más costes tiene el esfuerzo adicional.

go. Recapitulando, el valor neto que tiene para el empleado trabajar para la empresa es *Remuneración* $(MR) - C(e) - 1/2 \times R \times \sigma^2_{Remuneración}$.

Como hemos señalado antes, el valor que genera el empleado a la empresa es igual a $Q(e)$ – *Remuneración*. La empresa elige el plan de remuneración, *Remuneración* (MR), que maximiza este beneficio neto generado por el empleado. Está sujeto a la restricción de que la remuneración total debe ser igual o superior al valor que tiene el empleado en el mercado de trabajo. Por este motivo, la empresa también tiene que compensar al empleado por el coste del esfuerzo, C, y el coste del riesgo, R, generado por el sistema de incentivos que aplica.

¿De qué depende el incentivo del empleado?

¿De qué depende el incentivo del empleado? Como siempre en economía, las decisiones se toman comparando los beneficios marginales de cambiar de comportamiento con sus costes marginales. En este caso, la cuestión es si el empleado debe trabajar algo más o no. El coste marginal es la desutilidad adicional de trabajar más, $\Delta C/\Delta e$, donde Δ representa la variación adicional de una variable[3]:

$$\text{Coste marginal en que incurre el empleado si trabaja más} = \frac{\Delta C}{\Delta e}.$$

Dado que la remuneración depende del rendimiento y el rendimiento depende del esfuerzo, el beneficio marginal de trabajar más en una de las dimensiones del puesto de trabajo es:

$$\text{Beneficio marginal que obtiene el empleado si trabaja más} =$$

$$\frac{\Delta\ Remuneración}{\Delta e} = \frac{\Delta\ Remuneración}{\Delta PM} = \frac{\Delta\ MR}{\Delta e}.$$

Dado que el empleado sopesa costes y beneficios marginales, todo lo que aumente el beneficio marginal aumentará el esfuerzo del empleado. La segunda ecuación nos dice que debemos fijarnos en dos cosas. En

---

[3] Suponiendo que el esfuerzo adicional no afecta el riesgo de la remuneración.

primer lugar, ¿cómo varía el rendimiento cuando varía el esfuerzo? Si refleja bien el esfuerzo del empleado, mejorará los incentivos y viceversa. En segundo lugar, ¿cómo varía la remuneración con el rendimiento? Si varía mucho, los incentivos serán mayores y viceversa. En los dos capítulos siguientes, analizamos por separado estos dos factores; constituyen el núcleo de esta parte del libro. En el capítulo 9 vemos cómo puede medir la empresa la contribución del empleado al valor de la empresa y en el 10 vemos cómo puede relacionar esta evaluación con la remuneración que recibe.

Examinemos ahora el origen del conflicto de intereses entre el trabajador y la empresa. Recuérdese que C y $R \times \sigma$ son los costes que debe asumir la empresa implícitamente. Reducen el valor que tiene el trabajo para el empleado, por lo que éste exigirá una remuneración total mayor si C o $R \times \sigma$ son mayores y viceversa. En este sentido, los costes del sistema de incentivos, C y R, no crean un conflicto de intereses entre la empresa y el empleado. Son un coste de producción, exactamente igual que el coste de cualquier factor de producción. Si un aumento de los incentivos induce al empleado a trabajar más, $C(e)$ aumenta, pero la empresa tendrá que compensar al empleado por ello. En otras palabras,

$$\text{Coste marginal en que incurre la empresa si el empleado trabaja más} = \frac{\Delta C}{\Delta e}.$$

Por tanto, la empresa y su empleado tienen los mismos costes totales por el hecho de que el empleado trabaje, $C(e) + R \times \sigma$, y los mismos costes marginales. El verdadero origen del conflicto es el hecho de que generalmente el beneficio del empleado (Remuneración) no es idéntico al beneficio de la empresa (Q). En términos más formales,

$$\text{Beneficio marginal que obtiene la empresa si el empleado trabaja más} = \frac{\Delta Q}{\Delta e},$$

que generalmente es diferente del beneficio marginal que obtiene el empleado por trabajar más. Esta diferencia puede deberse a que la medición que hace la empresa del rendimiento no refleja perfectamente dicho rendimiento o a que la remuneración no refleja totalmente la contribución del empleado. Éstos son los problemas de incentivos que veremos una y otra vez más adelante.

Aunque no adoptaremos el enfoque formalizado anterior para analizar la remuneración basada en incentivos, utilizaremos estas ideas básicas para estructurar nuestro análisis y para que éste sea más riguroso. Merece la pena dedicar algo de tiempo a analizar las ideas intuitivas que describimos aquí y que utilizamos más adelante.

9 EVALUACIÓN DEL RENDIMIENTO

Cuando no podemos medir, nuestros conocimientos son escasos e insatisfactorios.
–Lord Kelvin, esculpido en piedra en el edificio
de Ciencias Sociales de la Universidad de Chicago

¡Mide de todas maneras!
–Frank Knight, observando la escultura al volver un día
de comer en Stet, *según cuenta George Stigler*

INTRODUCCIÓN

La parte más difícil de cualquier sistema de incentivos es la evaluación del rendimiento. Imagine el lector que es un directivo y que quiere medir –cuantificar– la contribución personal de cada uno de sus empleados al valor de la empresa. ¿Cómo puede medirla exactamente? Si los empleados trabajan en grupos, es difícil saber quién es responsable y quién no. Algunos pueden aprovecharse del trabajo de los compañeros; otros pueden ser muy colaboradores, pero no siempre se ve, ya que no se puede observar todo lo que hacen. Además, el rendimiento de un empleado puede deberse en parte a la suerte. Un empleado puede estar en el lugar oportuno en el momento oportuno y conseguir un gran contrato de ventas cuando llama un nuevo cliente o puede perder ventas porque un cliente clave quiebra inesperadamente. Por último, algunas contribuciones son muy difíciles de cuantificar incluso cuando se observan claramente. ¿Cómo se mide la influencia del empleado en las normas del grupo, en el aprendizaje de los empleados jóvenes o en la satisfacción del cliente?

No sólo es difícil evaluar eficazmente el rendimiento sino que, además, la evaluación puede tener costes elevados. Las evaluaciones subjetivas generalmente ocupan buena parte del tiempo de los directivos. La recogida de datos precisos sobre el rendimiento (incluidos los que genera el sistema contable) puede exigir considerables recursos.

Si la evaluación no refleja exactamente la contribución del empleado, ésta puede tener algunas consecuencias negativas. El empleado puede observar que la relación entre el rendimiento y la remuneración es incierta y exigir, pues, una compensación por el riesgo, lo cual eleva los costes. Puede estar poco motivado. Y lo que quizá sea peor, puede estar muy motivado, pero no hacer lo que debe y destruir valor. Por tanto, aunque sea difícil y caro hacer evaluaciones, éstas son un componente necesario de un buen sistema retributivo y es importante que las empresas se esfuercen por encontrar métodos y procedimientos eficaces para evaluar el rendimiento. En este capítulo, analizamos algunas cuestiones importantes que surgen cuando se evalúa el rendimiento.

Fines de la evaluación del rendimiento

El rendimiento de los empleados depende, entre otros factores, de sus aptitudes innatas, de sus cualificaciones o capital humano acumulado y de su esfuerzo. Basándonos en nuestro esbozo anterior del problema del principal y el agente, en un modelo básico podríamos decir que Q depende de las aptitudes A, del capital humano acumulado H y del esfuerzo e_i: $Q = Q(A, H, e_1, ...e_k)$.

Esta formulación induce a pensar que las evaluaciones deberian poner el acento en medir las aptitudes innatas A, las cualificaciones H o el esfuerzo e_i, dependiendo del fin para el que se realice la evaluación. Más adelante volveremos sobre esta cuestión. En la mayor parte de este capítulo, centramos nuestra atención en la utilización de las evaluaciones para medir el esfuerzo y motivar a los empleados para que realicen un esfuerzo mayor.

Modos de evaluar el rendimiento

El modelo de la contribución del empleado al valor de la empresa, $Q = Q(e_1, ...e_k)$, sugiere varios métodos para medir el rendimiento. En primer lugar, podríamos estimar Q en general (lo que llamaremos una medida muy *amplia*). Un ejemplo que es importante en el caso de los ejecutivos de las empresas que cotizan en bolsa es el precio de las acciones. En segundo lugar, podríamos estimar diferentes dimensiones del rendimiento (lo que llamaremos una medida *más estricta*). En una empresa manufacturera, una medida habitual del rendimiento es la cantidad que produce un trabajador. Otra es la calidad (por ejemplo, el número de piezas defectuosas producidas). En tercer lugar, podríamos combinar mediciones de varias dimensiones del rendimiento. Por ejemplo, el rendimiento de un jefe de planta podría medirse por medio de los ingresos generados, de los costes o de los beneficios (los ingresos menos los costes).

Obsérvese que todos estos métodos son medidas del rendimiento basadas en la *producción*, en el sentido de que intentan medir componentes de Q. Un método alternativo más estricto consiste en medir el *esfuerzo* del empleado e_i, por medio del número de horas trabajadas o del número de rutinas o de tareas realizadas.

Por último, la evaluación puede ser cuantitativa o cualitativa. A continuación analizamos la medición cuantitativa del rendimiento. En el apartado siguiente analizamos la evaluación subjetiva.

MEDICIÓN CUANTITATIVA DEL RENDIMIENTO

Las organizaciones a menudo hacen todo lo posible por cuantificar la contribución de sus empleados al valor de la empresa. Las medidas cuantitativas tienen varias ventajas. Como son numéricas, es más fácil ligarlas a la remuneración (por ejemplo, calculando una prima por medio de una fórmula). Es fácil disponer de muchas medidas del rendimiento en el curso normal de las operaciones de la empresa. Por ejemplo, los sistemas de contabilidad son sistemas en gran escala de medición del rendimiento. Cuando las cifras contables concuerdan perfectamente con la contribución de un empleado, a menudo se utilizan para calcular las primas, para decidir los ascensos, etc. Las empresas también suelen utilizar el número de horas trabajadas, la satisfacción de los clientes y otras informaciones cuantitativas para realizar sus evaluaciones.

Por último, las medidas cuantitativas del rendimiento se consideran a menudo más objetivas que la utilización de juicios de valor. De hecho, suelen llamarse medidas «objetivas» del rendimiento. Sin embargo, no es obvio que las medidas cuantitativas sean objetivas. Como señalaremos más adelante, muchas medidas pueden ser manipuladas por el empleado o por el supervisor o por la empresa. Aunque una medida no pueda manipularse, puede no medir exactamente lo que se pretende. Por ejemplo, si un bufete de abogados quiere motivar a sus empleados para que consigan nueva clientela, puede dar a cada abogado una prima por cada nuevo cliente que lleven al bufete. Parecería que es una dimensión del rendimiento fácil de cuantificar. Sin embargo, en algunos casos el abogado puede haber conseguido un nuevo cliente simplemente porque ha sido él quien ha cogido el teléfono cuando ha llamado el nuevo cliente. Por estas razones no utilizamos el término medida objetiva del rendimiento, para poner de relieve que las medidas cuantitativas tienen sus propios fallos. No obstante, es probable que sean más objetivas que las evaluaciones subjetivas.

¿Qué propiedades debe buscar un directivo en una medición del rendimiento para saber si es una buena medida en la que basar los incentivos? Examinemos cinco propiedades generales: el perfil de riesgo de la medida, la distorsión, el alcance, si está en consonancia con el diseño de los puestos de trabajo y las posibilidades de *manipulación*.

El perfil de riesgo

Los libros de texto de contabilidad a menudo dicen que una medida del rendimiento debe incluir todo lo que el empleado pueda controlar, pero excluir todo lo que no pueda controlar. Todas las medidas del rendimiento entrañan algún riesgo: varían de un modo inesperado de un periodo a otro. Ya hemos señalado que, como los empleados tienen aversión al riesgo, el riesgo de una medida del rendimiento puede plantear problemas a un plan de incentivos. Sin embargo, la cuestión no es tan sencilla. Hay dos tipos importantes de riesgo que deben considerarse en toda medición del rendimiento y que tienen consecuencias muy diferentes para un sistema óptimo de incentivos. Distinguiremos entre el *riesgo incontrolable* y el *riesgo controlable*. Esta distinción se basa en el concepto de conocimiento propio, que resultó ser tan importante en la segunda parte.

El riesgo incontrolable corresponde a la definición clásica de riesgo: la variación del rendimiento que el empleado no puede controlar. Consideremos el caso del director general de una empresa que cotiza en bolsa, en la que el precio de las acciones es la medida de su rendimiento. El precio de las acciones varía dependiendo del talento y del esfuerzo del director general, que es la razón por la que representa una medida lógica de su rendimiento. Sin embargo, también varía dependiendo de muchos acontecimientos exógenos, entre los que se encuentran las fluctuaciones macroeconómicas, la dinámica del sector, los cambios tecnológicos, lo que hacen determinados competidores, la inflación, los tipos de interés, los tipos de cambio, etc. El director general no puede influir en ninguna de estas variables y tiene poca capacidad para reducir la influencia de la mayoría de ellas en el precio de las acciones (si bien véase más adelante nuestro análisis más extenso de la capacidad de control).

Dado que estas variables no pueden ser controladas por el director general pero influyen en la medición de su rendimiento, crean un riesgo al director general. La empresa puede responder a este riesgo propio de la medición del rendimiento de varias formas. Puede elegir otra medida del rendimiento que tenga menos riesgo. Puede reducir el grado de relación entre la remuneración y el rendimiento para reducir el riesgo del director general, como señalaremos en el capítulo siguiente, o puede subir el sueldo base con una prima de riesgo para compensar al director general por el riesgo. En general, éstas son actuaciones problemáticas; el riesgo incontrolable constituye un problema difícil al que se suelen enfrentar los planes de incentivos.

El riesgo controlable es más sutil, pero muy importante. Se refiere a los cambios del entorno de trabajo que el empleado tiene una cierta capacidad para controlar. Por ejemplo, el director general posiblemente no pueda controlar las acciones estratégicas de un competidor. Sin embargo, *puede* prever algunas de esas acciones y estar preparado cuando se produzcan. Puede reaccionar después de que se produzcan. Por poner otro ejemplo, supongamos que un empleado tiene que realizar dos tareas en su trabajo: las ventas y la atención al cliente. El tiempo que debe dedicar a cada una de las tareas varía de un día para otro, dependiendo de los tipos de llamadas que reciba de los clientes. La demanda relativa de los clientes es una variable aleatoria. Sin embargo, los efectos que produce esta demanda aleatoria en el valor de la empresa pueden ser controlados en gran medida por el empleado: éste puede responder cambiando el modo en que realiza su trabajo diario. Por tanto, los efectos que produce la demanda de los clientes en el valor de la empresa pueden *ser* controlados en cierta medida por el empleado.

En términos más generales, todos los empleados tienen algunos conocimientos propios que surgen cuando realizan su trabajo. Se puede considerar que los dos ejemplos del párrafo anterior son dos tipos de conocimientos propios que posee el empleado. Dado que no se dispone de estos conocimientos cuando se diseña el plan de incentivos son, en un importante sentido, una variable aleatoria. Sin embargo, no es cierto que sean un riesgo puro para el empleado o que éste no pueda controlarlo.

Los efectos que produce el riesgo controlable (los conocimientos propios) en los planes de incentivos generalmente son *opuestos* a los efectos que produce el riesgo incontrolable. Cuando el diseño del puesto de trabajo del empleado implica que tiene más conocimientos propios del tiempo y del lugar, la empresa debería *aumentar la fuerza de los incentivos* para inducir al empleado a utilizar esos conocimientos para aumentar el valor de la empresa. Dado que este riesgo puede ser controlado por el empleado, la empresa no necesita pagar una prima de riesgo.

Más adelante nos extenderemos sobre esta importante idea cuando analicemos la evaluación subjetiva del rendimiento. De momento, lo esencial es distinguir entre el riesgo que no puede ser controlado por el empleado y el riesgo que puede ser controlado por él. Cuando el riesgo es incontrolable, la empresa debe considerar la posibilidad de utilizar una *medida más estricta del rendimiento*, y normalmente tenderá a dar menos incentivos y es posible que pague una prima de riesgo.

En cambio, cuando el riesgo es controlable (el empleado tiene importantes conocimientos propios), viene a colación nuestra metáfora del mercado: la empresa debe descentralizar y delegar en el empleado y dar unos incentivos relativamente fuertes para inducir al empleado a utilizar esos conocimientos para promover los objetivos de la empresa. También veremos en seguida que en esos casos tenderemos a utilizar una *medida más amplia del rendimiento* y posiblemente una *evaluación subjetiva del rendimiento*.

Por tanto, lo primero que hay que preguntarse en relación con la medida del rendimiento es cuál es el cociente entre *señal* y *ruido*. ¿Qué parte de la variación de esta medida se debe a factores que son ciertos, el riesgo clásico desde el punto de vista del empleado, y qué parte se debe a factores que reflejan los conocimientos propios que posee el empleado de las circunstancias que surgen cuando realiza su trabajo?

Riesgo frente a distorsión: alcance de la medida del rendimiento

Según estas ideas, una medida ideal del rendimiento debería reflejar el efecto total que produce el empleado en el valor de la empresa y nada más. Examinemos estas cuestiones en el contexto de la medición correcta del rendimiento de dos empleados de una misma empresa: el director general y una empleada de la limpieza.

La medida más frecuente del rendimiento en el caso de la remuneración del director general (en una empresa que cotiza en bolsa) es el precio de las acciones de la empresa (o sea, el valor de las acciones, que es el precio de las acciones multiplicado por el número de acciones en circulación)[1]. Éste es por definición el valor de la empresa. Por tanto, esta medida recoge todas las cosas que el director general puede controlar: si hay algo que el director general puede hacer para mejorar o reducir el valor de la empresa, se reflejará en esta medida del rendimiento. En este sentido, parece que sea una medida perfecta.

Sin embargo, hay muchos elementos que afectan al precio de las acciones de la empresa que el director general no controla: las acciones de los competidores, los factores macroeconómicos, las fluctuaciones de la moneda, etc. Por este motivo, esta medida del rendimiento también tiene *riesgos* para el director general. El error de medición del rendimiento se debe a factores incontrolables.

Consideremos ahora el caso del empleado de la limpieza; el razonamiento es el mismo. El precio de las acciones es una buena medida en el sentido de que incluye los efectos que produce en el valor de la empresa todo lo que el personal de limpieza puede controlar. Sin embargo, incluye mucho que no puede controlar. De hecho, sería ridículo utilizar el precio de las acciones como medida del rendimiento del personal de limpieza, ya que los factores que no puede controlar son muy superiores a los que puede controlar. Si se utilizara, la remuneración se convertiría casi en un billete de lotería. Como el personal de limpieza se supone que tiene aversión al riesgo, sería una manera de remunerarlo que resultaría muy cara, ya que la empresa tendría que pagarle una considerable prima de riesgo.

Si el precio de las acciones es una medida ridícula en el caso del empleado de la limpieza, ¿qué medida podríamos elegir en su lugar? Podríamos medir la limpieza del suelo, o los kilos de basura recogidos. Pensamos en ese tipo de medidas porque se parecen más al trabajo del personal de limpieza: se centran más en cosas que el empleado puede controlar y excluye más cosas que son incontrolables. De esa manera, reducimos el riesgo de la medida del rendimiento. Asimismo, en el caso del director general podríamos elegir los beneficios contables como medida. Es uno de los mejores indicadores aproximados de los beneficios que genera un sistema contable[2], por lo que es un buen punto de partida para tra-

---

[1] Obsérvese que la bolsa de valores es, de hecho, un sistema en gran escala de medición del rendimiento de los altos directivos. Éste es uno de los papeles más importantes de los mercados de valores (aunque no el único) y es la base de gran parte del análisis de las finanzas corporativas modernas.

[2] Naturalmente, no mide el verdadero beneficio económico, ya que las cifras contables son indicadores aproximados imperfectos de los conceptos econó-

tar de cuantificar la contribución del director general. Además, es mucho menos arriesgado, ya que le afectan relativamente más las cosas que puede controlar el director general que las que no puede controlar.

Desgraciadamente, las medidas más estrictas plantean otro problema: *distorsionan* los incentivos. En el caso del personal de limpieza, la medición de la limpieza del suelo no induce al personal de limpieza a tener en cuenta los costes. La medición de los kilos de basura recogidos puede inducir al empleado de la limpìeza a tirar demasiadas cosas o sólo las cosas más pesadas. Es probable que la evaluación del director general en función de los beneficios contables lo lleve a poner demasiado énfasis en el corto plazo, ya que los beneficios contables se basan en los resultados de un único periodo. Casi todas las medidas del rendimiento causan alguna distorsión. A veces, las distorsiones son sutiles, por lo que merece la pena examinarlas detenidamente antes de dar demasiado peso a una medida en la que basar los incentivos.

Estos ejemplos ponen de relieve la existencia de una disyuntiva a la que se enfrentan frecuentemente las empresas cuando eligen una medida cuantitativa del rendimiento: el *alcance* de la medida (figura 9.1). Una medida *más amplia* es aquella que incluye más aspectos del rendimiento. En una empresa que cotiza en bolsa, el precio de las acciones es la medida más amplia posible, ya que representan el valor de la empresa. La ventaja de las medidas amplias radica en que tienden a distorsionar menos los incentivos. Los distorsionan menos porque incluyen en su

Figura 9.1. Disyuntiva entre la medición amplia y la medición estricta del rendimiento

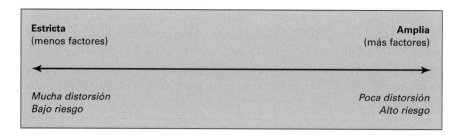

micos. Hay métodos mucho más elaborados que tratan de ajustar las cifras contables para que reflejen mejor la realidad económica, como el VEA (valor económico agregado).

medición más dimensiones del trabajo del empleado (más factores controlables). Sin embargo, al mismo tiempo también tienden a incluir más factores incontrolables, lo cual provoca errores de medición y aumenta el riesgo del plan de incentivos.

Una forma lógica de reducir el riesgo es utilizar una medida *más estricta* del rendimiento, como los beneficios contables en lugar del precio de las acciones. Suelen elegirse medidas más estrictas porque son más fáciles de medir. Otra razón importante por la que suelen elegirse es que excluyen muchos de los factores incontrolables, por lo que reducen el riesgo del empleado. Sin embrgo, es casi imposible excluir todo lo que es incontrolable sin excluir al mismo tiempo algunas cosas que el empleado puede controlar. Por tanto, las medidas más estrictas tienden a presentar menos riesgos, pero distorsionan más los incentivos.

Distorsiones frecuentes en las medidas del rendimiento

Dado que la mayoría de los puestos de trabajo, y lo que afecta al valor total de la empresa, tienen varias dimensiones, esta disyuntiva entre el riesgo y la distorsión puede plantearse de múltiples maneras. La tabla 9.1 contiene ejemplos de diferentes dimensiones de los rendimientos y de los tipos de distorsión que tienden a producirse utilizando una medida más estricta de cada dimensión.

Tabla 9.1. Dimensiones en las que las medidas del rendimiento pueden ser más amplias o más estrictas

Dimensiones del rendimiento que deben considerarse en una evaluación	Ejemplo
¿Qué tareas deben incluirse o excluirse?	Cantidad frente a calidad
¿Deben utilizarse las medidas existentes o debe incorporarse información cualitativa?	Las cifras contables tienden a no tener en cuenta los intangibles o los costes de oportunidad
¿Qué unidad debe medirse?	El individuo, el equipo, la unidad, la división o la empresa
¿Qué horizonte temporal debe utilizarse?	Las ventas del último año o la retención/crecimiento de los clientes

La causa clásica de la distorsión de los incentivos es una medida del rendimiento que recoge aproximadamente algunas tareas del puesto de trabajo, pero no otras; por ejemplo, mide la cantidad, pero no tiene en cuenta la calidad. Existen, sin embargo, otras causas frecuentes de la distorsión de las medidas del rendimiento. Cada una se debe a la utilización de una medida relativamente estricta en alguna dimensión: tangibles frente a intangibles; tamaño del grupo; u horizonte temporal.

Intangibles

Los intangibles son, por definición, difíciles de cuantificar. La calidad es un ejemplo clásico, ya que cualquier incentivo basado en una medida cuantitativa (como la remuneración basada en una *tarifa por pieza* en la industria manufacturera) distorsiona los incentivos en perjuicio de la calidad. Pero hay muchas dimensiones de un puesto de trabajo que son difíciles de cuantificar. En el empleo del sector servicios, la satisfacción de los clientes normalmente sólo puede valorarse de una manera imperfecta por medio de encuestas a los clientes. Asimismo, las empresas de servicios profesionales pueden calcular fácilmente los ingresos y los beneficios de contratos concretos con un cliente, pero no siempre pueden saber lo satisfecho que está el cliente.

Costes de oportunidad

Un importante problema de las cifras contables convencionales es que no reflejan los *costes de oportunidad*, es decir, los costes de renunciar a otras alternativas. Por ejemplo, si una empresa posee una fábrica y ésta se ha depreciado totalmente con fines contables, puede aparecer en los estados contables como que no tiene valor o puede figurar al valor contable, que es una medida de los costes de la construcción del edificio en su momento. Pero el verdadero valor del edificio es el importe por el que podría venderlo la empresa. Si decide utilizar el edificio, está renunciando a este valor. Por tanto, las decisiones sobre el uso de los activos pueden estar distorsionadas seriamente a menos que se ajusten las cifras contables.

Cuando una empresa obliga a los departamentos a obtener los servicios que necesita internamente, se plantea una cuestión parecida. Dado que se concede un monopolio al departamento interno, puede ser difícil estimar los verdaderos resultados de ese departamento. Si la empresa permite comprar a vendedores externos, no sólo introduce una cierta competencia (que debería inducir al proveedor interno a obtener mejores resultados) sino que también adquiere así una importante medida de los resultados, a saber, el precio de mercado del servicio.

Tamaño del grupo

Las empresas siempre tienen que decidir el tamaño del grupo que van a utilizar para realizar la evaluación. Dado que los empleados en todo proceso productivo son interdependientes, una medida estricta como el rendimiento individual tiende a distorsionar los incentivos. Habrá menos incentivos para cooperar con los colegas. Desgraciadamente, cuando se utiliza una medida amplia como el rendimiento de un grupo o de una unidad de negocio, esa medida es mucho menos controlable y tiene muchos más riesgos. Por ejemplo, si se basan los incentivos del individuo en el rendimiento del grupo, cada empleado es responsable de lo que hacen sus colegas, lo cual no es totalmente controlable (si bien, como señalaremos más adelante, lo es en parte). Cuanto mayor sea el grupo que se utiliza para medir el rendimiento, más tiene en cuenta el empleado cómo afecta su trabajo al de otros empleados de la empresa, pero más riesgo entraña la medida. Analizaremos más esta cuestión cuando examinemos el tema de los *planes de participación de los empleados en los beneficios de la empresa*.

Horizonte temporal

La mayoría de las medidas del rendimiento miden lo que acaba de ocurrir, por lo que tienden a distorsionar los incentivos para realizar actividades que tengan consecuencias a largo plazo. Generalmente, estas actividades son algunos tipos de inversiones, por ejemplo, en nueva tecnología, en la reputación o en la formación de los empleados. Uno de los métodos que se emplea a veces es aplazar el pago de la remuneración durante un tiempo. Eso permite que la empresa espere a ver cuál es el rendimiento a largo plazo. Un problema claro de este método es que tiene un riesgo de otro tipo para el empleado, que podría abandonar la empresa antes de poder recibir su remuneración.

La medida del rendimiento tiene que ir en consonancia con el diseño de los puestos de trabajo

Dado que el fin de la medida del rendimiento es estimar la contribución del empleado a los objetivos de la empresa, es importante que esa medida vaya en consonancia con el diseño de los puestos de trabajo. Ya hemos visto esta cuestión. Cuando el empleado tiene más conocimientos propios del tiempo y del lugar, la empresa debe tratar de encontrar una medida que induzca al empleado a aprovechar rentablemente este riesgo controlable. Asimismo, el alcance de la medida tiene que ser acorde con el tipo de trabajo que realice el empleado, es decir, si es limitado o variado, lo que, utilizando los dos componentes en los que hicimos hincapié en la segunda parte del libro, equivale a la descentralización y al enfoque de las multitareas.

Examinemos algunas medidas posibles del rendimiento de un jefe de división[3]. Las empresas suelen definir una división como un *centro de costes*, un *centro de ingresos* o un *centro de beneficios*, y esas son las medidas que utilizan. Las dos primeras, los costes y los ingresos, son relativamente estrictas. La tercera, los beneficios, es más amplia: es una combinación de las dos primeras. Por este motivo, representa todos los factores controlables que se reflejan en los ingresos y en los costes por separado. También refleja todos los factores incontrolables de los dos.

A veces las empresas amplían aún más la medida del rendimiento, definiendo las divisiones como *centros de inversión*. Utilizan un concepto más amplio de beneficios contables (como el VEA) que intenta incluir medidas del coste de oportunidad de los activos (que puede no tenerse en cuenta en las cifras contables convencionales). Además, mientras que los beneficios miden las contribuciones a corto plazo al valor de la empresa, un centro de inversión utiliza una medida del rendimiento que intenta calcular alguna versión del valor actual descontado de los beneficios.

A veces las empresas van incluso más allá, convirtiendo una división en un negocio casi independiente. Un ejemplo de este enfoque es la franquicia. Una franquicia utiliza una medida aún más amplia del rendimiento, ya que su principal objetivo es maximizar el valor de reventa de la franquicia. Esta medida se parece a la medida amplia última del rendimiento, es decir la propiedad, que es igual al valor de la empresa.

Las limitaciones que se le imponen al jefe de división y las decisiones que se le permiten tomar varían dependiendo del alcance de la medida del rendimiento. Por ejemplo, los jefes de los centros de coste normalmente están autorizados a tomar decisiones sobre los factores que utilizan, el aprovisionamiento, los métodos de producción y el personal. Los jefes de los centros de ingresos normalmente están autorizados a tomar decisiones sobre las técnicas de ventas y el personal de ventas. Casi todas las demás decisiones están centralizadas en un nivel situado por encima de estos directivos. Los jefes de los centros de beneficios generalmente pueden tomar los dos tipos de decisiones que toman los jefes de los centros de costes y de ingresos. Además, a menudo tienen derechos de decisión sobre las características del producto, los precios y la calidad del producto.

---

[3] Basado en Jensen y Meckling (1998).

Los jefes de los centros de inversión normalmente tienen todos los derechos de decisión de los jefes de los centros de beneficios y menos limitaciones. Acostumbran a poder tomar más decisiones sobre importantes compras de activos e inversiones a largo plazo en capital físico, debido a que su medida del rendimiento se ha ampliado para recoger el rendimiento financiero de las inversiones.

Los jefes de una franquicia normalmente tienen incluso más derechos de decisión y menos limitaciones que los jefes de los centros de inversión. En primer lugar, tienen derecho a vender la franquicia (posiblemente a otro franquiciado y cómo mínimo al franquiciador). Y, naturalmente, el propietario de una empresa no tiene ninguna limitación (salvo las legales) y puede tomar todas las decisiones relacionadas con su gestión.

Lo importante que debe observarse es cómo cambian las limitaciones y los derechos de decisión cuando se pasa de una medida más estricta a una medida más amplia. Cuanto más amplia es la medida del rendimiento, menores son las limitaciones y más descentralizada está la división. En pocas palabras, cuanto más limitado sea el puesto de trabajo (en el sentido tanto de las tareas como de los derechos de decisión), más estricta será la medida del rendimiento y viceversa.

Esta relación tiene un sentido absoluto. Si a un empleado se le asignan más tareas o se le da más autoridad, una medida estricta del rendimiento introducirá mayores distorsiones. Por tanto, el equilibrio entre las distorsiones y el riesgo se alcanza utilizando una medida más amplia que tenga en cuenta algunas de las demás dimensiones del trabajo, aunque eso pueda significar que la medida tenga más riesgos.

El principio es el mismo en el caso del concepto de trabajo especializado o de trabajo en el que se realizan muchas tareas. En circunstancias normales, cuantas más tareas se asignan a un empleado, más amplia debe ser la medida del rendimiento, para garantizar que las tareas de las que es responsable se reflejen en la evaluación.

De hecho, la evaluación tiende a ir automáticamente en consonancia con el diseño de los puestos de trabajo. Supongamos que un empleado es evaluado por medio de una medida muy amplia del rendimiento, pero se le da poca discrecionalidad. Eso quiere decir que habrá muchos factores incontrolables en la medida de su rendimiento. Para reducir el riesgo, el empleado pedirá o simplemente empezará a asumir más responsabilidades con el fin de evitar ser castigado por cosas que escapan a su control.

Por último, el puesto de trabajo de un empleado tiende a evolucionar con el tiempo (normalmente, el grado de discrecionalidad aumenta conforme mayores son las cualificaciones del empleado). Por este motivo, normalmente la evaluación debe ampliarse a medida que es mayor la antigüedad en el empleo, a menudo responsabilizando gradualmente al empleado de un número cada vez mayor de factores por medio de evaluaciones subjetivas.

Manipulación

Un último problema de las medidas cuantitativas del rendimiento es que pueden ser manipuladas o maquilladas. Consideremos de nuevo nuestro ejemplo del empleado de la limpieza que es evaluado en función de los kilos de basura que recoge. Eso podría inducirlo a llevar basura al trabajo, ya que así mejoraría la medida de su rendimiento, pero esto no haría aumentar el valor de la empresa.

Naturalmente, cualquiera de las dos partes puede manipular la medida. Imaginemos un proyecto conjunto de dos empresas, en el que una de ellas tiene que prestar un servicio a la otra y recibir a cambio una parte de los beneficios del proyecto. En ese caso, la segunda empresa puede tener la tentación de atribuir demasiados costes al proyecto conjunto en cuyo caso se subestimarán los beneficios. Esto es lo que ocurrió con la película *Forrest Gump*. El escritor Howard Groom demandó al estudio cuando éste dijo que la película, que tanto éxito tuvo, había producido pérdidas. El estudio le había prometido a Groom una parte de los beneficios. Si el contrato se hubiera basado en los ingresos, es menos probable que se hubiera producido este conflicto, ya que en un caso como éste es más fácil manipular los costes que los ingresos.

La manipulación es parecida al problema de la distorsión de los incentivos, pero algo diferente. El problema de la distorsión surge porque en el plan de incentivos se da un peso relativo incorrecto (posiblemente cero) a los diferentes aspectos del puesto de trabajo, lo cual lleva al empleado a esforzarse excesivamente en unas cosas y demasiado poco en otras. La manipulación ocurre porque el empleado o el empresario tienen unos conocimientos propios del tiempo y del lugar. Estos conocimientos pueden utilizarse estratégicamente, una vez que se ha elegido la medida del rendimiento, para mejorar la evaluación incluso cuando el uso de esos conocimientos propios no mejore el valor de la empresa. La distorsión se debe a que los incentivos para realizar las diferentes tareas, que se establecieron en el momento en el que se diseñó el plan, no están equilibrados. La manipulación se debe a que el empleado utiliza estratégicamente información asimétrica –conocimientos propios cuando realiza el trabajo– una vez diseñado el plan.

El concepto de manipulación está relacionado con la idea del alcance de la medida del rendimiento, que hemos descrito antes. Al igual que ocurre con las distorsiones, es más probable que haya manipulación cuando la medida del rendimiento sea más estricta. Como una medida más estricta no permite reflejar algunos aspectos del trabajo del empleado, basta con cambiar de comportamiento en una dimensión del trabajo para poder influir sobremanera en el rendimiento medido. En cambio, medidas más amplias tienden a ser menos susceptibles de manipulación, ya que el empleado tendría que cambiar más dimensiones del rendimiento de su trabajo para conseguir manipular la medida.

Una consecuencia de la manipulación es que la calidad de una medida del rendimiento suele *degradarse* con el paso del tiempo una vez que se utiliza para incentivar el trabajo. Pongamos por caso una medida que antes no se utilizaba para calcular el bono de un empleado. La empresa cree que esta medida está correlacionada con el valor de la empresa, por lo que decide dar al empleado un bono basado en ella. Ahora el empleado tiene incentivos para hacer crecer el valor de esta medida, posiblemente incluso manipulándola. Si hay manipulación, la correlación entre la medida y el valor de la empresa tiende a disminuir, por lo que dicha medida acaba siendo poco útil. Cuanto más tiempo haya tenido el empleado un bono basado en esta medida y mayores sean los incentivos que dependen de ella, más probable es que el fenómeno descrito se convierta en un problema. Por tanto, la empresa puede encontrarse con que al final tiene que aplicar otra medida del rendimiento, la cual puede irse degradando a su vez poco a poco, y así sucesivamente.

EVALUACIÓN SUBJETIVA

Acabamos de analizar las medidas cuantitativas del rendimiento y sus limitaciones. A continuación, examinaremos las ventajas y las limitaciones de una evaluación subjetiva del rendimiento.

Tal vez la labor más penosa de un directivo sea realizar evaluaciones subjetivas del rendimiento. Hay muchas empresas en las que los empleados reciben una puntuación subjetiva una o dos veces al año (a menudo en una escala de 1 a 5 o de *A* a *E*). La figura 9.2 muestra la distribución real de las puntuaciones dadas a los empleados en Acme (1 es la máxima puntuación y 5 la mínima). Esta distribución es bastante representativa de lo que se observa en la mayoría de las empresas y tiene varias

Figura 9.2. Distribución de las calificaciones del rendimiento en Acme

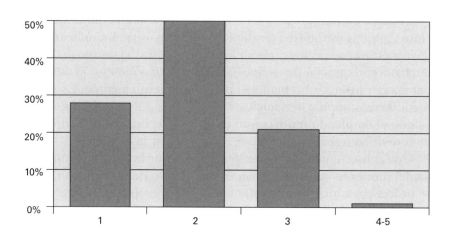

Fuente: Gibbs (1995).

características que a menudo son motivo de preocupación. Hay una inflación de notas. La puntuación media es muy superior a la mitad del intér-
valo. Al mismo tiempo, los directivos son reacios a dar las puntuaciones
muy bajas: sólo alrededor de un 1 por ciento de los empleados recibió
una de las dos peores puntuaciones. En general, pues, se dan pocas
puntuaciones bajas: casi el 30 por ciento recibe la mejor puntuación,
mientras que otro 50 por ciento recibe la segunda mejor. Si el objetivo
de las puntuaciones es distinguir el rendimiento de los trabajadores y
destacar a los mejores empleados de los peores, estas distribuciones de
las puntuaciones no parecen ser muy eficaces.

Cuando se pregunta a los directivos por qué se resisten a dar puntuaciones negativas o a hacer valoraciones negativas del rendimiento, a
menudo dicen que temen que eso repercuta sobre la motivación de los
empleados. Eso resulta difícil de entender, ya que un buen sistema de
incentivos debe dar tanto valoraciones positivas como negativas. Explicaremos este fenómeno en el capítulo 11 cuando analicemos los incentivos basados en ascensos.

Los directivos son reacios a dar puntuaciones bajas debido en parte
a que a nadie la hace gracia dar una mala noticia. Esto puede provocar
un *sesgo hacia la lenidad*, lo cual ayuda a explicar por qué dan tan pocas
puntuaciones bajas. Además, es posible que en caso de puntuaciones

negativas los empleados presionen a los directivos para conseguir cambiarles, lo cual acaba resultando muy desagradable.

Asimismo, a los empleados tampoco les gustan las evaluaciones subjetivas. Una cuestión que les preocupa es que resultan más subjetivas que cuantitativas. Por eso temen que las evaluaciones reflejen las opiniones y los sesgos personales del supervisor y que éste tenga preferencias por unos u otros empleados. Naturalmente, eso reduce el incentivo a dar más de sí cuando se piensa que existe poca relación entre el esfuerzo y la recompensa. Por lo tanto, este tipo de evaluaciones también comportan un riesgo para los empleados.

A pesar de todos estos inconvenientes, hay puestos de trabajo en los que se utilizan evaluaciones subjetivas. La subjetividad a menudo es necesaria en las decisiones de contratación, de ascenso y de despido. En el caso de los mandos intermedios que realizan trabajos de tipo cualitativo, es posible que no existan buenas medidas cuantitativas del rendimiento, por lo que tanto las subidas de salarios como los bonos normalmente se basan en valoraciones subjetivas. La subjetividad puede desempeñar un papel importante incluso en el caso del personal de ventas, cuyo rendimiento suele ser el más fácil de cuantificar. Por ejemplo, las perspectivas de ventas o las oportunidades de formación pueden atribuirse subjetivamente. Por último, uno de los papeles más importantes de un consejo de administración es la evaluación subjetiva del rendimiento del director general.

¿Por qué utilizar evaluaciones subjetivas?

Consideremos el caso de una persona que dirige una fábrica. Su prima anual, que representa en promedio el 40 por ciento del sueldo, es un porcentaje de los beneficios anuales de la fábrica (es decir, la fábrica es un centro de beneficios). Esta fábrica tiene 40 años y una techumbre hecha de planchas de metal. Un día pasa un tornado por la ciudad y levanta la techumbre. Como consecuencia de los importantes daños sufridos, la fábrica no puede volver a funcionar durante bastante tiempo, por lo que ese año tiene pérdidas en lugar de beneficios. Si el lector fuera el jefe del director de la fábrica, cuando llegara a la fábrica el día después del tornado, ¿cómo evaluaría su rendimiento?

Una reacción frecuente a este caso es la de constatar que un tornado es un fenómeno incontrolable, un acto de la naturaleza y, por tanto, el director no es responsable y no debe ser penalizado. Sin embargo, otra reacción, no menos frecuente, es que el director debe ser severamente penalizado, cuando no despedido, ya que es el responsable último de la fábrica. ¿Quién tiene razón? Es difícil saberlo sin tener más información.

Cualquiera de las dos opiniones podría estar justificada en determinadas circunstancias.

Por ejemplo, si es el primer tornado que pasa por la zona después de 50 años o si el director lleva poco tiempo en la fábrica, es posible que tenga sentido no castigarlo. En cambio, si los tornados son frecuentes en la región y el director lleva muchos años trabajando en la fábrica, o si la techumbre estaba en malas condiciones, pero el director pospuso su mantenimiento, es al menos en parte responsable de las consecuencias del tornado sobre el valor de la empresa.

También hay casos intermedios. Supongamos, por ejemplo, que en el organigrama la responsabilidad del mantenimiento de la techumbre es de un ingeniero que supervisa las estructuras de todas las fábricas de la empresa. Eso induce a pensar que no debemos responsabilizar al director de la fábrica. Sin embargo, podría ocurrir que el director de la fábrica tuviera alguna información sobre el estado de la techumbre y no se la comunicaraal ingeniero. En ese caso, está claro que debería ser castigado.

Por último, aunque el director no tuviera forma de prever este suceso, podríamos tener que penalizarlo por no reaccionar como es debido. Queremos inducirlo a resolver los temas de seguridad, conseguir una segunda fuente de producción, reparar la fábrica y ponerla de nuevo a funcionar lo antes posible. Este análisis ilustra un par de cuestiones.

¿Qué significa «controlable» e «incontrolable»?

En este ejemplo, hay muchas circunstancias en las que podríamos castigar al director por un acto de la naturaleza, ya que podría haber tomado medidas con antelación, o bien durante o después del suceso, para reducir los daños causados a la empresa. El hecho de que un acontecimiento sea o no aleatorio no es una definición útil de lo que es controlable o incontrolable. Nuestro análisis ahora nos permite distinguir de manera rigurosa entre los dos tipos de riesgo:

> Un acontecimiento es controlable, al menos en parte, si el empleado puede influir de alguna manera en sus efectos sobre el valor de la empresa. Cuando los acontecimientos son negativos, el empleado puede impedir o paliar en parte los daños. Cuando son positivos, puede prepararse para la oportunidad y aprovecharla.

Dada esta definición, muy pocos acontecimientos son totalmente imposibles de controlar para un empleado. Pueden darse muchas cir-

cunstancias en las que queramos penalizar –o recompensar– a un empleado por cosas que no son «culpa» suya.

¿Cuándo se debe responsabilizar a un empleado?

Aunque el director no fuera responsable formalmente del mantenimiento
de la techumbre, es posible que tuviera alguna información concreta
sobre su estado. Como vimos cuando analizamos el tema de la descentralización, cuando un empleado tiene conocimientos específicos, es
posible que queramos darle algunos derechos de decisión (responsabilidades) e incentivos para que utilice esos conocimientos. Por tanto, una
buena parte de lo que hacemos con una evaluación subjetiva cuidadosa
del rendimiento es definir de qué es responsable o no el empleado. Debemos considerar la posibilidad de responsabilizarlo al menos parcialmente
de lo que ocurra siempre que tenga un control parcial sobre ello, en el
caso de que disponga de conocimientos relevantes sobre la situación.
Puede que el empleado tenga esta información antes, durante o después
del acontecimiento. En ese caso, debería dársele la responsabilidad de
prever los acontecimientos y hacer planes para hacer frente a las contingencias; de reaccionar a los acontecimientos en tiempo real; y de hacer
un seguimiento una vez ocurridos. Eso es a lo que nos referimos cuando afirmamos que queremos motivar al empleado para que tenga iniciativas.

¿Cómo se realiza una evaluación subjetiva?

Este análisis también nos permite ver *cómo* se debe evaluar a los empleados. Supongamos que estamos evaluando a un subordinado para puntuar su rendimiento a finales de año. Al igual que en el ejemplo anterior,
lo lógico es empezar pensando *retrospectivamente*, es decir, viendo lo que
ha hecho el empleado y lo que ha ocurrido durante el año.

Cuando lo hagamos, es importante evitar lo que los psicólogos llaman
sesgo retrospectivo. Es probable que nosotros tengamos ahora más información, una vez que han ocurrido los hechos, que el empleado cuando
ocurrieron. Siguiendo con nuestro ejemplo, ahora sabemos que hubo
un tornado y que la techumbre se encontraba en mal estado. Sin embargo, ¿lo sabía el empleado en ese momento? Por tanto, normalmente el
primer paso es averiguar, en la línea de la famosa pregunta que formu-
ló el senador estadounidense Howard Baker a propósito del presidente
Richard Nixon durante las comparecencias sobre el Watergate, «¿qué
sabía y cuándo lo supo?» Hay que averiguarlo para saber si lo que hizo
el empleado fue lo que había que hacer, dadas las circunstancias.

Eso nos permitirá realizar un análisis más amplio del grado de *previsibilidad* de los acontecimientos. Es importante evaluar a los empleados en función de si hicieron o no planes para hacer frente a acontecimientos previsibles y también de si elaboraron, dentro de lo razonable, planes y procedimientos para hacer frente a acontecimientos imprevisibles.

Hasta ahora la evaluación se ha centrado en el pasado y en lo que significa ésta para la retribución del empleado (puntuación, bono, aumento de salario, ascenso, despido, etc.). Sin embargo, lo más importante de una buena evaluación subjetiva son sus consecuencias para *el futuro*. Analizando con el empleado lo que ha ocurrido, qué ha hecho y por qué y qué debería haber hecho, se le indica cuáles serán sus responsabilidades *en el futuro*. Toda evaluación define, de hecho, el trabajo y sienta precedentes sobre lo que se le recompensará y lo que se le castigará en el futuro. En los entornos de trabajo complejos, normalmente es difícil, cuando no imposible, definir totalmente por escrito las responsabilidades del empleado. Las conversaciones que tienen lugar en torno a las evaluaciones subjetivas son una ocasión única para aclararlas. Las ventajas de estas aclaraciones que permiten al empleado tomar mejores decisiones y permiten una coincidencia mayor de los incentivos del empleado con los objetivos de la empresa.

Por último, una buena evaluación debe pasar de la fase «aquí está la puntuación de su rendimiento» a una conversación constructiva sobre el futuro. El jefe debe aclarar qué se espera del empleado, de qué se supone que es (o no) responsable. Es una excelente oportunidad para pensar en las cualificaciones de las que carece el empleado, pero necesita para realizar bien su trabajo, y darle, pues, nueva formación. Asimismo, el informe sobre el rendimiento anual puede proporcionar información, u otros recursos complementarios, que pueden ayudar al empleado a realizar eficazmente su trabajo.

¿Cómo recibimos una evaluación subjetiva?

También es útil pensar brevemente cuál es la mejor manera de *recibir* una evaluación del supervisor. Los jefes detestan oír la frase «no es culpa mía», lo que equivale a decir (en una jerga menos académica) que «el acontecimiento era incontrolable» y, como acabamos de ver, pocos acontecimientos son totalmente incontrolables. Lo que desea el jefe es que tengamos iniciativa. Consideremos la posibilidad de hablar con él de nuestros errores y contratiempos. Admitámoslos y describámosle al jefe lo que hemos aprendido de ellos y qué cambios introduciremos en nuestro trabajo en el futuro como consecuencia de ello.

Tratemos de considerar la evaluación como una oportunidad para mejorar nuestro trabajo. Pidámosle al jefe consejos y sugerencias para mejorar nuestro rendimiento. Solicitemos nueva formación, información o recursos que lo mejoren. La evaluación puede ser una excelente oportunidad si tenemos iniciativa.

Ventajas de las evaluaciones subjetivas

La medida cuantitativa del rendimiento del director de la fábrica, los beneficios, se redujo a cero (o fue negativa) en el ejemplo del tornado. Como consecuencia, no recibió ninguna prima. Es posible que este resultado fuera exactamente al que llegaríamos después de examinar meditadamente todos los factores relevantes, pero sería una asombrosa coincidencia. En otras palabras, si aplicáramos al director rígidamente el plan de primas cuantitativas, el resultado sería erróneo con casi toda seguridad: o bien la medida del rendimiento es errónea, o bien el peso que se le da para calcular su remuneración es erróneo o ambas cosas a la vez. El único modo de resolverlo es introducir de alguna manera un elemento de discrecionalidad en el sistema de incentivos.

A continuación volvemos a preguntarnos por qué las evaluaciones subjetivas son tan importantes a pesar de las muchas dificultades que plantean. El análisis del ejemplo del tornado induce a pensar que si la evaluación subjetiva se hace bien, puede tener muchas ventajas.

Superan a las medidas cuantitativas del rendimiento

Las evaluaciones subjetivas pueden utilizarse para evitar los fallos habituales de las medidas cuantitativas. Una minuciosa evaluación subjetiva no sólo hace al director responsable de los factores controlables sino que también puede eliminar los incontrolables, reduciendo el riesgo al que se enfrenta. En el ejemplo del tornado, una buena valoración puede eliminar de la evaluación del director de la fábrica los efectos de elementos que eran realmente imprevisibles y de los que no era propiamente responsable. En este sentido, el error de medición del rendimiento puede ser menor que si nos aferramos a la utilización de medidas cuantitativas.

Asimismo, las evaluaciones subjetivas pueden reducir las distorsiones de los incentivos. Algunas dimensiones del trabajo son difíciles de cuantificar. Si se pone demasiado énfasis en esas dimensiones durante la evaluación del rendimiento, se puede inducir al empleado a realizar esas tareas. Un ejemplo clásico es aquel en el que el trabajo requiere calidad, creatividad u otros factores intangibles. Éstos normalmente son difí-

ciles de cuantificar por lo que, para conseguirlos, esas tareas generalmente deben evaluarse y recompensarse subjetivamente.

Por último, la subjetividad puede permitir reducir la manipulación
del sistema de incentivos. Si un empleado manipula las medidas cuantitativas, su superior puede detectarlo *ex post* (o al menos tener muchas
sospechas de que las ha manipulado). La subjetividad permite al superior tenerlo en cuenta. En la medida en que pueda preverse, esto disua-
dirá al empleado de manipular mucho las cifras.

Aumentan los incentivos para asumir riesgos

Como acabamos de señalar, una buena evaluación subjetiva puede reducir el riesgo al excluir de la evaluación total del empleado los factores
realmente incontrolables. También puede aumentar los incentivos para
asumir riesgos, ya que es más fácil para el jefe recompensar los buenos
resultados sin castigar al mismo tiempo por los errores. De hecho, da al
jefe más flexibilidad para recompensar lo bueno sin castigar lo malo.

Mejoran la toma de decisiones

Como hemos visto, a menudo tiene sentido recompensar o castigar al
menos en parte a los empleados por acontecimientos aleatorios. Es importante porque eso motiva al empleado para utilizar (e incluso para adquirir) conocimientos específicos del tiempo y del lugar. Le induce a tomar
mejores decisiones de tres formas: preparación más eficaz, respuesta en
tiempo real y reacción *ex post* una vez que ha el hecho ha acontecido.

Dan al sistema de incentivos más flexibilidad

Los planes de incentivos que se establecen al comienzo del año pueden
sufrir si cambian las circunstancias. Cuando eso ocurre, la empresa
puede cambiar el plan de incentivos. Sin embargo, cuando lo cambia,
corre el riesgo de que se considere injusto (como el *efecto trinquete* que
analizamos en el siguiente capítulo). Cuando se utiliza eficazmente la
subjetividad, es más probable que los empleados acepten los cambios en
los incentivos, puesto que ya cuentan con el supervisor aplique un elemento de subjetividad. Eso hace que resulte más fácil informar a los
empleados de los cambios a mitad de año.

Aumentan la comunicación

Si el lector retrocede y relee el análisis de las evaluaciones subjetivas, se
dará cuenta de que lo que describe es simplemente una buena gestión
diaria. Las mejores evaluaciones subjetivas son las que se realizan implí-

citamente todos los días, cuando el superior trabaja con el empleado. El jefe controla lo que hace el empleado y por qué lo hace, realiza ajustes y sugiere mejoras. En lugar de esperar al final del año para hacer la evaluación, manteniendo estas conversaciones a lo largo de todo el año, el empleado trabaja de manera más eficaz y sus relaciones de trabajo con el supervisor mejoran. También se aclaran los términos del contrato implícito. Además, cuando existe una buena comunicación, es más probable que el empleado confíe en las evaluaciones subjetivas, por lo que éstas serán más eficaces.

Mejoran la formación

Un jefe puede utilizar una evaluación subjetiva para ayudar al empleado con su experiencia. Si lo hace bien y regularmente, puede ser una excelente manera de proporcionar diariamente al empleado un cierta formación.

Está claro que las evaluaciones subjetivas tienen muchas ventajas si se realizan correctamente. Coincide con las ventajas que tiene una gestión diaria eficaz. Dadas estas ventajas, no es sorprendente que la subjetividad sea tan importante en la práctica, a pesar de las numerosas dificultades que plantea y de los costes que tiene.

PREOCUPARSE POR LOS DETALLES DE LAS EVALUACIONES

Lincoln Electric Co. de Cleveland (Ohio) tiene los que quizá sean los planes de incentivos más famosos. Uno de sus componentes principales es la participación de los empleados en los beneficios de la empresa. Aunque los planes de participación en los beneficios normalmente no motivan mucho, el de Lincoln Electric sí por dos razones. En primer lugar, hay mucho en juego: en un año representativo el bono puede representar el doble del sueldo del empleado, lo cual reduce el problema del polizón. En segundo lugar, el bono se basa en una medida del rendimiento *individual* y no en una de las medidas más habituales (y casi incontrolables) del conjunto de la empresa que se utilizan en la mayoría de los planes de participación en los beneficios.

La medida del rendimiento que se emplea en este plan es una calificación subjetiva del rendimiento. Lincoln considera que su sistema de incentivos es la clave de su éxito y la puntuación subjetiva es uno de los componentes cruciales. Uno de los altos ejecutivos de la empresa comprueba cada puntuación, por lo que los directivos se la toman muy en serio. Se puntúa dos veces al año y, según la compañía, normalmente los directivos dedican alrededor de 3 semanas a puntuar a sus subordinados, es decir, 6 semanas al año. Es difícil hacer evaluaciones subjetivas eficaces, pero puede ser enormemente beneficioso. Posiblemente sea una de las tareas más importantes de un directivo.

Fuente: visita a las plantas y conversaciones con los directivos de la empresa.

Consideraciones prácticas
¿Quién debe evaluar a quién?
La delegación de las evaluaciones de un empleado en el jefe tiene muchos riesgos para la empresa, ya que los incentivos del jefe son imperfectos. Entre éstos se encuentran la pérdida de motivación del empleado, la decisión errónea de ascenderlo y las distorsiones en la toma de decisiones. Además, una empresa puede exponerse a ser demandada judicialmente, ya que la subjetividad aumenta las probabilidades de que se practique el favoritismo y la discriminación. A pesar de estos problemas, las evaluaciones no suelen estar centralizadas con la intención de controlar estos riesgos. La razón es sencilla: las evaluaciones son un ejemplo de conocimiento subjetivo basado en la experiencia que es muy difícil de transmitir a otros. con el fin de utilizar este tipo de conocimiento, la mayoría de las evaluaciones –sobre todo en los entornos de trabajo complejos en los que no se dispone de buenas medidas numéricas del rendimiento– están descentralizadas y son realizadas por el supervisor directo.

Algunas empresas utilizan *evaluaciones de 360 grados*. En estas evaluaciones, los subordinados participan en la evaluación del *supervisor* y la comentan. ¿Cuál es el fin de esta práctica? En teoría, puede mejorar la gestión, ya que los evaluados comentan la evaluación del jefe. Sin embargo, tiene claros problemas, ya que los subordinados corren el riesgo de ser castigados si critican a su jefe.

Por este motivo, las evaluaciones de 360 grados a menudo son anónimas; el supervisor no sabe cómo se llaman los empleados que hacen los comentarios. Aunque eso sirva de algo, en los grupos de trabajo pequeños el supervisor a menudo puede imaginar quién ha sido el autor de un determinado comentario. Por tanto, la eficacia de las evaluaciones de 360 grados puede ser limitada. Aun así, en muchas empresas es uno de los instrumentos que se emplean para mejorar la supervisión, la comunicación y el entorno de trabajo en general. Es más probable que sean eficaces en las organizaciones en las que las normas culturales y el diseño de los puestos de trabajo ponen énfasis en la comunicación abierta y en la participación de los empleados en la toma de decisiones (en lo que hemos llamado gestión de las decisiones).

Justicia, sesgo y costes de la influencia

Cuando la evaluación es subjetiva, resulta más fácil para un jefe discriminar, tener preferidos y comportarse en general de una manera sesgada a la hora de dar recompensas. Naturalmente, eso reduce los incentivos, ya que significa que hay otros factores, además del rendimiento, que afectan a la remuneración del empleado, lo cual puede introducir otra clase de riesgo en la evaluación. En otras palabras, cuando la evaluación es subjetiva, hay otro problema más de incentivos: la empresa tiene que preocuparse de que el jefe tenga los incentivos adecuados para aplicar el sistema de acuerdo con los intereses de la empresa y no con los suyos propios.

Eso induce a pensar inmediatamente que si los incentivos del supervisor están bien diseñados, es de suponer que habrá menos problemas en los niveles inferiores. Además, se puede poner limitaciones al evaluador. Por ejemplo, algunas empresas imponen diversos tipos de *curvas forzadas* a los evaluadores. En el capítulo 11 analizaremos estos sistemas cuando examinemos el tema de la evaluación relativa del rendimiento.

Una cuestión evidente es que cuanto mayor sea la confianza que tiene el empleado en el evaluador, más eficaz es un sistema subjetivo como parte del sistema de incentivos. Por tanto, las cuestiones relacionadas con la confianza desempeñan un papel fundamental.

La reputación del jefe puede influir significativamente en el modo en que se manifiestan los incentivos en la práctica. Un jefe que es caprichoso o injusto suscitará ciertos tipos de comportamiento e inducirá a ciertos tipos de empleados a querer trabajar para él. Si tiene fama de justo y de hacer las evaluaciones con cuidado, será más fácil utilizar la subjetividad, lo cual mejorará el sistema retributivo, como hemos señalado antes. Por tanto, en los trabajos en los que esa subjetividad sea importante, conviene que el supervisor haga un esfuerzo por ganarse la fama de ser un jefe eficaz. Asimismo, la empresa debería intentar colocar a los jefes más sensatos en puestos en los que estas consideraciones desempeñen un papel importante.

Además, las organizaciones normalmente adoptan algunas prácticas formales para intentar que el sistema de evaluación sea más justo. Por ejemplo, los empleados normalmente tienen derecho a pedir que se les evalúe de nuevo si discrepan de la evaluación que se les ha hecho. En algunas empresas, el jefe del supervisor revisa las evaluaciones. El fin de esa revisión es dar incentivos al supervisor para que evalúe con justicia. En algunos casos, es posible que un empleado sea evaluado por muchas personas; eso normalmente reduce la probabilidad de que la evaluación final sea injusta, ya que cada jefe tiende a tener un sesgo distinto.

Naturalmente, esas prácticas serán eficaces o no dependiendo de cómo se apliquen, por lo que la cultura corporativa también es importante en este caso.

La subjetividad del supervisor también puede distorsionar los incentivos de los empleados. Éstos tendrán siempre incentivos para tratar de mejorar su evaluación, no necesariamente aplicándose en su trabajo, sino intentando influir en el supervisor por otras vías. Por ejemplo, pueden dedicar tiempo y recursos a presionar a sus jefes para que les suban el sueldo, para disponer de más recursos, etc. Pueden darles coba, compartir sus intereses fuera de la oficina, etc. En la medida en que se dediquen a esas actividades en lugar de esforzarse en su trabajo y en la medida en esto haga cambiar su evaluación, imponen a la organización unos costes que podríamos llamar *costes de la influencia*. ¿Cuáles son esos costes? Los incentivos disminuyen o se distorsionan y los ascensos se basan menos de lo deseable en las aptitudes.

Un coste más sutil son las distorsiones que causan en la toma de decisiones. Cuando la opinión de un jefe afecta a la retribución de un trabajador, éste puede distorsionar lo que le dice al jefe. Por tanto, la *calidad de la información* en el trabajo puede empeorar. En principio, un buen jefe querrá que los subordinados le digan la verdad e intentará establecer una cultura corporativa en que eso ocurra. Por ejemplo, puede establecer unas reglas culturales que animen a los empleados a hablar libremente y quizá recompensar incluso a los subordinados por criticar sus análisis.

Aunque eso sirva de algo, es improbable que atenúe totalmente el problema. Supongamos que un subordinado da a su jefe una opinión diferente de la suya. O tiene razón el subordinado o la tiene el jefe (o no la tiene ninguno de los dos). En términos estadísticos, el jefe debe dar algún peso a cada posibilidad. Pero los trabajadores se dan cuenta de eso. Como existe alguna posibilidad de que la opinión discrepante de los trabajadores se considere un error, aunque tengan razón, los trabajadores tienen un incentivo para matizar sus informes y que se parezcan más a la opinión del jefe. Eso lleva al fenómeno del *sí señor* y pone de manifiesto lo importante y lo complejo que es contar con unos procedimientos adecuados de análisis y de toma de decisiones. Esos procedimientos tienen que tener en cuenta la cultura corporativa (y diseñarse en la medida de lo posible junto con ella) y los incentivos explícitos de los analistas y de los responsables de tomar decisiones.

Diferentes papeles de la evaluación

Como hemos señalado en la introducción de este capítulo, el rendimiento de los empleados depende de sus aptitudes, de su capital humano acumulado y de su esfuerzo. Por tanto, para medir cualquiera de estos tres factores puede utilizarse una evaluación. En la práctica, puede ser muy difícil distinguir los efectos de cada uno. Supongamos que un empleado está trabajando muy bien. ¿Se debe a que tiene un talento innato para hacer este tipo de trabajo? ¿A sus cualificaciones y a su experiencia? ¿A que trabaja mucho? Dependiendo del fin para el que se utilice la evaluación del rendimiento, debe darse uno u otro peso a la evaluación de las aptitudes innatas, del capital humano y del esfuerzo.

Uno de los fines para los que se realiza una evaluación del rendimiento es para decidir a quién contratar o con qué trabajador a prueba quedarse. Para tomar esas decisiones, tiene sentido tratar de medir las aptitudes innatas del empleado, A, en lugar de H o e_i. Si se necesitan más cualificaciones y más esfuerzo, se puede formar y motivar al empleado en el trabajo que se le asigne. Asimismo, la evaluación de las aptitudes innatas de un empleado es más importante cuando se trata de un ascenso o de un cambio de puesto. Naturalmente, las cualificaciones acumuladas, H, también son relevantes para tomar esas decisiones.

Es más probable que se tome en serio una mala evaluación para cribar a los trabajadores al principio de su contrato, ya que todavía se dispone de pocos datos sobre ellos, mientras que cada evaluación suministra más información. A medida que se acumulan más datos sobre los trabajadores, las nuevas evaluaciones suministran menos información[4].

---

[4] Estadísticamente, la empresa actualiza su información anterior con cada nueva observación sobre el rendimiento, pero da cada vez más peso al rendimiento anterior a medida que acumula datos.

Sin embargo, por la misma razón, las evaluaciones de los trabajadores a prueba deben durar más cuando el valor de pequeñas diferencias de aptitud es importante para el puesto de trabajo y cuando el trabajo es más complejo y difícil de evaluar. Así, por ejemplo, el periodo de prueba puede ser muy corto en el caso del trabajo de oficina, pero muy largo en el caso de los servicios profesionales. En las empresas de servicios profesionales y en las universidades, puede ser de varios años, tras los cuales el empleado es ascendido o despedido y puede ser necesario haber trabajado 6 años o más para poder convertirse en socio de la empresa o para tener un puesto fijo en la universidad.

El segundo fin de las evaluaciones es medir la mejora del capital humano del empleado. Los supervisores a menudo dan una amplia formación a sus subordinados, especialmente al principio de su carrera. En esos casos, pueden fijarse en los cambios del capital humano (en la tasa de crecimiento de H) cuando evalúan el rendimiento.

El tercer fin de las evaluaciones es motivar a los empleados para que trabajen más. En ese caso, el evaluador quiere tratar de medir los distintos tipos de esfuerzo que realiza el empleado en el trabajo, no cuánto talento tiene.

En algunos casos, los diferentes objetivos de las evaluaciones pueden estar en conflicto. Por ejemplo, la información sobre su rendimiento actual puede dar al empleado una pista sobre sus perspectivas de ascenso a largo plazo, lo cual puede reducir en realidad su motivación (véase el capítulo 11). Para evitarlo, muchas empresas intentan separar las evaluaciones que se realizan para decidir la remuneración actual de las que se realizan para preparar y formar a los empleados, haciendo dos tipos diferentes de evaluaciones cada 6 meses. Sin embargo, en la práctica siempre es difícil separarlas.

¿Con qué frecuencia deben hacerse las evaluaciones?

Otro objetivo de una evaluación es medir el valor del empleado para la empresa con el fin de saber la cantidad que la empresa debe pagar como remuneración. Por ejemplo, es útil para saber si se debe igualar las ofertas de fuera. Supongamos que un trabajador vale 1.000 euros a la semana para la empresa, pero ésta sólo le paga 800. Vale 900 para otra empresa, que le ofrece 875. Si la empresa actual le ofrece 900, tanto esta empresa como el empleado están mucho mejor que si se va. La regla general es que la empresa en la que está el trabajador debe ofrecerle lo suficiente para que se quede si su productividad es mayor en esa empresa.

¿Qué trabajadores es más probable que tengan una productividad mayor en la empresa actual que en otras? Los que tienen más capital humano propio de la empresa. Por este motivo, es menos probable que se despida a un trabajador, como consecuencia de una evaluación, cuando tenga más capital humano propio de la empresa. Eso significa que no hace falta realizar evaluaciones complejas cuando el capital humano propio de la empresa es muy importante.

La frecuencia con que se realizan evaluaciones también debe disminuir conforme más tiempo lleva el trabajador en la empresa y en el puesto actual, por dos razones. Una es el efecto criba. Cuanto más tiempo lleva un trabajador en una empresa (y en un determinado puesto), más información tienen tanto el trabajador como la empresa sobre si el trabajador encaja bien en el puesto. Por tanto, menos probable es que el trabajador cambie de puesto como consecuencia de una evaluación. La segunda razón es que las ventajas informativas e incentivadoras de una evaluación son menos importantes cuanto más tiempo lleva el trabajador en la empresa y en su puesto actual.

RESUMEN

La evaluación del rendimiento es la parte más difícil y probablemente la más importante de un plan de incentivos bien diseñado. Las medidas cuantitativas del rendimiento, como las cifras contables, son un componente básico de estas evaluaciones. Otro componente igualmente importante son las evaluaciones subjetivas.

La evaluación del rendimiento que resulta ideal para proporcionar los incentivos adecuados es la que tiene en cuenta todos los efectos que producen los actos del empleado en el valor de la empresa, pero nada más. Estos factores suelen llamarse controlables e incontrolables, pero estos conceptos raras veces se definen con cuidado. Una buena manera de analizar rigurosamente los términos es decir que un acontecimiento es al menos en parte controlable si el empleado puede influir en los efectos que produce en el valor de la empresa. Por tanto, incluso acontecimientos puramente aleatorios a menudo pueden controlarse en alguna medida; la mayoría son, en parte, controlables y, en parte, incontrolables.

Esta distinción es una de las primeras cosas que deben tenerse en cuenta cuando hay que elegir una medida del rendimiento, ya que esto tiene consecuencias muy distintas sobre diseño del plan de incentivos.

Si el riesgo es incontrolable, la medida impone un riesgo al empleado. En ese caso, la empresa debe reducir los incentivos, pagar una prima de riesgo o elegir una medida más estricta del rendimiento o una evaluación subjetiva. En cambio, si el riesgo es en gran medida controlable, la empresa debe hacer lo contrario: debe descentralizar y delegar en el empleado y dar muchos incentivos para que éste utilice este conocimiento específico para mejorar el valor de la empresa. Este segundo caso es un excelente ejemplo de cómo utilizar elementos del mercado dentro de la empresa para mejorar su diseño organizativo.

Una disyuntiva básica que plantean a menudo las medidas cuantitativas del rendimiento es su *alcance*. En las medidas más amplias y globales tienden a incluir más factores que son controlables y más que son incontrolables; las medidas más estrictas y limitadas tienden a tener las propiedades contrarias. La primera consecuencia es que las medidas más amplias normalmente distorsionan menos los incentivos porque omiten menos cosas. Sin embargo, las medidas más amplias también tienen más riesgo, ya que contienen más errores de medición. El riesgo comporta unos costes en cualquier plan de incentivos, ya que los empleados tienen aversión al riesgo.

Dado que las medidas muy amplias, como el precio de las acciones, tienen un riesgo, la mayoría de las medidas del rendimiento que se utilizan en la práctica son mucho más limitadas. Para elegir una medida del rendimiento hay que buscar un equilibrio entre el riesgo y la distorsión. Eso casi garantiza que cualquier medida distorsiona de alguna manera los incentivos. Por tanto, en la gestión de un sistema de incentivos es importante tener cuidado con las distorsiones (y con el problema de la manipulación de las medidas relacionado con éstas) y dar más incentivos y mayor discrecionalidad con el fin de reducir esos problemas.

Las medidas del rendimiento y las evaluaciones subjetivas que se elijan deben ser lo más acordes posible con el diseño del puesto del empleado. De esa manera es más probable que recojan las dimensiones controlables más importantes del puesto de trabajo, por lo que se reduce el problema de las distorsiones. Las evaluaciones subjetivas pueden verse como una manera de *definir* el puesto de trabajo y las responsabilidades del empleado.

Las evaluaciones subjetivas son una alternativa para evaluar el rendimiento. Dado que son subjetivas, pueden plantear multitud de problemas si el supervisor no se las toma en serio o si no tiene suficiente motivación. Por ejemplo, la discrecionalidad del supervisor hace que sea más fácil favorecer a sus preferidos y que se deslicen sesgos en sus evaluaciones. La discrecionalidad también obliga a los jefes a tomar decisiones difíciles separando los trabajadores que rinden y los que no rinden y a proporcionar una información constructiva, incluso cuando los subordinados se quejan y presionan. Sin embargo, si las evaluaciones subjetivas se realizan eficazmente, la subjetividad es una forma eficaz de mejorar casi todos los elementos de un sistema de incentivos.

EJERCICIOS

1. En macroeconomía, hay un debate sobre la utilización de reglas frente a la discrecionalidad. Se refiere a la conveniencia o no de que la política monetaria del Banco Central sea decidida por el gobernador del Banco Central o se rija por unas reglas relativamente fijas que no puedan alterarse. Utilizando los conceptos de este capítulo, ¿puede formular un argumento a favor de cada uno de los dos enfoques? ¿Puede citar otras situaciones del mundo de la empresa en las que se plantea un dilema parecido?

2. En los bufetes de abogados, son abogados a título personal los que participan en los juicios. En cambio, los temas jurídicos de las empresas normalmente los llevan equipos de abogados de diferentes especialidades y es el *bufete* el que se hace un nombre. ¿Qué conflictos cree que puede plantear el hecho de que haya en una misma empresa litigantes y abogados expertos en derecho de sociedades? ¿Sugiere su análisis algo sobre la relación entre la calidad de una evaluación del rendimiento y la estructura organizativa de una empresa?

3. Muchos expertos abogan por sistemas como la *dirección por objetivos* (DPO) para gestionar los incentivos de los empleados. En la DPO, el supervisor negocia una serie de objetivos acordados conjuntamente que tiene que alcanzar el empleado durante el año. Al final de ese año, su retribución se basa en el grado en que haya cumplido estos objetivos. ¿Qué costes y beneficios ve en la «negociación» de los objetivos con su subordinado?

4. Otras empresas utilizan la evaluación de 360 grados. En este sistema, la empresa pide la opinión a los subordinados, a los colegas y a los clientes de un jefe determinado sobre el rendimiento de ese jefe. ¿Qué ventajas cree que tiene ese sistema? ¿Cree que tiene algún inconveniente? ¿Con qué otras políticas sería ese enfoque menos propenso a tener los problemas que cree que tiene? ¿Qué tipo de cultura sería necesaria para que funcionaran esas valoraciones?

5. Ponga ejemplos de cada concepto basándose en su propia experiencia laboral:
   - Riesgo controlable e incontrolable
   - Incentivos distorsionados
   - Medidas estrictas y amplias del rendimiento
   - Manipulación de una medida del rendimiento
6. ¿Qué métodos ha observado que utilizan las empresas para mejorar las evaluaciones subjetivas del rendimiento? ¿Qué prácticas han mermado su eficacia?

Bibliografía

Gibbs, Michael (1995), «Incentive Compensation in a Corporate Hierarchy», *Journal of Accounting and Economics/Journal of Labor Economics*, número conjunto, 19(2–3), págs. 247–277.

Jensen, Michael y William Meckling (1998), «Divisional Performance Measurement», en Michael Jensen (comp.), *Foundations of Organizacional Strategy*, Boston, Harvard University Press.

Otras lecturas

Baker, George (2002), «Distortion and Risk in Optimal Incentive Contracts», *Journal of Human Resources*, 37(4), págs. 696–727.

Courty, Pascal y Gerald Marschke (2008), «a General Test for Distortions in Performance Measures», *Review of Economics and Statistics*, 90(3).

Gibbs, Michael, Kenneth Merchant, Wim Van der Stede y Mark Vargus (2004), «Determinants and Effects of Subjectivity in Incentives», *The Accounting Review*, 79(2), págs. 409–436.

Gibbs, Michael, Kenneth Merchant, Wim Van der Stede y Mark Vargus (2008), «Performance Measure Properties and Incentive Plan Design», documento de trabajo, University of Chicago Graduate School of Business.

Lazear, Edward (1990), «The Timing of Raises and Other Payments», *Carnegie-Rochester Conference Series on Public Policy*, 33, págs. 13–48.

Milgrom, Paul (1988), «Employment Contracts, Influence Activities, and Efficient Organizational Design», *Journal of Political Economy*, 96, págs. 42–60.

Murphy, Kevin J. (1993), «Performance Measurement and Appraisal: Motivating Managers to Identify and Reward Performance», en William

Bruns (comp.), *Performance Measurement, Evaluation, and Incentives*, Boston, Harvard Business School Press.

Murphy, Kevin J. y Paul Oyer (2005), «Discretion in Executive Incentive Contracts», documento de trabajo, University of Southern California Marshall School of Business.

Prendergast, Canice (1993), «A Theory of 'Yes Men'», *American Economic Review*, 83, págs. 757–770.

Prendergast, Canice (2002), «The Tenous Tradeoff Between Risk and Incentives», *Journal of Political Economy*, 110, págs. 1.071–1.102.

Prendergast, Canice y Robert Topel (1996), «Favoritism in Organizations», *Journal of Political Economy*, 104, págs. 958–978.

10 RECOMPENSAR EL RENDIMIENTO

Sin méritos no puede haber recompensa.
–Proverbio chino

INTRODUCCIÓN

Una vez analizada la evaluación del rendimiento, es lógico preguntarse cómo deben utilizarla las empresas para motivar al empleado.

Sin embargo, antes de responder a esa pregunta veamos otra cuestión. Hemos señalado anteriormente que la remuneración basada en el rendimiento ayuda a una organización a mejorar diversos objetivos relacionados con los recursos humanos, no sólo la motivación. Esta idea es tan importante que merece la pena ilustrarla antes de preguntarse cómo se puede motivar a los empleados para que se esfuercen. Suponemos, pues, de momento, que los empleados *no* tienen ningún problema de motivación. ¿Tiene aun así alguna ventaja ligar la remuneración al rendimiento?

En realidad, ya hemos visto que sí. En el capítulo 2, analizamos la selección de los trabajadores. Señalamos que la remuneración *basada en el rendimiento* con un periodo de prueba o con una retribución aplazada podía aumentar la capacidad de la empresa para atraer una mano de obra de mejor calidad. Es fácil ilustrar formalmente la idea genérica que hay detrás de esta afirmación. Supongamos que la empresa basa la remuneración de sus empleados de una manera algo abstracta en su rendimiento, no necesariamente por medio de algún tipo de remuneración aplazada o de un periodo de prueba. Aun así, mejorará tanto la capacidad de la empresa para atraer a mejores empleados como el volumen de las inversiones que los empleados realizan para mejorar sus cualificaciones.

Supongamos que las aptitudes A o el capital humano acumulado H varían de unos candidatos al empleo a otros y que el rendimiento (y la medida del rendimiento MR) es una función de ambos, $MR = MR (A, H)$. Si la remuneración es una función del rendimiento, también es una función de las aptitudes y del capital humano. A las personas que tienen más aptitudes o más cualificaciones les cabe la esperanza de ganar más, mientras que las que tienen menos han de esperar ganar menos:

$$\frac{\Delta\ Remuneración}{\Delta A} = \frac{\Delta\ Remuneración}{\Delta PM} \times \frac{\Delta\ MR}{\Delta A} > 0;$$

$$\frac{\Delta\ Remuneración}{\Delta H} = \frac{\Delta\ Remuneración}{\Delta PM} \times \frac{\Delta\ MR}{\Delta H} > 0.$$

Es claramente más probable que los que creen que serán más productivos en la empresa soliciten empleo en ella y se queden. El ejemplo del periodo de prueba que analizamos en el capítulo 2 es un caso especial de esta idea más abstracta. Asimismo, es fácil ver que los empleados estarán más motivados para invertir en cualificaciones, ya que el rendimiento de su inversión en cualificaciones será mayor si la relación entre su rendimiento y la remuneración es más estrecha.

EL PAGO POR PIEZA Y EL PROCESO DE SELECCIÓN EN SAFELITE GLASS CORPORATION

Safelite Glass Corporation es la mayor empresa del mundo en colocación de parabrisas de automóvil. En 1994, su director general Garen Staglin y su presidente John Barlow modificaron el sistema de remuneración de los instaladores de lunas. Hasta entonces éstos cobraban una cantidad por hora trabajada. Este sistema se sustituyó por un pago por pieza: los instaladores cobraban una cantidad determinada por cada parabrisas que instalaban. Tras el cambio, la producción por trabajador aumentó alrededor de un 36 por ciento. ¿Hasta qué punto se debió este aumento a que los instaladores trabajaron más? ¿Se debió en parte a que mejoró el resultado de la selección de personal?

Estos dos efectos pueden estimarse de una manera relativamente sencilla. El efecto del esfuerzo puede estimarse tomando un trabajador determinado y calculando el aumento que experimentó su producción después del cambio del sistema retributivo. Se estima que este efecto fue de alrededor de un 20 por ciento.

El otro 16 por ciento del aumento de la productividad se debió a la mejora de la selección. Safelite consiguió conservar a los trabajadores de mejor calidad y contratar a otros de buena calidad, ya que estos empleados ganaban más (incluso a cambio del mismo esfuerzo). De hecho, las tasas de rotación de los trabajadores más productivos disminuyeron y las de los menos productivos aumentaron.

Fuente: Lazear (2000).

Todo lo que se diga sobre la importancia de los incentivos es poco. Las economías modernas basadas en el mercado funcionan de un modo tan eficaz porque generalmente dan buenos incentivos a los propietarios de activos para que los utilicen bien e innoven. Los incentivos son lo que mueve tanto las economías eficaces como las organizaciones eficaces.

Naturalmente, la razón más importante para ligar la remuneración al rendimiento es inducir a los empleados a esforzarse más y conseguir que sus intereses coincidan más con los de la empresa, y ése es el tema de este capítulo. En la introducción de la tercera parte señalamos que nos interesa saber cómo varía la evaluación del empleado con su esfuerzo y cómo varía su remuneración con dicha evaluación. ¿Cómo debe modificar la empresa su sistema de remuneración con la evaluación del rendimiento? Para analizar esta cuestión, primero examinaremos un tipo muy frecuente de remuneración basada en el rendimiento: el trabajador percibe un salario base, *a*, más una prima. Ésta se calcula multiplicando el porcentaje de comisión *b* por la medida del rendimiento. Por tanto, *Remuneración = a + b × MR*.

Consideremos la figura 10.1. Muestra dos tipos de remuneración que tienen el mismo porcentaje de comisión *b*, pero diferentes salarios base *a*. ¿Cuál da más incentivos? La respuesta puede no ser tan obvia a primera vista: como primera aproximación, en los dos tipos de remunera-

Figura 10.1. Relación entre la intensidad de los incentivos y el nivel de la remuneración total

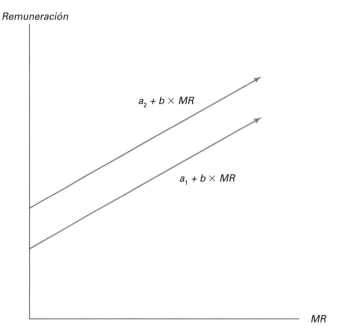

ción los incentivos y el rendimiento deberían ser parecidos, aunque el salario base sea más alto en uno de ellos. Para verlo, planteemos la pregunta de otra forma. Si el empleado trabaja más, aumentando de algún modo la medida de su rendimiento (por ejemplo, instalando un parabrisas más en Safelite Auto Glass), ¿cuál es la recompensa? Es la misma en ambos planes: el trabajador recibe b euros más de prima por cada unidad más que produce. En otras palabras, la cuestión más importante es *cómo varía la remuneración con el rendimiento*, no el nivel absoluto de remuneración.

Debe hacerse una salvedad. La desutilidad marginal que obtiene el trabajador por el esfuerzo puede aumentar conforme mayor sea su riqueza (efecto renta). En ese caso, el valor, en términos de utilidad, de una prima mayor es menor en el segundo plan de la figura 10.1, por lo que ese plan motiva menos al trabajador. Sin embargo, este efecto debería tener pocas consecuencias prácticas respecto del diseño del plan de incentivos, ya que cuando se contemplan dos planes posibles de incentivos para un mismo empleado, es poco probable que las diferencias entre los niveles del salario base sean tan grandes como para que esos efectos renta se hagan notar en los incentivos, sobre todo en comparación con la influencia que tiene en los incentivos la pendiente de la relación entre la remuneración y el rendimiento.

De todas maneras, el nivel absoluto de remuneración puede influir algo en la motivación. Por ejemplo, si el rendimiento del trabajador es bastante bajo, podría ser despedido. Cuanto más alto sea el salario base, más deseará el trabajador evitar este resultado. Por este motivo, un salario base más alto podría aumentar su motivación, pero sólo en la medida en que la amenaza del despido sea seria. Es probable que ese incentivo sea muy pequeño en la mayoría de las situaciones.

Por ello, para analizar los incentivos es más importante centrar la atención en $\Delta Remuneración/\Delta MR$, o sea, en la pendiente o «forma» de la *Remuneración*, no en su nivel absoluto. En este ejemplo, es b en lugar de a. El nivel de remuneración dependerá en gran medida de la competencia que haya en el mercado de trabajo (que determina el precio a pagar por las cualificaciones de los empleados) y del nivel de cualificaciones del empleado que quiera emplear la empresa. La pendiente de la relación entre la remuneración y el rendimiento a menudo se denomina *intensidad de los incentivos*; nuestra siguiente pregunta es qué determina dicha intensidad.

Por tanto, si el lector está diseñando un plan de remuneración para un empleado determinado, generalmente lo mejor es seguir tres pasos. Primero debe considerar las cuestiones relacionadas con la evaluación del rendimiento (capítulo 9). ¿De qué medidas dispone y cuáles son sus propiedades (riesgo, distorsión, etc.)? ¿Debe utilizar también evaluaciones subjetivas y, en casi afirmativo, cómo? Una vez que haya analizado las cuestiones relacionadas con la evaluación, tiene que preguntarse cómo debe ligar la remuneración a la evaluación (este capítulo). Sólo después de que haya analizado las cuestiones relacionadas con los incentivos, es el momento de pensar en el nivel de remuneración. De hecho, el nivel de remuneración total esperada depende en gran parte del valor que tienen en el mercado de trabajo las cualificaciones del empleado y de las características del puesto de trabajo.

¿Cuántos incentivos deben darse?

Análisis intuitivo

Aunque el rendimiento dependa de múltiples tipos de esfuerzo, de momento examinaremos el caso más sencillo: el empleado sólo realiza un tipo de esfuerzo, *e*, en el trabajo. La tarea del sistema de incentivos es sencilla en este caso: motivar al empleado para que vaya realizando esfuerzos adicionales hasta el punto en el que sea demasiado caro motivarlo.

Consideremos el caso de una persona que vende ordenadores personales. Incluso antes de empezar a producir, la empresa debe asumir un coste (fijo) de instalación de 1 millón de euros. Aparte de esos costes, la producción de cada ordenador adicional cuesta 9.000 euros, por lo que éste es el coste marginal. Supongamos que la empresa vende estos ordenadores a 10.000 euros cada uno, por lo que la venta de cada ordenador genera un beneficio marginal de 1.000 euros. Por este motivo, la empresa obtiene nuevos beneficios por cada venta adicional mientras la comisión que recibe el vendedor por cada ordenador vendido no supere los 1.000 euros.

La empresa, además de tener unos costes marginales de producción, tiene que remunerar a su vendedor. Supongamos que le paga una prima que representa un porcentaje de los ingresos generados por él. Los ingresos son una medida lógica del rendimiento en el caso de un vendedor, ya que éste controla poco o nada los costes, pero sí controla en buen parte los ingresos; esta medida se ajusta, por lo tanto, a las tareas que normalmente se asignan a un vendedor. La empresa puede (o no) pagar un salario base al empleado. Si se lo paga, éste es un coste fijo adicional. Como la empresa tiene que cubrir sus costes fijos para obtener beneficios, supongamos que sólo paga una comisión al vendedor si éste vende más de una determinada cantidad, por ejemplo, 10 ordenadores a la semana.

Cada venta le representa a la empresa un coste adicional que mencionamos en la introducción a esta parte del libro. Para aumentar sus ventas, el empleado tiene que esforzarse más, incurriendo en alguna desutilidad. Exigirá, por tanto, una compensación por esta desutilidad, que llamaremos $C(e)$. Supongamos de momento que no hay ningún error de medición del rendimiento, por lo que el empleado no incurre en ningún coste relacionado con el riesgo de la medición. Supongamos que la desutilidad que genera el esfuerzo al vendedor, $C(e)$, es la cantidad que muestra la segunda columna de la tabla 10.1 (todas las cifras se refieren a las ventas semanales). En otras palabras, el trabajador exige al menos 20 euros para vender el primer ordenador. Una vez vendido uno, debe percibir al menos 60 euros más (80 – 20) para estar dispuesto a esforzarse lo suficiente como para vender otro. Asimismo, si vendiera 22 ordenadores (en cuyo caso estaría trabajando relativamente mucho), exigiría otros 900 euros para realizar el esfuerzo adicional necesario para

Tabla 10.1. Desutilidad del esfuerzo de un vendedor

Remuneración exigida por diferentes niveles de ventas

Ordenadores vendidos	Desutilidad total del esfuerzo (€)	Desutilidad marginal del esfuerzo (€)
1	20	20
2	80	60
3	180	100
4	320	140
5	500	180
...	...	...
10	2.000	380
...	...	...
15	4.500	580
...	...	...
20	8.000	780
...	...	...
23	10.058	900
24	11.520	940
25	12.500	980
26	13.520	1.020
27	14.580	1.060

vender una unidad más. Dadas estas cifras, ¿cuál es el nivel óptimo de ventas? Trate de responder a esta pregunta antes de seguir leyendo.

El nivel óptimo de ventas es 25. Hasta ese momento, los ingresos adicionales son mayores que los costes de producción de la empresa, más la desutilidad marginal que genera el esfuerzo al empleado, por lo que pueden obtenerse beneficios (y repartirse de alguna forma entre la empresa y el empleado). Sin embargo, el coste adicional de pasar de 25 unidades a 26 es mayor que el coste marginal más la desutilidad del esfuerzo. En términos más sencillos, la desutilidad del esfuerzo es inferior a 1.000 hasta la venta de 25 unidades.

¿Cuál es, pues, la *comisión* óptima? Supongamos primero que el vendedor percibe una comisión de un 8 por ciento, o sea, 800 euros por ordenador. Se esforzaría hasta vender 20 ordenadores, pero no estaría dispuesto a vender más. En ese caso, se perdería la oportunidad de obtener más beneficios, ya que las ventas son demasiado bajas. Si la empresa aumentara algo la comisión, el vendedor estaría dispuesto a trabajar algo más (y a ser compensado por el esfuerzo adicional), por lo que los beneficios aumentarían. De hecho, la empresa debería aumentar la comisión hasta llegar a alrededor de un 10 por ciento, o sea, a 1.000 euros por ordenador, ya que obtendría un beneficio neto vendiendo hasta 25 ordenadores.

No debería pagar una comisión de más de un 10 por ciento. Ésta aumentaría las ventas, pero los ingresos adicionales no cubrirían los costes marginales adicionales más la compensación que hay que darle al empleado por la desutilidad marginal del esfuerzo. Por tanto, el porcentaje óptimo de comisión es exactamente igual al valor de la producción adicional. Este principio es general: induce al empleado a igualar exactamente los beneficios (los ingresos) marginales y los costes marginales (de la producción y de la desutilidad del esfuerzo). En otras palabras, el porcentaje óptimo de comisión (que llamamos más adelante intensidad de los incentivos) debe ser tal que el empleado iguale los costes marginales totales, incluido su esfuerzo, y los beneficios marginales totales:

$$\textit{Porcentaje óptimo de comisión} = b^* = \textit{ingreso} - CM =$$
$$\textit{beneficio marginal de la venta siguiente}$$

Si la medida del rendimiento son los ingresos y el porcentaje óptimo de comisión es de un 10 por ciento, esto equivale a utilizar los beneficios marginales de cada venta (10.000 euros – 9.000 euros = 1.000 euros) como medida del rendimiento, con un porcentaje de comisión del 100 por ciento. En otras palabras, nuestra comisión óptima da *todos* los beneficios adicionales de las ventas de ordenadores al empleado. De hecho, convierte la medida del rendimiento a unidades de beneficios. Por tanto, nuestro sistema óptimo (en el que Q representa las unidades vendidas) es:

$$\textit{Remuneración} = a + b \times \textit{ingreso} = a + Q \times \textit{(beneficios por unidad vendida)} =$$
$$a + \textit{beneficios generados por las ventas del empleado}$$

Con este plan, ¿cuáles son los beneficios de la empresa? Son

$$\textit{Beneficios de la empresa} = \textit{beneficios generados por las ventas del empleado} -$$
$$\textit{Remuneración} = -a$$

Con este sistema de primas, el empleado recibe en recompensa todos los beneficios adicionales que genera su esfuerzo. También percibe un salario base. En este sistema, la empresa sólo puede obtener beneficios pagando un *salario base negativo*. ¡Pues vaya con la teoría económica!

Vender el puesto de trabajo

Pero la teoría económica es más útil y realista de lo que podría parecer. Este ejemplo muestra que para dar unos incentivos perfectos al empleado, la empresa tiene que «venderle el puesto de trabajo». De hecho, numerosos sistemas reales de empleo se parecen mucho a esta idea. Veamos los siguientes ejemplos.

Los taxistas

En muchas ciudades, los taxistas alquilan el automóvil (o la licencia para conducir un taxi) a la compañía de taxis y reciben una elevadísima proporción (a veces el 100 por ciento) de los ingresos que recaudan cuando conducen el taxi. Normalmente, también pagan el 100 por ciento de los costes adicionales (la gasolina). En realidad, compran o alquilan el puesto de trabajo a la compañía propietaria del activo (el taxi o la licencia). Este sistema le da excelentes incentivos al taxista para maximizar el valor del activo mientras lo tiene alquilado.

Los agentes de bolsa

En los mercados de acciones, bonos, opciones o futuros, los agentes deben ser agentes de bolsa, para lo cual tienen que pagar varios cientos de miles de euros. Eso les da derecho al puesto, a realizar operaciones, así como muchos incentivos para utilizarlo eficazmente.

Los camareros de los restaurantes

En algunas culturas, las propinas de los clientes constituyen un componente muy importante de la remuneración de los camareros. Como las propinas se basan en la calidad del servicio, son un tipo de remuneración basada en el rendimiento. En Estados Unidos, el salario de los camareros a menudo es inferior al salario mínimo legal obligatorio (los restaurantes están exentos de pagar el salario mínimo). Por tanto, puede decirse que los camareros «compran» el puesto de trabajo, incurriendo en un coste de oportunidad, ya que su salario es inferior al que percibirían en otro trabajo. Incurren en ese coste porque esperan poder ganar bastante trabajando mucho a base de propinas[1].

---

[1] Este sistema funciona bien si el restaurante tiene una clientela habitual. Sin embargo, si los clientes no piensan volver al restaurante, pueden tener la tentación de no dejar propina, sin temer ser castigados más tarde. Las propinas requieren una norma cultural para inducir a los clientes a generar el sistema de incentivos: una especie de contrato social implícito. Eso ayuda a explicar por qué las propinas varían tanto de unas culturas a otras.

LA REMUNERACIÓN DE LOS CAMAREROS, CON UNA VUELTA DE TUERCA

El Berghoff, famoso restaurante de Chicago (cerrado reciente-mente) le dio una vuelta de tuerca al sistema habitual de remune-ración de los camareros. «Cobraba» a los empleados por la comida y las bebidas que vendían a los clientes y les pagaba por los ingresos (las ventas más las propinas). (Probablemente lo hacía de tal forma que se quedaba con una parte de los beneficios). ¿Por qué haría eso?

Una de las explicaciones es que imponiendo determinados cos-tes a los empleados, éstos tienen menos tentaciones de hacerle una mala pasada al restaurante (por ejemplo, los barman a veces sirven copas de más a sus mejores clientes sin cobrarles con la esperanza de llevarse una propina mayor). Otra explicación es que la utiliza-ción de los beneficios, como medida del rendimiento, distorsiona menos los incentivos que la utilización de los ingresos: el camarero tiene más incentivos para tratar de vender artículos que tienen un alto margen de beneficios (como el vino).

La externalización de las ventas

Algunas empresas venden sus productos a través de sus propios emplea-dos, pero otras externalizan las ventas. Por ejemplo, en el sector de los seguros, las dos prácticas son habituales. Si una empresa externaliza las ventas, lo que hace en realidad es vender el puesto de trabajo. El agen-te compra el producto y se queda con una elevada proporción (nor-malmente el 100 por ciento) de los beneficios de la reventa.

De hecho, cada vez que una empresa utiliza un proveedor como par-te de su negocio, lo que hace en cierto sentido es vender un puesto de trabajo. Una de las principales ventajas de la externalización es que permite dar más incentivos. Eso también nos permite formular una rudi-mentaria teoría de cuándo es probable que la externalización sea más eficaz: cuanto más pueda separarse una parte del negocio de otras ta-reas de la empresa y, por lo tanto, la evaluación del rendimiento en esa tarea sea lo más perfecta posible, más probable es que sea una buena candidata a ser externalizada. Las empresas normalmente no externali-zan las tareas que están muy interrelacionadas con otras de la organiza-ción. La externalización puede tener, por supuesto, otros costes, entre los que se encuentran los costes de redactar los contratos con los proveedores y de vigilar que se cumplan. Después de todo, las empresas suelen desarrollar relaciones implícitas a largo plazo con sus empleados (como señalamos en otra parte de este libro), algo que puede no ser tan fácil de hacer con los proveedores.

Los mandos intermedios

En todos estos ejemplos, es relativamente fácil medir el rendimiento de un empleado. Sin embargo, la idea intuitiva de la «venta del puesto de trabajo» es válida, si bien en menor medida, en el caso de casi todos los puestos de trabajo. Pensemos en una persona que está a punto de terminar un MBA y que tiene que elegir entre dos ofertas de empleo. En la primera, el sueldo es el habitual y hay una pequeña prima anual. En la segunda, el contenido del puesto es parecido, pero el sueldo base es mucho más bajo. Sin embargo, también existe la posibilidad de percibir una prima anual mayor si el rendimiento es alto. Si el estudiante acepta la segunda oferta de empleo, comprará en cierta medida el puesto, ya que incurrirá en el coste de oportunidad de un sueldo base más bajo que el que podría percibir en otra empresa. Sin embargo, comprará la oportunidad de trabajar mucho y ganar más gracias al plan más generoso de primas. Obsérvese también que cuanto mayores sean sus aptitudes, más probable es que acepte la segunda oferta, en la que la remuneración basada en el rendimiento es mayor.

En general, manteniéndose todo lo demás constante, el sueldo base de los puestos de trabajo en los que la remuneración basada en el rendimiento es mayor tiende a ser más bajo. Sin embargo, la remuneración total tiende a ser mayor en los puestos de trabajo en los que es mayor la intensidad de los incentivos, por tres razones. ¿Imagina el lector cuáles son?

La primera es que el empleado tiene una motivación para trabajar más y es compensado por realizar un esfuerzo mayor por medio del sistema retributivo. La segunda es que la existencia de mayores incentivos atrae a mejores empleados, por lo que la empresa tiene que pagar más a esos empleados, ya que tienen un valor más alto en el mercado. La tercera es que cuanto mayores son los incentivos, más riesgos entraña la remuneración, por lo que los empleados tienen que recibir una prima de riesgo más alta. Esta cuestión se analiza a continuación.

El presente análisis contiene unas ideas intuitivas muy sencillas pero importantes sobre la remuneración basada en el rendimiento. El empleado resulta tener unos incentivos perfectos y unos intereses absolutamente coincidentes con los de la empresa si el sistema de incentivos «vende el puesto» al empleado. En ese caso, el empleado se convierte él mismo en empresario. Eso lo induce a igualar correctamente los costes marginales de su esfuerzo adicional y los beneficios marginales. Ésa es la razón por la que el espíritu emprendedor es tan importante para una economía dinámica: los empresarios tienen muchos incentivos; los incentivos motivan a las personas de talento para ser empresarias, trabajar mucho y aprovechar al máximo su creatividad.

Además, eso explica por qué muchas organizaciones parecen algo burocráticas e ineficientes. Los incentivos son imperfectos en la mayoría de los puestos de trabajo en comparación con este ideal teórico. Así, por ejemplo, los mandos intermedios pueden tener relativamente pocos incentivos e incluso los directores generales de las grandes empresas pueden tener menos incentivos que si fueran propietarios de las empresas. Eso no significa que esos incentivos no sean óptimos. Todos los sistemas de incentivos exigen escoger entre diferentes objetivos y la eficiencia de esos sistemas es imperfecta.

Evaluaciones imperfectas e incentivos óptimos
Error de medición

Como señalamos en el capítulo anterior, es casi imposible desarrollar una medida del rendimiento que esté exenta de errores. Si la remuneración se liga a una medida del rendimiento, el empleado será premiado y castigado en función de algunos factores que son incontrolables: su remuneración variará dependiendo de estos factores. ¿Cómo afecta este riesgo a la remuneración y a los incentivos óptimos?

La gente tiende a tener aversión al riesgo. Por tanto, una remuneración variable tiene un coste psicológico. En la introducción de esta parte del libro describimos un modelo muy sencillo para analizar esta cuestión: se supone que el riesgo que entraña una remuneración variable genera una desutilidad al empleado, igual a $1/2 \times R \times \sigma^2_{Remuneración}$. R es un parámetro de aversión al riesgo que describe el grado de aversión del empleado al riesgo. Los empleados que tienen menos aversión al riesgo tienen un R más bajo y viceversa. Por tanto, ahora el coste total para el empleado es $C(e) + 1/2 \times R \times \sigma^2_{Remuneración}$.

Supongamos, por ejemplo, que la verdadera contribución del empleado al valor de la empresa sea Q, pero que la medida del rendimiento recoja de una manera imprecisa el valor de Q, con un error de medición ε: $MR = Q + \varepsilon \times \varepsilon$ es una variable aleatoria con una desviación típica σ_ε. Tenemos, pues, que

$$Remuneración = a + b \times MR = a + b \times Q + \varepsilon \times \varepsilon$$

La estadística nos dice que $\sigma_{Remuneración} = b \times \sigma_{\varepsilon}$, y el coste del emplea-do es

$$C(e) + 1/2 \times R \times b^2 \times \sigma_{\varepsilon}^2.$$

Por tanto, para inducir al empleado a trabajar más, ahora la empre-sa tiene que compensarlo no sólo por el esfuerzo adicional sino tam-bién por el riesgo adicional: tiene que pagarle una *prima de riesgo*. Como cabría esperar, cuanto menos precisa sea la medida del rendimiento (cuanto mayor sea σ_{ε}), mayor será la prima de riesgo que tendrá que pagar. Ésta es una de las razones por las que las empresas suelen incu-rrir en considerables costes para vigilar a sus empleados, medir con cui-dado su rendimiento y eliminar de la evaluación los factores incontro-lables. Estos costes vienen contrarrestados, al menos en parte, por la menor compensación, ya que al aumentar la precisión de la medición del rendimiento, la compensación del empleado requiere una menor prima de riesgo (también son contrarrestados por la disminución de las distorsiones en la medición del rendimiento).

La otra característica interesante de la última ecuación es que la segun-da parte, la prima de riesgo, es creciente en b. Cuanto mayor sea la inten-sidad de los incentivos, más riesgos tiene el plan de incentivos para el empleado (manteniéndose todo lo demás constante). Esta afirmación debería tener sentido intuitivamente. Si se liga más estrechamente la remuneración con el rendimiento, los efectos de un error de medición se magnificarán: se recompensará aún más la buena suerte y se castiga-rá aún más la mala suerte.

Habrá, por tanto, que escoger. El aumento de los incentivos mejora el esfuerzo del trabajador, pero también eleva los costes totales de la remuneración al tener que pagar una prima de riesgo más alta. Como consecuencia, los incentivos óptimos serán menores que los que hemos considerado hasta ahora. Aunque podamos vender en parte el puesto de trabajo al empleado, en general los incentivos no deben recompensar el 100 por ciento de la contribución medida del empleado a los benefi-cios, ya que eso sería demasiado arriesgado. *Cuanto menos exacta sea la medida del rendimiento, menores serán los incentivos óptimos.*

Éste es, en realidad, un ejemplo de un hecho general de la vida eco-nómica: cuanto mayor es el seguro, menores son los incentivos y vice-versa. Esta cuestión surge en numerosos contextos, como la provisión de un seguro médico.

Distorsiones e incentivos para realizar múltiples tareas

El segundo problema de las medidas del rendimiento es que casi siempre producen alguna distorsión. Cuanto más distorsiona una medida del rendimiento la contribución del empleado, menos peso debe dársele en un sistema de incentivos. La conocida expresión «Tienes lo que te mereces» sintetiza el peligro que se corre dando mucho peso a una medida de este tipo: si se da mucho peso a una medida que pone énfasis en unas tareas pero no en otras, el empleado prestará demasiada atención a las tareas que influyen en la medida del rendimiento.

Para ver en términos más formales el problema que plantean las medidas distorsionadas del rendimiento, consideremos el caso de un trabajo en el que hay que realizar dos tipos de esfuerzo, e_1 y e_2, y en el que la desutilidad que genera el esfuerzo al empleado es igual a $C(e_1 + e_2)$. En el caso de nuestro vendedor, el primero podría ser vender nuevos ordenadores (cantidad) y el segundo podría ser ayudar a los clientes a instalarlos. Supongamos que la contribución del empleado es igual a $Q = q_1 \times e_1 + q_2 \times e_2$. Como veremos, cuando el trabajo es más complejo, los sistemas de incentivos tienden a ser también más complejos.

¿Cómo podríamos medir el rendimiento en este ejemplo y ligarlo a la remuneración? Hay muchos trabajos para los que la empresa tiene medidas de una de las dimensiones de las tareas del empleado. En el ejemplo del vendedor, los ingresos son muy fáciles de medir. Sin embargo, la atención al cliente es intangible y difícil de cuantificar. No obstante, las empresas pueden tener acceso a algunas medidas de la atención al cliente, como los datos de las encuestas sobre la satisfacción de los clientes. Eso induce a pensar que la empresa podría tener las tres medidas siguientes del rendimiento del vendedor:

$$MR_1 = q_1 \times e_1 + \varepsilon_1$$
$$MR_2 = q_2 \times e_2 + \varepsilon_2$$
$$MR_3 = \alpha \times MR_1 + \beta \times MR_2$$

La primera estima la contribución del empleado a los ingresos (probablemente con mucha precisión, por lo que el valor de σ_1^2 es bajo). La segunda estima el valor que tienen para la empresa las actividades de atención al cliente del empleado (probablemente con mucha más imprecisión, sobre todo porque se intenta cuantificar un intangible). La tercera es una combinación de las dos primeras. En nuestro ejemplo se aplica creando una tercera medida del rendimiento que es una media ponderada de las dos primeras, lo cual equivale a dar dos primas, basadas en MR_1 y MR_2, con diferentes porcentajes de comisión para cada una.

Si la empresa da una prima basada únicamente en MR_1, el vendedor no tiene ningún incentivo para prestar el servicio de atención al cliente. Esta distorsión es importante. Es probable que la empresa acabe vendiendo mucho a corto plazo, pero que muchos clientes estén descontentos y pocos vuelvan a comprar a esta empresa. Una respuesta lógica a este problema es ofrecer una segunda prima basada en MR_2. La idea es que los incentivos para realizar las diferentes tareas estén *equilibrados*.

Desgraciadamente, no es probable que eso resuelva eficazmente el problema. Como el valor de σ_1^2 es relativamente bajo por las razones que acabamos de exponer, el porcentaje de comisión de MR_1 debería ser relativamente alto. Pero como el valor de σ_2^2 es relativamente alto, por las mismas razones el porcentaje de comisión de MR_2 debería ser relativamente bajo. Por tanto, es probable que también en este caso los incentivos estén desequilibrados.

Una solución es repartir el trabajo entre dos puestos distintos. La empresa podría poner en uno de ellos las tareas fáciles de medir y dar muchos incentivos para realizarlas y poner en el otro las tareas difíciles de medir y dar relativamente pocos incentivos para realizarlas. En ese caso, podría invertir más recursos (y personal) en las tareas para las que hay menos incentivos, con el fin de que los resultados totales de las diferentes dimensiones del trabajo estuvieran equilibrados. Al igual que en nuestro ejemplo, en muchas empresas el servicio de atención al cliente y las ventas corresponden a puestos distintos y se utilizan enfoques diferentes para dar incentivos y controlar cada uno.

Sin embargo, cambiar el puesto de trabajo para ajustarlo a la medición del rendimiento es como empezar la casa por el tejado; parece más lógico tratar de modificar la evaluación del rendimiento y los incentivos para que se ajusten al puesto de trabajo. ¿Cómo podría hacerlo la empresa?

Una posible solución es combinar las medidas de alguna forma, como en el caso de MR_3. Si las dos medidas pudieran ponderarse y combinarse, la medida (más amplia) resultante quizá distorsionaría menos los incentivos. En este ejemplo, si $\alpha = \beta$, MR_3 no distorsiona los incentivos del empleado para realizar los dos tipos de esfuerzo (el porcentaje de comisión podría modificarse dividiendo por α para que la remuneración total fuera igual a la contribución del empleado, quizá menor por razones de aversión al riesgo).

Naturalmente, en la práctica no es fácil dar correctamente con una ponderación relativa a las diferentes medidas del rendimiento. ¿Qué ponderación relativa debe dar la empresa a la satisfacción del cliente, que es un indicador numérico aproximado de algo que es cualitativo? La empresa quizás podría conseguir, con el paso del tiempo, estimaciones razonablemente buenas del valor relativo de las dos dimensiones del rendimiento o podría probar con diferentes ponderaciones relativas y lograr un equilibrio razonable con la experiencia.

El mundo de la empresa es dinámico y las ponderaciones relativas que deben asignarse a las diferentes dimensiones de un puesto de trabajo con el fin de incentivar a los empleados cambian a menudo. En ese caso, no es probable que dé resultado el método de elegir las ponderaciones numéricas α y β. Lo mejor en esos casos es utilizar criterios subjetivos –la evaluación subjetiva– para dar unos incentivos equilibrados a las diferentes tareas. De hecho, cuanto más complejo sea el trabajo, más probable es que las evaluaciones se realicen de manera subjetiva y que la remuneración se ligue de una manera más informal al rendimiento.

Resumen: ¿cuántos incentivos deben darse?

Ahora ya podemos resumir los factores que afectan a la intensidad óptima de los incentivos (explícitos e implícitos) y cómo la afectan. Si nuestro empleado fuera neutral ante el riesgo o pudiéramos medir con mucha precisión su rendimiento, fijaríamos el porcentaje de comisión de tal manera que, cuando se multiplicara por la medida de su rendimiento, la remuneración fuera aproximadamente igual al valor de la contribución adicional del empleado al valor de la empresa. En la práctica, los empleados tienen aversión al riesgo y las medidas son imperfectas, por lo que los incentivos reales tienden a ser menores. Los factores que deben considerarse son los siguientes.

Valor del esfuerzo del empleado

Cuanto más rentable es para la empresa el esfuerzo adicional del empleado, mayor debe ser el incentivo. Por ejemplo, en la tabla 10.1 si el margen porcentual de beneficios aumentara, la empresa debería elevar el porcentaje de comisión. Por esta sencilla pero importante lección, los incentivos casi siempre son mayores en los niveles más altos de la jerarquía y menores en los niveles más bajos.

Importancia de la criba

Los incentivos también generan una buena autoselección. Cuanto más importante sea para la empresa cribar a los trabajadores en función de sus aptitudes o de sus cualificaciones acumuladas, mayor debe ser la remuneración basada en el rendimiento. Por tanto, los incentivos tienden a ser más importantes en el caso de los nuevos empleados, de los que son nuevos en su puesto de trabajo y de los que ejercen profesiones muy cualificadas.

Error de medición

Cuanto más precisa sea la medida, mayores deberán ser los incentivos.

Aversión al riesgo

Cuanto menor sea la aversión del empleado al riesgo, mayor deberá ser la intensidad de los incentivos. Cuando la empresa recluta trabajadores para cubrir puestos de trabajo que tienen muchos incentivos, debe tener en cuenta su aversión potencial.

Confianza y subjetividad

Cuando se aplica la subjetividad en el sistema de incentivos (para evaluar, para ponderar las diferentes medidas con el fin de decidir la remuneración total o para ambas cosas a la vez), surge una variación sobre los temas del error de medición y la aversión al riesgo. El empleado corre en ese caso el riesgo de ser víctima de los favoritismos y los sesgos del evaluador. Por tanto, cuanta más confianza tenga el empleado en el evaluador, mejor realice sus valoraciones el evaluador y más eficaz sea el proceso de evaluación, mayores pueden ser los incentivos discrecionales.

Distorsión e incentivos para realizar múltiples tareas

Cuanto más distorsionada esté la medida, mayor será la necesidad de dar más incentivos con el fin de reforzar la recompensa. Eso podría implicar el uso de diversos incentivos formales o de un enfoque más amplio, más subjetivo e implícito para abordar la cuestión de los incentivos.

Manipulación potencial

Cuantas menos probabilidades haya de que el empleado pueda manipular la medida, mayor deberá ser la intensidad de los incentivos.

LA REMUNERACIÓN BASADA EN EL RENDIMIENTO: EJEMPLOS FRECUENTES

Hasta ahora hemos analizado el caso más sencillo, un sistema de remuneración lineal basado en el rendimiento. En ese caso, la cuestión de la intensidad de los incentivos se reduce a lo inclinada o lo horizontal que sea la pendiente de la figura 10.1. En este apartado, analizamos brevemente otras relaciones que se observan frecuentemente entre la remuneración y el rendimiento lo cual nos permitirá añadir otras consideraciones de índole práctica.

¿Premios o castigos?

La figura 10.2 muestra dos sistemas de remuneración basada en el rendimiento. En la izquierda se representa un sistema de *premios* parecido al que hemos descrito antes y hemos representado en la figura 10.1, con la salvedad de que el empleado percibe un salario base por los niveles de producción bajos y sólo recibe una prima si el rendimiento es superior a un umbral *U*. A la derecha se representa un sistema de *castigos*, en el que el empleado percibe un salario base por los niveles de producción altos, pero el premio es menor si la remuneración es inferior a *U*.

Figura 10.2. Sistemas de incentivos basados en premios y castigos

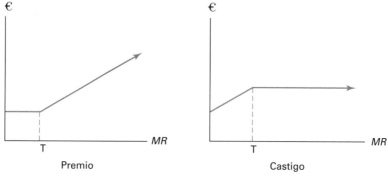

Los sistemas como el de la izquierda son bastante frecuentes. ¿Por qué añaden las empresas un umbral? Una de las razones está relacionada con la aversión al riesgo. Pagando un salario base en los niveles de bajo rendimiento el empleado tiene un *seguro* contra la mala suerte. El rendimiento puede ser bajo porque el empleado no haya trabajado mucho, pero también puede serlo porque haya tenido mala suerte. Las personas que tienen aversión al riesgo tienen más interés en evitar los resultados más negativos. Por tanto, este tipo de remuneración combinada con un seguro puede hacer que el empleado sufra realmente menos aversión al riesgo.

Este sistema tiene dos ventajas. En primer lugar, la empresa puede aumentar la intensidad de los incentivos a la derecha de *U*. Si *U* no se fija en un nivel demasiado alto, eso significa que el empleado tendrá más incentivos. En segundo lugar, el empleado debería estar más dispuesto a asumir riesgos, ya que es menos probable que sea castigado por error o por los riesgos que corra de fracasar su intento. Este sistema puede ser útil en los puestos de trabajo en los que es importante una cierta toma de riesgos, quizá para estimular la innovación. Este segundo efecto es importante cuando la remuneración consiste en opciones sobre acciones. En el capítulo 12 veremos que las opciones sobre acciones tienen una estructura de resultados que se parece mucho al sistema de premios de la figura 10.2.

El sistema de castigos no es frecuente en la práctica. ¿Cuándo podría utilizarse? En el sistema de castigos, la pendiente es positiva en los niveles bajos de rendimiento, pero cero en los niveles más altos. El empleado tiene pocos incentivos una vez que el rendimiento ha sobrepasado el umbral *U*. Por tanto, el sistema de castigos puede ser útil en los casos en los que hay un punto a partir del cual para la empresa tienen un valor bajo o nulo un aumento del rendimiento del empleado.

Un ejemplo de la vida real es un estudiante nuestro que estaba haciendo un MBA y que era un ejecutivo que gestionaba el sistema de energía eléctrica de un pequeño país asiático. El «tiempo de actividad» de la compañía eléctrica (el porcentaje de tiempo que había electricidad) era del 99,96 por ciento, cifra casi perfecta. Supongamos que la medida del rendimiento, *MR*, fuera el porcentaje de tiempo de actividad. Aunque la compañía eléctrica pudiera aumentar el tiempo de actividad por encima del 99,96 por ciento, sería muy caro hacerlo, puesto que el rendimiento ya raya casi en la perfección. En ese caso, podría no ser rentable aumentar el rendimiento: ninguna medida del rendimiento coincidiría con los beneficios efectivos o con el valor de la empresa. En cambio, la compañía eléctrica podría querer instalar un sistema de incentivos como el sistema de castigos antes mencionado, que induce al directivo a evitar una caída del rendimiento, pero no le induce a aumentarlo.

En definitiva, un sistema de premios es útil cuando un aumento del rendimiento del empleado se traduce en un aumento del valor de la empresa. Si también existe la posibilidad de que el rendimiento empeore, tiene sentido ofrecer un seguro del tipo que aparece en el panel izquierdo de la figura 10.2. Un ejemplo perfecto es el del empresario, por lo que ofrecer opciones sobre acciones puede dar un buen resultado en ese caso. El sistema de castigos es adecuado cuando el empleado puede reducir el valor de la empresa, pero puede aumentarlo poco. Este tipo de trabajos se denominan a veces *trabajos de guardián*; los vigilantes de seguridad son un buen ejemplo.

PRESENTACIÓN

Los psicólogos a veces sostienen que el refuerzo positivo motiva mucho más que el refuerzo negativo. En nuestro análisis, eso induce a pensar que los premios son más eficaces que los castigos, ya que la remuneración del trabajador aumenta si mejora la medida de su rendimiento.

Sin embargo, si se piensa bien, esta relación no es tan evidente. El sistema de castigos de la derecha es idéntico desde el punto de vista gráfico a un sencillo sistema de primas con un tope (véase más adelante). Mientras el rendimiento sea inferior a U, *también* consiste en un refuerzo positivo. De hecho, podríamos haberlo llamado premio con un tope en lugar de castigo.

En la medida en que los términos que se utilizan sean importantes, quizá merezca la pena evitar algunos como el de «castigo» o «sanción». Sin embargo, estos términos sí cumplen una función. Llamando premio al gráfico de la izquierda y castigo al de la derecha, la empresa manda un mensaje al trabajador sobre el nivel de rendimiento que espera de él y sobre el tipo de trabajo. El sistema de la izquierda es adecuado cuando la empresa espera que el rendimiento medio se encuentre a la derecha de U. También indica al empleado que la empresa quiere que se esfuerce por aumentar la producción y quizá que esté más dispuesto a asumir riesgos. En cambio, el sistema de la derecha es adecuado cuando la empresa espera que el rendimiento medio se encuentre a la izquierda de U. Es una señal de que lo importante es evitar que disminuya la producción y ser conservador en el trabajo.

Una cuestión importante en relación tanto con el sistema de premios como con el de castigos –y con cualquier sistema en el que la pendiente cambie de alguna manera– es cómo fijar el umbral U. Examinemos el sistema de premios. A la izquierda de U, la pendiente es cero; a la derecha, es positiva. Si U se fija en un nivel demasiado alto, es muy improbable que la medida del rendimiento sea superior a U aunque el trabajador tenga suerte (el error de medición debería ser grande y positivo). En ese caso, $\Delta MR/\Delta e$ será aproximadamente igual a cero y el trabajador tendrá pocos incentivos. Asimismo, en el sistema de castigos, si U se fija en un nivel demasiado bajo, el trabajador también tendrá pocos incentivos.

En la práctica, a menudo es difícil fijar correctamente el nivel de los umbrales cuando se pone en práctica por primera vez un plan de incentivos. Además, las circunstancias cambian. Por ejemplo, el trabajador puede aprender en el trabajo o los métodos de producción pueden cambiar. En ese caso, sería más fácil (o más difícil) obtener un determinado nivel de rendimiento, en cuyo caso habría que modificar U. Hay muchas razones para querer cambiar U y el caso más habitual es aquel en el que se eleva U a medida que mejoran las cualificaciones de los trabajadores y los métodos productivos.

Sin embargo, cambiar el umbral puede ser difícil. En el sistema de premios de la figura 10.2, si se eleva U pero no se modifica nada más, es más difícil percibir la prima y ésta será menor cualquiera que sea el nivel de rendimiento. Como cabría esperar, el trabajador no estará contento. Puede creer que la empresa está tratando de reducir su remuneración.

Además, a menudo las empresas introducen un plan determinado de remuneración y acaban constatando que los trabajadores producen y ganan más de lo esperado (debido quizá a que subestiman el poder de los incentivos). Una respuesta lógica es elevar U, reducir la comisión (la pendiente) o reducir el salario base. Aunque eso reduce la remuneración, puede tener consecuencias negativas. En estos dos ejemplos, se corre el riesgo de que el trabajador piense que la empresa está incumpliendo sus promesas sobre el sistema de premios.

Estas observaciones ilustran una cuestión general sobre los sistemas de incentivos: la sencillez es una virtud. Los sistemas lineales sencillos, cuando son posibles, son los que tienden a dar mejores resultados. Los umbrales, los cambios de la intensidad de los incentivos y los premios fijos a menudo plantean problemas. Además, cuando los sistemas retributivos son complejos, es más difícil para los empleados entender cómo se recompensará su rendimiento, lo cual puede reducir sus incentivos, ya que fácilmente pueden pensar que la relación entre su remuneración y su rendimiento es poca. Por último, puede haber una sutil cuestión de confianza. Los sistemas retributivos complejos pueden llevar a algunos empleados a sospechar que la dirección está tratando de aprovecharse de ellos de alguna manera, aunque no sepan exactamente cómo.

El efecto trinquete

Continuando con la idea del contrato implícito, consideremos las cuestiones dinámicas que se plantean cada vez que la empresa responde a un alto rendimiento y a una remuneración elevada subiendo U o bajando el porcentaje de comisión b. El trabajador puede llegar a la conclusión de que en realidad está siendo castigado por su alto rendimiento. En ese caso, los incentivos *disminuirán*. Por tanto, la empresa debe tener mucho cuidado a la hora de introducir cambios en sus planes de incentivos. Tiene que poseer buenas razones para modificarlos y debe informar claramente de ellas al empleado. Además, cuando se introduce un plan de incentivos, la empresa debe tener cuidado de reservarse el derecho de modificarlo en el futuro. Es evidente que cuanto mayor sea el grado de confianza entre la empresa y sus empleados, menos probable es que el *efecto trinquete* sea un problema. En el apéndice analizamos más detalladamente este efecto.

Primas fijas, descensos o ascensos de categoría

La figura 10.3 muestra la que tal vez sea la relación más frecuente de todas entre remuneración y rendimiento. En este caso, si el rendimiento es superior al umbral, el premio experimenta un salto positivo. ¿Por qué es éste el tipo más frecuente de incentivo en la práctica? Porque uno de los ejemplos típicos de la relación entre remuneración y rendimiento es un ascenso. La mayoría de los ascensos van acompañados de un gran aumento de la remuneración (y quizá de otros privilegios). Si el ascenso se basa en el rendimiento, como ocurre casi siempre, puede ser un incentivo importante. De hecho, este caso es tan importante que dedicaremos casi todo el capítulo siguiente a analizarlo. Obsérvese también que la amenaza de ser despedido o descendido de categoría es similar (si el empleado sufre una pérdida como consecuencia de cualquiera de los dos).

Otro ejemplo del tipo de relación entre remuneración y rendimiento que mostramos en la figura 10.3 es la prima fija. A veces las empresas dan una cantidad fija al empleado si alcanza un objetivo. Por ejemplo, un concesionario de automóviles puede ofrecer 1.000 euros a un empleado si cumple un objetivo de ventas o es elegido el mejor empleado del mes.

Uno de los problemas de las estructuras de premios como la de la figura 10.3 es que los incentivos pueden ser débiles. Este problema es

Figura 10.3. Premios fijos

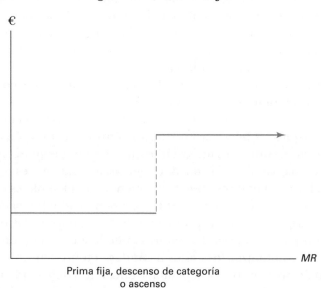

Prima fija, descenso de categoría
o ascenso

parecido al de un umbral demasiado alto en el sistema de premios de la figura 10.2. La pendiente de la relación entre la remuneración y el rendimiento es cero si el rendimiento del empleado es inferior al umbral; *infinita* si se encuentra exactamente en el margen entre ganar y perder; y cero de nuevo si el rendimiento es superior al umbral. Este sistema da muchos incentivos si los empleados se encuentran cerca del umbral, pero si están demasiado por debajo o por encima, tienden a tomárselo con calma (piénsese, por ejemplo, en lo que hacen los equipos deportivos cuando llevan mucha ventaja: descansan, poniendo a jugar a los suplentes). A menos que sea deseable, tendría sentido una relación entre la remuneración y el rendimiento en la que la pendiente fuera más lisa.

Cuando los incentivos cambian espectacularmente en los sistemas de incentivos en los que hay umbrales, y la pendiente o la intensidad de los incentivos experimentan grandes cambios, el comportamiento de los empleados puede plantear problemas. En la figura 10.3, el hecho de que el premio sea del tipo «o todo o nada» probablemente no sólo inducirá al trabajador a esforzarse más si está cerca del umbral sino también a manipular la medida del rendimiento si es posible. La manipulación de la medida del rendimiento siempre es un problema en los sistemas de incentivos, sobre todo cuando hay mucho en juego. Pero es aún más preocupante si el empleado se enfrenta a un cambio brusco, por ejemplo, de su plan de pensiones, de manera que pequeños cambios del rendimiento provocan grandes cambios del premio o de la posibilidad de percibir una remuneración mayor. En cambio, cuando la pendiente de la relación entre remuneración y rendimiento es lisa, tiende a proporcionar unos incentivos más continuados.

Por tanto, es más probable que los planes de incentivos con umbrales y premios fijos induzcan a los empleados a comportarse mal.

Hay un caso en el que esos sistemas de recompensas pueden ser útiles, un caso que combina nuestros argumentos sobre los sistemas de premios y castigos. A veces es importante que el rendimiento se encuentre dentro de una banda reducida. Si es demasiado bajo *o* si es demasiado alto, el valor de la empresa puede ser menor. Un ejemplo es el trabajador de una cadena de montaje. Si trabaja demasiado despacio *o* demasiado deprisa, puede causar problemas de coordinación. Otro ejemplo es el de un jefe de planta. La empresa puede elegir métodos de producción para optimizar los costes basándose en un determinado nivel planeado de producción. Si la planta se encuentra demasiado por debajo o por encima de ese nivel de producción, los costes medios pueden aumentar espectacularmente. Por último, cuando la coordinación y el control son muy importantes (por ejemplo, la empresa trabaja sobre presupuestos), puede ser deseable que el rendimiento de los empleados sea predecible. En todos estos ejemplos, puede tener sentido un sistema de incentivos que induzca a los empleados a tener un rendimiento cercano al nivel fijado como objetivo.

Otro caso en el que un premio fijo puede resultar útil es aquel en el que la medida del rendimiento consiste en una evaluación subjetiva. Como ya hemos señalado, los empleados pueden desconfiar de esas evaluaciones porque es difícil verificar que el supervisor haya evaluado con suficiente precisión el rendimiento del empleado. Además, esas evaluaciones a menudo son bastante imprecisas, ya que se evalúan aspectos cualitativos del trabajo. Sin embargo, en algunos casos el supervisor puede saber con bastante precisión si el rendimiento del empleado es superior o inferior a un determinado nivel, aunque no sepa exactamente en cuánto. Además, en esos casos es más fácil que el empleado esté de acuerdo con la valoración del supervisor. Consideremos, por ejemplo, el caso de un estudiante a quien el profesor califica por participar en clase. La cuantificación de la participación del alumno en una escala continua puede ser bastante imprecisa, sobre todo en una clase numerosa. Sin embargo, para el profesor puede ser bastante fácil saber si el estudiante ha hecho un «esfuerzo» por participar. Cuando se satisfacen estas condiciones, la evaluación subjetiva de que el empleado «ha alcanzado el nivel» puede ser muy exacta y es posible confiar en ella.

Un último caso en el que puede ser apropiado establecer un premio fijo es aquel en el que el rendimiento es binario. El empleado alcanza un determinado objetivo o no lo alcanza. Por ejemplo, un empleado puede cumplir el plazo para realizar unos trámites en un organismo regulador y recibir una prima por cumplirlo. Por poner otro ejemplo, puede traer o no un nuevo cliente. Si lo trae, puede recibir una prima por ello. Sin embargo, esos casos son menos frecuentes de lo que cabría imaginar. Es improbable que el cumplimiento de un plazo sea la única dimensión relevante de su rendimiento; la calidad también puede ser importante. Traer un cliente raras veces es un resultado binario, ya que unos clientes son más rentables que otros para la empresa. Un enfoque alternativo sería premiar al empleado en función de una medida más continua de la rentabilidad de los nuevos clientes.

Premios con topes

El último sistema que vamos a analizar, en la figura 10.4, es el plan de premios, pero con un *tope*. Un tope es la cuantía máxima de la prima o de otro tipo de premio que puede percibir el empleado. Algunos planes de primas tienen un tope y otros no. ¿Por qué ponen las empresas un tope?

Los jefes a veces ponen un tope para asegurarse de que los empleados no ganan «demasiado». Sin embargo, hay que tener cuidado cuando se esgrime ese argumento. En primer lugar, el nivel de remuneración puede reducirse sin imponer un tope, simplemente reduciendo la ordenada en el origen (desplazando el plan de remuneración hacia abajo en la figura 10.4). En segundo lugar, si el empleado está ganando mucho, debe ser porque está rindiendo mucho. Si la medida del rendimiento es un indicador razonable de la contribución del empleado al valor de la empresa, es probable que la empresa esté beneficiándose también de este rendimiento adicional (dado que, como hemos señalado antes, los porcentajes óptimos de comisión a menudo dan al empleado menos del 100 por ciento de su contribución). Un tope reduciría los incentivos (a partir del segundo umbral), por lo que reduciría los beneficios de la empresa. De hecho, en algunos casos parece que los jefes imponen topes por motivos equivocados, entre los que se encuentran la reticencia a permitir que sus subordinados ganen más que ellos. Pero los motivos de esa índole son muy parecidos a las cuestiones relacionadas con el efecto trinquete que hemos descrito antes y en el apéndice.

Figura 10.4. Mínimo o tope en un sistema de incentivos

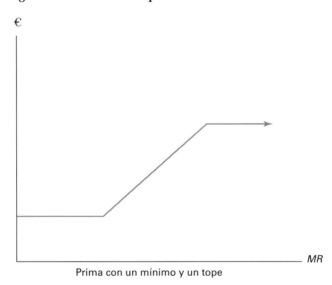

Prima con un mínimo y un tope

Aunque puede haber razones para poner un tope a los premios. Para ver por qué, recuérdese que la prima se basa en una medida del rendimiento, que es un indicador imperfecto de la contribución real del empleado a la empresa. La medida del rendimiento es una función del esfuerzo del empleado, pero también de su suerte. Y también puede ser manipulada o distorsionar los incentivos del empleado. En algunos trabajos, es inverosímil que un rendimiento que obtiene una medición extraordinariamente alta se deba al esfuerzo y al talento del empleado. En ese tipo de trabajos, cuanto más alto sea el rendimiento medido, más probable es que la medida sea el resultado de la suerte o de la manipulación. En ese caso, la empresa debería considerar la posibilidad de establecer un tope para evitar recompensar la suerte o inducir a manipular el sistema de incentivos.

Un ejemplo es el de Michael Milken, jefe del grupo de «bonos basura» de Drexel Burnham Lambert de Beverly Hills. En el sistema de remuneración de Milken la intensidad de los incentivos era muy grande: la pendiente era muy inclinada. No había ningún tope. Un año su rendimiento medido fue tan alto que su prima anual fue de más de 500 millones de dólares. Desgraciadamente, cada vez le resultaba más difícil conseguir para Drexel nuevos negocios de calidad y rentables. En estas circunstancias, su grupo comenzó a realizar transacciones y a utilizar métodos que muchos consideraban poco éticos. Finalmente, fue procesado y condenado a una pena de cárcel; Drexel quebró y se cerró. Posiblemente eso no habría ocurrido si los incentivos de Milken hubieran tenido un tope (aunque es posible que tuviera una motivación intrínseca tan grande que hubiera ocurrido de todas maneras).

Los topes tienen, sin embargo, un problema. Para verlo, examinemos la historia de Ross Perot. Perot, antes de convertirse en un fallido candidato a la presidencia de Estados Unidos en 1992, era un próspero empresario. Su primer trabajo fue vender grandes ordenadores para IBM. Era cuando empezaron a venderse este tipo de ordenadores, por lo que era un momento muy bueno para ese trabajo. Aun así, Perot no sólo era una persona afortunada sino que, además, tenía mucho talento y era muy trabajador. De hecho, era el que más vendía en todo IBM. Un año, el 19 de enero ya había alcanzado su cuota anual de ventas, ¡y enero era el primer mes del ejercicio fiscal de IBM! Perot pronto se frustró, deseoso de utilizar en algo mejor su talento. Se le ocurrió la idea de un nuevo producto para IBM: vender sistemas informáticos, incluidos todos los programas y la instalación necesarios en lugar de vender cada parte por separado. IBM estudió su idea, pero la rechazó[2], por lo que Perot se marchó, fundó Electronic Data Systems (EDS) y compitió directamente con IBM, ganando miles de millones de dólares, de los que IBM no recibió ninguno.

APLICACIONES

Programas de participación en los beneficios y de oferta de acciones a los empleados

Muchas empresas ofrecen algún plan de remuneración, como la participación en los beneficios, en las mejoras de la productividad colectiva o en la propiedad de la empresa, en el que la evaluación del rendimiento es muy amplia. Los directivos afirman a menudo que esos planes dan a los empleados la sensación de que son propietarios y de que «todos estamos en el mismo barco». ¿Tienen sentido esos planes? Desde el

---

[2] Perot señala que IBM «expuso la idea a los altos directivos de la organización, pero éstos finalmente rechazaron mi plan» (2005, pág. 72). Naturalmente, IBM era una organización conservadora muy jerárquica, como las que se describen en el capítulo 6, por lo que no tiene nada de sorprendente.

punto de vista de la teoría que acabamos de describir, no. Examinemos los argumentos en contra de esos planes y a continuación un par de razones por las que podrían tener sentido en algunas ocasiones.

Para analizar un sistema de incentivos, utilice el lector los principios de este capítulo y del anterior y hágase primero dos preguntas: ¿cuáles son las propiedades de la evaluación del rendimiento? ¿Cómo está ligada la evaluación al rendimiento?

Evaluación del rendimiento

En esos planes, la evaluación del rendimiento es muy amplia. En el caso de la participación en los beneficios en una fábrica o en otra organización, la medida son los beneficios, los ingresos de la unidad, etc. En el caso de la participación en los beneficios de una empresa, la medida son los beneficios de la empresa. En el caso de la oferta de acciones a los empleados, son las acciones.

Ante esta conclusión, ya debería estar sonando una alarma en su cabeza. Estas medidas del rendimiento *no* son buenas en el caso del empleado ordinario. Aunque los empleados puedan ayudar a mejorar el valor de la empresa, lo que haga una sola persona no va a reflejarse en esas medidas, a menos que el empleado sea una figura clave en la empresa. Casi ningún empleado concreto puede puede tener un efecto sobre esas medidas. Por tanto, es improbable que proporcionen incentivo *alguno*. De hecho, según la mayoría de los estudios no producen ningún efecto perceptible ni en la productividad ni en los beneficios.

Relación entre la remuneración y el rendimiento

Otro problema de estos planes de incentivos es que aunque la medida del rendimiento sea buena, la intensidad de los incentivos tiende a ser muy pequeña. El motivo es el problema del polizón. Recuerde el lector la última vez que participó en un trabajo de grupo. Es posible que hubiera algún miembro en el equipo que pareciera no estar haciendo la parte que le correspondía del trabajo. En este caso, si todos los miembros del grupo recibieron la misma calificación, esta persona acabó beneficiándose de ella. Fue de polizón. El problema es que la recompensa varía poco o nada cuando cambia el esfuerzo del empleado.

En los sistemas en los que se recompensa a un grupo, es casi inevitable que todos sus miembros participen en la recompensa por igual. La razón se halla en que si hay N personas en el grupo, cada una obtiene una recompensa de $1/N$. Naturalmente $1/N$ es una hipérbola, que tiende a cero rápidamente. Por tanto, a menos que el grupo sea pequeño, la intensidad de los incentivos tiene que ser casi cero[3]. Por poner un ejemplo extremo, la gigantesca compañía alemana Siemens tiene un plan de participación de los empleados en sus beneficios y alrededor de 400.000 empleados (en 2007). En este caso, el porcentaje de comisión sobre los beneficios es:

$$b = \frac{1}{400.000} = 0,0000025.$$

¡La intensidad de los incentivos es muy pequeña! Aunque se trata claramente de un caso extremo, ilustra el problema del polizón y lo difícil que es justificar esos planes retributivos por motivos relacionados puramente con los incentivos.

Contraargumentos

Entonces, ¿por qué tienen tantas empresas ese tipo de planes generales? Una de las explicaciones es que no entienden bien la teoría, lo cual no es imposible. Pero hay algunos contraargumentos.

En primer lugar, es posible que la presión del grupo anule el efecto del polizón. Si todos reciben la misma recompensa, todos tienen algún incentivo para presionar a sus colegas para que trabajen más. Si eso es cierto, el tamaño óptimo del grupo desde el punto de vista de los incentivos puede ser mayor. Además, esos efectos podrían aumentar la productividad también por otras razones. En los casos en los que el trabajo es interdependiente y la empresa recurre mucho al trabajo en equipo, es más probable que los incentivos basados en el grupo tengan sentido y es posible que también refuercen las normas culturales sobre la importancia de la cooperación. De hecho, los pocos estudios en los que se observa que los programas de oferta de acciones a los empleados o de participación en los beneficios producen un efecto positivo, parecen indicar que es más probable que sean útiles en las empresas en las que se produce en equipo.

Sin embargo, cualquiera que haya trabajado alguna vez en un grupo (o haya intentado que todo el mundo pague la factura de una cena en un restaurante) sabe que los efectos del polizón son omnipresentes,

---

[3] Los psicólogos sociales a menudo sostienen que el número óptimo de personas de un grupo es como máximo de cinco o seis. Es probable que una de las razones importantes sea que en un grupo mayor se plantea en seguida el problema del polizón.

por lo que en la mayoría de los casos parece poco probable que la presión del grupo pueda resolver el problema.

Otra explicación que se da a veces es que la remuneración se convierte en un coste variable más que en un coste fijo: la remuneración aumenta cuando mejora el rendimiento y disminuye cuando empeora el rendimiento. Eso puede reducir el riesgo financiero de la empresa, reduciendo el coste de capital. Sin embargo, esta explicación no tiene sentido: aunque reduzca el coste de capital, lo reduce elevando aún más el coste por la remuneración de los empleados. La razón se halla en que normalmente los empleados son más reacios al riesgo que los inversores y exigen una prima de riesgo más alta que los accionistas para aceptar este riesgo sobre su remuneración. Analizaremos este problema más extensamente cuando examinemos los planes de opciones sobre acciones para empleados.

Otra explicación se refiere a las relaciones públicas. Existen buenas razones para dar a los altos ejecutivos acciones y opciones y recompensarlos generosamente si la empresa obtiene buenos resultados. Pero las empresas a menudo sufren el acoso de algunos accionistas, de los sindicatos, de la prensa y de otros grupos cuando dan grandes pagas a sus ejecutivos. Una forma de intentar suavizar estas críticas consiste en ofrecer también a los empleados de menor nivel planes de oferta de acciones o de participación en los beneficios. Por tanto, esos planes podrían ser malos desde el punto de vista de los incentivos, pero buenos desde el punto de vista de las relaciones públicas (a costa de los empleados de menor nivel, cuya remuneración pasa a tener riesgos).

Una última explicación de los planes de oferta de acciones es que los altos directivos los adoptan para aumentar la demanda de sus acciones con la esperanza de que suba su precio. Por ejemplo, algunas empresas invierten una gran parte de los fondos de pensiones de sus empleados en sus propias acciones. Sin embargo, esas prácticas distan de beneficiar a los empleados, ya que sus fondos de pensiones se vuelven menos diversificados: se invierten en gran parte en una única empresa y están estrechamente correlacionados con el capital humano del empleado.

Tipo de organización y contratos

Al igual que ocurre con la mayoría de los principios de este libro, el análisis intuitivo de los incentivos de este apartado tiene consecuencias para casi todos los ámbitos de la empresa, no sólo para el empleo. Aquí presentamos algunos ejemplos breves de cómo pueden aplicarse estos principios.

Franquicias

La franquicia es un tipo de organización poco habitual que combina los principios relativos a los incentivos con los principios relativos a la toma de decisiones y el uso de los conocimientos propios. El franquiciado se encuentra a medio camino entre la verdadera propiedad y un empleo tradicional. El franquiciador se encuentra a medio camino entre la externalización y la producción dentro de la empresa.

Una franquicia representa claramente una medida muy amplia del rendimiento; es casi una propiedad pura. El franquiciado normalmente tiene que pagar una gran cantidad de dinero por adelantado para tener derecho a gestionar una franquicia. A cambio, puede gestionarla a su manera (con algunas limitaciones). Como puede vender la franquicia al valor que tenga en el mercado, la medida del rendimiento es muy parecida a la del propietario de una tienda propia. Eso significa que en la medida del rendimiento hay muy pocas distorsiones en lo que se refiere a los intangibles, las inversiones y la toma de decisiones a largo plazo.

Sin embargo, el franquiciado no es exactamente como el propietario de una tienda propia porque el franquiciador se reserva algunos derechos de decidir. Por ejemplo, normalmente fija la línea de productos o impone unos determinados proveedores (por ejemplo, McDonald's puede obligar a hacer las hamburguesas con carne de vacuno de una determinada procedencia). A menudo obliga también a los empleados a llevar un determinado uniforme y controla el diseño de la tienda.

De ese modo, este tipo de organización utiliza eficazmente la centralización y la descentralización. Los derechos de decisión que se reserva el franquiciador son los que afectan a la marca en sentido amplio: el producto, el control de calidad, la experiencia de los clientes, el marketing, etc. Como se desea que el producto sea siempre el mismo, la centralización de las decisiones que afectan a la regularidad del producto tiene importantes ventajas.

Concediendo otros derechos de decisión a la franquicia, este tipo de organización permite que la descentralización de la toma de decisiones aproveche los conocimientos específicos locales. Por ejemplo, el franquiciado normalmente gestiona la mayoría de las cuestiones relacionadas con el personal, desde la contratación hasta la formación, la remuneración y los incentivos. Dado que muchas decisiones prácticas importantes se dejan en manos del franquiciado, la medida amplia del rendimiento es adecuada para ese diseño tan amplio del puesto de trabajo.

¿Contrato sobre los costes totales más un porcentaje fijo o contrato a precio cerrado?

Supongamos que nuestra empresa necesita construir un edificio y contrata a un constructor. ¿Qué tipo de contrato debemos firmar? En la construcción son frecuentes dos tipos de contrato: un contrato de costes totales más un porcentaje fijo o un contrato a precio cerrado, según presupuesto. En un contrato de costes totales más un porcentaje fijo, se paga el coste de todos los materiales y la mano de obra utilizados para construir el edificio, además de un porcentaje que constituye el margen de beneficios del constructor. En un contrato a precio cerrado, se detalla el tipo de construcción y de materiales y quizá otros aspectos del proyecto y se paga una cantidad fija previamente presupuestada cuando éste ha concluido. Un contrato a precio cerrado suele ser más detallado y establecer pagos parciales por la realización de las distintas fases del proyecto.

Como el contrato sobre costes totales más un porcentaje fijo reembolsa los gastos realizados en todos los factores, no hay ningún incentivo para reducir la calidad de la construcción. De hecho, como el margen de beneficios normalmente es un porcentaje de los costes, el constructor puede muy bien tener *demasiados* incentivos para aumentar la calidad de la construcción. Muchos contratos públicos son contratos de costes totales más un porcentaje fijo y es frecuente en esos casos que los costes se disparen. Cuanto mayor sea el margen, mejor será la calidad (y mayor la duración) que pueda esperarse de un proyecto de costes totales más un porcentaje fijo.

En cambio, un problema del contrato a precio cerrado es que da pocos incentivos para aumentar la calidad de la construcción. El incentivo del constructor es hacer un trabajo de la menor calidad posible sin incumplir los términos del contrato (este problema es menor si al constructor le preocupa su reputación y la adjudicación de más contratos en el futuro). Un contrato a precio cerrado también puede inducir al constructor a terminar el proyecto muy deprisa (a diferencia de un contrato de costes totales más un porcentaje fijo, en el que el incentivo es facturar el mayor número posible de horas de trabajo).

Además, algunos contratos a precio cerrado establecen que el cliente irá pagando a medida que avance el trabajo. Por tanto, en algunos casos puede ser difícil conseguir que un contratista que tiene un contrato a precio cerrado termine el trabajo si se le han hecho demasiados pagos, y ya no le compense terminar el proyecto. Una manera de resolver los problemas que plantean los dos tipos de contratos es incluir una cláusula de recompensa o de penalización relacionada con el cumplimiento de los plazos de entrega.

¿Qué es mejor? Si es fácil observar y verificar la calidad, probablemente sea mejor un contrato con una penalización en caso de que la calidad no sea la establecida en el contrato. Si no es fácil observar la calidad, pero se sabe cuánto tiempo es necesario para realizar el trabajo, probablemente sea mejor utilizar un sistema de costes totales más un porcentaje fijo, con penalizaciones en caso de incumplimiento de los plazos establecidos en el contrato.

En cualquier caso, la idea general que debería sacar el lector es que cuanto más conciba los incentivos como algo complejo y sutil, más capaz será de comprender el comportamiento económico en una amplia variedad de situaciones y de aplicar eficazmente los principios que hemos establecido.

Motivar a los empleados para fomentar la creatividad

Una crítica que se hace frecuentemente a la remuneración basada en el rendimiento (y que proviene sobre todo de los psicólogos sociales) es que puede destruir la motivación intrínseca del empleado, aunque no siempre se indica claramente el mecanismo exacto por el que la destruye. Una de las explicaciones que a veces se da es que el empleado se siente «controlado» si se le remunera en función de su rendimiento, por lo que se esforzará menos de lo que se esforzaría si tuviera solamente una motivación intrínseca.

Hay una forma mucho más fácil de analizar esta cuestión, que explica los ejemplos que se ponen normalmente. La motivación intrínseca generalmente es más importante en las tareas que son complejas e intelectualmente estimulantes para el empleado. Éstas suelen ser más importantes en los trabajos en los que hay un grado significativo de creatividad y aprendizaje. A menudo es difícil desarrollar buenas medidas del rendimiento para este tipo de tareas debido a su propia naturaleza. Una de las razones se halla en que esas tareas intelectuales pueden ser difíciles de cuantificar. Otra es que en el trabajo creativo puede ser difícil establecer de antemano las características que debe tener el producto. Las medidas que podrían utilizarse distorsionan considerablemente los incentivos. Además, las tareas que *pueden* cuantificarse tienden a ser las que exigen menos creatividad (imagínese qué ocurriría, por ejemplo, en una universidad si se dijera a los profesores que tienen garantizado un puesto fijo si publican un determinado número de artículos, es decir, si la medida del rendimiento fuera puramente cuantitativa).

Si esas medidas vienen acompañadas de poderosos incentivos, naturalmente el empleado se dedicará más a lo que se mide y se retribuye y menos a los aspectos creativos del trabajo, pero no por motivos psicológicos sino simplemente porque la medición del rendimiento no es adecuada.

En algunos casos, es posible utilizar la remuneración basada en el rendimiento para inducir a los empleados a ser creativos, si es que existen medidas razonables (aunque sean imperfectas). Por ejemplo, algunas empresas retribuyen a los jefes de división en función del porcentaje vendido de productos que se han desarrollado en los dos últimos años. Esta práctica puede contribuir razonablemente a fomentar la innovación, ya que los productos no sólo tienen que ser nuevos sino que, además, tienen que ser aceptados por los clientes. Sin embargo, en muchos casos la mejor alternativa es realizar cuidadosas evaluaciones subjetivas del rendimiento. En Estados Unidos, las universidades hacen exactamente eso: normalmente se evalúa a los profesores cada dos años, pero la evaluación es muy subjetiva e intenta valorar la creatividad y originalidad de las investigaciones del profesor.

Resumen

Los incentivos no sólo son la esencia de la economía sino que constituyen una parte fundamental del diseño de las organizaciones. Para comprender el diseño de las organizaciones y el comportamiento de sus empleados, es crucial comprender la cuestión de los incentivos.

Hemos empezado analizando los incentivos a partir del examen del ejemplo de un plan formal de primas aplicado a un vendedor. Sin embargo, el análisis intuitivo que hemos realizado es mucho más general. Se aplica a *todos* los tipos de incentivos, formales e informales, intencionados y accidentales. En la práctica, los incentivos pueden ser muy sutiles; hay que aprender a descubrir estas sutilezas y cómo afectan el comportamiento de los trabajadores y los resultados de las organizaciones.

En abstracto, el objetivo de toda remuneración basada en el rendimiento es reproducir en alguna medida el sentimiento de ser propietario y fomentar el espíritu emprendedor en los empleados. Hemos visto que un plan perfecto de incentivos vende esencialmente el puesto de trabajo al empleado, por lo que éste se convierte un miniempresario. Esta visión de los incentivos es acorde con la metáfora de la economía de mercado que utilizamos en este libro para analizar el diseño de las organizaciones.

Sin embargo, en la práctica los incentivos acostumbran a ser muy diferentes de este ideal, debido sobre todo a los problemas de evaluación del rendimiento y ésa es la razón por la que hemos dedicado todo un capítulo a estas cuestiones. Cualquier imperfección de la evaluación hace que los incentivos del empleado sean distintos de los incentivos del propietario-empresario. Si se dan errores en la medición del rendimiento, las empresas invertirán más recursos en la supervisión. Pero también es cierto que los incentivos óptimos serán menores, por lo que los empleados no se esforzarán tanto como si no hubiera errores de medición.

Esta lógica explica por qué las organizaciones a menudo parecen relativamente ineficientes. Si fuera posible realmente reproducir el mercado (es decir, tener un sistema de precios que fuera una excelente medida del rendimiento), a la empresa le convendría externalizar sus funciones. Son precisamente las situaciones que requieren relaciones de *empleo* a largo plazo entre la empresa y el trabajador las que no permiten una evaluación del rendimiento muy precisa. Por ejemplo, un trabajador puede realizar un trabajo que tiene muchas facetas, algunos de cuyos efectos son intangibles o no se materializan a corto plazo. O el trabajo puede depender mucho del de sus compañeros, por lo que resulte difícil distinguir los efectos de un trabajador de los efectos del grupo.

Otros problemas de medición del rendimiento, como las distorsiones y las posibilidades de manipulación, también pueden reducir los incentivos. Tienden a hacer que el diseño de los sistemas de incentivos sea más complejo que en el sencillo ejemplo del vendedor. Por ejemplo, en los puestos de trabajo en los que hay que realizar tareas múltiples, las medidas del rendimiento pueden estar a menudo distorsionadas (éstas también pueden estarlo como consecuencia del deseo de reducir el riesgo de la evaluación). Por tanto, una idea intuitiva que resulta ser muy importante en el caso de esos puestos de trabajo es que el sistema de incentivos debe dar unos *incentivos equilibrados* a las diferentes facetas del trabajo. Para eso pueden ser necesarios premios diversos basados en factores diferentes, un enfoque distinto (más amplio) de la medición del rendimiento o una cuidadosa evaluación subjetiva y unos premios implícitos.

Las posibilidades de manipular las medidas del rendimiento también pueden exigir que el supervisor dedique más tiempo a controlar al empleado para tratar de detectar posibles manipulaciones. También puede llevar al uso de evaluaciones subjetivas y de premios implícitos.

Recapitulando, un sistema de incentivos a menudo acaba siendo un complejo *sistema* de elementos interrelacionados: supervisión, medidas diversas del rendimiento, evaluación subjetiva, premios explícitos e implícitos, etc. Diseñar y gestionar un sistema de ese tipo puede ser un arte y constituye una parte importante del trabajo de cualquier directivo.

Ejercicios

1. Suponga que gasta todos sus ahorros en comprar una empresa en dificultades y que ahora tiene que transformarla. ¿Debe ser el cambio de los incentivos de los empleados uno de los primeros instrumentos que debe utilizar para gestionar el cambio? En caso afirmativo, ¿por qué? En caso negativo, ¿por qué no? Si utiliza incentivos para impulsar el cambio de la organización, ¿qué otra cosa es probable que sea importante que cambie?
2. ¿Cómo podría tratar de saber si un empleado está manipulando el sistema de incentivos? Trate de pensar en ejemplos concretos.
3. Considere algunas decisiones médicas importantes. ¿Debe tomarlas el médico o el paciente? ¿Qué factores son importantes? Dada su respuesta, ¿cómo estructuraría los incentivos para buscar el equilibrio entre la calidad de la atención sanitaria y su coste?
4. ¿Se aplican los principios de los incentivos descritos en los capítulos 9 y 10 a las organizaciones sin fines de lucro? ¿A los políticos? ¿Por qué sí o por qué no?
5. Ponga algunos ejemplos de la vida real relacionados con la idea intuitiva de «vender el puesto de trabajo».
6. ¿Qué métodos de evaluación del rendimiento utilizaría para motivar al personal del departamento de Investigación y Desarrollo para que sea creativo? ¿Qué otras medidas que hemos analizado en el texto podría utilizar también para reforzar estos incentivos?

Bibliografía

Gibbons, Robert (1987), «Piece-Rate Incentive Schemes», *Journal of Labor Economics*, 4, págs. 413–429.

Lazear, Edward (1986), «Salaries & Piece Rates», *Journal of Business*, 59, págs. 405–431.

Lazear, Edward (2000), «Performance Pay and Productivity», *American Economic Review*, 90(5), págs. 1.346–1.361.

Perot, Ross (1996), *My Life & the Principles for Success*, Arlington, TX, The Summit Publishing Group.

OTRAS LECTURAS

Gaynor, Martin, James Rebitzer y Lowell Taylor (2004), «Physician Incentives in HMOs», *Journal of Political Economy*, 112, págs. 915–931.

Holmstrom, Bengt y Paul Milgrom (1991), «Multitask Principal-Agent Analyses: Incentive Contracts, Asset Ownership, and Job Design», *Journal of Law, Economics, and Organization*, 7, págs. 24–52.

Lazear, Edward (2005), Speeding, Tax Fraud, and Teaching to the Test, documento de trabajo, National Bureau of Economic Research.

Roy, Donald (1957), «Quota Restriction and Goldbricking in a Machine Shop», *American Journal of Sociology*, 67(2), págs. 427–442.

APÉNDICE

Análisis formal de los incentivos óptimos
I. Porcentaje óptimo de comisión

Aquí analizamos formalmente la afirmación de que la empresa maximiza los beneficios pagando un porcentaje de comisión igual a un 100 por ciento de los ingresos netos conseguidos si el empleado no tiene aversión al riesgo. Es un análisis más riguroso de la idea intuitiva general de vender el puesto de trabajo al empleado.

Hemos dividido el problema en dos partes. Primero analizamos el comportamiento óptimo del trabajador. A continuación, hallamos el porcentaje óptimo de comisión de la empresa, teniendo en cuenta el comportamiento del trabajador. Supongamos para simplificar el análisis que e se mide de tal forma que 1 unidad de e produce 1 euro de beneficios adicionales a la empresa, por lo que $Q = e$. La medida del rendimiento de la empresa es una estimación de este esfuerzo y el error de medición es ε, que se supone que tiene una media cero y una desviación típica σ_ε. Por tanto, dado que remuneración = $a + b \times MR = a + b(e + \varepsilon)$, la varianza de la remuneración es igual a $b^2 \times \sigma_\varepsilon^2$. El trabajador elige el nivel de esfuerzo que maximiza la utilidad:

$$\max_e a + b \times e - C(e) - 1/2 \times R \times \sigma^2_{Remuneración}.$$

Si el empleado es neutral ante el riesgo, $R = 0$. Por tanto, el óptimo se encuentra donde $C'(e) = b$. Ésta es la oferta de esfuerzo del trabajador; indica lo sensible que es el esfuerzo a un cambio del porcentaje de comisión. Establece simplemente que el trabajador fija el coste marginal del esfuerzo en b, que es el rendimiento marginal del esfuerzo.

La empresa elige a y b, pero tiene dos restricciones. En primer lugar, la elección de b afecta a la elección de e por parte del trabajador, que acabamos de obtener. En segundo lugar, cualquiera que sea el nivel de esfuerzo e que elija el trabajador, representado por e^*, la empresa debe garantizar que la remuneración total sea superior a $C(e^*)$, pues de lo contrario el trabajador no aceptará el empleo. Eso significa que

$$Remuneración = a + b \times e^* = C(e^*).$$

La empresa maximiza los ingresos netos menos la remuneración del trabajador. Los ingresos netos son iguales a e, por lo que el objetivo de la empresa es maximizar $e^* - a - b \times e^*$. Despejando a en la ecuación anterior y sustituyendo en esta expresión, se obtiene el problema simplificado de maximización de la empresa:

$$\max_b \ e^* - C(e^*),$$

sujeto a $C'(e^*) = b$. Llegados a este punto, deben hacerse dos observaciones. En primer lugar, el salario base a no afecta al nivel de esfuerzo e^* que elige el trabajador, por lo que no forma parte de esta expresión. En segundo lugar, esta expresión es el *excedente neto* creado por la empresa y el empleado: es el beneficio neto menos los costes adicionales para el empleado. De hecho, la mejor política para la empresa es la que maximiza el *valor económico total*. Ésta es una ilustración formal de uno de los temas de este libro (véase el resumen). El salario base a sirve para repartir este valor entre el trabajador y la empresa. La condición de primer orden de la empresa es:

$$(1 - C'(e)) \times \frac{de}{db} = 0,$$

por lo que debe elegirse un valor de b tal que $C'(e^*) = 1$. Dado que sabemos por lo anterior que $C'(e^*) = b$, eso significa que el nivel óptimo de b^* es 1, lo que da el 100 por ciento de los ingresos netos al empleado. Por último, sabemos cuál es el nivel de esfuerzo e^* una vez que sabemos que $b^* = 1$. La empresa fija, pues, a^* de manera que al trabajador le dé exactamente lo mismo este trabajo que la siguiente alternativa mejor:

$$a^* + e^* = C(e^*).$$

Debería ser fácil para el lector ver que el empleado elige el mismo nivel de esfuerzo que si fuera propietario de la empresa. Cuando no hay aversión al riesgo, no hay conflicto de intereses en este modelo.

En el ejemplo del vendedor de ordenadores de la tabla 10.1, $C(e) = 2 \times e^2$. Para comprobarlo, trate de demostrarse que en este caso $b^* = 1$, $e^* = 1/4$ y $a^* = -1/8$ (*nota*: aquí utilizamos el cálculo; la tercera columna de la tabla 10.1 es una *aproximación* ΔC en lugar de la versión de derivadas que utilizamos más adelante).

II. Aversión al riesgo

Supongamos ahora que $R > 0$, por lo que el empleado tiene aversión al riesgo. En ese caso, el valor que tiene el trabajo para él es igual a $a + b \times e - C(e) - 1/2 \times R \times b^2 \times \sigma_\varepsilon^2$. Eso *no* cambia el nivel óptimo de e^* del trabajador, ya que la prima de riesgo no varía con e.

Lo que cambia es el problema de optimización de la empresa. Ahora debe compensar al empleado tanto por el esfuerzo como por el riesgo y el riesgo depende del nivel de b. La empresa debe fijar el nivel de remuneración al menos de tal forma que

$$\text{Remuneración} = a + b \times e^* = C(e^*) + 1/2 \times R \times b^2 \times \sigma_\varepsilon^2.$$

El problema de optimización de la empresa se convierte, pues, en

$$\max_b \; e^* - C(e^*) - 1/2 \times R \times b^2 \times \sigma_\varepsilon^2.$$

Ahora la condición de primer orden de la empresa es:

$$(1 - C'(e)) \times \frac{de^*}{db} - R \times b^2 \times \sigma_\varepsilon^2 = 0.$$

A partir de la condición de primer orden del empleado, $C' = b$ y $de^*/db = 1/C''$. Por tanto, tenemos que

$$b^* = 1/(1 + R \times \sigma_\varepsilon^2 \times C'').$$

Este resultado tiene varias consecuencias. En primer lugar, el porcentaje de comisión es más bajo cuanta más aversión al riesgo tiene el empleado. La razón se halla en que cuanto mayores sean los incentivos (cuanto más alto sea el valor de b), mayor es el riesgo, lo cual es un coste adicional del sistema de incentivos que la empresa debe comparar con los beneficios que reporta. En segundo lugar, cuanto menos precisa sea la medida del rendimiento, más bajo será el porcentaje de comisión. En tercer lugar, cuanto más deprisa empiece a ser oneroso un esfuerzo adicional (cuanto mayor es C''), más bajo será el porcentaje de comisión, ya que cada vez resultará más caro dar incentivos al empleado para que se esfuerce más. Por último, y esto es importante, como la intensidad de los incentivos es menor, el esfuerzo e^* realizado por el empleado será más pequeño.

III. Efectos trinquete

A continuación mostramos que el efecto trinquete, que se produce cuando una empresa convierte el objetivo del año siguiente en una función del rendimiento del presente año, puede contrarrestarse con un sistema adecuado de incentivos que abarque varios años[4]. Para simplificar el análisis, volvamos al caso de neutralidad ante el riesgo, $R = 0$. Las conclusiones son, sin embargo, parecidas si el empleado tiene aversión al riesgo.

El problema puede analizarse en un modelo de dos periodos. La empresa se compromete a pagar un determinado porcentaje de comisión en el periodo 1, pero el trabajador supone que, a pesar de las promesas, la empresa se aprovechará todo lo que pueda el próximo periodo (en otras palabras, estamos suponiendo que en este caso no existen medios eficaces para establecer un contrato implícito).

La empresa sólo puede aprovecharse del trabajador si éste puede ganar al menos tanto en esta empresa como en otra.

Supongamos al igual que antes que la producción $Q_t = e_t$ en cada periodo $t = 1, 2$. El esfuerzo tiene para el trabajador una desutilidad $C(e_t)$ en cada periodo. La empresa no sabe de antemano cuál es el coste que el esfuerzo supone para el trabajador, pero su elección del nivel de esfuerzo en el periodo 1 le suministra información sobre la que basar el sistema de remuneración del periodo 2.

Como el periodo 2 es el último periodo, el sistema de incentivos que elige la empresa es idéntico al del problema de un periodo que hemos resuelto antes. Es decir, fija $b_2 = 1$ y fija a_2 de tal modo que

$$a_2 + e_2 - \tilde{C}(e_2) = 0,$$

donde $\tilde{C}$ indica que la empresa considera que C es aleatorio y hace una estimación de $\tilde{C}$ basándose en el esfuerzo del periodo 1. Es este efecto

---

[4] Véase Lazear (1986) y Gibbons (1987).

el que induce al trabajador a vaguear en el periodo 1: si trabaja más en el periodo 1, gana más en ese periodo, pero también reduce a_2 en el periodo 2.

¿Cómo se comporta el trabajador en el periodo 1? El trabajador sabe que la empresa basará su estimación de C en la producción del periodo 1 y que si produce más en el periodo 1, la empresa deducirá que el trabajo es relativamente fácil (bajo coste):

$$\frac{\partial \hat{C}(e_2)}{\partial e_1} < 0.$$

En el periodo 2, la empresa elige a_2 de tal forma que $a_2 = \hat{C}(e_2) - e_2$. Por tanto,

$$\frac{\partial a_2}{\partial e_1} < 0,$$

dado que $\tilde{C}$ es decreciente en e_1. El problema de maximización del trabajador en el periodo 2 es:

$$\max_{e_2} a_2 + e_2 - \tilde{C}(e_2).$$

por lo que el trabajador fija $\tilde{C}'(e_2) = 1$. Eso es lo que quiere la empresa, ya que de esa forma maximiza los beneficios en el periodo 2. El problema se plantea en el periodo 1, ya que el trabajador reduce el esfuerzo, sabiendo que si trabaja más, ganará menos en el periodo 2. El problema de maximización del trabajador en el periodo 1 es:

$$\max_{e_1} a_1 + b_1 e_1 - \tilde{C}(e_1) + a_2(e_1) + b_2 e_2 - \tilde{C}(e_2),$$

sujeto a $\tilde{C}'(e_2) = 1$. La condición de primer orden es:

$$\tilde{C}'(e_1) = b_1 + \frac{\partial a_2}{\partial e_1} < b_1.$$

El segundo término que se encuentra después del signo igual es el efecto trinquete. El esfuerzo es menor en el periodo 1 debido a la penalización implícita que causa: una remuneración menor en el periodo 2.

Para maximizar los beneficios, la empresa tiene que inducir al trabajador a comportarse eficientemente también en el periodo 1 (eso ya ocurre en el periodo 2); es decir, tiene que inducir al trabajador a fijar $\tilde{C}'(e_1) = 1$ y $\tilde{C}'(e_2) = 1$. Para que el trabajador fije $\tilde{C}'(e_1) = 1$, necesitamos que

$$b_1 + \frac{\partial a_2}{\partial e_1} = 1, \quad \text{por lo que } b_1 = 1 - \frac{\partial a_2}{\partial e_1} > 1.$$

Por tanto, la empresa tiene que pagar de más en el periodo 1 para inducir al trabajador a esforzarse en ese periodo. Eso invierte la disminución que experimentan los incentivos del trabajador como consecuencia de la disminución que sufre su salario base en el periodo 2 debido a los buenos resultados del periodo 1. Por tanto, el porcentaje de comisión disminuye con el paso del tiempo.

Por último, la empresa debe fijar a_1 en un valor suficientemente alto para atraer trabajadores. Atrae trabajadores si

$$a_1 + b_1 e_1 - \tilde{C}(e_1) + a_2 + b_2 e_2 - \tilde{C}(e_2) \geq 0,$$

dado que $a_2 = \hat{C}(e_2) - e_2$. En este modelo, el coste del esfuerzo varía de unos trabajadores a otros. Cuanto mayor sea a_1, más trabajadores (y con un coste del esfuerzo menor, lo cual equivale analíticamente a tener mayores aptitudes) atrae la empresa.

11 INCENTIVOS BASADOS EN LA CARRERA PROFESIONAL

> En una jerarquía, todo empleado tiende a ascender hasta su nivel de incompetencia.
>
> *–Laurence Peter y Raymond Hull, 1969*

INTRODUCCIÓN

Hasta ahora hemos analizado con algún detalle la remuneración del empleado basada en su rendimiento en un puesto de trabajo concreto. A continuación examinamos otra fuente importante de motivación extrínseca: los incentivos a largo plazo de un trabajador para ascender profesionalmente. La mayoría de los empleados van ganando más a lo largo de su carrera como consecuencia de los aumentos salariales que reciben como de sus ascensos. En la medida en que éstos se basan en el rendimiento, constituyen un sistema de incentivos.

La figura 11.1 presenta los sueldos que perciben en Acme los empleados de diferentes niveles jerárquicos en un determinado momento del tiempo. En esta empresa, hay ocho niveles entre el nivel más alto de director general y los directivos de primer nivel. Hay más de un tipo de puesto en cada nivel, pero el sueldo de todos los puestos de ese nivel es muy parecido, así como probablemente los grados de responsabilidad y de cualificaciones exigidas. El gráfico muestra el sueldo medio, así como los percentiles 5º y el 95º del sueldo de los empleados de cada nivel.

Conviene hacer las siguientes observaciones. En primer lugar, las bandas salariales son relativamente estrechas en los niveles más bajos y aumen-

Figura 11.1. Remuneración según el nivel jerárquico en Acme

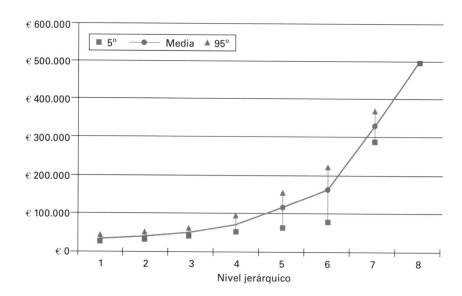

tan en los niveles más altos. En segundo lugar, la diferencia entre los sueldos medios de los diferentes niveles puede ser bastante grande; incluso
en los niveles más bajos, parece ser importante en comparación con la
amplitud de las bandas salariales. Eso induce a pensar que la esperanza
de ser ascendido puede ser una importante fuente de incentivos para
estos directivos. En tercer lugar, el sueldo medio aumenta considerablemente con el nivel jerárquico y esta tendencia es especialmente notable en la cima. El aumento sería incluso mayor si incluyéramos las primas, las acciones y otros incentivos que tienden a ser más importantes
en el caso de los altos ejecutivos.

La tabla 11.1 muestra cómo varía el sueldo cuando cambia el puesto
del empleado en esta empresa. Las columnas del medio muestran en
cada nivel jerárquico la subida salarial porcentual (ajustada para tener
en cuenta la inflación) que experimentan los empleados que no cambian de nivel, los que descienden a ese nivel y los que ascienden a ese
nivel. La última columna también muestra la diferencia porcentual entre
el sueldo medio de ese nivel y el del nivel inferior. Por ejemplo, existe
una diferencia del 48 por ciento entre el sueldo del director general (sin
tener en cuenta otros muchos tipos de remuneración que probablemente
percibe el director general) y los sueldos de los empleados del nivel 7.

Tabla 11.1. Subida según el tipo de transición en Acme

| Nivel | Subida porcentual del sueldo real | | | Diferencia porcentual entre el sueldo medio de ese nivel y el del nivel inferior |
	Empleados que no cambian de nivel	*Empleados que descienden de nivel*	*Empleados que ascienden de nivel*	
1	−0,5%	−0,7%	—	—
2	−0,4	−0,2	5,1	18
3	0,1	−3,2	5,6	23
4	0,8	0,4	7,4	47
5	−0,1	0,5	8,7	64
6	0,1	—	4,5	40
7	−0,9	—	22,3	107
8	0,0	—	14,8	48
1-8	0,0%	−0,9%	5,8%	

Como cabría esperar, los descensos de nivel normalmente van acompañados de una disminución del sueldo real. A veces van acompañados de una subida. Sin embargo, no debe darse mucho peso a los datos sobre los descensos de nivel, ya que son tan rarísimos en esta empresa (y en la mayoría) que son muy excepcionales: en unas 53.000 observaciones realizadas en 20 años, sólo había 157 descensos de categoría.

ASCENSOS Y DESCENSOS DE CATEGORÍA Y TRASLADOS LATERALES

Los descensos de categoría son extraordinariamente raros y los traslados laterales (los cambios de un puesto a otro dentro de un mismo nivel jerárquico) también tienden a ser menos frecuentes que los ascensos. ¿Por qué los cambios de puesto de un empleado a lo largo de su carrera tienden a consistir en ascensos?

Consideremos en primer lugar los descensos de categoría. Dado que constituyen una penalización, es posible que no se utilicen salvo en aquellos casos en que es más probable que el empleado destruya valor y no que lo aumente. También es posible que los descensos de categoría (y los despidos) sean más frecuentes de lo que parece, pero no quedan registrados de forma explícita: la empresa hace dimitir a un empleado que rinde poco animándolo a buscar otro trabajo. Ese sistema puede beneficiar a ambos. La empresa evita los costes de despido y los posibles litigios y el empleado evita el estigma que lleva aparejado un descenso de categoría.

Es posible que los descensos de categoría sean poco frecuentes porque las empresas no colocan a los empleados en puestos importantes hasta que demuestran sus méritos. Podemos considerar que el escalafón es parecido a la evaluación de un proyecto (capítulo 7). Los que son «aceptados» son ascendidos, mientras que los que son «rechazados» no son ascendidos. Cuando la empresa tiene cuidado a la hora de ascender a sus empleados, es más probable que sólo coloque a la gente de talento en los puestos altos.

También es posible que los descensos de categoría sean poco frecuentes debido a la acumulación de capital humano. Si los trabajadores mejoran sus cualificaciones con el paso del tiempo, su rendimiento aumenta. Los cambios de puesto tenderán a ser ascendentes, por lo que habrá más ascensos y menos descensos de categoría, si es adecuado colocar a los empleados mejor cualificados en los puestos más altos.

Los traslados laterales consisten generalmente en colocar a un empleado en un puesto que exige nuevas cualificaciones. Van en contra del principio de la especialización. Puede tener sentido cuando al empleado no se le colocó inicialmente en el puesto que le correspondía por su talento. Es de suponer que esos errores se resuelven relativamente deprisa.

Los traslados laterales también pueden ofrecerse a los empleados de talento que están en un escalafón con pocas perspectivas de ascenso y, de esa manera, conseguir no perderlos.

Por último, los traslados laterales pueden utilizarse para dar a un alto ejecutivo una amplia experiencia en diferentes áreas del negocio, si su trabajo consiste en coordinar esas áreas.

Más interesante es el hecho de que si un empleado no es ascendido, su subida salarial media es *cero* (véase la última fila). El único modo de conseguir una subida salarial (aparte de la inflación), al menos en esta empresa, es ser ascendido. El ascenso representa una subida del sueldo real de alrededor de un 5,8 por ciento. Además, como indica la última columna, el aumento que experimenta a largo plazo el sueldo como consecuencia de los ascensos es muy superior a un 5,8 por ciento. Las diferencias salariales medias entre los niveles son mucho mayores que la subida en el momento del ascenso, por dos razones.

En primer lugar, los empleados que son ascendidos tienden a obtener mayores subidas salariales en su nuevo puesto, mientras que el crecimiento de los salarios reales de los que no son ascendidos tiende a ser menor (e incluso negativo). En segundo lugar, los empleados que son ascendidos suelen reunir los requisitos para ser ascendidos de nuevo al siguiente nivel jerárquico y, como indican tanto la figura como la tabla, los ascensos son más lucrativos a medida que se asciende por el escalafón.

Los datos indican claramente que las perspectivas profesionales a largo plazo de un empleado, sobre todo en forma de ascensos, suelen ser un poderoso incentivo. Las recompensas que acompañan los ascensos son grandes y es más probable que se ascienda a los empleados que tienen los mayores índices de rendimiento. De hecho, en la mayoría de las empresas es probable que los ascensos sean la fuente más importante de motivación extrínseca para los mandos intermedios, cuyo rendimiento suele valorarse por medio de una evaluación subjetiva.

En este capítulo, analizamos los incentivos basados en la carrera profesional. Primero examinamos los ascensos. Mostramos que la estructura de la jerarquía y de la remuneración a lo largo del organigrama son importantes para comprender los incentivos cuando los ascensos son un factor importante. A continuación analizamos brevemente los incentivos más generales basados en la carrera profesional. Por último, examinamos el uso de otros incentivos a largo plazo dentro de la empresa, como la remuneración basada en la antigüedad.

Ascensos e incentivos

¿Deben utilizarse los ascensos como un sistema de incentivos?
Dos funciones que a veces entran en conflicto

Tenemos un puesto de dirección que cubrir y queremos ascender a un empleado. ¿A quién debemos darle el puesto? Las empresas a menudo ascienden al empleado que más rendía en el puesto de nivel inferior. En ese caso, utilizan el ascenso como incentivo. Según otra teoría, se debe ascender al empleado que tenga más posibilidades de rendir más en el puesto de nivel superior. En otras palabras, los ascensos desempeñan dos funciones importantes: colocar a la gente en el puesto que le corresponde por su talento y proporcionar incentivos.

Las dos funciones entran en conflicto si el empleado que más rinde en un nivel no es el que más rinde en el nivel siguiente. Por ejemplo, en las organizaciones de I+D es bastante frecuente que los mejores investigadores no sean los mejores jefes. Ascender al mejor investigador para dirigir al grupo puede traducirse no sólo en una mala gestión sino en una disminución de la eficacia de la investigación.

En los casos en los que este conflicto es especialmente grave, probablemente sea una buena idea no utilizar los ascensos para dar incentivos. Por ejemplo, un grupo de investigación podría recompensar al mejor científico con una subida del sueldo, una flexibilidad mayor para elegir sus proyectos de investigación o la asignación de un presupuesto mayor de investigación, pero manteniendo al científico en el mismo puesto. El paso siguiente consistiría en identificar al mejor candidato para ocupar el puesto de dirección y ascender a esa persona.

Afortunadamente, en muchos casos el conflicto no es demasiado grave. Un jefe normalmente necesita tener un buen conocimiento práctico del trabajo que hacen sus subordinados. Ese conocimiento mejora su capacidad para dirigir, supervisar y evaluar al personal. Sin embargo, cuando existe ese conflicto potencial, no es obvio que la empresa deba utilizar explícitamente el escalafón para incentivar a sus empleados. Sin embargo, puede surgir una complicación adicional: la empresa puede no tener la libertad de decidir sobre esta cuestión, ya que los sistemas de ascensos a menudo generan incentivos de forma automática.

¿Sistema de incentivos intencionado o accidental?

Las condiciones en las que una empresa puede diseñar su sistema de ascensos y su estructura retributiva en toda la jerarquía, teniendo en cuenta únicamente los efectos que producen en los incentivos, son bastante estrictas. La remuneración de los distintos puestos depende, al menos en parte, del mercado de trabajo. Si el capital humano propio de la empresa no es muy importante, los empleados pueden conseguir fácilmente un puesto parecido en otra empresa, lo cual limita la capacidad de la empresa para ofrecer salarios bajos a los que compiten por un ascenso.

En segundo lugar, es probable que la empresa tenga poca capacidad para modificar su estructura jerárquica y aceptar las diferencias de aptitudes de aquéllos a los que asciende (en el caso de que varios candidatos internos compitan por el mismo puesto, como veremos más adelante). Dadas esas consideraciones, en muchos casos puede ser falso pensar que la estructura jerárquica y salarial de la empresa *está pensada* para optimizar los incentivos. Los ascensos a menudo pueden ser, por el contrario, un «sistema accidental de incentivos» que surge por sí solo y que es imposible evitar, aunque la empresa no quiera utilizar los ascensos como un incentivo.

La lógica es sencilla. Supongamos que la empresa asciende a los empleados que más rinden y supongamos también que la empresa tiene más información que el mercado de trabajo sobre las aptitudes de sus trabajadores. Si uno de ellos es ascendido, el mercado de trabajo debe deducir en seguida que sus aptitudes probablemente sean mayores de lo que se pensaba: al fin y al cabo, la empresa acaba de señalarlo. Como consecuencia, su valor debería aumentar el día en que es ascendido. Para retenerlo, la empresa se verá obligada a ofrecerle un aumento de salario[1].

Eso significa que la esperanza de ser ascendidos constituye un incentivo. Como en el rendimiento influyen no sólo las aptitudes de cada cual sino también el esfuerzo, los empleados tratan de trabajar más y mejor para conseguir un ascenso. De hecho, se esfuerzan para conseguir un ascenso y señalar al mercado externo cuánto valen.

Según esta teoría, la empresa no diseña explícitamente su organización jerárquica y fija los niveles de remuneración para optimizar los incentivos, sino que los incentivos que proporciona la posibilidad de un ascenso son un efecto secundario del proceso de selección que tiene lugar en la empresa, de las presiones salariales del mercado de trabajo y del envío de señales por parte de los empleados. Esta teoría posiblemente sea una buena descripción de lo que ocurre en muchas empresas.

Existen datos que parecen corroborar esta teoría. Muchas grandes empresas japonesas han venido ofreciendo un empleo vitalicio a sus principales empleados desde la Segunda Guerra Mundial (si bien parece que esta práctica está abandonándose actualmente). Eso significa que estos trabajadores pocas veces, por no decir ninguna, cambian de empresa en medio de su carrera profesional. En consecuencia, las fuerzas del mercado de trabajo influyen mucho menos en esas empresas. De hecho, es mucho menos probable que las empresas japonesas liguen la remuneración directamente al rango jerárquico y ofrezcan grandes ascensos a

---

[1] La empresa también tiene algún incentivo para retrasar nuestro ascenso, ya que somos más baratos antes del ascenso. Eso vendrá compensado por la pérdida que experimentará por no tenernos durante un tiempo en el puesto que mejor corresponde a nuestras cualificaciones.

sus principales empleados. Muchas de esas empresas asignan, por el contrario, a los empleados dos rangos diferentes, uno de acuerdo con su posición jerárquica y otro en relación con su remuneración. No tiene por qué haber ninguna relación entre los dos, por lo que la remuneración no está relacionada directamente con el rango. Esas prácticas podrían ser imposibles en aquellas economías en las que los empleados cambian más a menudo de empresa.

Sin embargo, aunque esta visión sea correcta, no significa que la teoría de los incentivos basados en los ascensos que desarrollamos más adelante carezca de relevancia. Todo lo contrario; si los ascensos influyen en los incentivos, es importante comprender cómo funcionan y qué consecuencias tienen. Eso cambia, sin embargo, totalmente la cuestión. Si los ascensos son incentivos accidentales, la empresa debe utilizar la teoría de los incentivos basados en los ascensos para saber dónde su sistema proporciona más y menos incentivos. Esta información es importante, ya que le permite a la empresa saber dónde tiene que concentrar sus esfuerzos para motivar a sus empleados.

En el resto de este apartado, desarrollamos un modelo de los incentivos basados en los ascensos como si la empresa no tuviera limitaciones para diseñar su sistema de ascensos. Recuérdese, sin embargo, que la mayoría de las empresas sufren limitaciones, por lo que los incentivos que dan sus ascensos pueden no ser exactamente los ideales. En ese caso, las empresas pueden utilizar otros tipos de incentivos, como las primas o los privilegios, para ajustar sus incentivos o pueden considerar la posibilidad de modificar sus estructura jerárquica con el fin de cambiar del ritmo de los ascensos u otros parámetros.

Regla de ascenso: ¿torneo o norma?

Si nuestra empresa goza de absoluta flexibilidad para remunerar a sus trabajadores en los diferentes niveles jerárquicos, ¿cómo podemos optimizar los incentivos? Aunque la mayoría de las empresas no gozan de absoluta flexibilidad, conviene examinar primero este caso, ya que nos ayuda a comprender cómo funcionan los incentivos basados en los ascensos. Al final de este apartado volveremos a analizar este tema.

La primera cuestión es la regla que hay que utilizar para saber a quién se debe ascender. Se nos ocurren dos reglas extremas. Con la primera, la empresa asciende a un número fijo de empleados (a menudo, sólo a uno) cuyo rendimiento ha sido el más alto. Se trata de una competición, una liga, un *torneo*. En la segunda, la empresa asciende a todo empleado cuyo rendimiento alcance un determinado umbral (puede no ascender a ninguno o puede ascender a todos). Se trata de una *norma* absoluta. Por tanto, la regla de ascenso es una mera cuestión de cómo se evalúa el rendimiento. ¿Cuáles son las propiedades de cada enfoque?

Controlar la estructura o la calidad

Supongamos que la empresa tiene una jerarquía rígida en la que el número de puestos es fijo. Por ejemplo, la empresa tiene que decidir a quién va a ascender a director regional y hay un número fijo de regiones. Por poner otro ejemplo, en la práctica sólo puede haber un director general. En esos casos, los empleados compiten automáticamente entre sí por el ascenso y la empresa pone en marcha un torneo si cubre el puesto con un candidato interno. En términos más generales, cuanto más le cueste a la empresa modificar la estructura jerárquica, más probable es que sean deseables los torneos.

Sin embargo, un problema de los torneos es que la calidad puede ser más variable. Si la empresa se compromete a ascender al empleado que más ha rendido, puede ocurrir que en los años malos ascienda a una persona que carezca de las cualificaciones necesarias para ocupar el puesto de mayor nivel y coloque a un mal jefe en un puesto de responsabilidad. También puede ocurrir que en los años buenos no ascienda a algunos empleados que son muy buenos (aunque no los mejores), lo cual puede llevar a una mayor rotación o al mal aprovechamiento de los trabajadores cualificados. Cuando esas consideraciones son importantes, la empresa puede optar por utilizar una norma para decidir los ascensos, ya que las normas permiten controlar mejor la calidad de los empleados que son ascendidos y de los que no son ascendidos. Por este motivo, en las empresas en las que la calidad de los trabajadores es importante (por ejemplo, en los mejores bufetes de abogados o en las mejores universidades) es más probable que los ascensos se basen en una norma, más que en un torneo.

Naturalmente, la mayoría de las empresas probablemente utilicen una mezcla de ambos enfoques, ya que la introducción de demasiados cambios en la estructura jerárquica y la selección ineficaz de los trabajadores tienen sus costes. Por tanto, las empresas pueden favorecer que los trabajadores compitan entre sí por un ascenso, pero cuando el número de empleados de talento está fuera de lo normal, pueden suavizar sus reglas y ascender más o menos que en los años normales o cubrir el puesto con un trabajador externo a la empresa.

Evaluación relativa y absoluta

Otra diferencia fundamental entre los torneos y las normas es la *evaluación del rendimiento*. Cuando la empresa utiliza una norma, se evalúa el rendimiento del trabajador. Cuando los trabajadores compiten, se evalúa el rendimiento en relación con el de los demás competidores. Éste es un caso especial de un método general de evaluación del rendimiento, la *evaluación relativa del rendimiento* (*relative performance evaluation* o RPE). Como un torneo es un buen ejemplo de RPE, en el capítulo 9 pospusimos esta cuestión hasta ahora. Obsérvese, sin embargo, que las técnicas de RPE pueden emplearse para muchos tipos de incentivos.

Facilidad y objetividad de la evaluación

Un hecho a tener en cuenta es que las evaluaciones suele ser más fáciles en el caso de un torneo que en el de una norma. Como se trata de dar un premio concreto a un número de competidores, lo único que se necesita saber es cuál de ellos es el que más ha rendido. La empresa no necesita saber en qué medida su rendimiento ha sido mayor. Éste es un ejemplo de clasificación *ordinal* en lugar de *cardinal*; lo importante no es la distancia entre los competidores sino el orden. En muchos casos, es muy fácil saber quién ha sido el empleado que más ha rendido, incluso cuando el trabajo es complejo y tiene muchas dimensiones intangibles. A menudo es mucho más difícil saber cuánto ha rendido cada empleado (considérese la diferencia entre averiguar qué trozo de carbón es mayor y averiguar cuánto pesa cada uno). Además, como a todo el mundo suele resultarle más fácil saber qué empleados son los que más han rendido, el resultado de un torneo suele ser aceptado con más ecuanimidad por parte de todos. Estas ventajas son importantes.

Riesgo

Existen otras diferencias importantes entre las evaluaciones que se emplean para dirimir un torneo y las que se emplean para aplicar una norma. Un ejemplo es el riesgo (en este apartado nos referimos únicamente al riesgo incontrolable). Supongamos que en nuestra empresa hay dos vendedores, uno en Dinamarca y otro en Singapur. El rendimiento del empleado depende del esfuerzo (e), pero también de la buena y la mala suerte (error de medición). Supongamos, además, que la suerte depende de dos factores. El primero son los acontecimientos locales, como la situación de la economía danesa y de la economía singapurense, y lo que hacen los competidores en el mercado local (ε). El segundo son los acontecimientos internacionales, como la situación macroeconómica mundial o los precios del petróleo (η). Utilizando los subíndices S y D para referirnos a los dos empleados, tenemos que

$$MR_D = e_D + \varepsilon_D + \eta$$
$$MR_S = e_S + \varepsilon_S + \eta.$$

El término η no tiene un subíndice porque se supone que la situación económica internacional afecta a los dos vendedores por igual.

Si utilizamos una norma para decidir los ascensos, la medida del rendimiento del empleado danés es igual a MR_D. Si utilizamos un torneo, el ascenso se decide en función de quién tenga el mayor rendimiento total y la medida del rendimiento del empleado danés es:

$$RPE_D = MR_D - MR_S = e_D + \varepsilon_D + \eta - e_S - \varepsilon_S - \eta = e_D - e_S + \varepsilon_D - \varepsilon_S.$$

(En este ejemplo, $RPE_S = -RPE_D$). Esta medida es diferente de la primera en varios aspectos. En primer lugar, se ha eliminado el término correspondiente a la suerte que era común a ambos empleados, η. Eso reduce el error de medición en el caso del empleado danés. Sin embargo, se ha añadido un término de error, $-\varepsilon_S$. Por último, ahora el esfuerzo del empleado singapurense, e_S, desempeña un papel importante. ¿Qué medida del rendimiento es mejor?

Consideremos, en primer lugar, la cuestión del riesgo. La varianza de las dos medidas del rendimiento (suponiendo que no existe ninguna correlación entre las μ y η) es:

$$\sigma_D^2 = \sigma_\varepsilon^2 + \sigma_\sigma^2$$

$$\sigma_{RPE}^2 = 2 \times \sigma_\varepsilon^2.$$

La RPE puede reducir el riesgo *si* el error de medición que es común a los dos empleados, η, es más importante en la determinación del rendimiento (más variable) que el riesgo idiosincrásico, ε. En nuestro ejemplo, si los factores internacionales desempeñan un papel más importante que los factores locales en la determinación de las ventas en Dinamarca y Singapur, la evaluación relativa puede reducir el riesgo y mejorar así el plan de incentivos. En cambio, si el riesgo personal o local ε es más importante, la RPE aumenta el riesgo de medición del rendimiento.

Distorsión
Por último, la evaluación relativa puede distorsionar los incentivos de los trabajadores para cooperar. Para verlo, examinemos un modelo de mul-

titareas en el que cada trabajador puede realizar dos tipos de esfuerzo. El primero, e^R, aumenta el rendimiento del trabajador, mientras que el segundo, e^S, reduce el rendimiento del colega. Ésta es una manera sencilla de analizar lo que se suele llamar sabotaje. En este caso, las medidas absolutas del rendimiento de los trabajadores A y B son:

$$MR_A = e_A^R - e_B^S + \varepsilon_A + \eta$$

$$MR_B = e_B^R - e_A^S + \varepsilon_B + \eta$$

y la evaluación relativa (en el caso del trabajador A) es:

$$RPE_A = MR_A - MR_B$$
$$= (e_A^R - e_B^S + \varepsilon_A + \eta) - (e_B^R - e_A^S + \varepsilon_B + \eta)$$
$$= (e_A^R - e_B^R) + (e_A^S - e_B^S) + (\varepsilon_A - \varepsilon_B)$$

En el caso de la RPE, un empleado puede mejorar su evaluación de dos formas. Una es trabajar más en el sentido normal: aumentar e^R. La otra es el *sabotaje, e^S.* En cambio, no hay incentivos para sabotear al rival cuando la evaluación se basa en el rendimiento personal.

Puede haber un incentivo distorsionado similar cuando el empleado se dedica a influir sobre el supervisor, por ejemplo, a presionarle para que lo evalúe mejor o lo recompense más o para que realice actividades que prefiera el supervisor aun cuando no mejoren el valor de la empresa. Si esas actividades pueden mejorar la posición *relativa* que ocupa el empleado según el supervisor, las evaluaciones relativas aumentarán los incentivos de los empleados para realizarlas.

La RPE también reduce los incentivos de los trabajadores para *cooperar* en el trabajo. Éste puede ser un serio inconveniente de la RPE, ya que la mayoría de los trabajos son en alguna medida interdependientes.

En principio, es posible utilizar la RPE (por ejemplo, un torneo para decidir los ascensos) y resolver estos problemas incluyendo medidas de la cooperación y del sabotaje en la evaluación del rendimiento. Por ejemplo, se podría utilizar una evaluación subjetiva para fomentar la cooperación y reducir la tentación de sabotear a los colegas. No se ascendería a los que no participaran lo suficiente en el trabajo de equipo. Es evidente que en esas circunstancias las empresas tienen en cuenta estas cuestiones. Sin embargo, es probable que las soluciones descritas sean imperfectas, ya que la cooperación y el sabotaje a menudo son difíciles de detectar y de cuantificar. Por tanto, uno de los inconvenientes de la evaluación relativa es que es probable que sea menos eficaz cuando los trabajadores tienen un trabajo interdependiente. Por ejemplo, los torneos pueden dar muy buen resultado en el caso de los vendedores que trabajan en diferentes zonas geográficas o en el de los trabajadores de una cadena de montaje cuyo trabajo es relativamente independiente del resto. En cambio, es casi seguro que son una mala idea en el caso de los miembros de un mismo grupo de trabajo.

Otra solución sería utilizar una medida más amplia del rendimiento, como por ejemplo $MR_A + MR_B$. En ese caso, el trabajador tiene incentivos para cooperar y no sabotear, ya que el premio también depende del rendimiento del colega. De hecho, muchas empresas utilizan algún tipo de recompensa basada en el grupo (o en la unidad de negocios o en la división), en parte por esta razón. Naturalmente, ese tipo de medida *no* elimina como la RPE el error común de medición; generalmente lo aumenta. Más concretamente, cuando un empleado es recompensado en función del trabajo del grupo, corre más riesgos, ya que no puede controlar lo que hacen los colegas y su suerte. Ya lo mencionamos en el capítulo 9: la medida más amplia puede reducir las distorsiones, pero tiende a aumentar el riesgo.

Cuando esa distorsión no puede eliminarse de la evaluación, pero la cooperación es importante debido a que los trabajos son interdependientes, lo que debe hacer la empresa es cambiar la estructura de incentivos. Si sigue utilizando los ascensos para dar incentivos, tiene que reducir las recompensas de los ascensos. Aunque esa disminución reducirá los incentivos totales, también reducirá el sabotaje y aumentará la cooperación. Ésta es una sencilla aplicación de la idea de que los incentivos deben ser débiles cuando la evaluación distorsiona los incentivos para llevar a cabo tareas múltiples.

Una alternativa sería basar la recompensa en el grupo. Tanto la medida del rendimiento como la recompensa podrían basarse en los resultados del grupo. Otra alternativa sería basar los ascensos en el rendimiento absoluto en lugar del rendimiento relativo, si bien podría ser más difícil realizar las evaluaciones y habría que abordar las cuestiones planteadas en el capítulo 9.

Además, cuando la cooperación es importante, la empresa no debe dejar que sus trabajadores compitan por las recompensas. Eso induce a pensar que la composición del grupo que compite por el puesto puede ser importante. Más adelante nos extenderemos más sobre esta cuestión.

Por último, la empresa debe tener presente la importancia de la cooperación o de las posibilidades de sabotaje cuando selecciona a su personal. No todo el mundo coopera por igual o le da el mismo reparo sabotear a un colega. Cuando los trabajos son más interdependientes, es importante tratar de seleccionar a personas más proclives a la cooperación, que prefieran trabajar en grupo.

EVALUAR EL RENDIMIENTO SEGÚN UNA CURVA

Recuérdese que un motivo frecuente de queja en relación con las evaluaciones del rendimiento es que los jefes tienden a dar a muchos de sus empleados la misma puntuación. Otro motivo de preocupación es que algunos jefes son indulgentes, mientras que otros son estrictos. Es una forma de suerte que aumenta el riesgo del sistema de remuneración basado en el rendimiento.

Para resolver estos problemas, algunas empresas imponen diversos tipos de *curvas* a la distribución de las puntuaciones (algunas cursos universitarios utilizan sistemas similares de calificación). Algunas exigen porcentajes determinados en cada puntuación. Otras exigen que la media sea fija, aunque la distribución en torno a la media pueda variar. Estos métodos normalmente tienen algo de RPE, ya que si el jefe da a un trabajador una puntuación más alta, tiene que dar a algún otro una puntuación más baja.

Esos métodos pueden aumentar la dispersión de las puntuaciones de los empleados, la frecuencia con que se utilizan puntuaciones más bajas, etc. También pueden reducir el riesgo que corre el empleado de que los evaluadores sean demasiado indulgentes o poco exigentes. Para verlo, piénsese que cuando el evaluador es riguroso o indulgente, las puntuaciones de *todos* sus subordinados son más bajas o más altas. Éste es un tipo de error común de medición (η), como en nuestro análisis de la RPE. La RPE elimina este efecto.

Aunque las curvas poseen estas ventajas, tienen sus propios problemas. Al igual que cualquier tipo de RPE, no fomentan la cooperación y pueden propiciar el sabotaje. Imponen su propio tipo de riesgo, ya que un empleado puede verse evaluado en relación con un grupo muy bueno de colegas, lo cual reduce su puntuación (este efecto es menos probable si el sistema no se utiliza cuando el grupo es demasiado pequeño). Y puede no siempre ser óptimo informar claramente a los empleados sobre su rendimiento (véase más adelante). Por tanto, muchas empresas no utilizan curvas y algunas parece que unas veces utilizan uno de los métodos y otras veces el otro, ya que ninguno de los dos es perfecto.

General Electric (GE) es el ejemplo más famoso de empresa que ha utilizado con éxito una curva para evaluar a sus empleados; la llama TopGrading. Sin embargo, GE realiza muchas variantes junto con otros métodos para que el procedimiento le resulte eficaz. Por ejemplo, enseña a los directivos a realizar evaluaciones muy meticulosas y a controlar y documentar las valoraciones detenidamente. Eso reduce las posibilidades de ser demandada por los empleados descontentos. También es importante el hecho de que GE tiene una cultura corporativa muy agresiva (véase más adelante nuestro análisis de «los halcones y las palomas»). Se entiende perfectamente que si un empleado recibe una mala puntuación durante 2 años seguidos, corre el riesgo de ser despedido. Por último, GE tiene una organización enorme y compleja, por lo que a menudo puede reasignar a los trabajadores que rinden poco a puestos en los que encajen mejor, lo cual reduce los costes de despido (que incluirían los litigios potenciales).

¿Cómo generan incentivos los ascensos?

Estructura de los premios e incentivos

Como señalamos en los dos capítulos anteriores, los incentivos dependen de dos cosas: de cómo afecte el esfuerzo (el tipo de esfuerzo que aumenta la productividad, no el sabotaje) a la evaluación y de cómo se ligue la evaluación a los premios:

$$\frac{\Delta Remuneración}{\Delta esfuerzo} = \frac{\Delta Remuneración}{\Delta MR} \times \frac{\Delta MR}{\Delta esfuerzo}.$$

En el caso de un ascenso, el primer término del segundo miembro es una constante (el premio es fijo, una subida como consecuencia de un ascenso, etc.), ya que el empleado o recibe el premio o no lo recibe. Se parece a la figura 10.3 del capítulo anterior.

El segundo término es algo más complicado. En el caso de una norma absoluta, el umbral para recibir el premio es fijo. En el caso de un torneo, el concursante debe derrotar a un determinado número de competidores. Como su rendimiento no se conoce *ex ante*, el umbral para ganar el premio es incierto: es un blanco móvil. Por lo demás, los torneos y las normas pueden analizarse de la misma forma.

Para ver cómo se interpretan estas ideas en el caso de los ascensos, formulemos la condición para que el empleado reciba la recompensa. Supongamos que un empleado percibe un salario base de W_1 y que recibe una subida salarial de W_2 si es ascendido. Definamos la subida que experimenta el salario cuando es ascendido, el premio, de la forma siguiente: $\Delta W = W_2 - W_1$. Representando las probabilidades por medio de $pr(\times)$, tenemos que

$$Remuneración = pr(no\ ascendido) \times W_1 + pr(ascendido) \times W_2 =$$
$$W_1 + pr(ascendido)\Delta W,$$

ya que pr(no ascendido) $= 1 - pr$(ascendido). Por tanto,

$$\frac{\Delta Remuneración}{\Delta esfuerzo} = \Delta W \times \frac{\Delta pr(ascendido)}{\Delta esfuerzo}.$$

Considerando que la medida del rendimiento es binaria (el rendimiento es suficientemente bueno para ser ascendido o no lo es), el primer término es $\Delta Remuneración/\Delta MR$ y el segundo es $\Delta MR/\Delta esfuerzo$. Éstos son los dos mismos términos que siempre afectan a los incentivos.

Nivel de remuneración

Hay un resultado inmediato que conviene destacar: lo más importante en el caso de los incentivos basados en los ascensos es el cambio de la remuneración ΔW. Se trata de una aplicación de la observación que hicimos en el capítulo 10 de que la forma de la relación entre la remuneración y el rendimiento determina los incentivos mucho más que el nivel absoluto de remuneración. En términos gráficos, al igual que en la figura 10.1 del capítulo 10, el nivel de remuneración desplaza la relación entre la remuneración y el rendimiento hacia arriba o hacia abajo para aumentar o reducir el nivel total de remuneración esperada. Por ejemplo, la remuneración esperada en las ecuaciones anteriores puede ajustarse cambiando W_1 sin cambiar ΔW (por tanto, cambiando W_2 en la misma cuantía que W_1).

Esta observación es general: cuando la empresa diseña el paquete retributivo, tiene dos instrumentos diferentes para dos fines distintos. El salario base generalmente se utiliza para asegurarse de que la empresa puede contratar a empleados de la calidad adecuada y retenerlos. Responde a la oferta y la demanda de determinadas cualificaciones en el mercado de trabajo. También se ajusta para tener en cuenta el nivel total de esfuerzo y de riesgo que entraña el sistema de incentivos.

En muchos casos, la empresa tiene muchas menos limitaciones a la hora de modificar la remuneración en función del rendimiento o incluso con el paso del tiempo (como veremos cuando analicemos la remuneración basada en la antigüedad). Puede utilizar esta flexibilidad para decidir los incentivos adecuados, al margen de la cuestión de la selección de trabajadores y de su capacidad de retenerlos.

El premio resultante del ascenso

Lo más importante de la última ecuación es que los incentivos basados en los ascensos son mayores cuanto mayor sea la subida salarial (y demás recompensas) que acompañen al ascenso. En cualquier competición, cuanto mayor sea el premio, mayor será el esfuerzo que se haga por conseguirlo. Hay muchos ejemplos en los deportes. Los equipos tienden a esforzarse mucho más en los partidos más importantes, en los que hay más en juego. Tienden a tomárselo con calma en los partidos menos importantes. Lo mismo tienden a hacer los empleados.

Podemos aplicar esta idea a los datos de la tabla 11.1 (o a los gráficos de la figura 11.1). Las subidas salariales, y las recompensas a más largo plazo, que llevan aparejados los ascensos tienden a ser mayores en los niveles jerárquicos más altos. Eso induce a pensar que los incentivos tienden a ser mayores en los niveles más altos (sin embargo, no tiene por qué ser necesariamente así, ya que aún no hemos analizado el segundo término de la última ecuación).

En una primera aproximación, la subida salarial que recibe el trabajador cuando es ascendido es una buena estimación de la recompensa resultante del ascenso. Es la consecuencia inmediata del ascenso y está garantizada una vez que se asciende. Por tanto, es el mejor punto de partida para analizar la estructura de incentivos que genera la estructura jerárquica de una empresa.

Una estimación más compleja del premio resultante de un ascenso reconoce que un beneficio adicional del ascenso es que el empleado reúne los requisitos para recibir otras recompensas. Éstas normalmente consisten en mayores subidas a partir del nuevo puesto de trabajo (como sugiere la última columna de la tabla 11.1) y la posibilidad de competir por el siguiente ascenso. Éstas recompensas también tienen algún valor para el empleado, si bien pesan menos que la subida que experimenta inmediatamente el salario como consecuencia del ascenso, ya que requieren un esfuerzo mayor y no están garantizadas.

Eso implica que la remuneración en los niveles más altos del escalafón –o en las fases posteriores de una competición– afecta a los incentivos en *todos los niveles inferiores*. Cuanto mayor sea la diferencia retributiva entre el nivel 5 y el nivel 6, mayor debe ser la motivación en *todos* los niveles comprendidos entre el 1 y el 5 (naturalmente, el efecto puede ser pequeño en los niveles superiores al 6, ya que las probabilidades de pasar de un nivel inferior hasta un nivel superior al 6 pueden ser bastante bajas). En otras palabras, la estructura retributiva de los distintos niveles del organigrama puede influir considerablemente en los incentivos en los niveles inferiores.

Una de las consecuencias de este hecho es que es más importante dar premios mayores en los niveles más altos, puesto que estos premios dan incentivos a más empleados, ya que hay más niveles por debajo de ellos. Ésta es una explicación de las razones por las que los salarios suben rápidamente con el nivel jerárquico, como se observa en la figura 11.1 y por las que los niveles de remuneración de los ejecutivos a menudo son bastante altos. Los elevados niveles de remuneración de los ejecutivos pueden no sólo cumplir el propósito de remunerar a los ejecutivos propiamente dichos sino que, además, pueden motivar a sus subordinados a luchar por convertirse en uno de ellos.

Probabilidades de ascenso e incentivos

El primer término de la última ecuación anterior muestra cómo afecta el esfuerzo a las probabilidades de ser ascendido. En un sentido abstracto, la medida del rendimiento cuando la recompensa es fija es binaria: el rendimiento del empleado es suficiente para recibir la recompensa o no lo es. Por tanto, este término es igual que $\Delta MR/\Delta e$.

El análisis formal del efecto de las probabilidades de ascenso es técnico. Sin embargo, la idea intuitiva es sencilla y se aplica tanto a los torneos como a las normas. Consideremos dos extremos. En uno de los casos, el ascenso está garantizado y las probabilidades son iguales a uno. En el otro, el ascenso es imposible y las probabilidades son iguales a cero. En estos dos extremos, no tiene sentido esforzarse, ya que el grado de esfuerzo no influirá en el resultado. Los incentivos serán nulos. Es evidente que la única forma de que haya un incentivo es que nos hallemos en un caso intermedio, en el que sea posible el ascenso, pero ni demasiado difícil ni demasiado fácil[2].

Intuitivamente, los incentivos dependen del efecto de un esfuerzo adicional en las probabilidades de conseguir el ascenso, dado que la suerte también desempeña un papel importante, aunque es relativamente poco probable que se tenga mucha suerte o poca suerte. Si las probabilidades de conseguir un ascenso son bajas, las probabilidades de que el esfuerzo adicional influya en el resultado son muy pequeñas, ya que para conseguir el ascenso también es necesario tener mucha suerte.

Quizá de un modo menos intuitivo, lo mismo ocurre cuando las probabilidades de ascenso son muy altas. En ese caso, el empleado tiene incentivos para vaguear, ya que es improbable que una reducción de su esfuerzo haga que deje de ser ascendido. Tendría que ir acompañada de muy mala suerte. Por eso, por ejemplo, los equipos deportivos tienden a sacar a los suplentes cuando llevan mucha ventaja.

En las organizaciones reales, las probabilidades de ser ascendido al siguiente nivel jerárquico tienden a ser muy inferiores a $\frac{1}{2}$, sobre todo en los niveles más altos. Por tanto, en la práctica, con una recompensa dada, los incentivos para ascender son menores cuanto más baja sea la tasa de ascensos.

Suerte

Al igual que ocurre en todos los sistemas de incentivos, la suerte influye en los incentivos para ascender. En nuestros sistemas de incentivos más sencillos del capítulo 10, la suerte aumentaba la prima de riesgo que exigía el empleado y, por consiguiente, reducía la intensidad óptima de los incentivos. La suerte también desempeña esas funciones en nuestro caso, al igual que en cualquier sistema de incentivos. Sin embargo, desempeña un papel distinto aquí: también reduce los incentivos.

Supongamos que estamos jugando al tenis. Unos días hay poco viento, otros hay mucho. Cuando hay poco viento, controlamos mejor nuestros golpes. Cuando hay mucho viento, los controlamos menos. Eso significa que en los días ventosos es menos probable que el resultado dependa de que el tenista juegue mejor y más probable que dependa

---

[2] Según algunos estudios de contabilidad y de psicología, cuando mayores son los incentivos es en el caso en el que el empleado tenga un 50 por ciento de probabilidades de alcanzar el objetivo necesario para recibir la recompensa. Los modelos económicos ayudan a explicar la razón.

de la buena o la mala suerte. Lo mismo ocurre con los ascensos, tanto en el caso de los torneos como en el de las normas.

Como consecuencia de este efecto, el riesgo reduce la influencia del esfuerzo en los resultados; reduce $\Delta pr(ganar)/\Delta e$[3]. Este efecto se analiza formalmente en el apéndice. Y naturalmente significa que $\Delta MR/\Delta e$ es menor cuando el error de medición es mayor. A estas alturas el lector ya sabe lo que eso significa: los incentivos son bajos.

¿Cuáles son las consecuencias de la suerte sobre los incentivos óptimos? Si el error de medición es mayor, los incentivos serán menores, a menos que la empresa aumente el tamaño del premio. Una respuesta posible es incurrir en costes adicionales para medir mejor el rendimiento. Otra es cambiar la estructura de los premios. Las estructuras óptimas de los premios tienden a estar más sesgadas (tienden a dar una recompensa mayor a los empleados que más rinden) cuando la suerte desempeña un papel más importante.

La cuestión de que la suerte sea importante y afecte a la estructura salarial óptima tiene consecuencias sobre las diferencias salariales sectoriales o internacionales. Consideremos, por ejemplo, la diferencia entre Estados Unidos y Japón. En Japón, las estructuras salariales están más comprimidas que en Estados Unidos. En Japón, los altos ejecutivos ganan menos en relación con los trabajadores de la cadena de producción que en Estados Unidos. Algunos lo han atribuido a un despilfarro de las empresas estadounidenses y a la codicia de sus altos directivos.

Otra explicación podría ser que en el mundo de la empresa hay más riesgos en Estados Unidos que en Japón. En Estados Unidos, es posible que los ascensos dependan más de factores aleatorios. Por ejemplo, en Japón los empleados ascienden más tarde que en Estados Unidos. Para cuando un directivo japonés es nombrado director general, la empresa tiene pruebas muy claras de su productividad. Es improbable que los errores de medición desempeñen un papel determinante en los ascensos. Si en Estados Unidos la suerte influye más en los ascensos, es posible que las empresas estadounidenses contrarresten los efectos de la suerte –una reducción del esfuerzo– eligiendo unas diferencias salariales mayores.

---

[3] Eso es cierto sólo si las tasas de ascenso no son demasiado cercanas a 0 o a 1. Cuanto más cerca se encuentren de uno de los dos extremos, más probable es que ocurra lo contrario, debido a que en estos casos un esfuerzo adicional sólo tiene consecuencias cuando va acompañado de mucha suerte o de poca suerte.

Lo mismo ocurre con las diferencias salariales entre los sectores nuevos y viejos. Si la suerte influye más en el rendimiento de un empleado en los sectores más nuevos, la varianza de las estructuras salariales de las empresas de estos sectores puede tender a ser mayor que en las empresas de los sectores más antiguos y consolidados.

Recapitulación

Vemos que los torneos y las normas tienen en muchos aspectos las mismas consecuencias sobre el diseño de los planes de incentivos. La cuestión más importante es el tamaño del premio de un ascenso. Una buena estimación de partida es la subida salarial resultante del ascenso. La estimación sería mejor si tuviera en cuenta el valor añadido que tienen para el empleado las mejores perspectivas profesionales que lleva aparejado todo ascenso.

El siguiente factor importante es la tasa de ascensos. Cuando las tasas de ascensos son más altas, generalmente significa (siempre y cuando no sean demasiado altas, lo cual no tiende a ocurrir dentro de las empresas) que los incentivos son mayores, dada la recompensa.

Agregando estas dos ideas, si la empresa tiene suficiente flexibilidad para remunerar a los trabajadores de sus diferentes niveles jerárquicos y fijar los niveles retributivos únicamente para proporcionar unos incentivos óptimos, la subida salarial resultante de un ascenso debe ser mayor cuando la tasa de ascensos es menor y viceversa. También debe tender a ser mayor en los niveles jerárquicos más altos.

Por último, cuando la suerte o el error de medición del rendimiento son mayores, esto significa no sólo que el empleado tiene que recibir asimismo una prima de riesgo mayor sino también que los incentivos de los ascensos son menores.

Los torneos y las normas se diferencian en algunos aspectos importantes. Los torneos son necesarios cuando el número de puestos es fijo; permiten controlar mejor el número de empleados ascendidos. Las normas son más útiles cuando la calidad de los empleados ascendidos es más importante. En segundo lugar, los torneos son una forma de RPE, por lo que normalmente distorsionan los incentivos en detrimento de la cooperación y a favor del sabotaje de los compañeros de trabajo. Las normas no producen estos efectos secundarios negativos.

Cuestiones avanzadas
Heterogeneidad de los empleados

La teoría anterior se basa en el supuesto de que todos los empleados que esperan ascender sean idénticos. ¿Qué ocurre si sus aptitudes o alguna otra dimensión importante varían de unos a otros? Resulta que la mezcla de empleados de diferentes tipos puede plantear dos problemas en los planes de incentivos basados en los ascensos.

Diferencias de aptitudes

Si las aptitudes varían de unos empleados a otros, también varían las probabilidades de que consigan ascender. Los que tienen más aptitudes pueden tener muchas probabilidades de conseguir un ascenso. Por tanto, como hemos visto antes, tenderán a tener menos incentivos. Asimismo, los que rinden poco pueden tener pocas probabilidades de ascender, por lo que aún se esforzarán menos. Los empleados que crean que su rendimiento se encuentra exactamente en el punto medio entre conseguir el ascenso y no conseguirlo son los que tendrán más incentivos.

Consideremos, por ejemplo, la estructura retributiva de la figura 10.3 del capítulo 10. El umbral para ser ascendido es U (que podría ser fijo, como en el caso de una norma, o variable, como en el caso de un torneo). Si el empleado cree que su rendimiento es cercano a U, tiene muchos incentivos, ya que el efecto adicional que produce un pequeño esfuerzo en la recompensa esperada es muy grande. Si cree que su rendimiento es demasiado superior o inferior a U, es posible que tenga muy pocos incentivos. En otras palabras, los incentivos basados en los ascensos tienden a no funcionar bien cuando los empleados son heterogéneos.

¿Qué se puede hacer para resolverlo? Si la empresa utiliza una norma para decidir los ascensos, puede simplemente fijar una norma U distinta para cada empleado e imponer una norma más rigurosa para los empleados mejores y viceversa. Desgraciadamente, eso influiría negativamente en la selección del personal: sería más fácil para los trabajadores que tienen pocas aptitudes ser ascendidos y más difícil para los trabajadores que tienen muchas aptitudes.

En esos casos, la empresa debe dedicar algunos recursos a preseleccionar a los empleados para reducir las diferencias de aptitudes. En las competiciones deportivas, los deportistas están divididos en ligas diferentes, de manera que los que tienen parecidas aptitudes compiten entre sí. Dentro de las empresas, cuanto más ha ascendido ya la empresa a los empleados, más homogéneo es el grupo de empleados restantes que reúnen las condiciones para ser ascendidos. Por tanto, es probable que este problema sea más importante en los niveles inferiores que en los niveles superiores.

¿Podrían autoseleccionarse correctamente los trabajadores como en el capítulo 2? Desgraciadamente, la respuesta es en general negativa. Los trabajadores que tienen pocas aptitudes tienden a tener incentivos para tratar de acceder a los sistemas de ascenso (o a las ligas deportivas) pensados para los trabajadores que tienen muchas aptitudes, ya que el salario base es más alto en el sistema pensado para los trabajadores que tienen más aptitudes.

Una interesante consecuencia de la heterogeneidad del rendimiento y de los incentivos basados en los ascensos está relacionada con las evaluaciones subjetivas del rendimiento. Naturalmente, los ascensos normalmente se basan en evaluaciones subjetivas del rendimiento del trabajador realizadas por el supervisor. Imaginemos que somos supervisores y que estamos tratando de decidir qué vamos a decirles a nuestros subordinados. Los subordinados confían en que los ascendamos, pero la decisión de ascenderlos la tomaremos en el futuro. ¿Qué les diremos?

Si tienen razón en el margen, darles esta información no puede sino reforzar sus incentivos. La cuestión interesante es qué decir a los subordinados cuyo rendimiento es superior al umbral necesario para ser ascendido. Si el objetivo es maximizar la motivación y les damos una información precisa y clara a los empleados que van en cabeza o a los que van rezagados con respecto al ascenso, sus incentivos pueden muy bien disminuir.

En cambio, si le damos a un empleado que rinde mucho una información algo negativa (o menos favorable de lo que se merece), podemos alterar su percepción de su rendimiento e inducirlo a tener un rendimiento más cercano al umbral y aumentar sus incentivos. Asimismo, si le damos a un empleado que rinde poco una información más positiva de lo que se merece, es posible que aumente su motivación, ya que es menos probable que pierda la esperanza de ser ascendido.

Eso significa que cuando los incentivos para ascender son grandes y las evaluaciones son subjetivas, los supervisores tienen algunos incentivos para distorsionar la información que dan a sus empleados. Pueden ser especialmente reacios a dar una información negativa a los empleados que rinden poco, por temor a que eso los desmotive. Y aunque no den una información distorsionada, pueden dar una información vaga, al menos para que sea más difícil para los que van en cabeza y los que van rezagados averiguar dónde se encuentran. Estas ideas pueden ayudar a explicar algunos hechos sobre las evaluaciones subjetivas del rendimiento: las distribuciones tienden a estar concentradas y sesgadas al alza; los supervisores tienden a ser reacios a dar una información explícita a los subordinados; y los subordinados a menudo no confían en que se valore justamente su rendimiento.

Diferencias de personalidad

Ya hemos analizado el problema del sabotaje y de la falta de cooperación que los torneos pueden plantear. Supongamos ahora que los empleados tienen diferente personalidad: unos son más agresivos o tienden menos a cooperar, mientras que a otros tiende a gustarles personalmente más la cooperación o el trabajo en equipo en el centro de trabajo. Si se mezclan estos dos tipos de empleados en un centro de trabajo en el que las recompensas se conceden competitivamente, pueden surgir problemas.

Ilustraremos esta idea con el siguiente ejemplo. Consideremos cuatro trabajadores, dos de los cuales son *halcones*, H_1, H_2, y dos son *palomas*, P_1, P_2. Los halcones son agresivos, mientras que las palomas son cooperativas. Existen varias formas de dividirlos en equipos de producción. La tabla 11.2 enumera algunas posibilidades.

Tabla 11.2. Formación de los grupos en función del tipo de personalidad de los empleados

	Grupo			
Configuración	1	2	3	4
A	$H1, H2, P1, P2$			
B	$H1, P1, P2$	$H2$		
C	$H1, H2$	$P1, P2$		
D	$H1, P1$	$H2, P2$		
E	$H1$	$H2$	$P1$	$P2$

Los dos casos extremos son el *A* y el *E*. En la configuración *A*, todos trabajan juntos. En la configuración *E*, todos trabajan por separado. La configuración *E* carece de todas las ventajas de la interacción entre los trabajadores. Si la mezcla de diferentes tipos de trabajadores puede generar muchas sinergias, la empresa querrá considerar la posibilidad de establecer una estructura como la *A*. En ese caso, veremos que sería un error un sistema de recompensas como los torneos.

El problema de incentivos que se plantea cuando se mezclan diferentes tipos de empleados es que los agresivos halcones tienden a cooperar incluso menos y a sabotear incluso más cuando se juntan con palomas. La idea intuitiva es que la recompensa se basa en el rendimiento relativo, lo cual induce a los dos no cooperar. Pero el halcón sabe que es probable que la paloma coopere más y sabotee menos que él. Eso significa que el halcón tenderá a mermar más el rendimiento de la paloma, por lo que se encontrará en mejores condiciones de conseguir el ascenso.

Eso también significa que ahora su rendimiento relativo será diferente. Como hemos señalado antes, cuando el rendimiento relativo varía de unos empleados a otros, los incentivos de los torneos tienden a ser menores. Por tanto, las diferencias de personalidad pueden hacer que las diferencias de incentivos sean aun peores cuando las recompensas se dan competitivamente.

Este efecto no se produciría si los halcones se emparejaran con halcones y las palomas con palomas, ya que en ese caso competirían entre sí con los mismos incentivos y la misma personalidad. Desgraciadamente, los halcones tienen algunos incentivos para competir con las palomas, por lo que generalmente no se produce una autoselección. Una vez más, vemos que es beneficioso seleccionar a los trabajadores de tal manera que los empleados similares compitan entre sí, sobre todo cuando la empresa utiliza un torneo.

Este tipo de efecto sugiere una de las razones por las que la cultura corporativa varía de unas empresas a otras. Las empresas en las que hay más competencia en sus estructuras retributivas deben buscar óptimamente empleados más agresivos (y esperar menos cooperación) y viceversa. Observamos que existe una relación entre algunas cuestiones que hemos analizado en este libro: el grado de interdependencia del trabajo de los empleados es importante para saber si éstos deben competir por las recompensas. Eso afecta, a su vez, al tipo de empleado que debe reclutar la empresa y a la cultura corporativa resultante.

Incentivos para los perdedores

Uno de los problemas que plantea el sistema de incentivos basado en ascensos es que sólo motiva en la medida en que el empleado piense que tiene bastantes posibilidades de ser ascendido. Los empleados que no compiten por el ascenso, como los que no han sido ascendidos en las rondas anteriores, no están motivados. Esta disminución de la motivación extrínseca de los que llevan mucho tiempo en un puesto y de los que no tienen perspectivas de seguir mejorando profesionalmente, es uno de los motivos de la frecuente queja de que esos trabajadores son «ramas secas», relativamente improductivos[4].

---

[4] Otra de las causas de este fenómeno, llamado a veces principio de Peter (según el cual los empleados son ascendidos hasta alcanzar el nivel en que resultan incompetentes), es que las aptitudes medias de los trabajadores dismi-

Las empresas pueden hacer varias cosas con esos trabajadores. Una es animarlos a abandonar la empresa o a buscar un puesto más adecuado en la misma (véase, por ejemplo, el recuadro anterior sobre General Electric). Otra es darles algún otro tipo de incentivo. Por ejemplo, las empresas pueden ofrecer una remuneración más alta basada en el rendimiento en forma de pluses anuales a los trabajadores que no tienen muchas perspectivas de ser ascendidos. Por último, los supervisores pueden aumentar la motivación intrínseca ofreciendo a esos empleados la oportunidad de realizar nuevas tareas y aprender nuevas cualificaciones.

Contratación externa

Naturalmente, las empresas a menudo contratan trabajadores de fuera y no sólo para cubrir los puestos del nivel de entrada. ¿Cómo afecta la contratación externa a los incentivos basados en los ascensos?

En primer lugar, la contratación externa tiende a reducir los incentivos de los candidatos internos: reduce la probabilidad de que éstos sean ascendidos, lo cual reduce generalmente sus incentivos. Recuérdese, además, el conflicto de la empresa entre el deseo de ascender al mejor candidato al puesto de nivel superior y el deseo de ascender al que más rinde. Una vez que los empleados han realizado el esfuerzo, la empresa puede tener la tentación de ascender en función del rendimiento potencial y no en función del rendimiento anterior, aunque afirmara en su momento que ascendería al empleado que más rindiera (éste es otro ejemplo del problema del oportunismo). Naturalmente, si los empleados prevén este problema, tienen de entrada menos incentivos. La contratación externa no hace sino empeorarlo.

Por tanto, un importante coste de la contratación externa que las empresas deben tener en cuenta es que puede reducir la motivación de sus empleados. La mayoría de las empresas muestran preferencia por cubrir las vacantes con candidatos internos y ésta es una de las explicaciones (otra es el capital humano específico de la empresa).

La contratación externa tiene realmente ventajas. Recuérdese que la ventaja de utilizar una norma absoluta para decidir los ascensos se halla en que la empresa controla mejor la calidad de los empleados en el pues-

---

nuyen cuanto más tiempo permanecen en el mismo puesto. Eso se debe a que las empresas están seleccionando continuamente a los trabajadores que tienen más aptitudes para ascenderlos.

to de nivel superior. La ventaja de un torneo reside en que es más fácil evaluar el rendimiento, ya que es una RPE y lo único que cuenta es la clasificación ordinal. Contratando fuera y realizando torneos, la empresa puede aprovechar las dos ventajas simultáneamente. Los ascensos pueden basarse en las clasificaciones relativas obtenidas en un torneo. Sin embargo, los años en los que la calidad de los candidatos internos es demasiado baja, la empresa puede decidir contratar externamente. Esta última opción reduce algo los incentivos, pero como la empresa sólo recurre a ella esporádicamente, la reducción debería ser pequeña. Y la empresa puede evitar así ascender a empleados de poca calidad a puestos de nivel más alto. Además, el hecho de competir con posibles candidatos externos puede reducir los incentivos para sabotear a los candidatos internos.

Rotación

La rotación es bastante importante para que el sistema de incentivos basados en los ascensos sea eficaz. Cuanto mayor es la rotación, más vacantes hay, lo cual aumenta los incentivos para ascender. Por tanto, si una empresa recurre mucho a los ascensos para dar incentivos, puede ser muy útil que haya un alto grado de rotación. Y a la inversa, cuando la rotación es baja, es improbable que funcionen bien los incentivos basados en los ascensos. Pensemos en un punto del organigrama en el que la jerarquía se reduce rápidamente: hay muchos menos puestos en el nivel superior que en el nivel inferior. En ese caso, las tasas de ascensos serán muy bajas, por lo que habrá pocos incentivos, a menos que la recompensa que llevan aparejados los ascensos sea muy alta. La empresa tiene varias opciones. Puede tratar de reestructurar la jerarquía para elevar las tasas de ascensos a largo plazo. A corto plazo, puede tratar de ascender a algunos empleados de nivel superior o de despedirlos.

Evidencia

Si es difícil observar los efectos de los incentivos basados en los ascensos en el seno de las empresas, es porque en esos casos no se dispone de medidas individuales de la producción. La mayor parte de los datos empíricos sobre la teoría de los torneos y las normas procede de otras fuentes. Por ejemplo, existen varios estudios en los que se ha tratado de averiguar si hay una relación positiva entre los premios y el rendimiento en algunas competiciones deportivas como los torneos de golf. Estos resultados tienden a corroborar considerablemente las predicciones, lo cual induce a pensar que los deportistas profesionales responden a los incentivos. De hecho, muchos equipos deportivos profesionales utilizan complejos sistemas de incentivos para sus jugadores, lo cual indica que creen que pueden motivar a sus empleados de esta manera.

Existe otra serie de tests en los que se han realizado experimentos de laboratorio para ver si los participantes (normalmente estudiantes universitarios) se comportan como predice la teoría. Estos estudios tienden a mostrar que cuanto mayor es el premio, mayor es el esfuerzo, que cuanto mayor es el riesgo, menor es el esfuerzo y que cuanto menor es la probabilidad de ganar, menor es el esfuerzo. Todos estos resultados confirman las predicciones. Además, la cantidad de esfuerzo que realizan los estudiantes normalmente converge rápidamente con la cantidad que predice exactamente la teoría. Hay, sin embargo, un enigma: la varianza de la producción es mayor de lo que predice la teoría con los torneos, pero no con las normas. Parece que existen cada vez más datos que inducen a pensar que cada persona reacciona de forma distinta a las competiciones, lo cual podría explicar ese resultado. Por ejemplo, cuando se ofrece la posibilidad de elegir entre un torneo y una norma, los hombres eligen los torneos relativamente más que las mujeres.

Existen algunos estudios en los que se ha tratado de ver si las prácticas que utilizan las empresas para evaluar el rendimiento y las estructuras retributivas varían como predice la teoría descrita. Los datos sobre las probabilidades de que las empresas utilicen más la RPE o una norma absoluta para decidir los ascensos son bastante diversos. Probablemente se pueda decir sin temor a equivocarse que las empresas utilizan una u otra práctica (e incluso ponen más o menos énfasis en cada puesto de trabajo) dependiendo de lo importante que sea ajustar la estructura jerárquica o controlar la calidad de los empleados ascendidos.

Hay otros estudios en los que se han examinado las consecuencias de la teoría para las estructuras retributivas (por ejemplo, ¿es mayor la subida salarial resultante del ascenso si las probabilidades de ser ascendido son menores?). Esos estudios generalmente concuerdan con la idea de que las empresas diseñan sus estructuras retributivas de acuerdo con la teoría. Desgraciadamente, hay otras explicaciones verosímiles de los resultados de la mayoría de estos estudios. Por ejemplo, si la tasa de ascensos es muy baja, la diferencia de talento entre los empleados ascendidos y los empleados no ascendidos debe ser mayor. Eso significa que la subida salarial resultante del ascenso debe ser más alta. Esta explicación se basa únicamente en la selección y no tiene nada que ver con los incentivos. Por tanto, es muy difícil saber con seguridad si las empresas diseñan o no explícitamente las estructuras retributivas de los diferentes niveles jerárquicos para optimizar los incentivos.

¿TORNEOS PARA LOS PROFESORES DE ECONOMÍA EN ESTADOS UNIDOS?

Existe un estudio en el que se trata de ver si son los torneos o las normas los que mejor describen la política retributiva de los departamentos de economía de las universidades de Estados Unidos. Se trata de un buen entorno para contrastar la teoría, ya que los departamentos universitarios son jerárquicos, tienen sistemas en los que los empleados son ascendidos o despedidos y se hacen públicos algunos datos sobre su productividad (sobre la cantidad y la calidad de las investigaciones publicadas).

Uno de los resultados del estudio es que los profesores jóvenes tienden a ser más productivos si en su departamento es mayor la diferencia salarial entre los *assistant professors* y los *associate professors*. Este resultado es coherente con la idea de que las diferencias salariales generan incentivos.

Otro interesante resultado es que no parece que los mejores departamentos de economía realicen exactamente ni torneos ni normas sino que recurren a contratar profesores de fuera cuando la calidad de los candidatos internos es demasiado baja. Como los profesores tienen poco capital humano específico de la empresa, compiten entre sí en el mercado de trabajo académico en general, en lugar de competir sólo internamente y cambian frecuentemente de universidad.

Fuente: Coupé, Smeets y Warzynski (2006).

PREOCUPACIÓN POR LAS PERSPECTIVAS PROFESIONALES

En un mercado de trabajo activo, los empleados pueden estar motivados en parte porque si rinden bien, pueden tener más oportunidades de empleo fuera de la empresa. Este tipo de incentivo a menudo se denomina *preocupación por las perspectivas profesionales*[5]. Es más importante en los sectores en los que el capital humano es más general y en los que otros posibles empleadores pueden evaluar el rendimiento. Son buenos ejemplos los científicos (cuyas investigaciones se publican), los deportistas profesionales y los altos ejecutivos de las empresas que cotizan en bolsa. Es probable que las perspectivas profesionales preocupen en todos los sectores.

La preocupación por las perspectivas profesionales tiene algunas consecuencias interesantes. La tendencia de los trabajadores debe ser a estar más motivados al principio de su carrera, ya que están tratando de adquirir una reputación en el mercado de trabajo. A medida que avanzan en su carrera, se conocen mejor sus aptitudes y hay menos posibilidades de influir en el valor de mercado.

Otra consecuencia es que la tendencia de los trabajadores más jóvenes debe ser a estar más dispuestos a asumir riesgos, como probar a realizar trabajos poco corrientes en los que las perspectivas son inciertas: si las cosas no salen bien, tienen más tiempo para recuperarse. Por tanto, la gente tiene una tendencia general a ser más conservadora a medida que avanza en su carrera.

REMUNERACIÓN BASADA EN LA ANTIGÜEDAD E INCENTIVOS

Los datos de la figura 11.1 y de la tabla 11.1 inducen a pensar que el aumento de los ingresos no se debe solamente a los ascensos sino también a las subidas de los salarios a lo largo del tiempo. Naturalmente, las subidas pueden ser un incentivo si van ligadas a la evaluación del rendimiento. Sin embargo, en muchas empresas la antigüedad desempeña un importante papel en las subidas salariales. A primera vista, parecería que la vinculación de las subidas salariales a la antigüedad no genera incentivos, ya que no dependen directamente del rendimiento. En este apartado, explicamos brevemente por qué la remuneración basada en la antigüedad también puede utilizarse como un incentivo a largo plazo.

Para simplificar el análisis, supongamos que los trabajadores de una empresa pueden trabajar realizando un elevado nivel de esfuerzo o un

---

[5] La preocupación por la carrera profesional debería inducir a los empleados tanto a invertir en capital humano como a esforzarse más. Centramos la atención en la segunda cuestión, pero la relación con el capital humano ya debería ser evidente para el lector después de leer el capítulo 3.

bajo nivel de esfuerzo. Un empleado que trabaja realizando un elevado nivel de esfuerzo produce a lo largo de su carrera una cantidad representada por la curva *V* en la figura 11.2. A medida que adquiere experiencia, su producción aumenta hasta un punto determinado, a partir del cual puede disminuir. El trabajador puede elegir, por el contrario, un bajo nivel de esfuerzo y producir *V'*, que es menor que *V*. Supongamos que la elección de un elevado nivel de esfuerzo es la opción eficiente. En otras palabras, la diferencia de productividad entre *V* y *V'* es mayor que la desutilidad marginal de trabajar realizando un elevado nivel de esfuerzo en lugar de un bajo nivel de esfuerzo. Por tanto, a la empresa y al empleado les gustaría estructurar un contrato en el que se realizara un elevado nivel de esfuerzo.

Además, para explicarlo fácilmente, examinemos un sencillísimo sistema de evaluación del rendimiento. Si el trabajador se escaquea (produce poco) en un periodo cualquiera, hay algunas probabilidades de que la empresa lo detecte, en cuyo caso el trabajador será penalizado (por ejemplo, despedido).

La senda *Alt* es el valor del uso alternativo del tiempo del trabajador. A medida que éste se acerca a la jubilación, es probable que la mejor

Figura 11.2. Productividad y remuneración a lo largo de la carrera

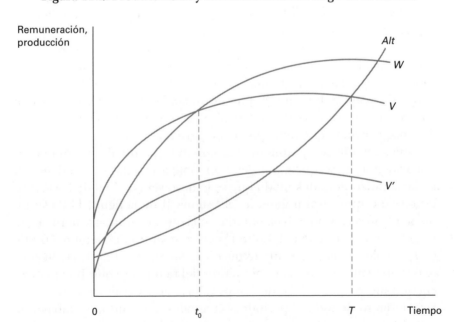

alternativa sea el ocio. Por tanto, T es la fecha en la que el trabajador debe jubilarse. En otras palabras, un trabajador por cuenta propia que produjera V se jubilaría voluntariamente en T.

La senda W es un perfil salarial posible que se ofrece al empleado a lo largo del tiempo. Se ha trazado de tal forma que el valor actual descontado de W desde cero hasta T sea exactamente igual al valor actual descontado de V durante ese mismo periodo. Un trabajador que perciba V en cada periodo recibirá el valor exacto de la producción. Un trabajador que perciba W recibirá una cantidad inferior a su productividad hasta el periodo t_0 y superior a partir de entonces. A lo largo de toda la carrera, la remuneración equivaldría al valor de la producción en valor actual.

¿Por qué molestarse en distorsionar el perfil salarial de esta manera? Los incentivos no son los mismos a lo largo de cada perfil. Son mayores a lo largo de W que a lo largo de V. De hecho, un trabajador que percibiera exactamente V acabaría produciendo menos que V. El razonamiento es sencillo.

Supongamos que la empresa paga unos salarios iguales a V en todas las fases de la carrera. Consideremos el incentivo del trabajador el último día antes de jubilarse en T. Si se escaquea, no tiene nada que perder, ya que de todos modos no va a trabajar mañana. Asimismo, en cualquier momento cercano a la jubilación el trabajador tiene pocos incentivos, ya que la pérdida que experimenta si es despedido, la diferencia entre V y Alt, es muy pequeña en ese momento.

En términos más generales, mientras las alternativas que tiene el trabajador fuera de la empresa no sean muy diferentes de las que tiene dentro de ella, la lógica es la misma en todos los momentos del tiempo. Por tanto, si el capital humano es en gran medida general y los costes de encontrar otro trabajo son bajos, el trabajador tiene muchas tentaciones de escaquearse, ya que tiene poco que perder.

Una solución sería aumentar la sanción que puede imponerse al trabajador si se escaquea, por ejemplo, obligarle a pagar una determinada cantidad por adelantado que se le devolverá al final de la carrera si no se escaquea. Naturalmente, el sistema W de la figura 11.2 es simplemente una versión más elaborada, en la que la empresa acuerda ligar las subidas a la antigüedad. En todos los momentos del tiempo a partir de t_0, el valor actual descontado de W es mayor que el de V. De hecho, lo mismo ocurre en *todos* los momentos del tiempo, ya que W comienza encontrándose por debajo de V y los valores actuales descontados totales a lo largo de todo el periodo son iguales. Por tanto, el trabajador tiene más incentivos para esforzarse más cuanto más se posponga la remuneración.

Obsérvese que los trabajadores deberían preferir el sistema de remuneración aplazada *W* al sistema *V* (si no se tienen en cuenta las consideraciones que describimos a continuación). Dado que con el sistema *V* los trabajadores se escaquearían algo, el valor actual de la remuneración tendría que reducirse. El trabajador (y la empresa) podrían mejorar su situación si el sistema salarial pudiera inducir a no escaquearse.

Consideraciones prácticas
La remuneración basada en la antigüedad como un contrato implícito
La remuneración no tiene por qué ir ligada literalmente a la antigüedad para producir este efecto en los incentivos; sólo tiene que posponerse. Sin embargo, una ventaja de ligar formalmente la remuneración a la antigüedad es que de esa forma la empresa puede tratar de comprometerse previamente con el sistema de incentivos basado en la remuneración aplazada. La remuneración aplazada (incluidos los ejemplos que analizamos en los capítulos 2 y 3) entraña un compromiso de la empresa con el empleado. En la figura 11.2, si el sistema retributivo es *W*, la empresa puede tener la tentación de incumplir su promesa y reducir la remuneración o despedir a los trabajadores a los que paga demasiado y tienen mucha antigüedad.

Es más probable que los sistemas basados en la antigüedad, como implican un contrato implícito, funcionen bien en las empresas que tienen fama de ser justas (por ejemplo, las empresas más antiguas y estables en comparación con las de nueva creación). También es más probable que esas empresas sigan una política que señale a los trabajadores que tienen interés a largo plazo en su éxito profesional e intención de tratarlos justamente. Véase el capítulo 15 para algunos análisis de estas cuestiones.

Los sistemas de remuneración aplazada también imponen un riesgo al trabajador, ya que existe la posibilidad de que la empresa no cumpla con sus obligaciones con los trabajadores si sus resultados financieros son malos. Por tanto, es más probable que existan sistemas de antigüedad en las empresas que trabajan en entornos de menor riesgo, como los sectores en expansión y estables.

El trabajador como prestamista
En todos los sistemas de remuneración aplazada, el trabajador presta en realidad a la empresa. Si la remuneración aplazada se fija de ante-

mano, el trabajador actúa como un bonista para la empresa. Si la remuneración aplazada es variable, como ocurre con las acciones o con la participación en los beneficios, el trabajador actúa como un accionista.

Como los trabajadores tienden a mostrar aversión al riesgo, no parece que tenga sentido darles una participación implícita en su empresa. Sin embargo, el hecho de que ésta influya en los incentivos podría justificar la remuneración aplazada correlacionada con el futuro valor de la empresa. En algunos casos, los empleados pueden actuar hoy de manera que aumente el valor de la empresa en el futuro. Consideremos el caso de un bufete de abogados. El modo en que el abogado lleve hoy el bufete puede influir considerablemente en la reputación del despacho en el futuro. Además, puede ser capaz de atraer hoy nuevos clientes que generen trabajo al bufete en el futuro. Ligando la remuneración aplazada a los futuros beneficios del bufete, éste puede motivar a los abogados para que tengan en cuenta la influencia a largo plazo de sus actos en el valor de la empresa.

Se trata simplemente de un ejemplo de distorsión en presencia de incentivos para realizar múltiples tareas. Normalmente es muy difícil medir hoy las consecuencias a largo plazo de los actos de los empleados para el valor de la empresa. Por este motivo, los planes normales de incentivos distorsionan los incentivos de los empleados en favor del corto plazo. La participación aplazada implícita en el capital de la empresa puede atenuar este problema. De hecho, en las empresas en las que los empleados influyen más en el futuro valor de la empresa, como en las sociedades profesionales, los sistemas de participación en el capital de la empresa son bastante frecuentes.

Jubilación obligatoria

Uno de los problemas que plantea el pago de W a los trabajadores estriba en que tienen incentivos para seguir trabajando en la empresa después de jubilarse, ya que en T, $W > V$. Eso es ineficiente, ya que el valor del ocio de los trabajadores, Alt, es mayor que el valor que tiene para la empresa la productividad de los trabajadores. ¡La empresa obtendría más beneficios pagándoles para que se marcharan! Naturalmente, eso destruiría el plan retributivo W.

Una solución sería que el trabajador pudiera prometer que se jubilará en el periodo T. Sin embargo, tiene incentivos para incumplir esa promesa. La empresa podría tratar de despedir al trabajador en el periodo T, pero en la mayoría de las economías existen rigurosas normas sobre el despido de trabajadores que están próximos a la jubilación (probablemente para que las empresas no incumplan los compromisos adquiridos en relación con las pensiones).

La imposición de la jubilación obligatoria en el periodo *T* resuelve fácilmente este problema. De hecho, muchas empresas solían tener una política de jubilación obligatoria. Sin embargo, en Estados Unidos y en algunos otros países la jubilación obligatoria es ilegal hoy en día. Las empresas tienen que recurrir a otros incentivos, reestructurando las pensiones, etc., para fomentar la jubilación eficiente.

RESUMEN

Las consideraciones relacionadas con las perspectivas profesionales son una importante fuente de motivación extrínseca para muchos trabajadores, cuando no para la mayoría. Casi todos los aumentos que experimentan sus ingresos a lo largo de su carrera se deben a cambios de empleo, a ascensos y a subidas graduales de los salarios. En el caso de los trabajadores que no realizan trabajos manuales en particular, los ascensos a menudo son el tipo más importante de remuneración basada en el rendimiento. La posibilidad de mejorar la reputación y el valor en el mercado de trabajo fuera de la empresa puede ser para todos los trabajadores una importante motivación, sobre todo al principio de su carrera.

¿Por qué desempeñan los ascensos un papel tan importante en los incentivos? Una respuesta es que es bastante difícil e inevitablemente subjetivo evaluar el rendimiento cuando el trabajador no realiza un trabajo manual. Por este motivo, los planes de incentivos a corto plazo pueden distar de ser perfectos y es posible que las empresas pospongan las evaluaciones hasta que tienen que tomar la decisión de asignar los puestos de trabajo. Otra respuesta es que los ascensos aumentan los incentivos automáticamente, debido a la señal que envían al mercado de trabajo, que aumenta el valor de mercado del empleado ascendido. Por tanto, los incentivos basados en los ascensos pueden venirles impuestos a la empresa, aunque ésta prefiera separar las asignaciones de los puestos de los incentivos.

En términos más generales, eso sugiere una jerarquía intuitiva de sistemas de remuneración basada en el rendimiento. Cuando la empresa analiza los incentivos que debe dar a un determinado empleado, debe preguntarse primero si los incentivos basados en los ascensos son grandes o pequeños, para lo cual puede utilizar los modelos de los torneos y las normas que describimos en este capítulo. También debe tener presente el valor de los ascensos adicionales, si existen.

Cuando los incentivos basados en los ascensos son débiles, la empresa debe considerar otros tipos de remuneración basada en el rendimiento. Una de las posibilidades es el descenso de categoría o la amenaza de despido. Sin embargo, generalmente es raro que se rebaje de categoría a un empleado; como hemos señalado antes, es lógico por variar razones que la mayoría de los empleados tiendan a ascender en la jerarquía a lo largo de su carrera. La amenaza de despido puede ser un importante incentivo, pero tiene un coste en comparación con otros tipos de incentivos: la empresa y el empleado incurren en costes de búsqueda y de reclutamiento. Por tanto, si existen otros tipos de incentivos y si estos costes de rotación son altos (como tienden a serlo en la mayor parte de Europa), la empresa puede no utilizar a menudo el despido como incentivo. De hecho, parece que la mayoría de las empresas sólo recurren a él en casos extremos, por lo que el despido no tiende a ser una importante fuente de incentivos.

Eso induce a pensar que la empresa recurriría entonces a planes de primas y subidas para dar más incentivos cuando los que se basan en los ascensos son débiles. Por ejemplo, cuando la jerarquía se estrecha, por lo que las tasas de ascensos son muy bajas, es de esperar que se recurra más a las primas. Asimismo, en el nivel más alto de la jerarquía (directores generales y altos ejecutivos), las empresas recurren mucho más a las acciones, las opciones sobre acciones, las primas, etc. Cuando esos métodos son necesarios, se aplican los principios de los capítulos 9 y 10.

Naturalmente, en algunos casos la empresa puede recurrir a la escala de ascensos como incentivo explícito, sobre todo cuando la evaluación relativa del rendimiento tiene muchas ventajas o cuando la estructura jerárquica de la empresa es relativamente fija, por lo que es deseable la competencia por los ascensos.

Independientemente de que los incentivos basados en los ascensos se hayan diseñado explícitamente o sean accidentales, es válido el análisis de los torneos y las normas. Las predicciones de los torneos y las normas sobre cómo varían incentivos y premios óptimos con las tasas de ascensos y el riesgo de las evaluaciones son casi idénticas.

Los torneos y las normas se diferencian en dos importantes aspectos. En primer lugar, los torneos deben utilizarse cuando la empresa tiene un número fijo de puestos, *a menos* que sea viable la contratación externa (por ejemplo, cuando el capital humano propio de la empresa no es muy importante y los costes de contratación no son demasiado altos). En cambio, las normas conducen a que el número de empleados ascendidos varíe. Por otra parte, la calidad de los empleados que la empresas consigue atraer es más variable con los torneos que con las normas. En un año malo, la empresa puede ascender a un empleado de relativamente poca calidad, simplemente porque sea el que más rinde. En un año bueno, puede no promover a un empleado de mucha calidad, porque hay muchos empleados de talento. Las normas permiten a la empresa controlar mejor la calidad de los empleados ascendidos.

Para encontrar el equilibrio entre el deseo de tener una estructura jerárquica estable y el deseo de controlar la calidad de los empleados que son ascendidos (o despedidos), puede emplearse un método intermedio, la contratación externa. En la práctica, es probable que muchas empresas que utilizan los torneos de forma explícita, debido a las ventajas de la RPE, recurran a la contratación externa los años en los que la calidad de los competidores es demasiado baja.

El segundo aspecto importante en que se diferencian los torneos de las normas es en la evaluación del rendimiento. Los torneos son un ejemplo notorio de RPE, mientras que las normas utilizan la evaluación del rendimiento del empleado. La RPE reduce el riesgo, *si* el error de medición de los diferentes empleados contiene un componente común que sea muy importante. Sin embargo, si no es así, la RPE aumenta el riesgo, ya que expone al empleado a la suerte del competidor.

Una ventaja importante de la RPE cuando la recompensa es o un sí o un no–como ocurre en los torneos– es que la evaluación es ordinal. En otras palabras, la empresa sólo tiene que decidir quién ha rendido más, no cuánto más. Eso puede hacer que la evaluación del rendimiento sea mucho más fácil, y mucho más creíble, sobre todo cuando el trabajo tiene un componente intangible importante, como ocurre, por supuesto, en el caso de muchos trabajos no manuales. Esta última consideración favorece al torneo frente a la norma.

Por último, los torneos pueden distorsionar los incentivos en comparación con las normas. Un torneo induce al empleado a cooperar menos y a sabotear más. Cuando el trabajo es muy interdependiente, por lo que estas cuestiones son importantes, la empresa debe considerar el uso de una norma absoluta para decidir los ascensos en lugar de un torneo. En términos más generales, cuando el trabajo en equipo es importante, los incentivos basados en la RPE tienden a ser un error. Si se utiliza la RPE, la empresa debe comprimir la remuneración para encontrar un equilibrio entre el deseo de dar unos incentivos potentes e impedir que éstos se conviertan en un motivo para sabotear o para eludir cooperar con los compañeros. Además, esto exige a las empresas prestar atención a la personalidad de sus empleados, evitando que compitan los empleados más agresivos e individualistas con los empleados que cooperan más. Por último, la empresa puede reducir estos problemas si consigue atraer a empleados que tengan una personalidad más proclive a cooperar (motivación intrínseca).

Ejercicios

1. Si los empleados compiten por un ascenso en un torneo, ¿se arriesgarán más o menos en ssu trabajo? ¿Depende la respuesta de las probabilidades que tienen de conseguir un ascenso?
2. El rendimiento medio de los empleados en un puesto de trabajo tiende a ser menor en el caso de los que llevan más tiempo en ese puesto. Desde el punto de vista de la teoría del capital humano, esto parece sorprendente. Dé al menos dos explicaciones de este fenómeno.
3. ¿Con cuál de los tipos de estructura organizativa descritos en el capítulo 6 son más compatibles los incentivos basados en los torneos? ¿Por qué?
4. Si los ascensos son un sistema accidental de incentivos en su empresa, ¿se puede hacer algo para evitar sus consecuencias?
5. Cuando los diectivos fijan unos objetivos para sus empleados a comienzos de año, a menudo los «negocian». En ese caso, ¿qué les recomendaría en relación con la dificultad de alcanzar el objetivo?
6. Suponga que los ascensos constituyen un incentivo importante para los directivos de una empresa que tiene ocho niveles jerárquicos. Como consecuencia de una restructuración, la empresa suprime varios niveles. ¿Qué cambios debe introducir en el sistema de remuneración de los directivos de los distintos niveles?

Bibliografía

Coupé, Thomas, Valérie Smeets y Frédèric Warzynski (2005), «Incentives, Sorting and Productivity Along the Career : Evidence from a Sample of Top Economists», *Journal of Law, Economics and Organization*, primavera.

Peter, Laurence y Raymond Hull (1969), *The Peter Principle: Why Things Always Go Wrong*, Nueva York, William Morrow & Co.

OTRAS LECTURAS

Bayo-Moriones, Alberto, José Galdón-Sánchez y Maia Guell (2005), «Is Seniority-Based Pay Used as a Motivation Device? Evidence from Plant Level Data», documento de trabajo, Universitat Pompeu Fabra.

Bull, Clive, Andrew Schotter y Keith Weigelt (1987), «Tournaments and Piece Rates: An Experimental Study», *Journal of Political Economy*, 95, págs. 1–33.

Chan, William (1996), «External Recruitment versus Internal Promotion», *Journal of Labor Economics*, 14(4), págs. 555–570.

DeVaro, Jed (2006), «Internal Promotion Contests in Firms», *RAND Journal of Economics*, 60(3), págs. 311–339.

DeVaro, Jed y Michael Walkman (2006), «The Signaling Role of Promotions: Further Theory and Empirical Evidence», documento de trabajo, Cornell University.

Drago, Robert y Gerald Garvey (1997), «Incentives for Helping on the Job: Theory and Evidence», *Journal of Labor Economics*.

Ehrenberg, Ronald y Michael Bognanno (1990), «Do Tournaments Have Incentive Effects?» *Journal of Political Economy*, 98(6), págs. 1.307–1.324.

Ericsson, Tor (1999), «Executive Compensation and Tournament Theory: Empirical Tests on Danish Data», *Journal of Labor Economics*, 17(2), págs. 262–280.

Frederiksen, Anders y Eloy Takats (2005), «Optimal Incentive Mix: The Dual Role of Promotions and Layoffs in Firms», documento de trabajo, Center for Corporate Performance, Aarhus School of Business.

Gibbs, Michael (1994), «Testing Tournaments? An Appraisal of the Theory and Evidence», *Labor Law Journal*, 45(8), págs. 493–500.

Kandel, Eugene y Edward Lazear (1992), «Peer Presure and Partnerships», *Journal of Political Economy*, 100(4), págs. 801–817.

Knoeber, Charles (1989), «A Real Game of Chicken: Contracts, Tournaments, and the Production of Broilers», *Journal of Law, Economics and Organization*, 5, págs. 271–292.

Lazear, Edward (1979), «Why is There Mandatory Retirement?» *Journal of Political Economy*, 87, págs. 1.261–1.284.

Lazear, Edward (1989), «Pay Equality and Industrial Politics», *Journal of Political Economy*, 97, págs. 561–580.

Lazear, Edward (2004), «The Peter Principle: A Theory of Decline», *Journal of Political Economy*, 112, págs. S141–S163.

Lazear, Edward y Sherwin Rosen (1981), «Rank-Order Tournaments as Optimum Labor Contracts», *Journal of Political Economy*, 89, págs. 841–864.

Rosen, Sherwin (1986), «Prizes and Incentives in Elimination Tourna-
    ments», *American Economic Review*, 76, págs. 701–715.
Waldman, Michael (1984), «Job Assignments, Signaling, and Efficiency»,
    RAND Journal of Economics, 15, págs. 255–267.
Waldman, Michael (2003), «Ex Ante versus Ex Post Optimal Promotion
    Rules: The Case of Internal Promotion», *Economic Inquiry*, 41(1), págs.
    27–41.
Zabojnik, Jan y Dan Bernhardt (2001), «Corporate Tournaments, Human
    Capital Acquisition, and the Firm Size-Wage Relation», *Review of Eco-
    nomic Studies*, 68(3), págs. 693–716.

Apéndice

Aquí presentamos una breve exposición del modelo del torneo con dos
competidores y lo comparamos con una *norma* sobre los ascensos. La
mayoría de las ideas intuitivas se aplican perfectamente a los torneos
en los que participan muchos competidores, si bien éstos son mucho más
complicados desde el punto de vista analítico. En esta parte del apéndice no tenemos en cuenta ni el grado de cooperación ni la posibilidad
de sabotaje.

El problema de optimización del trabajador

El problema de optimización del empleado es

$$\max_{e} W_1 + pr\,(ascendido) \times \Delta W - C(e),$$

que implica que

$$\frac{\partial pr\,(ascendido)}{\partial e} \times \Delta W = C'.$$

Esta condición de primer orden tiene una sencilla interpretación. El
primer miembro es el premio multiplicado por la variación de la probabilidad de conseguir un ascenso debido al esfuerzo marginal. El segundo miembro es el coste marginal del esfuerzo. Esta ecuación se aplica a
cualquier norma o torneo.

Tiene una consecuencia inmediata: cuanto mayor sea el premio que
acompaña al ascenso ΔW, mayores son los incentivos. La otra consecuencia es que cuanto más riesgo entrañe la evaluación del rendimiento, menores serán los incentivos. Para demostrarlo, es necesario hacer algo más.

Nada de lo que hemos hecho hasta ahora varía dependiendo de que se trate de un torneo o de una norma. Sin embargo, la probabilidad de conseguir un ascenso sí depende de la regla que se emplee para decidir los ascensos. Consideremos primero la norma. El trabajador es ascendido si el rendimiento es superior a un determinado umbral, z. Las densidades acumulativa y marginal de ε son $F(\times)$ y $f(\times)$, respectivamente. Supondremos que $f(\times)$ es simétrica y unimodal en torno a cero (por ejemplo, una distribución normal). Por tanto,

$$pr(ascendido\,|\,norma) = pr(e + \varepsilon > z) = 1 - F(z - e) = F(e - z).$$

La última desigualdad se debe a que ε sigue una distribución simétrica en torno a 0. Obsérvese que la probabilidad de conseguir un ascenso cuando la regla es una norma es un resultado de equilibrio tanto del rigor de la norma como del esfuerzo que realice el trabajador. Para fijar la tasa de ascensos en el nivel que desea, la empresa tiene que estimar el esfuerzo que generará una determinada norma.

Consideremos ahora el caso de un torneo. Si las distribuciones de ε son simétricas y unimodales en torno a cero, la distribución de $\varepsilon_S - \varepsilon_D$ también lo será. La representamos por medio de $g(\times)$, con una distribución acumulativa $G(\times)$. El trabajador danés consigue un ascenso si su rendimiento es mayor que el del singapurense:

$$pr(ascendido\,|\,torneo) = pr(e_D + \varepsilon_D > e_S + \varepsilon_S) = G(e_S - e_D)$$

Dado que el juego es simétrico, suponemos que hay un equilibrio de Nash simétrico, lo cual significa que los dos ofrecen el mismo esfuerzo. En ese caso, podemos formular la última expresión de la manera siguiente:

$$pr(ascendido\,|\,torneo) = G(0)$$

Naturalmente, como $g(\times)$ es simétrica, $G(0) = 1/2$. Este resultado tiene sentido; como tenemos un torneo simétrico, el resultado último es el lanzamiento de una moneda al aire. Para comparar un torneo con una norma, supongamos de momento que la empresa fija z de manera que en equilibrio $F(z - e) = 1/2$ y $e = z$.

Los incentivos dependen de la variación de la probabilidad provocada por el esfuerzo extra. Éstos serán:

$$\frac{\partial pr(ascendido\,|\,norma)}{\partial e} = f(0), \quad \frac{\partial pr(ascendido\,|\,torneo)}{\partial e} = g(0)$$

Cualquiera de estos dos valores puede introducirse en nuestra ecuación anterior:

$$\frac{\partial pr(ascendido)}{\partial e} \times \Delta W = C'$$

$f(0)$ y $g(0)$ representan la altura de las distribuciones de los errores de medición en su media y moda, cero. Cuanto menor es esta altura, mayor es la varianza de las distribuciones, ya que son simétricas y unimodales. Por tanto, cuanto mayor es el riesgo de la evaluación, menor es el incentivo.

El problema de optimización de la empresa

Dada la oferta de esfuerzo del trabajador que hemos caracterizado antes, la empresa fija el premio ΔW que maximiza los beneficios (esfuerzo menos remuneración media):

$$\max_{W_1, W_2} \quad e - 1/2(W_1 + W_2).$$

sujeta a la oferta de esfuerzo del trabajador y a la restricción de que la remuneración total es suficiente para inducir al trabajador a esforzarse:

$$1/2(W_1 + W_2) = C.$$

(Los modelos de los torneos normalmente no tienen en cuenta la aversión al riesgo, ya que es difícil o imposible obtener soluciones de forma cerrada; aquí tampoco lo tenemos en cuenta). Las condiciones de primer orden de la empresa son:

$$(1 - C') \; \frac{\partial e}{\partial W_1} = 0,$$

$$(1 - C') \; \frac{\partial e}{\partial W_2} = 0.$$

Estas condiciones implican que en el óptimo $C'(e) = 1$. En otras palabras, la empresa debe fijar la remuneración en un nivel que lleve a los trabajadores a realizar un esfuerzo adicional hasta el punto en el que el coste marginal del esfuerzo sea exactamente igual al beneficio marginal (producción adicional). Por tanto (prescindiendo de la aversión al riesgo), los torneos y las normas pueden generar unos niveles eficientes de esfuerzo, exactamente igual que los sistemas convencionales de incentivos.

La dispersión salarial óptima se halla introduciendo $C' = 1$ en la oferta de esfuerzo del trabajador y resolviendo:

$$\Delta W = \frac{1}{f(0)} \quad \text{o} \quad \Delta W = \frac{1}{g(0)}.$$

Vemos una vez más la similitud analítica de los torneos y las normas. Este resultado muestra que la dispersión salarial óptima debe ser mayor si el riesgo de la evaluación del rendimiento es mayor. Obsérvese que se refiere al premio óptimo, no al nivel de remuneración, que se reflejaría en W_1 o W_2 por separado. Se trata de un ejemplo del principio del capítulo 10 según el cual el nivel de remuneración no determina los incentivos; lo importante es la forma en que varía la remuneración con el rendimiento.

12 OPCIONES
Y REMUNERACIÓN
DE LOS EJECUTIVOS

> ¿Cómo puede permitirse pagar tan bien a sus
> hombres?
> > *–pregunta de un banquero a Andrew Carnegie*
>
> No puedo permitirme pagarles de ninguna otra
> forma.
> > *–respuesta de Carnegie –citado en Hendrick, 1932*

INTRODUCCIÓN

Con este capítulo, concluimos la parte dedicada a la remuneración basada en el rendimiento examinando dos temas especiales relacionados con la remuneración de los ejecutivos. Estos temas son importantes en la práctica y constituyen aplicaciones muy interesantes del análisis de los tres últimos capítulos.

El primer tema es el de las opciones sobre acciones para los empleados. Las opciones constituyen un aspecto importante de la remuneración de los altos ejecutivos de las empresas que cotizan en bolsa. También constituyen un incentivo en muchas empresas pequeñas de nueva creación. La utilización de opciones sobre acciones se disparó con el auge del sector de la tecnología en la década de 1990. Muchas empresas de alta tecnología comenzaron a conceder opciones a sus empleados en todos los niveles jerárquicos y la prensa empezó a publicar historias de secretarias que se habían hecho ricas con sus opciones e iban a trabajar en un Ferrari. Parece que, actualmente, el uso de opciones

483

sobre acciones para remunerar a los empleados está extendiéndose en Europa y sobre todo en algunas zonas de Asia. Vamos a analizar las propiedades de las opciones sobre acciones desde el punto de vista de los incentivos y nos preguntaremos si son un buen instrumento retributivo en la práctica y, en caso afirmativo, para qué tipo de empleados.

El segundo tema es la remuneración de los ejecutivos y los incentivos en general, con especial énfasis en el caso de los más altos ejecutivos. La cuestión de los incentivos adquiere una mayor importancia en el caso de los empleados fundamentales de la empresa, por lo que no es de extrañar que resulte crucial diseñar un buen plan de remuneración para los altos directivos. Los conceptos que hemos analizado en capítulos anteriores son tan relevantes para los altos directivos como para otros empleados.

LAS OPCIONES SOBRE ACCIONES PARA LOS EMPLEADOS

Las opciones sobre acciones – breve visión panorámica

Dado que no todos los lectores están familiarizados con las opciones sobre acciones, comenzamos con una breve descripción. Si el lector ya sabe lo que son las opciones sobre acciones, puede omitir este apartado y el apéndice.

Una *opción de compra* es un título financiero que da al que lo posee el derecho a comprar una acción de una empresa a un *precio de ejercicio* fijo. Por este motivo, las acciones son en realidad un tipo especial de opción de compra que tiene un precio cero. Naturalmente, si el precio de las acciones es inferior al precio fijado, no tiene sentido ejercer la opción. Si el precio de las acciones es superior al precio fijado, el titular de la opción puede obtener ganancias ejerciéndola, vendiendo las acciones y embolsándose la diferencia entre los dos precios (una vez tenidos en cuenta los costes de transacción). Por tanto, una opción de compra se beneficia de las subidas del precio de las acciones, pero el titular está protegido de los descensos del precio de las acciones (hasta cierto punto, como explicaremos más adelante).

Una *opción de venta* da a su propietario el derecho a vender una acción de una empresa a un precio de ejercicio fijo. Ejercer una opción de venta tiene sentido si el precio de las acciones baja, exactamente lo contrario de lo que ocurre con una opción de compra. Por tanto, los propietarios de opciones de venta esperan que las acciones bajen. Por este motivo, las opciones sobre acciones ofrecidas a los empleados de una empresa siempre son opciones de compra; en este capítulo sólo examinaremos este tipo de opciones[1].

La figura 12.1 representa el rendimiento de una opción de compra hipotética con un precio de ejercicio K y un precio de las acciones S. Si $S < K$, la opción *no interesa* y no debe ejercerse, por lo que su rendimiento es cero. Si $S > K$, la opción *interesa*. Si se ejerce la opción que interesa y las acciones se venden inmediatamente, las ganancias son iguales a $S - K$[2]. Esta ganancia a menudo se llama *valor intrínseco* de la opción. Cuando una empresa concede una opción a un empleado, tiene que decidir el precio de ejercicio. Casi todas las opciones sobre acciones se emiten a un precio de ejercicio, K, igual al precio que tienen las acciones en la fecha de la concesión. Por último, toda opción tiene una fecha

Figura 12.1. Opción de compra

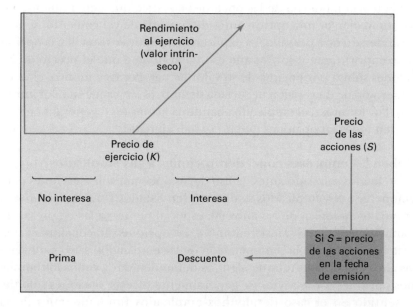

---

[1] De hecho, es ilegal que los altos ejecutivos de las compañías estadounidenses tengan opciones de venta en sus propias empresas.

[2] Prescindiendo de los impuestos. Las cuestiones tributarias pueden ser complejas en el caso de las opciones sobre acciones para los empleados, pero quedan fuera del alcance de este libro.

de vencimiento, que es la última fecha en la que puede ejercerse, a partir de la cual carece de valor.

Las opciones a menudo se valoran utilizando alguna variante de la famosa fórmula de Black-Scholes, que se describe en el apéndice. Sin embargo, como se señala más adelante, esta fórmula debe aplicarse con cuidado a las opciones sobre acciones que se conceden a los empleados de una empresa, a diferencia de las que se negocian en la bolsa de valores.

Las opciones sobre acciones para los empleados se diferencian de las que se negocian en los mercados de valores (como el Chicago Board Options Exchange, CBOE) en varios aspectos. En primer lugar, cuando se conceden al empleado, normalmente no se entregan en seguida. Normalmente, se entregan a los 3-5 años y hasta entonces los empleados no pueden ejercer la opción. En segundo lugar, aunque se entreguen, los empleados no pueden negociar las opciones con otro inversor. Pueden quedarse con la opción o ejercerla. Esta observación es importante, ya que la teoría moderna de las opciones nos dice que generalmente no es óptimo ejercer una opción antes de su fecha de vencimiento, si puede venderse a otra persona. La explicación intuitiva es sencilla: la opción (de compra) tiene valor, ya que es una apuesta a que el precio de las acciones subirá por encima de su valor actual. Por este motivo, el valor de mercado de una opción negociada siempre es *mayor* que su valor intrínseco. Por último, si el empleado abandona la empresa, generalmente se pierden todas las opciones que no se han ejercido.

¿Deben las empresas conceder opciones a sus empleados?

Como hemos señalado antes, el uso de las opciones sobre acciones para remunerar a los empleados se disparó (en Estados Unidos) durante la burbuja tecnológica de los años 90, especialmente en las empresas de la «nueva economía». Hasta entonces, las opciones no constituían una parte importante de la remuneración de los empleados, salvo para algunos altos ejecutivos. Aunque algunos defienden dar a todos los empleados opciones sobre acciones, generalmente ofrecer opciones sólo tiene sentido en el caso de algunos empleados fundamentales de la empresa.

Fuente de financiación de las empresas

A veces se dice que las opciones son un instrumento barato de financiación de una empresa. La idea es que la empresa puede ofrecer opciones a los empleados en lugar de un sueldo, o de otros tipos de remuneración, sin tener que desembolsar dinero en efectivo. Además, de acuerdo con algunas reglas contables, la contabilidad de la empresa no registran ningún gasto hasta que se ejercen las opciones (a diferencia de la remuneración en efectivo). En consecuencia, desde el punto de vista contable el efecto de las opciones era nulo a corto plazo. Sin embargo, en seguida veremos que este argumento es falso desde el punto de vista económico: las opciones probablemente sean el tipo más *caro* de remuneración, ya que la empresa incurre en un coste de oportunidad, debido a que los empleados no valoran las opciones tanto como los operadores de opciones.

Aunque nos extenderemos más adelante sobre esta cuestión, vamos a explicar brevemente por qué las opciones sobre acciones de los empleados no son, para la empresa, una buena forma de recaudar fondos. El coste de capital de una empresa (el rendimiento esperado de la inversión que debe ofrecer a los inversores) será menor si la empresa puede encontrar inversores que tengan una aversión relativamente baja al riesgo. Ésa es la razón por la que en la mayoría de las grandes empresas existe una *separación entre la propiedad y el control* –la empresa está dirigida por un equipo de directivos, pero es propiedad de un grupo distinto de inversores– lo cual plantea, sin duda, problemas del tipo principal/agente que analizaremos más adelante en este capítulo. Los inversores reducen su riesgo teniendo una cartera diversificada en lugar de invertir en una sola empresa.

Comparemos ahora la cesión de opciones a los empleados en lugar de pagarles un sueldo en efectivo. Para la mayoría de los empleados estas opciones representan una parte significativa de su riqueza. Algunas empresas animan a sus empleados a tener acciones suyas o a invertir parte de sus pensiones en acciones de la empresa. Además, los empleados también invierten parte de su capital humano en la empresa. Por todas estas razones, los empleados están bastante *poco diversificados* y, por tanto, tienen más aversión al riesgo que los inversores normales. Esto les hace exigir una prima de riesgo más alta (una remuneración total esperada mayor) como contrapartida de aceptar las opciones, por lo que los costes de financiación de las operaciones de la empresa acaban siendo mayores que si consiguiera su capital en fuentes más tradicionales, mediante la emisión de acciones o de deuda.

Sólo hay un caso en el que podría tener sentido tratar de recaudar fondos de inversión entre los empleados: cuando la empresa no puede conseguir fondos más baratos por otras vías, y tiene oportunidades de inversión con un valor actual neto positivo. Esos casos probablemente sean bastante raros, con una excepción importante: los proyectos nuevos. En esos casos, puede ser muy difícil conseguir financiación externa, incluso de inversores en capital de riesgo, debido a los graves problemas de selección adversa y *riesgo moral.* En cambio, los empleados de la empresa suelen tener más información sobre los nuevos proyectos y, por tanto, pueden estar más predispuestos a invertir en ellos. Ésta es una de las razones por las que las opciones tienden a ser un tipo de remuneración especialmente importante en el caso de las empresas nuevas.

Autoselección de los empleados

Otra función posible de las opciones es conseguir una autoselección mejor de los empleados. Como hemos señalado, cuando la remuneración basada en el rendimiento juega un papel importante, la autoselección tiende a mejorar, por lo que en la medida en que las opciones son una forma de dar incentivos, también tienden a mejorarla. En general, las opciones son más valoradas por los empleados más optimistas respecto a las perspectivas de la empresa. Si esos empleados también son más productivos (por ejemplo, les entusiasma más trabajar para la empresa), eso será valioso. Obsérvese, sin embargo, que este argumento es válido para todos los tipos de remuneración basada en el rendimiento y no sólo para las opciones.

Otro tipo de autoselección a que pueden dar lugar las opciones es relativo al conservadurismo de los empleados, o a su disposición a asumir riesgos. Las opciones quizá sean el tipo de remuneración de mayor riesgo. Además, tienden a ser más valiosas cuanto mayor riesgo tenga el valor de las acciones subyacentes[3]. Por tanto, la concesión de opciones tiende a animar a los empleados a asumir más riesgos en el trabajo. Para verlo, consideremos la figura 12.1. Las opciones sólo merecen la pena cuando los resultados de la empresa son buenos, y cuanto mejores son, mayor es la ganancia. Como las decisiones de mayor riesgo tienen efectos muy indirectos sobre el valor de las opciones, el empleado está más motivado para tomar decisiones que aumenten las probabilidades de unos resultados extremos, tanto buenos como malos. Eso será deseable o no para la empresa dependiendo de la situación, pero es probable que en muchos casos ese efecto sea provechoso, ya que los

---

[3] Esta afirmación siempre es cierta en el caso de las opciones que se negocian en bolsa. Sin embargo, puede no serlo siempre en el caso de las opciones sobre acciones para los empleados debido a la aversión al riesgo.

empleados generalmente tienen más aversión al riesgo que los accionistas que tienen carteras diversificadas. Por esta razón, los incentivos que no tienen en cuenta estas diferencias de aversión al riesgo estarán distorsionados en favor de una toma de decisiones demasiado conservadoras. Por último, obsérvese que este tipo de autoselección sólo se produce en el caso de empleados fundamentales, cuyas decisiones pueden afectar realmente al precio de las acciones, y esos empleados suelen ser unos pocos, concretamente aquellos que toman las decisiones estratégicas importantes.

Reducción de la rotación

Un argumento a favor del pago en forma de opciones que se oye con frecuencia es que reducen la rotación, ya que se entregan gradualmente y, normalmente, los empleados tienen que renunciar a las opciones si abandonan la empresa. Aunque sea así, no se trata de algo exclusivo de las opciones. Cualquier tipo de remuneración aplazada, como la que aumenta con la antigüedad o la *concesión* gradual de pensiones, produce unos efectos parecidos en la rotación. Por tanto, este argumento es una razón poco convincente para conceder opciones a los empleados.

Las opciones como remuneración basada en incentivos

El argumento más importante para pagar con opciones sobre acciones a los empleados son los incentivos. Para evaluar este argumento, examinemos las propiedades de las opciones sobre acciones desde el punto de vista de los incentivos, utilizando los conceptos que hemos desarrollado anteriormente.

Medida del rendimiento

Las opciones son similares a las acciones, en el sentido de que ambas tienen la misma medida del rendimiento: el precio de las acciones. Esta medida es de carácter muy amplio, por lo que distorsiona poco o nada los incentivos. Sin embargo, también es una medida que tiene mucho riesgo. Por este motivo, los incentivos basados en el precio de las acciones tienden a obligar a la empresa a pagar al empleado una prima de riesgo relativamente alta.

Pero lo más problemático, en el caso de que se pague así a todos los empleados, y no sólo a los que son fundamentales en la empresa, es que el precio de las acciones es una medida del rendimiento en gran parte incontrolable. Casi nada de lo que puede hacer un empleado de nivel inferior altera el precio de las acciones, a menos que la empresa tenga muy pocos empleados. Por tanto, desde el punto de vista de la medición del rendimiento, las opciones dan pocos o nulos incentivos a la mayoría de los empleados. Es lo más parecido a pagar con un *billete de lotería a los empleados*.

Relación entre la remuneración y el rendimiento

Si el precio de las acciones no es demasiado inferior al precio de ejercicio, la empresa puede ligar más la remuneración a la medida del rendimiento (el valor de las acciones) en el caso de las opciones que en el de las propias acciones, ya que las opciones son incentivos *apalancados*: sólo rinden cuando el precio de las acciones es más alto que el precio de ejercicio. Como no siempre rinden, las opciones tienen menos valor que las acciones. Por tanto, suponiendo que ambas tienen el mismo coste para la empresa, ésta puede dar al empleado más opciones que acciones. Cuando el precio de las acciones sube, el valor para el trabajador sube más deprisa con la concesión de opciones que con la concesión de acciones. Éste es el mejor argumento a favor de la concesión de opciones a los empleados: en el caso de ese pequeño número de empleados fundamentales para los que el valor de las acciones es una medida adecuada de su rendimiento, es posible lograr una relación más estrecha entre su remuneración y su rendimiento con opciones que con acciones. Sin embargo, este razonamiento *sólo* es válido en el caso de los empleados fundamentales de la empresa.

Desgraciadamente, este argumento tiene un inconveniente: los incentivos que dan las opciones son más frágiles que los incentivos que dan las acciones. Si el precio de las acciones baja y es excesivamente inferior al precio de ejercicio, la relación entre la remuneración y el rendimiento disminuye espectacularmente, ya que es improbable que un aumento del esfuerzo del empleado suba el precio de las acciones lo suficiente para que sea más alto que el precio de ejercicio, si es que el precio de las acciones es en ese momento demasiado inferior al precio de ejercicio. Este argumento es exactamente análogo al problema que se plantea cuando se fija un umbral demasiado alto en el plan de premios de la figura 10.2 del capítulo 10.

Un problema relacionado con éste es que la remuneración total del empleado también tiende a ser baja si se utilizan opciones. Una opción sobre una acción cuyo precio sea más bajo que el precio de ejercicio tendrá muy poco valor, mientras que la acción subyacente tendrá algún valor, a menos que S sea cercano a cero. Si las opciones representan una parte importante de la remuneración del empleado, el valor esperado de la remuneración total del empleado disminuirá significativamente. Por ejemplo, en marzo de 2000 los precios de las acciones del sector tecnológico de la economía mundial experimentaron una espectacular caída (el «estallido de la burbuja de las empresas punto.com»). Muchas empresas de tecnología habían recurrido a las opciones sobre acciones para sus empleados y ahora éstos se encontraron con que una gran parte de su remuneración total carecía de valor y que, a menudo, resultaba muy inferior a los sueldos de puestos de trabajo parecidos. Estas empresas se vieron en la necesidad de revisar el precio de las opciones (véase más adelante), ofrecer otros tipos de remuneración adicional o sufrir graves problemas de rotación.

Obsérvese una consecuencia de este análisis: las opciones sobre acciones tienen un grave inconveniente para los empleados, que suele pasarse por alto, ya que las opciones son rentables sólo cuando $S > K$. Sin embargo, incluso en este caso la opción tiene algún valor porque el precio de la acción *podría* acabar siendo más alto que el precio de ejercicio antes de que venciera. Cierto que cuanto más baje el precio de la acción, menos probable es que eso ocurra, por lo que el valor esperado de la opción disminuye. Naturalmente, la disminución del valor esperado de la opción es menor que la disminución del propio precio de la acción, pero la remuneración basada en opciones sí tiene un riesgo de pérdida para los empleados.

La concesión de opciones a lo largo del tiempo

Existen varias formas de conceder opciones a los empleados. La más directa es darles todas las opciones de una vez (por ejemplo, cuando son contratados). Es la que proporciona inmediatamente más incentivos. Sin embargo, también es la más frágil ya que, como hemos señalado, tanto los incentivos como el valor de la remuneración total disminuyen espectacularmente si el precio de las acciones baja demasiado.

Como alternativa, muchas empresas emiten opciones a lo largo de un periodo de tiempo (por ejemplo, algunas opciones cada año). En este caso, suele haber dos métodos generales. Uno consiste en conceder un valor fijo de opciones cada año (por ejemplo, 2.000 euros al año). Otro consiste en conceder un número fijo de opciones cada año (por ejemplo, 200 al año). ¿Cuál es mejor?

Para responder a esta pregunta, recuérdese en primer lugar que casi todas las opciones sobre acciones destinadas a los empleados se emiten con un precio de ejercicio K igual al precio de las acciones S en la fecha de la concesión. También es útil saber que en el caso de las opciones en las que el precio de las acciones en la fecha de la concesión es igual al precio de ejercicio, el valor de la opción aumenta cuando aumenta S (véase el apéndice).

Consideremos primero la concesión de un valor fijo de opciones al año. Si el precio de las acciones sube este año, cada opción concedida valdrá más el próximo año, por lo que la empresa podrá emitir menos opciones destinadas a sus empleados. Asimismo, si el precio de las acciones baja, las nuevas opciones emitidas a un precio de ejercicio igual al precio de las acciones en la fecha de la concesión tendrán menos valor, por lo que pueden concederse más. Por tanto, con este método se conceden al empleado más opciones después de que la empresa haya obtenido malos resultados y menos después de que haya obtenido buenos resultados, lo cual reduce los incentivos en comparación con el caso en que las opciones se conceden todas de una vez. Sin embargo, la remuneración total es más predecible.

Examinemos ahora la concesión de un número fijo de opciones cada año. Si el precio de las acciones subió el año pasado, la concesión de opciones este año será más valiosa y viceversa. Eso refuerza los incentivos que proporciona la concesión inicial de opciones. Sin embargo, también aumenta la variabilidad de la remuneración total.

Por tanto, la concesión de opciones a lo largo del tiempo plantea una disyuntiva. Cuando se conceden opciones por un valor fijo, el empleado tiene menos incentivos, pero la remuneración total es menos variable. Cuando se concede un número fijo de opciones, el empleado tiene más incentivos, pero la remuneración total es más variable.

Otros efectos de las opciones en los incentivos

Como ya hemos señalado, las opciones alteran los incentivos para asumir riesgos o evitarlos, ya que constituyen un seguro contra los malos resultados y recompensan los buenos resultados. Eso puede ser beneficioso si los empleados son demasiado conservadores y puede ser peligroso si ya están demasiado dispuestos a asumir riesgos. Ésta es una de las razones por las que se recurre tanto a las opciones en las nuevas empresas. En esos casos, la empresa apenas tiene razones para ser conservadora; no tiene ni marca ni ningún otro tipo de reputación que perder. En cambio, puede ganar mucho si sus resultados son buenos, por lo que estratégicamente querrá ser más innovadora. En los puestos de trabajo en los que el potencial de ganancia de un buen rendimiento es pequeño, pero hay un riesgo de pérdida, las opciones serían un error.

La estructura de rendimientos de una opción tiene un cambio de pendiente en el punto en el que el precio de la acción es mayor que el precio de ejercicio de la opción. Como consecuencia, los incentivos pueden cambiar espectacularmente en el caso de las opciones que se encuentran cerca de ese punto. Como hemos señalado antes, es más probable que en estas situaciones los empleados tengan la tentación de manipular el sistema de incentivos. Por tanto, si se recurre mucho a las opciones sobre acciones, es más probable que los ejecutivos se comporten de un modo poco ético, o incluso ilegal, para tratar de que sus opciones tengan rendimientos positivos. Eso no ocurriría si simplemente se les diera acciones, ya que la relación entre la remuneración y el rendimiento es más lisa (de hecho, lineal) en este caso.

¿DEBE REVISARSE EL PRECIO DE LAS OPCIONES?

Cuando se hundieron los precios de las acciones en marzo de 2000, muchos empleados de las empresas de tecnología se encontraron con que el precio de las acciones era tan inferior al precio de ejercicio que las opciones carecían casi de valor y no daban ningún incentivo, ni siquiera a los empleados fundamentales. Por esto, algunas empresas revisaron el precio de las opciones de sus empleados. Normalmente, se revisa cambiando las opciones que tienen los empleados por un número más pequeño pero que tenga un precio de ejercicio más bajo (igual al precio que tengan las acciones ese día). Esa práctica es controvertida y muchos accionistas la critican. ¿Cuáles son los argumentos a favor y en contra de la revisión del precio de las opciones?

El argumento en contra de la revisión del precio de las opciones es que recompensa en realidad el bajo rendimiento (o al menos reduce el castigo). El precio de las opciones nunca se revisa cuando el precio de las acciones sube mucho; sólo se revisa cuando el precio de las acciones baja. Una crítica que se oye frecuentemente es que si los empleados aceptaron el plan de incentivos, se supone que deben conformarse con ese plan, aunque no se hagan realidad sus esperanzas de obtener un buen rendimiento. Y lo que es peor, una revisión del precio puede sentar un peligroso precedente; los empleados pueden esperar a que se revise de nuevo en el futuro si el precio de las acciones vuelve a bajar.

El argumento a favor de la revisión del precio de las opciones reconoce las observaciones del párrafo anterior, pero introduce algunas consideraciones prácticas. Si no se revisa el precio de las opciones o los empleados no son compensados de alguna otra forma, el valor de la remuneración total habrá disminuido espectacularmente, por lo que la empresa correrá el riesgo de perder empleados. Naturalmente, los que es más probable que se vayan son los que tienen mejores alternativas fuera, que tienden a ser los mejores empleados de la empresa. Igualmente importante es el hecho de que, si no se revisa el precio de las opciones, éstas proporcionan unos incentivos escasos sino nulos. A los accionistas puede interesarles que se revise el precio si esta revisión motiva más a los empleados.

Una manera de saber cuál de estos argumentos es válido consiste en aplicar algunos de los principios que vimos al tratar la evaluación subjetiva. Preguntémonos, para empezar, si el precio de las acciones bajó por falta de motivación de los empleados o debido a factores incontrolables. Si bajó debido a lo primero, es improbable que la revisión del precio sea la mejor política, ya que recompensa a unos empleados que se esfuerzan poco. Si bajó debido a lo segundo, la caída de los precios de las acciones no es culpa del empleado. En ese caso, la revisión de precio es un caso especial de evaluación subjetiva del rendimiento para reducir el riesgo y mejora la precisión de la evaluación. Por tanto, la revisión del precio puede tener sentido cuando se trata de acontecimientos poco habituales, como una caída de los precios de las acciones de todo el sector. También es más probable que tenga sentido revisar el precio de las opciones de los empleados de nivel inferior, que controlan poco o nada el precio de las acciones, que el de las opciones de los altos ejecutivos. Sin embargo, el consejo de administración debe tener cuidado de no sentar un precedente, por lo que conviene revisar pocas veces los precios de las opciones y siempre informar debidamente de las razones.

¿Cómo valoran los empleados las opciones?

Como hemos señalado antes, las opciones para empleados se diferencian en importantes aspectos de las opciones que se negocian en bolsa. Están sujetas a restricciones: normalmente no se entregan inmediatamente, no pueden negociarse (sólo ejercerse) y se pierden si el empleado abandona la empresa. Además, los empleados distan de estar diversificados contra el riesgo de las opciones.

Por estas razones, los empleados suelen tener bastante aversión al riesgo en el caso de sus opciones, mientras que los que negocian opciones en la bolsa de valores son relativamente (o totalmente) neutrales ante el riesgo. Las empresas siempre tienen que pagar una prima de riesgo a sus empleados si les ofrecen un plan de remuneración que tenga riesgos, pero la prima de riesgo probablemente sea más alta cuando la remuneración consiste en opciones. De hecho, aunque las empresas a veces valoran las opciones de sus empleados utilizando la fórmula de Black-Scholes, los empleados generalmente exigen primas de riesgo de un 30 por ciento o más sobre el valor de BS, para aceptar las opciones sobre acciones. En otras palabras, aunque la fórmula de BS es una excelente aproximación del valor de mercado de las opciones de empresas que cotizan en bolsa, sobreestima el valor de las opciones cuando se conceden a empleados.

Una consecuencia importante es que las opciones sobre acciones para empleados no son gratis desde el punto de vista de la empresa. Aunque no figuren inmediatamente en sus estados contables, la empresa incurre en un considerable coste económico (de oportunidad) cuando paga con opciones sobre acciones a sus empleados. Veámoslo de esta forma. Supongamos que la empresa concede una opción a un empleado y le reduce su sueldo al mismo tiempo. En ese caso, lo que la empresa pide al empleado es que «compre el puesto de trabajo» hasta cierto punto, renunciando a una parte de su remuneración a cambio de una remuneración que tiene riesgos (pero, con algo de suerte, basada en el rendimiento). El empleado no estará dispuesto a pagar el valor de BS por esas opciones, si no es restándole una prima de riesgo. Por tanto, la empresa incurre en el coste de la prima de riesgo no vendiendo una opción equivalente en el mercado abierto. Como las primas de riesgo tienden a ser bastante altas en el caso de las opciones sobre acciones para empleados, las opciones no sólo no son gratis, sino que probablemente sean el tipo *más caro* de remuneración basada en el rendimiento. Eso no debería sorprendernos, ya que constituyen uno de los tipos de remuneración basada en el rendimiento de mayor riesgo.

LA REMUNERACIÓN DE LOS EJECUTIVOS

En todos los temas tratados en este libro, vale la pena detenerse en su aplicación a los empleados clave de la empresa, como los que añaden más valor o los que tienen las cualificaciones más importantes y escasas. Normalmente, el empleado más importante de la empresa es el director general. En este apartado, analizamos las cuestiones relacionadas con la remuneración del director general y de los altos ejecutivos basada en el rendimiento, centrando la atención en las empresas que cotizan en bolsa y partiendo del supuesto general de que el objetivo de los ejecutivos en esas empresas es maximizar el valor de las acciones. Este último supuesto puede ser controvertido. No obstante, es un buen punto de partida para analizar detenidamente este tipo de cuestiones. Si hubiera otros objetivos importantes, podríamos extraer algunas conclusiones diferentes (por ejemplo, sobre la conveniencia de los despidos). No obstante, el análisis será relevante para analizar las importantes disyuntivas que plantean los incentivos de los ejecutivos.

¿Cuál es la cuestión más importante?

La remuneración de los ejecutivos suscita grandes controversias. La mayoría de las publicaciones financieras editan algún tipo de resumen anual de la remuneración de los directores generales y estos artículos son objeto de gran atención. La remuneración de los altos directivos de las empresas que cotizan en bolsa a menudo se critica por diversas razones. Muchos críticos sostienen que los ejecutivos ganan demasiado. Otros mantienen que la remuneración no refleja su rendimiento. Otros sostienen que los directores generales se aprovechan de su posición para generar estos dos problemas, pagándose a sí mismos generosamente con el dinero de los accionistas. Cuando un director general gana 100 millones de euros en opciones sobre acciones o recibe una elevada indemnización por despido, esas preocupaciones son, desde luego, comprensibles.

¿Cuál de estas cuestiones es más importante? Todas lo son para los accionistas. Sin embargo, las críticas de la opinión pública parece que giran excesivamente en torno al *nivel* de remuneración de los ejecutivos. Aunque la enorme remuneración total de los ejecutivos parezca aberrante, incluso poco ética, si el objetivo deseado es aumentar la riqueza de los accionistas, la cuantía se convierte en una cuestión de segundo orden. Al fin y al cabo, la remuneración del más alto ejecutivo, incluso del director general mejor pagado, no representa más que un pequeño porcentaje del valor total de la empresa.

La cuestión más importante debería ser el grado de relación entre la remuneración y el rendimiento. Volviendo a la figura 10.1 del capítulo 10, vemos que el valor de los incentivos apenas depende del nivel total de remuneración sino de la intensidad de los incentivos, de la pendiente o (en general) de la relación entre la remuneración y el rendimiento. Por tanto, centraremos principalmente la atención en la cuestión de los incentivos.

Una vez dicho eso, existen obviamente datos que inducen a pensar que los altos directivos a veces pueden valerse de su poder para conseguir un nivel exagerado de remuneración. ¿Por qué? La remuneración total de los directores generales y de los ejecutivos normalmente está diseñada por empresas consultoras expertas en esta cuestión, que son contratadas por el consejo de administración. Estos consultores suelen trabajar en estrecha conexión con empleados de la propia empresa. El director general a menudo puede influir en los consejeros y en los empleados, y es muy probable que pueda influir también en los consultores (en el caso de los consultores, considérense *sus* incentivos: tienen que diseñar la remuneración de un cliente importante).

Según un estudio, cuando se nombra al director general antes de que se designe al presidente de la comisión que decide su remuneración, una vez tenidos en cuenta otros factores (por ejemplo, el tamaño de la empresa, el sector, la experiencia del director general), la remuneración del director general es alrededor de un 11 por ciento más alta[4]. Según este mismo estudio, una vez tenidos en cuenta otros factores, la remuneración de los directores generales cuando los consejos de administración están muy imbricados (es decir, cuando por ejemplo el director general de la compañía *A* está en el consejo de administración de la compañía *B*, cuyo director general está en el consejo de administración de la compañía *A*) es alrededor de un 10 por ciento más alta. Este tipo de estudios parece indicar claramente que en algunos casos los directores generales ganan más de lo que valen en el mercado.

La remuneración de los ejecutivos basada en el rendimiento

Podemos analizar rápidamente la remuneración de los directores generales utilizando los mismos instrumentos que hemos empleado para analizar las opciones sobre acciones de los empleados. Examinemos en primer lugar la evaluación del rendimiento. La medida principal del rendimiento de los ejecutivos es el precio de las acciones, ya que los principales instrumentos con los que incentivarles son las acciones y las opciones. Esta medida del rendimiento es razonable en el caso del director general, ya que su actuación puede influir considerablemente en el valor total de la empresa. Sin embargo, también comporta bastantes riesgos. Por ello, la remuneración total de muchos ejecutivos también se basa significativamente en medidas más estrictas del rendimiento, especialmente en los beneficios contables.

---

[4] Véase Hallock (1997).

¿Qué ocurre con la intensidad de los incentivos? Las estimaciones de la intensidad de los incentivos de los directores generales dan unas cifras bastante bajas. Si un propietario-empresario percibe un porcentaje de comisión del 100%, el porcentaje de comisión del director general es de alrededor del 0,04% en las mayores empresas[5]. Es decir, por cada aumento o disminución de 1.000 euros que experimenta el valor de las acciones, la remuneración del director general (incluidas las subidas, las primas, la remuneración aplazada, las acciones, las opciones y la amenaza de despido) aumenta o disminuye menos de 1 euro. Naturalmente, la intensidad óptima de los incentivos no debe basarse en el valor total de la empresa sino en la contribución del empleado al valor de la empresa. Por tanto, estas estimaciones subestiman el porcentaje efectivo de comisión. No obstante, su pequeña cuantía induce a pensar que el riesgo y otros factores desempeñan un papel considerable. Y lo que es más importante, parece indicar que los directores generales suelen tener pocos incentivos en comparación con los empresarios. La intensidad de los incentivos en los planes de incentivos de los ejecutivos tiende a ser mucho mayor en el caso de las medidas de tipo contable: alrededor del doble. Eso indica que el riesgo juega un papel importante, ya que las medidas contables distorsionan más los incentivos que el precio de las acciones como medida del rendimiento, pero tienen mucho menos riesgo.

Es muy difícil, cuando no imposible, saber cuánta intensidad deben tener los incentivos de los ejecutivos. En otras investigaciones se ha planteado una cuestión relacionada con ésta: ¿varía la intensidad de los incentivos con otros factores como predice la teoría? En general, la respuesta es que las pautas de remuneración de los ejecutivos son acordes con las predicciones, lo cual es una prueba tranquilizadora de que la remuneración de los ejecutivos tiene al menos alguna lógica económica.

Por ejemplo, según algunos estudios, la intensidad de los incentivos de los directores generales es mayor cuando el precio de las acciones tiene menos riesgo y viceversa. Asimismo, los incentivos de los ejecutivos varían dependiendo de las características del sector. En las empresas de servicios públicos reguladas, la remuneración total de los ejecutivos es mucho menor y la intensidad de los incentivos mucho más débil. Ambas cosas tienen sentido, ya que el trabajo está sujeto a muchas más restricciones impuestas por los organismos reguladores: los altos direc-

---

[5] Véase Jensen y Murphy (1990).

tivos gozan de menos discrecionalidad en los sectores regulados. Eso significa que el talento se valora menos que en los sectores más dinámicos. También significa que el problema de los incentivos es menos importante, ya que el director general y la dirección de las empresas tienen menos poder.

Existe una estrechísima relación entre la remuneración de los ejecutivos y el tamaño de la empresa. Por cada aumento del tamaño de la empresa de un 10 por ciento (medido por medio de las ventas o del valor de las acciones), la remuneración de los ejecutivos tiende a aumentar alrededor de un 1 por ciento, lo cual concuerda con la idea de que los directivos de más talento acaban en organizaciones mayores, en las que su talento se utiliza mejor y es más valorado.

En cambio, las estimaciones de la relación media entre la remuneración de los ejecutivos y los resultados de la empresa dan cifras *menores* en las grandes empresas que en las pequeñas. Concretamente, en la mayoría de las investigaciones sobre incentivos de los ejecutivos se utiliza la siguiente medida para estimar la intensidad de los incentivos:

$$\hat{b} = \frac{\Delta\ Remuneración}{\Delta\ Valor\ de\ las\ acciones}.$$

Como hemos señalado antes, en el caso de las grandes empresas esta estimación tiende a ser de alrededor de 0,004. El valor estimado aumenta conforme disminuye el tamaño de la empresa. Si esta medida es un buen indicador de la intensidad de los incentivos, resulta que los incentivos de los ejecutivos son *menores* en las grandes empresas. Una de las explicaciones es que si se da a un ejecutivo unos incentivos de la misma intensidad en una gran empresa, el riesgo es mucho mayor, por lo que las grandes empresas dan pocos incentivos a los ejecutivos que tienen aversión al riesgo.

Otra explicación es que esas estimaciones confunden dos efectos analizados en los dos últimos capítulos. Recuérdese que el incentivo del directivo viene determinado por:

$$\frac{\Delta\ Remuneración}{\Delta e} \qquad \frac{\Delta\ Remuneración}{\Delta Valor\ de\ las\ acciones} \qquad \frac{\Delta\ Valor\ de\ las\ acciones}{\Delta e}.$$

Por tanto, el indicador anterior es una buena medida de cómo varían los incentivos de unas empresas a otras únicamente si suponemos que el último término de esta ecuación es constante. Pero ¿qué ocurre si el efecto que produce el esfuerzo en el *Valor de las acciones* varía con el tamaño de la empresa? En ese caso, hay que tenerlo en cuenta.

Una manera de analizarlo es suponer que los ejecutivos toman, en términos generales, dos tipos de decisiones[6]. El primero son las decisiones estratégicas. Si los ejecutivos se esfuerzan más para tomar una buena decisión estratégica, el valor de la empresa aumenta en términos *porcentuales*. Ésa es la razón por la que las llamamos decisiones estratégicas, ya que tienen consecuencias sobre el funcionamiento de toda la empresa. Ejemplos son la estrategia global, la elección del producto y las fusiones y adquisiciones.

El segundo tipo de decisiones son las decisiones operativas. Si los ejecutivos se esfuerzan en tomar mejores decisiones, el valor de la empresa aumenta en términos *absolutos*. Es decir, una decisión que aumenta el valor de la empresa en 50.000 euros, lo aumenta independientemente del tamaño de la empresa. Un ejemplo es la mejora de las operaciones en una fábrica concreta.

Examinemos ahora de nuevo el último término de la ecuación. La medida es la variación absoluta del valor de las acciones provocada por la realización de un esfuerzo mayor. Si todas las decisiones de los ejecutivos son operativas, será una constante. Si todas son estratégicas, este término variará sistemáticamente con el tamaño de la empresa. En concreto, el efecto del esfuerzo será mayor en las grandes empresas y viceversa.

Por tanto, en la medida en que algunas decisiones de los ejecutivos produzcan efectos estratégicos y varíen con el tamaño de la empresa, los incentivos de los ejecutivos serán mayores en las grandes empresas, dado el nivel de intensidad de los incentivos, *b*. Desde este punto de vista, parece que los incentivos totales de los directores generales sólo disminuyen algo con el tamaño de la empresa (debido probablemente a consideraciones relacionadas con el riesgo).

Otros incentivos y controles

La motivación de los empleados depende no sólo de la remuneración basada en el rendimiento. Las empresas también condicionan su comportamiento por medio de controles, como la supervisión directa y las restricciones en la toma de decisiones. Y éstos también son importantes, por supuesto, para la motivación de los ejecutivos.

---

[6] Véase Baker y Hall (2004).

Hay otros cuatro factores extrínsecos importantes que afectan al comportamiento de los ejecutivos: (1) la presión de grupos o de accionistas externos; (2) la competencia existente en el mercado de productos; (3) el mercado de control corporativo (las ofertas públicas de adquisición hostiles); y (4) la supervisión por parte del consejo de administración.

No se sabe si la influencia de los grupos de presión externos es algo bueno o malo para las empresas. Si las presiones proceden de accionistas informados, es probable que el valor de la empresa mejore al presionar a los directivos para que adopten mejores medidas. Sin embargo, si las presiones proceden de grupos que tienen otros objetivos, eso puede distorsionar los incentivos de los altos ejecutivos (por ejemplo, puede llevarlos a evitar despidos cuando éstos son importantes para los resultados de la empresa o puede influirles para extender ineficientemente el uso de opciones o la participación en los beneficios a niveles inferiores de la jerarquía). Una posibilidad es que la opinión pública, por sus críticas a los elevados niveles de remuneración de los ejecutivos, limite la capacidad de las empresas para diseñar planes retributivos eficaces para sus altos ejecutivos. Aunque esa posibilidad no es despreciable, queda mucho por investigar sobre la importancia de sus efectos.

El factor que más afecta a los ejecutivos posiblemente sea la competencia existente en el mercado de productos. Cuanto más competitivo sea el mercado, mayores serán las presiones a las que estará sometida la empresa para reducir sus costes, aumentar la calidad e innovar para sobrevivir. Por tanto, es de esperar que los problemas de gobierno y de incentivos sean más graves cuando las empresas tienen menos competencia, como cuando existen barreras a la entrada en el sector, o cuando poseen una patente, o gozan de una protección legal que les da cierto poder de monopolio.

El tercer factor que puede afectar a los directivos y que ha desempeñado un papel destacado en el pasado es el mercado de control corporativo. Si una empresa que cotiza en bolsa está mal dirigida, en principio es posible sustituir a la dirección, por medio de campañas de los accionistas por la delegación del voto o a través de grupos de inversores que compran un porcentaje de la empresa que les permite hacerse con el control. Existen abundantes investigaciones empíricas según las cuales las ofertas públicas de adquisición hostiles y otros tipos de luchas por el control tienden a aumentar el valor de la empresa.

En Estados Unidos, se recurrió en la década de 1980 a una serie de ofertas públicas de adquisición hostiles y otros cambios del control para dividir los grupos empresariales ineficientes, arrancar las reservas de caja de las manos de la dirección, etc. Pensándolo bien, no debería sorprender el hecho de que durante ese periodo hubiera una oleada de transacciones de ese tipo. En los diez o veinte años anteriores, el mundo empresarial había comenzado a experimentar espectaculares cambios, entre los que cabe citar el aumento del comercio internacional, la liberalización en gran escala y la revolución de la tecnología de la información. Muchas empresas necesitaban una reestructuración a fondo. Parece que muchos equipos de dirección no eran los idóneos para liderar estos cambios. En esos casos, la existencia de grupos externos dispuestos a comprar la empresa, apostando a que ellos pueden gestionarla mejor, es un factor importante que motiva a la dirección.

Esos procesos han sido sumamente controvertidos, ya que a menudo traen consigo espectaculares cambios en la organización de una empresa, con despidos colectivos y la venta de divisiones enteras. Estos procedimientos son mucho más difíciles de utilizar en Europa (salvo en Gran Bretaña), donde existen mayores restricciones legales. Además, las diferencias culturales de opinión dificultan los cambios radicales, puesto que en Europa se valora en mayor medida la responsabilidad social de la empresa hacia sus empleados. El resultado es que este mecanismo no ha desempeñado en Europa el papel importante que ha tenido en Estados Unidos. Las ofertas públicas de adquisición hostiles y otros tipos de lucha por el control son más frecuentes en algunas economías asiáticas, si bien no en todas. Incluso en Estados Unidos, actualmente son menos frecuentes, debido a que la mayoría de los Estados han aprobado leyes que dificultan ese tipo de transacciones. Por tanto, actualmente este mecanismo disciplinario limita en menor medida que antes el margen de actuación de la dirección de las empresas..

Por último, otro mecanismo que incentiva a los altos ejecutivos es la supervisión por parte del consejo de administración. Los consejeros desempeñan principalmente dos funciones. Una es asesorar y ayudar al director general y al equipo de dirección. En virtud de esa potestad, los consejeros analizan la estrategia y las tácticas de la empresa, ofrecen asesoramiento y, en los casos pertinentes, ceden derechos de decisión al director general. En segundo lugar, el consejo de administración es el que controla en última instancia todas las decisiones, ratificando y supervisando las decisiones de los directivos y proporcionándoles los oportunos incentivos. En otras palabras, una de las obligaciones más importantes del consejo de administración es realizar una evaluación subjetiva del rendimiento del equipo de dirección, premiando o castigando a sus miembros. Por tanto, en una de sus funciones el consejo colabora con el director general y los altos ejecutivos. En la otra, es el representante de los accionistas. Del mismo modo que para un directivo puede ser difícil trazar una línea divisoria entre lo que es colaboración con un empleado y lo que es su control, puede resultar difícil separar entre estas dos funciones del consejo, que a veces entran en conflicto.

Según una encuesta realizada a cierto número de consejeros, sólo alrededor del 35 por ciento pensaba que la evaluación del rendimiento era una de sus principales obligaciones. Parece que ponían, por el contrario, demasiado énfasis en la función de colaborar con los altos directivos. ¿A qué podría deberse este hecho?

Una de las razones se halla en que el director general normalmente tiene bastante influencia en la elección de los consejeros. Muchos, quizá la mayoría, son propuestos por el propio director general. Naturalmente, los directores generales normalmente prefieren elegir consejeros que sean amigos personales o que simpaticen con su estrategia. Además, los consejeros a menudo son directores generales de otras empresas y pueden resistirse a presionar a la dirección para no sentar el mismo precedente en su propio consejo de administración.

¿Son importantes los incentivos de los ejecutivos?

Un divertido ejemplo de incentivos aparentemente malos es el protagonizado por Ross Jonson, director general de RJR Nabisco, que utilizó el avión de la empresa para llevar a su perro a su residencia de vacaciones[7]. Más recientemente, ha habido algunos casos célebres (por ejemplo, Tyco) de directores generales que llevan una vida de lujo con fondos de la empresa, lo cual indica falta de supervisión por parte del consejo de administración. Sin embargo, esos excesos son pequeños en el contexto de una gran empresa y simplemente podría considerarse que forman parte de la remuneración de los ejecutivos: podrían no ser ni siquiera ineficientes.

Siendo más rigurosos, ¿qué tipos de problemas pueden surgir si los altos directivos no tienen los incentivos adecuados? Los resultados de la empresa serán, desde luego, relativamente malos. Los casos de empresas públicas (por ejemplo, los servicios de correos del Estado) que posteriormente se han privatizado y se enfrentan a la competencia inducen a pensar que eso es lo que realmente ocurre.

---

[7] Burrough y Helyar (1990).

¿Obtienen mejores resultados las empresas que dan más incentivos a los altos directivos? Responder a esta pregunta no es tan fácil como podría parecer a primera vista. No se puede simplemente correlacionar los indicadores aproximados de la intensidad de los incentivos de los ejecutivos (por ejemplo, el porcentaje de acciones en su poder) con los rendimientos de las acciones. La razón se halla en que las bolsas de valores generalmente son muy eficientes: incorporan casi inmediatamente toda la información que influye sobre el valor de una empresa. Si el plan de incentivos de una empresa destinado a sus ejecutivos está bien diseñado, esto debería reflejarse inmediatamente en el precio de sus acciones, sin necesidad de esperar a producir ningún efecto en su rendimiento futuro.

Existen algunos estudios sobre la variación *anormal* (imprevista) que experimenta el precio de las acciones cuando las empresas anuncian *cambios* en los planes retributivos de sus ejecutivos. Según estos estudios, si se refuerzan los incentivos de los ejecutivos, por ejemplo, concediéndoles más acciones u opciones sobre acciones, el precio de las acciones sube en el momento del anuncio más de lo previsto. Esta observación está en consonancia con la idea de que el aumento de los incentivos de los altos directivos mejora el valor de la empresa.

Sin embargo, existen otras interpretaciones de esos datos. Una está relacionada con la utilización de información privilegiada. Supongamos que el director general tiene *información privada* sobre las perspectivas futuras de la empresa. Los accionistas podrían deducir, de la disposición del director general a aceptar en su remuneración una mayor proporción de acciones y opciones, que las perspectivas de la empresa son mejores de lo que creían. Eso elevaría el precio de las acciones, pero no porque hubieran aumentado los incentivos del director general.

Existe otra interpretación basada en señales. Supongamos que el consejo de administración y el director general (basándose en su información privada sobre las operaciones de la empresa) creen que el precio de las acciones está subvalorado. Podrían señalárselo al mercado externo mostrándose dispuestos a aceptar una proporción mayor de opciones y acciones. Una vez más, el precio de las acciones subiría. Por tanto, los datos basados en la evolución del precio de las acciones no son inequívocos. En otros estudios se han analizado los resultados contables y se ha llegado a conclusiones parecidas, que confirman de nuevo la idea de que los incentivos de los ejecutivos son importantes.

Otro enfoque consiste en analizar casos prácticos. Por ejemplo, las compras de las empresas por sus propios directivos o las compras apalancadas son notables porque normalmente dan a los ejecutivos muchos incentivos en comparación con la mayoría de las empresas. Cuando se recurre a la deuda (apalancamiento), eso limita seriamente el margen de actuación de los ejecutivos y ejerce sobre ellos grandes presiones para que mejoren el flujo de caja con el fin de evitar la quiebra. Existen varios estudios en los que se han examinado detalladamente los resultados de esas organizaciones y se ha observado en general que éstas mejoran notablemente después de la adquisición.

Un papel importante de los incentivos extrínsecos es hacer coincidir mejor los intereses de los empleados con los de la empresa, cuando los empleados tienen una motivación intrínseca. Por tanto, una manera de analizar esta cuestión es preguntarse cuáles serían los objetivos intrínsecos de los directivos, si no hubiera incentivos económicos. Un temor manifestado frecuentemente es que el objetivo de los directivos sea levantar un imperio. En otras palabras, su principal interés puede ser el de llegar a dirigir una gran organización. Eso induciría a pensar que aquellos directores generales que no tienen los incentivos adecuados van a seguir estrategias de gran crecimiento y van a demostrar una excesiva voracidad por adquirir otras empresas.

¿CUÁLES SON LAS MOTIVACIONES INTRÍNSECAS DE LOS ALTOS EJECUTIVOS?

Existe un fascinante estudio en el que se utilizaron datos de un gran número de empresas estadounidenses para tratar de analizar los objetivos intrínsecos que les gustaría alcanzar a los altos directivos, si no existiera el tipo de controles e incentivos que describimos en este apartado. Los autores aprovecharon el hecho de que las leyes que protegen de las ofertas públicas de adquisición varían de unos Estados a otros, por lo que existen 50 regímenes jurídicos diferentes con leyes aprobadas en diferentes momentos. Esta diversidad les permitió estudiar los efectos de los diferentes grados de protección de que gozan los directivos frente a la amenaza de una oferta pública de adquisición.

Los resultados parecen indicar que la idea de que el propósito de los directivos sea el de construir un imperio puede no ser cierta. Parece que los directivos prefieren, por el contrario, llevar una «vida tranquila». Cuando la empresa está más protegida de las ofertas públicas de adquisición, tienden a remunerar mejor a sus empleados, especialmente a los trabajadores de un cierto nivel. Es menos probable que cierren plantas. En contra de la idea de que los directivos deseán levantar un imperio, la creación de nuevas plantas también disminuye. Parece que los directivos siguen la senda de la mínima resistencia, mostrándose generosos con sus empleados y oponiéndose a los cambios en general. En este estudio también se señala que la productividad y la rentabilidad disminuyen en esas empresas.

Fuente: Bertrand y Mullainathan (2003).

Otro posible objetivo de los altos ejecutivos es la reducción del riesgo y su supervivencia. Los accionistas reducen el riesgo diversificando su cartera, es decir, comprando acciones de empresas pertenecientes a otros sectores. Los directores generales pueden diversificar las líneas de negocios dentro de la empresa para reducir el riesgo de su remuneración y de su empleo. Si la empresa tiene varias divisiones que no guardan ninguna relación entre sí y una de ellas está obteniendo malos resultados, cabe la posibilidad de que otra esté obteniendo buenos resultados. Cuanto menos relacionadas estén las divisiones entre sí, menos probable es que obtengan todas ellas malos resultados al mismo tiempo y menos riesgo corre el flujo total de caja de la empresa.

Aunque eso parezca una buena idea a primera vista, generalmente no lo es para los accionistas. Los inversores ya tienen la posibilidad de diversificar por su cuenta invirtiendo en acciones de empresas distintas. Es difícil hallar justificación económica a una empresa muy diversificada. Si las líneas de negocio son realmente diferentes, hay pocas o nulas economías de escala o de alcance (sinergias) y, además, las organizaciones grandes y complejas son muy difíciles de gestionar eficazmente (por las razones que analizamos en este libro).

Otra ventaja que tiene la diversificación para los directivos (pero no para los accionistas) es que los protege de las presiones externas. Cuanto menos riesgos corra el flujo de caja, menos probable es que la empresa tenga que endeudarse o ampliar capital. Eso puede permitirle realizar *subvenciones cruzadas* a favor de divisiones en las que la dirección desee invertir aunque no existan razones justificadas para ello. Por ejemplo, existe la posibilidad de que un director general decida invertir en una vieja fábrica en lugar de cerrarla, porque le desagradan personalmente los despidos o porque fue donde comenzó su carrera.

De hecho, hasta el auge de las ofertas públicas de adquisición hostiles de los años 90, muchas grandes empresas estadounidenses eran grupos empresariales diversificados; muchas empresas europeas y asiáticas aún lo son.

Una cuestión relacionada con ésta es que los altos directivos pueden tener incentivos para acumular efectivo. Por poner un ejemplo espectacular, hasta hace poco Microsoft tenía *80.000 millones de dólares* en reservas de caja. Supongamos que la empresa está obteniendo beneficios, acumulando efectivo. ¿Qué debe hacer con él? Debe invertirlo *sólo si* el rendimiento de la inversión es mayor, una vez tenido debidamente en cuenta el riesgo, que el que los accionistas podrían obtener invirtiendo ellos mismos los fondos. El efectivo disponible después de invertir en esas oportunidades de valor actual neto se llama *reserva de fondos disponibles*, que en principio debe reintegrarse a los accionistas.

Sin embargo, la dirección de la empresa podría invertir el efectivo si hubiera oportunidades de inversión con un rendimiento (contable) *positivo*, que no es el criterio correcto. De hecho, la dirección podría simplemente guardar el efectivo para utilizarlo en el futuro. No es infrecuente oír a los directivos hablar de acumular en la empresa una reserva de efectivo como «fondo de guerra» para utilizarla estratégicamente en el futuro. Dado que la empresa siempre puede conseguir fondos adicionales si tiene buenos proyectos en los que invertir, estos tipos de argumentos suelen tener poco sentido. Por tanto, la dirección puede tener incentivos, equivocados, para acumular una reserva de fondos disponibles. Algunas de las ofertas públicas de adquisición hostiles de los años 90 acabaron repartiendo elevados dividendos extraordinarios entre los accionistas, y al parecer acabaron así con el control que ejercía la dirección de las empresas adquiridas sobre las reservas de fondos disponibles.

Por último, es probable que los altos directivos tengan muchos incentivos para intentar atrincherarse, para reducir las posibilidades de ser despedidos por malversación de fondos, por malos resultados o por buscar objetivos personales. Ya hemos señalado que la dirección de la empresa puede tratar de amañar el consejo de administración con consejeros favorables. También puede adoptar medidas que dificulten la ejecución de las ofertas públicas de adquisición hostiles, como las «píldoras envenenadas»[8]. Y si la empresa recibe una oferta pública de adquisición

---

[8] Una píldora envenenada da a los accionistas el derecho a comprar más acciones de la empresa a un precio muy inferior al de mercado. Estas opciones

de acciones, la dirección a veces se opone agresivamente a esa oferta, incluso en los casos en los que ello permitiría a los accionistas obtener una prima considerable y la mayoría del accionariado vota a favor de la aceptación de la oferta.

En conjunto, los datos disponibles inducen a pensar que las empresas pueden experimentar una pérdida considerable de valor cuando no prestan suficiente atención a los incentivos y a la gestión de los altos directivos. Y también parece que es cierto lo contrario: cuando los incentivos de los altos directivos están bien diseñados, el rendimiento aumenta y las empresas son más innovadoras y dinámicas.

Resumen

Opciones sobre acciones para los empleados

Hemos analizado algunas de las razones que se esgrimen para dar opciones sobre acciones a los empleados. Casi ninguna tiene que ver con las opciones *per se*, se pueden lograr los mismos objetivos con otros tipos de remuneración. Las justificaciones que pueden tener sentido (al menos en algunas circunstancias) generalmente son válidas únicamente en el caso de los empleados clave de la empresa. Por ejemplo, las opciones fomentan la elección del riesgo únicamente en el caso de que se concedan a los empleados que pueden influir realmente en el precio de las acciones.

La justificación más importante para conceder opciones es que pueden dar más incentivos que las acciones, con el mismo coste retributivo, ya que son un incentivo apalancado. Aunque el hecho de que den más incentivos resulta atractivo, hay que hacer algunas matizaciones importantes. Las opciones son un tipo extraordinariamente complejo de remuneración basada en el rendimiento (incluso sin tener en cuenta las complicaciones fiscales y contables que plantean, que también son considerables). Los incentivos y el nivel de remuneración que dan

---

sólo pueden ejercerse si un comprador adquiere más de un determinado porcentaje de la empresa y no pueden ser ejercidas por ese comprador. Por tanto, para comprar con una píldora envenenada una participación en una empresa que permita controlarla, el comprador debe pagar una prima a los accionistas ya existentes. La prima es tan alta que hasta ahora ha habido pocas ofertas públicas de adquisición hostiles en empresas con píldoras envenenadas que hayan tenido éxito.

las opciones son frágiles, en el sentido de que pueden disminuir vertiginosamente si baja el precio de las acciones. Las opciones pueden tender a fomentar las manipulaciones por parte de los empleados. Y la empresa tiene que plantearse detenidamente de qué forma va a ir concediendo las opciones a lo largo del tiempo y cómo revisará su precio si obtiene malos resultados inesperadamente. Y, lo que es más importante, las opciones son un tipo muy caro de remuneración basada en el rendimiento, debido a que el riesgo y las restricciones que implican llevan a los empleados a exigir elevadas primas de riesgo.

Por estas razones, las empresas deben tener mucho cuidado a la hora de emitir opciones sobre acciones para sus empleados. No existe casi ninguna razón fundada para ofrecer opciones a todos los empleados. Sólo tiene sentido ofrecérselas a empleados clave y sólo si el aumento de los incentivos que las opciones conllevan compensa el aumento de la complejidad creada. De hecho, históricamente las empresas nunca han concedido opciones a todos sus empleados, salvo durante el periodo de «euforia irracional» de la década de 1990 en las empresas de alta tecnología.

Remuneración de los ejecutivos

Los directores generales y los altos directivos son los empleados más importantes de una empresa. Son los que tienen más capacidad para crear o destruir valor. Por este motivo, los incentivos más importantes de una empresa son los incentivos de los altos directivos y del consejo de administración que los supervisa.

Los datos inducen a pensar que los incentivos de los directores generales y de los altos directivos son realmente importantes. La mejora de los incentivos y de los controles, como la supervisión del consejo y las presiones de las ofertas públicas de adquisición, mejora realmente los resultados de las empresas y aumenta las probabilidades de que la dirección tome las decisiones adecuadas aunque resulten difíciles.

Desgraciadamente, también existen algunas razones relevantes por las que la remuneración de los altos directivos puede no tener el diseño óptimo. Es posible que los directores generales, a diferencia de los empleados de los niveles inferiores de la organización, estén poco controlados. Esto se debe al diseño de las empresas: a la separación de la propiedad y el control. Los accionistas renuncian a una gran parte del control de la empresa en la que invierten debido a las ventajas de la diversificación. Los mecanismos que existen para controlar a los altos directivos son sustitutos imperfectos —mecanismos basados en buena parte en el mercado de control corporativo, que es el modo en que se supone que los accionistas pueden ejercer cierto poder sobre la dirección de las empresas– y no funcionan de manera ideal.

Por este motivo, los directores generales a menudo tratan de poblar el consejo de administración de consejeros favorables. No parece que los consejeros dediquen el tiempo que sería deseable al control de la dirección de la empresa. Los directores generales también controlan en alguna medida su remuneración. A pesar de estos problemas, los incentivos mejoran la motivación de los altos directivos, por lo que estos mecanismos, aunque imperfectos, son importantes.

Ejercicios

1. Durante la burbuja de las empresas de alta tecnología en la que los precios de las acciones de estas empresas subieron espectacularmente (antes de que estallara la burbuja en marzo de 2001), es posible que los empleados sobrevaloraran las opciones sobre acciones debido a la «euforia irracional». En esa situación, ¿debe emitir una empresa opciones sobre acciones para sus empleados? ¿Cuáles son los beneficios de emitirlas? ¿Y los costes?

2. ¿Las empresas cuyos empleados invierten mayormente en capital humano propio de la empresa, deben recurrir más o menos a las opciones sobre acciones y a la participación en los beneficios en sus planes de incentivos para sus empleados?

3. Suponga que es miembro del consejo de administración de una empresa que tiene que reducir espectacularmente su plantilla y que eso será muy criticado por la opinión pública. ¿Qué factores debe tener en cuenta a la hora de contratar a un nuevo director general y de diseñar su plan de incentivos?

4. Suponga que es el nuevo director general. ¿Qué tipo de personas pedirá que estén en el consejo de administración? ¿Por qué?

5. Algunas empresas dan a sus directores generales *contratos blindados*, es decir, grandes primas si la empresa se vende y el director general pierde su trabajo. ¿Le parece que esta práctica es un sistema sensato de incentivos? ¿Por qué sí o por qué no? ¿Qué cuestiones plantea?

6. ¿Ganan demasiado los directores generales? ¿En qué sentido? Si los incentivos son importantes para inducir a los directores generales a aumentar el valor de las acciones, ¿existe alguna alternativa?

BIBLIOGRAFÍA

Baker, George y Brian Hall (2004), «CEO Incentives and Firm Size», *Journal of Labor Economics*, 22(4), págs. 767–798.

Bertrand, Marianne y Sendhil Mullainathan (2003), «Enjoying the Quiet Life? Corporate Governance and Managerial Preferences», *Journal of Political Economy*, 111(5), págs. 1.043–1.075.

Black, Fischer y Myron Scholes (1973), «The Pricing of Options and Corporate Liabilities», *Journal of Political Economy*, 81(3), págs. 637–654.

Burrough, Bryan y John Helyar (1990), *Barbarians at the Gate*, Nueva York, Harper & Row.

Hallock, Kevin (1997), «Reciprocally Interlocking Boards of Directors and Executive Compensation», *Journal of Financial and Quantitative Analysis*, 32(3), págs. 331–344.

Hendrick, Burton (1932), *Life of Andrew Carnegie, v. 1*, Garden City, Doubleday, Doran & Co.

Jensen, Michael y Kevin J. Murphy (1990), «CEO Incentives: It's Not How Much You Pay, But How», *Harvard Business Review*, mayo-junio.

OTRAS LECTURAS

Abowd, John (1990), «Does Performance-based Compensation Affect Corporate Performance?» *Industrial and Labor Relations Review*, 43(3), págs. 52S–73S.

Conger, Jay, David Finegold y Edward Lawler (1998), «Appraising Boardroom Performance», *Harvard Business Review*, 76(1), págs. 136–148.

Hall, Brian y Thomas Knox (2002), «Managing Option Fragility», documento de trabajo, National Bureau of Economic Research.

Hall, Brian y Kevin J. Murphy (2003), «The Trouble with Stock Options», *Journal of Economic Perspectives*, 17(3).

Jensen, Michael (1986), «Agency Cost of Free Cash Flow, Corporate Finance, and Takeovers», *American Economic Review Papers and Proceedings*, 76(2).

Kaplan, Steven (1989), «The Effects of Management Buyouts on Operating Performance and Value», *Journal of Financial Economics*, 24(2).

Murphy, Kevin J. (1999), «Executive Compensation», en Orley Ashenfelter y David Card (comps.), *Handbook of Labor Economics 3b*, Elsevier Science North Holland.

Oyer, Pay y Scott Schaefer (2005), «Why Do Some Firms Give Stock Options to All Employees? An Empirical Examination of Alternative Theories», *Journal of Financial Economics*, 76, págs. 99–133.
Watson Wyatt, Inc. (2007), «How Do Employees Value Stock Options?», Washington, DC.

Apéndice

Aspectos técnicos de la fijación del precio de las opciones

Primero describimos la fórmula de fijación de los precios de las opciones de Black-Scholes (Black y Scholes, 1973). Las opciones sobre acciones de las empresas que cotizan en bolsa a menudo se valoran con alguna variante de esta fórmula. He aquí una de las versiones:

$$C = S \times N(d_1) - K \times e^{-rT} \times N(d_2),$$

donde:

$$d_1 = [\ln(S/K) + (r + 1/2\sigma^2) \times T]/\sigma\sqrt{T}$$
$$d_2 = d_1 - \sigma\sqrt{T}$$

y

C = valor de la opción de compra
S = precio de las acciones
K = precio de ejercicio
r = tipo de interés libre de riesgo
T = tiempo hasta el vencimiento de la opción
σ = volatilidad (desviación típica) de S
N = función de probabilidad acumulada de una distribución normal estándar

¿Cómo varía el valor de la opción con cada parámetro? He aquí la explicación intuitiva; en términos generales, la explicación intuitiva de cómo valora un empleado una opción similar es parecida, si bien el empleado exige una prima de riesgo superior al valor de Black-Scholes. Todas las ideas intuitivas que presentamos a continuación se refieren a los efectos del cambio de una única variable, manteniendo *constantes* todas las demás.

S: cuanto más alto es el precio de las acciones, más valiosa es la opción, ya que es más probable que el precio de las acciones sea más alto que el precio de ejercicio y la ganancia es mayor si el precio de las acciones es más alto que el precio de ejercicio. Cuando se ejerce la opción, se paga el precio de ejercicio, K, para comprar la acción, que tiene el valor S, por lo que el rendimiento si se ejerce inmediatamente es igual a $S - K$.

K: cuanto más alto es el precio de ejercicio, menos valiosa es la opción. La explicación intuitiva es la inversa de la explicación intuitiva de S.

r: cuanto más alto es r, más valiosa es la opción. Cuanto mayor es el tiempo que falta para que venza la opción, mayores son las posibilidades de que suba el precio de las acciones, lo cual aumenta la probabilidad de que el precio de las acciones sea más alto que el precio de ejercicio, así como las ganancias si eso ocurre. Si no se desea tener la opción hasta que venza, se puede vender en el mercado si cotiza en bolsa. Como el tiempo adicional tiene valor, se puede recuperar el valor del vencimiento posterior vendiéndola ahora (*Nota*: muchos empleados ejercen sus opciones inmediatamente cuando se las entregan, ya que tienen aversión al riesgo y pueden temer que el precio de las acciones baje en el futuro).

σ: cuanto mayor es γ, más valiosa es la opción. Una opción de compra rinde si sube el precio de las acciones, pero no penaliza si baja. Por tanto, una volatilidad mayor es valiosa, ya que aumenta la probabilidad de que el precio de las acciones acabe siendo más alto que el precio de ejercicio y que el rendimiento sea elevado.

Los precios de las opciones tienen otras dos propiedades útiles para comprender la valoración de las opciones sobre acciones para los empleados de una empresa. En primer lugar, casi todas las opciones sobre acciones se conceden con un precio de ejercicio igual al precio de las acciones; $K = S$. Puede demostrarse que el valor de una opción cuyo precio de ejercicio es igual al precio de las acciones es mayor cuanto mayor sea S, manteniéndose todos los demás parámetros constantes. La explicación intuitiva es sencilla: la fórmula depende del rendimiento *porcentual* (en la fórmula es la tasa de rendimiento libre de riesgo). Por tanto, cambiar S en la fórmula manteniendo constante el rendimiento porcentual equivale a aumentar S y aumentar la tasa *absoluta* de rendimiento. Naturalmente, el valor real de una opción depende del rendimiento absoluto, ya que nos indica la probabilidad de que el precio de las acciones acabe siendo más alto que el precio de ejercicio y el rendimiento (valor intrínseco $S - K$), si acaba siéndolo.

La segunda propiedad es que el valor actual descontado de una opción concedida a un empleado en un determinado periodo es igual al valor que tiene *hoy* la opción. Por tanto, para valorar un paquete de opciones, el empleado *no* necesita descontar la opción al periodo actual. Esta idea intuitiva no es fácil de ver a primera vista, ya que todos los demás instrumentos (salvo las acciones) deben descontarse al periodo actual. Esta idea intuitiva es más fácil de ver analizando el caso de las acciones que no generan dividendos. Supongamos que el precio actual de las acciones de una empresa sea igual a S y que ésta promete concedernos acciones el próximo año. ¿Cuál es el valor de esa futura concesión de acciones? Es exactamente igual al precio que tienen *hoy* las acciones, S, ya que podríamos reproducir esas acciones comprando acciones hoy y conservándolas hasta el próximo año. Una opción es una función más compleja del valor de las acciones, pero la idea intuitiva es la misma.

CUARTA PARTE

Aplicaciones

Acabamos el libro con tres capítulos en los que aplicamos los conceptos vistos hasta ahora a temas especiales. Nuestro propósito es reunir todas las ideas de los capítulos anteriores, mostrar cómo se aplican en la práctica y destacar algunos temas generales que no hemos desarrollado con suficiente detalle.

En el capítulo 13 analizamos la oferta de beneficios sociales a los empleados. Este capítulo es una continuación lógica del tema de la remuneración basada en el rendimiento, del que nos ocupamos en la tercera parte. Las empresas a menudo remuneran, en parte, a sus empleados por medio de prestaciones no pecuniarias como pensiones, seguros médicos, días libres remunerados, etc. Una cuestión que veremos en este capítulo son las razones por las que las empresas pagan a sus empleados mediante este tipo de prestaciones. Hay varias justificaciones basadas en conceptos que hemos analizado anteriormente en este libro y que giran alrededor de la selección de personal, la gestión de la rotación, la mejora de la productividad y los problemas de agencia. Finalmente analizamos algunas cuestiones relacionadas con el diseño de estos planes de remuneracions no pecuniarias.

En el capítulo 14 examinamos el *espíritu emprendedor fuera y dentro de una organización*. El espíritu emprendedor es un motor fundamental del capitalismo. Es un tema especialmente apropiado para este libro, que trata de llevar las ideas basadas en el mercado al diseño interno de la empresa. Un empresario tiene una ventaja muy importante: parte de cero para diseñar su organización. Teniendo eso en cuenta, ¿cómo pueden aplicarse a una nueva empresa los principios de la economía de los recursos humanos para tener más probabilidades de éxito?

Una vez que una nueva empresa prospera y comienza a crecer, su organización debe evolucionar. En el capítulo 14 analizamos brevemente algunas cuestiones a las que se enfrentan las empresas a medida que maduran, enlazando con el segundo tema del capítulo, el espíritu emprendedor dentro de una organización. Las organizaciones mayores, más antiguas y más maduras a menudo parecen (y son) lentas, conservadoras y burocráticas en comparación con las más nuevas. Explicamos por qué y analizamos algunos de los costes y los beneficios de este fenómeno. A continuación, vemos cómo puede utilizar una empresa madura las ideas de la economía de los recursos humanos para tratar de mejorar su dinamismo: para aproximarse más a lo que hace que las economías de mercado sean tan eficaces, el *espíritu emprendedor dentro de una organización.*

En el capítulo 14, hacemos hincapié en dos temas del libro relacionados entre sí. El primero es la metáfora del mercado para diseñar una organización. El segundo es la disyuntiva fundamental entre la creatividad y el control a la que se enfrenta toda organización. Ambos temas son relevantes cuando se diseñan políticas para la selección de los empleados y la inversión en ellos; el diseño de la organización y de los puestos de trabajo; y la remuneración basada en el rendimiento. Éstos corresponden, evidentemente, a las tres primeras partes del libro.

En el capítulo 15 analizamos la relación entre la empresa y el empleado. Esta relación es económica, pero mucho más compleja y sutil que la mayoría de las transacciones económicas. Para comprender el diseño de las organizaciones hay que tener en cuenta esta relación. Por tanto, en este capítulo ampliamos nuestro análisis de los contratos implícitos y analizamos brevemente algunas cuestiones como la cultura corporativa y el cambio en las organizaciones. Generalmente se considera que esos temas son «blandos» y normalmente se analizan desde la óptica de la psicología y la sociología. En el capítulo 15 complementamos esas visiones analizando estas cuestiones desde la perspectiva de la economía de los recursos humanos.

13 BENEFICIOS SOCIALES

La recompensa del trabajo es la vida. ¿No es eso
suficiente?

–William Morris, 1890

INTRODUCCIÓN

Los beneficios sociales se han convertido en una parte cada vez más
importante de la remuneración de un empleado, especialmente en los
países en que las pensiones o la sanidad no las ofrece principalmente el
Estado. No es raro que una empresa gaste el 25 por ciento de las remuneraciones a sus trabajadores en forma de beneficios sociales. Normalmente son el seguro médico, los planes de pensiones y los días libres
remunerados. Por ejemplo, en Estados Unidos se ofrece un plan de seguro médico a alrededor del 70 por ciento de los empleados y un seguro
dental a más de la mitad. Algunas empresas también ofrecen la posibilidad de reembolsar los gastos de matrícula en algunos cursos, pagan la
guardería en la empresa, ofrecen comidas subvencionadas e incluso
servicios de asesoría para ayudar a los empleados a resolver asuntos
personales. En este capítulo vemos por qué las empresas ofrecen beneficios sociales en lugar de una remuneración en efectivo y, a continuación, analizamos algunas cuestiones económicas relacionadas con el diseño de esos planes.

¿Salarios o beneficios sociales?

¿Cuánto debe pagar una empresa en forma de salarios y cuánto en beneficios sociales? Consideremos el siguiente ejemplo. Hay un seguro médico, que llamaremos Triple Opción, que cuesta alrededor de 3.500 euros al año. Cubre la mayoría de las enfermedades graves que requieren una prolongada hospitalización y recuperación, permite en buena medida la libre elección del médico y exige al trabajador asegurado un copago hasta un límite de gastos, por ejemplo, 1.500 euros al año. En conjunto, parece que el plan debería ser razonablemente atractivo para los trabajadores. De hecho, lo es, pero su atractivo varía dependiendo de las características de los trabajadores. A los de mayor edad, que es más probable que enfermen, les interesan más los seguros médicos que a los más jóvenes. A los trabajadores solteros les interesan menos que a los que tienen familia. Los hombres hacen menos uso de la asistencia sanitaria que las mujeres.

Supongamos que una empresa tenga que ofrecer seguro médico a todos sus trabajadores o a ninguno[1]. ¿Cómo tomar la decisión? Se sabe perfectamente cuál es el coste del seguro médico, pero 3.500 euros no es necesariamente el valor que el seguro tiene para los empleados. Si para un empleado tuviera un valor inferior a 3.500 euros, entonces éste no lo compraría si pudiera elegir. Por valor entendemos la cantidad que una persona estaría dispuesta a pagar para adquirir un determinado bien o servicio. Siempre que una persona decide no comprar algo, su valor debe ser por definición menor que su coste. Naturalmente, el valor que tiene un bien o un servicio para una persona depende de su renta. Dado que la cantidad que una persona está dispuesta a pagar por un artículo depende de cuánto dinero tenga, es posible que las personas que tengan más dinero concedan más valor a unos artículos que otras personas consideran necesidades básicas. En todo caso, la cantidad que están dispuestos a pagar los trabajadores por un beneficio social es el concepto correcto de valor que debe tener en cuenta el empresario.

También puede ocurrir que el trabajador conceda a un beneficio social un valor superior a su coste. Generalmente ocurre en dos casos. En primer lugar, la empresa puede adquirir el beneficio social a un precio más barato que el que pueda conseguir el trabajador. Así ocurre

---

[1] En Estados Unidos, algunas características de la legislación tributaria permiten deducir los beneficios sociales de los impuestos sólo si se ofrecen a una determinada (elevada) proporción de los empleados de la empresa.

con los seguros médicos de grupo, en los que se aúna a muchas personas para reducir los costes individuales (normalmente, trabajadores de bajo riesgo están subvencionando a los de alto riesgo como consecuencia de esta agrupación). En segundo lugar, puede haber una oportunidad de arbitraje fiscal. Existe arbitraje fiscal cuando se puede ofrecer a los trabajadores un beneficio social y a efectos fiscales se contabiliza como un coste de la empresa, pero no como renta de los trabajadores. La empresa puede comprar el seguro médico por 3.500 euros. Puede que ese mismo seguro médico valga solamente 3.000 euros para algunos trabajadores. Pero si la empresa les paga 3.000 euros en efectivo, éstos no podrán comprar el seguro por 3.000 euros. Después de impuestos, sólo les quedarían 2.400, si es que el 20 por ciento se va en impuestos. Para dar a sus trabajadores 3.000 euros de poder adquisitivo, la empresa tiene que pagarles 3.750, para que sus ingresos después de impuestos sean de 3.000. A la empresa podría darle lo mismo ofrecer un beneficio social de 3.500 euros que ofrecer 3.500 euros en efectivo, ya que ambos se contabilizan como 3.500 euros dentro de los costes de la empresa, reduciendo los ingresos y los impuestos en la misma cuantía en ambos casos. Pero el trabajador prefiere el beneficio social a 3.500 euros en efectivo, ya que tendría que desembolsar 3.750 en efectivo para comprar un seguro médico que para él vale 3.000.

¿Cómo puede saber la empresa cuánto vale el plan para sus trabajadores? Una posibilidad es preguntarles. La empresa podría preguntarles por medio de una votación si prefieren 3.500 euros en efectivo o 3.500 euros en beneficios sociales. El coste es el mismo en los dos casos, por lo que a la empresa le daría lo mismo el resultado de la votación. Si la mayoría vota a favor del seguro médico, la empresa puede sustituir el pago en efectivo por el seguro. Eso implicaría reducir el salario, pero sería una reducción votada por los trabajadores. Equivale a pagarles el salario más alto y después dejarles comprar el beneficio social a cuenta de su salario actual a un precio de 3.500 euros.

Un inconveniente es que si el seguro vale realmente más de 3.500 euros para un determinado trabajador, la empresa le está dando algo a cambio de nada. En el caso anterior, el trabajador estaba dispuesto a renunciar nada menos que a 3.750 euros a cambio del seguro médico. La empresa podía comprar el beneficio social por 3.500. Por tanto, la empresa podría reducir los salarios en 3.750 euros en lugar de los 3.500 a cambio del seguro. El hecho de que el beneficio social le cueste a la empresa 3.500 euros no significa que la empresa sólo deba «cobrar» al trabajador 3.500 euros por él. Podría cobrar hasta la cantidad que el seguro vale para los trabajadores. Pero ¿cómo puede averiguar la empresa cuánto vale el seguro para sus empleados? Es probable que le sirva de poco preguntárselo. Si éstos saben que la empresa va a cobrar por el seguro la cantidad que ellos dicen que vale, tenderán a declarar un valor inferior al que tiene realmente para ellos. De hecho, si los trabajadores supieran cuál es el coste del seguro para la empresa, siempre les saldría a cuenta declarar exactamente ese precio. Con cualquier cifra menor, la empresa preferiría no ofrecer el seguro y con cualquier cifra mayor, el trabajador le estaría dando dinero extra a la empresa.

Sabiendo que los trabajadores se comportarán estratégicamente, ¿cómo puede extraer la empresa información sobre el valor que tiene el seguro? Utilizando estudios de mercado de la relación entre los salarios y los seguros médicos. El análisis estadístico de los datos de mercado permite estimar el valor que tiene un determinado beneficio social para el trabajador marginal. Examinando la diferencia entre los salarios de los trabajadores que gozan de un determinado beneficio y los salarios de los que no lo tienen, es posible estimar un coeficiente de mercado.

Supongamos que tenemos una base de datos que nos ha suministrado una empresa consultora de recursos humanos. Se refiere a 25 empresas, cada una de las cuales o bien tenía un seguro médico o no tenía ninguno. Las empresas suministraron datos sobre los sueldos de sus mandos intermedios. La tabla 13.1 muestra los datos procedentes de la empresa consultora.

Si se realiza una *regresión* del sueldo con respecto a una variable ficticia, que es igual a 1 si la empresa tenía un seguro médico y 0 si no tenía ninguno, se obtienen los siguientes resultados:

$$\text{Sueldo} = 55.827 - 1.836 \times (\text{variable ficticia seguro médico})$$

La interpretación es la siguiente: sin un seguro médico (*variable ficticia seguro médico* = 0), el sueldo medio es de 55.827 euros. Con un seguro médico, el sueldo medio es igual a 55.827 − 1.836 = 53.991 euros.

Dada esta información, ¿qué debe hacer una empresa? Los datos de mercado indican que el trabajador marginal está dispuesto a aceptar una reducción de 1.836 euros a cambio del seguro médico. Un seguro médico le cuesta a la empresa 3.500 euros. Estos datos significan que los trabajadores no están dispuestos a renunciar a una parte del salario suficiente para cubrir el coste del seguro médico. Si la empresa está dispuesta a pagar a un trabajador 55.000 euros más un seguro médico, hará mejor en ofrecerle 57.500 sin seguro médico. El trabajador marginal prefiere

Tabla 13.1. Situación con respecto a los sueldos y los seguros médicos

Empresa nº	Sueldo (€)	¿Seguro médico?
1	59.701	no
2	52.594	no
3	59.193	sí
4	54.817	sí
5	50.666	no
6	54.739	sí
7	50.172	sí
8	52.472	sí
9	56.899	no
10	51.765	sí
11	53.628	sí
12	52.372	sí
13	58.450	no
14	55.404	sí
15	53.270	sí
16	54.566	sí
17	58.791	sí
18	52.472	sí
19	54.724	no
20	51.181	sí
21	58.711	no
22	59.346	no
23	55.188	sí
24	51.356	no
25	53.832	sí

los 2.500 euros adicionales en efectivo al seguro médico, ya que los trabajadores que no tienen seguro médico sólo ganan, en promedio, 1.836 euros más que los que lo tienen. Si los trabajadores concedieran al seguro médico un valor superior a 1.836 euros, los empresarios que ofrecieran 1.836 euros más en salarios se encontrarían compitiendo con empresas que ofrecerían el salario más bajo, pero con un seguro médico. Ofreciendo 2.500 euros más de salarios en lugar de un seguro médico, tanto la empresa como los trabajadores saldrían ganando. Aunque a todo el mundo le gusta tener un seguro médico, mucha gente prefiere el pago directo en forma de aumento salarial al propio seguro.

Eso no tiene por qué ser así para todos los trabajadores. Supongamos que la empresa sólo se fija en los directivos que ganan más de 200.000

euros al año. Estos trabajadores tienden a tener más edad que otros empleados de la empresa, ya que los sueldos suelen aumentar con la antigüedad. Es normal que los trabajadores de más edad tengan una mayor preferencia por un seguro médico. Si en los datos que hemos manejado más arriba predominan los directivos que ganan del orden de 50.000 euros al año, lo más probable es que el valor estimado del seguro médico subestime el valor que tienen los seguros médicos para los trabajadores de más edad mejor remunerados. Además, los trabajadores con salarios más altos están sujetos a unos tipos impositivos marginales más altos y es más probable que valoren el hecho de recibir una proporción mayor de sus ingresos en forma de un seguro médico exento de impuestos. Si los datos disponibles fueran más detallados, se podrían obtener estimaciones de grupos más concretos. Las empresas consultoras que se dedican al tema de las remuneraciones generalmente disponen de ese tipo de datos.

El objetivo principal de este ejercicio es mostrar que, en realidad, los empleados pagan los beneficios sociales que les ofrecen las empresas. Estos beneficios tienen unos costes y la empresa, y sus empleados, se enfrentan a la disyuntiva de escoger entre remunerar al empleado con determinados beneficios sociales o con efectivo. Esta observación es la misma que hicimos con respecto a las opciones sobre acciones para los empleados: también se ofrecen en sustitución de otros tipos de remuneración. En consecuencia, los beneficios sociales no son meramente un complemento de la remuneración en efectivo. Por este motivo, la empresa debe ofrecer beneficios sociales únicamente cuando esté justificado desde el punto de vista económico.

¿POR QUÉ OFRECER BENEFICIOS SOCIALES?

Hemos señalado que una empresa debe ofrecer beneficios sociales a los trabajadores si la valoración de estos beneficios por parte de los empleados es mayor que el coste que representan para la empresa (y que el coste que tienen para los empleados comprarlos personalmente). Por tanto, una empresa debe examinar las ventajas en términos de costes de adquirir el beneficio social y las ventajas en términos de valor que reporta a sus empleados. A continuación examinamos más detenidamente estas ideas, así como otros motivos por los que las empresas ofrecen beneficios sociales en lugar de salarios.

Ventaja de costes
Economías de escala

Arriba hemos descrito el ejemplo del seguro médico; a veces una empresa puede aunar los riesgos de sus empleados, lo cual reduce el coste del seguro en comparación con las tarifas de mercado. Es más probable que lo consiga si la empresa es grande y, sobre todo, si sus trabajadores tienen de media menos riesgos (por ejemplo, son más jóvenes en el caso del riesgo de un seguro médico o de un seguro de vida).

Asimismo, una empresa puede tener capacidad para adquirir algunos bienes para sus empleados a precios inferiores a los de mercado si consigue que el proveedor le haga un descuento por la compra de grandes cantidades. En ese caso y si el bien es suficientemente valioso para sus trabajadores, es eficiente ofrecérselo a sus empleados. Por ejemplo, una empresa puede ofrecer la posibilidad de hacerse socio de un gimnasio a precios inferiores si éste ofrece un descuento a la empresa por llevarle un gran número de socios. Es más probable que este efecto sea relevante en el caso de las grandes empresas que en el de las pequeñas. Por este motivo, es de esperar que las grandes empresas ofrezcan más beneficios sociales a sus empleados que las pequeñas. De hecho, éso es lo que observamos.

Es aún más probable que una empresa pueda adquirir beneficios sociales con un coste más bajo si esos beneficios están relacionados con su área de negocio. Piénsese, por ejemplo, en la gigantesca compañía de servicios de restauración Sodexo, que ofrece comidas subvencionadas a su personal. El negocio principal de Sodexo son los servicios de restauración: sus trabajadores preparan las comidas que pueden comprar con un descuento. Es probable que los costes marginales de servir más comidas a sus empleados sean mucho más bajos que el precio de mercado de estas comidas por un par de razones. La empresa puede disfrutar de más economías de escala cuando compra a sus proveedores, al menos en el caso de algunos centros de servicios de restauración, animando a los empleados a comer *in situ*. Un factor importante es que en los servicios de restauración tiende a haber periodos de mucha actividad y periodos de poca actividad, ya que a la mayoría de los clientes les gusta comer a horas normales, por ejemplo, durante la pausa para el almuerzo en el trabajo. Por tanto, Sodexo tiene un exceso de capacidad en muchos momentos del día. El coste marginal de servir comidas adicionales a sus trabajadores durante esos periodos de poca actividad es muy bajo; eso le permite, además, amortizar aún más los costes fijos de producción del centro. Por tanto, es bastante frecuente que las empresas ofrezcan a sus empleados beneficios sociales estrechamente relacionados con su área de negocio, sobre todo descuentos por la compra de sus productos.

Arbitraje o subvención fiscal

Una fuente de reducción de costes para una empresa que ofrece un beneficio social es la legislación fiscal. Los gobiernos a veces recurren a las subvenciones (en forma de deducciones fiscales) para animar a las empresas a ofrecer beneficios sociales a sus empleados. Como hemos señalado al comienzo del capítulo, en los países en los que no hay un sistema público de sanidad, las empresas a menudo ofrecen un seguro médico a sus empleados, debido en gran parte a que tienen la posibilidad de ofrecer ese seguro como gasto propio y sin que tribute como renta de los empleados que lo reciben. En Estados Unidos no era frecuente que las empresas ofrecieran un seguro médico hasta que se modificó la legislación fiscal para permitir esa deducción. Asimismo, muchos países permiten a las empresas ofrecer planes de pensiones en los que los empleados no pagan impuestos hasta que perciben la pensión cuando se jubilan.

Ventaja de valor

Selección de los empleados

Es más probable que sea rentable ofrecer a los empleados un beneficio social en lugar de un salario cuanto más valoren los empleados ese beneficio. Por tanto, una empresa debe tener en cuenta las preferencias de su personal cuando estructura un plan de beneficios sociales. Ofrecer a los trabajadores de edad media el reembolso de los gastos de matrícula de algunos cursos probablemente sea menos útil que ofrecer ese beneficio social a los trabajadores más jóvenes.

De todas maneras, el hecho de que los empleados concedan mucho valor a un beneficio social no es en sí mismo una razón para ofrecerlo. Al fin y al cabo, los empleados pueden muy bien comprarlo por sí mismos, en cuyo caso la empresa también podría pagarles en efectivo en lugar de ofrecerles el beneficio social. Sin embargo, no todos los empleados tienen las mismas preferencias, por lo que los planes de beneficios sociales pueden influir en la decisión de los trabajadores de trabajar en una u otra empresa. Ofrecer determinados beneficios sociales con el fin de mejorar la autoselección del personal cuando la empresa hace ofertas de trabajo puede muy bien ser una razón para ofrecerlos en lugar de un salario más alto. Más adelante volveremos a esta cuestión.

Productividad de los empleados

En algunos casos, un beneficio social puede crear valor a la empresa o al empleado porque aumenta su productividad. En el capítulo 3 analizamos la formación en el trabajo. Esa formación aumenta claramente la productividad. Puede pagarla implícitamente el empleado, cobrando un salario más bajo (sobre todo en el caso de capital humano general), o la empresa y el empleado (sobre todo en el caso de capital humano propio de la empresa).

Recuérdese el ejemplo de Sodexo que ofrece a sus empleados comidas a un precio más bajo. Otra ventaja de este beneficio social es que los empleados consumen los bienes que ellos mismos producen, lo cual probablemente mejore su productividad. También es probable que mejore la calidad, ya que los empleados prueban ellos mismos los productos, lo cual es una manera de descubrir problemas potenciales preferible a esperar las quejas de los clientes. Esto seguramente resulte también en una mejora del servicio de atención al cliente, ya que los empleados comprenden mejor los problemas que éstos padecen. Estas ventajas pueden llegar a ser muy importantes, sobre todo en aquellas organizaciones pensadas para ir mejorando de forma continuada. El consumo del producto permite obtener una información vital de la que de otra manera se carecería .

Este efecto refuerza la tendencia de las empresas a ofrecer a sus empleados los productos que producen a precios más bajos. Por ejemplo, una tienda de informática puede ofrecer a sus empleados sus productos con un descuento de un 25 por ciento. Cuando los empleados compran y utilizan estos productos, comprenden mucho mejor sus ventajas y sus inconvenientes, cómo pueden utilizarse, etc.

Algunos beneficios sociales pueden mejorar la productividad aunque no estén relacionados directamente con los productos o con el sector de la empresa. Por ejemplo, algunas empresas ofrecen servicios de asesoría a sus empleados. De esa manera les queda más tiempo libre que, de lo contrario, tendrían que dedicar a sus asuntos personales. Entre los beneficios sociales que pueden producir efectos parecidos se encuentra la posibilidad de aparcar en el centro de trabajo, la flexibilidad de horarios, las comidas *in situ* y el automóvil de empresa o el avión privado (en el caso de los altos ejecutivos).

Consideremos el caso de una empresa que quiere que sus empleados trabajen muchas horas cuando haga falta y que estén dispuestos a hacerlo sin previo aviso (por ejemplo, para cumplir un plazo o para reaccionar a las crisis cuando surgen). Cuanto mayor sea el número de horas trabajadas, mayor es la desutilidad marginal del esfuerzo realizado por trabajar una hora más. Algunos beneficios como servicios de atención personal podrían reducir la desutilidad del esfuerzo lo suficiente como para que el empleado acepte realizar las horas extra que sean necesarias.

Es más probable que este efecto sea importante en el caso de los trabajadores que tienen dos características: ya trabajan muchas horas y son muy productivos. Lo primero significa que el esfuerzo adicional tiene una elevada desutilidad para el trabajador, por lo que el beneficio social de los servicios atención personal produce un efecto relativamente grande. Lo segundo significa que la productividad marginal de la hora extra de trabajo es mayor. Eso es importante, ya que el valor de ofrecer el beneficio social debe ser mayor que su coste.

Este análisis indica que es más probable que se ofrezcan beneficios sociales que incrementan la productividad en unas empresas que en otras. Esos beneficios sociales benefician a las empresas en las que los empleados trabajan a tiempo completo o incluso más horas que a las empresas que tienen trabajadores a tiempo parcial, ya que la desutilidad marginal de trabajar una hora más generalmente es menor para estos trabajadores. Es más probable que se ofrezcan esos beneficios sociales a los trabajadores más cualificados y en los niveles superiores de una organización, ya que el valor marginal del trabajo extra tiende a ser mayor para esos trabajadores. Por último, esos beneficios sociales deberían ser más fecuentes en los sectores que están experimentando un elevado crecimiento y están obteniendo muchos beneficios, ya que el valor del trabajo adicional es mayor en empresas de estos sectores.

Estas ideas también sugieren que el ofrecimiento de beneficios sociales que aumentan la productividad debe variar con el ciclo económico. En las épocas de bonanza, el valor del trabajo adicional de los empleados es mayor, por lo que es más probable que las empresas ofrezcan servicios de atención personal, automóviles de la empresa, etc.

¿SON LOS PRIVILEGIOS QUE RECIBEN LOS EJECUTIVOS EFICIENTES O UN DESPILFARRO?

Los altos ejecutivos reciben frecuentemente generosos extras personales (privilegios), como la posibilidad de ser socio de clubes exclusivos y de utilizar los aviones de la empresa. Raras veces, por no decir nunca, se ofrece, desde luego, este tipo de beneficios sociales a los empleados de nivel más bajo. ¿Aumentan realmente la productividad de los directivos o son el resultado de problemas de agencia, como señalamos en el capítulo 12? Parece que ambos factores están involucrados.

Existe un estudio sobre los altos ejecutivos que tienen a su disposición un avión de la empresa (Yermack, 2006). El día que las empresas anunciaban ese beneficio social, el precio de sus acciones bajaba en promedio un 1,1 por ciento más de lo esperado. Además, después era un 4 por ciento anual más bajo de lo previsto. Estas notables caídas de las cotizaciones son una prueba contundente de la existencia de un problema de gobierno y de que los incentivos que tienen los altos ejecutivos en esas empresas no están bien diseñados. En este estudio también se señala que un elemento que permitía predecir si la empresa ponía o no a disposición del director general un avión personal era si éste era socio de un club de golf situado lejos de la sede central.

Rajan y Wolf (2006) examinaron un número mayor de privilegios de los ejecutivos. A diferencia de Yermack, no observaron que existiera una relación sistemática y estrecha entre la importancia de los privilegios y las medidas de buen gobierno de las empresas. Sí encontraron pruebas que están en consonancia con la idea de que al menos algunos privilegios de los ejecutivos tienen por objeto aumentar su productividad. Por ejemplo, los privilegios que ahorran tiempo, como un chófer, se utilizan más a menudo cuando el tiempo que ahorran es mayor y existen más posibilidades de conseguir una productividad elevada (por ejemplo, en el caso de los ejecutivos de mayor nivel).

Imperativo legal

Por último, las leyes de muchos países obligan a las empresas a ofrecer a sus empleados algunos beneficios sociales. Por poner un ejemplo, en Estados Unidos la Family and Medical Leave Act (FMLA) obliga a todas las empresas de 50 asalariados o más que trabajan en un radio de 75 millas a ofrecer a ciertos empleados permisos no remunerados (más concretamente, a los empleados a tiempo completo que llevan 12 meses en la empresa). Esas empresas deben conceder 12 semanas de permiso no remunerado por cada periodo de 12 meses para atender a un nuevo hijo; para cuidar a un hijo, cónyuge o padre enfermo; o a causa de una incapacidad médica que impida al empleado realizar su trabajo. Asimismo, en la mayoría de los países la ley obliga a las empresas a tener unos niveles mínimos de seguridad en el centro de trabajo[2]. Una empresa siempre puede ofrecer un nivel de seguridad superior a ese mínimo. En ese caso, se trata de un beneficio social adicional del trabajo. También podría preferir ofrecer un empleo con mayor riesgo y menor seguridad si la legislación no lo prohibiera.

APLICACIÓN DE LOS BENEFICIOS SOCIALES

Mejorar la selección de los empleados

Consideremos el caso de una gran empresa que ofrece a sus empleados un seguro de vida opcional *propio*. Esta empresa no compra un seguro de vida a una empresa aseguradora sino que cuando muere un empleado asegurado, paga el importe estipulado en el seguro directamente, con cargo a sus propios fondos. Mientras la empresa cobre, en promedio, lo suficiente para cubrir los costes del plan, no hay problema. Pero si termina contratando únicamente a trabajadores mayores con niveles salariales altos y con elevadas tasas de mortalidad, puede encontrarse con que las aportaciones al programa no cubran los costes.

¿Es éste un problema? No necesariamente. Ofreciendo beneficios sociales que tienen un valor distinto para cada trabajador, la empresa da implícitamente una cantidad mayor de beneficios sociales a unos trabajadores y una menor a otros, aunque el número de euros de beneficios por trabajador sea el mismo. Si la estructura del seguro de vida es una subvención implícita a los trabajadores mayores, éstos acaban recibiendo más beneficios sociales que los trabajadores más jóvenes que no compran el seguro.

Asimismo, puede ocurrir que la empresa considere que los trabajadores que tienen familia son más productivos que los demás. Ofreciendo guarderías a un precio inferior al de mercado, atrae a trabajadores con familia, para los cuales el plan de beneficios sociales resulta especialmen-

---

[2] La seguridad en el centro de trabajo puede concebirse como un riesgo del empleo. La empresa debe compensar a los trabajadores con una prima de riesgo cuando el trabajo es arriesgado, pero sólo si los trabajadores son conscientes de esos riesgos. La normativa sobre seguridad en el trabajo podría estar justificada porque las empresas tienen algunos incentivos para no informar a los candidatos al empleo de los riesgos cuando poseen más información sobre el verdadero nivel de riesgo.

te atractivo. A una empresa le resultaría muy difícil mostrar explícitamente sus preferencias por los trabajadores que tienen familia fijando los salarios en función del tamaño de la familia. En muchos países, esa práctica probablemente sería contraria a la normativa legal y crearía todo tipo de problemas. Ofreciendo beneficios sociales pensados para las familias, elude estas restricciones y atrae al tipo de trabajadores que prefiere.

Por poner otro ejemplo, algunas empresas pagan la escolarización de sus trabajadores, incluso cuando ésta no les reporta ningún beneficio directo y puede incluso perjudicarlas. Una empresa puede ofrecerse a pagar la educación general de un trabajador como un beneficio social primordial. Este beneficio social tiene un enorme valor para los trabajadores que quieren aprender más, pero ninguno para los que no tienen interés en estudiar. Si el deseo de tener un nivel de estudios más alto está correlacionado con la calidad del trabajador, es posible que este beneficio social ayude a distinguir a los buenos trabajadores de los malos. En lugar de ofrecer 5.000 euros más al año de salarios, la empresa ofrece 10.000 para cubrir gastos de matrícula. Los trabajadores que tienen más aptitudes prefieren este beneficio social. Los que tienen menos aptitudes prefieren el dinero en efectivo. De esa manera, la empresa puede seleccionar a los trabajadores, aunque no pueda observar con precisión su calidad. Este beneficio social tiene, sin embargo, un coste en el sentido de que los trabajadores que adquieren un nivel de estudios más alto pueden acabar abandonando la empresa cuando terminan sus estudios.

La conclusión de este análisis es que los planes de beneficios sociales a veces pueden utilizarse para mejorar la selección de personal (o la rotación; véase el análisis de las pensiones más adelante y en el capítulo 4). Como seleccionar a los empleados por otros medios (con un contrato a prueba, por ejemplo) puede resultar bastante caro, los beneficios sociales pueden ser un instrumento más eficiente para mejorar la selección del personal y para reforzar otros métodos de empresa para contratar a ciertos tipos de trabajadores.

Una consecuencia importante de esa selección es que los empleados se ajustan mejor a la empresa: disfrutan de un beneficio no pecuniario trabajando en la empresa. Eso reduce la probabilidad de que encuentren fuera una oferta mejor y, por tanto, reduce la rotación. Así pues, las empresas que desean reducir la rotación (debido, por ejemplo, a que el capital humano propio de la empresa es relativamente importante o a que los costes de selección son relativamente altos), pueden promover este objetivo por medio de planes de beneficios sociales destinados a reforzar la autoselección de los empleados.

Planes personalizados de beneficios sociales

Uno de los problemas que plantea el ofrecimiento de un determinado beneficio social es que no a todos los trabajadores les viene bien ese beneficio. Por ejemplo, a los trabajadores mayores les interesan mucho los seguros médicos, pero no tanto los servicios de guardería. Y a la inversa, a los trabajadores más jóvenes les interesan mucho más los beneficios sociales para los niños y menos los planes de pensiones. Un plan personalizado de beneficios sociales da más posibilidades de elección a los trabajadores. Aunque los detalles de estos planes varían de unos a otros, la idea básica es ofrecer al trabajador una cantidad fija de dinero que éste puede gastar en beneficios sociales diversos.

La ventaja principal de los planes personalizados de beneficios sociales en comparación con un número concreto de beneficios sociales se halla en que la empresa puede proporcionar al trabajador el máximo valor por una cantidad determinada de gasto. Si los precios que se anuncian en el plan reflejan el verdadero coste que representan para la empresa, entonces, manteniéndose todo lo demás constante, a la empresa le da lo mismo la composición de los beneficios sociales que seleccione el trabajador. Pero a los trabajadores no les da lo mismo. Unos prefieren un tipo de seguro médico y otros prefieren otro. A unos no les interesa el seguro de vida, pero valoran mucho los servicios de guardería. Permitiendo elegir, la empresa maximiza el valor que ofrece al trabajador con un gasto determinado.

Un plan personalizado de beneficios sociales característico podría ofrecer al trabajador 300 euros al mes en beneficios sociales. El trabajador podría utilizar este dinero en los beneficios sociales que quisiera. La tabla 13.2 muestra un ejemplo. Supongamos que un trabajador decide comprar el plan de seguro médico Kaiser, el plan de seguro dental Delta y el seguro de vida para él y para su mujer. El coste total sería de 410 euros, de los cuales 300 los pagaría la empresa y, generalmente, estarían exentos de impuestos. Los otros 110 euros los deduciría de su renta mensual imponible.

Como el plan da algunas opciones, los trabajadores pueden elegir diferentes componentes. Está claro por los tipos de beneficios sociales ofrecidos que no todos los trabajadores elegirán los mismos. Es muy improbable que los que no tengan hijos compren los servicios de guardería que ofrece la empresa. Es poco probable que los trabajadores muy jóvenes compren un seguro de vida, en comparación con los trabajadores mayores, por dos razones. En primer lugar, es más probable que estén solteros y es menos probable que deseen tener un seguro de

Tabla 13.2. Plan personalizado de beneficios sociales

Beneficio social	*Precio* (€)
Plan de seguro médico Triple Opción: individual	156
familiar	320
Plan de seguro médico Kaiser, familiar	240
Plan de seguro dental Delta	30
Seguro de vida (doble salario anual)	100
Seguro de vida, cónyuge (50.000)	40
Incapacidad permanente (salario íntegro)	90
Guardería en el centro de trabajo, por hijo	200
Euros de beneficios sociales: 300 euros al mes	

vida. En segundo lugar, como tienen menos probabilidades que los trabajadores mayores de morirse y como los trabajadores mayores ganan al año más que los más jóvenes, el precio de los beneficios sociales, independientemente de la edad, tiende a ser más alto para los trabajadores jóvenes que para los mayores. Es posible que los trabajadores mayores no puedan conseguir un seguro equivalente con una prima de 100 euros al mes y, en cambio, los trabajadores jóvenes posiblemente puedan conseguirlo por menos de 100 euros al mes.

A veces se dice que los planes personalizados de beneficios sociales no permiten a las empresas utilizar dichos beneficios para atraer a los tipos de trabajadores que desean. Como muestran los ejemplos anteriores, esta afirmación sólo es correcta en parte. Mientras la empresa tenga una cierta flexibilidad para fijar los precios que cobra por los beneficios sociales, puede animar a unos trabajadores a trabajar en la empresa y disuadir a otros.

Sin embargo, puede ser más fácil seleccionar a los trabajadores sin un plan personalizado de beneficios sociales. Si el único beneficio social que ofrece la empresa fuera un servicio gratuito de guardería para los hijos de todos sus trabajadores, a los que no tienen hijos el plan de beneficios sociales les resultaría mucho menos atractivo que el plan personalizado descrito en la tabla 13.2. Los planes de beneficios que no son personalizados son en realidad casos especiales de los planes personalizados, con precios muy distorsionados. En este ejemplo, podemos imaginar que la empresa que ofrece servicios gratuitos de guardería, y nada más, ofrece un plan personalizado en el que el precio del beneficio social de los servicios gratuitos de guardería es cero y el precio de todos los demás beneficios es infinito.

A veces las empresas ofrecen un beneficio social que tiene consecuencias negativas para ellas. Un ejemplo es el seguro médico. Consideremos el caso de dos empresas. La empresa 1 ofrece un seguro médico muy generoso. La 2 paga 3.500 euros más al año de salarios. Consideremos ahora dos trabajadores, Sánchez y Jalón. Los dos tienen dos hijos pequeños. Sin embargo, Jalón tiene un hijo que requiere muchos cuidados médicos que cuestan más de 100.000 euros al año. Es inconcebible que Jalón prefiera la empresa 2, que paga más pero no ofrece ningún seguro médico. En cambio, Sánchez podría trabajar en cualquiera de las dos. Eso significa que un número desproporcionado de solicitantes y, por tanto, de empleados de la empresa 2 tendrá elevados costes sanitarios.

¿Qué quiere decir eso? Si la empresa los asegura ella misma, paga directamente los costes de la atención médica. Si tiene trabajadores que utilizan mucho el seguro médico, los costes de la empresa serán más altos. Si compra un seguro médico a otra compañía, no es probable que mejore su situación. El precio que cobra a la empresa una compañía aseguradora por la cobertura de grupo depende de la experiencia de la empresa. Si ésta tiene empleados que utilizan mucho el seguro médico, la compañía de seguros va a cobrar una prima mayor a la empresa por el seguro.

Se trata de un problema de selección adversa. Los costes son más altos, pero la empresa no obtiene ningún beneficio (las personas que tienen hijos con problemas de salud probablemente no sean más productivas). Una empresa que ofrece un seguro médico y tiene problemas de selección adversa se verá obligada a reducir los salarios lo suficiente para cubrir el coste más alto del seguro médico, ya que sus empleados lo utilizan con mucha frecuencia.

SELECCIÓN DE PERSONAL Y COSTES DE LOS BENEFICIOS SOCIALES EN WAL-MART

En 2005, la gigantesca compañía Wal-Mart contrató a una consultoría para que estudiara posibles cambios en sus planes de beneficios sociales con el fin de aumentar la productividad de sus empleados, reducir el coste del seguro médico de sus empleados y asignar mejor el gasto en beneficios sociales. Por poner un ejemplo, una de las recomendaciones fue contratar más trabajadores a tiempo parcial, que tienen menos derechos a recibir beneficios sociales, con el fin de reducir los costes totales de los beneficios.

Otra sugerencia fue disuadir de trabajar en Wal-Mart a las personas que no gozan de buena salud con el fin de mantener bajos los costes del seguro médico, atrayendo a trabajadores más jóvenes y en mejor estado físico por medio de cambios en los planes de beneficios sociales. Por ejemplo, se propuso a Wal-Mart que redujera sus aportaciones al plan de pensiones de sus empleados. De esta manera reduciría el valor que el empleo tendría para los trabajadores mayores, pero apenas afectaría al valor atribuido al empleo por los trabajadores más jóvenes. También se propuso que Wal-Mart organizara alguna actividad física en todos sus niveles de trabajo con el fin de disuadir de trabajar en la compañía a los trabajadores que no gozaran de buena salud.

Wal-Mart también analizó cómo debía hacer públicos estos cambios con el fin de evitar toda publicidad negativa. La empresa ha sido criticada durante años por activistas y sindicatos por lo bajos que son, supuestamente, sus salarios y sus beneficios sociales. Desgraciadamente para la empresa, las notas internas sobre estas propuestas se filtraron a la prensa.

Fuente: Greenhouse y Barbaro (2005).

Pensiones

En muchas empresas, el mayor componente de los beneficios sociales es el plan de pensiones que, en Estados Unidos, puede representar hasta un 10 por ciento del salario. Los planes de pensiones tienen también algunas características incentivadoras, muchas de las cuales son bastante sutiles. La abolición de la jubilación obligatoria en algunos países ha aumentado aún más la importancia de las pensiones para inducir a los trabajadores mayores a jubilarse. Las fórmulas concretas de los planes pueden influir espectacularmente en el comportamiento de los trabajadores respecto a su jubilación, así como a las horas trabajadas, a su esfuerzo y a la rotación. Conviene describir los diferentes tipos de planes de pensiones que se utilizan, ya que si comprendemos sus características, podemos entender los incentivos implícitos en las fórmulas utilizadas.

Tipos de planes

Existen dos tipos básicos de planes de pensiones: planes de *aportación definida* y planes de *prestación definida*. Los planes de aportación definida son los más sencillos. La empresa hace en cada periodo de pago (a veces trimestralmente) una aportación a la cuenta de pensiones del empleado. Esa cuenta es esencialmente propiedad del trabajador. El dinero que contiene se invierte en títulos de uno u otro tipo que devengan intereses, elegidos unas veces por el trabajador y otras por la empresa o por alguna otra organización, como el sindicato. Cuando el trabajador se jubila, la cuenta –que ahora está formada por las aportaciones más los intereses devengados, las ganancias de capital y/o los dividendos– constituye la base de su pensión privada. A veces los fondos de la cuenta se entregan al trabajador de una sola vez. Otras veces se utilizan para comprarle una anualidad al trabajador, por la que éste recibe una determinada cantidad todos los años hasta que fallece[3]. La cuantía de la anualidad depende, por supuesto, de la cantidad que el trabajador tuviera en la cuenta de su pensión en el momento de jubilarse. Cuanto mayor fuera, más cobraría anualmente. Los trabajadores que ganan más generalmente han aportado todos los años a su fondo de pensiones una cantidad absoluta mayor, lo cual significa que tienen más en su cuenta en el momento de la jubilación. Puede ocurrir, incluso, que la cantidad que recibe un trabajador cada año de una anualidad de jubilación sea superior al salario anual que percibía cuando trabajaba.

Los planes de prestación definida son más complicados y más diversos. En estos planes, se promete al trabajador una determinada prestación, independientemente de la cantidad que haya en su fondo. El empresario compensa lo que falta en el fondo y se apropia de lo que haya de más. La pensión anual del trabajador se define por medio de una fórmula. Hay dos tipos de fórmulas. La primera, llamada *plan modelo*, cubre a la mayoría de los trabajadores manuales y sobre todo a los afiliados a sindicatos. La fórmula es muy sencilla. Generalmente adopta la forma siguiente:

Pensión anual = $B \times$ (*años de antigüedad en el momento de la jubilación*),

donde *B* es una determinada cantidad monetaria, que a menudo se negocia con los sindicatos. Por ejemplo, si B fuera igual a 500 euros, un tra-

---

[3] Cuando el trabajador fallece, muchos planes y anualidades siguen pagando al cónyuge superviviente una cantidad, normalmente de menor cuantía.

bajador que se jubilara con 30 años de antigüedad recibiría 15.000 euros al año de pensión hasta su fallecimiento.

El segundo tipo de plan de prestación definida, que se utiliza principalmente para los trabajadores no manuales, se llama plan *convencional* o *fórmula*. A veces la fórmula es muy complicada, pero su estructura básica vincula las pensiones anuales a una función del último sueldo y los años de antigüedad:

Pensión anual = g(*años de antigüedad*) (*último sueldo medio*),

donde *g* es una proporción y el último sueldo medio es una media del sueldo de los últimos años. Por ejemplo, si $g = 0,01$ y el último sueldo medio es igual al sueldo medio de los 5 años mejores de los últimos 10 años de trabajo, un trabajador que tuviera 30 años de antigüedad al jubilarse recibiría anualmente el 30 por ciento de este último sueldo medio desde que se jubilara hasta que falleciera.

Como en este plan la pensión depende del último sueldo, varía automáticamente con la inflación. Si los precios y los salarios suben como consecuencia de la inflación, el último sueldo será más alto y la pensión reflejará estos incrementos del coste de la vida. De hecho, los planes modelo, que no están vinculados automáticamente a los salarios, acaban estándolo como consecuencia del proceso de negociación. Cuando los trabajadores negocian su salario, también negocian el término *B* en la segunda ecuación, que generalmente refleja las tasas de inflación. Ni el plan modelo ni el plan convencional indexan las pensiones de los beneficiarios. En general, con algunas excepciones, una vez que un trabajador comienza a percibir una pensión, su cuantía se mantiene constante.

Además, la vinculación de la pensión al último sueldo afecta a los incentivos. Como los trabajadores quieren percibir una pensión elevada, tienen incentivos para trabajar los últimos años más de lo que trabajarían con un plan modelo. A veces estos incentivos pueden ser demasiado grandes. Un ejemplo es el caso siguiente.

> Hace unos años, un tren de la red de metro de Boston alcanzó a otro y como consecuencia hubo algunos heridos. Se emprendió una investigación para averiguar la causa de la colisión. Se constató que el conductor del tren causante del accidente se había quedado dormido. Parece que tenía 64 años y trabajaba entre 60 y 70 horas a la semana. El plan de pensiones vinculaba su pensión a la remuneración del último año, por lo que hacía todas las horas extraordinarias que podía y no dormía lo suficiente.

Está claro que un comportamiento como el del conductor de metro no es deseable. El plan de pensiones daba incentivos para trabajar mucho, pero esos incentivos eran excesivos, haciendo que la productividad fuera muy inferior al valor de su ocio. En este caso, la productividad del trabajador era muy negativa. La fórmula de la pensión, unida a la posibilidad de elegir el número de horas de trabajo, dio como resultado una mala estructura de incentivos que indujo a comportarse de un modo ineficiente.

Pensiones y rotación

El ejemplo del metro de Boston da una idea de cómo podrían influir las fórmulas de las pensiones en el comportamiento de los trabajadores. También pueden influir en las tasas de rotación. Los planes de prestación definida, en particular, permiten a la empresa animar a los trabajadores a jubilarse en una determinada fecha. Para verlo, examinemos la figura 13.1.

Figura 13.1. Valor actual esperado de las pensiones

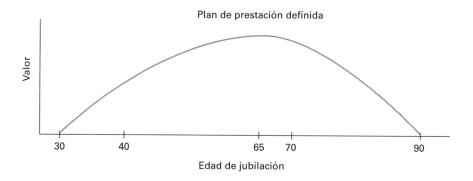

Esta figura se refiere a un trabajador que comienza a trabajar en la empresa a los 30 años. La edad de jubilación se muestra en el eje de abscisas y el valor actual esperado de la pensión en el eje de ordenadas. Este valor tiene en cuenta que no todas las pensiones se pagan inmediatamente, por lo que deben descontarse. También tiene en cuenta que el trabajador puede morir en cualquier momento. Es similar a la cantidad media pagada a un gran grupo de trabajadores, descontada hasta la fecha de la jubilación.

Los datos en los que se basa la figura 13.1 podrían proceder de un plan modelo o convencional típico. Cada uno tiene la propiedad de que cuanto mayor es la antigüedad del trabajador en el momento en que se jubila, más percibe durante cada año de su jubilación. La figura se basa en un plan modelo que paga:

Pensión anual = (500 euros) × (*años de antigüedad*),

por cada año de jubilación o a partir de los 65 años, lo que ocurre más tarde.

El trabajador comienza a trabajar en la empresa a los 30 años, por lo que si «se jubila» el día que empieza, no percibe ninguna pensión. Esto se indica por medio de un valor actual de 0 euros a los 30 años. Si trabaja un año, cuando cumpla 65 percibirá 500 euros por cada año que transcurra hasta que se muera. Supongamos que se muere a los 90 años (sabe a ciencia cierta que se morirá, pero no sabe cuándo). Podemos descontar hasta los 31 años el flujo de pensiones de 500 euros, que comienza a los 65 años y dura hasta los 90. Si lo hacemos a un tipo de interés anual del 4 por ciento[4], el valor actual de las pensiones en euros a los 31 años es igual a 2.101 euros. La cantidad total percibida es de 500 euros al año multiplicados por 25 años, o sea, 12.500 euros. Pero como el flujo de pensiones no comienza hasta que el trabajador tiene 65 años, el valor actual de las pensiones es de 2.101 euros solamente.

Si el trabajador esperara a los 90 años a jubilarse, tendría una elevada pensión anual, en este caso igual a 30.000 euros al año. El problema es que se moriría el día en que se jubilara, por lo que no percibiría ninguna pensión. Por tanto, el valor de las pensiones sería cero. Si se jubilara a los 65 años, recibiría 35 años de crédito, lo cual implica un flujo anual de pensiones de 17.500 euros durante los 25 años que le quedarían de vida. El valor actual de ese flujo a los 65 años es de 278.879 euros. El valor actual esperado de las pensiones alcanza un máximo a los 67 años. Si el trabajador siguiera en la empresa un año más perdería 289 euros, ya que el valor de las pensiones a los 68 años es 289 euros menor que el valor de las pensiones a los 67 años. Naturalmente, el trabajador percibe sus salarios durante ese año, pero la pérdida de valor de las pensiones significa que la remuneración efectiva que recibe por los

---

[4] En realidad, se ha utilizado un tipo de interés instantáneo equivalente de 3,92 por ciento.

salarios y las pensiones es menor que la cuantía del salario. La acumulación de pensiones es, en realidad, negativa una vez que el trabajador cumple 67 años.

Todos los planes de prestación definida tienen esta característica. Si el trabajador se va el día que comienza a trabajar, no recibe ninguna pensión. Si trabaja hasta que se muere, no recibe ninguna pensión. Como las pensiones son positivas a las edades comprendidas entre la edad a la que comienza a trabajar y la edad a la que se muere, el valor de las pensiones en función de la edad de jubilación tiene, al menos aproximadamente, la forma de U invertida que muestra la figura 13.1.

¿Qué ocurre con los planes de aportación definida? Estos planes nunca pueden tener la forma de una U invertida. El valor actual esperado de la aportación definida debe aumentar con la edad de jubilación. La causa de la diferencia es que en los planes de aportación definida las pensiones esperadas no dependen del número de años de vida que le quedan a una persona. Si trabajara hasta los 89 años, cada euro que hubiera acumulado en su cuenta hasta esa edad sería suyo. Si lo recibiera todo junto de una sola vez, sería la cantidad íntegra. Si lo convirtiera en una anualidad, el pago anual tendría que ser suficientemente alto para que la cantidad pagada esperada antes de su muerte fuera igual a la cantidad del fondo a los 89 años. Por cierto, el valor *efectivo* de su fondo de pensiones puede disminuir, dependiendo de cómo vayan sus inversiones. Pero como cada año se añade más al fondo, el valor esperado de la cantidad siempre aumenta cuanto más tiempo trabaja.

La figura 13.2 muestra la acumulación de pensiones en el caso de los planes de aportación definida. El valor de las pensiones siempre aumenta en función de la edad de jubilación. La comparación de las figuras 13.1 y 13.2 permite hacer una importante observación sobre la elección de los tipos de planes de pensiones. Dado que la acumulación de pensiones siempre es positiva en el caso de los planes de aportación definida, pero se vuelve negativa en el caso de los planes de prestación definida, sólo estos últimos penalizan el retraso de la jubilación. En el ejemplo anterior, una vez que el trabajador cumple 67 años, los años adicionales de trabajo en realidad le reducen la pensión. En el caso de los planes de aportación definida, ocurre lo contrario. Los años adicionales de trabajo se recompensan con una pensión acumulada mayor. Es posible crear un plan de aportación definida que no haga ninguna aportación, por ejemplo, después de 30 años de antigüedad. En ese caso, no se acumularía ninguna pensión. Sin embargo, en los planes de aportación definida es imposible hacer que las acumulaciones esperadas sean negativas.

Figura 13.2. Valor actual esperado de las pensiones

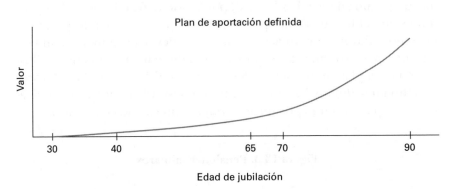

Cuando en Estados Unidos se declaró ilegal la jubilación obligatoria, las empresas tuvieron que buscar otros medios para inducir a los trabajadores a jubilarse. Uno de ellos eran los *window plans*, es decir, planes que permiten a los trabajadores de un determinado grupo de edad optar por recibir una determinada cantidad de dinero a cambio de jubilarse inmediatamente. Una alternativa es sustituir un plan de aportación definida por un plan de prestación definida, que penaliza a los trabajadores a partir de cierta edad si siguen trabajando. La modificación de la ley sobre la jubilación obligatoria fomentó, en realidad, tanto los *window plans* como la sustitución de los planes de aportación definida por planes de prestación definida[5].

Adquisición del derecho a una pensión

Las pensiones no siempre son propiedad de los trabajadores tan pronto como se acumulan. Cuando un trabajador comienza a trabajar, puede no tener derecho a una pensión hasta que lleve un determinado número de años en la empresa. Durante el primer año, puede acumular, por ejemplo, 2.250 euros en pensiones, pero si abandona la empresa antes de haber adquirido el derecho a la pensión, normalmente antes de los 5 años, no recibe ninguna cantidad. Cuando lleva 5 años en la empresa, tiene derecho a percibir todas las pensiones acumuladas hasta ese momen-

---

[5] Al mismo tiempo, el número de planes de aportación definida aumentó rápidamente. Una elevada proporción eran complementarios y se utilizaron para ampliar el plan básico debido a las ventajas fiscales que tenía el ahorro a través de un plan de pensiones.

to, bien en un cheque al marcharse, bien en forma de una pensión cuando cumpla una determinada edad, por ejemplo, 62 o 65 años. Las pensiones que el trabajador no puede percibir por no haber adquirido el derecho influyen en la rotación. Para entenderlo, examinemos uno de los tipos más extremos de adquisición del derecho a una pensión, ilustrado por el plan de pensiones del ejército de Estados Unidos[6]. A veces se denomina *cliff vesting*, porque como muestra la figura 13.3, gráficamente se parece a un «precipicio» (*cliff* es «precipicio» en inglés).

Figura 13.3. Pensiones militares

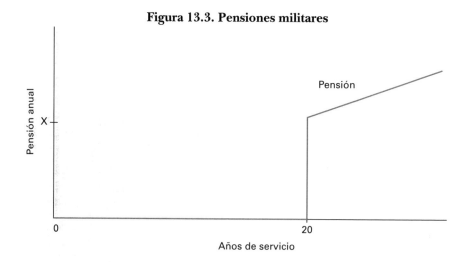

Un soldado que abandona el ejército antes de los 20 años de servicio no recibe ninguna pensión. Una vez que lleva 20 años de servicio, recibe X por cada año de «jubilación». El soldado que «se jubila» podría tener solamente 38 años. Si se queda más tiempo en el ejército, su pensión anual aumenta conforme aumentan sus años de servicio, pero puede marcharse en cualquier momento, puesto que ya ha adquirido pleno derecho a una pensión.

Un soldado que abandona el servicio aunque sólo sea un año antes de los 20 no percibe ninguna pensión. Esta norma produce una distribución de bajas muy interesante. La tasa de bajas (que es la suma de las

---

[6] En Estados Unidos, el plan militar, si no fuera gestionado por el Estado, infringiría las leyes sobre la adquisición del derecho a una pensión.

bajas voluntarias y los despidos) comienza siendo relativamente alta. Algunas personas sencillamente no se adaptan bien a la vida militar y se van o son despedidas en los primeros meses. Pasado ese tiempo, las tasas de bajas comienzan a disminuir. Justo antes de los 20 años de servicio, son casi cero. Casi nadie abandona el ejército voluntariamente cuando lleva 17 o 18 años, ya que basta con quedarse otros 2 años más para tener derecho a una generosa pensión. A los 20 años, las tasas de bajas aumentan espectacularmente. Todos los que estaban esperando a marcharse ahora pueden irse y percibir su pensión. Una elevadísima proporción de los soldados abandona el ejército cuando ya lleva 20 años, justo después de haber adquirido el derecho a percibir su pensión.

Este ejemplo muestra claramente lo importante que puede ser la fórmula para calcular las pensiones, sobre todo para los trabajadores que se aproximan a edades en las que la jubilación tiene sentido. Pero las pensiones pueden afectar incluso a la gente en una etapa muy anterior de su carrera. Para verlo, es necesario definir otro concepto.

Pensiones transferibles

La *posibilidad de transferir las pensiones*, que se confunde a veces con la adquisición del derecho a una pensión, es una característica que poseen algunos planes de pensiones. Los planes totalmente transferibles son planes que tienen un valor que no varía cuando el trabajador cambia de empresa.

El sistema público de Seguridad Social es transferible de unas empresas a otras siempre. El cambio de empresa no afecta a los meses de cotización a la Seguridad Social que se utilizan para calcular la pensión. En Estados Unidos, para poder percibir una pensión hay que haber cotizado 40 trimestres al sistema de Seguridad Social. Da lo mismo dónde se hayan adquirido esos 40 trimestres de experiencia. Un trabajador podría cambiar de empresa todos los años durante los 10 primeros años de su vida laboral. Mientras cotice al sistema durante 40 trimestres (o sea, durante 10 años), tiene derecho a percibir una pensión cuando cumpla la edad estipulada. Los trabajadores no tienen derecho a percibir la pensión hasta que han trabajado y cotizado al sistema durante 40 trimestres. Hasta entonces, no tienen derecho a percibir pensión alguna. La posibilidad de transferir las pensiones garantiza al empleado una pensión aunque cambie de empresa.

Mientras que la Seguridad Social es transferible, pero el trabajador no adquiere inmediatamente el derecho a percibir una pensión, los planes privados de pensiones a menudo tienen la característica contraria: dan derecho inmediatamente o muy pronto a percibir una pensión, pero no son transferibles. Consideremos la siguiente fórmula de un plan de prestación definida:

$$\textit{Pensión anual a partir de los 65 años} = 0,01 \times (\textit{años de antigüedad}) \times (\textit{último salario en la empresa})$$

Supongamos que dos empresas, Semiconductores Palo Alto (SPA) y Semiconductores Santa Clara (SSC), ofrecen exactamente el mismo plan. Supongamos que los empleados adquieren inmediatamente el derecho a una pensión, por lo que empiezan a acumular derechos a percibir su pensión tan pronto como comienzan a trabajar y tienen derecho inmediatamente a percibirla. Así, por ejemplo, un trabajador que empiece a trabajar a los 30 años, gane 30.000 euros al año y abandone la empresa un año después recibirá $0,01 \times 1 \times 30.000 = 300$ euros al año por cada año que viva a partir de los 65.

Consideremos el caso de una persona que empieza a trabajar a los 30 años en SPA y gana 30.000 euros. Si sigue trabajando en SPA hasta los 65 años, ganará 89.694. Su pensión anual en el momento de su jubilación será igual a $0,01 \times 35 \times 89.694$ euros = 31.393 euros. Supongamos ahora que SSC tiene exactamente el mismo perfil de ingresos y el mismo plan de pensiones. Un trabajador que comenzara a trabajar a los 30 años y se jubilara a los 65 también recibiría una pensión de 31.393 euros.

¿Qué ocurriría si el trabajador empezara trabajando en SPA hasta los 45 (ganando 62.368 euros en ese momento) y se cambiara a SSC a los 45 y continuara trabajando en SSC hasta los 65 años? Aunque su salario fuera exactamente el mismo en las dos empresas, su pensión acabaría siendo más baja. Recibiría de SPA $0,01 \times 15 \times 62.368$ euros = 9.355 euros, ya que tendría 15 años de antigüedad en SPA y su último salario sería de 62.368 euros. Recibiría de SSC $0,01 \times 20 \times 89.694$ euros = 17.939, ya que tendría 20 años de antigüedad en SSC cuando se jubilara. La suma de las pensiones de las dos empresas es de 27. 294 euros, que es alrededor de un 15 por ciento menos de lo que habría recibido de haber trabajado en una de las dos empresas durante toda su vida.

La diferencia se debe a la fórmula que se aplica para calcular las pensiones y que se basa en el último salario de la empresa en la que trabajara el empleado antes de jubilarse, no en el último salario que percibía, cualquiera que fuera la empresa. Como su último salario en SPA es más bajo cuando se marcha, 15 años de acumular su pensión se basan en una cifra más baja que si hubiera trabajado toda su vida en una misma empresa.

Como los planes no son transferibles, el cambio de empresa le cuesta alrededor de un 15 por ciento de su pensión. Si los planes fueran totalmente transferibles, la pensión se basaría en su último salario, independientemente de cuál fuera la empresa, como en el caso de la Seguridad Social pública. Un plan que no es transferible tiende a reducir la rotación, ya que normalmente penaliza a los trabajadores por cambiar de empresa.

Para que el plan fuera transferible, SPA tendría que cubrir cualquier aumento de la pensión resultante de las subidas salariales concedidas por otra empresa, lo cual plantea algunos problemas. El trabajador y SSC podrían llegar a un acuerdo por el que el salario último del trabajador fuera muy alto a cambio de percibir unos salarios suficientemente bajos durante el resto de los años para cubrir ese último salario más alto y la pensión más elevada que pagaría SSC. Eso perjudicaría a SPA, ya que no recogería los beneficios de los salarios más bajos pagados entre los 45 y los 64 años. Por tanto, las empresas se resisten a permitir que otras determinen sus pagos de pensiones, impidiendo que su plan de pensiones sea transferible.

Los planes transferibles normalmente son planes administrados por un tercero. Éste recauda las cotizaciones de las empresas participantes y paga las pensiones de acuerdo con una determinada fórmula. En muchos países, la Seguridad Social es exactamente este tipo de sistema. En teoría, el administrador de las pensiones puede cobrar más a las empresas que causan un desembolso mayor del fondo de pensiones. Es lo que hace en alguna medida el sistema de la Seguridad Social. Como los empresarios tienen que cotizar al sistema un porcentaje de los salarios pagados, los que pagan salarios más altos o tienen más trabajadores pagan más. La relación dista de ser perfecta, debido en parte a que las empresas cambian con el tiempo. La plantilla actual de la empresa determina cuánto cotiza actualmente. Su plantilla anterior determina cuándo están percibiendo actualmente del sistema sus jubilados actuales.

Los planes transferibles a menudo son gestionados, en Estados Unidos, por los sindicatos. En la construcción, los trabajadores cambian de empresa muchas veces a lo largo de su vida laboral. Es improbable que las pequeñas empresas constructoras tengan su propio plan de pensiones. Aunque lo tuvieran, tendría poca credibilidad, ya que esas empresas nacen y mueren frecuentemente. Una solución es que sea el sindicato el que posea y administre el fondo de pensiones. El trabajador es pagado por el fondo del sindicato y su experiencia en los diversos puestos laborales cuenta en el crédito total en el que se basa la pensión.

La solución más sencilla para que los planes de pensiones sean transferibles es el fondo de aportación definida. Como el fondo es propiedad del trabajador y como las prestaciones dependen únicamente del valor de mercado de la cartera que tenga el trabajador en el momento de su jubilación, el problema de la posibilidad de transferir las pensiones desaparece.

Planes de participación en el accionariado
Ya hemos analizado el uso de planes de concesión de acciones para los empleados desde el punto de vista de los incentivos (especialmente sus inconvenientes para este fin). Aquí hacemos una observación sobre su relación con los planes de pensiones. En Estados Unidos, muchas empresas invirtieron en las décadas pasadas una parte de los activos de las pensiones de sus empleados en sus propias acciones. Esta práctica tiene poca justificación; de hecho, puede ser una práctica pésima. El problema se halla en que pone en serio riesgo el patrimonio del empleado de cara a su jubilación. En primer lugar, los activos destinados a la jubilación generalmente deben invertirse en una cartera muy diversificada con el fin de reducir la volatilidad de su valor. La inversión de un elevado porcentaje de los fondos de jubilación de un empleado en un *solo* activo va en contra de este principio. En segundo lugar, el empleado ya está invirtiendo en la empresa al acumular capital humano propio de la empresa y sus perspectivas profesionales ya están estrechamente correlacionadas con las de la empresa. La inversión de activos destinados a la jubilación en la propia empresa hace que el patrimonio del empleado destinado a su jubilación esté lo menos diversificado posible. Afortunadamente, esta práctica casi se ha abandonado en los últimos años.

Tiempo libre remunerado
El tiempo libre remunerado representa en las grandes empresas de Estados Unidos entre el 10 y el 15 por ciento de la remuneración total. Además de las 2 o 3 semanas habituales de vacaciones, los trabajadores a menudo tienen entre 8 y 12 días al año en concepto de baja por enfermedad y entre 7 y 10 días de fiestas remuneradas al año. Eso equivale a entre 25 y 37 días libres al año. El año laboral normal es de unos 260 días, por lo que los trabajadores reciben la remuneración de un año íntegro por hacer entre el 85 y el 90 por ciento del trabajo de un año.

Naturalmente, los salarios se ajustan para compensar este hecho. Un trabajador que gana 100 euros al día y tiene 26 días libres remunerados de 260 de trabajo en realidad percibe 111,11 euros por día trabajado. La remuneración anual total es igual a 100 euros × 260 = 26.000 euros, que el trabajador gana por 234 días de trabajo, lo que hace un total de 26.000 euros/234 = 111,11 euros al día. Si no está produciendo al menos 111,11 euros al día, la empresa no podría permitirse pagarle 26.000 euros al año y ofrecerle también 26 días libres remunerados. Supongamos que el trabajador sólo produce 100 euros al día. La empresa tendría que suprimir días libres remunerados o tendría que ajustar el salario de forma que la remuneración total no fuera superior a 234 × 100 euros = 23.400 euros. Eso se podría lograr fácilmente reduciendo el salario diario a 23.400 euros/260 = 90 euros y ofreciendo 26 días libres remunerados.

Parecería que a una empresa debería darle igual ofrecer 100 euros al día sin ningún día libre remunerado que ofrecer 111,11 euros al día con 26 días libres remunerados. En realidad, ni a la empresa ni a los trabajadores les da lo mismo. Si no entraran en juego otras consideraciones (que analizamos más adelante), siempre sería mejor ofrecer el salario diario más alto sin ningún día libre remunerado. ¿Por qué?

Cuando se dan días libres remunerados, el trabajador tiene todos los incentivos del mundo para cogerlos, aunque no le resulten especialmente valiosos. Cuando se ofrecen días libres remunerados a los trabajadores, siempre se les induce a coger demasiados. Lo ilustraremos con el siguiente ejemplo.

Supongamos que un trabajador produce 111,11 euros al día. Supongamos, además, que si trabaja entre 200 y 300 días al año, tener un día libre más tiene para él un valor de 95 euros. Consideremos dos planes. El plan *A* paga al trabajador 26.000 euros al año y le da 26 días libres remunerados al año. En otras palabras, en el plan *A* el trabajador percibe 100 euros al día, pero tiene 26 días libres remunerados al año. En el plan *B*, el trabajador percibe 110 euros por cada día trabajado y no tiene ningún día libre remunerado. En el plan *B*, un trabajador que trabajara 234 días ganaría 25.740 euros al año, que es menos que los 26.000 euros que ganaría en el plan *A* por la misma cantidad de tiempo trabajada.

¿Qué plan prefiere la empresa? Parece claro que prefiere el plan *B*. En el plan *B*, la empresa paga 110 euros por día trabajado. En el plan *A*, paga 111,11 euros por día realmente trabajado. En el plan *B*, la empresa obtiene un excedente de 1 euro al día por trabajador. En el plan *A*, no obtiene ninguno.

¿Qué plan prefiere el trabajador? Si trabajara 234 días al año, preferiría el plan *A* al plan *B* por la misma razón que la empresa prefiere el plan *B* al plan *A*. El trabajador percibe 26.000 euros por los 234 días en el plan *A*, pero sólo 25.740 por los 234 días en el plan *B*. Pero el plan *B* permite una flexibilidad que el plan *A* no. En el plan *B*, el trabajador puede decidir tomarse menos de 26 días libres. En el *A*, no tiene ningún incentivo para no tomarse cada uno de los 26 días libres. En el plan *B*, cada día que se toma libre le cuesta 110 euros. Dado que un día libre tiene para él un valor de 95 euros, prefiere trabajar los 26 días que tendría libres con el plan *A*. Sus ingresos son iguales a 260×110 euros = 28.600 euros, que son 2.600 euros más de lo que ganaría con el plan *A*. Naturalmente, renuncia a 26 días de ocio que, a 95 euros por día, valen 2.470 euros. Lo que gana con el tiempo extra trabajado le compensa con creces la pérdida de ocio. Por tanto, también prefiere el plan *B*. Si tanto la empresa como sus trabajadores prefieren el plan flexible, ése es el plan que debe ponerse en práctica.

Aunque no se trata más que de un ejemplo numérico, siempre se puede desarrollar un plan que ofrezca flexibilidad y pague al trabajador un salario equivalente más alto por día realmente trabajado que sea preferible tanto para el trabajador como para la empresa. Dando al trabajador tiempo libre remunerado, la empresa casi lo obliga a tomarse libre un tiempo que puede tener poco valor para él. Si valora el tiempo menos que la empresa, siempre se puede llegar a un acuerdo que sea mejor tanto para el trabajador como para la empresa.

Este razonamiento, sin embargo, va demasiado lejos. Parece sugerir que las empresas siempre deben dar a los trabajadores a elegir entre trabajar y no trabajar en lugar de obligarlos a tomarse días libres. Algunas empresas permiten realmente a los trabajadores renunciar a sus vacaciones y a veces a las bajas por enfermedad a cambio de ganar más. Pero la mayoría no da a los trabajadores la opción de tomarse o no tomarse días de fiesta. La mayoría de los trabajadores cobran el día de Año Nuevo y se lo toman; no tienen la opción de trabajar ese día y de recibir una paga extra por ello.

¿Por qué prefiere una empresa anunciar un salario fijo con días libres remunerados en lugar a dar a los trabajadores la posibilidad de elegir? Hay algunas razones posibles. En algunas situaciones, a la empresa le interesa que los trabajadores tengan días de vacaciones. Uno de los mejores ejemplos es el de los bancos. Los empleados de los bancos normalmente tienen que tomarse vacaciones porque eso permite a los bancos controlar las cuentas y las transacciones administradas por los empleados. Cuando existen muchas posibilidades de desfalco y cuando un solo empleado puede desfalcar mucho dinero, las empresas pueden querer que los trabajadores se tomen vacaciones para poder descubrir mejor al posible desfalcador.

El ejemplo de la banca es ilustrativo, pero es improbable que sea muy general. Es difícil sostener que la mayoría de los trabajos tienen características por las que es importante que los trabajadores estén fuera unas semanas al año para que la empresa pueda averiguar qué está ocurriendo. Pero aunque no se cumplan las condiciones de este caso extremo, puede haber razones de productividad para que los trabajadores se tomen tiempo libre. Cuando trabajan en equipo, como ocurre en una cadena de montaje, no sirve de nada que un trabajador vaya a trabajar cuando el resto está en casa disfrutando del día de fiesta. En este caso, la empresa no estará dispuesta a pagar un salario a quien acuda a trabajar un día en el que es probable que su productividad sea baja. El argumento de la productividad coincide con los hechos. Es más probable que se dé la posibilidad de trabajar los días de fiesta a los jefes que a los trabajadores de una cadena de montaje. Los profesores a menudo están en su despacho los fines de semana porque pueden investigar y preparar sus clases, a pesar de que no haya clases en la universidad. No encajan en el modelo de producción en serie. Su productividad puede ser incluso más alta cuando los demás no están trabajando.

Es más probable que a los trabajadores de una cadena de montaje se les dé la posibilidad de elegir sus vacaciones antes que los días de fiesta. Es posible que se les permita renunciar a sus vacaciones y ganar más, incluso cuando se les impide tomar la misma decisión con respecto de los días de fiesta. Como los trabajadores se toman las vacaciones en diferentes momentos, la cadena de montaje sigue funcionando durante el periodo en que se las toman. En cambio el día de Año Nuevo se cierra. Por tanto, la empresa permite a los trabajadores decidir si se toman vacaciones, pero no decidir si se toman la fiesta de Año Nuevo. El tiempo de vacaciones al que renuncia el empleado tiene mucho más valor para la empresa que el de un día de fiesta.

RESUMEN

La remuneración en efectivo tiene una clara ventaja frente a otros tipos de remuneración: el empleado puede gastarla en los bienes y servicios de su propia elección. A pesar de eso, las empresas a menudo pagan una proporción nada insignificante de la remuneración de sus empleados en forma de distintos tipos de beneficios sociales. En este capítulo, analizamos algunas de las razones y algunas de las políticas óptimas de beneficios sociales.

Algunos beneficios sociales y otras características del empleo son obligatorios por ley, por lo que la empresa no tiene más remedio que ofrecerlos. Pero hay otras razones para ofrecer beneficios sociales. Éstas se dividen generalmente en dos clases.

En primer lugar, los beneficios sociales pueden constituir una remuneración eficiente si la empresa puede ofrecerlos con un coste significativamente inferior al precio que tendría que pagar el empleado, lo suficiente como para compensar el inconveniente de no recibir dinero en efectivo y poder gastarlo en bienes de la propia elección del empleado. Son varias las razones posibles por las que el coste de los beneficios sociales puede ser significativamente inferior. Algunos beneficios sociales están subvencionados a través de la legislación tributaria. En Estados Unidos, actualmente es habitual que las empresas ofrezcan un seguro médico, pero sólo lo fue a partir del momento en que el Estado eximió de impuestos este tipo de ingreso no pecuniario. Una empresa también podría beneficiarse de un descuento por la compra de grandes cantidades de algunos bienes.

En el caso del seguro, una empresa puede reducir los costes del seguro de sus empleados al aunar riesgos, sobre todo si se contratan trabajadores que tengan menos riesgos que la media. En ese caso, la empresa ayuda a resolver los problemas de selección adversa a los que se enfrenta cualquier proveedor de seguros.

Obsérvese que los dos últimos factores –los descuentos por las compras de grandes cantidades y el aunamiento de riesgos– generalmente son más importantes en las grandes empresas. Éstas tienden a ofrecer a sus empleados más beneficios sociales que las pequeñas (las cuales ofrecen, a su vez, más beneficios sociales que las empresas familiares).

Una empresa también puede ofrecer sus propios bienes y servicios a sus empleados con un coste inferior al de mercado si tiene algún exceso de capacidad de producción. Esta observación lleva a la segunda razón general por la que una empresa ofrece beneficios sociales en lugar de más salario.

En segundo lugar, los beneficios sociales pueden tener un valor especialmente alto para los empleados o para la empresa en comparación con la población en general. Una consideración importante es que los beneficios sociales pueden mejorar la productividad de los empleados en algunas circunstancias. Por ejemplo, cuando una empresa ofrece sus propios productos o servicios a sus empleados con un descuento, convierte a sus empleados en clientes. Ésa suele ser una excelente manera de fomentar la mejora continua en la empresa. Los empleados entienden la perspectiva y las preferencias de los clientes, experimentan personalmente los problemas de calidad y de atención al cliente y es más probable que se les ocurran nuevas ideas y servicios. Por razones parecidas, una empresa puede tener interés en ofrecer beneficios sociales propios de su sector, aunque no sean sus propios productos.

Todo plan de beneficios sociales tiene más valor para unos empleados que para otros. Si una empresa ofrece beneficios sociales relacionados con su propio sector (por ejemplo, Toyota podría ofrecer a sus empleados descuentos por la compra de piezas de automóvil), es más probable que reclute empleados que tengan un interés en ese sector. Ésta es otra forma en que los beneficios sociales destinados a grupos de empleados concretos pueden aumentar la productividad.

Algunas empresas ofrecen beneficios sociales cuyo objetivo es reducir la desutilidad marginal del esfuerzo con el fin de inducir a los empleados a trabajar más. Eso es especialmente importante en las empresas que pueden necesitar empleados que trabajen muchas horas o que trabajen de vez en cuando más horas con el fin de cumplir algún objetivo a corto plazo. Entre los beneficios que pueden aumentar el esfuerzo en este sentido se encuentra la provisión *in situ* de algunos servicios (aparcamiento, comidas, servicios personales). Es más probable que estas prácticas sean rentables desde el punto de vista económico en el caso de los empleados que tienen una elevada productividad marginal. Eso incluye a los empleados de los niveles jerárquicos más altos, las empresas que se encuentran en sectores que tienen mayores márgenes de beneficios y los momentos de rápido crecimiento económico. Por tanto, estos tipos de beneficios sociales pueden variar con el ciclo económico.

En términos más generales, una empresa debe analizar atentamente los efectos que producen los beneficios sociales en su selección de personal. Aunque los planes de beneficios sociales pueden mejorar el acoplamiento entre los trabajadores y la empresa, también pueden plantear problemas de selección adversa. Los beneficios sociales pueden afectar, además, a la rotación. En la medida en que un plan de beneficios lleva consigo la autoselección de algunos tipos de solicitantes de empleo, es probable que reduzca la rotación, ya que el hecho de trabajar en esa empresa, y no en otras, tiene algún valor no pecuniario para los empleados.

En muchos países, las pensiones son uno de los beneficios sociales más importantes. Las empresas pueden ofrecerlas debido a que reciben un tratamiento fiscal favorable. También pueden producir unos efectos muy importantes en los incentivos y en la rotación. Las consecuencias sobre la rotación de un plan de pensiones dependen crucialmente de su diseño. En algunos casos, los planes de pensiones pueden generar demasiados incentivos y una rotación demasiado alta o demasiado baja.

Hemos visto que los beneficios sociales tienen unas consecuencias sorprendentemente amplias en la gestión del personal. Pueden influir en la autoselección de los empleados, en la acumulación de cualificaciones, en los incentivos y en la rotación.

Los beneficios sociales también influyen sobre los costes laborales. Cuando una empresa ofrece beneficios sociales a sus empleados, se los «cobra» implícitamente reduciendo los salarios. Eso sólo puede tener sentido si puede ofrecerlos a un precio lo suficientemente bajo en comparación con su precio de mercado o si su valor para el empleado, la productividad de éste u otros objetivos de la empresa aumentan lo suficiente como para compensar la pérdida de capacidad de elección de los empleados.

Por último, los beneficios sociales completan nuestro análisis de las condiciones del contrato entre el empleado y el empresario. Comenzamos en el capítulo 1 con una visión del empleo basada en el «mercado al contado» y hemos ido aumentando desde entonces la complejidad de la relación laboral en cada uno de los capítulos. En el 15 recapitulamos y analizamos la relación de empleo en su conjunto.

Ejercicios

1. Se suele considerar que los beneficios sociales que ofrecen las empresas a los empleados son un «complemento» del salario que no afecta los niveles salariales. Explique por qué esta idea es falsa y cómo podría llevar a una empresa a analizar incorrectamente sus beneficios sociales.

2. Si una empresa ofrece puestos de trabajo con un diseño «moderno» como el que describimos en el capítulo 7, ¿tendrá que pagar una remuneración total mayor o menor? ¿Qué relación tiene su respuesta con los conceptos elaborados en este capítulo? Analice todos los factores que se le ocurra que puedan influir en su respuesta.

3. Muchas universidades ofrecen a todos sus empleados la posibilidad de subvencionar gastos de matrícula . Analice las razones por las que esta posibilidad podría ser eficiente para las universidades en comparación con pagar unos sueldos más altos. ¿Por qué es más probable que se ofrezcan estos beneficios sociales en una universidad que en una empresa de otro sector?

4. ¿Cómo podría estimar el equivalente monetario de un nuevo beneficio social que está pensando ofrecer a sus empleados?

5. Los empleados tienden a oponerse firmemente a las reducciones de salarios, debido en parte a que han contraído obligaciones financieras fijas, como el pago de una hipoteca. Suponga que una empresa quiere cambiar la composición de la remuneración añadiendo un nuevo beneficio social y reduciendo el salario. ¿Cómo podría llevarlo a la práctica para evitar la oposición de sus trabajadores?

6. ¿Qué tipo de plan de pensiones, el de aportación definida o el de prestación definida, tiene riesgos para el empleado? ¿Y para la empresa? ¿Por qué?

7. ¿En qué circunstancias puede dar un plan de pensiones demasiados incentivos al empleado para trabajar?

BIBLIOGRAFÍA

Greenhouse, Steven y Michael Barbaro (2005), «Wal-Mart Memo Suggests Ways to Cut Employee Benefit Costs», *New York Times*, 26 de octubre.

Rajan, Raghuram y Julie Wulf (2006), «Are Perks Purely Managerial Excess?» *Journal of Financial Economics*, 79, págs. 1–33.

Yermack, David (2006), «Flights of Fancy: Corporate Jets, CEO Perquisites, and Inferior Shareholder Returns», *Journal of Financial Economics*, 80, págs. 211–242.

OTRAS LECTURAS

Lazear, Edward (1983), «Pensions as Severance Pay», en Zvi Bodie y John Shoven (comps.), *Financial Aspects of the U.S. Pension System*, Chicago, University of Chicago Press.

Lazear, Edward (1986), «Pensions and Turnover», en John Shoven, Zvi Bodie y David Wise (comps.), *Issues in Pension Economics*, Chicago, University of Chicago Press.

Lubotsky, Darren (2006), «The Economics of Employee Benefits», en Joseph Martocchio (comp.), *Employee Benefits: A Primer for Human Resource Professionals*, Nueva York, McGraw Hill, 2ª ed.

Morris, William (1890), «News From Nowhere», *Commonweal*, Londres, Socialist League.

Oyer, Paul (2008), «Salary or Benefits?» *Research in Labor Economics*.

Rosen, Sherwin (1974), «Hedonic Prices and Implicit Markets», *Journal of Political Economy*, 82, págs. 34–55.

14 EL ESPÍRITU EMPRENDEDOR FUERA Y DENTRO DE UNA ORGANIZACIÓN

> El genio es un uno por ciento de inspiración y
> un noventa y nueve por ciento de transpiración.
> —*Thomas Edison, citado en Rosanoff, 1932*

INTRODUCCIÓN

Uno de los temas de este libro es cómo influyen las políticas de personal en la motivación y en la creatividad. Una de las manifestaciones más interesantes de la creatividad en la economía es el espíritu emprendedor. Los empresarios son la manifestación más clara de nuestra metáfora del mercado para describir el diseño de las organizaciones. Desempeñan un papel fundamental al desarrollar nuevas ideas y al competir, forzando a las empresas existentes a ser más creativas. En las dos últimas décadas, el espíritu emprendedor ha desempeñado un papel especialmente notable debido al rápido ritmo de desarrollo tecnológico. También es un componente básico en la modernización de las economías menos desarrolladas. Actualmente, estamos asistiendo a una explosión del espíritu emprendedor en Europa oriental, Asia, América del Sur y África.

En este capítulo vamos a analizar algunas cuestiones relacionadas con el espíritu emprendedor. No podemos examinar extensamente el tema, por lo que centramos la atención en los aspectos relacionados con la economía del personal. Nuestro primer tema es la carrera del empresario. Sostenemos que los empresarios probablemente tienen un tipo especial de cartera de cualificaciones, ya que una de sus funciones más importantes es coordinar las diversas tareas especializadas en un nuevo proyecto. Esbozamos las consecuencias de ello sobre la distribución de los empresarios en diferentes sectores y sobre las inversiones en capital humano.

En la segunda parte del capítulo, centramos la atención en el *espíritu emprendedor dentro de una organización*, es decir, en cómo puede mejorar una empresa la motivación y la creatividad de sus empleados. Las empresas maduras, especialmente las que son grandes y tienen complejas áreas de operaciones, a menudo son criticadas por su excesiva burocracia, su lentitud y su falta de innovación. Vamos a utilizar los conceptos que hemos introducido en este libro para comprender y, posiblemente, ayudar a contrarrestar estas tendencias.

¿QUÉ ATRIBUTOS HAY QUE POSEER PARA TENER ESPÍRITU EMPRENDEDOR FUERA Y DENTRO DE UNA ORGANIZACIÓN?

En un estudio se analizaron 10 ejemplos de empresas que habían experimentado cambios organizativos para averiguar qué atributos de los directivos son valiosos para el espíritu emprendedor dentro de una organización. Es probable que estos atributos también sean valiosos para los empresarios puros. Los autores llegaron a la conclusión de que había cinco atributos especialmente importantes.

Proactividad: El directivo aborda los problemas empresariales de manera estratégica, anticipándose a los acontecimientos. Esa forma de abordarlos le permite controlar mejor los resultados y favorece la creatividad.

Ver más allá de la capacidad actual: es el deseo de progresar continuamente y el énfasis en la mejora continuada. Los autores del trabajo también observan que la *capacidad de aprendizaje* es valiosa tanto en los directivos como en el diseño de las organizaciones. Hemos hecho hincapié en estas ideas en la segunda parte del libro y volveremos a ellas más adelante en el apartado que dedicamos al espíritu emprendedor dentro de una organización.

Favorecer el trabajo equipo y tener capacidad para resolver las dudas: Se señala la importancia de la capacidad para conseguir que diferentes grupos trabajen juntos eficazmente. Así sucede claramente cuando se trata de cambiar una organización, ya que hay que convencer a los distintos grupos de la necesidad de cambio y a continuación moverse todos en la misma dirección. En términos más generales, estos dos factores indican que un atributo importante es la capacidad para coordinar a diferentes personas. Hacemos hincapié en esta idea en el apartado dedicado al espíritu emprendedor fuera de una organización.

Fuente: Stopford y Baden-Fuller (1994).

EL ESPÍRITU EMPRENDEDOR FUERA DE UNA ORGANIZACIÓN

A menudo se piensa que un empresario es una persona que funda su propia empresa o que desempeña un papel crucial en un proyecto nuevo. Ésta es la idea en la que nos basamos aquí. Pero ¿qué atributos debe poseer un empresario para tener éxito?

Se considera en general que las personas con más talento (especialmente las más creativas) tienden a convertirse en empresarias. Sin embargo, eso no es obvio. Una persona de talento y creativa posiblemente puede hacer mucho más como ejecutivo de una empresa. Esto le permitirá normalmente tener un entorno más estable y con más recursos. Su creatividad quizás pueda aprovecharse mejor en una empresa ya existente, aplicando sus ideas a una infraestructura o a una marca existentes. Un atributo que probablemente tengan los empresarios es una capacidad mayor para tolerar el riesgo. Aunque todas las personas tienen aversión al riesgo (de lo contrario, realizarían actividades de riesgo en todos los ámbitos de su vida), unas tienen menos que otras. La decisión de ser empresario tiende a ser una decisión profesional de mayor riesgo por muchas razones, sobre todo si se tiene en cuenta la alta tasa de fracaso de los nuevos proyectos.

Es posible, sin embargo, que se exagere el efecto de la aversión al riesgo. El fracaso en un nuevo proyecto normalmente no tiene tantos costes como el fracaso en una organización ya existente, puesto que el riesgo de pérdida es menor. La inversión no siempre es grande y no hay una marca o unas relaciones con los clientes que puedan resultar perjudicadas. Además, cuando una persona decide ser empresaria, puede obtener una recompensa relativamente mayor si tiene éxito que si emprende una carrera tradicional. Por tanto, los empresarios a veces tienen un gran potencial de ganancia sin correr un riesgo de pérdida proporcionalmente grande. En esos casos, incluso las personas que tienen aversión al riesgo pueden decidir ser empresarias.

Basándonos en este comentario, como los efectos de la *aversión al riesgo* no están tan claros, es posible que los empresarios tiendan a ser más optimistas que la media. Cada persona valora los riesgos de pérdida y el potencial de ganancia a su manera debido posiblemente a diferencias psicológicas o a diferencias de experiencia. Cualquiera que sea la causa, las que son más optimistas valoran más el potencial de ganancia, bien porque piensan que es más probable o porque esperan obtener mayores beneficios si se hace realidad ese potencial. Asimismo, es probable que den menos importancia al riesgo de pérdida.

Ambos atributos, la aversión al riesgo y el optimismo, pueden variar con la edad. Es posible que la aversión al riesgo, en particular, sea menor en el caso de los jóvenes; puede que tengan más que ganar con los riesgos que asumen en caso de tener éxito, ya que podrán disfrutar más tiempo de las ganancias. También es posible que consigan reducir el riesgo del fracaso, ya que quizás sean menos penalizados por el mercado de trabajo por un error temprano. Además, es más probable que los trabajadores mayores tengan obligaciones financieras fijas (hipotecas, préstamos, hijos en edad universitaria), lo cual puede inducirlos a preferir una remuneración menos variable.

La decisión de ser empresario

Un importante papel del empresario es montar, coordinar y supervisar todo o casi todo un negocio. El fundador de una empresa tiene que reunir capital humano, financiero y físico y obtener información. A continuación, tiene que combinar estos recursos y coordinar a los diferentes empleados especializados para crear el producto, desarrollar el plan de negocio y llevarlo a la práctica. Eso induce a pensar que un empresario necesita una cartera de cualificaciones diferente a la de los empleados normales. En lugar de ser un especialista, puede que necesite un conjunto más equilibrado de atributos que abarquen diferentes cualificaciones.

Consideremos, por ejemplo, el caso de un ingeniero que trabaja en una gran organización y se ocupa del diseño de productos. Podría fundar una empresa. Si decidiera hacerse empresario, necesitaría que sus diseños de los productos tuvieran éxito, pero también necesitaría tener muchas más cualificaciones. Le resultaría útil tener algunos conocimientos de finanzas para hacer proyecciones de los flujos de caja y justificar su plan de negocio a los inversores. Es esencial tener unos conocimientos básicos de contabilidad, para poder elaborar presupuestos y sistemas de control y llevar la cuenta de esos flujos de caja. Necesitaría saber algo de las operaciones de producción, distribución, marketing y ventas. Por último, le sería útil tener conocimientos de gestión para organizar la empresa, diseñar políticas de personal y dirigir a su equipo.

Naturalmente, un empresario raras veces puede ser un experto en todos estos temas. Pero necesita tener al menos algunos conocimientos de cada una de ellas, aunque contrate expertos para dirigir cada función. Para seleccionar y reclutar al equipo de dirección, el fundador tiene que conocer las cualificaciones que deben poseer. Necesita comprender su trabajo para diseñar sus puestos, asignar los derechos de decisión y evaluar su rendimiento. Por último, tiene que coordinar a todos estos expertos.

Lo mismo ocurre con los altos directivos de las unidades organizativas, sobre todo de las unidades que supervisan múltiples áreas funcionales (por ejemplo, un jefe de división o un director general). Ésa es una de las razones por las que al comienzo de este capítulo no hemos dicho que el empresario era simplemente un trabajador por cuenta propia. Los altos directivos de cualquier organización desempeñan en alguna medida una función de tipo empresarial. Merece la pena señalar a la luz de estas consideraciones que las escuelas de administración de empresas enseñan exactamente la amplia cartera de cualificaciones que creemos que son importantes para los empresarios.

En este apartado, presentamos brevemente un modelo de la decisión de ser empresario con toda una variedad de cualificaciones o ser un empleado con una formación más especializada[1]. Eso nos permite extraer algunas conclusiones sobre la diferencia entre la carrera del empresario y la del empleado más tradicional y presentar, a continuación, algunos datos que confirman esta visión del empresario.

Factótum

Examinemos un modelo muy sencillo para afianzar las ideas. Supongamos que sólo hay dos cualificaciones (por ejemplo, diseño de productos y marketing), representadas por x_1 y x_2. Una persona puede elegir entre realizar un trabajo especializado o ser empresaria. Recuérdese que

---

[1] Este apartado se basa en gran medida en Lazear (2005).

en la primera parte de este libro vimos que normalmente es eficiente una cierta especialización de las inversiones en capital humano para ahorrar costes de formación y aprovechar la ventaja comparativa de invertir en algunas cualificaciones. Recuérdese también que en la segunda parte vimos que la especialización en el diseño de los puestos de trabajo a menudo es muy eficiente y, además, que estos efectos llevan frecuentemente a las empresas a introducir en gran medida una jerarquía funcional en su estructura. Por tanto, imaginemos que el puesto de trabajo especializado es un empleo de una empresa ya existente.

Para simplificar el análisis, supongamos que las x miden el nivel de cada cualificación que posee la persona y que ambas cualificaciones pagan 1 euro por unidad y por periodo a los trabajadores especializados. Es decir, si realizan un trabajo en el que utilizan la primera cualificación, su renta es igual a x_1. Si realizan un trabajo en el que utilizan la segunda calificación, su renta es igual a x_2. Por tanto, si se especializan, eligen el trabajo para el que están más cualificadas, por lo que

$$Renta\ del\ especialista = máximo\ \{x_1,\ x_2\}.$$

Por las razones que hemos descrito, los empresarios deben poseer algunas aptitudes para realizar cada tarea o para supervisar a los que las realizan. Por este motivo, su valor como empresarios depende del nivel que posean de cada cualificación, no sólo de su nivel más alto. De hecho, la capacidad de un empresario para combinar los recursos y coordinar las funciones podría estar limitada por su nivel de cualificación más bajo. Para expresar algebraicamente esta idea, supongamos que

$$Renta\ del\ empresario = \lambda \times mínimo\ \{x_1,\ x_2\}.$$

En otras palabras, el éxito del empresario es una función del mínimo común denominador de las cualificaciones necesarias para organizar y supervisar el nuevo proyecto. Es el mínimo de las x.

λ es un parámetro que puede reflejar varias ideas. En primer lugar, puede representar el valor relativo del nivel mínimo de cualificación utilizado como empresario en comparación con la mejor cualificación utilizada en un empleo más tradicional. Por tanto, en este sentido λ refleja el precio relativo de las cualificaciones generales en el mercado de trabajo en comparación con el de las cualificaciones especializadas. Éste viene determinado por la oferta y la demanda de trabajadores especializados y generalistas en la economía en su conjunto.

Además, la creatividad puede también ser un importante atributo del empresario. λ puede variar de un empresario a otro. Su valor sería más alto en el caso de los que son más creativos: éstos son capaces de generar mayor valor que otros con la misma cartera de cualificaciones. Desde este punto de vista, λ variaría de una persona a otra.

Con este sencillo modelo, resulta ahora fácil averiguar qué personas se convertirán en empresarias y cuáles se convertirán en especialistas. Una persona decide ser empresaria si:

$$\lambda \times mínimo\,\{x_1,\, x_2\} > máximo\,\{x_1,\, x_2\}.$$

Esta elección se representa en la figura 14.1. Cada punto del espacio x_1, x_2 representa un par potencial de niveles de cualificación de una persona. Los puntos situados por encima de la recta de 45° representan

Figura 14.1. ¿Quién se convierte en empresario?

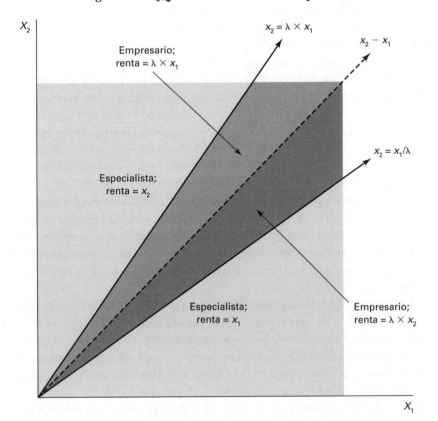

las personas que tienen $x_2 > x_1$ y viceversa. Una persona que se encuentre exactamente en la recta de 45° es una persona cuyas cualificaciones están exactamente equilibradas, $x_1 = x_2$.

Consideremos el caso de una persona que tiene $x_2 > x_1$. Esta persona posee una ventaja comparativa en la cualificación 2 en comparación con la cualificación 1. Su renta como especialista sería x_2, mientras que su renta como empresaria sería $\lambda \times x_1$. Por tanto, esta persona decide ser especialista (empleada) si $x_2 > \lambda \times x_1$, que es el área sombreada que se encuentra encima de la recta de 45° y al lado del eje de x_2. Esta persona decide ser empresaria si $x_2 < \lambda \times x_1$, que es el área sombreada que se encuentra por debajo y al lado de la recta de 45°.

El razonamiento es el mismo en el caso de una persona que tenga $x_1 > x_2$. Esta persona ganaría x_1 como especialista o $\lambda \times x_2$ como empresaria. Se encuentra en el área sombreada situada por debajo y al lado de la recta de 45°. El área sombreada que se encuentra por debajo a lo largo del eje de x_1 es el área del especialista. La línea que divide estas dos áreas está determinada por la ecuación $\lambda \times x_2 = x_1$. A cualquier persona cuyas cualificaciones la coloquen exactamente en esta línea le dará lo mismo ser empresaria que ser asalariada.

Este análisis tiene varias consecuencias. En primer lugar, cuanto más desequilibradas estén las cualificaciones de una persona, menos probable es que decida ser empresaria. En términos gráficos, la existencia de un desequilibrio mayor entre x_1 y x_2 significa que la persona se encuentra situada más lejos de la recta de 45° y más cerca de uno de los ejes. Es más probable que se encuentre fuera de las dos regiones sombreadas. Ésta es nuestra hipótesis principal: el equilibrio entre cualificaciones es un componente importante para ser empresario.

En segundo lugar, cuanto mayor sea λ, más probable es que una persona sea empresaria. A medida que λ aumenta, el valor relativo de mercado de un conjunto amplio de cualificaciones aumenta en comparación con las cualificaciones especializadas. Eso hace que las áreas sombreadas de la figura sean mayores, llevando a más personas a la zona de los empresarios.

En tercer lugar, hemos señalado antes que λ también podría recoger la diferencia de creatividad entre los individuos. Podríamos interpretar aquí la «creatividad» como la capacidad para coordinar a personas que tienen diferentes cualificaciones, para encontrar la manera de que trabajen eficazmente. En ese caso, tendríamos que trazar áreas sombreadas distintas para cada persona, dependiendo de su nivel de creatividad. Debería quedar claro que es más probable que las personas más creativas decidan ser empresarias cuando dejamos que λ varíe de unas personas a otras.

Esta interpretación puede ayudar a explicar por qué algunas personas prueban primero a ser empresarias y después entran en el mercado de trabajo como asalariadas. Una elevada proporción de los nuevos empresarios vuelve en seguida al mercado de trabajo asalariado. Si una persona no sabe si tiene creatividad empresarial, puede merecerle la pena probar a ser empresaria. Si resulta que el valor de λ es alto, seguirá siendo empresaria, pero si es bajo, se pasará a un trabajo especializado. Sería difícil valorar λ como especialista; probablemente sea difícil calibrar la capacidad de una persona para ser empresaria sin que lo intente previamente.

Diferencias sectoriales

Este modelo también tiene consecuencias sobre la asignación de los empresarios a los diferentes sectores. Supongamos que cada sector requiere el conocimiento de un par de cualificaciones. Por ejemplo, para llevar una agencia de seguros es necesario tener una cierta capacidad para comprender las complejas pólizas de seguros, así como conocimientos de contabilidad y de gestión. Asimismo, una empresa próspera de actividades artísticas requiere tanto aptitudes artísticas como conocimientos de contabilidad y de gestión.

La oferta de personas que poseen una combinación equilibrada de cualificaciones varía de un conjunto de cualificaciones a otro y esta diferencia debe afectar a la oferta de empresarios a los diferentes sectores. Es probable que los conocimientos sobre seguros estén estrechamente correlacionados con los conocimientos de contabilidad y de gestión, por lo que existirá una elevada oferta de personas capacitadas para gestionar una agencia de seguros. Por este motivo, es de esperar que haya un número relativamente elevado de agencias de seguros pequeñas. En cambio, es probable que las aptitudes artísticas estén muy poco correlacionadas con los conocimientos de contabilidad y de gestión. La oferta de personas que tienen aptitudes artísticas y a las que se les da bien al mismo tiempo la contabilidad es relativamente pequeña. Por tanto, es de esperar que haya pocos artistas-gerentes. Los artistas tienden a especializarse, mientras que otros venden su trabajo y gestionan estudios de arte.

Otra consideración importante que varía de unos sectores a otros es la complejidad del negocio. Algunas áreas de negocio son bastante sencillas, ya que exigen una combinación de un conjunto relativamente pequeño de cualificaciones. Otras son más complejas. Consideremos, por ejemplo, la agricultura en comparación con la fabricación de automóviles. La complejidad de la fabricación de automóviles es mucho mayor que la de la agricultura. ¿Qué consecuencias tiene esa complejidad? Generalmente reduce la oferta de empresarios en ese sector[2].

Para verlo, consideremos el caso de un sector en el que son importantes tres cualificaciones independientes. Recuérdese que una persona decide ser empresaria si el valor de mercado de su nivel más bajo de cualificación, cuando se utiliza como empresario, es mayor que el valor máximo de su cualificación más especializada:

$$\lambda \times \ mínimo \ \{x_1, x_2, x_3\} > máximo \ \{x_1, x_2, x_3\}.$$

Compárese con la misma condición en el caso de dos cualificaciones, que hemos presentado antes. No puede ser más probable que la condición se cumpla solamente en el caso de dos de las tres cualificaciones (x_1 con x_2, x_1 con x_3 o x_2 con x_3) que en el caso de las tres simultáneamente. La razón se halla en que la expresión del primer miembro no puede aumentar, ya que el valor mínimo no puede aumentar y puede disminuir si añadimos una tercera cualificación. Asimismo, la expresión del segundo miembro no puede disminuir, ya que el valor máximo no puede disminuir y puede aumentar si añadimos una tercera cualificación. Lo mismo ocurre si añadimos una cuarta cualificación, y así sucesivamente. Lo demostramos formalmente en el apéndice.

Por tanto, en los sectores más complejos la oferta de empresarios debería ser menor y viceversa. Eso debería afectar la estructura de los sectores, así como el precio de mercado (λ) de los empresarios en los diferentes sectores. En un sector relativamente poco complejo, en el que se necesiten pocas cualificaciones (por ejemplo, en los restaurantes de gama baja), es de esperar que entren muchos empresarios y que sus rendimientos económicos sean relativamente bajos. En cambio, en los sectores más complejos (por ejemplo, el farmacéutico), es

---

[2] En términos formales, las afirmaciones que hemos hecho en este apartado sobre los factores adicionales sólo son válidas cuando la distribución entre los individuos es independiente. Es posible que la existencia de un grado suficiente de correlación entre las cualificaciones cambiara los resultados. Sin embargo, es probable que en la mayoría de los casos sea válida la idea intuitiva que describimos aquí.

de esperar que entren muchos menos empresarios, pero que las escasas personas que tienen la amplia cartera de cualificaciones que se necesitan para abrir una empresa en ese sector obtengan unos rendimientos muy elevados.

Consecuencias sobre la inversión en capital humano

La visión que hemos expuesto de la decisión de ser empresario significa que los empresarios enfocan las inversiones en capital humano de un modo distinto a los empleados normales. Cuando una persona quiere ser empresaria, tiene más valor realizar una inversión equilibrada. Para verlo, consideremos el caso de una persona que planea ser empresaria y que tiene que decidir primero cómo va a invertir en más cualificaciones. ¿Cómo debe invertir? Tiene tres posibilidades. En el apéndice presentamos un análisis más formal.

En primer lugar, la realización de más inversiones puede no ser lo óptimo si los costes de la formación adicional son demasiado altos. En ese caso, el valor de mercado del empresario se basa en su nivel mínimo de x_1 en comparación con x_2.

El segundo caso es el de una persona para la que lo óptimo es una inversión relativamente pequeña en más cualificaciones, pero no una grande. Supongamos que esta persona se encuentra actualmente en el punto A de la figura 14.2. Su renta como empresaria sería igual a $\lambda \times x_2$, ya que esta persona tiene relativamente más x_1 que x_2. Un pequeño aumento de x_1 no afectará su renta y, por tanto, no tendrá ningún rendimiento. Sin embargo, un pequeño aumento de x_2 elevará su renta. En términos gráficos, la mejor estrategia de inversión de esta persona es desplazarse del punto A a la recta de 45°, lo cual se indica por medio de la flecha que parte del punto A. Por tanto, esta persona especializa sus inversiones en capital humano, pero aumentando su inversión en su cualificación más débil. Es lo contrario de lo que hemos afirmado antes en el libro sobre las inversiones especializadas en cualificaciones. La mejor estrategia para esta persona es volverse menos especializada.

El tercer caso posible es el de un empresario que debe realizar una inversión mayor en cualificaciones que en el segundo caso (ya que los costes de la inversión son bastante bajos o las ganancias son bastante altas). Esa persona debe invertir inicialmente como hemos descrito en el segundo caso, desplazando su cartera de cualificaciones hacia la recta de 45° de la figura 14.2. Eso implica una inversión especializada inicial en la cualificación en la que es más débil. Sin embargo, una vez que su cartera de cualificaciones está equilibrada –una vez que alcanza la rec-

Figura 14.2. Inversión óptima de un empresario en cualificaciones

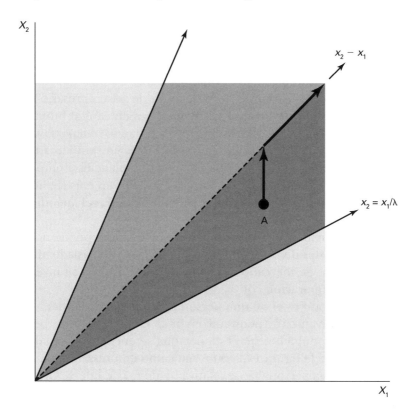

ta de 45º– las nuevas inversiones en x_1 y x_2 deben permanecer equilibradas. En ese punto, debe invertir en ambas cualificaciones, manteniendo los mismos niveles de las dos. Esto se muestra por medio de la segunda flecha de la figura, que se desplaza hacia arriba a lo largo de la recta de 45º. Ninguna inversión desequilibrada tendría rendimientos en este modelo, ya que partimos del supuesto de que su valor de mercado se basa en el nivel mínimo de las dos cualificaciones.

Aunque el modelo es muy simple, permite hacer una predicción que puede contrastarse empíricamente: el tipo de inversiones en capital humano de los empresarios debe ser distinto del de los empleados. Los empresarios deben enfocar su inversión en capital humano de una manera más equilibrada, no especializada. Deben invertir más en sus cualificaciones más débiles y debe ser más probable que inviertan simultáneamente en múltiples cualificaciones.

Esta visión del empresario y de sus cualificaciones es coherente con nuestra afirmación previa de que buena parte de lo que hacen los directivos en una empresa es similar a lo que hacen los empresarios. Una de las obligaciones más importantes de un directivo es coordinar las actividades de los especialistas y de las diferentes unidades de negocio. Para eso es necesario tener nociones de un amplio conjunto de cualificaciones. Ésta es una buena explicación de los contenidos habituales de los MBA, que ofrecen una formación relativamente poco especializada, generalista, en toda una gama de cualificaciones empresariales.

Algunos datos

La teoría antes esbozada ha sido contrastada por Lazear por medio de datos de la trayectoria profesional de titulados de un programa de MBA de la Universidad de Stanford. La base de datos contenía información de finales de los años 90 sobre la trayectoria profesional y los estudios académicos de varios miles de antiguos alumnos. Incluía cada uno de sus periodos de empleo (los distintos puestos que habían ocupado). Se consideraba que era empresaria la persona que declaraba que fue «fundadora, es decir, se encontraba entre las que montaron inicialmente la empresa» durante un determinado periodo de empleo.

La hipótesis fundamental que se contrastaba era que un empresario tendía a tener un amplio conjunto de cualificaciones, que podían adquirirse pasando por una amplia variedad de puestos, realizando unos estudios menos especializados o haciendo las dos cosas a la vez. Para contrastar el efecto que producía el hecho de haber ocupado una amplia variedad de puestos, se calculó el número de puestos ocupados anteriormente por cada individuo en cada periodo de empleo. Se estimó la relación estadística entre este número y la probabilidad de que fuera empresario durante este periodo, después de tener en cuenta otras variables que pudieran afectar el hecho de ser o no empresario (como los años de experiencia laboral del individuo, la edad y el sexo).

La primera conclusión es que la mayor cantidad de puestos distintos que haya ocupado previamente influye mucho en el hecho de que el individuo sea o no empresario. La probabilidad de que una persona fuera empresaria durante un determinado periodo de empleo era de alrededor de un 7 por ciento en total. Se estimó que una vez tenidas en cuenta otras variables, un aumento del número de puestos ocupados anteriormente elevaba alrededor de un 1,8 por ciento la probabilidad de ser empresario. Eso equivale a un aumento de alrededor de un 25 por ciento de la probabilidad de ser empresario.

En este estudio también se observó que la experiencia era importante: cuanto mayor era la experiencia, mayores eran las probabilidades de ser empresario. En cambio, era más probable que las personas más jóvenes fueran empresarias, habida cuenta de la experiencia y el número de trabajos realizados anteriormente. Este efecto no parece que esté motivado por la impaciencia de los empresarios. Lo más probable es que fueran empresarios los que habían estado, en promedio, más tiempo en los puestos ocupados anteriormente. Esta observación es coherente con la idea de que las personas más jóvenes tienen menos aversión al riesgo. Por último, los hombres tendían a ser empresarios con más frecuencia que las mujeres.

El paso siguiente del estudio fue averiguar si los empresarios invierten en formación generalista. Para estudiarlo, se reunieron los expedientes académicos de una muestra de antiguos alumnos. El grado de especialización se midió a partir del número máximo de asignaturas que el estudiante cursó en un campo determinado (por ejemplo, finanzas) menos el número medio de asignaturas que cursó de otros campos.

Una vez más, los resultados son acordes con la teoría. Una vez tenidas en cuenta otras variables, eran mayores las probabilidades de que los empresarios hubieran cursado un amplio conjunto de asignaturas y que los empleados se hubieran especializado. Además, los que habían realizado estudios más especializados habían ocupado, en promedio, menos puestos distintos, lo cual induce a pensar que también se habían especializado más en su carrera.

Por último, también se investigó en este estudio si ocurría lo mismo con los altos directivos. Hemos afirmado que los directivos de mayor nivel pueden necesitar un conjunto más amplio de cualificaciones, ya que una de sus funciones es coordinar el trabajo de especialistas funcionales. En ese sentido, los altos directivos desempeñan un papel empresarial en el seno de las grandes empresas. Para contrastarlo, en este estudio también se examinó el efecto que producían las variables descritas más arriba en la probabilidad de que estos antiguos alumnos fueran ejecutivos de alto nivel. El número de funciones desempeñadas anteriormente produce un efecto similar en la probabilidad de ser un ejecutivo de alto nivel (una vez tenida en cuenta la experiencia y otras variables) al que produce en la probabilidad de ser empresario. Este resultado está en consonancia con la idea de que los directivos de alto nivel desempeñan un papel muy parecido al de los empresarios.

Este último resultado es un punto de partida para pasar al siguiente apartado. Indica que el comportamiento empresarial puede generarse (y, por supuesto, obstaculizarse) de distintas maneras dentro de una empresa. En nuestro último apartado, examinamos este tema, que llamaremos *espíritu emprendedor dentro de una organización.*

EL ESPÍRITU EMPRENDEDOR DENTRO DE UNA ORGANIZACIÓN

El espíritu emprendedor dentro de una organización es algo más difícil de definir que el espíritu emprendedor fuera de una organización. ¿Significa la creación de nuevas líneas de productos o la introducción de otros tipos de cambios radicales dentro de una empresa ya existente? ¿Significa la gestión de un cambio organizativo más gradual? ¿O significa el diseño de políticas para que la empresa sea menos burocrática y más dinámica? Haremos hincapié en esta última opinión. Por tanto, en este apartado no vamos a analizar todo cambio organizativo sino más bien cómo puede diseñarse una organización que más innovador y más adaptable.

Imaginemos el caso de una empresa próspera que empieza a crecer. Normalmente comienza a añadir más estructura. Por ejemplo, a medida que desarrolla una marca y consigue unos clientes leales, es posible que quiera ser más conservadora a la hora de desarrollar nuevos productos. Hemos señalado que una manera de hacerlo es aumentando la jerarquización para un mejor control de las nuevas ideas de productos. Pero un aumento de la jerarquización significa una mayor lentitud en la comercialización, la aparición de menos productos nuevos y seguramente la disminución del número de grandes éxitos. Llegados a este punto, la línea de productos de la empresa puede comenzar a parecer más conservadora que cuando se fundó.

La empresa también tendrá más empleados. Puede estar más dispersa geográficamente. Es probable que invierta en más procesos y políticas formales, que es una manera de aumentar la centralización. Una de las razones posiblemente sea la de disfrutar de economías de escala administrativas, ya que las políticas que funcionan bien pueden reproducirse con un número mayor de trabajadores. Otra razón es que ayuda a la empresa a desarrollar métodos comunes para llevar el negocio, lo cual puede contribuir a la coordinación. Asimismo, puede ayudarle a desarrollar o a mantener una misma cultura en toda la organización.

A medida que crece la empresa, es probable que una proporción mayor de los empleados ocupe puestos administrativos. Se pondrá mayor énfasis en el control, en el cumplimiento de objetivos y calendarios y en los sistemas contables. Una organización más compleja requiere más coordinación y comunicación. Es probable que se introduzcan más niveles de mandos intermedios.

Esta empresa en expansión también tendrá que cambiar su política de remuneración y de incentivos. Por ejemplo, mientras que los planes de opciones sobre acciones y de participación en los beneficios pueden funcionar bien en una pequeña empresa, es mucho menos probable que sean eficaces en una grande. Ésta puede optar por evaluaciones del rendimiento que midan mejor la contribución de cada empleado. Desgraciadamente, cuanto mayor es la empresa, más probable es que sea difícil evaluar bien el rendimiento, que las evaluaciones sean subjetivas y que sea fácil que contengan errores de medición, ya que la mayoría de los empleados de una gran empresa están alejados de sus resultados . Como consecuencia del error de medición, es posible que los empleados que se encuentran en el medio de la organización tengan menos incentivos.

Todo esto ayuda a explicar una pauta que se observa frecuentemente: las empresas mayores, más complejas y más maduras tienden a ser más burocráticas. Normalmente tienen menos espíritu emprendedor. Estas tendencias son naturales y a menudo adecuadas. Sin embargo, es posible que se lleven demasiado lejos. Muchas empresas parecen más burocráticas de lo ideal, sobre todo cuando la competencia es más intensa y el cambio tecnológico es más rápido.

En este apartado, esbozamos algunas de las maneras en que las empresas maduras pueden fomentar el espíritu emprendedor en el seno de su organización. Veremos que todos los apartados de este libro son relevantes para abordar esta cuestión. Son muchas las políticas que pueden modificarse para dar más dinamismo a una empresa. Es muy importante como siempre adaptar las políticas al contexto de la empresa. Cada empresa se enfrenta a un conjunto distinto de opciones, de tecnología, de estrategias y de sectores. Por tanto, no todas las políticas que se describen aquí son adecuadas para todas las empresas. Pero es probable que algunas sean útiles, al menos para una parte de la organización.

Mercados internos

La metáfora del mercado en el diseño de las organizaciones es un punto de partida que resulta muy útil para analizar el espíritu emprendedor dentro de una empresa. En algunos casos, es posible diseñar políticas de personal para que ciertas partes de la empresa actúen como negocios casi independientes. Cuando es posible hacer eso, los empleados pueden tener unos incentivos relativamente grandes para innovar.

GESTIÓN BASADA EN EL MERCADO EN KOCH INDUSTRIES

Koch Industries es un fabricante diversificado de productos basados en recursos naturales. La empresa ha venido creciendo durante décadas y en 2007 tenía un valor de unos 90.000 millones de dólares. A veces se dice que es la mayor empresa privada del mundo. Durante este tiempo, la dirección ha adoptado un enfoque que denomina gestión basada en el mercado. Explica que tiene cinco dimensiones:

Visión: averiguar dónde y cómo puede crear la organización el mayor valor a largo plazo.

Virtud y talento: ayudar a garantizar que se contrata, se retiene y se desarrolla a las personas que tienen los valores, las cualificaciones y las aptitudes adecuados.

Procesos de conocimiento: crear, adquirir, intercambiar y aplicar conocimientos relevantes y medir y controlar la rentabilidad.

Derechos de decisión: garantizar que cada función es desempeñada por la persona indicada y que esa persona tiene la autoridad necesaria para tomar decisiones y ser responsable de sus actos.

Incentivos: recompensar a la gente de acuerdo con el valor que crea a la organización.

Naturalmente, estos aspectos son muy similares a los que hemos presentado en este libro; los tres últimos son los principales componentes de nuestra metáfora del mercado. Funcionan bien en Koch porque sus negocios son relativamente independientes.

Fuente: Koch (2007).

Un excelente ejemplo es una empresa en la que hay varias líneas de negocio. Imaginemos que el director de cada unidad es como un director general de ese negocio. ¿Puede estructurarse cada división de manera que su director tenga incentivos para actuar como un empresario? La respuesta posiblemente sea positiva. Puede lograrse descentralizando para utilizar su conocimiento de la división y reforzar dicha descentralización introduciendo cambios acordes en la evaluación del rendimiento y en los incentivos.

En primer lugar, el director debe gozar de considerable autoridad para tomar las decisiones que afectan a la división. Estas decisiones pueden referirse a la producción, la distribución, el marketing y los recursos humanos. Dando estos derechos de decisión al director, tendrá una gran flexibilidad para diseñar la organización. Podrá delegar como crea conveniente, contratar y desarrollar los tipos de cualificaciones que sean adecuados y establecer planes de incentivos absolutamente acordes con las demás políticas. Ésta es una manera excelente de facilitar la adopción de diferentes enfoques en los diferentes tipos de negocios y fomentar el uso de conocimientos propios que varían de unas divisiones a otras.

En los casos más extremos, se puede otorgar al director el derecho a tomar decisiones sobre la propia línea de productos. Este tipo de autoridad le permite ser más creativo. Muchas organizaciones que tienen líneas muy amplias de productos (por ejemplo, Koch Industries, Sony) dan mucha autoridad a los jefes de división para que desarrollen sus propios productos. Eso acerca más las decisiones sobre nuevos productos y diseños al lugar donde están los conocimientos específicos importantes, incluidos la información sobre las preferencias de los clientes y de los ingenieros de las divisiones.

Una vez que se concede un elevado grado de discrecionalidad, se debe utilizar una medida muy amplia del rendimiento para motivar al jefe de división. El objetivo es, una vez más, hacer como si la propiedad de la división fuese suya. Un paso en este sentido sería medir los beneficios de la división, ya que esa medida incluye la consideración tanto de los ingresos como de los costes y ambos pueden ser controlados en gran medida por un director al que se le haya dado un alto grado de discrecionalidad. Sin embargo, los beneficios son una medida a corto plazo, que distorsiona las decisiones de inversión y de investigación y desarrollo. Por tanto, a menudo conviene emplear medidas aún más amplias del rendimiento que intentan incluir el coste de oportunidad del capital (por ejemplo, el valor añadido económico) o recompensar los beneficios futuros (por ejemplo, los planes de primas a largo plazo basados en los resultados de la división).

Otra ventaja de la medición cuidadosa de los resultados de la división es que esta medida puede ser útil para los planes de incentivos destinados a los directivos de la división. Esa medida recoge mejor sus responsabilidades que los resultados generales de la empresa.

Esta manera de enfocar el diseño de las organizaciones es bastante frecuente en las grandes empresas que tienen numerosas divisiones. Un famoso ejemplo es General Electric. Este enfoque puede llevarse un paso más allá. Algunas empresas tienen la política de animar a sus ingenieros de diseño de productos a proponer nuevas líneas de productos. Si consiguen diseñar un producto que la empresa cree que puede proporcionar un negocio rentable, permite al ingeniero crear y dirigir la nueva división (o recibir una parte de los beneficios que ésta genere). Éste puede ser un poderoso incentivo para desarrollar nuevos productos. Hewlett-Packard (H-P) tenía esa política antes de convertirse en una empresa informática; el resultado fue un gran número de productos de éxito en más de 200 divisiones. H-P utilizó la idea de la división celular, procedente de la biología, como metáfora de su estrategia organizativa.

Este modo general de estructurar la empresa puede ser eficaz, pero hay que hacer una importante salvedad. Cuando las divisiones están más descentralizadas, la coordinación entre ellas es más difícil. Si la empresa desea que exista coordinación entre sus divisiones, es probable que este enfoque vaya demasiado lejos. Un ejemplo de esta disyuntiva es Sony. Sony tiene una amplísima línea de productos de electrónica de consumo. Durante muchos años tuvo una estructura muy descentralizada, que animaba a las divisiones a ser creativas y generaba muchos productos nuevos e innovadores. Sin embargo, en los últimos años ha tendido a hacer que los productos de electrónica de consumo funcionen juntos («convergencia»). Cuando los productos tienen que funcionar juntos, es probable que su diseño descentralizado plantee graves problemas. De hecho, Sony ha adoptado recientemente medidas para aumentar la centralización con el fin de intentar paliar este problema.

Hewlett-Packard tuvo este mismo problema cuando entró en el negocio de los ordenadores. La estructura formada por divisiones descentralizadas no funcionaba. Hubo un momento en que algunos de los monitores y de las impresoras no funcionaban con sus miniordenadores. Para vender un sistema informático completo a un cliente, H-P necesitaba que estos productos funcionaran juntos. Para resolver este problema pasó por una dolorosa reestructuración de su organización que duró muchos años.

Por tanto, una empresa debe poner cuidado en no adoptar una estructura extrema basada en el mercado cuando no es la indicada para el negocio. En el capítulo 5 analizamos aquellas situaciones en que la coordinación era muy beneficiosa y estas situaciones deben tenerse en cuenta a la hora de decidir hasta dónde llevar el enfoque descentralizado.

¿Creatividad o control?

Hemos analizado diversas formas en que las políticas de personal buscan el equilibrio entre los objetivos de creatividad y de control, es decir la gestión del riesgo. Estas políticas –de las tres partes del libro– pueden reequilibrarse para aumentar el dinamismo de la empresa.

Por ejemplo, la empresa puede considerar la posibilidad de reducir el grado de jerarquización para tomar ciertas decisiones. Eso puede significar reducir algunos niveles jerárquicos, ser menos riguroso en el caso de algunas decisiones o cambiar la asignación relativa de los recursos en favor de aspectos más creativos del negocio (generación de ideas). El objetivo sería generar y poner en práctica un mayor número de ideas nuevas.

Naturalmente, eso tiene un coste, a saber, poner en marcha algunas ideas que al final fracasan. Una empresa puede reducir este riesgo de varias maneras. Una es ser indulgente en el desarrollo de nuevas ideas durante el mayor tiempo posible y ser riguroso en los pasos inmediatamente anteriores al momento en el que se toma la decisión final sobre un nuevo producto o se le asigna una gran cantidad de recursos. Eso es lo que hacen en realidad las empresas de capital de riesgo. Se proponen muchas ideas, se alimentan y se fomentan, hasta que hay demasiado en juego. En ese momento, es bueno ser más cauto a la hora de seguir adelante.

La empresa también puede tomar medidas para reducir el riesgo de pérdidas como resultado de poner en práctica una idea. Por ejemplo, se puede probar un nuevo producto en un único mercado antes de lanzarlo al mercado internacional. O se puede probar con una marca distinta para ver cómo responden los clientes. En ese caso, sólo se lanzarían al mercado internacional o con la marca de la empresa los productos que tuvieran éxito, cuando se tiene más confianza en que van a tenerlo.

El segundo enfoque para inyectar creatividad es asumir más riesgos en la selección de personal. Como hemos visto, los empleados pueden concebirse como verdaderas opciones. La empresa puede ejercer la opción decidiendo conservar y ascender a los buenos empleados y rechazar a los que no encajan en la empresa. Este enfoque lleva a la empresa a dar empleo a gente cuya contratación al final será un error, por lo que comporta cierto riesgo. Sin embargo, una empresa puede ser capaz de limitar este riesgo mediante contratos de prueba o mediante contratos de duración determinada.

Donde mayor puede ser la ventaja de contratar algunos candidatos de riesgo es en los puestos en los que una pequeña diferencia de talento significa una gran diferencia de rendimiento, lo cual es más probable cuando la empresa tiene que cubrir puestos clave en los que las responsabilidades de la persona implican que sus decisiones tienen mucha influencia o en los que tiene un papel fundamental la innovación. Por tanto, una empresa puede considerar la posibilidad de contratar a algunos candidatos de riesgo para cubrir los puestos de I+D y de liderazgo. Si los contrata, tiene que estructurar con cuidado el periodo de prueba para no dar demasiada autoridad a la nueva persona hasta ver cómo realiza su trabajo.

La contratación de más candidatos de riesgo aumentará la rotación de los empleados. Este aumento de la rotación puede ser bueno para mejorar la innovación. Permite que la empresa libere puestos para introducir nuevos empleados con diferente formación y experiencia.

El tercer enfoque para aumentar la creatividad es cambiar los incentivos. La creatividad a menudo es muy difícil de medir numéricamente. En el mejor de los casos, puede ser bastante difícil establecer de antemano cuál va a ser la medida del rendimiento. Algunas empresas fijan unos objetivos según el número de productos que van a introducirse durante el año. Esa práctica puede ser eficaz en una empresa que produzca un gran número de productos (por ejemplo, 3M). Sin embargo, este enfoque a menudo lleva a introducir productos que fracasan, ya que los directivos se fijan en la cantidad de productos lanzados y no en su calidad. Para paliar este problema, la empresa podría utilizar medidas más amplias del rendimiento, como los beneficios generados por los nuevos productos. Los investigadores de la creatividad han llegado a la conclusión de que las medidas más amplias del rendimiento tienden a generar un comportamiento más creativo. La razón se halla en que las medidas más amplias distorsionan menos los incentivos y normalmente es más difícil manipularlas. Las medidas más amplias también tienden a estar basadas en los outputs más que en los inputs. Las medidas basadas en inputs pueden reducir la creatividad, ya que centran la atención en el proceso, y resulta difícil ver de antemano cuando conviene ser creativo.

Una alternativa a las medidas numéricas más amplias es la evaluación subjetiva del rendimiento. Dado que es difícil prever la creatividad, este tipo de evaluación *ex post* a menudo resulta bastante útil. Además, la evaluación subjetiva puede aumentar el énfasis del sistema de incentivos en recompensar el éxito en lugar de penalizar los errores. Con una evaluación subjetiva normalmente le es más fácil al supervisor recompensar los riesgos que tienen éxito y no penalizar los que no tienen éxito. Eso puede reducir la aversión efectiva del empleado al riesgo y fomentar así la toma de mayores riesgos.

Por último, una vez que se ha cambiado el sistema de evaluación para fomentar la creatividad, la empresa puede aumentar las recompensas por el buen rendimiento. Por tanto, el incentivo puede reconducir la motivación y reforzarla en esa dirección.

Rapidez con que se toman las decisiones

Una empresa puede volverse conservadora, entre otras razones, por la lentitud con que toma sus decisiones. Esa lentitud se debe a que se valora más la jerarquía (las decisiones se comprueban antes de ponerse en práctica) y la centralización, lo cual exige más comunicación en sentido ascendente y descendente en el organigrama.

Para acelerar la toma de decisiones una empresa puede tener que descentralizar más decisiones, lo cual reducirá, por supuesto, la coordinación y el control. Estos problemas pueden resolverse descentralizando las decisiones que menos afectan a la coordinación o al control. Por ejemplo, se puede dar mayor discrecionalidad a las divisiones para que tomen decisiones operativas, gestionen a su personal o fijen los precios y seguir exigiendo la autorización de las decisiones relacionadas con la línea de productos. Además, una empresa puede dedicar más recursos a la calidad de la toma de decisiones (evaluadores de proyectos más competentes, mejores instrumentos de análisis y datos) con el fin de aumentar la precisión y reducir al mismo tiempo el número de estratos por los que tienen que pasar las autorizaciones de las decisiones.

La toma de decisiones también puede agilizarse aumentando la inversión en tecnología de la información, ya que eso a menudo acelera la rapidez de las comunicaciones. Por último, establecer unos procedimientos operativos comunes puede mejorar la coordinación sin necesidad de variar la comunicación y acelerar de esa manera la rapidez con que se toman las decisiones.

Reducción de la burocracia

Como hemos subrayado, en las organizaciones grandes y complejas hay buenas razones para que haya más burocracia. Aunque eso puede dificultar la innovación. En algunos casos, una empresa puede reducir la burocracia para resolver este problema.

Una manera de reducirla es separar la parte de la organización que es esencial para la innovación (por ejemplo, la investigación básica, el diseño de productos o la publicidad) del resto de la estructura y aligerar de burocracia esa parte. A menudo no es necesario aplicar las normas y los procedimientos administrativos a todos los ámbitos de la organización, por lo que puede conseguirse un cierto equilibrio. Es bastante frecuente que las empresas permitan a las unidades creativas tener más flexibilidad y aplicar de un modo más laxo las reglas generales. Algunas empresas llegan a separar físicamente a esos grupos en otros edificios o incluso en otros lugares geográficos. Esta práctica es especialmente frecuente en el caso de la investigación básica que se realiza en Skunk Works[3]. La separación física facilita mantener diferentes políticas formales e informales sin que planteen conflictos. Naturalmente, el problema es que el grupo que se separa puede trabajar más al margen del resto de la empresa. Debe ser controlado lo suficiente para obligarlo a producir resultados y sobre todo resultados que puedan convertirse en productos rentables.

Una solución más extrema para resolver el problema de la burocracia parte de la base de que su razón principal es la complejidad de las operaciones de la empresa. Como vimos en el capítulo 6, las empresas más complejas utilizan estructuras más complejas, entre las que se encuentran más divisiones y matrices u otros mecanismos de coordinación lateral. La burocracia podría aligerarse reduciendo la complejidad de las operaciones de la empresa de dos modos.

Uno consiste en simplificar las líneas de productos de la empresa. Es menos probable que una empresa que concentra sus esfuerzos en un pequeño número de líneas de negocio requiera una compleja estructura. El intento de concentrar los esfuerzos de una empresa en un pequeño número de líneas de negocio se conoce a veces con el nombre de retorno a la *competencia central*: reducir lo más posible las operaciones a aquéllas en las que la empresa es especialmente eficiente en comparación con sus competidoras. Se trata de un enfoque drástico, pero que puede ser útil, sobre todo si las líneas de productos que no son centrales son menos rentables.

Un enfoque menos drástico para simplificar las operaciones de una empresa es externalizar las actividades que no son centrales. Por ejemplo, Apple no fabrica casi ninguna de las piezas de sus productos, si bien las monta; es una empresa de desintegración vertical. Asimismo, muchas empresas externalizan las tareas de gestión de las instalaciones como la seguridad, el mantenimiento de la planta física y el servicio de comedor. Algunas externalizan las tareas administrativas, especialmente los recursos humanos. Este enfoque requiere un buen contrato que establezca la relación a largo plazo con los proveedores. Cuando se hace bien, permite que la dirección de la empresa concentre sus esfuerzos en un número menor de cuestiones relacionadas con el diseño de la organización.

---

[3] Este término es el nombre con el que se conoce el Advanced Development Program de Lockheed Martin, que fue pionero en la adopción de este enfoque para la realización de proyectos avanzados de I+D.

Mejora continuada

La mejora continuada (incluidos un *diseño más moderno de los puestos de trabajo*, la gestión de la calidad total y otras técnicas similares) es una excelente manera de adaptar la empresa a los cambios de las circunstancias. Los empleados son los encargados de descubrir problemas, sugerir soluciones, ponerlas a prueba y adoptar las mejores. Se trata de una manera de innovar, aunque muy distinta del diseño de nuevos productos. El objetivo es la mejora gradual tanto de los productos como de los procesos que ya han sido seleccionados, no la búsqueda de nuevos productos.

CONFLICTO ENTRE EL DISEÑO DE NUEVOS PRODUCTOS Y LA MEJORA CONTINUADA EN 3M

3M Corporation ha sido alabada durante años por su eficaz método para generar nuevos productos. Durante más de 50 años, la compañía puso el acento en la realización de inversiones descentralizadas y a largo plazo en I+D básica. Al mismo tiempo, una proporción significativa de las ventas anuales de las divisiones tenía que proceder de nuevos productos. El resultado fue una sucesión de nuevos productos que tuvieron mucho éxito, entre los que se encontraban las notas Post-It.

A finales de 2000, 3M nombró director general a James McNerney, que procedía de General Electric (GE). GE ponía el acento en el uso general de las llamadas técnicas de gestión de la calidad total Six Sigma en todos sus procesos de negocio y se consideraba en general que era líder en la mejora continuada. McNerney aplicó los métodos de GE en 3M, mejorando significativamente la eficiencia y la calidad.

Sin embargo, 3M descubrió que los métodos de mejora continuada pueden no ser buenos para el desarrollo de nuevos productos. Estos métodos suponen que el objetivo se conoce y es cuantificable. Se emplean procedimientos formales para pasar de la situación actual al objetivo deseado. Ese enfoque puede ser muy eficaz para reducir costes, pero no para dar con nuevos productos creativos. 3M acabó restando importancia al Six Sigma en el área de I+D.

Fuente: Hindo (2007).

Una variante de la idea de la mejora continuada es la *experimentación*. Supongamos que un banco quiere mejorar la calidad del servicio de atención al cliente en sus sucursales. Un método es la mejora continuada, en la que cada sucursal tiene que encontrar nuevas ideas. Otro es que un grupo independiente idee métodos para mejorar el servicio de atención al cliente que puedan aplicarse en todas las sucursales (este método es esencialmente una versión del taylorismo). Sin embargo, antes de poner en práctica esas ideas, puede ser útil probarlas primero en pequeña escala. Eso ayudará al banco a desechar las ideas malas e identificar las buenas y a perfeccionarlas antes de aplicarlas en todas sus oficinas. Obsérvese que la mejora continuada descentralizada realiza este tipo de experimentación automáticamente, pero incluso un enfoque centralizado de las nuevas ideas puede aprovechar la experimentación para que sus ideas tengan más éxito.

Uno de los retos que plantea la mejora continuada es que es un método descentralizado, por lo que las buenas ideas no se difunden automáticamente a toda la organización. Para que este método sea aún más eficaz, muchas empresas introducen *sistemas de gestión del conocimiento*. El objetivo de ese sistema es tomar las mejores ideas de las unidades descentralizadas, generalizar las mejores prácticas basadas en ellas y difundirlas al resto de la empresa. Los sistemas de gestión del conocimiento tienen que ser dirigidos por un grupo centralizado que pueda recuperar las ideas de toda la organización y difundir las mejores prácticas de arriba a abajo. También requiere que las personas que hacen innovaciones locales tengan suficientes incentivos para describir esas ideas al centro de la organización y compartirlas con él.

RESUMEN

El espíritu emprendedor es uno de los ejes de la competencia y de las economías prósperas. En este capítulo, hemos analizado algunos aspectos de la economía del personal que son relevantes para los empresarios, englobándolos en dos temas generales. El primero es la carrera del empresario; el segundo es cómo se puede mejorar el espíritu emprendedor dentro de las empresas ya existentes.

¿Qué es un empresario? Un empresario es fundamentalmente una persona que combina ideas o personas dispares para crear algo que es mayor que la suma de sus partes. Ésta es una de las descripciones frecuentes de la creatividad. También puede tener que poseer capacidad de coordinación y de gestión. Ambas perspectivas significan que los empresarios posiblemente necesiten un conjunto más amplio de cualificaciones que las personas que son empleados de una empresa. Estas últimas normalmente deben especializar su carrera y sus inversiones en capital humano. Los empresarios suelen hacer lo contrario. Hemos presentado algunos datos que lo demuestran. También merece la pena señalar que los directivos de los niveles superiores desempeñan un papel que se parece al de un empresario, ya que dedican más tiempo a coordinar y combinar diferentes partes del negocio.

¿Qué es el espíritu emprendedor dentro de una organización? Consiste en diseñar políticas que mejoren la innovación y la adaptabilidad y luchen contra la burocracia. Las empresas grandes, maduras y complejas a menudo son algo burocráticas. Este problema puede resolverse utilizando todos los instrumentos presentados en el libro, desde la selección de personal y la formación hasta el diseño de los puestos de trabajo y la estructura organizativa y la evaluación del rendimiento y los incentivos. De hecho, dos de nuestros temas relacionados con la manera de analizar el diseño de las organizaciones son bastante relevantes para esta cuestión: analizar la política de personal de la empresa utilizando (donde y en la medida de lo posible) los principios de mercado dentro de la empresa; y concebir la empresa como una creadora y usuaria de información y conocimiento.

Ejercicios

1. En el modelo de la decisión de ser empresario, éste coordina un conjunto diverso de actividades dentro de la empresa. ¿Se le ocurre otra interpretación en la que el empresario necesite un amplio conjunto de cualificaciones para ser creativo? Explique su respuesta.
2. Suponga que las cualificaciones x_1 y x_2 con las que nacen los individuos están correlacionadas positivamente. ¿Cómo afectaría eso a la oferta de empresarios en la economía? ¿Y al valor de λ?
3. Suponga que es un alto directivo de una gran empresa. ¿Cómo fomentaría el espíritu emprendedor en su empresa? ¿Cómo probablemente lo dificultaría? ¿Existen buenas razones económicas para dificultar el espíritu emprendedor en algunas circunstancias?
4. Los economistas han observado que los empresarios ganan, en promedio, menos que otros trabajadores que tienen parecida experiencia y nivel de estudios. ¿Cuántas explicaciones puede dar a esta observación? ¿Cómo contrastaría cada una de sus teorías?

5. Suponga que es muy improbable que una misma persona tenga dos cualificaciones (unas tienen una y otras tienen otra). Suponga que es uno de los pocos afortunados que tienen las dos y que decide ser empresario utilizando ambas. ¿Cómo montaría su empresa para maximizar el valor económico de su excepcional conjunto de cualificaciones? ¿Puede poner ejemplos de pares improbables de cualificaciones que tienen un alto valor de mercado cuando las posee una misma persona? ¿En sus ejemplos, cómo montan esas personas sus empresas para explotar sus cualificaciones?

6. Suponga que a los directivos les preocupa la fama derivada de sus decisiones. ¿Cómo afecta eso a su propensión a asumir riesgos o a ser conservadores cuando son nuevos en un puesto? ¿Cómo evolucionará su toma de decisiones a medida que lleven más tiempo en el puesto y tengan un historial? ¿Cómo va variando la toma de decisiones y de riesgos de los empleados más jóvenes a medida que se van haciendo mayores? Si ésto representa un problema, ¿cómo cambiaría las políticas de la empresa para solventarlo?

7. Suponga que dirige una empresa de capital riesgo. ¿Cómo valoraría un plan de negocios y decidiría si invertir o no? Describa primero el proceso general de evaluación de proyectos que debería utilizar su empresa para comparar diferentes planes de negocio (puede repasar el capítulo 5, incluido el apéndice, si lo desea). Describa a continuación cómo tendría en cuenta los temas concretos que se analizan en este libro (por ejemplo, la gestión del proyecto, la selección de personal, la estructura, la toma de decisiones, la gestión y los sistemas de incentivos).

8. Siguiendo con el ejercicio anterior, si invierte en un nuevo proyecto, ¿qué decisiones permitirá que tome el empresario y cuáles querrá tomar usted como principal inversor? ¿Por qué? ¿Cómo debería cambiar la asignación de las decisiones a medida que evoluciona el proyecto suponiendo que tiene éxito y crece? ¿Cómo debería evolucionar la asignación de las decisiones si el proyecto fracasa?

BIBLIOGRAFÍA

Hindo, Brian (2007), «3M: Struggle Between Efficiency and Creativity», *Business Week*, 11 de junio.

Koch, Charles (2007), *The Science of Success: How Market-Based Management Built the World's Largest private Company*, Nueva York, Wiley.

Lazear, Edward (2005), «Entrepreneurship», *Journal of Labor Economics*, 23(4), págs. 649–680.

Stopford, John y Charles Baden-Fuller (1994), «Creating Corporate Entrepreneurship», *Strategic Management Journal*, 15(7), págs. 521–536.

Otras lecturas

Hamel, Gary y C. K. Prahalad (1990), «The Core Competente of the Corporation», *Harvard Business Review*, 68(3), págs. 79–87.

Hamilton, Barton (2000), «Does Entrepreneurship Pay? An Empirical Analysis of the Returns to Self-Employment», *Journal of Political Economy*, 108(3), págs. 604–631.

Hannan, Michael, M. Diane Burton y James Baron (1999), «Engineering Bureaucracy: The Genesis of Formal Policies, Positions and Structures on High-Technology Firms», *Journal of Law, Economics and Organization*, 15(1), págs. 1–41.

Kaplan, Steven y Per Stromberg (2002), «Financial Contracting Theory Meets the Real World: An Empirical Analysis of Venture Capital Contracts», *Review of Economic Studies*, 70, págs. 281–315.

Kaplan, Steven y Per Stromberg (2004), «Characteristics, Contracts, and Actions: Evidence from Venture Capitalist Analyses», *Journal of Finance*, 59(5), págs. 2.177–2.210.

Prendergast, Canice y Lars Stole (1996), «Impetuous Youngsters and Jaded Old-Timers: Acquiring a Reputation for Learning», *Journal of Political Economy*, 104(6), págs. 1.105–1.134.

Rosanoff, Martin André (1932), «Edison in His Laboratory», *Harper's Weekly Magazine*, septiembre.

Apéndice

La probabilidad de ser empresario no puede aumentar con las cualificaciones adicionales

Aquí demostramos que la probabilidad de ser empresario no puede ser más alta si el sector necesita un número mayor de cualificaciones, manteniéndose todo lo demás constante. Nos basamos en el supuesto de que las cualificaciones adicionales están distribuidas independientemente de x_1 y x_2 entre los individuos. Comencemos con un sector y dos cualificaciones. La densidad conjunta de estas cualificaciones de los diferentes individuos es $g(x_1, x_2)$. Ahora añadimos una tercera cualificación, x_3, y suponemos que la densidad conjunta de las tres cualificaciones es $k(x_1, x_2, x_3)$. Si x_3 es independiente de x_1 y x_2, con la densidad marginal $m(x_3)$,

$$k(x_1, x_2, x_3) = \int m(x_3) \left\{ \iint g(x_1, x_2)\ dx_2\ dx_1 \right\} dx_3$$

La condición de ser empresario para las dos variables también debe cumplirse en este caso. Para cualesquiera x_3 y λ dados, si $\lambda \times min[x_1, x_2]$ $< max[x_1, x_2]$, el individuo se especializa independientemente de x_3. Hay valores potenciales límite x_3^* y x_1^{**} que también se necesitan para ser empresario. Por tanto, la probabilidad de ser empresario no puede ser superior a

$$\int_{x_3^*}^{x_3^{**}} m(x_3) \left\{ \int_0^\infty \int_{\frac{x_1}{\lambda}}^{\lambda x_1} g(x_1, x_2)\ dx_2\ dx_1 \right\} dx_3,$$

que puede expresarse de la manera siguiente:

$$\{M(x_3^{**}) - M(x_3^*)\} \int_0^\infty \int_{\frac{x_1}{\lambda}}^{\lambda x_1} g(x_1, x_2)\ dx_2\ dx_1.$$

El primer término es menor que uno, por lo que la probabilidad no puede ser mayor que la probabilidad de ser empresario con sólo dos cualificaciones. Hemos hecho la demostración para pasar de dos cualificaciones a tres. La demostración es por inducción la misma con cualquier número de cualificaciones adicionales que sean independientes de las demás.

Inversión en capital humano óptima para un empresario

Sea x_i^0 el número inicial de cualificaciones y x_i el nivel final de cada cualificación i. El coste de invertir en cualificaciones hasta x_i comenzando con la dotación x_i^0 es $C(x_1, x_2)$, con las derivadas parciales $C_1 > 0$, $C_2 > 0$, $C_{ii} > 0$. Suponemos que C es simétrico con respecto a x_1 y x_2, por lo que ninguna de las dos cualificaciones tiene una ventaja de costes.

Sea x_1 la cualificación de la que está más dotado el individuo. Una persona que planea especializarse en su carrera como asalariada no invertiría nada en ninguna de las dos o solamente en x_1. ¿Debe invertir en x_1, en x_2 o en ambas una persona que planee ser empresaria?

Dada la restricción de que x_2 comienza siendo inferior a x_1, no tiene sentido invertir en x_1 a menos que x_2 alcance como mínimo el nivel de x_1. Si hay una solución interior para x_2, satisface:

$$\lambda - C_2(x_1, x_2) = 0$$

Hay tres posibilidades. Si $C_2(x_1^0, x_2^0) > \lambda$, no compensa invertir en x_2 (o invertir en general). Si $C_2(x_1^0, x_2^0) < \lambda$, pero $C_2(x_1^0, x_1^0) > \lambda$, la estrategia óptima es invertir en x_2, pero no hasta el nivel de x_1, por lo que no se invertirá en x_1. Si $C_2(x_1^0, x_1^0) < \lambda$, al individuo le compensa superar x_1^0 en los últimos niveles tanto de x_1 como de x_2. El óptimo debe tener $x_1 = x_2 > x_1^0$.

15 La relación de empleo

Un contrato verbal no vale ni el papel en el que está escrito.

—atribuido a Samuel Goldwyn

Introducción

Los empleados y las empresas a menudo desarrollan unas relaciones a largo plazo en las que influyen enormemente algunas características propias del comportamiento, como la psicología y la motivación. Eso significa que las relaciones entre empleados y empresas son más complejas que la mayoría de las transacciones económicas. La cooperación y los conflictos son elementos habituales. Por tanto, no basta con un mero análisis microeconómico intuitivo para comprender la economía de los recursos humanos en la práctica. En cada capítulo hemos añadido más conceptos y más complejidad a las ideas básicas con las que comenzamos. En éste reunimos todas estas ideas para analizar la relación entre el empleado y la empresa.

El empleo como una transacción económica

La competencia perfecta
El estudio de la economía normalmente comienza con los mercados perfectamente competitivos. En esos mercados, hay un enorme número tan-

to de compradores como de vendedores y un único *precio de equilibrio del mercado* que iguala la oferta y la demanda. Como sólo hay un precio de mercado, no hay lugar para la negociación. En este entorno, los únicos términos relevantes en cualquier transacción son el precio y la cantidad. Las características de los productos tampoco son relevantes, ya que en un mercado perfectamente competitivo los productores venden bienes que son perfectos sustitutivos (o al menos sustitutivos muy cercanos). Por último, esos mercados son anónimos: los oferentes no tienen por qué saber quién compra sus productos y los compradores no tienen por qué saber quién produce lo que consumen.

Los mercados perfectamente competitivos a menudo se denominan *mercados al contado*. Un mercado al contado es un mercado en el que los bienes, los servicios y los activos financieros se negocian para su entrega inmediata. Este modelo de los mercados reales es obviamente un modelo idealizado, pero como punto de partida ayuda a comprender en buena medida cómo funcionan los mercados. Pone de relieve la importancia de los factores determinantes de la oferta y de la demanda, de la competencia y del papel crucial que desempeñan los precios en la asignación de los recursos.

Además, es una descripción relativamente satisfactoria de algunos mercados reales. Por ejemplo, los mercados de acciones, contratos de futuros u opciones que cotizan en bolsa son muy parecidos a este modelo idealizado. Este modelo también suele describir perfectamente los mercados de materias primas. Pero, en realidad, muchos sectores distan de ser perfectamente competitivos, por lo que las transacciones tienen diferentes características y son más complejas. Existen especialidades enteras en el campo de la administración de empresas, como la estrategia, cuyo objetivo es analizar esos mercados. No obstante, incluso los mercados que distan de ser perfectamente competitivos pueden analizarse estudiando este caso de referencia, ya que en casi todos los sectores hay una cierta competencia y el análisis de la demanda de los consumidores es parecido incluso en mercados monopolísticos.

La lógica es la misma en el caso de los mercados de trabajo. El modelo del mercado al contado describe perfectamente algunos mercados de trabajo. Por ejemplo, el mercado de jornaleros de la construcción es un mercado al contado: se contrata a un trabajador durante un solo día para que realice un determinado número de horas de trabajo a cambio de un salario por hora. Al día siguiente, el trabajo puede realizarlo otro grupo de trabajadores y los primeros puede que estén trabajando en otra empresa de la construcción. El mercado de empleados de los restaurantes de comida rápida también es más o menos parecido a un mercado al contado. En este caso, la mayoría de los trabajadores tienen parecidas cualificaciones y experiencia, por lo que hay una abundante oferta de sustitutivos cercanos. La mayoría de los trabajadores se parecen en lo que se refiere a salarios, beneficios sociales y condiciones de trabajo, por lo que también hay una abundante oferta de empresarios que tienen parecidas características.

A diferencia de lo que ocurre con estos ejemplos, el simple mercado al contado difícilmente sirve para describir otros mercados de trabajo. Las transacciones que ocurren en el mercado de trabajo –la relación de empleo– constituyen uno de los tipos más complejos de transacciones económicas en las economías modernas. A lo largo de este libro hemos ido introduciendo y examinado esta complejidad. Ahora profundizaremos algo más para intentar comprender los distintos niveles de complejidad de los contratos de trabajo que hemos estado discutiendo a lo largo del libro.

La competencia imperfecta

La competencia imperfecta es la que mejor describe muchos mercados de trabajo, ya que los trabajadores no son sustitutivos perfectos y tampoco lo son los puestos de trabajo que ofrecen las empresas. Las aptitudes para producir, el tipo de trabajo y el sector en el que más rinden, etc. varían de unas personas a otras, sobre todo en el caso de las personas que poseen muchas aptitudes, capital humano o experiencia laboral. Cada empresario y cada puesto de trabajo en una empresa tienden a ser algo distintos. Eso significa que tanto las empresas como los trabajadores tienen un conjunto de opciones entre las que elegir a la hora de decidir a quién van a contratar y para quién van a trabajar.

Este conjunto de opciones tiene unas consecuencias importantes sobre la relación de empleo. La información imperfecta sobre las opciones posibles obliga tanto a las empresas como a los trabajadores a buscar un buen emparejamiento.

Una vez que lo encuentran, la transacción deja de ser anónima; tanto al trabajador como a la empresa les interesa saber con quién trabajan. Por ejemplo, si un trabajador pierde el empleo y tiene que volver al mercado de trabajo, es probable que si elige aleatoriamente otro empleo, éste sea peor que el que encontró en su búsqueda anterior. Es probable que incurra como mínimo en algunos costes de búsqueda adicionales para reemplazar este trabajo. Lo mismo le ocurre a la empresa cuando sustituye a un empleado.

Estos costes de búsqueda o *costes de cambiar* dan un incentivo tanto al empleado como al empresario para continuar trabajando juntos. Han establecido entre ellos una *relación* rudimentaria que puede durar múltiples periodos. En este nivel más sencillo, la transacción económica ya es diferente de la transacción que se realiza en un mercado al contado, puesto que implica un cierto grado de continuidad. Hemos utilizado la metáfora del matrimonio para ilustrar esta idea.

La transacción también es diferente en otro aspecto: el precio. Como los empleados y los puestos de trabajo son sustitutivos imperfectos, no hay un único precio de mercado al que se realicen las transacciones entre el empleado y la empresa, sino toda una variedad de remuneraciones y beneficios sociales para trabajadores y puestos de trabajo similares. El que la información sobre estas opciones sea imperfecta refuerza este punto. Por ejemplo, ningún trabajador sabe exactamente qué otros puestos de trabajo podría encontrar y cuánto ganaría si aceptara uno de ellos.

Eso añade otro elemento a la transacción: la negociación. El emparejamiento del trabajador y la empresa genera un excedente global. Este excedente global es la diferencia entre el valor añadido que obtiene la empresa (la productividad) y el valor que obtiene el trabajador (su precio de reserva). La competencia imperfecta y la información incompleta implican que estos valores no son iguales en la mayoría de puestos de trabajo. Dado que la productividad es mayor que el precio de reserva del trabajador, el precio efectivo –los salarios, los beneficios sociales y otras características del empleo acordados por el trabajador y la empresa– acabará encontrándose entre estos dos valores, dependiendo de cómo se desarrolle la negociación entre el trabajador y la empresa. En los capítulos 3 y 4 y 9 y 12 analizamos algunas consecuencias de este hecho.

Este proceso de negociación se caracteriza por un *comportamiento estratégico* tanto del empresario como del empleado. Puede que no intercambien toda la información que poseen y es posible que incluso traten de distorsionarla. Uno de los tipos de distorsión habitual es el de sobreestimar el valor de sus alternativas para conseguir un acuerdo mejor. Como hemos señalado antes, la competencia imperfecta hace que existan diferencias fundamentales entre el mercado al contado y un mercado de trabajo habitual. En lugar de tener un solo periodo, un solo precio, unas transacciones anónimas, tenemos múltiples periodos, diferentes precios, transacciones únicas. Se establecen unas relaciones y es necesario negociar. Ambas partes tienen un incentivo para trabajar juntas una vez que concluye el proceso de búsqueda. Sin embargo, también tienen un incentivo para actuar estratégicamente en contra de la otra, ya que el precio al que realizan la transacción se decide en la negociación.

Contratos complejos
Selección e inversiones en capital humano
En los capítulos 1 a 4 analizamos las contrataciones de riesgo, la selección por medio de un periodo de prueba y la autoselección, la seguridad del empleo y la rotación. Consideremos, en particular, las consecuencias de nuestro modelo del periodo de prueba: este modelo introduce algunas dimensiones interesantes en la relación de empleo.

En lugar de una sencilla oferta de empleo que consiste en un compromiso sobre el salario y una duración breve, digamos de un periodo, como ocurre en un mercado al contado, tenemos un modelo más complejo ampliado en tres aspectos distintos. En primer lugar, la empresa hace una oferta formal para diversos periodos en lugar de repetir una serie de transacciones de un solo periodo.

En segundo lugar, la oferta de empleo implica una remuneración basada en el rendimiento. Establece una evaluación del rendimiento para determinar si el empleado pasa satisfactoriamente el periodo de prueba o no. Incluye un premio o un castigo que depende del rendimiento durante el periodo de prueba (por ejemplo, convertirse en socio o ser despedido). La remuneración basada en el rendimiento está pensada para mejorar la autoselección en la contratación más que para aumentar la motivación.

Por último, en el modelo del periodo de prueba la empresa hace una *promesa* al candidato al empleo. Le promete evaluarlo de un modo que está correlacionado razonablemente con su rendimiento. También le promete pagarle un salario mayor que su productividad según el valor de mercado después del periodo de prueba. Para que las promesas sean un elemento viable de las transacciones económicas, una de las partes o las dos tienen que tener cierta confianza en la otra. Más adelante en este capítulo analizaremos el papel económico de la confianza.

Una vez que analizamos la autoselección, añadimos una nueva idea a la relación de empleo: la inversión en capital humano. Si hay formación en el trabajo, la oferta de empleo de la empresa incluye esas oportunidades de formación. Si esa formación es capital humano general, la empresa vende de hecho la formación al empleado. Si es propia de la empresa, vimos que el trabajador y la empresa probablemente se repartan los costes y los rendimientos de la inversión. Este reparto de la inversión no hace sino reforzar los lazos a largo plazo entre el trabajador y la empresa. Se reparten los costes y los beneficios y cuanto más tiempo permanezcan juntos, más probable será que hayan invertido conjuntamente en aumentar la productividad.

Por último, en el caso de las inversiones en capital humano propio de la empresa surge de nuevo la cuestión del compromiso. Ambas partes pueden prometerse implícitamente que tratarán de no renegociar agresivamente o de comportarse de manera oportunista.

¿QUÉ VALORAN LOS EMPLEADOS DE UN TRABAJO?

Una oferta de trabajo tiene muchas dimensiones que los trabajadores valoran de diversas maneras. Aceptando una oferta de trabajo que tiene un determinado conjunto de características, los trabajadores compran implícitamente aquellas características a las que conceden mucho valor y exigen una compensación por aquellas a las que no les conceden ninguno. Por ejemplo, si se trata de un trabajo especializado y el trabajador preferiría realizar más tareas distintas, tendrá que ser compensado con una remuneración más alta en el trabajo especializado.

En un estudio reciente se ha utilizado esta idea para estimar el valor que dan los trabajadores a algunos atributos del trabajo, basándose en datos de una encuesta sobre el salario y otras características de una gran muestra de puestos de trabajos. Se pidió a los trabajadores que dieran una puntuación al grado de confianza que tenían en su jefe, a la realización de múltiples tareas o al nivel de especialización, etc. Se llegó a la conclusión de que el trabajador representativo valora estas características del empleo en el siguiente orden, de mayor a menor:

1. Tener confianza en el jefe
2. Realizar una variedad de tareas
3. Realizar un trabajo muy cualificado
4. Tener suficiente tiempo para acabar el trabajo
5. Ganar más

Se estimó que la primera característica, tener confianza en el jefe, influía considerablemente en la remuneración. Eso induce a pensar que los trabajadores tienen aversión al riesgo y exigen una prima de riesgo considerable si no confían en su superior. La segunda y la tercera son la variedad de tareas y de cualificaciones, que analizamos en el capítulo 7. Estas características indican que la motivación intrínseca es un elemento importante de la oferta de empleo desde el punto de vista del empleado. El cuarto factor parece que está relacionado con el estrés en el trabajo. Merece la pena señalar que el nivel de remuneración es el factor menos importante de todos los estudiados. A los empleados les interesan realmente mucho más otras características del empleo, a corto y largo plazo, tangibles e intangibles. En otras palabras, si una empresa pudiera mejorar la confianza de su plantilla, el diseño de los puestos de trabajo u otros factores, debería poder reducir significativamente sus costes salariales.

Fuente: Helliwell y Huang (2005).

El diseño de los puestos de trabajo

En la segunda parte del libro analizamos otro elemento importante de la relación entre el trabajador y la empresa: el diseño de los puestos de trabajo. Un puesto de trabajo es algo más que las horas de trabajo, el salario y los beneficios sociales. Las tareas que el empleado debe realizar y el poder de decisión que tiene en su trabajo o el grado en que se encuentra supervisado, son elementos importantes de dicha relación.

Un elemento a tener en cuenta es que el diseño de los puestos debe variar dependiendo del grado de cooperación que exija. Si la empresa adopta un enfoque de mejora continuada más descentralizado, esperará que el trabajador se esfuerce en aprender métodos nuevos y en intercambiar sus ideas con la empresa y con los compañeros de trabajo. El trabajador puede compartir esas ideas libremente o puede actuar estratégicamente y guardárselas para sí para ser más productivo que sus compañeros de trabajo o porque teme que si la productividad mejora demasiado, haya despidos. Es más probable que el trabajador comparta sus nuevas ideas si sus compañeros de trabajo y la empresa también cooperan y si la empresa ofrece un cierto grado de seguridad de empleo.

Otro elemento de la relación de empleo que hemos analizado en el libro es la motivación. Hemos señalado que los empleados poseen una motivación intrínseca en el trabajo (especialmente para aprender) y que ésta varía dependiendo del diseño de los puestos de trabajo. El grado en que los empleados valoren los trabajos que son más o menos intrínsecamente motivadores, tengan mayor o menor control y realicen menos o más tareas, afectará al salario que deban percibir (como se ha observado en el estudio antes citado).

Remuneración basada en el rendimiento

Hemos visto que en los sistemas de empleo en los que hay un periodo de prueba, la remuneración se basa en el rendimiento. El papel principal de la remuneración basada en el rendimiento no es, desde luego, cribar a los empleados sino dar una motivación extrínseca y reequilibrar la motivación intrínseca. Una parte importante de casi todas las relaciones de empleo es el acuerdo sobre el modo en que se evaluará el rendimiento y se ligará a los premios o castigos.

La remuneración basada en el rendimiento es necesaria para que los intereses de la empresa coincidan con los de sus empleados, que pueden sucumbir a la tentación de utilizar estratégicamente sus conocimientos propios, sus cualificaciones y su esfuerzo para perseguir sus propios intereses. En otras palabras, la remuneración basada en el rendimiento es uno de los instrumentos importantes con los que una empresa puede mejorar la cooperación con un empleado. Además, dada la importancia que tienen las evaluaciones subjetivas del rendimiento en muchos sistemas de incentivos, la mejora de la confianza entre la empresa y el empleado puede desempeñar también un papel valioso en este caso.

RESUMEN

La relación entre un trabajador y una empresa acostumbra a ser bastante compleja. El hecho de que los tipos de trabajadores o de puestos de trabajo sean sustitutivos imperfectos exige que se logre un buen encaje. Eso tiende a convertir la transacción en una relación repetida que requiere una negociación previa. El deseo de atenuar el problema de la selección adversa en la selección de personal puede llevar a hacer ofertas de empleo para múltiples periodos que incluyan una evaluación basada en el rendimiento y premios contingentes. La inversión en cualificaciones, especialmente en cualificaciones propias de la empresa, refuerza estas tendencias.

El diseño de los puestos de trabajo añade nuevos elementos, ya que la empresa los diseñará para utilizar de un modo óptimo la capacidad para aprender en el trabajo y los conocimientos que se poseen en la realización de las tareas. La empresa a menudo desea que el trabajador coopere de varias formas, entre las que se encuentran el trabajo en equipo, la coordinación con otras partes de la organización y el intercambio de conocimientos. Además, el diseño de los puestos puede influir considerablemente en la motivación del trabajador.

La remuneración basada en el rendimiento aumenta más aún la importancia de la evaluación del rendimiento y de las recompensas. Pueden utilizarse para reforzar todos los objetivos de personal de la empresa, entre los que se encuentran la selección, la inversión en cualificaciones, la mejora continuada, la eficiencia y la motivación. También se diseñan incentivos para mejorar la cooperación entre el trabajador y la empresa.

Uno de los temas que hemos visto es el conflicto entre la tentación del trabajador o de la empresa de actuar estratégicamente y cooperar. En el siguiente apartado, ilustramos este conflicto en el caso de una *delegación de poder* en los trabajadores, término que utilizamos en este contexto para referirnos a la participación de los trabajadores en las decisiones de la empresa.

COMUNICACIÓN ENTRE LA DIRECCIÓN DE LA EMPRESA Y LOS TRABAJADORES

Comunicación de la dirección de la empresa con los trabajadores

Una de las innovaciones más recientes es la gestión de libro abierto (*open book management*), en la que los trabajadores reciben información detallada sobre el estado financiero de la empresa. Para eso a menudo es necesario que los trabajadores reciban conocimientos contables, y de otros tipos, que generalmente no tienen que ver con su trabajo. Está claro que esta formación tiene costes, pero algunos sostienen que son menores que los beneficios. Los costes son de varios tipos. En primer lugar, se necesita tiempo para dar la información a los trabajadores y enseñarles a entenderla. En segundo lugar, darles esa información puede ser contraproducente. Los trabajadores que tienen toda la información sobre la empresa pueden actuar de manera oportunista y apropiarse de una parte mayor de sus beneficios. Éste es el temor que suelen manifestar los directivos cuando se propone que se revele el estado financiero de la empresa.

La principal ventaja de la gestión de libro abierto (o de una versión más descafeinada) es que los trabajadores pueden rebajar sus expectativas y contribuir así a la viabilidad de la empresa. En Europa, donde es frecuente que haya comités de empresa, los directivos a veces declaran que la delegación de poder en los trabajadores a través de sus comités de empresa es muy útil, sobre todo cuando hay que transmitir malas noticias. Veamos un ejemplo que viene al caso.

A los trabajadores generalmente les gusta ganar más, pero reconocen que cuando la empresa se encuentra en una situación desesperada, tienen que ganar menos. El problema es que la dirección, sabiendo que los trabajadores aceptarán unos salarios más bajos en una situación de emergencia, tiene un incentivo claro para proclamar que viene el lobo. Aunque la empresa diga a veces que marcha bien, tenderá a exagerar tanto el número de ocasiones en que marcha mal como la gravedad de la situación. Si los trabajadores sólo tienen información procedente de la dirección, tienen que elegir entre no tener en cuenta las declaraciones de la dirección (al menos algunas veces) o admitirlas, aceptando la reducción de salarios que exigen las malas noticias.

Supongamos que cada trabajador tiene una oportunidad alternativa en la que puede ganar 900 euros a la semana. En las épocas buenas, el trabajador proporciona un valor de 1.800 euros a la semana a la empresa en la que trabaja actualmente. En las épocas malas, proporciona un valor de 1.000 euros a la semana. Dado que incluso 1.000 euros son más que la alternativa de 900, el trabajador prefiere quedarse en la empresa que irse a otra. Es decir, siempre hay un salario –por ejemplo, 950 euros en las épocas malas– con el que es mejor tanto para la empresa como para el trabajador que éste se quede y no se vaya. Dado que 950 euros es menor que el valor del trabajador, éste reporta beneficios a la empresa. Además, como 950 euros son más que los 900 que puede percibir el trabajador en otra empresa, éste hará mejor quedándose. Ahí radica el problema. Como la empresa sabe que el trabajador está dispuesto a aceptar 900 euros, la dirección tiene un incentivo para no decirle cuál es la verdadera situación. En lugar de admitir que es buena época, puede intentar convencer a sus trabajadores de que son malos tiempos. Si los trabajadores se lo creen, saben que la empresa no puede pagarles más de 1.000 euros sin sufrir pérdidas. Por tanto, el salario máximo que esperan conseguir en esas circunstancias es de 1.000 euros. Naturalmente, si la dirección siempre dijera que la empresa está atravesando una mala época, perdería credibilidad. Por tanto, tiene que alternar sus declaraciones, pero aún así con tendencia a afirmar que las cosas van peor de lo que van y los trabajadores lo saben.

¿Qué hacen los trabajadores? A falta de más información, pueden creer a la dirección de la empresa y aceptar unos salarios más bajos o pueden suponer que la dirección está mintiendo e insistir en percibir unos salarios más altos. Los trabajadores pueden cometer, como siempre, dos tipos de error. Si aceptan la declaración de la dirección, siempre conservarán su empleo, pero cometerán el error de aceptar un salario bajo incluso en las épocas buenas. Si suponen que la dirección les miente e insisten en percibir unos salarios altos, percibirán unos salarios altos en las épocas buenas, pero perderán el empleo en las épocas malas. Como sólo son malas algunas de las épocas que la empresa dice que lo son, los trabajadores salen ganando con esta estrategia durante las épocas que la empresa dice falsamente que son épocas malas, pero salen perdiendo con esta estrategia durante las épocas que la empresa dice sinceramente que son épocas malas. Durante las épocas que son realmente malas, los trabajadores pierden el empleo insistiendo en percibir unos salarios que la empresa no puede pagarles. En ese caso, se ven obligados a recurrir a su oportunidad alternativa de 900 euros, que son menos que los 1.000 que la empresa estaría dispuesta a ofrecer.

Cada vez que la dirección anuncia que son malos tiempos, los trabajadores deben valorar la probabilidad de que el anuncio sea cierto. Ésta depende de la situación en la que se encuentre el sector. Si los trabajadores están acostumbrados a que la situación sea predominantemente buena, pueden hacer caso omiso de cualquier anuncio de que son malos tiempos y suponer que la empresa está simplemente tratando de negociar un acuerdo que la favorezca. En el presente ejemplo, supongamos que la empresa y el trabajador dividen el excedente estimado. Eso significa que si los trabajadores se creen las declaraciones de la empresa, percibirán 950 euros en salarios en las épocas que la empresa declara que son malas. Si deciden adoptar una postura dura porque suponen que la empresa miente, percibirán $1/2(1.800 \text{ euros} + 900 \text{ euros}) = 1.350$ euros cuando la empresa miente, pero perderán el empleo cuando la empresa dice la verdad. Si es probable que la empresa mienta, bien porque la dirección está integrada por mentirosos patológicos, bien porque la situación del sector sea buena casi siempre, los trabajadores decidirán adoptar una postura dura. A veces conseguirán un salario alto, pero de vez en cuando perderán el empleo.

La empresa siempre preferiría que los trabajadores adoptaran la postura más blanda. En ese caso, nunca habría despidos y la empresa obtendría los beneficios de pagar unos salarios más bajos en los periodos en los que declara, sinceramente o no, que tiene dificultades. Es por este motivo por el que la empresa puede tener interés en dar información a los trabajadores. Dándoles suficiente información para que puedan averiguar por sí mismos que la empresa atraviesa una época realmente mala, es posible ablandar su postura y evitar despidos injustificados. El inconveniente está en que si se da a los trabajadores toda la información, eso refuerza su determinación en los periodos en los que las cosas le van bien a la empresa. Ésta es la disyuntiva a la que se enfrenta la empresa. Si los trabajadores adoptan una postura dura con demasiada frecuencia, la empresa puede llegar a la conclusión de que los beneficios de dar información son mayores que los costes que soporta durante las épocas buenas. El cálculo es sencillo y se detalla en el apéndice. Aquí resumimos sus elementos básicos.

A la empresa le beneficia dar información a los trabajadores cuando y sólo cuando, si no se la da, éstos deciden adoptar una postura dura. Si los trabajadores adoptan una postura blanda, la empresa no obtiene ningún beneficio revelando información a los trabajadores. Ésta lo único que hará será endurecer su postura en las épocas buenas. La cuestión se reduce, pues, a averiguar cuándo adoptarían los trabajadores una postura dura en ausencia de información. A las empresas les beneficia dar información a los trabajadores cuando se cumplen las siguientes condiciones:

1. *Existe una gran diferencia entre el salario pagado en las épocas buenas y el salario pagado en las épocas malas.* Cuando la diferencia salarial es grande, los trabajadores se resisten a aceptar las declaraciones de la empresa de que la época es mala. En ese caso, sufren grandes recortes salariales, lo cual los afectará muy negativamente. Si tienen mucho que ganar adoptando una postura dura, se inclinarán más por ser agresivos, por lo que a la empresa le conviene dar información precisa a los trabajadores para disuadirlos de exigir demasiado en épocas malas.

2. *Existe una pequeña diferencia entre el salario pagado por la empresa en épocas malas y el salario de un empleo alternativo.* Si los trabajadores tienen buenas alternativas, no pierden mucho si son despedidos en las épocas malas. Cuando los trabajadores adoptan una postura dura en las negociaciones, son despedidos cuando los tiempos son realmente malos y los trabajadores juzgan mal la veracidad de las afirmaciones de la empresa, pero el despido es menos doloroso cuando sus alternativas son buenas. Por tanto, los trabajadores tendrán menos miedo a perder el empleo y serán más agresivos cuando las alternativas sean buenas. Así pues, cuando las alternativas de los trabajadores son buenas, la empresa debe incli-

narse más por dar información precisa a los trabajadores para disuadirlos de exigir demasiado en épocas malas.

3. *Como corolario, dado que los trabajadores jóvenes tienen menos capital propio de la empresa y menos que perder, tienden a ser más agresivos que los trabajadores más mayores.* Es más probable que la gestión de libro abierto sea rentable cuando los trabajadores son jóvenes que cuando son mayores. Las alternativas tienen menos valor para los trabajadores mayores que su salario actual. Por tanto, es menos probable que los trabajadores exijan unos salarios altos cuando son mayores que cuando son más jóvenes. Como la empresa pierde revelando información a los trabajadores que ya están comprometidos a adoptar una postura más blanda, la gestión de libro abierto es menos útil cuando la plantilla es de mayor edad.

De hecho, estas observaciones coinciden con la intuición de la mayoría de los lectores. Son los trabajadores jóvenes, que piensan que tienen poco que perder o que son más propensos a asumir riesgos, los que a menudo lideran la adopción de medidas duras. Los trabajadores mayores, que tienen familia y que piensan que sería difícil encontrar otro trabajo igual de bueno, tienden más a adoptar una postura más pasiva.

Comunicación de los trabajadores con la dirección de la empresa

La delegación de poder en los trabajadores puede tener otra ventaja: éstos pueden estar más predispuestos a dar sus opiniones a la dirección de la empresa. A veces temen darle demasiada información a la dirección sobre sus preferencias por miedo a que ésta la utilice en su contra. Por ejemplo, si la dirección se entera de que a los trabajadores les interesa mucho un determinado beneficio social, la empresa puede ofrecérselo, pero bajar los salarios (o no subirlos) a cambio, sabiendo que los trabajadores valoran tanto ese beneficio social que no se irán a otra empresa. Los trabajadores, temiendo que la empresa se comporte de esta manera estratégica, pueden no darle la información relevante. Pero si se la dieran, ambas partes saldrían ganando. La empresa podría ofrecer el beneficio social que quieren los trabajadores a un precio más bajo que el que éstos están dispuestos a pagar.

Esta observación es fundamental. La empresa quiere obtener información exacta sobre las preferencias de sus trabajadores, no porque le preocupe necesariamente su bienestar sino porque le preocupan sus beneficios y, satisfaciendo las preferencias de los trabajadores, obtiene más beneficios. Ofreciendo a los trabajadores un plan de beneficios sociales más acorde con lo que éstos quieren, la empresa puede reducir los costes retributivos totales y obtener más beneficios.

Para inducir al trabajador a dar información veraz, éste ha de poder incidir sobre la manera en que se utiliza esta información. Ésa es una razón para dar algo de poder a los trabajadores. Cuando éstos saben que la información que suministran a la dirección no puede utilizarse en su contra, es más probable que digan la verdad. Como la verdad puede permitir a la empresa adaptar mejor el entorno de trabajo a los gustos del trabajador, ambas partes suelen salir ganando.

Es el temor a que la dirección se comporte estratégicamente lo que lleva a los trabajadores a no ser sinceros. Por tanto, la delegación de poder en los trabajadores tiene otra ventaja: mejora la comunicación de los trabajadores con la empresa, lo cual aumenta los beneficios. De estas observaciones se desprende el siguiente principio:

> Una empresa que desee que los trabajadores suministren información veraz a la dirección puede tener que otorgarles algunos poderes para que éstos tengan la certeza de que la información revelada no se utilizará en su contra.

En la práctica, esto puede lograrse permitiendo que los trabajadores expresen su opinión sobre las condiciones de trabajo. Cuantas más posibilidades tengan de expresarla, más probable es que declaren sinceramente sus preferencias. Sin embargo, como veremos, cuantas más posibilidades tengan de expresar su opinión, mayor será la parte de la tarta que podrán llevarse.

Una alternativa es no tener en cuenta la información suministrada por los trabajadores. La empresa puede simplemente establecer un supuesto sobre las preferencias de los trabajadores y pagarles en función de ese supuesto. Si hay suficientes empresas que compiten por los servicios de los trabajadores, a largo plazo éstos se irán a una u otra empresa según sus preferencias. En nuestro ejemplo de los beneficios sociales, las empresas que ofrezcan el tipo de beneficios sociales que prefieren ciertos trabajadores, atraerán sobre todo a los que gusten de estos beneficios sociales. Al igual que en el capítulo 13, el mercado cribará a los trabajadores. Pero si se ofrece un tipo de beneficios sociales a empleados que no los valoran, éstos acabarán yéndose. Sustituirlos puede resultar caro, sobre todo cuando poseen capital humano propio de la empresa.

La diferencia entre el tipo de relaciones laborales más propio de Europa y de Estados Unidos ilustra la elección entre estas dos estrategias. Los europeos, especialmente los alemanes, crean comités de empresa, que son órganos elegidos por los trabajadores que representan sus intereses en toda una variedad de cuestiones, principalmente en las que se refieren a las condiciones de trabajo. Dando a los trabajadores un cierto control del modo en que se utiliza la información, éstos pueden ser más francos y puede haber más cooperación entre trabajadores y directivos. El coste es que las empresas tienen menos flexibilidad, ya que deben contar con el consentimiento del comité de empresa para introducir cambios que entren dentro de la jurisdicción del comité de empresa. La cooperación, aunque es beneficiosa, tiene sus costes.

En cambio, las empresas estadounidenses no sindicadas, son más dictatoriales. Tienen flexibilidad porque pueden llevar a cabo sus planes sin tener que contar con la aprobación de un órgano de los trabajadores. Puede haber menos cooperación entre los trabajadores y los directivos, pero también se pierde menos tiempo en discutir cuestiones que afectan poco los beneficios de la empresa.

Delegación de poder y perfiles salariales

Los trabajadores que poseen capital humano propio de la empresa tienden a insistir más en que se les delegue poder. Antes de que los trabajadores decidan invertir en un activo propio de la empresa, es probable que quieran que se les garantice que su inversión se protegerá de las actuaciones arbitrarias de la dirección, en particular del peligro de un despido y de la consiguiente pérdida de su inversión. Por tanto,

> El capital humano propio y la delegación de poder en los trabajadores tienden a ir juntos. Los trabajadores que tienen mucho capital humano propio de la empresa tratarán de tener poder dentro de la organización y las empresas que esperan que los trabajadores inviertan en capital humano propio de la empresa deberán estar dispuestas a dar poder a los trabajadores.

Otro tipo de trabajadores también suelen exigir cierta cuota de poder. Recuérdense los perfiles de incentivos a lo largo del ciclo vital del capítulo 11. Los trabajadores más jóvenes ganaban menos de lo que valían y los trabajadores mayores ganaban más de lo que valían. Los trabajadores mayores habían invertido implícitamente en la empresa y sus inversiones dependían de la buena fe (y la buena suerte) de la empresa. En estas circunstancias, era más probable que los trabajadores exigieran poder dar su opinión sobre cuestiones de organización.

El ingrediente necesario para que un trabajador quiera tener poder en la empresa no es el capital humano propio; es que el trabajador tenga mucho que perder si tiene que cambiar de empleo. Por tanto, los contratos con incentivos crecientes, los convenios que permiten que los trabajadores ganen más de lo que podrían ganar en otra empresa o el capital humano propio son todos ellos ingredientes que inducen a los trabajadores a querer tener más poder. Los datos parecen corroborar esta observación. Los trabajadores en sectores en que los sindicatos son poderosos exigen mucho más poder en las actividades diarias de la empresa, precisamente porque tienen más que perder cuando los obligan a cambiar de empleo. Por tanto,

> Es más probable que los trabajadores exijan poder siempre que su mejor salario alternativo sea (significativamente) más bajo que el que perciben en su empresa.

Eso crea algunas tensiones. Los trabajadores quieren tener poder, pero las empresas tienen menos que ganar dándoselo. En la medida en que los trabajadores estén excesivamente bien remunerados y sus alternativas sean malas, tienen poca capacidad para respaldar sus amenazas con acciones creíbles. La empresa sabe que el trabajador tiene mucho que perder si se va y es menos probable que tema que los trabajadores se comporten agresivamente.

Delegación de poder en los trabajadores y creatividad

En la segunda parte analizamos extensamente una importante ventaja de la delegación de poder en los trabajadores: éstos tienen conocimientos que pueden aumentar la productividad y dar lugar a mejoras. Algunos de esos conocimientos son conocimientos específicos que poseen los trabajadores, pero que son valiosos para las operaciones de la empresa. Si resulta caro comunicarlos a la dirección de la empresa, puede ser necesaria la descentralización y que, de esta manera, sea rentable utilizarlos. Además, los trabajadores pueden aprender nuevas ideas en su trabajo que cabe utilizar para aumentar su productividad y la de sus colegas. En esos casos, es importante que la empresa anime al trabajador a compartir sus ideas con el resto de la organización.

> La delegación de poder en los trabajadores es más valiosa para la empresa cuando éstos poseen conocimientos más especí-

cos que tienen valor en la producción, cuando la empresa apuesta por una mejora continuada de la producción y cuando las nuevas ideas de los trabajadores pueden aplicarse también a otros puestos de trabajo.

La decisión de delegar poder en los trabajadores

En las últimas páginas, hemos explicado brevemente cómo podría aumentarse la productividad dotando de poder a los trabajadores, pero el ejemplo con el que comenzamos pone de manifiesto que la delegación de poder en los trabajadores tiene determinados costes que pueden ser superiores a los beneficios. ¿Cuál es la conclusión y cómo debe analizar la empresa la decisión de dar más poder a los trabajadores? Lo más importante es que, en general, la empresa no debe dar a los trabajadores todo el poder que maximizaría la productividad, ya que la productividad no es lo mismo que los beneficios. Cuando la empresa da poder a los trabajadores, también les permite llevarse una parte mayor de la tarta. Por tanto, el criterio relevante para la empresa no es maximizar el tamaño de la tarta sino maximizar la cantidad (no la proporción) de beneficios que obtiene. En otras palabras, es mejor tener 3/4 de una tarta de 20 centímetros que 1/2 de una tarta de 22 centímetros. El análisis siguiente ilustra estas cuestiones y da algunas orientaciones para saber cuánto poder se debe dar a los trabajadores.

En la figura 15.1(a), la proporción de beneficios de la empresa es función del poder de los trabajadores. Cuando los trabajadores no tienen ningún poder, la proporción de la empresa es 1, lo cual significa que la empresa se queda con el 100 por ciento del valor añadido. Nunca se lle-

Figura 15.1. Delegación de poder en los trabajadores y valor añadido

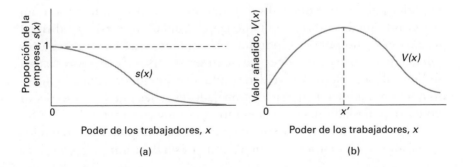

ga a este caso extremo, ya que los trabajadores siempre tienen algunas alternativas, aunque sea consumir ocio, que les dan cierto poder sobre la empresa. Si la empresa se quedara con el 100 por ciento del valor añadido, los trabajadores no percibirían nada. Incluso el trabajador más dócil, más débil, tendría la fuerza de voluntad necesaria para negarse a trabajar en esas circunstancias.

En el otro extremo, los trabajadores tienen tanto poder que la proporción de beneficios de la empresa es cero. La empresa no se queda con ningún beneficio; incluso el rendimiento normal del capital va a parar a los trabajadores. Esta situación tampoco es estable. Nadie invertirá en una empresa cuyo capital se sabe que no rinde nada. Incluso el grupo más poderoso de trabajadores se verá obligado a dar parte de los rendimientos del capital para pagar a los inversores, y no digamos a los directivos.

La cuestión planteada en términos genéricos es que la relación entre el poder de los trabajadores y la proporción de beneficios que se lleva la empresa es inversa. Cuanto más poder poseen los trabajadores, menor es la proporción de la tarta que recibe la empresa.

La figura 15.1(b) muestra la relación entre el valor añadido y el poder de los trabajadores. La relación en forma de U invertida significa que puede haber tanto demasiado poca delegación de poder en los trabajadores como una excesiva delegación de poder en los trabajadores. Cuando los trabajadores no tienen ningún poder, no pueden actuar los tipos de fuerzas que hemos analizado en las últimas páginas. Las empresas no pueden comunicarse con los trabajadores de una manera creíble, los trabajadores temen que se sepa cuáles son sus verdaderos sentimientos y se reprime su creatividad, ya que la empresa no tiene en cuenta sus opiniones, sus deseos y sus sugerencias. En esas condiciones, la moral puede sufrir y la productividad tiende a ser muy baja.

A medida que los trabajadores adquieren algún poder, su productividad aumenta, alcanzando finalmente su máximo en x'. A partir de x', el poder adicional reduce el valor añadido. Los trabajadores son tan poderosos que la empresa no tiene la flexibilidad necesaria. La dirigen los comités y no puede responder a la competencia. Los trabajadores pueden hacer uso de su poder para extraer recursos de la empresa; ésta se viene abajo y pierde capacidad productiva. Finalmente, puede incluso quebrar. La idea de que a los trabajadores se les puede dar excesivo poder o demasiado poco en la empresa es muy controvertida. En última instancia, la dirección tiene que decidir cuánto poder va a dar a los trabajadores. La figura 15.2 ayuda a tomar esta decisión.

Figura 15.2. Delegación de poder en los trabajadores y beneficios

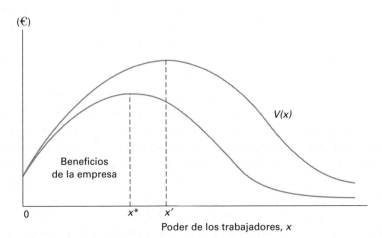

Esta figura combina la información de los dos gráficos anteriores. La curva más alta, llamada $V(x)$, es idéntica a la que muestra la 15.1(b). Es una mera reproducción del diagrama anterior. Obsérvese que alcanza su máximo cuando el poder de los trabajadores se fija en x'. La curva más baja, llamada beneficios de la empresa, es igual al valor total añadido multiplicado por la proporción de la empresa de la figura 15.1(a). Es decir, beneficios de la empresa = $s(x) \times$ (*valor añadido*).

Para comprender esta curva, que es el producto de la curva de la figura 15.1(a) y la curva de la 15.1(b), examinemos los casos extremos. Cuando los trabajadores no tienen ningún poder, todo el valor añadido va a parar a la empresa. Los beneficios de la empresa son iguales al valor añadido, por lo que las curvas se cortan cuando el poder de los trabajadores se encuentra en un mínimo. En el otro extremo, los trabajadores tienen suficiente poder como para que la proporción que va a parar a la empresa sea casi cero. Aunque el valor añadido aún es positivo (si bien bastante bajo), la empresa no se queda con casi nada. Los trabajadores reciben todo el valor añadido, pero es muy bajo, por lo que la cantidad total que se llevan es bastante pequeña.

Al igual que en la figura 15.1(b), el valor añadido se maximiza cuando los trabajadores reciben la cantidad de poder x'. Sin embargo, a la empresa no le interesa maximizar el valor añadido; su objetivo es maximizar sus propios beneficios. Los maximiza cuando los trabajadores tienen la cantidad de poder x^*, no x'. Es fácil mostrar analíticamente que la empresa maximiza sus beneficios dando a los trabajadores menos poder que el que maximizaría el valor añadido de la empresa. Es decir, x^* siempre se encuentra a la izquierda de x'. La explicación intuitiva es la siguiente. Supongamos que la empresa ya ha dado a los trabajadores la cantidad de poder x^*. La delegación de más poder a los trabajadores puede aumentar el valor añadido total, pero la tasa a la que aumenta el valor añadido con el poder adicional es muy baja (cerca de la cima de la curva $V(x)$, $V(x)$ apenas aumenta conforme mayor es el poder de los trabajadores). Al mismo tiempo, como los trabajadores están recibiendo más poder, la proporción de la empresa está disminuyendo. Una vez que se alcanza x^*, el efecto de obtener una proporción menor es mayor que el efecto de obtener una tarta mayor. El efecto de la proporción menor debe ser mayor que el efecto de la tarta mayor antes de que x sea igual a x', ya que a medida que x se aproxima a x', la tarta apenas aumenta. Al mismo tiempo, la proporción de los trabajadores sigue aumentando.

En suma, desde el punto de vista de los accionistas, la empresa debe dar a los trabajadores menos poder que el que maximizaría su valor añadido. El objetivo no es la maximización de la productividad sino la maximización de los beneficios.

En las últimas páginas hemos visto que a la empresa le gustaría ofrecer a los trabajadores menos poder que el que maximizaría el valor añadido. ¿Qué factores afectan a la decisión de la empresa sobre la cantidad de poder que va a dar a los trabajadores? Son dos. En primer lugar, cuando la proporción de la empresa disminuye más deprisa en función del poder de los trabajadores, quiere elegir unos valores de x más bajos, ya que como se muestra en la figura 15.3(a), el menor efecto de la proporción es mayor que el mayor efecto de la tarta en el caso de los valores más bajos del poder de los trabajadores. La curva I es la curva original de la figura 15.1(a). La

Figura 15.3. Delegación de poder en los trabajadores: dos escenarios

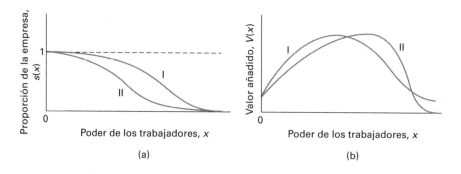

curva II es otra función $s(x)$ posible. Su pendiente es más pronunciada. La cantidad de poder x^* resultante es menor cuando $s(x)$ adopta la forma de la curva II que cuando adopta la forma de la curva I.

En segundo lugar, cuando la función de valor añadido aumenta vertiginosamente incluso en los valores altos de x, por lo que la cima de la función $V(x)$ de la figura 15.1(b) se encuentra más a la derecha, la empresa quiere dar relativamente más poder a los trabajadores, ya que, como se muestra en la figura 15.3(b), el efecto de la tarta mayor es superior al efecto de una proporción menor. La curva I es la curva original de la figura 15.1(b). La curva II es otra función $V(x)$ posible. Aumenta de una manera más pronunciada. La x^* resultante es mayor cuando $V(x)$ toma la forma de la curva II que cuando toma la forma de la curva I.

¿Cuándo es probable que la curva $s(x)$ se parezca más a la II que a la I? He aquí algunas orientaciones. Cuando se da más poder a los trabajadores, es probable que la proporción del capital disminuya más en los casos en los que:

1. Los trabajadores trabajan juntos, por lo que es más fácil que hablen entre ellos, se organicen y aumente su capacidad de coacción.
2. Los trabajadores tienen una relación a más largo plazo con la empresa, por lo que están dispuestos a invertir más en aumentar su participación. Ésta también es la situación en la que más poder quieren tener
3. Los trabajadores tienen acceso a personas de fuera que pueden aumentar su poder y utilizarlo para extraer rentas económicas y aumentar la productividad. La mayoría de las veces esas personas de fuera son sindicatos u organismos públicos que simpatizan con los argumentos de los trabajadores.

Cuando se cumple cualquiera de estas tres condiciones, es probable que si los trabajadores poseen un nivel significativo de poder, los beneficios disminuyan.

También podemos preguntarnos cuándo es probable que la curva $V(x)$ se parezca más a la II que a la I. Si la función $V(x)$ se parece a la curva II, la empresa se beneficia dando más poder a los trabajadores. Las siguientes condiciones hacen que la función $V(x)$ aumente de una manera pronunciada y continúe aumentando incluso cuando los valores de x son altos:

1. Los trabajadores tienen una gran cantidad de información que es relevante para la producción y que no posee la dirección de la

empresa. Es en ese caso cuando es probable que la delegación de poder en los trabajadores aumente más la creatividad.

2. Las preferencias de los trabajadores son idiosincrásicas y la dirección no las conoce. En estas circunstancias, los trabajadores pueden ser reacios a revelar sus deseos a la dirección por temor a que pueda utilizarse estratégicamente la información en su contra. En ese caso, la delegación de poder en los trabajadores puede aumentar la comunicación útil de los trabajadores con la dirección.

A veces los gobiernos intervienen y establecen normas que cambian por decreto la cantidad de poder que tienen los trabajadores. Puede haber motivos de eficiencia para adoptar medidas de este tipo. Como la empresa no dota de suficiente poder a los trabajadores para maximizar el valor añadido, se podría sostener que el Gobierno puede mejorar las cosas ordenando a las empresas que doten de poder a los trabajadores hasta el nivel x'. Aunque este argumento sea sólido, plantea dos problemas en la práctica.

En primer lugar, no existe razón alguna para creer que el Gobierno sabe cuánto poder es compatible con la maximización del valor añadido. Existen las mismas probabilidades de que ordene a las empresas dar un poder superior a x' como de que les ordene dar un poder inferior a x'. Eso es aún más cierto cuando se reconoce que la delegación óptima de poder, incluso desde el punto de vista social, varía de unas empresas a otras, La delegación óptima de poder es diferente en la curva II de la figura 15.3(b) que en la curva I. Legislar tiende a ser un instrumento poco flexible. Es de talla única, lo cual significa que no se adapta bien a cada situación, por lo que como tal puede ser más perjudicial que beneficioso.

En segundo lugar, las leyes no las crean gobernantes benevolentes sino que son el resultado de un proceso político. Éste enfrenta a los trabajadores con los empresarios. La legislación resultante de este proceso refleja naturalmente la lucha de los grupos de intereses. No hay razón alguna para esperar que el resultado de esta lucha coincida con la delegación óptima de poder en los trabajadores. Las leyes sobre la delegación de poder en los trabajadores o, ya puestos, sobre cualquier aspecto de las relaciones industriales se limitan a sustituir lo que sería una política industrial por una política nacional.

Aplicación: campañas de afiliación sindical

El intento de un sindicato de afiliar a un grupo de trabajadores es un excelente ejemplo de la disyuntiva que plantea el análisis de este capítulo. Algunos han afirmado que los sindicatos aumentan la productividad de las empresas por medio de medidas diversas, algunas de las cuales ya se han analizado. Se dice que los sindicatos pueden ser un cauce relativamente eficiente de transmisión de las preferencias de los trabajadores a la dirección de la empresa. Como también pueden reducir la probabilidad de que la dirección utilice la información para aprovecharse de los trabajadores, éstos suelen ser más proclives a comunicarse con la dirección en presencia de un sindicato que en su ausencia. El procedimiento de reclamaciones, que en las empresas sindicadas generalmente está formalizado, permite que los trabajadores impidan que las empresas utilicen la información en su contra. Existe, sin embargo, una disyuntiva. Aunque los sindicatos aumenten realmente la productividad de los trabajadores, no aumentan necesariamente la rentabilidad de las empresas. Como a las empresas les interesan los beneficios totales, no el tamaño de la tarta, pueden llegar a oponerse a un sindicato que aumenta la productividad, pero que también aumente demasiado la proporción de los beneficios que van a parar a los trabajadores.

Las empresas a menudo ven con malos ojos la presencia de los sindicatos. Dados los elevados costes de oponerse a ellos y los posibles beneficios del aumento de la productividad, ¿por qué se oponen tanto las empresas a los sindicatos? Para ver por qué, examinemos el siguiente cálculo.

Una gran empresa que tiene unas ventas de 1.000 millones de euros se enfrenta a una campaña de afiliación sindical. La participación del factor trabajo en la economía gira en torno al 75 por ciento, lo cual significa que el 75 por ciento de todos los ingresos después de impuestos acaba en manos de los trabajadores y el 25 por ciento en manos de los accionistas. Aunque la afiliación sindical de los trabajadores aumenta su poder, lo cual incrementa la productividad, ¿de qué magnitud tiene que ser este efecto para que la empresa esté dispuesta a dar la bienvenida al sindicato?

En la empresa representativa que tiene unas ventas de 1.000 millones de euros, los trabajadores perciben 750 millones. Es de suponer que un sindicato que afilie eficazmente a los trabajadores de la empresa conseguirá que suban los salarios. Generalmente se observa que la diferencia salarial relacionada con la sindicación oscila entre el 10 y el 25 por ciento. Seamos conservadores y utilicemos como estimación de la influencia de la sindicación en los salarios la cifra más baja. Si el sindicato consiguiera afiliar a los trabajadores de la empresa, la masa salarial aumentaría un 10 por ciento y pasaría de 750 millones de euros a 825 millones. Si no cambiara nada más, el rendimiento del capital disminuiría de 250 millones de euros a 175 millones. No es de extrañar que se oponga resistencia a una reducción del rendimiento de 75 millones de euros. Pero recuérdese que no es inconcebible que los sindicatos permitan aumentar la productividad. Para averiguar cuánto tendría que aumentar la productividad para que el capital obtuviera una ganancia neta, obsérvese que la participación del trabajo después de la sindicación es del 82,5 por ciento y la del capital del 17,5. Por tanto, para que la empresa no oponga resistencia al sindicato, debe cumplirse la siguiente condición:

$$0,175 \times \textit{Ingresos netos después de la sindicación} > 0,25 \times$$
$$\textit{Ingresos netos antes de la sindicación.}$$

El primer miembro de la expresión es la participación del capital después de la sindicación, mientras que el segundo es la participación del capital antes de la sindicación. La expresión puede formularse de la siguiente manera:

$$\textit{Ingresos netos después de la sindicación/Ingresos netos antes de la sindicación}$$
$$> 0,25/0,175 = 1,4286.$$

Para que el capital prefiera la sindicación de los empleados, el aumento de la productividad provocado por la sindicación tendría que superar la colosal cifra del 42,86 por ciento. Pocos cambios ocurridos en la historia de la humanidad han aumentado la productividad un 42 por ciento y la sindicación no es uno de ellos.

Por ello, no es de extrañar que la cantidad que estaría dispuesta a pagar una empresa para evitar la sindicación sea enorme. Supongamos que la sindicación aumentara realmente la productividad de la empresa un 10 por ciento, es decir, lo mismo que eleva los salarios. En ese caso, el rendimiento del capital sería 0,175 (1.100 millones de euros), o sea, 192,5 millones. Recuérdese que antes de la sindicación, la participación del capital era de 250 millones. Obsérvese, además, que estas cifras son anuales. La diferencia entre los ingresos que obtiene el capital después de la sindicación y antes de la sindicación es igual a 250 – 192,5 = 57,5 millones de euros al año. Si la empresa esperara sobrevivir otros 10 años, a un tipo de interés (real) del 4 por ciento, el valor actual que tendría para el capital mantener alejado al sindicato sería:

$$\sum_{t=1}^{10} \frac{57,5 \text{ millones de euros}}{1,04^t} = 466 \text{ millones de euros}$$

La empresa estaría dispuesta a renunciar a casi la mitad del valor de las ventas de un año para mantener alejado al sindicato. No es de extrañar que las empresas luchen denodadamente para impedir la sindicación.

Este ejemplo ilustra la observación que hemos realizado anteriormente en este capítulo. Aunque la productividad aumente dando poder a los trabajadores, tiene que aumentar mucho para anular el efecto de la reducción de la participación del capital. En circunstancias normales, es improbable que se cumplan estas condiciones, por lo que a la empresa le interesa dar a los trabajadores menos poder que el que maximizaría la productividad. Asimismo, normalmente saldría ganando si se opusiera a la sindicación, incluso en los casos en los que ésta puede aumentar la productividad.

Es posible, desde luego, que esta visión sea demasiado negativa. Hemos venido subrayando el conflicto que puede plantearse entre la empresa y los trabajadores por el deseo de cada uno de recibir una parte mayor del valor que crea la empresa. El deseo de obtener una parte mayor y el miedo a que la otra parte se comporte estratégicamente pueden provocar una pérdida de valor en comparación con el caso en que la cooperación entre la dirección de la empresa y los trabajadores sea mayor. ¿Qué medida podría tomar una empresa para tratar de reducir este conflicto? Éste es el tema siguiente.

MEJORAR LA COOPERACIÓN

Cuando una de las partes gana a costa de la otra, puede surgir un conflicto entre los trabajadores, los accionistas y la dirección de la empresa. Así sucede con el nivel de remuneración en nuestro análisis del apartado anterior. Si los trabajadores ganan más, *manteniéndose todo lo demás constante*, los accionistas resultan perjudicados, ya que sus costes son más altos. Si esta descripción responde realmente a la situación, sería un *juego de suma cero* (este término procede del campo de la teoría de juegos). Un juego de suma cero es una situación estratégica en la que si un jugador gana, el otro pierde la misma cantidad; el resultado global es constante. En ese caso, no hay incentivos para cooperar.

¿Es realista esta visión? Antes, en este capítulo, hemos hemos señalado un buen número de razones por las que la cooperación beneficia tanto a los empleados como a la empresa. Por ejemplo, si los trabajadores comparten sus ideas, la productividad de la empresa es probable que aumente. En este caso, la empresa puede pagarles más y repartir aún así mayores dividendos entre sus accionistas. Si la empresa cumple sus promesas de evaluar con justicia el rendimiento o de hacer efectiva la remuneración aplazada, puede conseguir atraer mejores trabajadores y dar más incentivos. Una situación estratégica en la que los resultados totales no son constantes se llama *juego de suma no cero*. Hemos visto en este libro que la relación de empleo es un juego de suma no cero. Si los empleados y la empresa cooperan, ambas partes pueden salir ganando. Si no cooperan, ambas partes pueden salir perdiendo.

Desgraciadamente, como hemos visto en el apartado anterior, la cooperación no está garantizada ni siquiera en situaciones que no son de suma cero. Puede existir la tentación de actuar de manera egoísta en lugar de cooperar. Se actuará de manera egoísta si se gana más que cooperando.

En teoría, una organización es más eficaz si logra aumentar la cooperación entre los trabajadores y la empresa. ¿Cómo puede conseguirlo? Para centrar nuestras ideas, examinemos primero el juego clásico del *dilema de los presos* que procede de la teoría de juegos y se describe en la Tabla 15.1. En este juego, dos presos son detenidos por un delito que han cometido juntos. La policía los ha colocado en dos salas de interrogatorio distintas y trata de convencerlos de que se traicionen el uno al otro. Los dos presos tienen dos estrategias: cooperar con su compinche permaneciendo callado o traicionarlo. Las dos filas describen las estrategias del preso *A* y las dos columnas las estrategias del preso *B*.

Las cuatro casillas situadas a la derecha y en la parte inferior de la matriz indican las penas a las que es condenado cada uno de los presos si se elige el correspondiente par de estrategias. Si los dos presos deciden cooperar y permanecer callados, la policía tiene que basarse en pruebas más endebles y cada uno de los presos puede esperar una condena

Tabla 15.1. Dilema de los presos

	B permanece en silencio	*B traiciona a A*
A permanece en silencio	Cada uno es condenado a 6 meses de cárcel	A es condenado a 10 años de cárcel y B es absuelto
A traiciona a B	A es absuelto; B es condenado a 10 años de cárcel	Cada uno es condenado a 5 años de cárcel

de 6 años de cárcel. Si los dos confiesan, pueden esperar una condena de 5 años de cárcel para cada uno. Sin embargo, si uno de ellos traiciona a su compinche y el otro permanece callado, el que permanece callado puede esperar una condena de 10 años de cárcel, mientras que el traidor queda en libertad. Es evidente que el resultado que favorece a los dos presos conjuntamente –el que minimiza las condenas conjuntas– es permanecer ambos callados.

¿Cuál es la estrategia óptima de cada preso? Recuérdese que los presos están en dos salas distintas, por lo que no pueden comunicarse. La estrategia óptima es la misma para los dos (el juego es simétrico): consiste en traicionar al compañero, independientemente de lo que el compañero haga. Suponga, por ejemplo, que usted es el preso *A*. Si cree que el preso *B* permanecerá callado, su condena será menor si traiciona a *B*. Lo mismo ocurre si cree que *B* lo va a traicionar. En el lenguaje de la teoría de juegos, la traición se denomina *estrategia dominante*, que es una estrategia que siempre es óptima, independientemente de la que elija el adversario.

Ninguno de los dos presos prefiere este resultado. Pero ambos tienen un poderoso incentivo para no cooperar. Este análisis es similar al anterior sobre la delegación de poder en los trabajadores. Ambas partes podrían salir ganando si lograran encontrar la manera de cooperar, pero es probable que al querer comportarse estratégicamente alcancen un resultado que es el que menos desean tanto una parte como la otra.

¿Qué se puede hacer para resolver este dilema? En términos generales existen dos posibilidades. Una sería redactar con antelación un contrato que prevea premios o castigos (pagos compensatorios entre los dos presos) dependiendo de que se traicionen o no. Dado que el resultado que más valoran los dos presos es que los dos permanezcan callados, en este juego uno de los jugadores tendría que pagar una multa al otro si lo traicionara.

Desgraciadamente, esos contratos explícitos no son realistas en muchas situaciones por varias razones. En el caso de los dos presos, ¡no se podría ejecutar legalmente ningún contrato en el que se acordara que aportar pruebas a la justicia se penalizaría con una multa! En otros casos, los resultados posibles son demasiado numerosos o impredecibles, por lo que es imposible redactar un contrato formal que prevea todas las contingencias.

Hay otra solución si se repite el juego. Imaginemos que se repite una y otra vez un juego como el de la tabla 15.1. Ahora los presos mantienen una relación, ya que interactúan continuamente. Eso brinda nuevas posibilidades estratégicas. Por ejemplo, un jugador puede decidir permanecer callado uno o dos periodos, aunque no sea óptimo a corto plazo, con la esperanza de animar así a su compañero a permanecer también callado. Si el otro jugador no coopera, puede responder traicionándolo varias veces seguidas. El hecho de que el juego se repita hace posible aplicar un sistema de premios y castigos que abarque múltiples periodos. Esto permite que los jugadores se envíen señales y se pongan a prueba para tratar de averiguar qué tipo de estrategia tienen previsto seguir. Todas estas posibilidades aumentan la probabilidad de que cooperen[1].

Cuando se repite el juego, cada jugador puede tener interés en crearse una reputación tal que pueda cambiar la estrategia del otro jugador. Supongamos, por ejemplo, que nos gustaría que nuestro compinche cooperara. Si cooperamos durante varios periodos seguidos, nuestro compinche puede acabar recibiendo el mensaje de que preferiríamos cooperar. Si comienza entonces a cooperar, le devolveremos el favor cooperando aún más. Sin embargo, si nos pone a prueba traicionándonos, podríamos tomar represalias inmediatamente, traicionándolo una o más veces. La idea es transmitirle el mensaje de que premiaremos la cooperación y castigaremos la traición.

En ese juego de repetición, hay una amplia variedad de estrategias posibles. La más famosa es la más sencilla: el *ojo por ojo*. La estrategia del ojo por ojo puede formularse fácilmente: cooperar en el primer periodo y hacer a partir de entonces lo mismo que hizo el otro jugador en el periodo anterior. Si *B* nos traiciona, debemos traicionar a *B* en el periodo siguiente. Si *B* permanece callado, nosotros también permanecemos callados. Éste es un sencillo sistema de premios y castigos pensado para conseguir que el adversario coopere. De hecho, los expertos en teoría de juegos han observado que esta sencillísima estrategia derrota a la mayoría de las estrategias más complicadas en juegos repetidos del dilema de los presos.

Cualquiera que sea la estrategia que se emplee, la conclusión general es que cuando las interacciones son repetidas, es más probable que las dos partes encuentren la manera de motivarse mutuamente para cooperar más y puedan ganarse una *reputación* que lleve a una interacción más productiva con el otro jugador. Ésta es una de las razones por las que

---

[1] Desde el punto de vista técnico, esta afirmación sólo es cierta si la duración de la relación repetida es infinita o incierta. Está claro que las relaciones de empleo no son infinitas, pero normalmente son de duración incierta.

a menudo es importante que la relación de empleo sea compleja y dure múltiples periodos. Cuanto más establecen la empresa y el empleado una relación por las razones que hemos descrito en el libro, mayores son sus incentivos y su capacidad para encontrar vías para cooperar más en el centro de trabajo y más frecuentes serán las prácticas en el campo de los recursos humanos que fomenten esa cooperación.

Del dilema de los presos al empleo

Volvamos ahora al análisis del capítulo 3, en el que introdujimos la idea de un contrato implícito entre el trabajador y la empresa sobre las inversiones en capital humano propio de la empresa. Una inversión de este tipo es similar al juego del dilema de los presos. Tanto el trabajador como la empresa pueden salir ganando –la productividad neta aumentará– si se realiza la inversión. Ambos pueden acordar repartirse el coste de la inversión y el rendimiento posterior. Sin embargo, también pueden tener la tentación de incumplir más tarde su promesa. Si el riesgo de que se intente una renegociación posterior es suficientemente alto, ninguna de las dos partes estará dispuesta a cooperar. En ese caso, no se realizará ninguna inversión y ambas saldrán perdiendo.

Como señalamos en ese capítulo, en teoría podría redactarse un contrato explícito que describiera el reparto de todos los costes y los beneficios de esta inversión y previera castigos para inducir a cumplirlo. Sin embargo, normalmente no es posible redactar un contrato de ese tipo. Para empezar, la cantidad de formación y su calidad pueden ser difíciles de medir. Lo mismo ocurre con los costes de oportunidad de la formación. No es fácil cuantificar, de manera en que ambas partes estén de acuerdo, el aumento de la productividad del trabajador que puede atribuirse a la formación.

A veces las empresas y los trabajadores sí tratan de redactar un contrato formal que establezca el mayor número de condiciones posibles de la relación. El mejor ejemplo son los convenios colectivos. Por ejemplo, el convenio entre Ford Motor Company y el sindicato estadounidense de trabajadores del automóvil detalla el trato que deben recibir los trabajadores y lo que se espera de ellos en numerosas circunstancias. Este convenio consta de seis libros, que colocados unos encima de otros tienen una altura de más de 26 centímetros. A pesar de la extensión y de los detalles del convenio, éste no prevé todas las contingencias posibles. Algunas partes importantes describen los procedimientos que utilizarán el sindicato y la empresa para resolver las cuestiones que no se hayan descrito explícitamente en el convenio.

No sólo es claramente limitada la capacidad de la mayoría de las empresas y de sus empleados para redactar contratos completos que abarquen todos los aspectos del empleo, sino que incluso el intento de redactarlos puede dañar aún más la relación de empleo. Cuando las dos partes abordan una relación económica tratando de negociar y establecer los términos de cada interacción posible, a menudo cambia el modo en que las partes se relacionan en situaciones que no se han previsto por escrito. En lugar de cooperar, es más probable que adopten tácticas legalistas (suma cero o incluso suma negativa, dadas las costas judiciales) contra la otra parte. Desgraciadamente, no es infrecuente que ocurra, en cuyo caso los trabajadores, los representantes sindicales y la dirección de la empresa tienden a adoptar una postura de confrontación y legalista ante nuevas cuestiones, tratándolas como conflictos potenciales y no como posibles áreas de cooperación.

En cambio, en la mayoría de las empresas un contrato de trabajo es mucho más sencillo que un convenio colectivo. Normalmente, si se pone por escrito, ocupa un párrafo o algo más en los que se describe el título del puesto, el salario y la duración del empleo y poco o nada más. Es posible que las demás condiciones del contrato se establezcan en el manual del empleado de la empresa, pero éste normalmente no es extenso. ¿Qué rige la relación de empleo en esos casos? A menudo es un contrato implícito en lugar de un contrato explícito. El empleado conoce la personalidad de su supervisor y de otros directivos de la organización. Tiene alguna idea de cuál es la historia de la organización basada en actuaciones anteriores o conoce la reputación de la empresa como empleadora. El empleado lo tiene en cuenta cuando decide aceptar una oferta de trabajo o no cambiar de empleo y afecta a la manera como se comporta en el trabajo. Es más probable que el empleado coopere si espera que la empresa también coopere.

La reputación y la relación de empleo

Una manera de reformular los temas de cooperación y de contratos implícitos es preguntarse en qué circunstancias podemos confiar en la otra parte lo suficiente como para estar dispuestos a cooperar con ella. Confiar en el empresario o en el empleado significa apostar a que cooperará, aunque vaya en contra de sus intereses a corto plazo y no se le pueda obligar a cooperar por procedimientos formales. Normalmente estamos más dispuestos a hacer esa apuesta si las probabilidades de que la otra parte coopere son mayores.

Es de esperar, pues, una cooperación mayor entre la empresa y los empleados si cualquiera de las dos partes o ambas tienen fama de ser una «empleador justo» o un «empleado leal», respectivamente. Merece la pena realizar un par de observaciones al respecto.

En primer lugar, nuestro análisis indica que la reputación puede ser un *activo intangible* de gran valor. Es intangible porque casi siempre es difícil o imposible de cuantificar. Es un activo porque en las transacciones económicas relativamente complejas que abarcan varios periodos, la reputación puede mejorar la gestión de la relación y aumentar así los beneficios conjuntos. Aunque aquí centramos nuestra atención en el empleo, esta observación es pertinente en otras muchas circunstancias, como pueden ser proyectos conjuntos de dos empresas, o la relación entre un inversor en capital de riesgo y un empresario.

En el caso del empleo, la reputación de cooperar tiene muchas ventajas. Entre éstas destacamos las siguientes: se realizan mayores inversiones en capital humano propio de la empresa, los empleados comparten más las innovaciones, la motivación intrínseca es mayor y más poderosa, hay más seguridad de mantener el empleo, se realizan mejores evaluaciones del rendimiento y hay mayores incentivos extrínsecos. Una buena reputación puede mejorar la cooperación y el resultado deseado en casi todos los elementos de la relación entre el empleado y la empresa. Eso nos ayuda a comprender las investigaciones antes citadas según las cuales la confianza en la dirección de la empresa era el atributo del empleo que más valoraba el empleado medio.

En segundo lugar, como la reputación puede ser un activo intangible, a veces es posible *invertir en reputación*. Ésta es la cuestión que analizamos a continuación. En tercer lugar, generalmente a un empleado le resulta bastante difícil adquirir en el mercado de trabajo la reputación de ser cooperador. La reputación se basa en gran parte en la historia observable de nuestro comportamiento anterior. Una persona tiene pocas posibilidades de hacerse un historial –sobre todo cuando empieza a trabajar– que pueda ser verificado por las empresas que están considerando la posibilidad de contratarla. Aunque la reputación es valiosa para los empleados, normalmente es más fácil para una empresa adquirir una reputación como empleadora. Por este motivo, vamos a fijarnos en el modo en que una empresa puede adquirir una reputación como empleadora.

Invertir en reputación

Supongamos que nuestra empresa quiere mejorar su capacidad para atraer empleados, formarlos y retenerlos a largo plazo. Llega a la conclusión de que le convendría enfocar el empleo desde una perspectiva de mayor cooperación, tratando a sus empleados casi como socios que realizan inversiones compartidas en capital humano propio de la empresa, o proponen innovaciones en el proceso productivo y en el trabajo en equipo. Si los empleados se comportan de esta forma, la empresa será más rentable y podrá compartir algunos de esos beneficios con ellos, lo cual puede motivar en principio a los empleados para comportarse de esa forma. Desgraciadamente, por las razones antes analizadas, es imposible redactar un contrato formal ejecutable que abarque esas complejas cuestiones de carácter cualitativo. Por tanto, los empleados deben tener cierta confianza en la empresa –confiar en que serán tratados justamente– para que cooperen.

Analicémoslo como un problema de inferencia estadística. Los empleados, y los posibles empleados, deciden cooperar con la empresa si creen que ésta es digna de confianza. Si creen razonable que hay suficientes probabilidades de que puedan confiar en la empresa, cooperarán. En términos estadísticos, cooperarán si estiman que la probabilidad de que la empresa también coopere es suficientemente alta y si su estimación es muy precisa (baja varianza). Éstas son las claves para adquirir una reputación: la empresa tiene que dar suficientes datos, con suficiente coherencia, para que los que evalúan su comportamiento tengan confianza. Este análisis permite extraer inmediatamente algunas conclusiones muy sencillas.

Historia

Las probabilidades de tener una reputación establecida en el mercado de trabajo son mayores en el caso de las empresas que tienen una larga historia que en el de las nuevas. Por ejemplo, UPS tiene más de 100 años. Eso permite que las personas que están considerando la posibilidad de trabajar en UPS tengan una gran cantidad de datos sobre el modo en que la empresa trata a sus empleados. Si UPS trató siempre de la misma forma a sus empleados durante este periodo (como así fue), la mayoría de los solicitantes de empleo predecirán que es bastante probable que UPS continúe tratando a sus empleados de la misma forma en el futuro. En cambio, cuando Federal Express entró en el mismo sector en la década de 1980, carecía de historial como empleador y, por tanto, tenía poca o nula reputación.

Regularidad

Independientemente de lo largo que sea el historial de una empresa, si éste indica un comportamiento errático, se deducirá que su comportamiento futuro es impredecible, por lo que no tendrá una reputación clara. Volviendo a UPS, además de tener una larga historia, la manera en que ha tratado a sus empleados apenas ha cambiado en sus más de 100 años de existencia. Tener una larga historia de comportamiento, con una baja varianza, es la mejor manera de adquirir una reputación. Desgraciadamente, es difícil conseguirlo, sobre todo porque lleva tiempo.

Primeras impresiones

Cuando hay pocos datos para extraer una conclusión fiable, cada nueva información contribuye considerablemente a la formación de unas expectativas. Por tanto, las primeras interacciones a menudo son las más importantes para comenzar a invertir en la reputación deseada. En el contexto del empleo, una empresa puede utilizar esta idea en su propio provecho pensando bien los mensajes que manda acerca de cómo trata tanto a los posibles solicitantes de empleo como a los nuevos contratados. El modo en que se *integra* un nuevo empleado en la organización una vez que es contratado puede ser un importante instrumento para establecer un contrato implícito eficaz con el empleado.

Algunas empresas tienen programas formales de «desembarco» para ese fin, que pueden incluir unas sesiones sobre la historia de la empresa, su cultura y su política. También pueden prever actividades destinadas a ayudar a los empleados a establecer vínculos productivos con su grupo de trabajo. Otras empresas tienen métodos más informales para tratar de lograr los mismos objetivos, por ejemplo mediante programas de mentores, que son sistemas en los que el nuevo contratado trabaja durante un tiempo con otro empleado, etc. Un directivo también puede aprovechar las primeras impresiones en su propio beneficio. Cuando una nueva persona es contratada, el directivo debe utilizar conscientemente las primeras interacciones para tratar de indicar el tipo de relación de trabajo que quiere tener con el empleado. Si no se presta atención a esta cuestión desde el principio, puede ser más difícil dar forma a la relación de trabajo más tarde.

PRIMERAS IMPRESIONES

La primera interacción puede ser una oportunidad importante para establecer una relación de trabajo productiva, ya que hay poca historia en la que basar las expectativas. He aquí dos ejemplos de centro de trabajo, uno sobre la relación de una empresa con sus empleados y el otro sobre la relación de una empresa con sus «clientes».

La Ritz-Carlton Hotel Company

La Ritz-Carlton Hotel Company es una cadena de hoteles de lujo de cinco estrellas. Es famosa por la elevada calidad de su servicio, que la han hecho merecedora de dos premios Malcolm Baldrige. Un factor importante en el servicio ofrecido es la motivación de su personal. El eslogan de Ritz-Carlton dirigido a sus empleados es «Somos Damas y Caballeros al servicio de Damas y Caballeros» (obsérvese que este eslogan es un contrato implícito muy simple: indica a los empleados cómo deben comportarse y qué trato pueden esperar de la empresa). La compañía trata conscientemente de establecer buenas relaciones con los empleados desde el principio. Incluso antes de ser contratados, los solicitantes de empleo son tratados con suma atención y cortesía, exactamente como el hotel quiere que traten a sus huéspedes. Si la empresa acaba por no hacer una oferta de empleo, es muy cortés con las personas a las que rechaza. Si hace una oferta, tiene la política de volver a llamar al empleado 21 días después para asegurarse de que las promesas que le hizo se han cumplido. Los dos primeros días de formación se dedican a enseñar los valores de la empresa y su cultura y a inculcar un profundo sentido del trabajo en equipo. El hotel no enseña al trabajador a realizar sus tareas hasta que termina esta formación.

Las cárceles externalizadas de Sodexo en Gran Bretaña

Sodexo es una empresa francesa que presta diversos servicios externalizados a sus clientes, especialmente servicios de restauración y de gestión de instalaciones. Una pequeña parte de su negocio consiste en la gestión de algunas cárceles de Gran Bretaña. El directivo de Sodexo responsable de estas prisiones estableció una política destinada a mejorar las relaciones de trabajo de la empresa con sus presos. Cuando entra un nuevo preso en la cárcel, se le hacen inmediatamente dos preguntas. La primera es «¿Cómo le gustaría que se le llamara?» El nombre que indique el preso es utilizado por todo el personal de la cárcel durante su estancia. La segunda pregunta es «¿Quiere una taza de té o de café?»

En la mayoría de las cárceles, los nuevos presos no son recibidos con esas preguntas. La dirección de Sodexo dice que el objetivo es tratar respetuosamente a los presos con la esperanza de que correspondan cooperando. Piensa que la primera interacción con el preso es crucial para que haya cooperación o no desde el inicio de la relación. Esta práctica tiene éxito. Las cárceles de Sodexo tienen bajas tasas de problemas con los presos (por ejemplo, motines u otros tipos de violencia), se han citado a menudo como empresa ejemplar y han recibido varios premios por sus prácticas de gestión.

Fuentes: Sucher y McManus (2001); dirección de Sodexo.

Economías de escala

La reputación también depende de cómo sean tratados otros empleados por la empresa. Durante la entrevista de trabajo, los candidatos al empleo normalmente tratan de averiguar qué piensan los empleados de sus condiciones de trabajo y del trato que reciben. Una manera de adquirir mayor reputación es tener relaciones de trabajo con un número mayor de empleados y tratarlos a todos de un modo relativamente parecido. El hecho de que se trate a un gran grupo de empleados de la misma forma puede ser una prueba fehaciente para los que están considerando la posibilidad de trabajar en la empresa. Además, cuanto mayor sea la empresa, más probable es que los candidatos al empleo estén familiarizados con ella.

Por otra parte, si una empresa ha adquirido una determinada reputación y trata a un empleado de una manera totalmente incoherente con esa reputación, eso puede mermar también la credibilidad que tiene ante los demás empleados. Eso proporciona incentivos para tratar a todos los empleados por igual y este efecto es mayor cuantos más empleados tiene la empresa.

Por tanto, la adquisición de la reputación de buen empleador genera algunas economías de escala. Por este motivo, es posible que las grandes empresas presten atención de una manera más explícita y centralizada a las políticas destinadas a tener credibilidad entre sus empleados y a conservarla.

Personalidad

En algunos casos, la personalidad de un directivo puede influir mucho en la reputación de la empresa como empleadora. Obviamente, la personalidad de cualquier directivo influye mucho en sus subordinados directos. Si da confianza a los subordinados, puede tener una extraordinaria influencia en la eficacia de la organización. Claro que también puede ocurrir lo contrario.

En algunos casos, la personalidad del director general o de otro directivo de alto nivel puede influir mucho en la formación de expectativas y en la cultura corporativa. A veces se debe a que el fundador de la empresa tenía una idea muy clara de cómo debía gestionarse la empresa y esa idea creó políticas formales, una cultura informal y una plantilla que perpetuó el estilo del fundador.

Si el líder tiene mucha personalidad y un fuerte estilo de liderazgo, puede inculcar implícita o explícitamente pautas similares de comportamiento en otros directivos de la organización. A veces las firmes creencias de un líder se reflejan también en las políticas formales. Por ejemplo, Jack Welch fue un líder legendario del enorme grupo industrial General Electric (GE). Welch, de sobrenombre «Jack Neutrón», era famoso por su firme creencia en la importancia de reconocer y recompensar el rendimiento del empleado. General Electric desarrolló el TopGrading, uno de los pocos ejemplos de sistema de evaluación del rendimiento basado en una curva que se aplicó con éxito durante muchos años. En este sistema, los supervisores tenían que identificar a los empleados que rendían poco y los empleados que recibían una mala evaluación durante varios años consecutivos debían mejorar o irse de GE. Esta política reflejaba las ideas de Welch sobre la gestión eficaz de los empleados y es una opinión muy extendida que sus firmes creencias y su fuerte personalidad explican por qué estas políticas se utilizaron con tanto éxito mientras estuvo al frente de la empresa.

JACK WELCH Y EL TOPGRADING DE GENERAL ELECTRIC

Éste es un extracto de una carta que envió Jack Welch, en 2000, a los accionistas de GE, en la que describe su opinión sobre el TopGrading, que es el nombre que GE da a su sistema de evaluación del rendimiento basada en una curva.

La gente
«Nuestra tecnología, nuestros grandes negocios, nuestro alcance y nuestros recursos no son suficientes para ser los mejores del mundo, a menos que siempre tengamos la mejor gente, gente que se

exija permanentemente al máximo para ser mejor. Para eso es necesaria una rigurosa disciplina en la evaluación de todos los miembros de la organización y una franqueza absoluta en el trato con ellos.

«En todos los sistemas de evaluación y de remuneración, dividimos a nuestra población en tres categorías: el 20 por ciento superior, el 70 por ciento intermedio que tiene un elevado rendimiento y el 10 por ciento inferior.

«Al 20 por ciento superior hay que quererlo, cuidarlo y recompensarlo espiritual y materialmente, pues es el que hace que se produzca la magia. Perder a una de estas personas debe considerarse una falta de liderazgo, un verdadero fracaso.

«El 20 por ciento superior y el 70 por ciento intermedio no son inamovibles. La gente pasa de uno a otro continuamente. Sin embargo, sabemos por experiencia que el 10 por ciento inferior no tiende a variar. Una empresa que apuesta por su futuro con su gente tiene que eliminar ese 10 por ciento inferior y seguir eliminándolo todos los años, elevando siempre el listón del rendimiento y aumentando la calidad de su liderazgo.

«No eliminar a ese 10 por ciento inferior cuando se encuentra en los inicios de su carrera no sólo es un fracaso de la dirección sino también una falsa amabilidad –una forma de crueldad– ya que llegará inevitablemente un nuevo líder a la empresa y eliminará inmediatamente a ese 10 por ciento inferior, dejándolo tirado –a veces en medio de su carrera– y obligándoles a empezar de nuevo en alguna otra parte. Eliminar a las personas que rinden poco al principio de su carrera es lo mejor para ellas; dejarlas para que sigan una carrera que fracasará inevitablemente no lo es. Los líderes de GE deben entender no sólo que es necesario animar, inspirar y recompensar al 20 por ciento superior sino también asegurarse de que el 70 por ciento que tiene un elevado rendimiento siempre posee el vigor necesario para mejorar y ascender; deben tomar la determinación de cambiar, siempre con humanidad, al 10 por ciento inferior y hacerlo todos los años. Es así como se crean y como prosperan las verdaderas meritocracias».

Fuente: General Electric, 2000.

Aplicaciones: cultura corporativa y políticas centralizadas de recursos humanos

Concluimos este apartado con una breve aplicación de estas ideas al tema de la cultura corporativa y lo relacionamos con la cuestión de la conveniencia de centralizar o descentralizar las políticas de recursos humanos.

La cultura corporativa (o las normas, véase el capítulo 8) es un concepto muy difícil de definir rigurosamente. En este capítulo y en otras partes del libro hemos adoptado un punto de vista que permite que este concepto sea más operativo. Es útil concebir la cultura corporativa como un conjunto de reglas informales por las que se rige la relación de empleo, en otras palabras, como parte del contrato implícito entre el trabajador y la empresa. Concebida de este modo, es posible intentar adaptarla de manera que mejore el funcionamiento de la empresa.

Examinemos a título de ejemplo la cuestión de cómo informan los directivos a sus empleados de su rendimiento y de cómo reciben los empleados esa información. Un problema clásico en muchas empresas es la reticencia de los jefes a dar información negativa. Asimismo, los empleados a menudo responden a esa información negativa a la defensiva o con ira, en lugar de pensar que es una información que puede resultarles útil para mejorar su rendimiento. Desgraciadamente, estos comportamientos minan el propósito de las evaluaciones y pueden empeorar los resultados de la organización.

Algunas organizaciones como la que hemos analizado antes, General Electric, han sido capaces de crear una cultura en la que ese comportamiento no es habitual. Estas empresas tienen normas por las que los empleados deben responder constructivamente y recibir las evaluaciones con ecuanimidad. Las buenas universidades suelen tener normas de este tipo, tanto para juzgar la investigación de los profesores como para evaluar la relación entre profesores y alumnos. En esas organizaciones, existe un contrato implícito por el que todos los participantes deben contribuir de manera adecuada y constructiva a evaluar y a ser evaluados. Además, la norma generalmente establece que toda resistencia será sancionada informalmente.

El hecho de que algunas organizaciones tengan normas productivas sobre el flujo de la información, y otras no, induce a pensar que esas normas pueden crearse o cambiarse. Aunque no sea fácil hacerlo si las normas existentes están muy arraigadas, una parte importante de la labor de un líder es hacer justamente eso: crear y desarrollar una cultura corporativa de manera que las reglas implícitas sobre el funcionamiento de la organización sean lo más eficaces posible. Un buen directivo debe ser consciente del contrato implícito que está creando con su comportamiento. Y también debe considerar conscientemente la reputación que puede adquirir con sus actos.

Por último, examinemos brevemente la cuestión de la centralización de las políticas de recursos humanos. ¿Deben centralizarse o descentralizarse las políticas de recursos humanos? La descentralización de las políticas tiene muchas ventajas. Permite adaptarse mejor a las circunstancias de cada unidad de negocio. Da a los directivos locales un margen de discrecionalidad para gestionar sus actividades. Sin embargo, los departamentos de recursos humanos a menudo imponen una política común a toda la organización, incluso en las grandes organizaciones (un ejemplo son las evaluaciones del rendimiento basadas en una curva que se utilizan en todas las divisiones de General Electric). Los departamentos de recursos humanos son a menudo objeto de crítica por imponer trabas burocráticas al modo en que los directivos supervisan sus unidades. ¿Pero tiene alguna justificación centralizar esas decisiones?

Una posible justificación es la coherencia que imponen a toda la organización. En el ejemplo de GE, el hecho de que se utilicen unas mismas reglas para evaluar el rendimiento significa que los empleados son tratados del mismo modo en toda la organización, cualquiera que sea la región, la división o el supervisor para los que trabajen. Si una empresa desea desarrollar una misma cultura corporativa en toda la organización, es casi una necesidad centralizar algunas políticas de recursos humanos. Es bastante difícil lograr el mismo comportamiento en toda la organización si no se limita de alguna forma el grado de discrecionalidad individual.

En este sentido, la cultura corporativa se parece a la marca de los productos de una empresa. Los productos de una empresa adquieren una reputación entre los clientes en relación con su calidad, sus características, etc. Esta marca puede ser muy valiosa para reducir los costes de comercialización. La marca de un producto es, al igual que la cultura corporativa, un activo intangible. Es difícil mantener una marca en una empresa que fabrique muchos productos si los directivos responsables de cada producto gozan de excesiva autonomía. Por este motivo, generalmente es necesaria una cierta centralización para mantener una gestión coherente de la marca. Por la misma razón, puede ser necesaria una cierta centralización de las políticas de recursos humanos para mantener una cultura corporativa coherente, o para cambiarla.

CAMBIAR EL ALFABETO EN TURQUÍA

En 1928, el presidente turco Ataturk llegó a la conclusión de que el país necesitaba cambiar su alfabeto árabe. La escritura árabe que se empleaba en Turquía en ese momento tenía 482 combinaciones de letras. Aunque de bella lectura, era muy difícil de aprender, por lo que el porcentaje de la población que sabía leer no llegaba al 20 por ciento. El nuevo alfabeto, basado en el alfabeto latino, sólo tendría 29 caracteres.

Para realizar este cambio, Ataturk decretó que se llevara a cabo de golpe, muy deprisa. Por ejemplo, se ordenó que los periódicos empezaran a utilizar el nuevo alfabeto el 1 de noviembre y que terminaran de realizar el cambio el 1 de diciembre o, de lo contrario, serían cerrados. El Gobierno desempeñó un importantísimo papel en imponer este cambio a toda la sociedad.

Este es un ejemplo de un cambio muy centralizado que tuvo mucho éxito. El resultado fue que el porcentaje de la población que sabía leer acabó superando en pocos años el 90 por ciento, lo cual ayudó al país a modernizar su economía.

Fuente: Williams (1929).

RESUMEN

La economía del personal, en la práctica

La relación de empleo es una de las transacciones económicas más complejas que se realizan en la economía. En este libro hemos utilizado instrumentos económicos para comprender mejor esta transacción. En este capítulo, los hemos reunido todos. Nuestro objetivo principal era analizar la dimensión informal, pero muy real y económicamente importante, de la relación de empleo.

La relación de empleo entre el empleado y la empresa, que a menudo abarca varios periodos, tiene muchas dimensiones: las tareas, la toma de decisiones, el aprendizaje y el intercambio de innovaciones, las inversiones en formación, la evaluación del rendimiento y los premios y castigos. Hay muchos campos en los que el empleado y la empresa pueden cooperar. Desgraciadamente, también pueden tener la tentación de actuar estratégicamente, lo cual puede mermar esta cooperación y reducir sus beneficios totales.

Es casi imposible redactar un contrato formal que incluya todos los aspectos de una relación de empleo debido a su complejidad, a que abarca varios periodos y a que es impredecible. Algunos aspectos se rigen por leyes y por la política general de la empresa. Sin embargo, una gran parte de la relación se rige por contratos implícitos, que pueden ser acuerdos tácitos entre el jefe y el empleado o basarse en la reputación de la empresa y en su cultura corporativa. Estos acuerdos sólo funcionan eficazmente si tanto los empleados como la empresa saben cuáles son las reglas implícitas. Además, al menos una de las partes (o ambas) tiene que tener suficiente credibilidad: al menos una de las partes debe confiar lo suficiente en la otra, pues de lo contrario es probable que el contrato implícito resulte ineficaz. En ese caso, la empresa y el empleado no tendrán más remedio que recurrir a un contrato formal detallado, lo cual fomenta el comportamiento estratégico, con la consiguiente pérdida de beneficios.

Este argumento indica que la confianza o la reputación pueden representar un activo intangible de enorme valor económico. Hemos analizado brevemente algunas de las formas en que se puede invertir en reputación y hemos puesto algunos ejemplos de sus consecuencias sobre las políticas de la empresa. Sin embargo, sólo hemos examinado la cuestión superficialmente. Nuestro principal objetivo era que el lector fuera consciente de la importancia de los contratos implícitos en la economía del personal.

Como éste es el último capítulo del libro, nos tomaremos un minuto para dar un paso atrás y recordar al lector algunos temas sobre gestión de personal y diseño de las organizaciones que hemos desarrollado en el libro.

En primer lugar, aunque una empresa no es un mercado, la metáfora del mercado es muy útil para analizar las organizaciones y la economía del personal. Los mercados pueden concebirse como sistemas que utilizan la información para crear valor, en gran medida por medio de la descentralización y de la existencia de fuertes incentivos. Los principios de la descentralización y de los incentivos son esenciales en la economía del personal. Sin embargo, al igual que en los mercados, también desempeña un papel importante la centralización, bien para mejorar la coordinación, bien para resolver externalidades u otros «fallos del mercado». Además, los incentivos son mucho más complejos dentro de una empresa, ya que el rendimiento individual es más difícil de medir cuando no hay un precio de mercado.

En segundo lugar, una empresa puede concebirse como un sistema de información. Las innovaciones que se introducen en los métodos de producción o en el diseño de los puestos de trabajo generan beneficios económicos a largo plazo. Esas innovaciones son el resultado del uso eficaz de los conocimientos en toda la organización. Una fuente importante de innovación es la mejora continuada, que aprovecha los conocimientos que tienen los trabajadores de los niveles inferiores.

En tercer lugar, hemos hecho hincapié en varias ocasiones en la disyuntiva entre creatividad y control. La hemos planteado inicialmente cuando nos preguntamos si una empresa debía contratar a un candidato de riesgo. La cuestión surgió de nuevo cuando analizamos la centralización y la descentralización y la utilización de estructuras relativamente horizontales o jerárquicas. Surgió una vez más cuando discutimos los incentivos, por ejemplo, en nuestro análisis de las evaluaciones subjetivas del rendimiento y de las opciones sobre acciones como incentivo a los empleados. En términos generales, cuanto más se parece una organización a un mercado, más probable es que sea creativa. Sin embargo, la creatividad tiene sus costes. Entre estos costes se encuentran la imprevisibilidad, la incoherencia y la falta de coordinación. Es muy difícil lograr los objetivos de creatividad y control simultáneamente. El diseño organizativo de una empresa debe equilibrarlos y ajustarlos al contexto competitivo y a los problemas de información a los que se enfrenta.

El cuarto tema estrechamente relacionado con los anteriores era que las organizaciones pueden o bien optimizar para una determinada serie de circunstancias o bien pueden diseñarse para tener capacidad de adaptación, pero no las dos cosas al mismo tiempo. Por ejemplo, el taylorismo puede hacer que una organización sea extraordinariamente eficaz en la realización de una cosa de una determinada manera. Sin embargo, si las circunstancias cambian, puede tener dificultades para adaptarse, ya que todas las políticas (la selección de personal, la formación, la toma de decisiones, el diseño de los puestos de trabajo, los incentivos y la cultura) están pensadas para un fin específico.

Una alternativa es diseñar políticas de personal que aumenten la flexibilidad. Eso, aunque se adapte peor a una situación concreta, permite a una empresa adaptarse más deprisa y eficazmente, lo cual es importante en sectores dinámicos. Este objetivo puede lograrse contratando trabajadores más flexibles, enseñándoles un conjunto más amplio de cualificaciones (incluidas las técnicas para resolver problemas), utilizando estructuras más descentralizadas que faciliten la flexibilidad a nivel local y favoreciendo la mejora continuada así como un sistema de incentivos y una cultura que refuercen esas políticas.

En quinto y último lugar, en teoría lo que es bueno para el trabajador es bueno para la empresa. Una empresa funciona mejor cuando puede diseñar la organización y las políticas de personal de manera que tanto los trabajadores como la empresa compartan unos objetivos comunes a largo plazo. Sin embargo, la cooperación nunca está garantizada, ya que siempre existe la tentación de actuar estratégicamente cuando la transacción no puede regirse a pies juntillas por contratos formales. Vimos esta cuestión cuando analizamos las posibilidades de adoptar una actitud oportunista en el caso del capital humano propio de la empresa y, de nuevo en este capítulo, al discutir los temas de comunicación entre los trabajadores y la dirección de la empresa. Naturalmente, esta cuestión también fue fundamental en la tercera parte del libro, ya que el fin de los sistemas de incentivos es fomentar la cooperación en lugar de los conflictos. Un objetivo muy importante tanto de las políticas formales de personal como de las informales debería ser conseguir que los intereses de los trabajadores y de la empresa fueran lo más parecidos posible, creando un clima de confianza suficiente para lograr un nivel mayor de cooperación.

EJERCICIOS

1. Piense en los empleos que ha tenido. ¿Cómo caracterizaría la relación económica entre usted y la empresa? ¿Qué condiciones eran explícitas y cuáles eran implícitas? Explíquelo ¿Cómo podría haber mejorado usted o su empresa la cooperación?
2. Japón tiene un sistema de *sindicatos de empresa*, que son sindicatos que representan a los empleados, pero *solamente* a los que trabajan en la empresa. En cambio, la mayoría de las economías tienen sindicatos que negocian en nombre de los empleados de múltiples empresas, normalmente pertenecientes a un mismo sector (por ejemplo, el sindicato de trabajadores del automóvil en Estados Unidos). Históricamente, los sindicatos japoneses han tenido unas relaciones mucho menos antagonistas con las empresas que la mayoría de los sindicatos. ¿Puede enunciar qué factores económicos explican este hecho?
3. Si una empresa se caracteriza por tener unos niveles relativamente altos de inversiones en capital humano propio de la empresa, ¿cómo

es probable que cambie eso la manera en que la empresa trata a sus empleados? Explique su respuesta.

4. Suponga que su empresa quiere producir también en otro país. Tiene la posibilidad de comprar una empresa ya existente en ese país (y su organización y plantilla) o de construir en él unas nuevas instalaciones con nuevos trabajadores. ¿Qué ventajas y qué inconvenientes cree que tiene cada enfoque? Básese en su respuesta para analizar las ventajas y los inconvenientes organizativos que es probable que tenga una empresa madura, ya existente, en comparación con la creación de una nueva en el mismo sector.

5. A menudo se constata que resulta difícil introducir grandes cambios organizativos a menos que la organización sufra una crisis importante. Explique por qué, utilizando los principios que hemos analizado en este capítulo y en otras partes del libro.

6. Defina el concepto de cultura corporativa lo más rigurosamente posible. Proponga una definición que tenga uso práctico. ¿Cómo puede forjarse una cultura corporativa? ¿Cómo puede cambiarse con el paso del tiempo?

7. ¿Cuáles son las posibles ventajas económicas de tener una fuerte cultura corporativa? Piense en lo siguiente: costes de comunicación; cooperación o conflicto; costes de negociación.

8. ¿Cuáles son los riesgos de tener una fuerte cultura corporativa?

BIBLIOGRAFÍA

General Electric (2000), *Annual Report.*

Helliwell, John y Haifang Huang (2005), «How's the Job? Well-Being and Social Capital in the Workplace», documento de trabajo, National Bureau of Economic Research.

Sucher, Sandra y Stacy McManus (2001), «The Ritz-Carlton Hotel Company», caso práctico de Harvard Business School.

Williams, Maynard Owen (1929), «Turkey Goes to School», *The National Geographic Magazine*, págs. 94–108.

OTRAS LECTURAS

Camerer, Colin y Ari Vepsalainen (1988), «The Economic Efficiency of Corporate Culture», *Strategic Management Journal*, 9, págs. 115–126.

Coase, Ronald (1960), «The Problem of Social Cost», *Journal of Law and Economics*, 3(1), págs. 1–4.

Freeman, Richard y Edward Lazear (1995), «An Economic Analysis of Works Councils», en Rogers y Streeck (comps.), *Works Councils: Consultation, Representation, and Cooperation in Industrial Relations*, Chicago, University of Chicago Press, para el National Bureau of Economic Research.

Freeman, Richard y James Medoff (1984), *What Do Unions Do?* Nueva York, Basic Books.

Kreps, David (1990), «Corporate Culture and Economic Theory», en Alt y Shepsle (comps.), *Perspectives on Positive Political Economy*, Cambridge, Cambridge University Press.

Poundstone, William (1992), *Prisoner's Dilemma*, Nueva York, Doubleday.

APÉNDICE

La gestión de libro abierto

¿Cuándo compensa dar a los trabajadores información sobre los beneficios reales de la empresa? El siguiente modelo da la respuesta[2]. Es algo más general que el análisis de este capítulo, ya que no se basa únicamente en los salarios sino también en la utilidad de los trabajadores. De esta manera es posible alterar los atributos no pecuniarios del puesto, así como el salario. Basta con recordar que un aumento del salario o de la cantidad de características deseables de un puesto aumenta la utilidad. Analicemos la situación del modo siguiente.

Una empresa y sus trabajadores deciden sobre una variable del centro de trabajo: el ritmo de trabajo, que puede ser rápido (R) o normal (N). Los trabajadores consideran que un ritmo rápido de trabajo es malo y prefieren un ritmo normal. Obtienen la utilidad U_N trabajando a un ritmo normal y U_R trabajando a un ritmo rápido, donde $U_N > U_R$. Suponemos, además, que los trabajadores prefieren quedarse en la empresa incluso trabajando a un rápido ritmo, por lo que $U_R > U_0$, donde U_0 es la utilidad que obtienen abandonando la empresa. En cambio, las empresas consideran que el ritmo rápido es bueno, ya que sus beneficios son mayores cuando los trabajadores trabajan a un rápido ritmo. Para traducir este modelo al análisis del libro, imaginemos que trabajar al ritmo normal es

---

[2] Este apartado procede casi directamente de Freeman y Lazear (1995).

percibir un salario alto y trabajar a un rápido ritmo es recibir un salario bajo. Como el salario bajo es mayor que la alternativa, $U_N > U_0$.

Supongamos que el entorno consta de dos estados, bueno y malo, que tienen unas probabilidades conocidas, p y $1 - p$. En el estado bueno, los beneficios de las empresas son π_R cuando los trabajadores trabajan a un rápido ritmo y π_N cuando trabajan a un ritmo normal, donde $\pi_R > \pi_N$. En el estado malo, los beneficios son $\pi_M > 0$ cuando los trabajadores trabajan a un ritmo rápido, pero negativos cuando trabajan a un ritmo normal, obligando a la empresa a cerrar. El excedente total es mayor en el estado bueno que en el estado malo y es mayor en el estado malo cuando los trabajadores trabajan a un rápido ritmo que cuando la empresa quiebra. Eso pone de relieve el hecho de que se produce una importante pérdida social cuando la empresa cierra porque los trabajadores no acceden al deseo de la dirección de trabajar a un rápido ritmo.

El problema de los trabajadores es que aunque prefieren trabajar al rápido ritmo en el estado malo, carecen de información creíble sobre la situación de la empresa. Desconfían de la dirección, ya que ésta puede mentir sobre la situación de la empresa e inducir a trabajar a un ritmo más rápido incluso en el estado bueno para llevarse una parte mayor del excedente conjunto. Suponiendo que para la dirección es rentable actuar de una manera oportunista (cuestión de la que hablaremos en seguida), los trabajadores no tendrán en cuenta las afirmaciones de la dirección y trabajarán a un ritmo normal o a un rápido ritmo en todos los periodos, ya que las afirmaciones de la dirección carecen de credibilidad. Si los trabajadores insisten en trabajar a un ritmo normal cuando la empresa está en dificultades, ésta cierra y los trabajadores reciben la utilidad U_0 en lugar de U_R. Si los trabajadores acceden a las demandas de trabajar a un rápido ritmo cuando la empresa marcha bien, obtienen menos utilidad. Si los trabajadores insisten en obtener U_N, una proporción p de las veces tendrán razón, pero $1 - p$ estarán equivocados y recibirán la utilidad U_0. La utilidad esperada es:

$$UE_N = p \times U_N + (1 - p) U_0.$$

En cambio, si los trabajadores trabajan siempre a un rápido ritmo, su utilidad esperada es simplemente U_R. Los trabajadores elegirán entre trabajar a un rápido ritmo o a un ritmo normal dependiendo de la probabilidad de los estados y de la utilidad esperada de las alternativas. Si creen que siempre prevalece el estado bueno, elegirán N. Si creen que siempre prevalece el estado malo, elegirán R. Sea p^* la probabilidad con la que a los trabajadores les dará lo mismo N que R:

$$p^* \times U_N + (1 - p^*) U_0 = U_R,$$

de donde

$$P^* = (U_R - U_0)/(U_N - U_0).$$

La solución p^* se encuentra entre 0 y 1, ya que $U_0 < U_R < U_0$. Dado que p^* depende de los niveles de utilidad, refleja la situación y las actitudes de los trabajadores, no la situación probable de la empresa. Cuando el valor de p es bajo, puede considerarse que los trabajadores son más «agresivos» en su insistencia en trabajar a un ritmo normal en lugar de acceder a las peticiones de trabajar a un rápido ritmo. Cuando p es mayor que p^*, los trabajadores trabajarán a un ritmo normal; cuando p es menor que p^*, trabajarán a un rápido ritmo.

Los aumentos de U_N y de U_0 reducen p^*, mientras que los aumentos de U_R elevan p^*. Eso significa que los trabajadores son más agresivos cuanto mayor es la utilidad de trabajar a un ritmo normal; cuanto mayor es la utilidad de las oportunidades alternativas (no les importa perder el empleo si la alternativa ofrece casi la misma utilidad); y cuanto menor es la utilidad de trabajar a un rápido ritmo. En otras palabras, las grandes diferencias entre U_N y U_R y las pequeñas diferencias entre U_0 y U_R producen trabajadores agresivos. Como las diferencias entre lo que ganan en la empresa y lo que ganarían fuera depende del capital humano específico y de las reglas de antigüedad, los trabajadores más jóvenes que tengan menos formación específica y menos antigüedad probablemente serán más agresivos que los trabajadores mayores.

La tabla 15A.1 analiza el excedente que obtienen los trabajadores y las empresas cuando los trabajadores saben cuál es la situación real, por ejemplo, gracias a la gestión de libro abierto y el excedente que reciben en el caso en el que sólo conocen la probabilidad de que ocurra cada estado. El primer panel muestra el excedente cuando los trabajadores sólo saben cuál es la probabilidad del estado p. En este caso, los trabajadores deben elegir la estrategia de trabajar a un ritmo normal o a un ritmo rápido en ambos estados. Según la definición de p^*, si $p > p^*$, eligen N, mientras que si $p < p^*$, eligen R. El segundo panel muestra el excedente cuando los trabajadores tienen toda la información. En este caso, trabajan a un ritmo normal en las épocas buenas y a un rápido ritmo en las épocas malas. Ésta es la situación óptima desde el punto de vista social

Tabla 15A.1. Excedente producido y distribuido en distintos conjuntos de información

	Trabajadores no informados del estado:	
	Elegir $N(p > p^*)$	Elegir $R(p < p^*)$
Trabajadores	$p \times U_N + (1-p)\,U_0$	U_R
Empresa	$p \times \pi_N$	$p \times \pi_R + (1-p)\,\pi_M$

	Toda la información
Trabajadores	$p \times U_N + (1-p)\,U_R$
Empresa	$p \times \pi_N + (1-p)\,\pi_M$

	Cambio del bienestar como consecuencia de la información:	
	Habrían elegido N	Habrían elegido R
Trabajadores	$(1-p)\,(U_R - U_0)$	$p(U_N - U_R)$
Empresa	$(1-p)\,\pi_M$	$p(\pi_N - \pi_R) < 0$
Social	$(1-p)\,[\,(U_R - U_0) + \pi_M]$	$p[U_N - U_R + \pi_N - \pi_R]$

y genera a los trabajadores una utilidad media de $p \times U_N + (1-p)\,U_R$ y a las empresas unos beneficios medios de $p \times \pi_N + (1-p)\,\pi_M$.

El último panel muestra el cambio del excedente de los trabajadores, la empresa y la sociedad entre las dos situaciones. Si $p > p^*$, de manera que a falta de toda la información los trabajadores eligen N en todos los estados, el beneficio para los trabajadores de tener toda la información es $U_R - U_0$ en la proporción $1 - p$ cuando la empresa se encuentra en una mala situación; el beneficio para las empresas es π_M; y el beneficio social es la suma de los dos. En los estados malos, la información mejora el bienestar de todas las partes. Si $p < p^*$, de manera que los trabajadores eligen la estrategia R en todos los estados, pierden $U_R - U_N$ una proporción p de las veces, mientras que las empresas ganan $\pi_R - \pi_N$. El beneficio social de la información suministrada por la dirección a los trabajadores se halla en que elimina el riesgo de que los trabajadores elijan la estrategia N en un estado malo. La condición $p > p^*$ muestra que es más probable que ocurra eso cuando la empresa generalmente va bien y los trabajadores son «agresivos». Como la empresa marcha bien, los trabajadores desconfían de la afirmación de que tiene problemas y si son suficientemente agresivos, se negarán a trabajar a un rápido ritmo en el estado malo. Si los trabajadores tienen toda la información, pueden responder flexiblemente, trabajando rápidamente en el estado malo y a un ritmo normal en los estados buenos. Como tanto la dirección como los trabajadores salen ganando cuando éstos trabajan a un rápido ritmo en el estado malo, es de suponer que la dirección defenderá los comités de empresa como un instrumento valioso para transmitir las «malas» noticias a los trabajadores.

¿Cómo varían los beneficios que tiene para la empresa suministrar toda la información con la incertidumbre económica? En el modelo, la incertidumbre se mide por medio de p; es máxima en $p = 0,5$ y mínima en $p = 0$ o en $p = 1$. La figura 15A.1 representa el excedente social que se crea cuando se da toda la información en función de p. Cuando p es 0 o 1, no hay ningún problema de información y el valor social de la gestión de libro abierto es 0. Cuando p es 0, los trabajadores saben que el estado malo siempre ocurre, por lo que no se obtiene ningún beneficio teniendo más información: $p < p^*$ y los trabajadores siempre trabajarán a un rápido ritmo. Cuando p es 1, los trabajadores saben que la empresa siempre marcha bien, por lo que nunca cerrará. Obsérvese que el valor de dar información alcanza un máximo cuando p es algo superior a p^*, no cuando la incertidumbre es mayor. Como $p > p^*$, los trabajadores deciden trabajar al ritmo normal. Pero como p es relativamente bajo, la intransigencia de los trabajadores hace que la empresa cierre fre-

Figura 15A.1. Beneficios que obtiene la empresa con la gestión de libro abierto

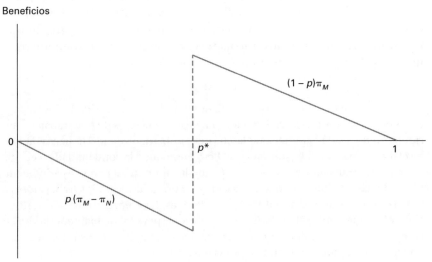

cuentemente y que los beneficios sean bajos. Por tanto, la empresa se beneficia más ofreciendo información cuando la frecuencia del estado malo es alta, pero no lo suficientemente alta para inducir a los trabajadores a adoptar la estrategia más blanda[3].

Por último, obsérvese que cuando se da información a los trabajadores, éstos pueden variar su esfuerzo, dependiendo de la situación real de la demanda. Por tanto, la predicción de que, si los trabajadores tienen toda la información, son menos agresivos en las épocas malas, también induce a pensar que la gestión de libro abierto aumenta la flexibilidad del esfuerzo.

La delegación de poder que maximiza los beneficios es menor que la que maximiza el valor añadido

Sea x la cantidad de poderes que se da a los trabajadores. Sea $V(x)$ el valor añadido. Como hemos señalado, se espera que $V(x)$ tenga forma de U invertida. Además, sea $s(x)$ la proporción del valor añadido que reciben los accionistas, siendo $s'(x) < 0$. La dirección de la empresa quiere maximizar $s(x) \times V(x)$ eligiendo x. La condición de primer orden es:

$$s'(x) \times V(x) + s(x) \times V'(x) = 0,$$

que puede expresarse de la forma siguiente:

$$V'(x) = -s'(x) \times V(x)/s(x).$$

El segundo miembro de esta expresión es positivo porque $s(x) < 0$. Por tanto, $V'(x)$ es positivo en el valor de x que maximiza los beneficios. Pero si $V' > 0$, entonces $V(x)$ es creciente en x, lo cual significa que la cantidad de poder de los trabajadores que maximiza los beneficios es menor que el nivel que maximiza el valor añadido.

---

[3] Se impone una concreción más. Si enseñando la contabilidad a los trabajadores en las épocas malas, la dirección puede convencerlos de que trabajen a un ritmo rápido, es de suponer que la empresa lo hará, obviando la necesidad de revelar información obligatoriamente. Pero enseñando la contabilidad en el estado malo, los trabajadores se enteran de que la empresa está en el estado bueno en las demás ocasiones, lo que impide a la empresa inducir a los trabajadores a trabajar a un ritmo rápido en las épocas buenas. La empresa revelará su situación voluntariamente sólo cuando los beneficios esperados de mantenerla viva en las épocas malas sean mayores que las ganancias de inducir a los trabajadores a trabajar a un rápido ritmo en las épocas buenas.

Glosario

Adquisición de un derecho: Transferencia de un cierto valor económico a una entidad después de un determinado periodo de tiempo. En la economía del personal de los recursos humanos, son ejemplos el derecho a ejercer las opciones sobre acciones y el derecho a percibir una pensión.

Apalancamiento: Poder para convertir una pequeña inversión en una gran ganancia pidiendo prestada una parte de la inversión. Si su rendimiento es suficientemente alto para devolver el préstamo, el prestatario obtiene un rendimiento porcentual mayor muy elevado por la parte de la inversión que no pidió prestada de la inversión que financió con su dinero.

Arbitraje: Práctica consistente en aprovechar una diferencia de precios entre dos o más mercados. Por ejemplo, si existen diferencias entre las ventajas fiscales que obtienen las empresas y los empleados en el caso de la financiación de la educación o de la formación, la empresa puede tener una ventaja de costes en la financiación de la educación en comparación con el empleado. La empresa podría ofrecerse a financiar la educación como una forma de arbitraje fiscal.

Autónomo: Que se gobierna solo. Véase también *delegación de poder* y *descentralización.*

Aversión al riesgo: Ante dos opciones que tienen un rendimiento esperado parecido (pero riesgos diferentes), se dice de la tendencia a preferir la que tiene menos riesgo. Se dice que una persona es amante del riesgo cuando prefiere asumir riesgos, manteniéndose todo lo demás constante, y que es neutral ante el riesgo cuando no desea evitar o asumir riesgos. En la mayoría de las situaciones económicas, la gente tiene aversión al riesgo. Si los accionistas pueden consiguen diversificar bien su cartera, serán relativamente *neutrales ante el riesgo.*

Baja: Puede ser voluntaria, es decir, iniciada por el empleado, o involuntaria, es decir, iniciada por el empresario, en cuyo caso se denomina despido.

Capital humano: Acervo de conocimientos o de cualificaciones que aporta una persona a un trabajo. Puede incrementarse por medio de la educación, de la formación en el trabajo e incluso de inversiones en mejora de la salud.

Capital social: Valor económico intrínseco que tiene para un directivo una red de relaciones con colegas, clientes, proveedores y otros agentes económicos. Véase *hueco estructural*.

Centralización: Práctica consistente en poner muchas de las decisiones, o la mayoría, en manos de los altos directivos. Concede mayor importancia al control de las decisiones que a la gestión de las decisiones. Entre las ventajas se encuentran la facilidad de coordinación, las economías de escala y el control. Compárese con *descentralización*.

Complementariedad: Interacción positiva entre dos factores. En el caso del trabajo, un trabajador produce complementariedades a otro cuando su producción aumenta la productividad del otro.

Conocimientos específicos propios: Información que es cara de transmitir. Compárese con *conocimientos generales*.

Conocimientos generales: Información que es barata de transmitir.

Contrato implícito: Acuerdo tácito sobreentendido, pero no especificado o detallado formalmente.

Control de las decisiones: Fases de ratificación y seguimiento de la toma de decisiones. Las organizaciones más jerárquicas y centralizadas dan más importancia al control de las decisiones que a la su gestión de las decisiones. Compárese con *gestión de las decisiones*.

Coordinación: Gestión de las interdependencias entre las actividades (por ejemplo, las distintas tareas, las unidades de negocio).

Costes de la burocracia: Una de las fuentes más importantes de las deseconomías de escala en una empresa. Entre ellos se encuentra la lentitud en la toma de decisiones, la pérdida de creatividad y la coordinación imperfecta.

Costes fijos: Costes en que debe incurrir la empresa para producir, pero que no varían con el nivel de producción.

Costes de la influencia: Costes (normalmente psicológicos) que impone un trabajador al supervisor para tratar de mejorar una evaluación subjetiva de su rendimiento.

Coste de oportunidad: Valor económico de un beneficio al que se renuncia cuando se elige otro curso de acción. Por ejemplo, una empresa tiene un coste de oportunidad cuando concede acciones restringidas a un empleado, ya que podría venderlas en el mercado a un precio más alto que el valor del empleado.

Curva forzada(encajar en una): Ejemplo de sistema de evaluación relativa del rendimiento. En una curva forzada, el evaluador tiene que distribuir las evaluaciones relativas de los empleados en una curva relativa. Por ejemplo, en General Electric los directivos tienen que dar al 10 por ciento de los empleados la evaluación más baja y al 20 por ciento la evaluación más alta. Lincoln Electric aplica una versión más suave, en la que los directivos deben evaluar a todos los trabajadores que tienen y darles, en promedio, 100 puntos.

Delegación de poder: Dar derechos de decisión a los empleados. Véase también *autonomía* y *descentralización*.

Descentralización: Práctica que consiste en permitir que los empleados de menor nivel tomen muchas decisiones con una supervisión escasa o nula. Da más importancia a la gestión de las decisiones que al control de las mismas. Véase también *autonomía* y *delegación de poder*. Compárese con *centralización*.

Dirección por objetivos: El supervisor negocia un conjunto de objetivos mutuamente acordados para los que el empleado tiene que trabajar durante el año. Al final del año, su retribución se basa en el grado en que haya cumplido los dichos objetivos. Normalmente se utiliza una evaluación subjetiva del rendimiento.

Diseño moderno de los puestos de trabajo: Diseño que proporciona a los empleados una motivación intrínseca. Se caracteriza por especificar una variedad de tareas y de cualificaciones, un grado mayor de discrecionalidad y mayores cualificaciones de los empleados. Pone el énfasis en el aprendizaje de los empleados.

Distorsión: Realización del tipo inadecuado de esfuerzo debido a que la evaluación del rendimiento pondera incorrectamente los diferentes tipos de esfuerzo en comparación con la valoración real que la empresa hace de esos esfuerzos.

Economías de escala: Cuando los costes medios disminuyen al aumentar la producción.

Efecto difusión de la tecnología: Ejemplo de externalidad positiva. En muchos casos, las empresas pueden copiar las ideas de otros, sin compensación alguna, porque la protección que proporcionan las patentes y los derechos de propiedad intelectual es imperfecta.

Efecto trinquete: Tendencia de las normas sobre aplicadas al rendimiento a endurecerse después de un periodo de buen rendimiento. Si los empleados lo prevén, eso reduce sus incentivos, ya que son penalizados en alguna medida por su buen rendimiento.

Ejecución: Fase de la toma de decisiones posterior a las fases de las estudio de las diferentes iniciativas y la de su ratificación. Determinación de las formas posibles de llevar a cabo una opción ratificada; «táctica».

Emparejamiento: Proceso por el que se agrupan activos económicos para producir eficientemente; por ejemplo, empleados con empresarios.

Enriquecimiento de los puestos de trabajo: Asignación de más tareas y derechos de decisión al trabajador.

Envío de señales: Método para tratar de resolver un problema de selección adversa mediante el cual el agente más informado invierte en una señal para indicar a qué tipo pertenece. En algunos casos, los tipos de elevada calidad pueden distinguirse de los de baja calidad (equilibrio «separador») enviando señales. En otros casos, no pueden (equilibrio «aunador»).

Especialización: Grado en que las tareas o las cualificaciones de un trabajador están definidas estrictamente. En el diseño de los puestos de trabajo, se asigna al trabajador un pequeño número de tareas. En la educación y la formación, la persona centra su atención en un reducido campo de estudio.

Espíritu emprendedor dentro de una organización: Comportamiento emprendedor de los empleados dentro de una empresa.

Estrategia dominante: En la teoría de los juegos, estrategia que siempre es óptima, cualquiera que sea la que elija el adversario. No todos los jugadores o todos los juegos tienen estrategias dominantes.

Estructura divisional: Estructura organizativa en la que una organización está dividida en una serie de unidades que se gestionan solas. Una división puede basarse en un grupo de productos o de mercados, en una combinación de ambos o en algún otro grupo lógico. Las funciones de apoyo, como la contabilidad o los recursos humanos, pueden estar centralizadas y ser comunes para todas las divisiones.

Estructura funcional: Estructura organizativa en la que la organización está estructurada por áreas funcionales (por ejemplo, mercadotecnia, contabilidad, etc.) y no por líneas de productos. Esas estructuras maximizan las ventajas de la especialización (en el diseño de los puestos de trabajo, los ascensos profesionales y las inversiones en capital humano), pero tienen costes de coordinación entre las áreas funcionales.

Estructura horizontal: Destaca la importancia de la gestión de las decisiones respecto de su control. Relativamente descentralizada. Compárese con *estructura jerárquica*.

Estructura jerárquica: Estructura en la que los empleados de menor nivel transmiten información a los directivos de nivel superior, que toman las decisiones que deben poner en práctica los empleados de menor nivel.

Una organización puede tener pocos o muchos niveles jerárquicos entre el extremo superior y el extremo inferior de su organigrama. Coloca el énfasis en el control de las decisiones.

Estructura matricial: Diseño de una organización en el que los especialistas de diferentes departamentos funcionales trabajan juntos en un producto, en una región, etc. dirigidos por un director de la matriz. Por tanto, en una estructura matricial un empleado tiene dos jefes, uno de la función y otro de la división.

Estructura reticular: Estructura organizativa que se caracteriza por ser menos formal que las estructuras tradicionales. Los diseños de los puestos de trabajo y las relaciones entre los empleados y los directivos están definidos menos rigurosamente. Los empleados deben ejercer influencia y utilizar sus redes de contactos y relaciones sociales para realizar sus tareas.

Evaluación del rendimiento: Valoración del rendimiento de un empleado (numérica o subjetivamente) para dar información y/o incentivos.

Evaluación relativa del rendimiento: Cuando se mide el rendimiento de una persona en relación con el de sus compañeros de trabajo. Las medidas relativas del rendimiento pueden proteger a los empleados de los riesgos incontrolables que son comunes a todos los empleados, pero también aumenta su exposición a riesgos que son idiosincrásicos de otros empleados. Véase también *ordenación ordinal* y *torneo.*

Evaluación subjetiva del rendimiento: Evaluación basada en la valoración subjetiva del rendimiento del empleado por parte del supervisor.

Externalidad (positiva o negativa): Costes o beneficios que se producen cuando las actividades de un agente económico imponen costes o generan beneficios o imponen costes a un tercero que no forma parte de la transacción. En un mercado, un ejemplo de externalidad negativa es la contaminación que generan los automóviles. En una organización, una externalidad positiva son los beneficios de la cooperación con los colegas para mejorar la producción.

Falso negativo: Tipo de error en el que se rechaza una buena opción. Rechazar un buen proyecto.

Falso positivo: Tipo de error en el que se acepta una mala opción. Aceptar un mal proyecto.

Formación específica propia de la empresa: Formación (inversión en capital humano) que aumenta la productividad solamente en la empresa que la proporciona. Compárese con *formación general.* Véase también *capital humano.*

Formación general: Formación que aumenta la productividad en la empresa que la proporciona, así como en otras empresas de la economía. Véase también *formación específica propia de la empresa* y *capital humano.*

Franquicia: Sistema empresarial en el que se autoriza a un operador a utilizar los conocimientos, la experiencia y a menudo la marca de otro, generalmente a cambio del pago de una cantidad inicial y otra anual. El franquiciado goza de un grado relativamente grande de discrecionalidad acerca de cómo llevar el negocio, pero menos que el verdadero propietario.

Gobierno: Supervisión de la gestión y de la estrategia de una empresa por parte del consejo de administración.

Gestión de las decisiones: Fases de iniciativas y ejecución de la toma de decisiones. Compárese con *control de las decisiones*.

Hueco estructural: Se refiere a la situación en la que las redes sociales de dos grupos de agentes económicos no están conectadas entre sí. Véase *capital social*.

Idiosincrático: Característica o cualidad que es única de la persona o situación específica.

Información asimétrica: Situación en la que una de las partes de una transacción, normalmente el trabajador, tiene más información que la otra, normalmente la empresa.

Información compleja: Información que tiene muchas dimensiones e interdependencias.

Información experiencial: Información que debe experimentarse para entenderla. Por este motivo, es muy cara de transmitir.

Información perecedera: Información que hay que utilizar rápidamente o, de lo contrario, pierde su valor.

Información privada: Información que sólo posee una de las partes de una transacción. Por ejemplo, un trabajador puede saber que se va a ir de la empresa a finales de año mientras que ésta desconoce sus intenciones.

Información subjetiva: Información que es difícil de describir de un modo riguroso o cuantitativo.

Información técnica: Información que requiere formación técnica para comprenderla totalmente.

Iniciativas: Primera fase de la toma de decisiones. Proceso por el que se llega a una serie de opciones; «tormenta de ideas».

Intensidad de los incentivos: Pendiente de la relación entre la remuneración y el rendimiento. Mide la variación de los premios correspondiente a una variación dada determinada del rendimiento. Cuanto mayor es la pendiente, mayor es la intensidad. La intensidad óptima de los incentivos depende de varios factores, entre los que se encuentran la aversión al riesgo del empleado, la sensibilidad del empleado a los incentivos y los beneficios adicionales generados por un esfuerzo extraordinario.

Inversión específica propia de la relación: Una inversión carece de valor a menos que las partes de la transacción mantengan su relación de trabajo. Un ejemplo en la economía del personal de los recursos humanos es la *formación específica propia de la empresa.*

Maldición del ganador: La idea de que la parte que hace la puja ganadora por un artículo (o un trabajador) puede haber pujado demasiado. Cuando el valor de un artículo es incierto, los postores tienen diferentes estimaciones de su valor. Es más probable que un postor ganador haya sobreestimado el valor de la puja.

Manipulación: Mejorar la medida propia del rendimiento utilizando medios que no aumentan el valor de la empresa. Puede producirse porque el empleado tiene conocimientos específicos y los utiliza estratégicamente. Es más probable que ocurra con una medida más estricta del rendimiento. Similar a *distorsión.*

Medidas amplias del rendimiento: Medidas que tienen en cuenta más aspectos del rendimiento que las medidas estrictas. Por ejemplo, los beneficios son una medida del rendimiento más amplia que los ingresos o los costes; combinan los dos. A menudo se emplean cuando hay mucho riesgo controlable o cuando el diseño de la organización está más descentralizado.

Medidas estrictas del rendimiento: Se centran en menos aspectos del rendimiento que las medidas amplias. Las medidas del rendimiento basadas en los ingresos o en los costes son relativamente estrictas en comparación con las medidas basadas en los beneficios.

Mejora continua: Enfoque del diseño de las organizaciones que pone el énfasis en la adaptación continuada y en los aumentos adicionales de la eficiencia y la calidad. Tiende a favorecer la descentralización, las multitareas y los trabajadores más cualificados. Compárese con *taylorismo.*

Mercado estrecho: Mercado en el que hay un pequeño número de compradores y/o un pequeño número de vendedores. En este mercado, tiende a ser más difícil para un vendedor encontrar un comprador y para un comprador encontrar un vendedor. Los casos extremos son el monopolio y el monopsonio.

Modelo de fijación del precio de las opciones de Black-Scholes: Modelo matemático (desarrollado por Fischer Black y Myron Scholes) que se emplea para estimar el valor de una opción de compra. Este modelo da una buena aproximación del valor de mercado de las opciones que se negocian en un mercado de opciones, pero sobreestima considerablemente el valor que concedería un empleado a una opción concedida como parte de la su remuneración.

Modularidad: División de una unidad en subunidades relativamente independientes. El principio de la modularidad tiene muchas aplicaciones, entre las que se encuentran algunas relacionadas con los temas de este libro. Por ejemplo, una empresa puede utilizar la modularidad para dividir un conjunto de tareas en diferentes puestos de trabajo para diferentes trabajadores. También puede utilizarla para dividir la estructura organizativa en distintas divisiones. En ambos casos, el intento de lograr la modularidad ayuda a la empresa a agrupar las tareas y los procesos que requieren la máxima coordinación y reducir así los costes de coordinación.

Monopsonio: Literalmente, un solo comprador. En términos más generales, situación en la que un vendedor se enfrenta a un número relativamente pequeño de compradores, por ejemplo, cuando un empleado tiene pocos empleadores potenciales en una pequeña ciudad. En ese caso, las acciones del vendedor pueden influir significativamente en el precio.

Motivación extrínseca: Motivación que dan las fuentes no psicológicas, sobre todo la remuneración basada en el rendimiento. Compárese con *motivación intrínseca.*

Motivación intrínseca: Motivación debida a razones de índole de origen psicológica, más que a recompensas externas. Por ejemplo, los empleados pueden estar motivados intrínsecamente cuando realizan un trabajo que requiere un mayor aprendizaje.

Norma sobre los ascensos: Regla mediante la cual la empresa asciende al empleado o empleados cuyo rendimiento alcanza o sobrepasa un determinado nivel.

Normas: Normas vigentes en un grupo social. En este libro, prácticas y expectativas normales que predominan en una organización. Tipo de contrato implícito entre los miembros del grupo.

Ojo por ojo: Eficaz estrategia para el dilema repetido de los presos en la teoría de los juegos. Un agente que utilice esta estrategia cooperara inicialmente y después responderá a las acciones del adversario pagándole con la misma moneda. Si el adversario cooperó inicialmente, el agente cooperará. En caso contrario, no cooperará.

Opción de compra: Derecho a comprar una acción de un activo subyacente (por ejemplo, acciones o un índice bursátil) a un precio predeterminado antes de un plazo establecido de antemano.

Opción real: Alternativa u opción que surge con una oportunidad de inversión empresarial. No es un derivado, sino una opción (en el sentido de elección) que puede tener la empresa realizando ciertos proyectos. La contratación de una persona de riesgo es una opción real para la empresa si ésta puede despedir al empleado en el caso de que no encaje bien en la empresa.

Opción de venta: Derecho a vender una acción de un activo subyacente (por ejemplo, acciones o un índice bursátil) a un precio predeterminado antes de un plazo establecido de antemano.

Ordenación cardinal: Indica la posición en una serie cuantificable de números. Se especifica tanto el orden de los competidores como la distancia entre ellos. Véase *ordenación ordinal*.

Ordenación ordinal: Indica la posición de una persona en una serie numerada. El orden es importante, pero no la distancia entre los competidores. Véase *ordenación cardinal*.

Organización de alta fiabilidad: Organización, como las compañías aéreas, en la que las disyuntivas que plantea el diseño de la organización y de los puestos de trabajo son mucho más difíciles de resolver que en las empresas ordinarias porque hay mucho en juego (por ejemplo, el coste de una quiebra).

Pago por pieza: Cantidad predeterminada que se paga a un empleado por cada unidad de producción (pieza). Tipo de remuneración basada en el rendimiento.

Pensiones transferibles: Son las pensiones que un empleado puede transferir del plan de una empresa a otra sin ninguna penalización cuando cambia de empleo. Por ejemplo, el sistema de pensiones públicas de Estados Unidos es transferible, como cualquier plan de pensiones con derechos adquiridos.

Plan de participación de los empleados en los beneficios: Plan de remuneración en el que la medida del rendimiento y/o las primas se basan en una medida de los beneficios de un gran grupo de empleados (a menudo toda la planta o la empresa).

Planes de pensiones de prestación definida: Las pensiones se calculan utilizando una fórmula que suele estar relacionada con los salarios que dan derecho a una pensión y/o con la antigüedad. La pensión de jubilación del empleado se conoce de antemano.

Planes de pensiones de aportación definida: Las pensiones se basan en las cotizaciones realizadas, en los rendimientos obtenidos por las inversión de estas cotizaciones y en la cantidad de pensión que se comprará con este dinero cuando se jubile el trabajador. Por tanto, la pensión de jubilación del empleado no se conoce de antemano.

Precio de ejercicio: Precio establecido por acción al que puede comprar (en el caso de las opciones de compra) o vender (en el caso de las opciones de venta) las acciones correspondientes el tenedor de opciones en ejercicio del derecho que le otorga el contrato de opciones.

Preocupación por las perspectivas profesionales: Incentivos derivados de la influencia del rendimiento actual en las futuras recompensas. El término normalmente se refiere a la influencia del rendimiento actual de un trabajador en sus futuras oportunidades en el mercado de trabajo, pero puede incluir otros tipos de recompensa.

Prima basada en el equipo: Prima que se da a un grupo de personas y que se basa en el rendimiento de todo el grupo. Puede repartirse entre los miembros por medio de diferentes fórmulas.

Problema de los bienes públicos: Surge cuando un bien no es suministrado por una empresa con fines de lucro porque no puede cobrar por él lo suficiente para cubrir sus costes.

Problema de integración: Surge cuando para tomar una decisión se necesitan muchos conocimientos específicos concretos que poseen empleados de diferentes partes de la organización. Los conocimientos específicos son caros de transmitir, por lo que para resolver los problemas de integración normalmente es necesario colocar juntos a los empleados que poseen esos conocimientos en una estructura basada en proyectos, en equipos o matricial.

Problema de oportunismo: Surge cuando una de las partes realiza una inversión irrecuperable específica propia de la relación con un determinado socio económico, quien intenta renegociar las condiciones una vez que la inversión es irrecuperable. En economía de los recursos humanos, un ejemplo es el intento de la empresa o del empleado de renegociar la remuneración después de que éste ha recibido capital humano específico propio de la empresa.

Problema del principal y el agente: Tipo de riesgo moral en el que una de las partes, llamada agente, actúa en representación de otra, llamada principal. El agente normalmente tiene más información sobre sus actos o intenciones que el principal, ya que el principal normalmente no puede controlar perfectamente al agente. El agente puede tener un incentivo para actuar indebidamente (desde el punto de vista del principal) si sus intereses no coinciden con los del principal. Véase *riesgo moral*.

Producción aditiva: Producción en la que la contribución de cada factor se suma a la de otro. Eso significa que la productividad de un factor es independiente de la productividad de los demás factores utilizados.

Productividad marginal decreciente: Tendencia de la contribución de los factores adicionales de producción a disminuir a medida que aumenta el uso de los mismos. Así, por ejemplo, el milésimo trabajador normalmente contribuye a la producción menos que el primero.

Ratificación: Segunda fase de la toma de decisiones. Elección de una opción de un conjunto de posibilidades; «estrategia».

Reingeniería: Práctica que utiliza los métodos clásicos del taylorismo para aplicar tecnología informática avanzada en los centros de trabajo modernos.

Regresión: Técnica estadística que ajusta una recta a un conjunto de puntos minimizando la suma de los cuadrados de la distancia vertical de la recta a todos los puntos.

Remuneración aplazada: Sistema en el que el empleado percibe una parte de su renta en una fecha posterior al ejercicio fiscal actual. Puede tener derecho a ella de una manera inmediata o gradual. Ejemplos de remuneración que suele ser aplazada son los planes de jubilación y las opciones sobre acciones.

Retroalimentación: Dar información sobre los efectos de las decisiones.

Riesgo controlable: Acontecimientos (posiblemente aleatorios) que un empleado puede prever y prevenir y a los que puede reaccionar en alguna medida. Aunque el empleado no pueda controlar el hecho de que el acontecimiento ocurra o no, puede controlar en alguna medida sus consecuencias sobre el valor de la empresa. Compárese con *riesgo incontrolable*.

Riesgo incontrolable: Acontecimientos aleatorios (por ejemplo, acontecimientos macroeconómicos) que un empleado no puede prever y prevenir y ante los que no puede reaccionar. Compárese con *riesgo controlable*.

Riesgo moral: Posibilidad de que una parte protegida del riesgo se comporte de manera distinta a como se comportaría si estuviera totalmente expuesta al riesgo. El riesgo moral se debe a que una persona o una institución no soportan todas las consecuencias de sus actos y, por tanto, tienden a actuar con menos cuidado, dejando que la otra parte asuma algunas de las responsabilidades resultantes de las consecuencias de sus actos. Por ejemplo, cualquier problema de incentivos entre una empresa y sus empleados. Véase *problema del principal y el agente*.

Riesgo de renegociación: Riesgo de que una de las partes de un acuerdo intente renegociar las condiciones una vez realizadas inversiones irrecuperables. Véase *problema de oportunismo*.

Riesgo de pérdida: Riesgo y rendimiento relacionados con un resultado «malo», como el coste de tomar una decisión errónea, contratar a un tipo de trabajador inadecuado o invertir en un negocio que acaba quebrando.

Ruido: Fluctuaciones aleatorias de una variable medida, normalmente la producción, que se deben a la imposibilidad de medir o de controlar perfectamente la variable relevante.

Selección adversa: Proceso en el que la asignación (por ejemplo, de los empleados a los puestos de trabajo) es incorrecta debido a la existencia de asimetrías de la información entre los compradores y los vendedores. Es más probable que se seleccionen productos o clientes «malos». En economía del trabajo, se contratan empleados «inadecuados». Véase también *selección* y *señales*.

Señal: Variable aproximada que suministra información aproximada sobre alguna otra característica no observada subyacente.

Sesgo hacia la lenidad: Sesgo positivo que se produce en las medidas subjetivas del rendimiento cuando el evaluador se resiste a dar una mala puntuación.

Sindicato de rama sectorial: Sindicato organizado por ramas sectores de actividad (por ejemplo, trabajadores automovilísticos, trabajadores siderúrgicos).

Subasta inglesa: Proceso de puja en el que los participantes pueden pujar en cualquier momento. La subasta termina cuando nadie hace una puja más alta que la última realizada hasta ese momento. El bien se vende al que más haya pujado. Es el mecanismo que se utiliza más a menudo para subastar obras de arte, antigüedades y ganado.

Tarifa por pieza: Cantidad predeterminada que se paga a un empleado por cada unidad de producción (pieza). Tipo de remuneración basada en el rendimiento.

Taylorismo: Método para diseñar organizaciones cuyo pionero fue Frederick Taylor en la década de 1920; también se denomina ingeniería industrial. El taylorismo implica significa la optimización *ex ante* de un proceso empresarial. Una vez que se descubre la «mejor» tecnología, la organización la pone en práctica. Tiende a llevar a la especialización en el diseño de los puestos de trabajo, un bajo grado de discrecionalidad y unas bajas cualificaciones de los empleados. Compárese con *mejora continuada*.

Tope: Remuneración máxima que puede percibir un empleado.

Torneo: Los trabajadores compiten por los ascensos (o por algún otro tipo de premio fijo) que se conceden a los que má s rindan. Véase también *ordenación ordinal* y *evaluación relativa del rendimiento*.

Transferencia de conocimientos: Transmisión de información de una persona o de un grupo de personas a otro. A menudo se emplean estructuras descentralizadas para generar creatividad. Sin embargo, en ese caso la empresa se enfrenta al reto de difundir esas nuevas ideas a toda la organización. Muchas empresas utilizan sistemas de gestión de los conocimientos para mejorar esa transferencia.

Valor actual: Valor que tiene hoy una futura corriente de pagos. Depende de la pauta estructura temporal de los pagos, del factor de descuento (en relación con el tipo de interés) y de la cuantía del pago en cada periodo. Tiene en cuenta el valor temporal del dinero.

Valor actual neto: Valor que tiene hoy una serie de flujos netos de caja futuros resultantes de una inversión, una vez descontado el valor actual de cualquier la inversión que se realice.

Índice analítico

Otros títulos

El futuro de Europa
Alberto Alesina y Francesco Giavazzi

El arte de la estrategia.
La teoría de juegos, guía del éxito
en sus negocios y en su vida diaria
Avinash K. Dixit y Barry J. Nalebuff

Experimentos con los principios
económicos, 2ª. Ed.
Bergstrom y Miller

La empresa moderna
John Roberts

El dominio de la información.
Una guía estratégica para la
economía de la Red
Hal R. Varian y Carl Shapiro

Un primer curso de teoría de juegos
Robert Gibbons

Juegos para empresarios y
economistas
Roy Gardner

El corazón invisible.
Un romance liberal
Russell Roberts

Negociar con ventaja.
Estrategias de negociación para
gente razonable
G. Richard Shell

El conocimiento y la riqueza
de las naciones
David Warsh

El misterio del crecimiento
económico
Elhanan Helpman